新
建築 土木
構造マニュアル

本書を発行するにあたって、内容に誤りのないようできる限りの注意を払いましたが、本書の内容を適用した結果生じたこと、また、適用できなかった結果について、著者、出版社とも一切の責任を負いませんのでご了承ください。

本書に掲載されている会社名・製品名は一般に各社の登録商標または商標です。

本書は、「著作権法」によって、著作権等の権利が保護されている著作物です。本書の複製権・翻訳権・上映権・譲渡権・公衆送信権（送信可能化権を含む）は著作権者が保有しています。本書の全部または一部につき、無断で転載、複写複製、電子的装置への入力等をされると、著作権等の権利侵害となる場合があります。また、代行業者等の第三者によるスキャンやデジタル化は、たとえ個人や家庭内での利用であっても著作権法上認められておりませんので、ご注意ください。

本書の無断複写は、著作権法上の制限事項を除き、禁じられています。本書の複写複製を希望される場合は、そのつど事前に下記へ連絡して許諾を得てください。

出版者著作権管理機構
（電話 03-5244-5088、FAX 03-5244-5089、e-mail：info@jcopy.or.jp）

JCOPY ＜出版者著作権管理機構 委託出版物＞

新
建築 土木
構造マニュアル

工学博士 鈴木悦郎 監修
工学博士 清田清司／高須治男 共著

Ohmsha

推 薦 の 序

　構造物の安全性を目標に設計を進めるためには，構造物の中を流れて行く力の様子を頭の中に画く必要がある．

　力の流れは目に見えないけれども，我々が野球見物に出かけ，野球がはね，狭い通路を通って外に出る時のように，おされる力と通路の大小によって，中にまき込まれた人間がさまざまな圧力を感じつつ動いて行くのと同様で，通路の形が悪ければ怪我人がでるように，構造物の内部に欠陥があれば，中の材料が壊れてしまう．全体の動線計画がよければ短時間にスムーズに人が場外に出ることができる．

　この様な人間の流れ方と，その時に我々が感ずる圧力とに模擬しうる力の流れ方と内圧とを計算しようとするのが構造力学である．

　今から340年程まえにガリレオがはじめてこの様な学問を始め，その後多くの学者によって，複雑な流れの計算法が研究されてきた．この力の流れ方をはじめから計算しないで簡単な公式にして座右にそなえ，索引カードの様に使い，よい構造設計ができないかと言うのが私の一つの希望であった．たまたま私が構造力学の講義を始めていくばくもない頃に，私の話を聞いてくれた清田，高須の両君が研究と実施の両面から協力してこの様な本をまとめられたのを拝見し，よくまめに集められたものと感服するとともに，多くの方々が座右にそなえられることを期待する次第である．

　　1975年6月

東京大学教授　工学博士　梅村　魁

序

　近時，構造物の形状は多岐をきわめ，工法的にも大変複雑になってきた．施工者にとっても設計の意図を充分に理解していないと思わぬ事故につながるケースが多い．こういう観点から土木建築の技術者にとって座右に手頃な参考書があり，それ一冊あれば，力の大きさや流れ，たわみ，たわみ角，水平変形，断面等が計算尺か電卓であたれるようになっていれば大変都合がいいわけである．本書はそのような目的を一冊にまとめてある．なにか問題があると数冊の本をうず高く机の上に積まないと一つの答えを出せないといった例が多いが，この欠点を本書で出来るだけカバーしてある．また，最近，コンピューターに頼りすぎる嫌いがあって，曲げモーメントのつり合いやせん断力，軸力のつり合いがわからないというケースも多いように聞いているが，その点についても本書ではやはり自分の手で簡単に計算できるようになっている．また軀体施工に当たって変形量が計算してあると仮枠の問題，仕上との関連に非常に役に立つ．特に大地震への関心が高まっている時だけに固有周期，動的応答には変形の知識が欠かせられない．各章について変形が出せるようにしてあるのもそのためである．本書は現場の技術者にとって好伴侶となるばかりでなく，学生および**構造技術者**にも大変便利な座右の書となろう．

　1975年6月

大成建設株式会社取締役　工学博士　鈴木悦郎

はしがき

　構造物の種類は多岐，煩雑をきわめその応力解析に多大な時間と労力が費やされるものです．もし構造力学公式集といったものがあれば実務家にとって役立つのではないかと思い，浅学をも顧みずここに内外各種の参考文献を利用して集大成をおこないました．本書は実用的な公式集という性質から，途中の理論および複雑な計算式を省略して結果だけを集録したものですから，その過程はそれぞれの文献を参照していただきたいと思います．

　本書の目的は，手計算で骨組の応力解析，変形計算および断面設計ができるように編集したものですから，施工技術者にとっては構造物，仮設設計の実務または構造強度算定の資料となり，一方構造技術者のために応力計算，断面算定と系統的に一貫性をもたしてあります．学生諸君には演習問題の参考書として充分活用できるものと考えます．

　内容としては各章を解説編と公式編とに分けて，それぞれつぎの五章から構成いたしました．

　　Ⅰ章　　　材料力学公式
　　Ⅱ章　　　はり構造力学公式
　　Ⅲ章　　　ラーメン構造力学公式
　　Ⅳ章　　　トラス構造公式
　　Ⅴ章　　　構造設計

　また読者にとって必要公式がすぐ得られるように，図目次にして，公式番号，ページを関連づけて簡単明瞭化につとめました．

はしがき

　本書の執筆に際して，東京大学教授，工学博士梅村魁先生には身にあまるご指導を頂き，そのうえ過分の序を賜わり，大成建設株式会社取締役，工学博士鈴木悦郎先生には，監修の労をとって頂き，かつ書名の名づけ親にまでなって頂きました．また芝浦工業大学教授，工学博士浜田大蔵先生には，終始ご厚意あふれるご指導を頂きました．これらの諸先生方に対し，心から謝意を表します．なお多忙な業務の合間に計算例，図表作成にあたった(株)スケルトン建築事務所所員の春日貞秋，住友喬，萩原俊和の諸君と，参考文献の執筆者各位に厚く感謝する次第です．

　最後に，出版に際して，ご尽力いただきました理工学社の編集長富田宏氏をはじめとする各スタッフの方々に厚くお礼申し上げます．

　　1975年6月

著　者

改訂にあたって

　今回の改訂版では，建築基準法，同施行令，関連告示の改正と SI 単位への移行を中心に，公式の例題とⅤ章の構造設計を全面的に改訂しました．

　公式編にあたるⅠ～Ⅳ章については，第１版より読者のご指摘をいただいて，ほとんど完璧に近いものになったと信じています．つぎに，現在，構造設計の段階でメーンフレーム等はパソコンのプログラムで処理されていますが，実はプログラムの中味がわからないままに使用した場合，何らかのミスが発生したとき，どう対処してよいか困ることがあります．

　そのときに考えられる原因は，断面算定方法が間違っているとか，単位の位取りが適切でないといった，さまざまな理由があります．そこで，設計編にあたるⅤ章では，紙数の大幅な増加を図り，設計式を計算の順序にしたがって系統的に並べ，実際の数値を代入し検算することによって，充分に理解が深められるようにつとめました．

　単位に関しては，N/mm^2 を使用するだけでは計算するときに大きな数字を振り回すことになるので，kN/cm^2, kN/m^2 をそのつど計算式に合わせて採用することにしました．また，鋼材の重量および断面積表は従来の kg, cm^2 で掲載しました．

　本書は，日本建築学会編「鉄筋コンクリート構造計算規準・同解説」(1999 年)，日本建築センター発行「建築物の構造規定」(1997 年) に準拠しているところが多く，抜粋して使用させていただきました．ここに記して感謝申し上げます．

　　2004 年 1 月

著　者

目 次

I章 　材料力学公式 ･･････････････････････ 3
I・1 　概　説 ･･････････････････････････ 3
I・2 　材料の力学的性質 ･････････････････ 3
　　1. 　垂直ひずみ度・せん断ひずみ度 ･････ 3
　　2. 　弾性係数 ･････････････････････････ 3
　　3. 　ポアソン比 ･･･････････････････････ 4
　　4. 　線膨張係数 ･･･････････････････････ 4
　　5. 　応力度 ･･･････････････････････････ 4
　　6. 　はりの曲げ応力度 ･････････････････ 5
　　7. 　はりのせん断応力度 ･･･････････････ 6
　　8. 　ねじり応力度とねじり角 ･･･････････ 7
　　9. 　応用方法(応力度と変形) ･･･････････ 8
I・3 　材料諸係数の計算公式 ･････････････ 12
I・4 　応力度計算公式 ･･･････････････････ 13
I・5 　断面の諸係数の定義 ･･･････････････ 14
I・6 　断面性能算出公式 ･････････････････ 16
I・7 　せん断応力度 ･････････････････････ 32
I・8 　ねじりせん断応力度 ･･･････････････ 36
I・9 　断面の核 ･････････････････････････ 38

II章　はり構造力学公式・・・・・・・・・・・・・・・43
II・1　概　説・・・・・・・・・・・・・・・・・・・43
II・2　はり構造の応力解析・・・・・・・・・・・・・44
　1．支点反力・・・・・・・・・・・・・・・・・・44
　2．部材応力(軸方向力：N, せん断力：Q, 曲げモーメント：M)・・・44
　3．w, Q, Mの関係・・・・・・・・・・・・・・・45
　4．たわみ曲線の微分方程式・・・・・・・・・・・45
　5．荷重・応力・変位の微積分式・・・・・・・・・45
　6．不静定ばりの一般解法(応力法)・・・・・・・・47
　7．はり構造の応力計算例・・・・・・・・・・・・48
II・3　片持ちばりの計算公式・・・・・・・・・・・・51

II・3・1	先端集中荷重・・・・・・・51	II・3・1		II・3・2	
II・3・2	中間集中荷重・・・・・・・51				
II・3・3	等分布荷重・・・・・・・・51	II・3・3		II・3・4	
II・3・4	等変分布荷重(その1)・・・52				
II・3・5	等変分布荷重(その2)・・・52	II・3・5		II・3・6	
II・3・6	等変分布荷重(その3)・・・52				
II・3・7	任意長さ等分布荷重(その1)・53	II・3・7		II・3・8	
II・3・8	任意長さ等分布荷重(その2)・53				
II・3・9	任意長さ等変分布荷重(その1)・53	II・3・9		II・3・10	
II・3・10	任意長さ等変分布荷重(その2)・54				
II・3・11	任意長さ等変分布荷重(その3)・54	II・3・11		II・3・12	
II・3・12	任意長さ等変分布荷重(その4)・54				
II・3・13	三角分布荷重・・・・・・・55	II・3・13		II・3・14	
II・3・14	先端ねじりモーメント作用・・55				
II・3・15	中間ねじりモーメント作用・・55	II・3・15			

II・4 単純ばりの計算公式 ・・・・・・・・・・・・・・・・・・・・・・ 56

II・4・1	2等分集中荷重 ・・・・・・・56	II・4・2	任意点集中荷重 ・・・・・・・56
II・4・3	3等分集中荷重 ・・・・・・・56	II・4・4	4等分集中荷重 ・・・・・・・57
II・4・5	5等分集中荷重 ・・・・・・・57	II・4・6	対称2点集中荷重 ・・・・・57
II・4・7	等分布荷重 ・・・・・・・・58	II・4・8	等変分布荷重 ・・・・・・・58
II・4・9	三角分布荷重 ・・・・・・・・58	II・4・10	2等分三角分布荷重 ・・・・・59
II・4・11	3等分三角分布荷重 ・・・・・59	II・4・12	4等分三角分布荷重 ・・・・・59
II・4・13	台形荷重 ・・・・・・・・・60	II・4・14	等変分布荷重 ・・・・・・・60
II・4・15	任意長さ等分布荷重(その1)・60	II・4・16	任意長さ等分布荷重(その2)・61
II・4・17	任意長さ等分布荷重(その3)・61	II・4・18	対称任意長さ等分布荷重・・・61
II・4・19	2種の等分布荷重 ・・・・・62	II・4・20	任意長さ等変分布荷重(その1)・62

目次

II・4・21　任意長さ等変分布荷重(その2)・62
II・4・22　任意長さ等変分布荷重(その3)・63

II・4・23　対称等変分布荷重・・・・・63
II・4・24　放物線形荷重・・・・・・・63

II・4・25　2次曲線形荷重・・・・・・64
II・4・26　任意点ねじりモーメント作用・64

II・4・27　一端にねじりモーメント作用・64
II・4・28　両端にねじりモーメント作用・65

II・4・29　相違するねじりモーメント
　　　　　作用・・・・・・・・・・65
II・4・30　任意点に相違するねじり
　　　　　モーメント作用・・・・・・65

II・4・31　等分布荷重とねじり
　　　　　モーメント作用・・・・・・66
II・4・32　不等辺三角分布荷重・・・・66

II・5　単純ばり移動荷重の計算公式・・・・・・・・・・・・・・66

II・5・1　等しい2車輪圧・・・・・・66
II・5・2　異なる2車輪圧・・・・・・67

II・5・3　等しい3車輪圧で等間隔・・67
II・5・4　等しい2車輪圧と異なる
　　　　　1車輪圧・・・・・・・・・67

II・5・5　等しい3車輪圧で不等間隔・・68
II・5・6　等しい4車輪圧で等間隔・・・68

II・5・7　等しい4車輪圧で不等間隔・・68
II・5・8　2種の組合わせ車輪圧・・・69

II・6　はね出し単純ばりの計算公式 ・・・・・・・・・・・・・・・・・・ 69

II・6・1　先端集中荷重 ・・・・・・ 69	II・6・1
II・6・2　等分布荷重 ・・・・・・・ 69	II・6・2
II・6・3　はね出し部等分布荷重 ・・・ 70	II・6・3
II・6・4　先端と中央部集中荷重 ・・・ 70	II・6・4
II・6・5　先端と任意点集中荷重 ・・・ 70	II・6・5
II・6・6　先端集中荷重と等分布荷重 ・・ 71	II・6・6
II・6・7　等変分布荷重 ・・・・・・・ 71	II・6・7
II・6・8　両先端集中荷重 ・・・・・・ 71	II・6・8
II・6・9　等分布荷重 ・・・・・・・・ 72	II・6・9

II・7　一端ピン他端固定ばりの計算公式 ・・・・・・・・・・・・・・・ 72

II・7・1　中央集中荷重 ・・・・・・・ 72	II・7・1
II・7・2　任意点集中荷重 ・・・・・・ 72	II・7・2
II・7・3　3等分集中荷重 ・・・・・・ 73	II・7・3
II・7・4　対称2点荷重 ・・・・・・・ 73	II・7・4
II・7・5　4等分点集中荷重 ・・・・・ 73	II・7・5
II・7・6　等分布荷重 ・・・・・・・・ 74	II・7・6
II・7・7　等変分布荷重（その1） ・・・ 74	II・7・7
II・7・8　等変分布荷重（その2） ・・・ 74	II・7・8

II·7·9	任意長さ等変分布荷重(その1)・75	II·7·9		II·7·10	
II·7·10	任意長さ等変分布荷重(その2)・75				
II·7·11	三角分布荷重・・・・・・・75	II·7·11		II·7·12	
II·7·12	2等分三角分布荷重・・・・・76				
II·7·13	任意長さ等分布荷重・・・・・76	II·7·13		II·7·14	
II·7·14	任意長さ等分布荷重・・・・・76				
II·7·15	対称任意長さ等分布荷重・・・77	II·7·15		II·7·16	
II·7·16	支点端にねじりモーメント作用・・・・・・・・・・・77				
II·7·17	任意点にねじりモーメント作用・・・・・・・・・・・77	II·7·17			—

II·8 両端固定ばりの計算公式・・・・・・・・・・・・・・・78

II·8·1	2等分集中荷重・・・・・・78	II·8·1		II·8·2	
II·8·2	3等分集中荷重・・・・・・78				
II·8·3	4等分集中荷重・・・・・・78	II·8·3		II·8·4	
II·8·4	5等分集中荷重・・・・・・79				
II·8·5	任意点集中荷重・・・・・・79	II·8·5		II·8·4	
II·8·6	対称2点荷重・・・・・・・79				
II·8·7	n等分集中荷重・・・・・・80	II·8·7		II·8·8	
II·8·8	等分布荷重・・・・・・・・80				
II·8·9	等変分布荷重・・・・・・・80	II·8·9		II·8·10	
II·8·10	三角分布荷重・・・・・・・81				

II·8·11	2等分三角分布荷重・・・・・81	II·8·11	II·8·12
II·8·12	3等分三角分布荷重・・・・・81		
II·8·13	台形荷重・・・・・・・・・82	II·8·13	II·8·14
II·8·14	任意長さ等分布荷重・・・・・82		
II·8·15	対称任意長さ等分布荷重 （その1）・・・・・・・・・82	II·8·15	II·8·16
II·8·16	対称任意長さ等分布荷重 （その2）・・・・・・・・・83		
II·8·17	任意長さ等分布荷重・・・・・83	II·8·17	II·8·18
II·8·18	任意長さ等分布荷重・・・・・83		
II·8·19	任意長さ三角分布荷重・・・・84	II·8·19	—

II·9　2スパン連続ばりの計算公式・・・・・・・・・・・・・・・・・・84

II·9·1	片側2等分集中荷重・・・・・84	II·9·1	II·9·2
II·9·2	両側2等分集中荷重・・・・・84		
II·9·3	片側等分布荷重・・・・・・・85	II·9·3	II·9·4
II·9·4	両側等分布荷重・・・・・・・85		
II·9·5	片側等分布と片側2等分集中 荷重・・・・・・・・・・・85	II·9·5	II·9·6
II·9·6	両側2等分点集中荷重・・・・86		
II·9·7	相違する等分布荷重・・・・・86	II·9·7	II·9·8
II·9·8	スパンの変化等分布荷重・・・86		

II·10 連続ばりの応力表・・・・・・・・・・・・・・・87

- II·10·1　2スパン連続ばり・・・・・87
- II·10·2　3スパン連続ばり・・・・・87
- II·10·3　4スパン連続ばり・・・・・90
- II·10·4　5スパン連続ばり・・・・・94

II·10·1	等分布と集中	II·10·2	等分布と集中
II·10·3	等分布と集中	II·10·4	等分布と集中

II·11 不均等スパン連続ばりの計算公式・・・・・・・・・・96

- II·11·1　2スパン連続ばり・・・・・96
- II·11·2　3スパン連続ばり・・・・・96
- II·11·3　4スパン連続ばり・・・・・96
- II·11·4　5スパン連続ばり・・・・・96

II·11·1	係数	II·11·2	係数
II·11·3	係数	II·11·4	係数

II·12 方づえを有するはりの計算公式・・・・・・・・・・99

- II·12·1　2等分集中荷重・・・・・・99
- II·12·2　等分布荷重・・・・・・・・99
- II·12·3　端部に曲げモーメント作用・99

II·13 階段ばりの計算公式・・・・・・・・・・・・・・100

- II·13·1　両端ピン斜めばり・・・・・100
- II·13·2　両端ピン1折ればり・・・・100

II·13·3　両端ピン2折ればり・・・100	II·13·3	II·13·4
II·13·4　両端固定2折ればり・・・101		
II·13·5　両端固定1折ればり・・・101	II·13·5	—

II·14　リングばりの計算公式・・・・・・・・・・・・・・・・・・・102

II·14·1　等分布荷重・・・・・・・102	II·14·1	II·14·2
II·14·2　I形鋼ばり集中荷重・・・・103		
II·14·3　I形鋼ばり等分布荷重・・・104	II·14·3	—

II·15　曲りばり（バルコニー式）の計算公式・・・・・・・・・・・・・105

II·15·1　等分布荷重・・・・・・・105	II·15·1	II·15·2
II·15·2　対称任意長さ等分布荷重・・105		
II·15·3　2等分集中荷重・・・・・106	II·15·3	II·15·4
II·15·4　3等分集中荷重・・・・・106		
II·15·5　等分布荷重・・・・・・・107	II·15·5	II·15·6
II·15·6　頂点集中荷重・・・・・・107		

II·15·7 先端集中荷重 ・・・・・・108	II·15·7	II·15·8
II·15·8 等分布荷重 ・・・・・・・108		
II·15·9 ねじりモーメント M_K 作用・・108	II·15·9	II·15·10
II·15·10 ねじりモーメント M_0 作用・・108		

II·16 格子ばりの計算公式・・・・・・・・・・・・・・・・・・109

II·16·1 4等分格子ばりの曲げモーメント・・・・・・・109	II·16·1	II·16·2
II·16·2 5等分格子ばりの曲げモーメント・・・・・・・109		
II·16·3 6等分格子ばりの曲げモーメント・・・・・・・109	II·16·3	II·16·4
II·16·4 4等分斜格子ばりの曲げモーメント・・・・・・・109		
II·16·5 6等分斜格子ばりの曲げモーメント・・・・・・・109	II·16·5	II·16·6
II·16·6 8等分斜格子ばりの曲げモーメント・・・・・・・109		
II·16·7 格点荷重の分担力の計算（その1）・・・・・・・110	II·16·7	II·16·8
II·16·8 格点荷重の分担力の計算（その2）・・・・・・・110		
II·16·9 格点荷重の分担力の計算（その3）・・・・・・・110	II·16·9	II·16·10
II·16·10 たわみ角法による解法・・・111		
II·16·11 格子ばり格点方程式・・・112	II·16·11	

目　次

Ⅲ章　ラーメン構造力学公式・・・・・・・・・・・・・・・・・・・・ 117
Ⅲ・1　概　説・・・・・・・・・・・・・・・・・・・・・・・・・・・・ 117
Ⅲ・2　構造物の安定問題と静定・不静定・・・・・・・・・・・ 118
Ⅲ・3　ラーメン構造の応力解析・・・・・・・・・・・・・・・・・ 120
　　1.　応力解法の分類(応力法と変形法)・・・・・・・・・・ 120
　　2.　たわみ角法・・・・・・・・・・・・・・・・・・・・・・・・ 121
　　3.　固定法・・・・・・・・・・・・・・・・・・・・・・・・・・ 123
　　4.　長方形ラーメンの略算法(武藤博士の式)・・・・・・ 124
　　5.　ラーメン構造の応力計算例・・・・・・・・・・・・・・ 127
Ⅲ・4　下屋式ラーメン(片流れ)の計算公式・・・・・・・・・ 131

　　Ⅲ・4・1　鉛直等分布荷重・・・・・ 131
　　Ⅲ・4・2　鉛直任意点集中荷重・・・ 131

　　Ⅲ・4・3　鉛直2等分集中荷重・・・ 131
　　Ⅲ・4・4　屋根面水平風荷重・・・・ 131

　　Ⅲ・4・5　壁面等分布荷重・・・・・ 132
　　Ⅲ・4・6　屋根面水平集中荷重・・・ 132

　　Ⅲ・4・7　軒点水平集中荷重・・・・ 132
　　Ⅲ・4・8　壁面任意点集中荷重・・・ 132

Ⅲ・5　下屋式ラーメン(フラット)の計算公式・・・・・・・・ 133

　　Ⅲ・5・1　鉛直等分布荷重・・・・・ 133
　　Ⅲ・5・2　鉛直任意長さ等分布荷重
　　　　　　　(その1)・・・・・・・・ 133

24　目次

Ⅲ・5・3　鉛直任意長さ等分布荷重
　　　　（その2）・・・・・・・133

Ⅲ・5・4　鉛直任意点集中荷重・・・133

Ⅲ・5・5　鉛直2等分点集中荷重・・134

Ⅲ・5・6　鉛直3等分点集中荷重・・134

Ⅲ・5・7　壁面等分布荷重・・・・・134

Ⅲ・5・8　壁面任意点集中荷重・・・134

Ⅲ・6　門形ラーメン（柱脚ピン）の計算公式・・・・・・・・・・135

Ⅲ・6・1　鉛直等分布荷重・・・・・135

Ⅲ・6・2　鉛直任意点集中荷重・・・135

Ⅲ・6・3　鉛直2等分点集中荷重・・135

Ⅲ・6・4　鉛直3等分点集中荷重・・135

Ⅲ・6・5　水平等分布荷重・・・・・136

Ⅲ・6・6　水平集中荷重・・・・・・136

Ⅲ・6・7　水平クレーン荷重・・・・136

Ⅲ・6・8　鉛直クレーン荷重・・・・136

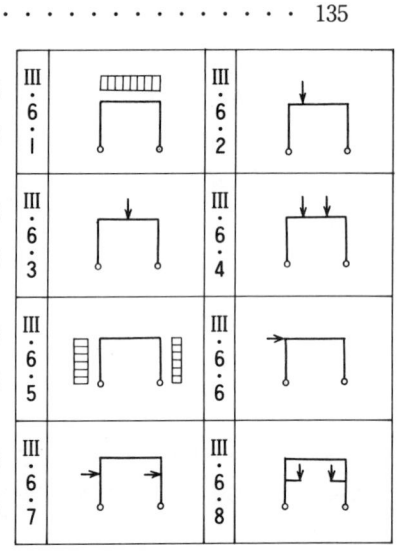

Ⅲ・7　異形門形ラーメン（柱脚ピン）の計算公式・・・・・・・・137

Ⅲ・7・1　鉛直等分布荷重・・・・・137

Ⅲ・7・2　鉛直任意点集中荷重・・・137

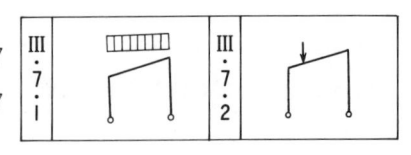

Ⅲ・7・3　水平等分布荷重(その1)‥137
Ⅲ・7・4　水平等分布荷重(その2)‥137
Ⅲ・7・5　水平等分布荷重(その3)‥138
Ⅲ・7・6　水平集中荷重‥‥‥‥138
Ⅲ・7・7　鉛直クレーン荷重‥‥‥138
Ⅲ・7・8　水平クレーン荷重‥‥‥138

Ⅲ・8　山形ラーメン(柱脚ピン)の計算公式‥‥‥‥‥‥‥139

Ⅲ・8・1　鉛直等分布荷重‥‥‥‥139
Ⅲ・8・2　鉛直片側等分布荷重‥‥‥139
Ⅲ・8・3　鉛直任意点集中荷重‥‥‥139
Ⅲ・8・4　頂点集中荷重‥‥‥‥139
Ⅲ・8・5　4等分点集中荷重‥‥‥140
Ⅲ・8・6　水平等分布荷重‥‥‥‥140
Ⅲ・8・7　屋根面水平等分布荷重‥‥140
Ⅲ・8・8　屋根面吹上げ荷重‥‥‥140
Ⅲ・8・9　合成風荷重‥‥‥‥‥141
Ⅲ・8・10　水平集中荷重‥‥‥‥141
Ⅲ・8・11　鉛直クレーン荷重‥‥‥141
Ⅲ・8・12　水平クレーン荷重‥‥‥141

Ⅲ・9　3ヒンジ山形ラーメンの計算公式・・・・・・・・・・・・・・・142

Ⅲ・9・1　鉛直等分布荷重・・・・・142	Ⅲ・9・1	Ⅲ・9・2	
Ⅲ・9・2　鉛直片側等分布荷重・・・・142			
Ⅲ・9・3　頂点集中荷重・・・・・・142	Ⅲ・9・3	Ⅲ・9・4	
Ⅲ・9・4　任意点集中荷重・・・・・142			
Ⅲ・9・5　水平等分布荷重・・・・・143	Ⅲ・9・5	Ⅲ・9・6	
Ⅲ・9・6　屋根面水平等分布荷重・・・143			
Ⅲ・9・7　水平集中荷重・・・・・・143	Ⅲ・9・7	Ⅲ・9・8	
Ⅲ・9・8　水平任意点集中荷重・・・143			

Ⅲ・10　アーチ形ラーメン(柱脚ピン)の計算公式・・・・・・・・・・144

Ⅲ・10・1　鉛直等分布荷重・・・・・144	Ⅲ・10・1	Ⅲ・10・2	
Ⅲ・10・2　鉛直片側等分布荷重・・・144			
Ⅲ・10・3　任意点集中荷重・・・・・144	Ⅲ・10・3	Ⅲ・10・4	
Ⅲ・10・4　水平等分布荷重・・・・・144			
Ⅲ・10・5　屋根面水平等分布荷重・・145	Ⅲ・10・5	Ⅲ・10・6	
Ⅲ・10・6　屋根面吹上げ荷重・・・・145			
Ⅲ・10・7　組合わせ風荷重・・・・・145	Ⅲ・10・7	Ⅲ・10・8	
Ⅲ・10・8　水平集中荷重・・・・・・145			

Ⅲ·11　タイバー付き山形ラーメン(その1)の計算公式・・・・・・・・・146

　　Ⅲ·11·1　鉛直等分布荷重・・・・・146
　　Ⅲ·11·2　任意点集中荷重・・・・・146

　　Ⅲ·11·3　4等分点集中荷重・・・・146
　　Ⅲ·11·4　6等分点集中荷重・・・・146

　　Ⅲ·11·5　水平等分布荷重・・・・・147
　　Ⅲ·11·6　屋根面水平等分布荷重・・・147

　　Ⅲ·11·7　屋根面吹上げ荷重・・・・・147
　　Ⅲ·11·8　水平集中荷重・・・・・・・147

Ⅲ·12　タイバー付き山形ラーメン(その2)の計算公式・・・・・・・・・148

　　Ⅲ·12·1　鉛直片側等分布荷重・・・・148
　　Ⅲ·12·2　水平等分布荷重・・・・・・148

　　Ⅲ·12·3　屋根面水平荷重・・・・・・148
　　Ⅲ·12·4　水平集中荷重・・・・・・・148

Ⅲ·13　中柱付き山形ラーメンの計算公式・・・・・・・・・・・・・・・149

　　Ⅲ·13·1　鉛直等分布荷重・・・・・149
　　Ⅲ·13·2　6等分点集中荷重・・・・149

Ⅲ・13・3　8等分点集中荷重・・・・149	Ⅲ・13・3	Ⅲ・13・4
Ⅲ・13・4　水平等分布荷重・・・・・150		
Ⅲ・13・5　屋根面水平等分布荷重・・・150	Ⅲ・13・5	Ⅲ・13・6
Ⅲ・13・6　屋根面吹上げ荷重・・・・150		
Ⅲ・13・7　組合わせ風荷重・・・・・151	Ⅲ・13・7	Ⅲ・13・8
Ⅲ・13・8　水平集中荷重・・・・・・151		
Ⅲ・13・9　4等分点集中荷重・・・・151	Ⅲ・13・9	

Ⅲ・14　中柱むねピン山形ラーメンの計算公式・・・・・・・・・・・・152

Ⅲ・14・1　鉛直等分布荷重・・・・・152	Ⅲ・14・1	Ⅲ・14・2
Ⅲ・14・2　6等分点集中荷重・・・・152		
Ⅲ・14・3　8等分点集中荷重・・・・152	Ⅲ・14・3	Ⅲ・14・4
Ⅲ・14・4　任意点集中荷重・・・・・152		
Ⅲ・14・5　水平等分布荷重・・・・・153	Ⅲ・14・5	Ⅲ・14・6
Ⅲ・14・6　屋根面水平荷重・・・・・153		
Ⅲ・14・7　屋根面吹上げ荷重・・・・153	Ⅲ・14・7	Ⅲ・14・8
Ⅲ・14・8　水平集中荷重・・・・・・153		

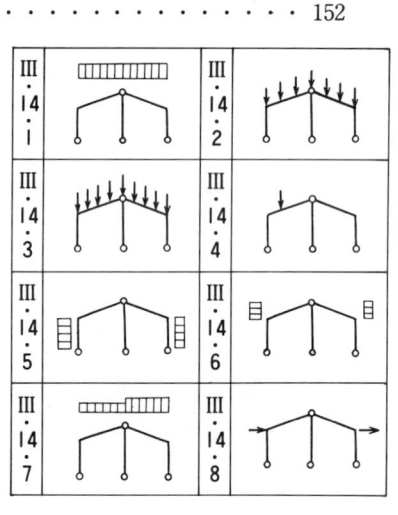

Ⅲ・15　2スパン単層ラーメンの計算公式・・・・・・・・・・・154

Ⅲ・15・1　鉛直等分布荷重・・・・・154	Ⅲ・15・1	Ⅲ・15・2
Ⅲ・15・2　片側鉛直等分布荷重・・・154		

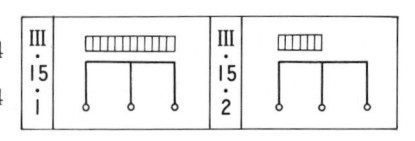

Ⅲ・15・3　相違する等分布荷重・・・・154

Ⅲ・15・4　2等分点集中荷重・・・・・155

Ⅲ・15・5　片側2等分点集中荷重・・・155

Ⅲ・15・6　水平集中荷重・・・・・・・155

Ⅲ・15・7　任意点水平荷重・・・・・・156

Ⅲ・15・8　水平等分布荷重・・・・・・156

Ⅲ・16　3スパン単層ラーメンの計算公式・・・・・・・・・・・・・・・157

Ⅲ・16・1　鉛直等分布荷重・・・・・・157

Ⅲ・16・2　中スパン等分布荷重・・・・157

Ⅲ・16・3　対称等分布荷重・・・・・・157

Ⅲ・16・4　中スパン2等分集中荷重・・158

Ⅲ・16・5　対称2等分点集中荷重・・・158

Ⅲ・16・6　水平集中荷重・・・・・・・158

Ⅲ・16・7　水平等分布荷重・・・・・159

Ⅲ・16・8　任意点水平集中荷重・・・・159

Ⅲ・17　連棟山形ラーメンの計算公式・・・・・・・・・・・・・・・160

Ⅲ・17・1　鉛直等分布荷重・・・・・・160

Ⅲ・17・2　水平集中荷重・・・・・・・160

III・18　連棟山形ラーメン（むねピン）の計算公式・・・・・・・・・・・・ 161

　　III・18・1　鉛直等分布荷重・・・・・ 161
　　III・18・2　組合わせ風荷重・・・・・ 161

III・19　2層ラーメン（柱脚ピン）の計算公式・・・・・・・・・・・・・・ 162

　　III・19・1　鉛直等分布荷重・・・・・ 162
　　III・19・2　水平（地震）荷重・・・・・ 162

III・20　山形ラーメン（柱脚固定）の計算公式・・・・・・・・・・・・・ 163

　　III・20・1　鉛直等分布荷重・・・・・ 163
　　III・20・2　片側等分布荷重・・・・・ 163

　　III・20・3　任意点集中荷重・・・・・ 163
　　III・20・4　水平等分布荷重・・・・・ 164

　　III・20・5　屋根面水平等分布荷重・・・ 164
　　III・20・6　水平集中荷重・・・・・・ 164

　　III・20・7　鉛直クレーン荷重・・・・・ 165
　　III・20・8　水平クレーン荷重・・・・・ 165

　　III・20・9　頂点集中荷重・・・・・・ 165

目 次

Ⅲ・21 門形ラーメン(柱脚固定)の計算公式・・・・・・・・・・・・・・・166

    Ⅲ・21・1 鉛直等分布荷重・・・・・166
    Ⅲ・21・2 任意点集中荷重・・・・・166

    Ⅲ・21・3 2等分点集中荷重・・・・166
    Ⅲ・21・4 等変分布荷重・・・・・・167

    Ⅲ・21・5 水平等分布荷重・・・・・167
    Ⅲ・21・6 水平集中荷重・・・・・・167

    Ⅲ・21・7 鉛直クレーン荷重・・・・168
    Ⅲ・21・8 水平クレーン荷重・・・・168

    Ⅲ・21・9 3等分点集中荷重・・・・168

Ⅲ・22 2スパン単層ラーメン(柱脚固定)の計算公式・・・・・・・・・・169

    Ⅲ・22・1 鉛直等分布荷重・・・・・169
    Ⅲ・22・2 片側等分布荷重・・・・・169

    Ⅲ・22・3 水平等分布荷重・・・・・170
    Ⅲ・22・4 水平集中荷重・・・・・・170

目次

Ⅲ·23　3スパン単層ラーメン(柱脚固定)の計算公式・・・・・・・・・171

　　Ⅲ·23·1　鉛直等分布荷重・・・・・171
　　Ⅲ·23·2　水平集中荷重・・・・・・171

Ⅲ·24　2層ラーメン(柱脚固定)の計算公式・・・・・・・・・・・・172

　　Ⅲ·24·1　鉛直等分布荷重・・・・・172
　　Ⅲ·24·2　水平(地震)集中荷重・・・172

Ⅲ·25　固定モーメント法・・・・・・・・・・・・・・・・・・・173

　　Ⅲ·25·1　節点が移動しないとき・・・173
　　Ⅲ·25·2　節点が移動するとき
　　　　　　　―強制変形法・・・・・・・174
　　Ⅲ·25·3　節点が移動するとき
　　　　　　　―強制変形法・・・・・・・176

Ⅲ·26　分担係数(D値)法（武藤博士の式)・・・・・・・・・・・178

　　Ⅲ·26·1　一般階と柱脚固定およびピン
　　　　　　　の分担係数・・・・・・・178
　　Ⅲ·26·2　柱高の違う分担係数・・・178
　　Ⅲ·26·3　吹抜けのあるラーメン
　　　　　　　の分担係数・・・・・・・178
　　Ⅲ·26·4　段違いラーメンの分担係数・179

目　次

Ⅲ・27　山形アーチ(ピン)の計算公式・・・・・・・・・・・・・・・・185

　　Ⅲ・27・1　鉛直片側等分布荷重・・・185
　　Ⅲ・27・2　鉛直等分布荷重・・・・・185

　　Ⅲ・27・3　任意点集中荷重・・・・・185
　　Ⅲ・27・4　頂点集中荷重・・・・・・185

　　Ⅲ・27・5　水平等分布荷重・・・・・186
　　Ⅲ・27・6　水平集中荷重・・・・・・186

　　Ⅲ・27・7　頂点水平集中荷重・・・・186
　　Ⅲ・27・8　鉛直片側等分布荷重・・・186

Ⅲ・28　円弧アーチ(両端ピン)の計算公式・・・・・・・・・・・・・187

　　Ⅲ・28・1　鉛直等分布荷重・・・・・187
　　Ⅲ・28・2　固定荷重(自重)・・・・・187

　　Ⅲ・28・3　部分固定荷重(自重)・・・188
　　Ⅲ・28・4　任意点集中荷重・・・・・188

　　Ⅲ・28・5　対称鉛直2点荷重・・・・188
　　Ⅲ・28・6　水平1点集中荷重・・・・189

　　Ⅲ・28・7　水平等分布荷重・・・・・189

III・29　円弧アーチ(両端固定)の計算公式・・・・・・・・・・・・・・・・・190

　　III・29・1　任意点集中荷重・・・・・・190
　　III・29・2　頂点集中荷重・・・・・・191
　　III・29・3　鉛直等分布荷重・・・・・191
　　III・29・4　固定荷重(自重)・・・・・192
　　III・29・5　水平等分布荷重・・・・・192

III・30　放物線アーチ(両端ピン)の計算公式・・・・・・・・・・・・193

　　III・30・1　鉛直等分布荷重・・・・・193
　　III・30・2　片側等分布荷重$(l/2)$・・・193
　　III・30・3　任意長さ等分布荷重・・・193
　　III・30・4　片側等変分布荷重・・・・・194
　　III・30・5　放物線荷重・・・・・・・194
　　III・30・6　水平1点集中荷重・・・・194
　　III・30・7　水平等分布荷重・・・・・194
　　III・30・8　水平等変分布荷重・・・・194
　　III・30・9　一端に曲げモーメント作用・194

III・31　放物線アーチ(両端固定)の計算公式・・・・・・・・・・・・195

　　III・31・1　頂点集中荷重・・・・・・195
　　III・31・2　1点集中荷重$(l/4)$・・・195

Ⅲ・31・3	任意点集中荷重・・・・・195	
Ⅲ・31・4	対称集中荷重$(l/4)$・・・196	
Ⅲ・31・5	対称任意点集中荷重・・・・196	
Ⅲ・31・6	頂点水平集中荷重・・・・・196	
Ⅲ・31・7	任意点水平集中荷重・・・・196	
Ⅲ・31・8	水平等分布荷重・・・・・196	
Ⅲ・31・9	鉛直等分布荷重・・・・・196	
Ⅲ・31・10	片側等分布荷重$(l/2)$・・・197	
Ⅲ・31・11	単位長さ$(l/4)$等分布荷重・197	
Ⅲ・31・12	単位長さ(a)等分布荷重・・・197	
Ⅲ・31・13	対称単位長さ$(l/4)$等分布荷重・・・・・・・・198	
Ⅲ・31・14	対称単位長さ(a)等分布荷重・198	
Ⅲ・31・15	単位長さ$(l/2)$等分布荷重・198	
Ⅲ・31・16	単位長さ(a)等分布荷重・・・198	
Ⅲ・31・17	片側等変分布荷重・・・・・198	
Ⅲ・31・18	単位長さ(a)等変分布荷重・・198	
Ⅲ・31・19	対称等変分布荷重・・・・・199	
Ⅲ・31・20	単位長さ(a)対称荷重・・・・199	
Ⅲ・31・21	片側放物線荷重・・・・・199	
Ⅲ・31・22	単位長さ(a)放物線荷重・・・200	
Ⅲ・31・23	2次放物線荷重・・・・・200	
Ⅲ・31・24	単位長さ(a)2次放物線荷重・200	

Ⅲ・32　ブレース構造の計算公式・・・・・・・・・・・・・・・201

Ⅲ・32・1　X形ブレース引張り負担・・201	
Ⅲ・32・2　逆V形ブレース引張り負担・201	
Ⅲ・32・3　逆V形ブレース引張りと 　　　　　圧縮負担・・・・・・・・201	
Ⅲ・32・4　ハ形ブレース引張り負担・・201	
Ⅲ・32・5　ハ形ブレース引張りと 　　　　　圧縮負担・・・・・・・・202	
Ⅲ・32・6　方づえ形式引張り負担・・・202	
Ⅲ・32・7　方づえ形式引張りと 　　　　　圧縮負担・・・・・・・・202	
Ⅲ・32・8　方づえ形式引張りと 　　　　　圧縮負担・・・・・・・・202	
Ⅲ・32・9　◇形ブレース引張りと 　　　　　圧縮負担・・・・・・・・203	
Ⅲ・32・10　V形ブレース引張り負担・・203	
Ⅲ・32・11　V形ブレース圧縮と 　　　　　引張り負担・・・・・・・203	
Ⅲ・32・12　門形ブレース引張り負担・・203	
Ⅲ・32・13　門形ブレース圧縮と 　　　　　引張り負担・・・・・・・204	
Ⅲ・32・14　X形ブレース引張り負担・・204	
Ⅲ・32・15　X形ブレース引張りと 　　　　　圧縮負担・・・・・・・・204	
Ⅲ・32・16　バットレス圧縮負担・・・204	

III·33　ブレース付きラーメン構造の計算公式・・・・・・・・・・・・・205

　　III·33·1　柱脚固定門形ラーメン・・・207
　　III·33·2　柱脚ピン門形ラーメン・・・207
　　III·33·3　柱脚固定柱頭ピン門形
　　　　　　　ラーメン・・・・・・・・207
　　III·33·4　3層ラーメン
　　　　　　　（多層ラーメン）・・・・・207
　　III·33·5　2層ラーメン
　　　　　　　（多層ラーメン）・・・・・208

III·34　変形計算公式・・・・・・・・・・・・・・・・・・・・210

　　III·34·1　3ヒンジラーメン等分布荷重・214
　　III·34·2　3ヒンジラーメン水平集中
　　　　　　　荷重・・・・・・・・・・・214
　　III·34·3　門形ラーメン等分布荷重・・214
　　III·34·4　門形ラーメン集中荷重・・・215
　　III·34·5　門形ラーメン水平集中荷重・215
　　III·34·6　3ヒンジ山形ラーメン水平
　　　　　　　荷重・・・・・・・・・・・215
　　III·34·7　3ヒンジ山形ラーメン等分布
　　　　　　　荷重・・・・・・・・・・・216
　　III·34·8　山形ラーメン等分布荷重・・216
　　III·34·9　アーチ形ラーメン等分布荷重・217

目次

Ⅳ章	トラス構造公式······	221
Ⅳ・1	トラスの定義と種類·····	221
Ⅳ・2	トラスの解法の仮定と応力図示法·····	221
Ⅳ・3	静定トラスの解法······	222
	1. 解法の種類········	222
	2. 節点法(クレモナ図解法)·····	222
	3. 節点法(算式解法)·····	223
	4. 切断法(リッター法)·····	224
Ⅳ・4	不静定トラスの解法······	225
Ⅳ・5	クレモナ図解法······	227
	Ⅳ・5・1　キングポスト トラス(鉛直荷重)·······	227
	Ⅳ・5・2　キングポスト トラス(風荷重)········	227
	Ⅳ・5・3　ワーレン トラス(鉛直荷重)・	227
	Ⅳ・5・4　ワーレン トラス(風荷重)・・	227
	Ⅳ・5・5　キングポスト トラス(鉛直荷重)·······	228
	Ⅳ・5・6　キングポスト トラス(風荷重)········	228
	Ⅳ・5・7　フィンク トラス(鉛直荷重)・	228
	Ⅳ・5・8　フィンク トラス(風荷重)・・	228
	Ⅳ・5・9　プラット トラス(上弦荷重)・	229
	Ⅳ・5・10　プラット トラス(下弦荷重)・	229
	Ⅳ・5・11　ハウトラス(上弦荷重)・・	229
	Ⅳ・5・12　ハウトラス(下弦荷重)・・	229

Ⅳ・5・13 ワーレントラス(上弦荷重)・229	Ⅳ・5・13
Ⅳ・5・14 ワーレントラス(下弦荷重)・229	Ⅳ・5・14
Ⅳ・5・15 ワーレントラス(上弦荷重)・230	Ⅳ・5・15
Ⅳ・5・16 ワーレントラス(上弦荷重)・230	Ⅳ・5・16
Ⅳ・5・17 ワーレントラス(下弦荷重)・230	Ⅳ・5・17
Ⅳ・5・18 ワーレントラス(上弦荷重)・230	Ⅳ・5・18
Ⅳ・5・19 サブデバイドトラス(上弦荷重)・・・・・・・230	Ⅳ・5・19
Ⅳ・5・20 Kトラス(上弦荷重)・・・231	Ⅳ・5・20
Ⅳ・5・21 Kトラス(上弦荷重)・・・231	Ⅳ・5・21
Ⅳ・5・22 Kトラス(下弦荷重)・・・231	Ⅳ・5・22
Ⅳ・5・23 塔状Kトラス(水平荷重)・・231	Ⅳ・5・23
Ⅳ・5・24 塔状Kトラス(水平荷重)・・231	Ⅳ・5・24
Ⅳ・5・25 特殊トラス(鉛直荷重)・・・231	Ⅳ・5・25
Ⅳ・5・26 特殊トラス(鉛直荷重)・・・231	Ⅳ・5・26
Ⅳ・5・27 方づえ付き複合トラス(鉛直荷重)・・・・・・・232	Ⅳ・5・27
Ⅳ・5・28 方づえ付き複合トラス(風荷重)・・・・・・・・・232	Ⅳ・5・28
Ⅳ・5・29 方づえ付き複合トラス(鉛直荷重)・・・・・・・232	Ⅳ・5・29
Ⅳ・5・30 方づえ付き複合トラス(風荷重)・・・・・・・・・232	Ⅳ・5・30

Ⅳ・6　ラーメン材を含むトラスの計算公式・・・・・・・・・・・・・233

　　Ⅳ・6・1　鉛直等分布荷重・・・・・233
　　Ⅳ・6・2　中央集中荷重・・・・・・・233

　　Ⅳ・6・3　任意点集中荷重・・・・・・234
　　Ⅳ・6・4　鉛直等分布荷重・・・・・235

　　Ⅳ・6・5　対称集中荷重・・・・・・・236
　　Ⅳ・6・6　対称任意点集中荷重・・・・237

　　Ⅳ・6・7　対称任意点集中荷重・・・・238
　　Ⅳ・6・8　中央集中荷重・・・・・・239

Ⅳ・7　不静定トラスの計算公式・・・・・・・・・・・・・・・・・・240

　　Ⅳ・7・1　内的不静定トラス・・・・・240

Ⅳ・8　トラスの変形計算公式・・・・・・・・・・・・・・・・・・・241

　　Ⅵ・8・1　片持ちばり式トラスの変形・・241
　　Ⅳ・8・2　N形トラスの変形・・・・・242

　　Ⅳ・8・3　キングポスト　トラスの変形・・243
　　Ⅳ・8・4　不静定トラスの変形・・・・244

V章　構造設計 ・・・247

V・1　概説 ・・・247
1. 度量衡, 数表 ・・・248

V・2　許容応力度 ・・・249
1. 材料の諸係数 ・・・249
2. 材料の許容応力度 ・・・249

V・3　荷重および外力 ・・・252
1. 材料の重量 ・・・252
2. 厚さ1cmあたりの単位重量 ・・・252
3. 固定荷重 ・・・253
4. 積載荷重 ・・・254
5. 参考積載荷重 ・・・254
6. 風荷重 ・・・255
7. 地震荷重 ・・・256
8. 天井クレーンの荷重（最大車輪荷重，クレーン自重）・・・257

V・4　C, M_0, Q 計算図表 ・・・258

V・5　鋼構造設計 ・・・267
1. 鋼材の圧縮材，曲げ材の座屈許容応力度 ・・・267
2. 大ばり断面設計（H形鋼）・・・268
3. 柱断面設計（H形鋼）・・・270
4. トラスばりの設計 ・・・272
5. 組立柱の設計（H形鋼）・・・273
6. 接合部の設計 ・・・274
7. 柱脚の設計 ・・・284
8. 小ばりの設計 ・・・291
9. 方杖付き小ばり・片持ばりの設計 ・・・292
10. クレーンガーダーの設計 ・・・293

11. ブレースの設計 ･･･････････････････････････ 294
12. 有孔ばりの断面検討 ･･････････････････････ 298
13. 合成デッキスラブの設計 ････････････････ 299
14. 合成ばりの有効等価断面2次モーメント・係数 ･･･････ 300
15. H形鋼断面性能 ･････････････････････････ 301
16. 鋼材の長期曲げ許容応力度 ････････････････ 304
17. 鋼材の長期圧縮許容応力度 ････････････････ 305
18. 鋼管の断面性能 ･････････････････････････ 307
19. 山形鋼の断面性能 ･･････････････････････ 309
20. 底板中立軸位置の計算図表 ････････････････ 313

Ⅴ･6 鉄筋コンクリート構造設計 ･･････････････････ 314
1. コンクリートの許容応力度 ････････････････ 314
2. 大ばり断面設計 ･････････････････････････ 315
3. 柱断面設計 ･･･････････････････････････ 317
4. 小ばりの設計 ･･･････････････････････････ 319
5. スラブの設計 ･･･････････････････････････ 320
6. フラットスラブの設計 ･･････････････････ 321
7. 耐震壁の設計 ･･･････････････････････････ 322
8. 長方形ばりの断面算定図表 ････････････････ 323
9. 柱の断面算定図表 ･･････････････････････ 326
10. スラブ計算図表 ･････････････････････････ 336

Ⅴ･7 基礎の設計 ･･･････････････････････････ 341
1. 地盤の許容支持力度 ･･････････････････････ 341
2. 長方形独立フーチング基礎の設計 ･･････････ 342
3. 円形独立フーチング基礎の設計 ･･････････ 344
4. 杭体の許容応力度 ･･････････････････････ 345
5. 杭の許容支持力算定 ･･････････････････････ 346

6. 杭支持基礎の設計 ・・・・・・・・・・・・・・・・・	349
7. PHC 杭の水平力に対する検定 ・・・・・・・・・・・	350
8. 接地圧係数と偏心率の関係図表 ・・・・・・・・・・・	351
9. 基礎板の設計用応力 Q_F, M_F 算定図 ・・・・・・・・	352
10. "長い杭"の応力,変位 ・・・・・・・・・・・・・・	353
11. 杭頭が突出している"長い杭"の応力,変位 ・・・・・	354
12. PHC 杭の標準性能表 ・・・・・・・・・・・・・・・	355
13. PHC 杭の軸力—許容曲げモーメント関係 ・・・・・・	356
14. $N(E_0)$ 値,β 値,杭頭曲げモーメント M_0 の関係表 ・・・・・	362
V・8 保有水平耐力の算定 ・・・・・・・・・・・・・・・・	363
1. 必要保有水平耐力 ・・・・・・・・・・・・・・・・・	363
2. 保有水平耐力 ・・・・・・・・・・・・・・・・・・・	363
3. S 造の構造特性係数 D_S 値 ・・・・・・・・・・・・	364
4. RC 造の構造特性係数 D_S 値 ・・・・・・・・・・・	369
5. RC 部材の種別 ・・・・・・・・・・・・・・・・・・	370
V・9 鉄筋の断面積・周長 ・・・・・・・・・・・・・・・・	371

参考文献

新
建築 土木
構造マニュアル

1

材料力学公式

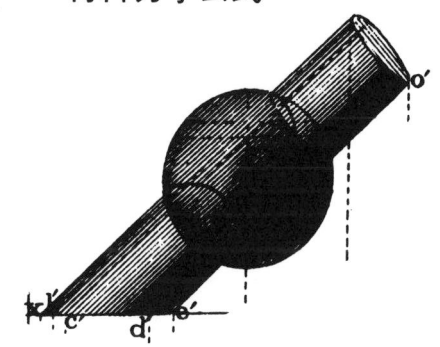

I章　材料力学公式

I·1　概　説

　建築構造物に加わる外力（荷重）に対し，構造物を構成する部材の安全度を検討する目的でなされる力学的計算を構造計算といい，部材の応力算定および構造物の変形を算定する構造力学と称される部分と，部材の安全性を確かめながら断面の大きさを算定していく断面設計の部分とから成り立っている．ここで述べる材料力学は材料の力学的性質すなわち力を受けた材料の応力分布状態，材料の変形状態と断面の諸係数等を求める力学で断面設計には欠くことのできない分野である．

I·2　材料の力学的性質

1.　垂直ひずみ度・せん断ひずみ度

　物体が外力を受けるとき，その内部に応力が生じると同時に，その形状に変化が生じる．それをひずみまたは変形という．そのひずみの度合は，たとえば長さ l_0 の棒に外力 P を加えるとき，長さ方向には Δl だけ伸び，横方向には Δd だけ縮むことになる．この場合の原形の大きさに対する変位量の割合を垂直ひずみ度という（1·1図参照）．

　また，せん断力を受けて変形する場合の変位量の割合をせん断ひずみ度という．

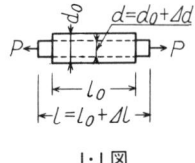

1·1図

2.　弾性係数

　① フックの法則……弾性限度内においては，物体に起こる応力度はそのひずみ度に比例する．→応力度＝定数×変形度

　② ヤング係数 E（縦弾性係数）……垂直応力度と縦ひずみ度とのあいだの比例定数をいう．いま応力度が σ のときのひずみ度を ε とすれば，つぎの(1·1)，(1·2)式のような関係式が成り立つ．

$$\sigma = E \cdot \varepsilon \tag{1·1}$$

$$E = \frac{\sigma}{\varepsilon} = \frac{\frac{P}{A}}{\frac{\Delta l}{l_0}} \quad \text{あるいは} \quad \Delta l = \frac{\sigma}{E} l_0 = \frac{Pl_0}{AE} \tag{1・2}$$

③ せん断弾性係数 G(横弾性係数)……せん断応力度とせん断ひずみ度のあいだの比例定数である．いません断応力度 τ の存在するときのひずみ度を γ とすれば，つぎの関係式が成り立つ．

$$G = \frac{\tau}{\gamma}, \quad \gamma = \frac{\tau}{G} \quad \text{あるいは} \quad \tau = G\gamma \tag{1・3}$$

3. ポアソン比

棒に縦の方向の伸びあるいは縮みが起こるとき，横の方向には反対の変形すなわち縮みあるいは伸びが起こる．その縦ひずみ度 ε_l と横ひずみ度 ε_d の比は，材料によって一定である．それをポアソン比 ν という．

$$\nu = \frac{\varepsilon_d}{\varepsilon_l} = \frac{1}{m} \quad (\text{ポアソン比}) \tag{1・4}$$

$$m = \frac{\varepsilon_l}{\varepsilon_d} \quad (\text{ポアソン数}) \tag{1・5}$$

4. 線膨張係数

物体は温度の変化にともなってその長さを変えるものである．温度があがれば伸び，さがれば縮む，その長さの変化は温度変化に比例する．

温度セ氏1度(℃)の変化があるときに単位長さに起こる長さの変化を線膨張係数 α という．長さ l_0 の棒が温度 t_1(℃)から t_2(℃)に変化した場合の長さの変化 Δl は

$$\Delta l = \alpha (t_2 - t_1) l_0 \tag{1・6}$$

ひずみ度は

$$\varepsilon = \frac{\Delta l}{l_0} = \frac{\alpha(t_2 - t_1) l_0}{l_0} = \alpha(t_2 - t_1) \tag{1・7}$$

であるから，温度応力度は次式のようになる．

$$\sigma = E \cdot \varepsilon = E \cdot \alpha (t_2 - t_1) \tag{1・8}$$

5. 応 力 度

物体に外力が作用した場合，その物体内部に外力に抵抗する"内力"が作用する．それを応力または応力度と呼ぶ．

応力度には断面に垂直にはたらく垂直応力度 σ_x, σ_y と断面に平行にはたらくせん断応力度 τ の2種類がある(1・2図参照)．

曲げ応力度は断面の一方は圧縮応力度で他方は引張り応力度となる．一般に二つあるいは二つ以上の応力が同時に異なる方向に起こるとき，これを組合わせ応力度という．

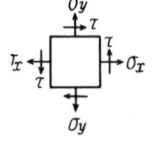

1・2図

6. はりの曲げ応力度

曲げ応力度とは部材が，曲げモーメントを受けて部材断面の両縁が伸び縮みを起こし，それによって生ずる応力度をさす．

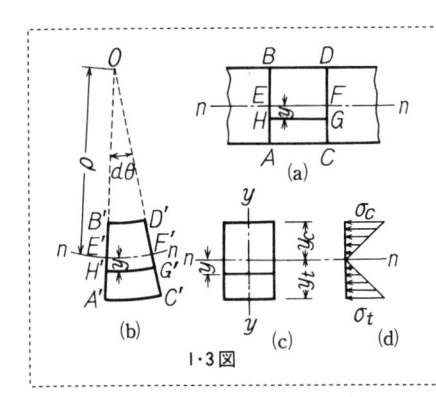

中立軸 $n-n$ より距離 y における点の曲げ応力度は次式で表わされる．

$$\sigma = E\frac{y}{\rho} \qquad (1\cdot 9)$$

あるいは

$$\sigma = \frac{M\cdot y}{I} \qquad (1\cdot 10)$$

E：ヤング係数
ρ：部材軸の曲率半径．
I：中立軸に対する断面2次モーメント．

1・3図

〔証明〕 1・3図で図(a)部材の1部分 $ABCD$ を考え，曲げモーメントによって図(b)の $A'B'C'D'$ のように変化し，断面 $A'B'$ および $C'D'$ の延長が角 $d\theta$（ラジアン）で交わったとする．このとき $\rho = OE'$ となる．中立軸より y なる距離（$H'-G'$）における応力度を σ，ひずみ度を ε とし，中立軸より単位距離における応力度を σ_0 とすれば，オイラー・ベルヌーイの仮定より

$$\sigma = E\cdot\varepsilon$$

$$\varepsilon = \frac{H'G' - HG}{HG} = \frac{H'G' - E'F'}{E'F'} = \frac{(\rho + y)d\theta - \rho\cdot d\theta}{\rho\cdot d\theta} = \frac{y}{\rho}$$

したがって $\sigma = E\dfrac{y}{\rho}$ あるいは $\sigma_0 = \dfrac{\sigma}{y} = \dfrac{E}{\rho}$

つぎに x 方向のつり合い条件 $\sum X = 0$ より，ある断面における曲げ応力度の引張り側の合力と圧縮側の合力とは相等しい．すなわち

$$\int_0^{y_t} \sigma\cdot dA = \int_0^{y_c} \sigma\cdot dA \quad \text{あるいは} \quad \int_{-y_c}^{y_t} \sigma\cdot dA = 0$$

したがって $\sigma_0 \displaystyle\int_{-y_c}^{y_t} y\cdot dA = 0$ となる．

つぎに $\sum M = 0$ のつり合い条件より

$$\int_{y_c}^{y_t} (\sigma\cdot dA)\times y = M \quad \text{よって} \quad \sigma_0 \int_{-y_c}^{y_t} y^2\cdot dA = M$$

式中 $\displaystyle\int_{-y_c}^{y_t} y^2\cdot dA = I$（断面2次モーメント）で表わすとつぎの関係が得られる．

$$\sigma_0 = \frac{\sigma}{y} = \frac{E}{\rho} = \frac{M}{I}$$

したがって任意の点の曲げ応力度は次式で表わされる．

$$\therefore \quad \sigma = \sigma_0 \cdot y = \frac{M \cdot y}{I}$$

証明終わり．

いま中立軸 $n-n$ からそれぞれの縁までの距離が y_t, y_c であるから

$$\sigma_t = \frac{M \cdot y_t}{I}, \quad \sigma_c = \frac{M \cdot y_c}{I} \tag{1·11}$$

式中 $I/y_t, I/y_c$ は断面係数 (Z) と呼ばれるものであるから次式を得る．

$$\sigma_t = \frac{M}{Z_t}, \quad \sigma_c = \frac{M}{Z_c} \tag{1·12}$$

7. はりのせん断応力度

はりに荷重が作用して，曲げモーメント M とせん断力 Q が生じ，なお任意断面においては，曲げ応力度とせん断応力度が存在する．

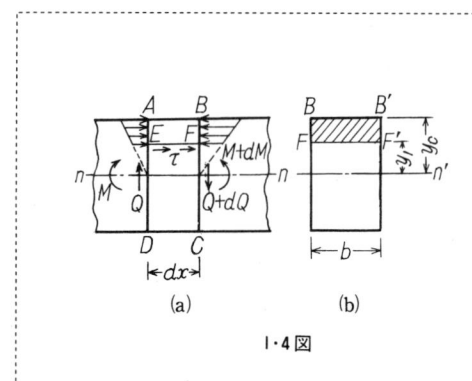

任意点 $(F-F')$ におけるせん断応力度 τ は次式で表わされる．

$$\tau = \frac{QS_1}{bI} \tag{1·13}$$

I：中立軸 $n-n$ に対する断面2次モーメント．
b：その点におけるはり幅．
S_1：$F-F'$ 線より上部断面積の中立軸に対する1次モーメント．

1·4 図

〔証明〕 1·4 図において，はりの一部分より dx 離れた二つの断面により切りとられた微小片を A, B, C, D とする．また中立軸 $n-n$ より y なる距離における微小面積を dA とする．図(a)の断面 AD における曲げモーメントを M，断面 BC における曲げモーメントを $M+dM$ とし，この両断面の曲げ応力度をそれぞれ σ および $\sigma+d\sigma$ とすれば

$$\sigma = \frac{M \cdot y}{I}, \quad \sigma + d\sigma = \frac{(M+dM)y}{I}$$

また同図(a)の $AEFB$ 部分の EF 面にせん断応力度 τ が生じ, AE 面と BF 面には曲げ応力度がはたらき, これらの合力がつり合いを保っているので

$$\tau \cdot b \cdot dx = \int_{y_1}^{y_c} (\sigma + d\sigma) dA - \int_{y_1}^{y_c} \sigma \cdot dA$$

この右辺に(1・10)式を代入するとつぎのようになる.

$$\tau \cdot b \cdot dx = \int_{y_1}^{y_c} \frac{dM}{I} y \cdot dA \text{ または } \tau = \frac{dM}{dx} \cdot \frac{1}{bI} \int_{y_1}^{y_c} y \cdot dA$$

この式中 $dM/dx = Q$ であり, $\int_{y_1}^{y_c} y \cdot dA$ は断面 $BFF'B'$ の中立軸 $n-n'$ に対する1次モーメントと称するものである. これを S_1 とおくと

$$\therefore \quad \tau = Q \frac{S_1}{bI}$$

証明終わり.

〔例題〕 1・5図の長方形断面のせん断応力度の分布状態を求めよ.

〔解〕 断面2次モーメント $I = \dfrac{bh^3}{12}$

断面1次モーメント $S_1 = A_0 \cdot y_0 = b\left(\dfrac{h}{2} - y\right)\left\{y + \dfrac{1}{2}\left(\dfrac{h}{2} - y\right)\right\}$

この二つを(1・13)式に代入

$$\tau = \frac{6Q}{bh^3}\left(\frac{h^2}{4} - y^2\right)$$

(y につき2次式で放物線を表わす.)

いま $y = 0$ (中立軸) においては最大せん断応力度になる.

1・5図

$$\tau_{max} = \frac{6Q}{bh^3}\left(\frac{h^2}{4}\right) = \frac{3}{2} \cdot \frac{Q}{bh} = \frac{3}{2} \cdot \frac{Q}{A}$$
$$= \frac{3}{2} \times (断面の平均せん断応力度) = \frac{3}{2}\bar{\tau}$$

8. ねじり応力度とねじり角

棒の一端を固定して先端にねじりモーメント M_T を加えると, 棒はその軸線の回りにねじられ内部にねじり応力が発生する.

ねじり応力度 $\quad \tau_y = \dfrac{M_T}{I_P} y \quad$ (1・14)

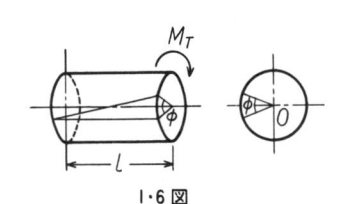

1・6図

単位長さのねじり角　$\theta = \dfrac{M_T}{I_P G}$ 　　　　　　　　　　(1・15)

先端のねじり角　$\phi = \theta l$ 　　　　　　　　　　　　(1・16)

その場合に，I_P は断面極 2 次モーメント，y は図心からの距離，G はせん断弾性係数とする．

〔例題〕　直径 D の円棒がねじりモーメントを受けるときの τ_{max} を求めよ．

〔解〕　$\tau = G\gamma$，(1・3)式より

$$\gamma = \frac{\widehat{BB'}}{dy} = \frac{a \cdot d\phi}{dy} \text{であり} \frac{d\phi}{dy} = \theta (\text{単位長さ当たりの回転角})$$

とすれば

$$\tau = G\frac{a \cdot d\theta}{dy} = G \cdot a \cdot \theta$$

$$\tau' = \frac{\tau}{a}r = G \cdot r \cdot \theta$$

$$M_T = \int_0^a \tau' \cdot dA \cdot r = \int_0^a G \cdot r \cdot \theta \cdot dA \cdot r = G\theta \int r^2 \cdot dA = G\theta I_P$$

この場合

$$I_P = \int_0^a r^2 \cdot dA = \int_0^a 2\pi r \cdot dr \cdot r^2 = \int_0^a 2\pi r^3 \cdot dr = \frac{\pi a^4}{2}$$

$$\therefore \ M_T = \frac{G\theta \pi a^4}{2} \quad \therefore \ \theta = \frac{2M_T}{G\pi a^4}$$

$$\tau_{max} = G\theta \cdot a = G\frac{2M_T}{G\pi a^4}a = \frac{2M_T}{\pi a^3}$$

直径を D とすれば

$$\tau_{max} = \frac{16 M_T}{\pi D^3}$$

9. 応用方法（応力度と変形）

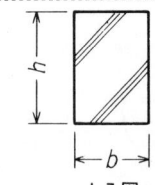

コンクリート部材を例にとり，材料の諸係数および応力度と変形等を計算する．

部材断面　$A = b \times h = 30\text{cm} \times 45\text{cm}$
コンクリートのヤング係数　$E = 2100 \text{ kN/cm}^2$
コンクリートのせん断弾性係数　$G = 900 \text{ kN/cm}^2$

1・7 図

(1) **垂直応力度と変形**　荷重 $P=500\,\text{kN}$, 全長 $l=100\,\text{cm}$ の場合(1・8 図)

断面積　$A = b \times h = 30 \times 45 = 1350\,\text{cm}^2$

圧縮応力度　$\sigma_c = \dfrac{P}{A} = \dfrac{500 \times 10^3}{1350} = 370\,\text{N/cm}^2$

ひずみ度　$\varepsilon_c = \dfrac{\sigma_c}{E} = \dfrac{370}{2100 \times 10^3} = 1.76 \times 10^{-4}$

変形量　$\Delta l = \varepsilon_c \cdot l = 1.76 \times 10^{-4} \times 100 = 0.0176\,\text{cm}$

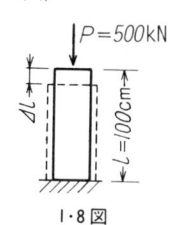

(2) **曲げ応力度と曲げ変形**　等分布荷重 $w = 12\,\text{kN/m}$ の場合(1・9 図)

最大曲げモーメント(公式 II・4・7)　$M = \dfrac{wl^2}{8} = \dfrac{12 \times 5^2}{8} = 37.5\,\text{kN·m}$

断面係数　$Z = \dfrac{bh^2}{6} = \dfrac{30 \times 45^2}{6} = 10125\,\text{cm}^3$

最大曲げ応力度　$\sigma_{\max} = \dfrac{M}{Z} = \dfrac{37.5 \times 10^5}{10125} = 370\,\text{N/cm}^2$

最大たわみ(公式 II・4・7)　$\delta_{\max} = \dfrac{5wl^4}{384\,EI} = \dfrac{5 \times 12 \times 10^{-2} \times 500^4}{384 \times 2100 \times 2.28 \times 10^5}$

$\qquad = 0.20\,\text{cm}$

(なお断面 2 次モーメント　$I = \dfrac{bh^3}{12} = 2.28 \times 10^5\,\text{cm}^4$)

(3) **せん断応力とせん断変形**　荷重 $P = 100\,\text{kN}$ が作用(1・10 図)

せん断力(公式 II・4・1)　$Q = \dfrac{P}{2} = \dfrac{100}{2} = 50\,\text{kN}$

平均せん断応力度　$\tau = \dfrac{Q}{A} = \dfrac{50000}{1350} = 37\,\text{N/cm}^2$

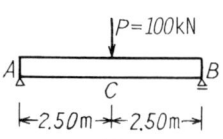

最大せん断応力度(公式 I・7・1)　$\tau_{\max} = 1.5\,\dfrac{Q}{A} = 1.5 \times 37 = 55.5\,\text{N/cm}^2$

せん断ひずみ度　$\gamma_{\max} = \dfrac{\tau_{\max}}{G} = \dfrac{55.5}{900 \times 10^3} = 0.6 \times 10^{-4}$ (rad)

せん断変形　${}_s\delta_C = \gamma_{\max} \times \dfrac{l}{2} = 0.6 \times 10^{-4} \times 250 = 0.015\,\text{cm}$

(4) **ねじり応力とねじり変形**　$M_T = 50\,\text{kNm}$ が作用する場合(1・11 図)

極 2 次モーメント　$I_P = I_x + I_y = \dfrac{30 \times 45^3}{12} + \dfrac{30^3 \times 45}{12} = 3.29 \times 10^5\,\text{cm}^4$

ねじり応力度　$\tau_{\max} = \dfrac{M_T}{I_P} \cdot \dfrac{\sqrt{b^2 + h^2}}{2} = \dfrac{50 \times 10^5}{3.29 \times 10^5} \cdot \dfrac{\sqrt{30^2 + 45^2}}{2} = 411\,\text{N/cm}^2$

はり側面中央　$\tau_1 = \dfrac{M_T}{I_P} \cdot \dfrac{b}{2} = \dfrac{50 \times 10^5}{3.29 \times 10^5} \cdot \dfrac{30}{2} = 228 \text{ N/cm}^2$

はり上下端中央　$\tau_2 = \dfrac{M_T}{I_P} \cdot \dfrac{h}{2} = \dfrac{50 \times 10^5}{3.29 \times 10^5} \cdot \dfrac{45}{2} = 342 \text{ N/cm}^2$

単位長さねじり角　$\theta = \dfrac{M_T}{I_P G} = \dfrac{50 \times 10^5}{3.29 \times 10^5 \times 900 \times 10^3} = 0.169 \times 10^{-4}$ (rad)

はり先端の回転角　$\phi_A = \theta l = 0.169 \times 10^{-4} \times 200 = 0.338 \times 10^{-2}$ (rad)

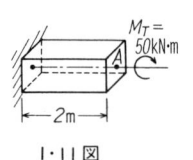

1・11図

(5) 核の計算　短柱に偏心荷重 P がはたらく場合 (1・12図)

縁応力度　$\sigma_{\max} = -\dfrac{P}{A} + \dfrac{P \cdot e}{Z}$

$\sigma_{\min} = -\dfrac{P}{A} - \dfrac{P \cdot e}{Z}$

縁応力がゼロとなる偏心距離 e は $\sigma_{\max} = 0$ より

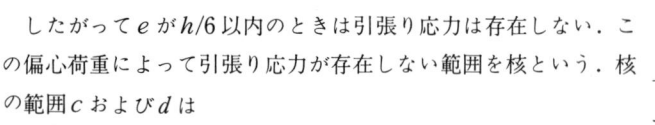

$e = \dfrac{P}{A} \cdot \dfrac{Z}{P} = \dfrac{h}{6}$

したがって e が $h/6$ 以内のときは引張り応力は存在しない．この偏心荷重によって引張り応力が存在しない範囲を核という．核の範囲 c および d は

$c = \dfrac{h}{3} = \dfrac{45}{3} = 15 \text{ cm}$

$d = \dfrac{b}{3} = \dfrac{30}{3} = 10 \text{ cm}$

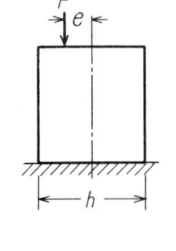

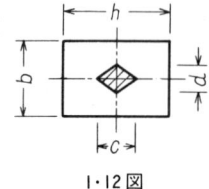

1・12図

(6) 断面1次モーメントの算出 (X 軸に関する公式)

$S_x = \displaystyle\int_A y \cdot dA = \int_{y_1}^{y_2} yb \cdot dy = b\int_{y_1}^{y_2} y \cdot dy$

$= b\left[\dfrac{y^2}{2}\right]_{y_1}^{y_2} = \dfrac{b}{2}(y_2^2 - y_1^2) = bh\dfrac{(h + 2y_1)}{2}$

$= A\left(\dfrac{h}{2} + y_1\right)$　　(単位 cm³)

Y 軸に関しても同様にして

$S_y = A\left(\dfrac{b}{2} + x_1\right)$　　(単位 cm³)

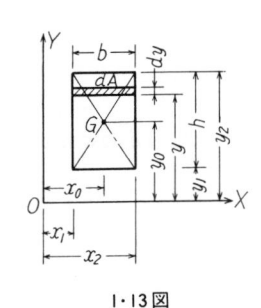

1・13図

(7) 断面2次モーメントの算出（X_0軸に関する公式）

$$I_x = \int_A y^2 \cdot dA = \int_{-\frac{h}{2}}^{\frac{h}{2}} y^2 b \cdot dy = b\int_{-\frac{h}{2}}^{\frac{h}{2}} y^2 \cdot dy$$

$$= b\left[\frac{y^3}{3}\right]_{-\frac{h}{2}}^{\frac{h}{2}} = \left(\frac{b}{3}\right)\left\{\left(\frac{h}{2}\right)^3 - \left(-\frac{h}{2}\right)^3\right\}$$

$$= \frac{bh^3}{12} \quad (\text{単位 cm}^4)$$

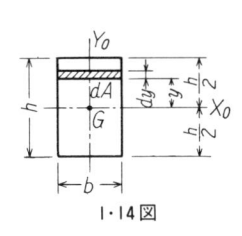

1・14図

(8) 非充腹ばりの断面2次モーメントの算出（X_0軸について）

$$I_x = \int_A y^2 \cdot dA = 2 \times \int_{\frac{h_1}{2}}^{\frac{h}{2}} y^2 b \cdot dy = 2b\left[\frac{y^3}{3}\right]_{\frac{h_1}{2}}^{\frac{h}{2}}$$

$$= \frac{b}{12}(h^3 - h_1^3) \qquad (イ)$$

$$= \frac{b}{12}\left[\frac{1}{4}(h-h_1)^3 + \frac{3}{4}(h^3 + h^2 h_1 - h h_1^2 - h_1^3)\right]$$

$$= \frac{2 \times b\left(\frac{h-h_1}{2}\right)^3}{12} + b(h-h_1)\left(\frac{h+h_1}{4}\right)^2$$

$$= 2 \times \frac{bt^3}{12} + 2 \times b \times t \times y_1^2 = 2 \times I_1 + 2 \times A \times y_1^2$$

$t = \dfrac{h - h_1}{2}$

$y_1 = \dfrac{h + h_1}{4}$

1・15図

(ロ)

以上より，非充腹ばりの断面2次モーメントはプレート自身の断面2次モーメントI_1とプレートの断面積と中立軸からの距離の2乗の積とを加算して得られる．

(9) 温度応力度と変形

〔例題〕 両端が完全に固定された長さ8mのコンクリート部材の温度が10℃から60℃に上がったときの伸び，温度応力度および両端支持反力Nを求めよ．

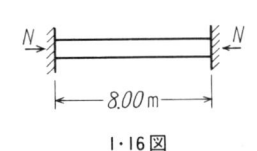

〔解〕

1・16図

部材の伸び：(1・6)式より

$$\Delta l = \alpha(t_2 - t_1)l = 1.2 \times 10^{-5}(60° - 10°) \times 800$$

$$= 0.576 \text{ cm}$$

温度応力度：(1・8)式より

$$\sigma = E \cdot \varepsilon = E \cdot \alpha(t_2 - t_1) = 2.1 \times 10^6 \times 1.2 \times 10^{-5}(60° - 10°)$$

$$= 1260 \text{ N/cm}^2$$

両端支持反力：1・7図より

$$N = \sigma A = 1260 \times 30 \times 45 = 1701000 \text{ N}$$

$$= 1701 \text{ kN}$$

I・3 材料諸係数の計算公式

No.	係数	計算公式	記号・備考
I・3・1	縦ひずみ度	$\varepsilon_l = \dfrac{\Delta l}{l_0}$	Δl：軸方向のひずみ量. Δd：横方向のひずみ量. l_0：もとの長さ. d_0：もとの太さ.
	横ひずみ度	$\varepsilon_d = \dfrac{\Delta d}{d_0}$	
	せん断ひずみ度	$\gamma = \dfrac{\Delta v}{\Delta x}$	Δx：せん断力がはたらいている微小区間距離. Δv：Δxの区間にずれた量.
I・3・2	ヤング係数	$E = \dfrac{\sigma}{\varepsilon} = \dfrac{\dfrac{P}{A}}{\dfrac{\Delta l}{l_0}}$	E：ヤング係数(kN/cm^2, N/cm^2) σ：垂直応力度(kN/cm^2, N/cm^2) ε：縦ひずみ度 G：せん断弾性係数(kN/cm^2, N/cm^2) τ：せん断応力度(kN/cm^2, N/cm^2) γ：せん断ひずみ度 ν：ポアソン比
	せん断弾性係数	$G = \dfrac{\tau}{\gamma}$ $G = \dfrac{E}{2(1+\nu)}$	
I・3・3	ポアソン比	$\nu = \dfrac{\varepsilon_d}{\varepsilon_l} = \dfrac{1}{m}$	ν：ポアソン比 ε_l：縦ひずみ度 ε_d：横ひずみ度 m：ポアソン数
	ポアソン数	$m = \dfrac{\varepsilon_l}{\varepsilon_d}$	
I・3・4	線膨張係数	$\alpha = \dfrac{\Delta l}{(t_2 - t_1) l}$	Δl：軸方向のひずみ量, l：もとの長さ. t_2, t_1：温度(°C) 銅　$\alpha = 0.000016$, 鋼, 錬鉄　$\alpha = 0.000012$ コンクリート　$\alpha = 0.000010 \sim 14$ 花こう岩　$\alpha = 0.000008$

I・4 応力度計算公式

No.	応力度	計算公式	記号・備考
I・4・1	垂直応力度	$\sigma = \pm \dfrac{N}{A}$ (kN/cm^2)	応力度の方向が断面に垂直. N：垂直応力(軸力)(kN) A：断面積(cm^2) ⊕引張り応力度$=\sigma_t$ ⊖圧縮応力度$=\sigma_c$
I・4・2	曲げ応力度	$\sigma = \pm \dfrac{M}{I} y$ $\sigma_{max} = \pm \dfrac{M}{Z}$ (kN/cm^2)	M：曲げモーメント$(kN \cdot cm)$ I：断面2次モーメント(cm^4) y：中立軸からの距離(cm). Z：断面係数(cm^3)
I・4・3	せん断応力度	$\tau = \dfrac{Q}{I} \cdot \dfrac{S_1}{b}$ $= \alpha \dfrac{Q}{A}$ (kN/cm^2)	Q：せん断力(kN) S_1：断面1次モーメント(cm^3) b：断面単位幅(cm) A：断面積(cm^2) α：断面による形状係数.
I・4・4	ねじり応力度	$\tau = \dfrac{M_T}{I_P} y$ (kN/cm^2) $M_T = G I_P \theta$ $\phi = \theta L$	M_T：ねじりモーメント$(kN \cdot cm)$ G：せん断弾性係数 I_P：断面の極2次モーメント(cm^4). y：図心からの距離(cm). θ：単位長さのねじり角. ϕ：全長 l のねじり角.
I・4・5	温度応力度	$\sigma = E \cdot \varepsilon$ $= E \cdot \alpha (t_2 - t_1)$ (kN/cm^2)	E：ヤング係数(kN/cm^2) ε：温度ひずみ度 α：材の線膨張係数. t_2, t_1：温度(℃)

I・5 断面の諸係数の定義

No.	断面の係数	用語の定義
1	断面積	材の横断面の面積. 単位は〔cm^2〕.
2	断面1次モーメント	ある断面内の微小面積に, ある軸よりその微小面積までの距離を乗じたものの総和. 単位は〔cm^3〕.
3	図心	任意の交さする2軸をとりその両軸に関する断面1次モーメントをおのおの求め, その値を断面で除したもの. 単位は〔cm〕.
4	断面2次モーメント	断面内の微小面積と任意の軸からの距離の2乗との積を全断面について求めた総和. 単位は〔cm^4〕.
5	断面相乗モーメント	断面中の微小面積dAにx軸よりdAまでの距離yと, y軸よりdAまでの距離xを乗じたものを全断面について積分したもの. 単位は〔cm^4〕.
6	断面2次半径	図心を通る軸に関する断面2次モーメントをI, 断面積をAとするとき, IとAの比の平方根. 単位は〔cm〕.
7	極2次モーメント	ある断面の微小面積dAと, dAから座標軸の原点までの距離rの2乗との積$r^2 \cdot dA$を全断面について合成したもの. 単位は〔cm^4〕.
8	極2次半径	断面極2次モーメントをI_p, 断面積をAとするとき, I_pとAの比の平方根. 単位は〔cm〕.
9	断面係数	図心を通る軸に関する断面2次モーメントIを, その軸から断面の上, 下縁までの距離y_1, y_2で除したもの. 単位は〔cm^3〕.

断面の諸係数の定義

No.	断面の係数	記号	算出公式	記号説明図
1	断面積	A	$A = \int_A dA$	
2	断面1次モーメント	S	$S_x = \int_A y \cdot dA = A \cdot \bar{y}$ $S_y = \int_A x \cdot dA = A \cdot \bar{x}$	
3	図心	$\bar{x}$ $\bar{y}$	$\bar{x} = S_y / A$ $\bar{y} = S_x / A$	
4	断面2次モーメント	I	$I_x = \int_A y^2 \cdot dA$ $I_y = \int_A x^2 \cdot dA$	
5	断面相乗モーメント	I_{xy}	$I_{xy} = \int_A xy \cdot dA$	
6	断面2次半径	i	$i_x = \sqrt{I_x / A}$ $i_y = \sqrt{I_y / A}$	
7	極2次モーメント	I_p	$I_p = \int_A r^2 \cdot dA$ $I_p = I_x + I_y$	
8	極2次半径	i_p	$i_p = \sqrt{I_p / A}$	
9	断面係数	Z	$Z_1 = \dfrac{I}{y_1}$ $Z_2 = \dfrac{I}{y_2}$	

I·6 断面性能算出公式

No.	断面図形	断面積 A (cm²)	図心からの最大距離 e, e_1 (cm)
I·6·1		a^2	$\dfrac{a}{2}$
I·6·2		a^2	a
I·6·3		a^2	$\dfrac{a}{\sqrt{2}}$
I·6·4		bh	$\dfrac{h}{2}$
I·6·5		bh	h
I·6·6		bh	$\dfrac{bh}{\sqrt{b^2+h^2}}$
I·6·7		bh	$\dfrac{h\cdot\cos\theta + b\cdot\sin\theta}{2}$

断面2次モーメント I (cm⁴)	断面係数 Z (cm³)	断面2次半径 i (cm)
$\dfrac{a^4}{12}$	$\dfrac{a^3}{6}$	$\dfrac{a}{\sqrt{12}}=0.28867\,a$
$\dfrac{a^4}{3}$	$\dfrac{a^3}{3}$	$\dfrac{a}{\sqrt{3}}=0.57735\,a$
$\dfrac{a^4}{12}$	$\dfrac{a^3}{6\sqrt{2}}$	$\dfrac{a}{\sqrt{12}}=0.28867\,a$
$\dfrac{bh^3}{12}$	$\dfrac{bh^2}{6}$	$\dfrac{h}{\sqrt{12}}=0.28867\,h$
$\dfrac{bh^3}{3}$	$\dfrac{bh^2}{3}$	$\dfrac{h}{\sqrt{3}}=0.57735\,h$
$\dfrac{b^3h^3}{6(b^2+h^2)}$	$\dfrac{b^2h^2}{6\sqrt{b^2+h^2}}$	$\dfrac{bh}{\sqrt{6(b^2+h^2)}}$
$\dfrac{bh}{12}(h^2\cos^2\theta+b^2\sin^2\theta)$	$\dfrac{bh}{6}\left(\dfrac{h^2\cos^2\theta+b^2\sin^2\theta}{h\cdot\cos\theta+b\cdot\sin\theta}\right)$	$\sqrt{\dfrac{h^2\cdot\cos^2\theta+b^2\cdot\sin^2\theta}{12}}$

No.	断面図形	断面積 A (cm²)	図心からの最大距離 e, e_1 (cm)
I.6.8		$A^2 - a^2$	$\dfrac{A}{2}$
I.6.9		$A^2 - a^2$	A
I.6.10		$A^2 - a^2$	$\dfrac{A}{\sqrt{2}}$
I.6.11		$bh - b_1 h_1$	$\dfrac{h}{2}$
I.6.12		$bt + b_1 t_1$	$e = \dfrac{0.5 bt^2 + b_1 t_1 (h - 0.5 t_1)}{A}$
I.6.13		$b(h - h_1)$	$\dfrac{h}{2}$
I.6.14		$A = \dfrac{3}{2} h^2 \cdot \tan 30°$ $= 0.866 h^2$ $= \dfrac{3\sqrt{3}}{2} r^2$	$\dfrac{h}{2}$

断面性能算出公式

断面2次モーメント I (cm⁴)	断面係数 Z (cm³)	断面2次半径 i (cm)
$\dfrac{A^4-a^4}{12}$	$\dfrac{A^4-a^4}{6A}$	$\sqrt{\dfrac{A^2+a^2}{12}}$
$\dfrac{(4A^2+a^2)(A^2-a^2)}{12}$	$\dfrac{(4A^2+a^2)(A^2-a^2)}{12A}$	$\sqrt{\dfrac{4A^2+a^2}{12}}$
$\dfrac{A^4-a^4}{12}$	$\dfrac{\sqrt{2}\,(A^4-a^4)}{12A}$	$\sqrt{\dfrac{A^2+a^2}{12}}$
$\dfrac{bh^3-b_1h_1^3}{12}$	$\dfrac{bh^3-b_1h_1^3}{6h}$	$\sqrt{\dfrac{bh^3-b_1h_1^3}{12(bh-b_1h_1)}}$
$\dfrac{bt^3}{12}+bty^2+\dfrac{b_1t_1^3}{12}+b_1t_1y_1^2$	$Z=\dfrac{I}{e}$ $Z_1=\dfrac{I}{e_1}$	$\sqrt{\dfrac{I}{A}}$
$\dfrac{b(h^3-h_1^3)}{12}$	$\dfrac{b(h^3-h_1^3)}{6h}$	$\sqrt{\dfrac{h^3-h_1^3}{12(h-h_1)}}$
$\dfrac{A}{12}\left[\dfrac{h^2(1+2\cos^2 30°)}{4\cos^2 30°}\right]$ $=0.06h^4$ $=\dfrac{5\sqrt{3}}{16}r^4$	$\dfrac{A}{6}\left[\dfrac{h(1+2\cos^2 30°)}{4\cos^2 30°}\right]$ $=0.12h^3$ $=\dfrac{5}{8}r^3$	$\sqrt{\left(\dfrac{h}{4\cos 30°}\right)^2\left(\dfrac{1+2\cos^2 30°}{3}\right)}$ $=\sqrt{0.0697}\,h$ $=\sqrt{\dfrac{5}{24}}\,r=0.457\,r$

No.	断 面 図 形	断 面 積 A (cm²)	図心からの最大距離 e, e_1 (cm)
I·6·15	(正六角形)	$A = \dfrac{3}{2}h^2 \cdot \tan 30°$ $= 0.866h$ $= \dfrac{3\sqrt{3}}{2}r^2$	$\dfrac{h}{2\cos 30°} = 0.577h$ $= r$
I·6·16	(正八角形)	$A = 2h^2 \cdot \tan 22.5°$ $= 0.828h^2$	$\dfrac{h}{2}$
I·6·17	(正八角形)	$2.8284 r^2$	$0.9239 r$
I·6·18	n 多角形	$\dfrac{1}{2}nbr_1$ $= \dfrac{1}{4}nb^2 \cdot \cot\alpha$	$\dfrac{b}{2\sin\alpha} = r_2$
I·6·19	(正多角形)	$\dfrac{1}{2}nbr_1$ $= \dfrac{1}{4}nb^2 \cdot \cot\alpha$	$\dfrac{b}{2\tan\alpha} = r_1$
I·6·20	(台形)	$\dfrac{1}{2}h(b+b_1)$	$e = \dfrac{h(b_1+2b)}{3(b_1+b)}$ $e_1 = \dfrac{h(b+2b_1)}{3(b_1+b)}$
I·6·21	(台形)	$\dfrac{1}{2}h(b+b_1)$	h

断面性能算出公式

断面2次モーメント I (cm⁴)	断面係数 Z (cm³)	断面2次半径 i (cm)
$\dfrac{A}{12}\left[\dfrac{h^2(1+2\cos^2 30°)}{4\cos^2 30°}\right]$ $=0.06\,h^4$ $=\dfrac{5\sqrt{3}}{16}r^4$	$\dfrac{A}{6}\left[\dfrac{h(1+2\cos^2 30°)}{4\cos 30°}\right]$ $=0.104\,h^3$ $=\dfrac{5\sqrt{3}}{16}r^3$	$\sqrt{\left(\dfrac{h}{4\cos 30°}\right)^2\left(\dfrac{1+2\cos^2 30°}{3}\right)}$ $=\sqrt{0.0697}\,h$ $=\sqrt{\dfrac{5}{24}}\,r=0.457\,r$
$\dfrac{A}{12}\left[\dfrac{h^2(1+2\cos^2 22.5°)}{4\cos^2 22.5°}\right]$ $=0.0547\,h^4$	$\dfrac{A}{6}\left[\dfrac{h(1+2\cos^2 22.5°)}{4\cos 22.5°}\right]$ $=0.1095\,h^3$	$\sqrt{0.0661}\,h$ $=0.2565\,h$
$\dfrac{1+2\sqrt{2}}{6}r^4$ $=0.6381\,r^4$	$0.6907\,r^3$	$0.475\,r$
$\dfrac{A}{24}(6r_2^2-b^2)$ $=\dfrac{A}{48}(12r_1^2+b^2)$ $\fallingdotseq\dfrac{1}{4}A\cdot r_2^2$	$\dfrac{I}{r_2}\fallingdotseq\dfrac{A\cdot r_2}{4}$	$\sqrt{\dfrac{6r_1^2-b^2}{24}}$ $\fallingdotseq\dfrac{1}{2}r_1$
$\dfrac{A}{24}(6r_2^2-b^2)$ $=\dfrac{A}{48}(12r_1^2+b^2)$ $\fallingdotseq\dfrac{1}{4}A\cdot r_2^2$	$\dfrac{I}{r_2\cdot\cos\alpha}=\dfrac{I}{r_1}\fallingdotseq\dfrac{A\cdot r_2}{4}$	$\sqrt{\dfrac{6r_1^2-b^2}{24}}$ $\fallingdotseq\dfrac{1}{2}r_1$
$\dfrac{h^3(b^2+4bb_1+b_1^2)}{36(b+b_1)}$	$\dfrac{h^2(b^2+4bb_1+b_1^2)}{12(2b+b_1)}$ $\dfrac{h^2(b^2+4bb_1+b_1^2)}{12(b+2b_1)}$	$\sqrt{\dfrac{2h^2(b^2+4bb_1+b_1^2)}{36(b+b_1)^2}}$
$\dfrac{h^3}{12}(b+3b_1)$	$\dfrac{h^2}{12}(b+3b_1)$	$\sqrt{\dfrac{h^2(b+3b_1)}{6(b+b_1)}}$

No.	断面図形	断面積 A (cm²)	図心からの最大距離 e, e_1 (cm)
I.6.22		$\dfrac{h}{2}(2b+b_1)$	$e = \dfrac{1}{3} \cdot \dfrac{(3b+2b_1)h}{(2b+b_1)}$
I.6.23		$\dfrac{bh}{2}$	$e = \dfrac{2}{3}h$ $e_1 = \dfrac{1}{3}h$
I.6.24		$\dfrac{bh}{2}$	h
I.6.25		$\dfrac{\pi}{4}d^2 = \pi R^2$	$\dfrac{d}{2}$
I.6.26		$\dfrac{\pi d^2}{8}$	$e = \dfrac{d}{6\pi}(3\pi - 4)$ $e_1 = \dfrac{2d}{3\pi}$
I.6.27		$\dfrac{\pi R^2}{2}$	R
I.6.28	だ円	$\dfrac{\pi bh}{4}$	$\dfrac{h}{2}$

断面性能算出公式

断面2次モーメント I (cm⁴)	断面係数 Z (cm³)	断面2次半径 i (cm)
$\dfrac{(6b^2+6bb_1+b_1^2)h^3}{36(2b+b_1)}$	$\dfrac{(6b^2+6bb_1+b_1^2)h^2}{12(3b+2b_1)}$	$\sqrt{\dfrac{(6b^2+6bb_1+b_1^2)h^2}{18(2b+b_1)^2}}$
$\dfrac{bh^3}{36}$	$Z=\dfrac{bh^2}{24}$ $Z_1=\dfrac{bh^2}{12}$	$\dfrac{h}{\sqrt{18}}=0.235\,h$
$\dfrac{bh^3}{12}$	$\dfrac{bh^2}{12}$	$\dfrac{h}{\sqrt{6}}=0.4083\,h$
$\dfrac{\pi d^4}{64}=\dfrac{\pi R^4}{4}$	$\dfrac{\pi d^3}{32}=\dfrac{\pi R^3}{4}$	$\dfrac{d}{4}=\dfrac{R}{2}$
$\dfrac{d^4(9\pi^2-64)}{1152\pi}$ $=R^4\left(\dfrac{\pi}{8}-\dfrac{8}{9\pi}\right)=0.1098\,R^4$	$\dfrac{d^3(9\pi^2-64)}{192(3\pi-4)}=0.2587\,R^3$ $\dfrac{d^3(9\pi^2-64)}{769(3\pi-4)}=0.1908\,R^3$	$\sqrt{\dfrac{d^2(9\pi^2-64)}{144\pi^2}}$ $=0.2643\,R$
$\dfrac{\pi R^4}{8}$	$\dfrac{\pi R^3}{8}$	$\sqrt{\dfrac{R^2}{4}}=\dfrac{R}{2}$
$\dfrac{\pi bh^3}{64}$	$\dfrac{\pi bh^2}{32}$	$\dfrac{h}{4}$

No.	断面図形	断面積 A (cm²)	図心からの最大距離 e, e_1 (cm)
I·6·29		$\frac{\pi}{4}(D^2-d^2)$	$\frac{D}{2}$
I·6·30		$\frac{\pi}{8}(D^2-d^2)$	$e=\frac{2(D^3-d^3)}{3\pi(D^2-d^2)}$ $e_1=\frac{3\pi D(D^2-d^2)-4(D^3-d^3)}{6\pi(D^2-d^2)}$
I·6·31		$\frac{\pi}{4}(BH-bh)$	$\frac{H}{2}$
I·6·32	四分円	$\frac{\pi R^2}{4}$	$e=0.5756R$ $e_1=0.4244R$
I·6·33		$(1-\frac{\pi}{4})R^2$ $=0.2146R^2$	$e=\frac{5-\frac{3}{2}\pi}{6(1-\frac{\pi}{4})}R=0.2234R$ $e_1=\frac{R}{6(1-\frac{\pi}{4})}=0.7766R$
I·6·34	放物線	$\frac{4}{3}bh$	$e=\frac{3}{5}h$ $e_1=\frac{2}{5}h$
I·6·35	半放物線	$\frac{2}{3}bh$	$e=\frac{3}{5}h$ $e_1=\frac{2}{5}h$

断面性能算出公式

断面2次モーメント I (cm⁴)	断面係数 Z (cm³)	断面2次半径 i (cm)
$\dfrac{\pi}{64}(D^4-d^4)$	$\dfrac{\pi}{32D}(D^4-d^4)$	$\dfrac{\sqrt{D^2+d^2}}{4}$
$\dfrac{D^4-d^4}{145.7}-\dfrac{D^2d^2(D-d)}{56.5(D+d)}$	$\dfrac{I}{e}$ $\dfrac{I}{e_1}$	$\sqrt{\dfrac{I}{A}}$
$\dfrac{\pi}{64}(BH^3-bh^3)$	$\dfrac{\pi}{32h}(BH^3-bh^3)$	$\sqrt{\dfrac{BH^3-bh^3}{16(BH-bh)}}$
$0.055R^4$	$Z=0.0956R^3$ $Z_1=0.1296R^3$	$0.26433R$
$\left(\dfrac{1}{3}-\dfrac{\pi}{16}-\dfrac{1}{36-9\pi}\right)R^4$ $=0.0075R^4$	$\dfrac{I}{e}$ $\dfrac{I}{e_1}$	$\sqrt{0.03494R^2}$ $=0.187R$
$\dfrac{16}{175}bh^3$	$Z=0.1524bh^2$ $Z_1=0.2286bh^2$	$\sqrt{\dfrac{12}{175}h^2}$ $=0.263h$
$\dfrac{8}{175}bh^3$	$\dfrac{I}{e}$ $\dfrac{I}{e_1}$	$\sqrt{\dfrac{12}{175}h^2}$ $=0.263h$

No.	断面図形	断面積 A (cm²)	図心からの最大距離 e, e_1 (cm)
I·6·36	半放物余積	$\dfrac{1}{3}bh$	$e=\dfrac{7}{10}h$ $e_1=\dfrac{3}{10}h$
I·6·37	半放物余積	$\dfrac{1}{6}b^2$	$e=\dfrac{4}{5}b,\quad a=\dfrac{\sqrt{2}-1}{\sqrt{2}}b$ $e_1=\dfrac{1}{5}b,\quad c=\dfrac{b}{\sqrt{2}}$
I·6·38	半だ円	$\dfrac{\pi ab}{2}$	$e=0.5756a$ $e_1=0.4244a$
I·6·39	四分だ円	$\dfrac{\pi ab}{4}$	$e_1=\dfrac{4a}{3\pi}$
I·6·40	だ円外積	$ab\left(1-\dfrac{\pi}{4}\right)$	$e=\dfrac{a}{b(1-\pi/4)}$
I·6·41		αR^2	$e_1=R\left(1-\dfrac{2\sin\alpha}{3\alpha}\right)$ $e=2R\dfrac{\sin\alpha}{3\alpha}$
I·6·42		αR^2	$R\cdot\sin\alpha$

断面性能算出公式

断面2次モーメント I (cm^4)	断面係数 Z (cm^3)	断面2次半径 i (cm)
$\dfrac{37}{2100}bh^3$	$\dfrac{37}{1470}bh^2$ $\dfrac{37}{630}bh^2$	$\sqrt{\dfrac{37}{700}h^2}$ $=0.230\,h$
$\dfrac{11}{2100}b^4$	$\dfrac{I}{e}$ $\dfrac{I}{e_1}$	$\sqrt{\dfrac{22}{700}b^2}$ $=0.177\,b$
$\left(\dfrac{\pi}{8}-\dfrac{8}{9\pi}\right)a^3b$ $=0.10975\,a^3b$	$Z=0.1907\,a^2b$ $Z_1=0.2586\,a^2b$	$\sqrt{0.06987\,a^2}$ $=0.264\,a$
$\left(\dfrac{\pi}{16}-\dfrac{4}{9\pi}\right)a^3b$	$\dfrac{I}{e}$	$\sqrt{\dfrac{I}{A}}$
$a^3b\left\{\dfrac{1}{3}-\dfrac{\pi}{16}-\dfrac{1}{36(1-\pi/4)}\right\}$	$\dfrac{I}{e}$	$\sqrt{\dfrac{I}{A}}$
$\dfrac{1}{4}R^4\left(\alpha+\sin\alpha\cdot\cos\alpha\right.$ $\left.-\dfrac{16\sin^2\alpha}{9\alpha}\right)$	$\dfrac{I}{e_1}$ $\dfrac{I}{e}$	$\dfrac{1}{2}R\sqrt{1+\dfrac{\sin\alpha\cdot\cos\alpha}{\alpha}}$ ※ ※ $-\dfrac{16\sin^2\alpha}{9\alpha^2}$
$\dfrac{1}{4}R^4(\alpha-\sin\alpha\cdot\cos\alpha)$	$\dfrac{1}{4}R^3\left(\dfrac{\alpha}{\sin\alpha}-\cos\alpha\right)$	$\dfrac{1}{2}R\sqrt{1-\dfrac{\sin\alpha\cdot\cos\alpha}{\alpha}}$

No.	断 面 図 形	断 面 積 A (cm²)	図心からの最大距離 e, e_1 (cm)
I・6・43		$\dfrac{R^2\phi}{2}$	$R\cdot\sin\phi$
I・6・44		$\dfrac{R^2}{2}(2\alpha-\sin 2\alpha)$	$e_1 = R\left(1-\dfrac{4\sin^3\alpha}{6\alpha-3\sin 2\alpha}\right)$ $e = R\left(\dfrac{4\sin^3\alpha}{6\alpha-3\sin 2\alpha}-\cos\alpha\right)$
I・6・45		$\dfrac{R^2}{2}(2\alpha-\sin 2\alpha)$	$R\cdot\sin\alpha$
I・6・46		$a^2-\dfrac{\pi d^2}{4}$	$\dfrac{a}{2}$
I・6・47		$2b(h-d)+\dfrac{\pi}{4}d^2$	$\dfrac{h}{2}$
I・6・48		$2b(h-d)+\dfrac{\pi}{4}(D^2-d^2)$	$\dfrac{h}{2}$
I・6・49		$BH-bh$	$\dfrac{H}{2}$

断面性能算出公式

断面2次モーメント I (cm⁴)	断面係数 Z (cm³)	断面2次半径 i (cm)
$\dfrac{R^4}{4}\left(\dfrac{\phi}{2}-\dfrac{1}{4}\sin 2\phi\right)$	$\dfrac{R^3(2\phi-\sin 2\phi)}{16\sin\phi}$	$\sqrt{\dfrac{2R^2}{\phi}(2\phi-\sin 2\phi)}$
$R^4\left[\dfrac{1}{8}(2\alpha-\sin 2\alpha)\cdot\left(1+\dfrac{2\sin^3\alpha\cdot\cos\alpha}{\alpha-\sin\alpha\cdot\cos\alpha}\right)-\dfrac{8}{9}\cdot\dfrac{\sin^6\alpha}{(2\alpha-\sin 2\alpha)}\right]$	$\dfrac{I}{e_1}$ $\dfrac{I}{e}$	$\sqrt{\dfrac{I}{A}}$
$R^4\left[\dfrac{1}{8}(2\alpha-\sin 2\alpha)-\dfrac{1}{12}\cdot\dfrac{(2\alpha-\sin 2\alpha)\sin^3\alpha\cdot\cos\alpha}{\alpha-\sin\alpha\cdot\cos\alpha}\right]$	$R^3\left[\dfrac{1}{8}\cdot\dfrac{2\alpha-\sin 2\alpha}{\sin\alpha}-\dfrac{1}{12}\cdot\dfrac{(2\alpha-\sin 2\alpha)\sin^2\alpha\cdot\cos\alpha}{\alpha-\sin\alpha\cdot\cos\alpha}\right]$	$\dfrac{R}{2}\sqrt{1-\dfrac{2\sin^3\alpha\cdot\cos\alpha}{3\alpha-\sin\alpha\cdot\cos\alpha}}$
$\dfrac{1}{12}\left(a^4-\dfrac{3\pi}{16}d^4\right)$	$\dfrac{1}{6a}\left(a^4-\dfrac{3\pi}{16}d^4\right)$	$\sqrt{\dfrac{I}{A}}$
$\dfrac{1}{12}\left[\dfrac{3\pi}{16}d^4+b(h^3-d^3)+b^3(h-d)\right]$	$\dfrac{1}{6h}\left[\dfrac{3\pi}{16}d^4+b(h^3-d^3)+b^3(h-d)\right]$	$\sqrt{\dfrac{I}{A}}$
$\dfrac{1}{12}\left[\dfrac{3\pi}{16}(D^4-d^4)+b(h^3-D^3)+b^3(h-D)\right]$	$\dfrac{1}{6h}\left[\dfrac{3\pi}{16}(D^4-d^4)+b(h^3-D^3)+b^3(h-D)\right]$	$\sqrt{\dfrac{I}{A}}$
$\dfrac{BH^3-bh^3}{12}$	$\dfrac{BH^3-bh^3}{6H}$	$\sqrt{\dfrac{BH^3-bh^3}{12(BH-bh)}}$

No.	断面図形	断面積 A (cm²)	図心からの最大距離 e, e_1 (cm)
I・6・50		$BH + bh$	$\dfrac{H}{2}$
I・6・51		$BH - b(e_2 + h)$	$e_1 = \dfrac{aH^2 + bt^2}{2(aH + bt)}$
I・6・52		$b_1 h_1 + b_2 h_2 + b_3 h_3$	$e_2 = \dfrac{b_2 h_2^2 + b_3 h_3^2 + b_1 h_1 (2h_2 - h_1)}{2(b_1 h_1 + b_2 h_2 + b_3 h_3)}$
I・6・53	$\alpha = \tan^{-1} b/H$ $\beta = \sin^{-1} t/\sqrt{H^2 + b^2}$ $2\theta = 90° - \alpha - \beta$	$A = lt$ $l = 2l_1 + l_2 + l_3 + l_4$ $l_1 = 2\pi \times 1.5t \times 2\theta/360°$ $l_2 = B/2 - 2t \cdot \tan\theta$ $l_3 = \sqrt{H^2 + b^2 - t^2} - 2 \times 2t \cdot \tan\theta$ $l_4 = C/2 - 2t \cdot \tan\theta$ $b = (D - C)/2$	$e = \dfrac{\left\{(H-t)\left(l_1 + l_2 + \dfrac{l_3}{2}\right)\right\}}{l} + \dfrac{t}{2}$

断面性能算出公式

断面2次モーメント I (cm⁴)	断面係数 Z (cm³)	断面2次半径 i (cm)
$\dfrac{BH^3+bh^3}{12}$	$\dfrac{BH^3+bh^3}{6H}$	$\sqrt{\dfrac{BH^3+bh^3}{12(BH+bh)}}$
$\dfrac{B \cdot e_1^3 - bh^3 + ae_2^3}{3}$	$\dfrac{I}{e_1}$ $\dfrac{I}{e_2}$	$\sqrt{\dfrac{I}{A}}$
$\dfrac{b_4 e_1^3 - b_1 h_5^3 + b_5 e_2^3 - b_3 h_4^3}{3}$	$\dfrac{I}{e}$	$\sqrt{\dfrac{I}{A}}$
$I = tl_1\{(e-2t+G)^2 + (H-e-2t+G)^2\}$ $+ tl_2\left(H-e-\dfrac{t}{2}\right)^2$ $+ tl_3\left(e-\dfrac{H}{2}\right)^2$ $+ tl_3\{l_3 \cdot \sin(2\theta)\}^2/12$ $+ tl_4\left(e-\dfrac{t}{2}\right)^2$ 〔注〕 $G = 2t(\sin 2\theta)/2\theta$	$Z = \dfrac{I}{e}$ または $Z = \dfrac{I}{(H-e)}$	$\sqrt{\dfrac{I}{A}}$

I·7 せん断応力度

No.	断面形状 応力分布	Q：せん断力　τ：せん断応力度 τ_{max}：最大せん断応力度 τ_1：周辺にそう，合せん断応力度
I·7·1	長方形 $b \times h$ $A = bh$	$\tau = \tau_1 = \dfrac{3}{2} \cdot \dfrac{Q}{bh}\left\{1 - \left(\dfrac{2y}{h}\right)^2\right\}$ $\tau_{max} = \tau_{1\,max} = \dfrac{3}{2} \cdot \dfrac{Q}{bh} = \dfrac{3}{2} \cdot \dfrac{Q}{A}$ 　（$y=0$の場合．）
I·7·2	ひし形 $A = bh/2$	$\tau = \dfrac{2Q}{bh}\left\{1 + \dfrac{2y}{h} - 2\left(\dfrac{2y}{h}\right)^2\right\}$ $\tau_1 = \tau\left\{1 + \left(\dfrac{b}{h}\right)^2\right\}^{\frac{1}{2}}$ $\tau_{max} = \dfrac{9}{4}\dfrac{Q}{bh} = \dfrac{9}{8} \cdot \dfrac{Q}{A}$ 　$\left(y=\dfrac{h}{8}\text{の場合．}\right)$
I·7·3	三角形 $A = \dfrac{bh}{2}$	$\tau = \dfrac{3Q}{bh}\left\{2 + 3\dfrac{y}{h} - 9\left(\dfrac{y}{h}\right)^2\right\}$ $\tau_1 = \tau\left\{1 + \left(\dfrac{b}{2h}\right)^2\right\}^{\frac{1}{2}}$ $\tau_{max} = \dfrac{3Q}{bh} = \dfrac{3}{2} \cdot \dfrac{Q}{A}$ 　$\left(y=\dfrac{h}{6}\text{の場合．}\right)$
I·7·4	I形 $A = BH - bh$	$\tau = \dfrac{3Q(H^2 - 4y^2)}{2(BH^3 - bh^3)}$ 　（$h/2 < y < H/2$の場合．） $\tau = \tau_1 = 3Q\left(\dfrac{BH^2 - bh^2}{B-b} - 4y^2\right) \times \dfrac{1}{2(BH^3 - bh^3)}$ 　　　　　　　　　　　　　　　（$0 \leq y < h/2$の場合．） $\tau_{max} = \dfrac{3(BH^2 - bh^2)(BH - bh)}{2(BH^3 - bh^3)(B-b)} \cdot \dfrac{Q}{A}$

せん断応力度

No.	断面形状 応力分布	Q：せん断力　　τ：せん断応力度 τ_{max}：最大せん断応力度 τ_1：周辺にそう，合せん断応力度
I・7・5	(図)	$\tau = \tau_1 = \dfrac{3Q(e_1^2 - y^2)}{2(B \cdot e_2^3 - bh^3 + ae_1^3)}$　　$(0 \leqq y < e_2 \text{の場合.})$ $\tau_{max} = \dfrac{3e_1^2(bt + aH)}{2(B \cdot e_2^3 - bh^3 + ae_1^3)} \cdot \dfrac{Q}{A}$ $\tau = \tau_1 = 3Q\left(\dfrac{B \cdot e_2^2 - bh^2}{a} - y^2\right) \times \dfrac{1}{2(B \cdot e_2^3 - bh^3 + ae_1^3)}$ $(0 \geqq y > -h \text{の場合.})$
I・7・6	(図)	$\tau_0 = \dfrac{3}{2} \cdot \dfrac{\{bh^2 + (B-b)h^2\}Q}{B\{bH^3 + (B-b)h^3\}}$ $\tau_{max} = \dfrac{3}{2} \cdot \dfrac{(H^2 - h^2)Q}{bH^3 + (B-b)h^3}$
I・7・7	(図) $A = \pi r^2$	$\tau = \dfrac{4Q}{3\pi r^2}\left\{1 - \left(\dfrac{y}{r}\right)^2\right\}$ $\tau_{max} = \dfrac{4Q}{3\pi r^2} = \dfrac{4}{3} \cdot \dfrac{Q}{A}$　　$(y = 0 \text{の場合.})$
I・7・8	厚肉パイプ (図) $A = \pi(r_2^2 - r_1^2)$	$\tau = \dfrac{4Q(r_2^2 - y^2)}{3\pi(r_2^4 - r_1^4)}$　　$(r_1 < y < r_2 \text{の場合.})$ $\tau = 4Q\{r_2^2 + r_1^2 - 2y^2 + \sqrt{(r_2^2 - y^2)(r_1^2 - y^2)}\}$ $\times \dfrac{1}{3\pi(r_2^4 - r_1^4)}$　$(0 \leqq y < r_1 \text{の場合.})$ $\tau_{max} = \dfrac{4(r_2^2 + r_2 r_1 + r_1^2)}{3(r_2^2 + r_1^2)} \cdot \dfrac{Q}{A}$　　$(y = 0 \text{の場合.})$

No.	断面形状 応力分布	Q：せん断力　　τ：せん断応力度 τ_{max}：最大せん断応力度 τ_1：周辺にそう，合せん断応力度
I・7・9	$A=\pi ab$	$\tau=\dfrac{4Q}{3\pi ab}\left\{1-\left(\dfrac{y}{a}\right)^2\right\}$ $\tau_{max}=\dfrac{4Q}{3\pi ab}=\dfrac{4}{3}\cdot\dfrac{Q}{A}$　　　（$y=0$の場合．）
I・7・10	厚肉系	$\tau=\dfrac{4Q(a_2^2-y^2)}{3\pi(a_2^3 b_2-a_1^3 b_1)}$　　　（$a_1<y<a_2$の場合．） $\tau=\dfrac{4Q}{3\pi(a_2^3 b_2-a_1^3 b_1)}\times\dfrac{\dfrac{b_2}{a_2}(a_2^2-y^2)-\dfrac{b_1}{a_2}(a_1^2-y^2)^{\frac{3}{2}}}{\dfrac{b_2}{a_2}(a_2^2-y^2)^{\frac{1}{2}}-\dfrac{b_1}{a_2}(a_1^2-y^2)^{\frac{1}{2}}}$ （$0\leqq y<a_1$の場合．） $\tau_{max}=\dfrac{4(a_2^2 b_2-a_1^2 b_1)(a_2 b_2-a_1 b_1)}{3(a_2^3 b_2-a_1^3 b_1)(b_2-b_1)}\cdot\dfrac{Q}{A}$　　（$y=0$）
I・7・11	$A=2bt$	$\tau_1=\dfrac{3\sqrt{2}}{2}\cdot\dfrac{Q}{A}\left\{1-\left(\dfrac{x}{b}\right)^2\right\}$ $\tau_{1max}=\dfrac{3\sqrt{2}}{2}\cdot\dfrac{Q}{A}$
I・7・12	$I=\dfrac{bt_1 h^2}{2}\left(1+\dfrac{ht_2}{6bt_1}\right)$	$\tau_1=\dfrac{Qh}{2I}x=\dfrac{Q}{t_1 h\left(1+\dfrac{ht_2}{6bt_1}\right)}\cdot\dfrac{x}{b}$　　（フランジ） $\tau_{b1}=\dfrac{Q}{t_1 h\left(1+\dfrac{ht_2}{6bt_1}\right)}$　　（$x=b$の場合．） $\tau_1=\dfrac{Q}{2t_2 I}\left\{hbt_1+\left(\dfrac{h^2}{4}-y^2\right)t_2\right\}$　　（ウェブ） $\tau_{1max}=\dfrac{Qh}{2t_2 I}\left(bt_1+\dfrac{ht_2}{4}\right)$

せん断応力度

No.	断面形状 応力分布	Q：せん断力　　τ：せん断応力度 τ_{max}：最大せん断応力度 τ_1：周辺にそう，合せん断応力度
I・7・13	(I形・箱形断面図)	$I=\dfrac{bt_1h^2}{2}\left(1+\dfrac{ht_2}{6bt_1}\right)$ フランジ：$\tau_1=\dfrac{Qh}{2I}x=\dfrac{Q}{t_1h\left(1+\dfrac{ht_2}{6bt_1}\right)}\cdot\dfrac{x}{b}$ 　　　　　　　　　　　　　　($0\leq x<b/2$の場合.) $\tau_{1B}=\dfrac{Qbh}{4I}=\dfrac{Q}{2t_1h\left(1+\dfrac{ht_2}{6bt_1}\right)}$　$\left(x=\dfrac{b}{2}\text{の場合.}\right)$ ウェブ：$\tau_1=\dfrac{Q}{2t_2I}\left\{hbt_1+\left(\dfrac{h^2}{4}-y^2\right)t_2\right\}$ $\tau_{1max}=\dfrac{Qh}{2t_2I}\left\{bt_1+\dfrac{1}{4}ht_2\right\}$ ($y=0$の場合.)
I・7・14	(円管断面図) $A=2\pi rt$	$\tau_1=\dfrac{Q}{\pi tr}\cdot\sin\theta=\dfrac{2Q}{A}\left\{1-\left(\dfrac{y}{r}\right)^2\right\}^{\frac{1}{2}}$ $\tau_{1max}=2\cdot\dfrac{Q}{A}$　$\left(\theta=\dfrac{\pi}{2}\text{の場合.}\right)$
I・7・15	(開口円管断面図) $A=2\pi rt$	$\tau_1=\dfrac{Q}{\pi rt}(1-\cos\theta)$ $\tau_{1max}=\dfrac{2Q}{\pi rt}=4\cdot\dfrac{Q}{A}$　($\theta=\pi$の場合.)
I・7・16	(円弧断面図) $A=2\alpha rt$	$\tau_1=\dfrac{Q}{rt}\cdot\dfrac{\sin\alpha\cdot\sin\theta-\cos\alpha(1-\cos\theta)}{\alpha-\sin\alpha\cdot\cos\alpha}$ $\tau_{1max}=\dfrac{Q}{rt}\cdot\dfrac{1-\cos\alpha}{\alpha-\sin\alpha\cdot\cos\alpha}$ $\quad\quad=\dfrac{2Q}{A}\cdot\dfrac{\alpha(1-\cos\alpha)}{\alpha-\sin\alpha\cdot\cos\alpha}$　($\theta=\alpha$の場合.)

I·8 ねじりせん断応力度

No.	断面形		ねじりせん断応力度	単位長のねじり角 θ
I·8·1	円		$\dfrac{16}{\pi d^3} M_T$	$\dfrac{32}{\pi d^4} \cdot \dfrac{M_T}{G}$
I·8·2	中空円		$\dfrac{16d}{\pi(d^4-d_1^4)} M_T$	$\dfrac{32}{\pi(d^4-d_1^4)} \cdot \dfrac{M_T}{G}$
I·8·3	だ円	$a \geqq b$	$\dfrac{2}{\pi a b^2} M_T$	$\dfrac{a^2+b^2}{\pi a^3 b^3} \cdot \dfrac{M_T}{G}$
I·8·4	長方形		$\tau_1 = \dfrac{1}{\alpha_1 a b^2} M_T$ $\tau_2 = \dfrac{1}{\alpha_2 a b^2} M_T$	$\dfrac{1}{\beta a b^3} \cdot \dfrac{M_T}{G}$

a/b	1.0	1.5	2.0	2.5	3.0	4.0	6.0	10.0	∞
α_1	0.208	0.231	0.246	0.258	0.267	0.282	0.299	0.313	1/3
α_2	0.208	0.270	0.309	——	0.354	0.379	0.402	——	0.448
β	0.141	0.196	0.229	0.249	0.263	0.281	0.299	0.313	1/3

ねじりせん断応力度

No.	断面形		ねじりせん断応力度	単位長のねじり角 θ
I·8·5	正三角形	(図: 正三角形、一辺 a)	$\dfrac{20}{a^3} M_T$	$\dfrac{80}{\sqrt{3}} \cdot \dfrac{1}{a^4} \cdot \dfrac{M_T}{G}$
I·8·6	正六角形	(図: 正六角形、対辺距離 a)	$4.61 \cdot \dfrac{M_T}{Aa}$	$\dfrac{7.52}{Aa^2} \cdot \dfrac{M_T}{G}$
I·8·7	長方形中空	(図: 中空長方形、a, b, t)	$\dfrac{1}{2t(a+t)(b+t)} M_T$	$\dfrac{(a+b+2t)}{2(a+t)^2(b+t)^2 \cdot t} \cdot \dfrac{M_T}{G}$
I·8·8	H形鋼 溝形鋼	(図: H形鋼および溝形鋼、b_1, b_2, t_1, t_2)	$\tau_F = \dfrac{3\,t_2}{\sum b_n t_n^3} M_T$ （フランジ中央部） $\tau_W = \dfrac{3\,t_1}{\sum b_n t_n^3} M_T$ （ウェブ中央部）	$\dfrac{3}{\sum b_n t_n^3} \cdot \dfrac{M_T}{G}$

I・9 断 面 の 核

No.	断 面 形	公　　式
I・9・1	中実 正方形	$\overline{EG} = \overline{HF} = \dfrac{1}{3} h$
I・9・2	中空 正方形	$\overline{EG} = \overline{HF} = \dfrac{1}{3} \cdot \dfrac{h_2^2 + h_1^2}{h_2}$
I・9・3	薄肉 正方形	$\overline{EG} = \dfrac{h}{3} \left(\dfrac{t_2 + 3t_1}{t_1 + t_2} \right)$ $\overline{HF} = \dfrac{h}{3} \left(\dfrac{t_1 + 3t_2}{t_1 + t_2} \right)$
I・9・4	中実 長方形	$\overline{EG} = \dfrac{b}{3}$ $\overline{HF} = \dfrac{h}{3}$
I・9・5	中空 長方形	$\overline{EG} = \dfrac{1}{3} \cdot \dfrac{h_2 b_2^3 - h_1 b_1^3}{b_2 (h_2 b_2 - h_1 b_1)}$ $\overline{HF} = \dfrac{1}{3} \cdot \dfrac{b_2 h_2^3 - b_1 h_1^3}{h_2 (h_2 b_2 - h_1 b_1)}$
I・9・6	薄肉 長方形	$\overline{EG} = \dfrac{b}{3} \left(\dfrac{bt_2 + 3ht_1}{ht_1 + bt_2} \right)$ $\overline{HF} = \dfrac{h}{3} \left(\dfrac{ht_1 + 3bt_2}{ht_1 + bt_2} \right)$

断 面 の 核

No.	断 面 形		公　　式
I・9・7	中実円形		$\overline{EG} = \dfrac{d}{4}$
I・9・8	中空円形		$\overline{EG} = \dfrac{1}{4} \cdot \dfrac{d_2^2 + d_1^2}{d_2}$
I・9・9	薄肉円形		$\overline{EG} = \dfrac{d}{2}$
I・9・10	二等辺三角形		$f = \dfrac{b}{4}$ $g = \dfrac{h}{4}$
I・9・11	中実正八角形		$e = 0.45126\, d$
I・9・12	中空正八角形		$e = 0.45126\, d_2 \left\{ 1 + \left(\dfrac{d_1}{d_2}\right) \right\}$

2

はり構造力学公式

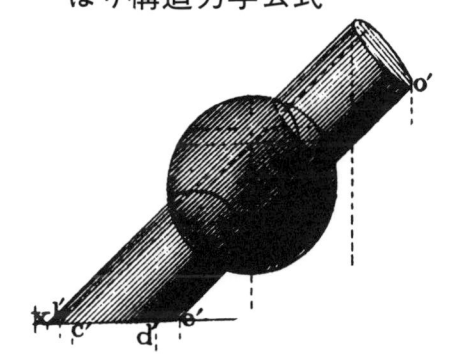

II章　はり構造力学公式

II·1　概　説

はりは水平または斜め方向に掛けわたされた構造部材で，材軸に対し垂直または斜め方向の荷重を受けるときに曲げを生ずる．これを力学上曲げ材という．

　はりの支点の状態は実際には千差万別であるが，力学上はローラー，ピン，固定支持のいずれかであるものとみなし，その支持条件によって，はりの形式が分類される．

(a)　片持ちばり……一端固定，他端が自由なはり．
(b)　単純ばり……一端ピン，他端ローラー支持のはり．
(c)　一端ピン他端固定ばり……一端ピン他端固定支持のはり．
(d)　両端固定ばり……両端固定支持のはり．
(e)　連続ばり……3個以上の支持点を有するはり．

　また，上記はりを応力解法上で分類すると，(a), (b)は力のつり合い条件式のみで反力および部材応力が算定できる**静定ばり**であり，(c), (d), (e)は力のつり合い条件のほかに変形適合条件が必要な**不静定ばり**である．

　はりに加わる荷重をそのはたらきかたにしたがって分類すると

(a)　集中荷重……一点に集中して作用する力．
(b)　等分布荷重……分布荷重の一種でその単位長さ当たりの荷重が部材の全長について一様なもの．
(c)　等変分布荷重……単位長さ当たりの荷重の大きさが材の長さの方向にそって直線的に変化する荷重．
(d)　三角分布荷重……等変分布荷重の一種で荷重の変化が三角形状に表現されるもの．
(e)　移動荷重……車両，クレーンなどの車輪圧のように力の作用点が移動する荷重．

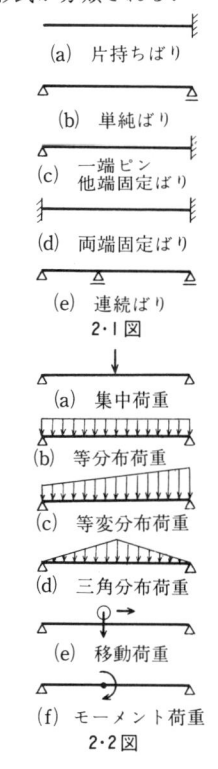

(a)　片持ちばり
(b)　単純ばり
(c)　一端ピン他端固定ばり
(d)　両端固定ばり
(e)　連続ばり
2·1図

(a)　集中荷重
(b)　等分布荷重
(c)　等変分布荷重
(d)　三角分布荷重
(e)　移動荷重
(f)　モーメント荷重
2·2図

(f) モーメント荷重……回転作用を与える力.

II・2 はり構造の応力解析
1. 支点反力

安定の状態にある構造物の支点反力は必ずつり合っていなければならない.すなわち,反力を求めるには力のつり合い条件を利用する.

① 外力と反力の水平成分の総和はゼロである. $\Sigma X=0$
② 外力と反力の鉛直成分の総和はゼロである. $\Sigma Y=0$
③ 任意の点に関する外力と反力のモーメントの総和はゼロである. $\Sigma M=0$

$\quad\quad\quad\quad\quad\quad\quad\quad\quad\quad\quad\quad\quad\quad\quad\quad\quad\quad\quad$ (2・1)

〔例題〕 2・3図の支点反力 H_A, R_A, R_B を求めよ.

〔解〕 $\Sigma X=-P\cdot\cos\theta+H_A=0$ より $\quad H_A=P\cdot\cos\theta$

$\Sigma M_A=-P\cdot a\cdot\sin\theta+R_B l=0$ より $\quad R_B=\dfrac{P\cdot a\cdot\sin\theta}{l}$

$\Sigma Y=-P\cdot\sin\theta+R_A+R_B=0$ より $\quad R_A=\dfrac{P(l-a)\sin\theta}{l}$

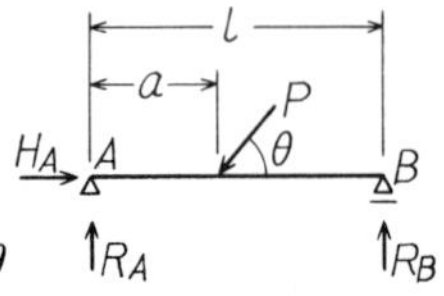

2・3図

2. 部材応力(軸方向力:N, せん断力:Q, 曲げモーメント:M)

任意の点にはたらく応力は,部材を X の点で切断したとき,その左側(または右側)がつり合うために必要な切口面にはたらく力をいい,材軸方向の力 N を軸方向力,材軸の垂直方向の力 Q をせん断力,X の点のまわりのモーメント M を曲げモーメントという(2・4図参照).また,部材の各点の大きさを図に表わしたものを応力図という. 応力符号は2・5図を参照.

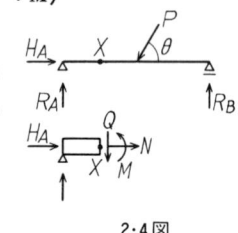

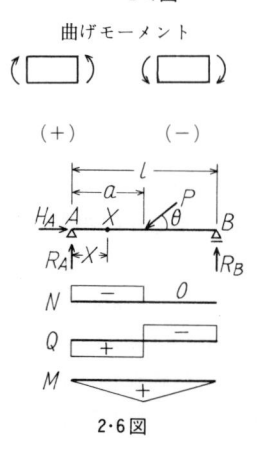

2・4図

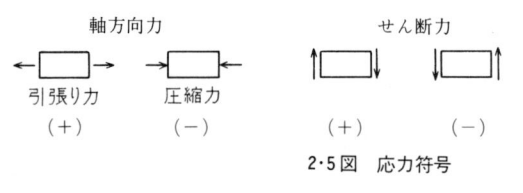

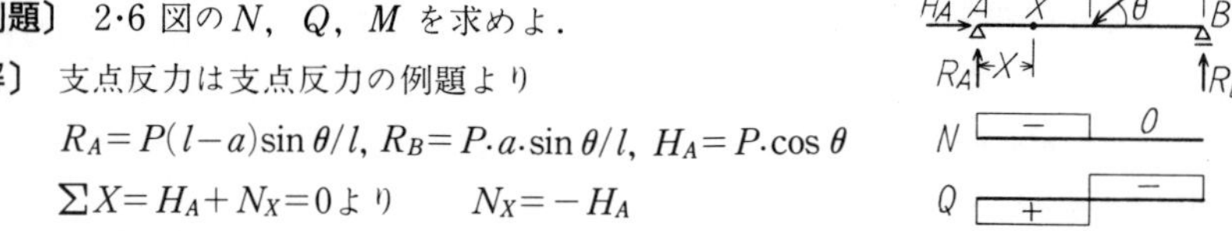

2・5図 応力符号
軸方向力 引張り力(+) 圧縮力(-)
せん断力 (+) (-)
曲げモーメント (+) (-)

〔例題〕 2・6図の N, Q, M を求めよ.

〔解〕 支点反力は支点反力の例題より

$\quad R_A=P(l-a)\sin\theta/l,\ R_B=P\cdot a\cdot\sin\theta/l,\ H_A=P\cdot\cos\theta$

$\quad\Sigma X=H_A+N_X=0$ より $\quad N_X=-H_A$

$\quad\Sigma Y=R_A-Q_X=0$ より $\quad Q_X=R_A$

$\quad\Sigma M_X=R_A\cdot x-M_X=0$ より $\quad M_X=R_A\cdot x$

2・6図

3. w, Q, Mの関係

2・7図のようにはりABの小片CDをとり出して，w, Q, Mの関係を求める．
力のつり合い条件から
$\Sigma Y = -Q + w\Delta x + (Q+\Delta Q) = 0$ より
$$w = -\frac{\Delta Q}{\Delta x}$$
$\Sigma M_D = M - (M+\Delta M) + Q\Delta x - \frac{w\Delta x^2}{2} = 0$ より
ΔxにくらべΔx^2は非常に小さいので省略する．
$$Q = \frac{\Delta M}{\Delta x}$$
以上のことからw, Q, Mの関係を微積分式で示すと

$$\left. \begin{array}{l} w = -dQ/dx, \quad Q = -\int w \cdot dx + C_1 \\ Q = dM/dx, \quad M = \int Q dx + C_2 = -\iint w \cdot dx^2 + C_1 x + C_2 \end{array} \right\} \quad (2\cdot 2)$$

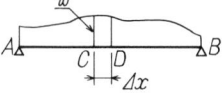

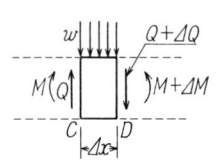

2・7図

C_1, C_2は積分定数ではりの境界条件によってきまる．

4. たわみ曲線の微分方程式

はりが曲げを受けて変形するとき，はりの軸線の変形をたわみ曲線と呼び，そのこう配をたわみ角と呼ぶ．

微分方程式の誘導は2・8図を参照してつぎの関係式より求める．

曲げモーメントと曲率の関係：$\dfrac{1}{\rho} = \dfrac{M}{EI}$

微小長さdsと曲率の関係：$\dfrac{1}{\rho} = -\dfrac{d\theta}{ds} = -\dfrac{d\theta}{dx}$

こう配θと$dx \cdot dy$の関係：$\theta = \dfrac{dy}{dx}$

以上の式を整理して， $\dfrac{M}{EI} = -\dfrac{d\theta}{dx} = -\dfrac{d^2 y}{dx^2}$ (2・3)

2・8図

たわみ角 $\theta = \dfrac{dy}{dx} = -\int \dfrac{M}{EI} dx + C_3$ (2・4)

たわみ $\delta = y = -\iint \dfrac{M}{EI} dx^2 + C_3 x + C_4$ (2・5)

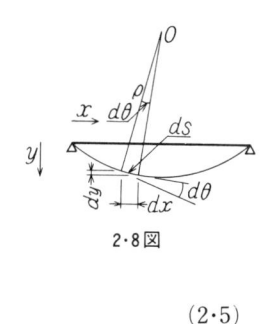

5. 荷重・応力・変位の微積分式

3，4の項を整理して微積分式で示すと

$$\left. \begin{array}{l} Q = -\int w \cdot dx + C_1, \quad w = -\dfrac{dQ}{dx} = -\dfrac{d^2 M}{dx^2} \\ M = \int Q dx + C_2 = -\iint w \cdot dx^2 + C_1 \cdot x + C_2, \quad Q = \dfrac{dM}{dx} \end{array} \right\} \quad (2\cdot 6)$$

$$\theta = -\int \frac{M}{EI}dx + C_3, \quad \frac{M}{EI} = -\frac{d\theta}{dx} = -\frac{d^2\delta}{dx^2}$$
$$\delta = \int \theta \cdot dx + C_4 = -\iint \frac{M}{EI}dx^2 + C_3 \cdot x + C_4, \quad \theta = \frac{d\delta}{dx} \quad \bigg\} \quad (2 \cdot 6)$$

$\dfrac{dM}{dx} = Q = 0$ のとき M は最大となり, $\dfrac{d\delta}{dx} = \theta = 0$ のとき δ は最大となる.

〔例題〕 2・9図の等分布荷重を受ける単純ばりの w, Q, M, θ, δ の関係式を求めよ.

〔解〕 $w_x = w$

$$Q_x = -\int w \cdot dx + C_1 = -wx + C_1$$
$$M_x = -\iint w \cdot dx^2 + C_1 \cdot x + C_2 = -\frac{wx^2}{2} + C_1 \cdot x + C_2$$
$$\theta_x = -\int \frac{M}{EI}dx + C_3 = -\frac{1}{EI}\left(-\frac{wx^3}{6} + \frac{C_1 \cdot x^2}{2} + C_2 \cdot x\right) + C_3$$
$$\delta_x = -\iint \frac{M}{EI}dx + C_3 \cdot x + C_4 = -\frac{1}{EI}\left(-\frac{wx^4}{24} + \frac{C_1 \cdot x^3}{6} + \frac{C_2 \cdot x^2}{2}\right) + C_3 \cdot x + C_4$$

2・9図

境界条件 $x = 0$ のとき $Q = R_A, \ M = 0, \ \theta = \theta_A, \ \delta = 0$
$\qquad\qquad x = l$ のとき $Q = -R_B, \ M = 0, \ \theta = \theta_B, \ \delta = 0$
$\qquad\qquad x = \dfrac{l}{2}$ のとき $Q = 0, \ \theta = 0$

以上の境界条件より適当に選んで積分定数 C_1, C_2, C_3, C_4 を求める.

$\qquad x = \dfrac{l}{2}$ で $Q = 0$ から $\quad C_1 = \dfrac{wl}{2}$
$\qquad x = 0$ で $M = 0$ から $\quad C_2 = 0$
$\qquad x = \dfrac{l}{2}$ で $\theta = 0$ から $\quad C_3 = \dfrac{wl^3}{24EI}$
$\qquad x = 0$ で $\delta = 0$ から $\quad C_4 = 0$

ゆえに $Q_x = -wx + \dfrac{wl}{2}$

$$M_x = -\frac{wx^2}{2} + \frac{wl}{2}x = \frac{wx}{2}(l-x)$$
$$\theta_x = \frac{1}{EI}\left(\frac{wx^3}{6} - \frac{wl}{4}x^2 + \frac{wl^3}{24}\right) = \frac{w}{24EI}(4x^3 - 6lx^2 + l^3)$$
$$\delta_x = \frac{1}{EI}\left(\frac{wx^4}{24} - \frac{wl}{12}x^3 + \frac{wl^3}{24}\right) = \frac{w}{24EI}(x^4 - 4lx^3 + l^3)$$

$\qquad x = 0$ のとき $Q_A = \dfrac{wl}{2}, \ \theta_A = \dfrac{wl^3}{24EI}$
$\qquad x = \dfrac{l}{2}$ のとき $M = \dfrac{wl^2}{8}, \ \delta = \dfrac{5wl^4}{384EI}$
$\qquad x = l$ のとき $Q_B = -\dfrac{wl}{2}, \ \theta_B = -\dfrac{wl^3}{24EI}$

6. 不静定ばりの一般解法（応力法）

静定ばりの応力が力のつり合い条件式から求め得るのに対し，不静定ばりは力のつり合い条件のほかに変形の連続条件を考慮しなければならない．

2·10図(a)のような不静定ばりの応力の求めかたとして，同図(b)の静定基本形におきかえ，A点の連続条件を満足するために，同図(c)でA点の反力方向にX（不静定力）を加える．いま，A点の変位について，図(b)の場合をδ_{A0}とし，図(c)の$X=1$の単位荷重による場合をδ_{A1}とすると，A点の連続条件式は

$$\delta_{A0} - \delta_{A1} X = 0 \tag{2·7}$$

ゆえに，不静定力$X = \dfrac{\delta_{A0}}{\delta_{A1}}$となる．

2·10図

図(a)の応力は図(b)による応力と図(c)のXによる応力を加えたものである．

2·11図のように2次不静定ばりの場合，両端固定のはりは3次の不静定ばりであるが，軸方向の変形を無視すれば2次不静定とみなし，不静定力は2個（X_1, X_2）となる．

連続条件式

$$\left.\begin{array}{l}\delta_A = \delta_0 + \delta_1 X_1 + \delta_2 X_2 = 0 \\ \theta_A = \theta_0 + \theta_1 X_1 + \theta_2 X_2 = 0\end{array}\right\} \tag{2·8}$$

(2·8)式よりX_1とX_2を求めると

$$X_1 = \frac{\delta_2 \theta_0 - \delta_0 \theta_2}{\delta_1 \theta_2 - \delta_2 \theta_1}, \quad X_2 = \frac{\delta_0 \theta_1 - \delta_1 \theta_0}{\delta_1 \theta_2 - \delta_2 \theta_1} \tag{2·9}$$

となる．

〔例題〕 2·12図の一端ピン他端固定，集中荷重の応力を求めよ．

〔解〕 片持ちばり公式Ⅱ·3·2より

$$\delta_0 = \frac{P}{3EI}\left(\frac{l}{2}\right)^3\left(1 + \frac{3}{2}\right) = \frac{5Pl^3}{48EI}$$

片持ちばり公式Ⅱ·3·1より

$$\delta_1 = \frac{X}{3EI}l^3 = \frac{l^3}{3EI} \quad (X=1\text{の場合.})$$

2·11図

連続条件式　$\delta_0 + \delta_1 X = \dfrac{5Pl^3}{48EI} + \dfrac{l^3}{3EI}X = 0$

$$\therefore \quad X = -\frac{5}{16}P$$

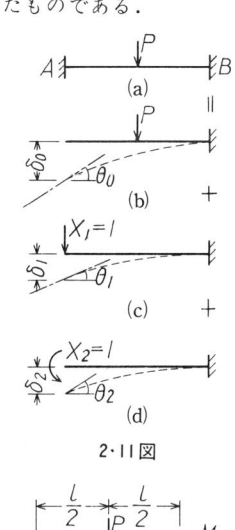

2·12図

X の値が負となった場合 X の仮定方向と反対方向になる．

すなわち $X=R_A=\dfrac{5}{16}P$ は上向き，$R_B=P-R_A=\dfrac{11}{16}P$

$$M_B = -P\dfrac{l}{2} - Xl = -\dfrac{P}{2}l + \dfrac{5}{16}Pl = -\dfrac{3}{16}Pl$$

$$M_C = -X\dfrac{l}{2} = \dfrac{5}{16}\cdot\dfrac{1}{2} = \dfrac{5}{32}Pl$$

で応力図は2・13図となる．

7. はり構造の応力計算例

〔例題 1〕 2・14 図の片持ちばりのはり断面 H-400×200×8×13，ヤング率 $E=21000\ \text{kN/cm}^2$（鋼材），断面 2 次モーメント $I=23700\ \text{cm}^4$ の場合の曲げモーメント M，せん断力 Q，A 点のたわみ δ_A を求めよ．

〔解〕 公式 II・3・1 および II・3・2 を適用．

$0 \leqq x \leqq 2$ の場合 $Q_x = -P_1 = -20\ \text{kN}$（一定）

$\qquad\qquad\qquad M_x = -P_1\cdot x = -20x$

$\qquad\qquad\qquad M_B = -20\times 2 = -40\ \text{kN·m}$

$2 \leqq x \leqq 4$ の場合 $Q_x = -(P_1+P_2) = -50\ \text{kN}$

$\qquad\qquad\qquad M_x = -\{P_1\cdot x + P_2(x-2)\} = -50x + 60$

$\qquad\qquad\qquad M_C = -50\times 4 + 60 = -140\ \text{kN·m}$

A 点のたわみ $\delta_A = \dfrac{P_1 l^3}{3EI} + \dfrac{P_2 b^3}{3EI}\left(1+\dfrac{3a}{2b}\right)$

$\qquad\qquad\qquad = \dfrac{20\times 400^3}{3\times 21000\times 23700} + \dfrac{30\times 200^3}{3\times 21000\times 23700}\left(1+\dfrac{3\times 200}{2\times 200}\right) = 1.259\ \text{cm}$

〔例題 2〕 2・16 図の単純ばりのはり断面 $B\times D = 30\times 60\ \text{cm}^2$，ヤング率 $E = 2100\ \text{kN/cm}^2$（コンクリート）の場合の曲げモーメント M，せん断力 Q，たわみ δ_C を求めよ．

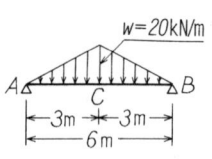

〔解〕 公式 II・4・9 を適用．

反力 $R_A = R_B = Q_A = -Q_B = \dfrac{wl}{4} = \dfrac{20\times 6}{4} = 30\ \text{kN}$

$0 \leqq x \leqq 3$ の場合 $M_x = \dfrac{wlx}{4} - \dfrac{wx^3}{3l}$

$\qquad\qquad\qquad M_C = \dfrac{wl^2}{12} = \dfrac{20\times 6^2}{12} = 60\ \text{kN·m}$

はり構造の応力解析 49

$$Q_x = \frac{dM}{dx} = \frac{wl}{4} - \frac{wx^2}{l}$$

応力図は2・17図のようになる.

断面2次モーメント $I = \frac{30 \times 60^3}{12} = 540000 \text{ cm}^4$

C 点のたわみ $\delta_C = \frac{wl^4}{120\,EI} = \frac{0.2 \times 600^4}{120 \times 2100 \times 540000} = 0.190 \text{ cm}$

(b) M図
2・17図

〔**例題 3**〕 2・18図の格子ばりのはり断面,ヤング率,断面2次モーメントが一定の場合の各はりの支点反力 R,曲げモーメントMを求めよ.

〔**解**〕 公式II・16・8を適用.

まず,E点の変位を拘束して,拘束力R_Eとはり応力を求め,つぎに,拘束を解除して,E点に拘束力R_Eと反対向きの外力($P=-R_E$)を加え,公式を用いてそれぞれのはりに分配される外力を求める(2・19図参照).

2・18図

(a) $R_E = \frac{5}{4}wl = \frac{5}{4} \times 15 \times 3 = 56.3 \text{ kN}$(公式II・9・4)

$R_A = R_B = \frac{3}{8}wl = \frac{3}{8} \times 15 \times 3 = 16.9 \text{ kN}$

$M_E = -\frac{1}{8}wl^2 = -\frac{1}{8} \times 15 \times 3^2 = -16.9 \text{ kN·m}$

(b) $P_1 = \dfrac{P}{1+\dfrac{I_2}{I_1}\cdot\dfrac{a^3}{b^3}} = \dfrac{56.3}{1+\dfrac{I_2}{I_1}\dfrac{6^3}{4^3}} = 13.1 \text{ kN}$

$P_2 = P - P_1 = 56.3 - 13.1 = 43.2 \text{ kN}$

AB 材は

$R_A = R_B = \frac{P_1}{2} = \frac{13.1}{2} = 6.5 \text{ kN}$(公式II・4・1)

$M_E = \frac{P_1 l}{4} = \frac{13.1 \times 6}{4} = 19.6 \text{ kN·m}$

CD 材は

$R_C = R_D = \frac{P_2}{2} = \frac{43.2}{2} = 21.6 \text{ kN}$

$M_E = \frac{P_2 l}{4} = \frac{43.2 \times 4}{4} = 43.2 \text{ kN·m}$

(c) AB部材の(a)と(b)の合成.

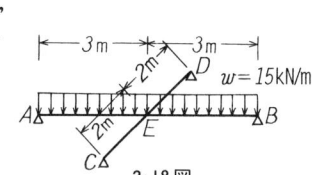

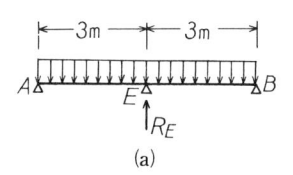

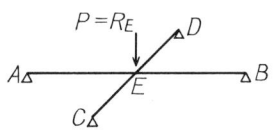

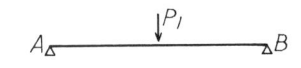

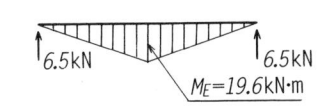

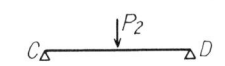

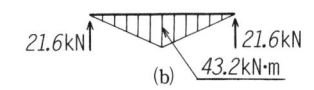

2・19図

$$R_A = R_B = 16.9 + 6.5 = 23.4 \text{ kN}$$

$$M_E = -16.9 + 19.6 = 2.71 \text{ kN·m}$$

$$M_x = 23.4x - \frac{wx^2}{2} = 23.4x - 7.5x^2$$

$$Q_x = \frac{dM}{dx} = 23.4 - 15x$$

$$x_0 = \frac{23.4}{15} = 1.56$$

$$M_{\max} = 23.4 \times 1.56 - 0.75 \times 1.56^2 = 18.2 \text{ kN·m}$$

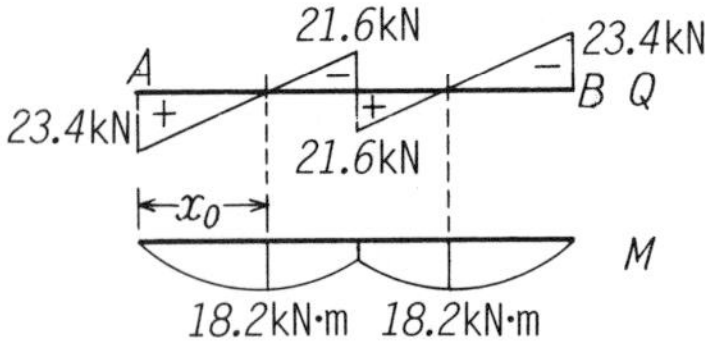

2·19図

CD 部材は中間荷重がないので(b)の応力が求める解となる.

〔例題 4〕 2·20図の等分布荷重を受ける単純支持ばりのスパン中央のたわみおよび回転角を求めよ.

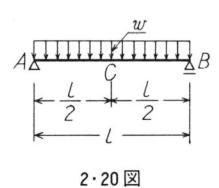

〔解〕 仮想仕事の原理からはりの変形は $\delta = \int \dfrac{M_i M_k}{EI} ds$ で与えられ,その積分計算は212ページのⅢ·34 変形計算公式 $\int M_i M_k ds$ の計算図表で求める.

ここで

M_i:与えられた点に求むべき変位の方向の単位の力を加えたときの曲げモーメント.

M_k:与えられた荷重による曲げモーメント.

とすると

$$\delta_C = \frac{1}{EI} \int M_i M_k ds = \frac{1}{EI} (8)(9)$$

$$= \frac{5 f h_2 l}{12 EI} = \frac{5 l}{12 EI} \cdot \frac{wl^2}{8} \cdot \frac{l}{4}$$

$$= \frac{5 wl^4}{384 EI}$$

$$\theta_A = \frac{1}{EI} \int M_i M_k ds = \frac{1}{EI} (3)(9)$$

$$= \frac{f \cdot a_2 l}{3 EI} = \frac{l}{3 EI} \cdot \frac{wl^2}{8} \cdot 1$$

$$= \frac{wl^3}{24 EI}$$

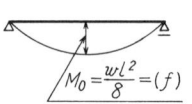

2·20図

(a) M_i 図 $M_0 = \dfrac{wl^2}{8} = (f)$

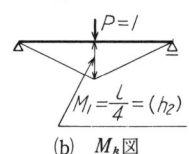

(b) M_k 図 $M_l = \dfrac{l}{4} = (h_2)$

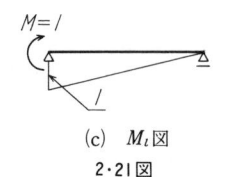

(c) M_l 図

2·21図

II・3 片持ちばりの計算公式

No.	L：荷重図 Q：せん断力図 M：曲げモーメント図	W：全荷重　　M：曲げモーメント R：反　力　　θ：回転角 Q：せん断力　δ：たわみ
II・3・1	L: 片持ちばり、先端Aに集中荷重P、長さl、xはAから、支点B、反力R_B Q: 負の矩形 M: 負の三角形	$W = P$ $R_B = -Q_B = P$ $M_x = -P \cdot x$ $M_B = -Pl$ $\theta_A = -\dfrac{Pl^2}{2EI}$,　$\theta_x = -\dfrac{P}{2EI}(l^2 - x^2)$ $\delta_x = \dfrac{Pl^3}{3EI}\left(1 - \dfrac{3x}{2l} + \dfrac{x^3}{2l^3}\right)$ $\delta_A = \dfrac{Pl^3}{3EI}$
II・3・2	L: 片持ちばり、長さl、A端からaの位置Cに集中荷重P、Cから先B側にb、支点B、反力R_B Q: 負の矩形（C-B間） M: 負の三角形（C-B間）	$W = P$ $R_B = -Q_B = P$ $M_x = -P(x - a)$　　　　$(x > a の場合.)$ $M_B = -P \cdot b$ $\theta_A = -\dfrac{P \cdot b^2}{2EI}$ $\delta_x = \dfrac{P \cdot b^3}{3EI}\left\{1 - \dfrac{3(x-a)}{2b} + \dfrac{(x-a)^3}{2b^3}\right\}$　$(CB 間)$ $\delta_A = \dfrac{P \cdot b^3}{3EI}\left(1 + \dfrac{3a}{2b}\right)$
II・3・3	L: 片持ちばり、等分布荷重w、長さl、支点B、反力R_B Q: 負の三角形 M: 負の2次曲線	$W = wl$ $R_B = -Q_B = wl$ $M_x = -\dfrac{wx^2}{2}$ $M_B = -\dfrac{wl^2}{2}$ $\theta_A = -\dfrac{wl^3}{6EI}$,　$\theta_x = -\dfrac{w}{6EI}(l^3 - x^3)$ $\delta_x = \dfrac{w}{24EI}(3l^4 - 4l^3x + x^4)$ $\delta_A = \dfrac{wl^4}{8EI}$

No.	L：荷重図 Q：せん断力図 M：曲げモーメント図	W：全荷重　　M：曲げモーメント R：反　力　　θ：回転角 Q：せん断力　δ：たわみ
II・3・4	L, Q, M 図	$W = \dfrac{wl}{2}$ $R_B = -Q_B = \dfrac{wl}{2}$ $M_x = -\dfrac{wx^3}{6l}$ $M_B = -\dfrac{wl^2}{6}$ $\theta_A = -\dfrac{wl^3}{24EI}$, $\theta_x = -\dfrac{w}{24EIl}(l^4 - x^4)$ $\delta_x = \dfrac{w}{120EIl}(4l^5 - 5l^4 x + x^5)$ $\delta_A = \dfrac{wl^4}{30EI}$
II・3・5	L, Q, M 図	$W = \dfrac{wl}{2}$ $R_B = -Q_B = \dfrac{wl}{2}$ $M_x = -\dfrac{wx^2}{2}\left(1 - \dfrac{x}{3l}\right)$ $M_B = -\dfrac{wl^2}{3}$ $\theta_A = -\dfrac{wl^3}{8EI}$, $\theta_x = -\dfrac{w}{24EIl}(4x^3 l - x^4 - 3l^4)$ $\delta_x = \dfrac{w}{120EIl}(11l^5 - 15l^4 x + 5lx^4 - x^5)$ $\delta_A = \dfrac{11wl^4}{120EI}$
II・3・6	L, Q, M 図	$W = \dfrac{(w_1 + w_2)l}{2}$ $R_B = -Q_B = \dfrac{(w_1 + w_2)l}{2}$ $M_x = -\dfrac{w_1 x^2}{2} - \dfrac{(w_2 - w_1)x^3}{6l}$ $M_B = \dfrac{2w_1 + w_2}{6} l^2$ $\theta_A = -\dfrac{(3w_1 + w_2)}{24EI} l^3$ $\delta_A = \dfrac{(11w_1 + 4w_2)}{120EI} l^4$

No.	L：荷重図 Q：せん断力図 M：曲げモーメント図	W：全荷重　　　M：曲げモーメント R：反　　力　　θ：回転角 Q：せん断力　　δ：たわみ	
II・3・7	(図：L, Q, M 図、区間 $a+b=l$、w 等分布荷重が A から a まで)	$W = wa$ $R_B = -Q_B = wa$ $M_x = -\dfrac{wx^2}{2}$ $M_x = -wa\left(x-\dfrac{a}{2}\right)$ $M_B = -wa\left(l-\dfrac{a}{2}\right)$ $\theta_A = -\dfrac{wl^3}{6EI}\left(1-\dfrac{b^3}{l^3}\right)$ $\delta_A = \dfrac{wl^4}{24EI}\left(3-4\dfrac{b^3}{l^3}+\dfrac{b^4}{l^4}\right)$	（$x \leq a$ の場合．） （$x \geq a$ の場合．）
II・3・8	(図：L, Q, M 図、区間 $a+b+c=l$、w 等分布荷重が中間区間 b)	$W = wb$ $R_B = -Q_B = wb$ $M_x = -\dfrac{wx^2}{2}$ $M_x = -wb\left(x-\dfrac{b}{2}\right)$ $M_B = -wb\left(\dfrac{b}{2}+c\right)$ $\theta_A = -\dfrac{wb}{6EI}\{b^2+3c(b+c)\}$ $\delta_A = \dfrac{wb}{24EI}\{3b^3+12b^2c+18bc^2+8c^3$ 　　　　$+4a(b^2+3bc+3c^2)\}$	（$x \leq b$ の場合．） （$x \geq b$ の場合．）
II・3・9	(図：L, Q, M 図、区間 $a+b=l$、三角形分布荷重が A から a まで)	$W = \dfrac{wa}{2}$ $R_B = -Q_B = \dfrac{wa}{2}$ $M_x = -\dfrac{wx^2}{6a}(3a-x)$ $M_x = -\dfrac{wa}{6}(3x-a)$ $M_B = -\dfrac{wa}{6}(2l+b)$ $\theta_A = -\dfrac{wa^3}{24EI}\left(1-\dfrac{4l}{a}+\dfrac{6l^2}{a^2}\right)$ $\delta_A = \dfrac{wal^3}{120EI}\left(20-\dfrac{10a}{l}+\dfrac{a^3}{l^3}\right)$	（$x \leq a$ の場合．） （$x \geq a$ の場合．）

No.	L：荷重図 Q：せん断力図 M：曲げモーメント図	W：全荷重　M：曲げモーメント R：反　力　θ：回転角 Q：せん断力　δ：たわみ
II・3・10	(図: L, Q, M)	$W=\dfrac{wa}{2}$ $R_B=-Q_B=\dfrac{wa}{2}$ $M_x=-\dfrac{wx^3}{6a}$　　　　　　　($x\leqq a$の場合.) $M_x=-\dfrac{wa}{6}(3x-2a)$　　($x\geqq a$の場合.) $M_B=-\dfrac{wa}{6}(a+3b)$ $\theta_A=-\dfrac{wa}{24EI}(a^2+4ab+6b^2)$ $\delta_A=\dfrac{wa}{30EI}(a^3+5a^2b+10ab^2+5b^3)$
II・3・11	(図: L, Q, M)	$W=\dfrac{wb}{2}$ $R_B=-Q_B=\dfrac{wb}{2}$ $M_x=-\dfrac{w(x-a)^3}{6b}$　　　　　($a\leqq x\leqq a+b$の場合.) $M_x=-\dfrac{wb(3x-3a-2b)}{6}$　($a+b\leqq x\leqq l$の場合.) $M_B=-\dfrac{wb}{6}(b+3c)$ $\theta_A=-\dfrac{wb}{24EI}(b^2+4bc+6c^2)$ $\delta_A=\dfrac{wb}{120EI}\{5(b^2+4bc+6c^2)a+4(b^3+5b^2c+10bc^2+5c^3)\}$
II・3・12	(図: L, Q, M)	$W=\dfrac{wb}{2}$ $R_B=-Q_B=\dfrac{wb}{2}$ $M_x=-\dfrac{w}{6b}\{3b(x-a)^2-(x-a)^3\}$　($a\leqq x\leqq a+b$の場合.) $M_x=-\dfrac{wb}{6}(3x-3a-b)$　　　　($a+b\leqq x\leqq l$の場合.) $M_B=-\dfrac{wb}{6}(3c+2b)$ $\theta_A=\dfrac{wb}{24EI}(3b^2+8bc+6c^2)$ $\delta_A=\dfrac{wb}{120EI}\{11b^3+40b^2c+50bc^2+20c^3+5(3b^2+8bc+6c^2)a\}$

No.	L：荷重図　Q：せん断力図　M：曲げモーメント図	W：全荷重　　M：曲げモーメント　R：反　力　　θ：回転角　Q：せん断力　　δ：たわみ
II・3・13	L (三角形分布荷重 w, 全長 l, 中央頂点, A-B, x 位置, R_B) Q 図 M 図	$W = \dfrac{wl}{2}$ $R_B = -Q_B = \dfrac{wl}{2}$ $M_x = -\dfrac{wx^3}{3l}$ 　　　　　　　　　　　$(x \leqq \dfrac{1}{2}l\,の場合.)$ $M_x = \dfrac{w}{12l}(4x^3 - 12lx^2 + 6l^2x - l^3)\,(x > \dfrac{1}{2}l\,の場合.)$ $M_B = -\dfrac{wl^2}{4}$ $\theta_A = -\dfrac{7wl^3}{96EI}$ $\delta_A = \dfrac{11wl^4}{192EI}$
II・3・14	L (モーメント M を A 端に作用, 長さ l, R_B) Q 図 ($Q=0$) M 図	$W = 0$ $R_B = Q_B = 0$ $M_x = -M\,(一定)$ $M_B = -M$ $\theta_A = -\dfrac{Ml}{EI}$ $\delta_x = \dfrac{M}{2EI}(l-x)^2$ $\delta_A = \dfrac{Ml^2}{2EI}$
II・3・15	L (モーメント M を途中に作用, a, b, 長さ l, R_B) Q 図 ($Q=0$) M 図	$W = 0$ $R_B = Q_B = 0$ $M_x = -M\,(一定)$ 　　　　$(x \geqq a\,の場合.)$ $M_B = -M$ $\theta_A = -\dfrac{M \cdot b}{EI}$ $\delta_A = \dfrac{M}{2EI}(b^2 + 2ab)$

II·4 単純ばりの計算公式

No.	L：荷重図 Q：せん断力図 M：曲げモーメント図	W：全荷重　　M：曲げモーメント R：反　力　　θ：回転角 Q：せん断力　δ：たわみ
II·4·1	L, Q, M 図（中央集中荷重 P、スパン l）	$W = P$ $R_A = R_B = Q_A = -Q_B = \dfrac{P}{2}$ $M_x = \dfrac{P \cdot x}{2}$　　　　$\left(x \leqq \dfrac{l}{2}\text{ の場合.}\right)$ $M_C = \dfrac{Pl}{4}$ $\theta_A = \dfrac{Pl^2}{16EI}$ $\delta_x = \dfrac{Pl^3}{48EI}\left(\dfrac{3x}{l} - \dfrac{4x^3}{l^3}\right)$　$\left(x \leqq \dfrac{l}{2}\text{ の場合.}\right)$ $\delta_C = \dfrac{Pl^3}{48EI}$
II·4·2	L, Q, M 図（集中荷重 P、a, b）	$W = P$ $R_A = Q_A = \dfrac{P \cdot b}{l}$　　$(x < a)\cdots\cdots M_x = \dfrac{Pbx}{l}$ $R_B = -Q_B = \dfrac{P \cdot a}{l}$　$(x > a)\cdots\cdots M_x = \dfrac{Pa(l-x)}{l}$ $M_C = \dfrac{P \cdot a \cdot b}{l}$ $\theta_A = \dfrac{P \cdot b}{6EIl}(l^2 - b^2)$, $\theta_B = \dfrac{P \cdot a}{6EIl}(a^2 - l^2)$ $\delta_C = \dfrac{P \cdot a^2 \cdot b^2}{3EIl}$ $\delta_{\max} = \dfrac{P \cdot b}{3EIl}\sqrt{\left(\dfrac{a^2 + 2ab}{3}\right)^3}$　$\left(\begin{array}{l}\text{条件：}a > b \\ \delta_{\max}\text{ の位置：} \\ x_0 = \sqrt{\dfrac{a}{3}(a + 2b)}\end{array}\right)$
II·4·3	L, Q, M 図（3等分点に P 2個）	$W = 2P$, $R_A = R_B = Q_A = -Q_B = P$ $M_x = P \cdot x$　　　　　　　$\left(x \leqq \dfrac{l}{3}\text{ の場合.}\right)$ $M_{\max} = \dfrac{Pl}{3}$ $\theta_A = \dfrac{Pl^2}{9EI}$ $\delta_x = \dfrac{Pl}{18EI}\left(3lx - 3x^2 - \dfrac{l^2}{9}\right)$ $\left(\dfrac{l}{3} \leqq x \leqq \dfrac{2l}{3}\text{ の場合.}\right)$ $\delta_{\max} = \dfrac{23Pl^3}{648EI}$　　　　　（はりの中央部.） $\delta_C = \dfrac{5Pl^3}{162EI}$

単純ばりの計算公式

No.	L：荷重図 Q：せん断力図 M：曲げモーメント図	W：全荷重　M：曲げモーメント R：反　力　θ：回転角 Q：せん断力　δ：たわみ
II・4・4	L, Q, M 図	$W = 3P$ $R_A = R_B = Q_A = -Q_B = \dfrac{3}{2}P$ $M_x = \dfrac{3}{2}P \cdot x$ 　　　　　　($x \leq l/4$ の場合.) $M_x = \dfrac{P}{4}(2x + l)$ 　　　($l/4 \leq x \leq l/2$ の場合.) $M_C = \dfrac{Pl}{2}$ $\theta_A = -\theta_B = \dfrac{5Pl^2}{32EI}$ $\delta_C = \dfrac{19Pl^3}{384EI}$
II・4・5	L, Q, M 図	$W = 4P$ $R_A = R_B = Q_A = -Q_B = 2P$ $M_C = \dfrac{2Pl}{5}$ $M_D = \dfrac{3Pl}{5} = M_{max}$ $\theta_A = -\theta_B = \dfrac{Pl^2}{5EI}$ $\delta_{max} = \dfrac{63Pl^3}{1000EI}$ 　　　　　　（はりの中央部.）
II・4・6	L, Q, M 図	$W = 2P$ $R_A = R_B = Q_A = -Q_B = P$ $M_x = P \cdot x$ 　　　　　　　　($x \leq a$ の場合.) $M_{max} = P \cdot a$ $\theta_A = -\theta_B = \dfrac{P \cdot a}{2EI}(l - a)$ $\delta_C = \dfrac{P \cdot a^2}{6EI}(3l - 4a)$ $\delta_{max} = \dfrac{P \cdot a}{24EI}(3l^2 - 4a^2)$ 　（はりの中央部.）

No.	L：荷重図 Q：せん断力図 M：曲げモーメント図	W：全荷重　　　M：曲げモーメント R：反　力　　　θ：回転角 Q：せん断力　　δ：たわみ	

No.	図	公式
II·4·7	L, Q, M 図（等分布荷重 w、スパン l）	$W = wl$ $R_A = R_B = Q_A = -Q_B = \dfrac{wl}{2}$ $M_x = \dfrac{wx}{2}(l-x)$ $M_{max} = \dfrac{wl^2}{8}$　　（はりの中央部．） $\theta_A = -\theta_B = \dfrac{wl^3}{24EI}$ $\delta_x = \dfrac{wx}{24EI}(l^3 - 2lx^2 + x^3)$ $\delta_{max} = \dfrac{5wl^4}{384EI}$　　（はりの中央部．）
II·4·8	L, Q, M 図（三角分布荷重、最大値 w at B）	$W = \dfrac{wl}{2}$ $R_A = Q_A = \dfrac{wl}{6}$,　$R_B = -Q_B = \dfrac{wl}{3}$ $M_x = \dfrac{wx}{6l}(l^2 - x^2)$ $M_{max} = \dfrac{wl^2}{9\sqrt{3}}$　　$\left(x = \dfrac{l}{\sqrt{3}} \text{の場合．}\right)$ $\theta_A = \dfrac{7wl^3}{360EI}$,　$\theta_B = -\dfrac{wl^3}{45EI}$ $\delta_x = \dfrac{wx}{360EIl}(7l^4 - 10l^2x^2 + 3x^4)$ $\delta_{max} = 0.00652\dfrac{wl^4}{EI}$　　$(x = 0.5193l \text{の場合．})$
II·4·9	L, Q, M 図（中央頂点の三角分布荷重 w）	$W = \dfrac{wl}{2}$ $R_A = R_B = Q_A = -Q_B = \dfrac{wl}{4}$ $M_x = \dfrac{wlx}{4}\left(1 - \dfrac{4x^2}{3l^2}\right)$　　$\left(x \leqq \dfrac{l}{2} \text{の場合．}\right)$ $M_C = \dfrac{wl^2}{12}$ $\theta_A = -\theta_B = \dfrac{5wl^3}{192EI}$ $\delta_x = \dfrac{wx}{24EIl}\left(\dfrac{5}{8}l^4 - l^2x^2 + \dfrac{2}{5}x^4\right)$ $\delta_C = \dfrac{wl^4}{120EI}$

No.	L：荷重図 Q：せん断力図 M：曲げモーメント図	W：全荷重　　　　M：曲げモーメント R：反　力　　　　θ：回転角 Q：せん断力　　　δ：たわみ
II・4・10	(図)	$W = \dfrac{wl}{2}$ $R_A = R_B = Q_A = -Q_B = \dfrac{wl}{4}$ $M_C = \dfrac{5wl^2}{96}$ $M_D = \dfrac{wl^2}{16}$ $\theta_A = -\theta_B = \dfrac{17wl^3}{768EI}$ $\delta_D = \dfrac{7wl^4}{1024EI}$
II・4・11	(図)	$W = \dfrac{wl}{2}$ $R_A = R_B = Q_A = -Q_B = \dfrac{wl}{4}$ $M_C = \dfrac{7}{108}wl^2$ $\theta_A = -\theta_B = \dfrac{37wl^3}{1728EI}$ $\delta_C = \dfrac{259wl^4}{38880EI}$
II・4・12	(図)	$W = \dfrac{wl}{2}$ $R_A = R_B = Q_A = -Q_B = \dfrac{wl}{4}$ $M_C = \dfrac{wl^2}{16}$ $\theta_A = -\theta_B = \dfrac{65wl^3}{3072EI}$ $\delta_C = \dfrac{27wl^4}{4096EI}$

No.	L：荷重図 Q：せん断力図 M：曲げモーメント図	W：全荷重　　　M：曲げモーメント R：反　力　　　θ：回転角 Q：せん断力　　δ：たわみ
II·4·13	（荷重図・せん断力図・曲げモーメント図）	$W = w(l-a)$ $R_A = R_B = Q = \dfrac{w(l-a)}{2}$ $M_x = R_A \cdot x - \dfrac{wx^3}{6a}$　　　　　（$x \leq a$ の場合．） $M_x = R_A \cdot x - \dfrac{wa}{2}\left(x - \dfrac{2}{3}a\right) - \dfrac{w(x-a)^2}{2}$ 　　　　　　　　　　　　（$a \leq x \leq l-a$ の場合．） $M_{\max} = \dfrac{w}{24}(3l^2 - 4a^2)$ $\theta_A = -\theta_B = \dfrac{w}{24EI}(l^3 - 2la^2 + a^3)$ $\delta_{\max} = \dfrac{w}{1920EI}(5l^2 - 4a^2)^2$
II·4·14	（荷重図・せん断力図・曲げモーメント図）	$W = \dfrac{(w_1 + w_2)}{2}l$ $R_A = Q_A = \dfrac{l}{6}(2w_1 + w_2)$, $R_B = Q_B = \dfrac{l}{6}(w_1 + 2w_2)$ $M_x = R_A \cdot x - \dfrac{w_1 x^2}{2} - \dfrac{(w_2 - w_1)}{6l}x^3$ $x_0 = \dfrac{l}{w_2 - w_1}\left\{-w_1 + \sqrt{\dfrac{1}{3}(w_1^2 + w_1 w_2 + w_2^2)}\right\}$ の点で $M_{\max}$． $\theta_A = \dfrac{l^3}{EI}\left(\dfrac{w_1}{24} + \dfrac{7(w_2 - w_1)}{360}\right)$, $\theta_B = -\dfrac{l^3}{EI}\left(\dfrac{w_1}{24} + \dfrac{w_2 - w_1}{45}\right)$ $\delta_x = \dfrac{w_1 x}{24EI}(l^3 - 2lx^2 + x^3)$ 　　　$+ \dfrac{w_2 - w_1}{360EI} \cdot \dfrac{x}{l}(7l^4 - 10l^2 x^2 + 3x^4)$
II·4·15	（荷重図・せん断力図・曲げモーメント図）	$W = w(l - 2a)$ $R_A = R_B = Q_A = -Q_B = \dfrac{w(l - 2a)}{2}$ $M_C = \dfrac{w(l^2 - 4a^2)}{8}$ $\theta_A = \dfrac{w}{24EI}(l^3 - 6la^2 + 4a^3)$ $\delta_C = \dfrac{wl^4}{384EI}(8m - 4m^3 + m^4)$　$\left(m = 1 - \dfrac{2a}{l}\text{の場合．}\right)$

単純ばりの計算公式

No.	L：荷重図 Q：せん断力図 M：曲げモーメント図	W：全荷重　　　M：曲げモーメント R：反　力　　　θ：回転角 Q：せん断力　　δ：たわみ
II・4・16	L, Q, M 図（荷重 w が a から $a+b$ の区間に分布、c は残り部分）	$W = wb$ $R_A = Q_A = \dfrac{wb(2c+b)}{2l}$ $R_B = -Q_B = \dfrac{wb(2a+b)}{2l}$ $M_x = \dfrac{wb(2c+b)}{2l}x - \dfrac{w(x-a)^2}{2}$　　$(a<x<a+b)$ $x_0 = a + \dfrac{b}{2l}(2c+b)$ の点で $M_{\max}$. $\theta_A = \dfrac{wb}{48EIl}(2c+b)\left[(2a+b)(2l+2c+b)-b^2\right]$ $\delta_x = \dfrac{wb}{48EIl}\Big[x(2c+b)\{(2a+b)(2l+2c+b)$ 　　$-b^2-4x^2\} + \dfrac{2l}{b}(x-a)^4\Big]$
II・4・17	L, Q, M 図（荷重 w が A から C まで長さ a、残り b）	$W = wb$ $R_A = Q_A = \dfrac{wb^2}{2l}$ $R_B = Q_B = \dfrac{wb}{2l}(l+a)$ $M_{\max} = \dfrac{wl^2}{8}\left(1 - \dfrac{a^2}{l^2}\right)^2$　　$\left(x = \dfrac{b^2}{2l} + a \text{ の場合.}\right)$ $\theta_A = \dfrac{wb^2}{12EIl}\left(l^2 - \dfrac{b^2}{2}\right)$ $\theta_B = -\dfrac{wb^2}{12EIl}\left(2l^2 + \dfrac{b^2}{2} - 2lb\right)$ $\delta_C = \dfrac{wb^3 a}{24EIl}(l + 3a)$
II・4・18	L, Q, M 図（両端に長さ a の等分布荷重 w、中央 $l-2a$） $x = \dfrac{a}{l}$	$W = 2wa$ $R_A = R_B = Q_A = -Q_B = wa$ $M_{\max} = \dfrac{wa^2}{2}$ $\theta_A = -\theta_B = \dfrac{wa^2}{12EI}(3l - 2a)$ $\delta_{\max} = \dfrac{wl^4}{48EI}\left(3\dfrac{a^2}{l^2} - 2\dfrac{a^4}{l^4}\right)$

No.	L：荷重図 Q：せん断力図 M：曲げモーメント図	W：全荷重　M：曲げモーメント R：反　力　θ：回転角 Q：せん断力　δ：たわみ
II・4・19	(荷重図：台形分布荷重 w_1～w_2、長さ l、中央 C、両端 A,B、R_A, R_B)	$W = \dfrac{w_1 + w_2}{2} l$ $R_A = Q_A = \dfrac{3 w_1 l}{8} + \dfrac{w_2 l}{8}$ $R_B = -Q_B = \dfrac{w_1 l}{8} + \dfrac{3 w_2 l}{8}$ $M_C = \dfrac{w_1 + w_2}{16} l^2$ $M_{\max} = \dfrac{l^2}{128}\left(9 w_1 + 6 w_2 + \dfrac{w_2^2}{w_1}\right)$ $\theta_A = \dfrac{l^3}{384 EI}(9 w_1 + 7 w_2)$, $\theta_B = \dfrac{l^3}{384 EI}(7 w_1 + 9 w_2)$ $\delta_C = \dfrac{5 l^4}{768 EI}(w_1 + w_2)$
II・4・20	(荷重図：三角形分布荷重 w、区間 a＋b、$l=a+b$、x、x_0)	$W = \dfrac{w a}{2}$ $R_A = Q_A = \dfrac{w a}{6 l}(a + 3 b)$ $R_B = -Q_B = \dfrac{w a^2}{3 l}$ $M_x = R_A \cdot x - \dfrac{w}{6 a} x^3$　　　($x < a$ の場合.) $x_0 = a \sqrt{1 - \dfrac{2 a}{3 l}}$ の点で $M_{\max}$. $\delta_x = \dfrac{R_A}{6 EI}(x^3 - l^2 x) - \dfrac{w}{120 EI a} x^5$ $\quad - \dfrac{w a}{120 EI l}(10 l^3 - 20 a l^2 + 15 a^2 l - 4 a^3) x$
II・4・21	(荷重図：台形分布 区間 a, b, c、C, D 間に荷重 w、$l=a+b+c$)	$W = \dfrac{w b}{2}$ $R_A = Q_A = \dfrac{w b}{6 l}(b + 3 c)$, $R_B = -Q_B = \dfrac{w b}{6 l}(3 a + 2 b)$ $M_x = R_A \cdot x - \dfrac{w}{6 b}(x - a)^3$　　($a \leq x \leq a + b$ の場合.) $x_0 = a + b \sqrt{\dfrac{1}{3 l}(b + 3 c)}$ の点で $M_{\max}$. $\delta_x = \dfrac{R_A}{6 EI}(x^3 - l^2 x) - \dfrac{w}{120 EI b}(x - a)^5$ $\quad + \dfrac{w b}{120 EI l}\{10 l^3 - (30 a + 20 b) l^2 + (30 a^2 + 40 a b + 15 b^2) l$ $\quad - (10 a^3 + 20 a^2 b + 15 a b^2 + 4 b^3)\} x$

単純ばりの計算公式

No.	L：荷重図 Q：せん断力図 M：曲げモーメント図	W：全荷重 R：反 力 Q：せん断力	M：曲げモーメント θ：回転角 δ：たわみ
II・4・22	L, Q, M 図（$a+b=l$、三角形分布荷重 b 区間、C 点で x_0、M_{max}）		$W=\dfrac{wb}{2}$ $R_A=Q_A=\dfrac{wb^2}{6l}$ $R_B=-Q_B=\dfrac{wb}{6l}(3l-b)$ $M_C=\dfrac{wab^2}{6l}$ $M_x=R_A\cdot x-\dfrac{w}{6b}(x-a)^3$ （$x>a$ の場合．） $x_0=a+b\sqrt{\dfrac{b}{3l}}$ の点で M_{max}． $\delta_x=\dfrac{wb^4}{360EI}\left\{3\left(\dfrac{x-a}{b}\right)^5-10\dfrac{x^3}{b^2l}+10\dfrac{lx}{b^2}-3\dfrac{x}{l}\right\}$
II・4・23	L, Q, M 図（中央 C で対称三角形分布荷重、各 $l/2$）		$W=\dfrac{wl}{2}$ $R_A=R_B=Q_A=-Q_B=\dfrac{wl}{4}$ $M_x=\dfrac{wlx}{2}\left(\dfrac{1}{2}-\dfrac{x}{l}+\dfrac{2x^2}{3l^2}\right)$ $M_C=\dfrac{wl^2}{24}$ $\theta_A=\dfrac{wl^3}{64EI}$ $\delta_C=\dfrac{3wl^4}{640EI}$
II・4・24	L, Q, M 図（$w_x=w\left(\dfrac{x}{l}\right)^2$ の分布荷重、x_0 点で M_{max}）		$R_A=Q_A=\dfrac{wl}{12}$ $R_B=-Q_B=\dfrac{wl}{4}$ $M_x=\dfrac{wx(l^3-x^3)}{12l^2}$ $M_{max}=0.039wl^2$ （$x_0=0.63l$ の場合．） $\theta_A=\dfrac{wl^3}{90EI}$ $\theta_B=-\dfrac{wl^3}{72EI}$ $\delta_x=\dfrac{wx}{360EI}\left(4l^3-5lx^2-\dfrac{x^5}{l^2}\right)$

No.	L：荷重図 Q：せん断力図 M：曲げモーメント図		W：全荷重　　　M：曲げモーメント R：反　力　　　θ：回転角 Q：せん断力　　δ：たわみ
II·4·25	L Q M	(放物線分布荷重 w、A から B、R_A、x、R_B)	$W = \dfrac{2}{3}wl$, $w_x = 4w\dfrac{x}{l}\left(1 - \dfrac{x}{l}\right)$ $R_A = R_B = Q_A = -Q_B = \dfrac{wl}{3}$ $\left[= \dfrac{wl}{\pi}\right]$ $M_x = \dfrac{wl^2}{3}\left(\dfrac{x}{l} - \dfrac{2x^3}{l^3} + \dfrac{x^4}{l^4}\right)$ $\left[= \dfrac{wl^2}{\pi^2}\cdot\sin\dfrac{\pi}{l}x\right]$ $M_{\max} = \dfrac{10}{96}wl^2$ $\left[= \dfrac{wl^2}{\pi^2}\right]$ $\theta_A = \dfrac{wl^3}{30EI}$ $\left[= \dfrac{wl^3}{\pi^3}\right]$ $\delta_{\max} = \dfrac{61}{5760}\dfrac{wl^4}{EI}$ $\left[= \dfrac{1}{EI}\cdot\dfrac{wl^4}{\pi^4}\right]$ 〔注〕〔 〕内は $w_x = w\cdot\sin\dfrac{\pi x}{l}$ に直した場合．
II·4·26	L Q M	(モーメント荷重 m が C 点、a、b)	$R_A = -R_B = Q = \dfrac{m}{l}$ $M_x = \dfrac{m}{l}x$ $\qquad(x \leqq a$ の場合．$)$ $M_x = m\left(1 - \dfrac{x}{l}\right)$ $\qquad(x \geqq a$ の場合．$)$ $M_{CA} = \dfrac{a}{l}m$, $\quad M_{CB} = -\dfrac{b}{l}m$ $\theta_A = \dfrac{m}{6EIl}(l^2 - 3b^2)$, $\quad \theta_B = \dfrac{m}{6EIl}(l^2 - 3a^2)$ $\delta_x = \dfrac{m}{6EI}\left[\left(6a - 3\dfrac{a^2}{l} - 2l\right)x - \dfrac{x^3}{l}\right]$ $(x \leqq a$ の場合．$)$ $\delta_x = \dfrac{m}{6EI}\left[3a^2 + 3x^2 - \dfrac{x^3}{l} - \left(2l + 3\dfrac{a^2}{l}\right)x\right]$ $(x \geqq a$ の場合．$)$
II·4·27	L Q M	(端モーメント荷重 m が A 端)	$R_A = -R_B = Q = \dfrac{m}{l}$ $M_x = m - \dfrac{m}{l}x$ $M_A = m$ $\theta_A = -\dfrac{ml}{3EI}$ $\theta_B = \dfrac{ml}{6EI}$ $\delta_x = \dfrac{mx}{6EIl}(l - x)(2l - x)$ $\delta_{\max} = \dfrac{ml^2}{9\sqrt{3}\,EI}$ $\left[x = \left(1 - \dfrac{1}{\sqrt{3}}\right)l = 0.423l \text{ の場合．}\right]$

単純ばりの計算公式

No.	L：荷重図 Q：せん断力図 M：曲げモーメント図	W：全荷重　M：曲げモーメント R：反　力　θ：回転角 Q：せん断力　δ：たわみ
II・4・28	L: はり両端に偶力 m（A端とB端）、長さ l、位置 x Q: $Q=0$ M: $-$	$R_A = R_B = 0$ $M = m$ $\theta_A = \dfrac{ml}{2EI}, \quad \theta_x = \dfrac{ml}{2EI}\left(1-\dfrac{2x}{l}\right)$ $\delta_x = \dfrac{mlx}{2EI}\left(1-\dfrac{x}{l}\right)$ $\delta_{\max} = \dfrac{ml^2}{8EI}$ （はりの中央部．）
II・4・29	L: 両端に偶力 m_1, m_2、R_A↑, R_B↓、中央C Q: $+$ M: $-$ （$m_1 > m_2$）	$R_A = -R_B = Q = \dfrac{m_1 - m_2}{l}$ $M_x = m_1 - \dfrac{m_1 - m_2}{l}x, \quad M_{\max} = m_1$ $\theta_A = -\dfrac{2m_1 + m_2}{6EI}l$ $\theta_B = \dfrac{m_1 + 2m_2}{6EI}l$ $\delta_x = \dfrac{x(x-l)}{2EI}\left\{m_1 - \dfrac{m_2 - m_1}{3l}(x+l)\right\}$ $\delta_C = \dfrac{(m_1 + m_2)}{16EI}l^2$ （はりの中央部．）
II・4・30	L: A─C─D─B、$AC=a$, $CD=b$, $DB=c$、Cにm_1、Dにm_2 Q: $+$ M: $+$	$R_A = -R_B = Q = \dfrac{m_2 - m_1}{l}$ $M_x = R_A \cdot x$ （AC間） $M_x = R_A \cdot x + m_1$ （CD間） $M_x = R_A \cdot x + m_1 - m_2$ （DB間）

	L：荷重図 Q：せん断力図 M：曲げモーメント図	W：全荷重 R：反　力 Q：せん断力	M：曲げモーメント θ：回転角 δ：たわみ
II・4・31	(荷重図：等分布荷重 w、両端にモーメント m_1, m_2)	$R_A = Q_A = \dfrac{wl}{2} + \dfrac{m_1 - m_2}{l}$ $R_B = -Q_B = \dfrac{wl}{2} - \dfrac{m_1 - m_2}{l}$ $M_x = R_A \cdot x - m_1 - \dfrac{wx^2}{2}$ $M_C = \dfrac{wl^2}{8} - \dfrac{m_1 + m_2}{2}$ $\theta_A = \dfrac{wl^3}{24EI} - \dfrac{2m_1 + m_2}{6EI}l$ $\delta_C = \dfrac{5wl^4}{384EI} - \dfrac{(m_1 + m_2)}{16EI}l^2$	
II・4・32	(三角形分布荷重 最大値 w, スパン $a+b=l$)	$W = \dfrac{wl}{2}$ $R_A = Q_A = \dfrac{w}{6}(a + 2b)$ $R_B = -Q_B = \dfrac{w}{6}(2a + b)$ $M_x = \dfrac{wx}{6a}(a^2 + 2ab - x^2)$ $M_{\max} = \dfrac{w}{3a}\sqrt{\left(\dfrac{a^2 + 2ab}{3}\right)^3}$ $x_0 = \sqrt{\dfrac{a^2 + 2ab}{3}}$ の点で $M_{\max}$.	

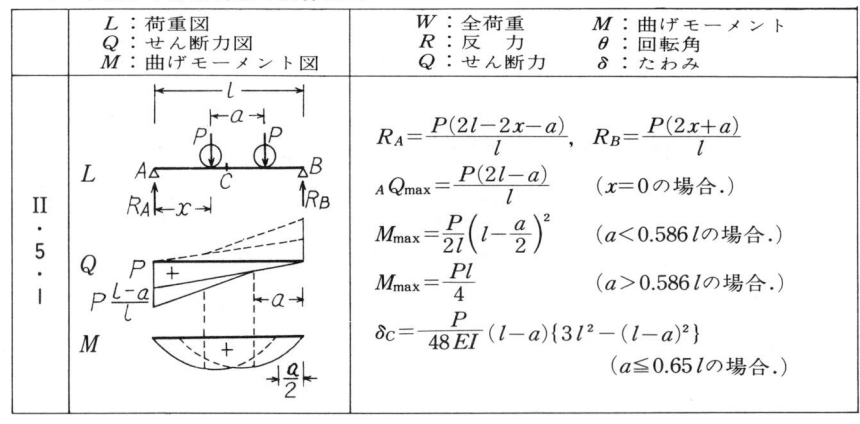

II・5　単純ばり移動荷重の計算公式

	L：荷重図 Q：せん断力図 M：曲げモーメント図	W：全荷重 R：反　力 Q：せん断力	M：曲げモーメント θ：回転角 δ：たわみ
II・5・1	(二個の集中荷重 P, 間隔 a)	$R_A = \dfrac{P(2l - 2x - a)}{l}$,　$R_B = \dfrac{P(2x + a)}{l}$ ${}_A Q_{\max} = \dfrac{P(2l - a)}{l}$　　($x = 0$ の場合.) $M_{\max} = \dfrac{P}{2l}\left(l - \dfrac{a}{2}\right)^2$　　($a < 0.586\,l$ の場合.) $M_{\max} = \dfrac{Pl}{4}$　　($a > 0.586\,l$ の場合.) $\delta_C = \dfrac{P}{48EI}(l - a)\{3l^2 - (l - a)^2\}$ 　　　　　　　　　　　($a \leq 0.65\,l$ の場合.)	

No.	L：荷重図 Q：せん断力図 M：曲げモーメント図	W：全荷重　　M：曲げモーメント R：反　力　　θ：回転角 Q：せん断力　δ：たわみ
II ・ 5 ・ 2	(荷重図, せん断力図, 曲げモーメント図)	条件　$P_1 > P_2$　　$W = P_1 + P_2$ $R_A = \dfrac{P_1(l-x) + P_2(l-x-a)}{l}$ $_AQ_{max} = P_1 + P_2\dfrac{(l-a)}{l}$　　$\left(x_0 = \dfrac{l}{2} - \dfrac{P_2 \cdot a}{2W}\right)$ $M_{max} = \dfrac{W}{4l}\left(l - \dfrac{P_2 \cdot a}{W}\right)^2$　　$\left(a < \dfrac{\sqrt{W}l}{\sqrt{W}+\sqrt{P_1}}\text{の場合.}\right)$ $M_{max} = \dfrac{P_1 l}{4}$　　$\left(a > \dfrac{\sqrt{W}l}{\sqrt{W}+\sqrt{P_1}}\text{の場合.}\right)$ $\delta_C = \dfrac{P_1}{48EI}(3l^2 x - 4x^3) +$ 　　　$\dfrac{P_2}{48EI}\{3l^2(l-a-x) - 4(l-a-x)^3\}$
II ・ 5 ・ 3	(荷重図)	$R_A = \dfrac{3P(l-x-a)}{l}$,　　$R_B = 3P - R_A$ $Q_{max} = \dfrac{3P(l-a)}{l}$ $a < 0.45\,l$ の場合 $M_{max} = \dfrac{P}{4}(3l - 4a)$　　$\left(Z = \dfrac{1}{2}l\right)$ $a > 0.45\,l$ の場合 $M_{max} = \dfrac{P}{2l}\left(l - \dfrac{a}{2}\right)^2$ $\delta_C = \dfrac{P(l-2a)}{48EI}\{3l^2 - (l-2a)^2\} + \dfrac{Pl^3}{48EI}$
II ・ 5 ・ 4	(荷重図)	$R_A = \dfrac{2P(l-x-0.5a) + P_1(l-a-b-x)}{l}$ 　　　　　　　　　　　　$(x = 0\text{の場合.})$ $R_B = 2P + P_1 - R_A$ $Q_{max} = P + \dfrac{P(l-a) + P_1(l-a-b)}{l}$ $M_{max} = \dfrac{(P_1 + 2P)}{l}Z^2 - P \cdot a$ 　　$\left(Z = \dfrac{l}{2} - \dfrac{P \cdot a + P_1(a+b)}{2P + P_1} + a\text{の場合.}\right)$

No.	L：荷重図 Q：せん断力図 M：曲げモーメント図	W：全荷重 R：反　力 Q：せん断力	M：曲げモーメント θ：回転角 δ：たわみ

II.5.5	L に P, P, P の3荷重（間隔 a, b）、A 端から x、R_A, R_B、Z	$R_A = \dfrac{P(3l-3x-2a-b)}{l}$, $R_B = 3P - R_A$ $Q_{max} = \dfrac{P(3l-2a-b)}{l}$ $M_{max} = R_A Z - P \cdot a$ $Z = \dfrac{l}{2} - \dfrac{b-a}{6}$ （$b>a$ の場合．） $Z = \dfrac{l}{2} - \dfrac{a-b}{6}$ （$b<a$ の場合．）
II.5.6	L に P, P, P, P の4荷重（等間隔 a）、中央 C	$R_A = \dfrac{4P(l-x-1.5a)}{l}$, $R_B = 4P - R_A$ $Q_{max} = \dfrac{P(4l-6a)}{l}$ $a < 0.262 l$ の場合 $M_{max} = R_A Z - P \cdot a$　　$\left[Z = \dfrac{1}{4}(2l-a) \right]$ $a > 0.262 l$ の場合 $M_{max} = \dfrac{P}{4}(3l-4a)$ $\delta_C = \dfrac{P}{24EI}(2l^3 - 15la^2 + 14a^3)$
II.5.7	L に P,P と P,P の4荷重（内側間隔 b、各対間隔 a）、中央 C	$a < b$ の場合 $R_A = \dfrac{4P(l-x-a-0.5b)}{l}$ $R_B = 4P - R_A$ $Q_{max} = \dfrac{4P(l-a-0.5b)}{l}$ $Z = \left(\dfrac{l}{2} - \dfrac{b}{4} \right)$ の場合 $R_A = \dfrac{P(2l-b)}{l}$ $M_{max} = R_A Z - P \cdot a = \dfrac{P(2l-b)}{l}\left(\dfrac{l}{2} - \dfrac{b}{4} \right) - P \cdot a$ $\delta_C = \dfrac{P(l-b-2a)}{48EI}\{3l^2 - (l-b-2a)^2\} + \dfrac{P(l-a)}{48EI}\{3l^2 - (l-a)^2\}$

	L：荷重図 Q：せん断力図 M：曲げモーメント図	W：全荷重　　M：曲げモーメント R：反　力　　θ：回転角 Q：せん断力　δ：たわみ
II·5·8	(荷重図：$P_1 < P_2$、支点A、B、R_A、R_B、x、Z、a、b、a)	$R_A = \dfrac{2(l-x-a-0.5b)}{l}(P_1+P_2)$ $R_B = 2(P_1+P_2) - R_A$ $Q_{max} = \dfrac{(2l-2a-b)}{l}(P_1+P_2)$　　（$x=0$の場合．） $M_{max} = R_A Z - P_1 \cdot a$ 　　　　$= \dfrac{(P_1+P_2)}{8l}(2l-b)^2 - P_1 \cdot a$ 　　　　　　　　$\left(Z = \dfrac{1}{4}(2l-b)\text{の場合．}\right)$

II·6　はね出し単純ばりの計算公式

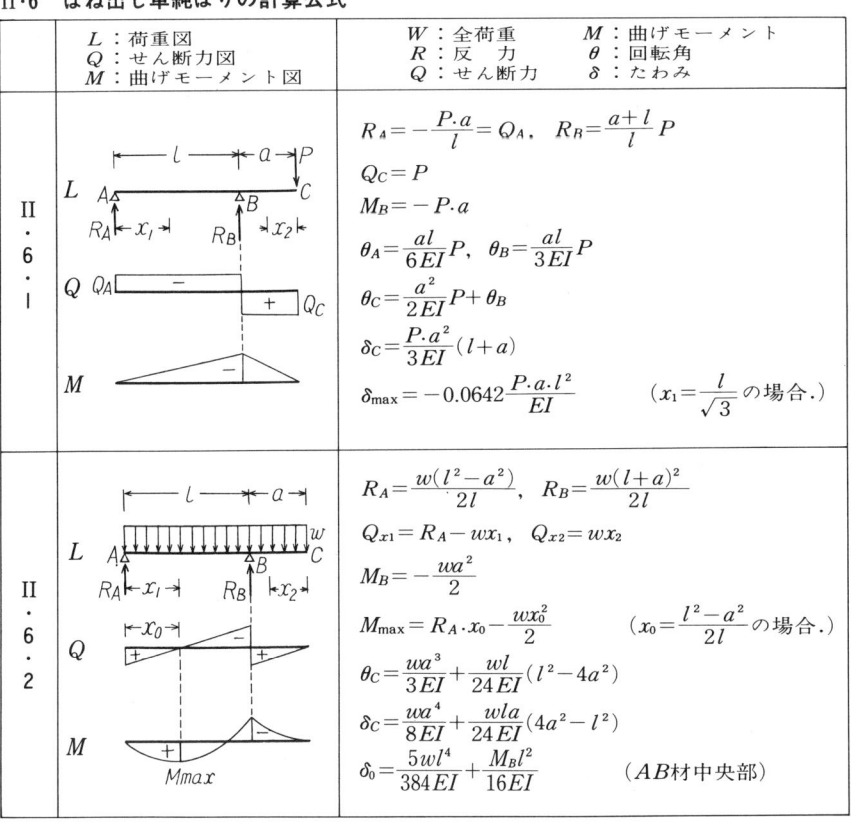

	L：荷重図 Q：せん断力図 M：曲げモーメント図	W：全荷重　　M：曲げモーメント R：反　力　　θ：回転角 Q：せん断力　δ：たわみ
II·6·1	(集中荷重P、l、a、A、B、C、R_A、R_B、x_1、x_2)	$R_A = -\dfrac{P \cdot a}{l} = Q_A$,　$R_B = \dfrac{a+l}{l}P$ $Q_C = P$ $M_B = -P \cdot a$ $\theta_A = \dfrac{al}{6EI}P$,　$\theta_B = \dfrac{al}{3EI}P$ $\theta_C = \dfrac{a^2}{2EI}P + \theta_B$ $\delta_C = \dfrac{P \cdot a^2}{3EI}(l+a)$ $\delta_{max} = -0.0642 \dfrac{P \cdot a \cdot l^2}{EI}$　　（$x_1 = \dfrac{l}{\sqrt{3}}$の場合．）
II·6·2	(等分布荷重w、l、a、A、B、C、R_A、R_B、x_1、x_2、x_0、M_{max})	$R_A = \dfrac{w(l^2-a^2)}{2l}$,　$R_B = \dfrac{w(l+a)^2}{2l}$ $Q_{x1} = R_A - wx_1$,　$Q_{x2} = wx_2$ $M_B = -\dfrac{wa^2}{2}$ $M_{max} = R_A \cdot x_0 - \dfrac{wx_0^2}{2}$　　（$x_0 = \dfrac{l^2-a^2}{2l}$の場合．） $\theta_C = \dfrac{wa^3}{3EI} + \dfrac{wl}{24EI}(l^2-4a^2)$ $\delta_C = \dfrac{wa^4}{8EI} + \dfrac{wla}{24EI}(4a^2-l^2)$ $\delta_0 = \dfrac{5wl^4}{384EI} + \dfrac{M_B l^2}{16EI}$　　（AB材中央部）

No.	L：荷重図 Q：せん断力図 M：曲げモーメント図	W：全荷重　　　M：曲げモーメント R：反　力　　　θ：回転角 Q：せん断力　　δ：たわみ
II・6・3	(荷重図・せん断力図・曲げモーメント図)	$R_A = -\dfrac{wa^2}{2l}$, $R_B = wa + \dfrac{wa^2}{2l}$ $Q_{x_1} = -\dfrac{wa^2}{2l}$, $Q_{x_2} = wx_2$ $Q_B = wa$, $M_B = -\dfrac{wa^2}{2}$ $\theta_A = -\dfrac{wla^2}{12EI}$, $\theta_B = \dfrac{wla^2}{6EI}$ $\theta_C = \dfrac{wa^3}{3EI} + \theta_B$ $\delta_C = \dfrac{wa^3}{24EI}(3a+4l)$, $\delta_{\max} = \dfrac{wa^2l^2}{18\sqrt{3}EI}$ $\left(x_1 = \dfrac{l}{\sqrt{3}}\right)$ $\delta_0 = -\dfrac{wl^2a^2}{32EI}$　　　（AB材中央部）
II・6・4	(荷重図・せん断力図・曲げモーメント図)	$R_A = \dfrac{P_1 - P_2}{2}$, $R_B = \dfrac{P_1 + 3P_2}{2}$ $Q_B = -\dfrac{P_1 + P_2}{2}$　　　　（BD間） $M_B = -P_2 \cdot a$, $M_D = \dfrac{P_1 - P_2}{2}a$ $\theta_A = \dfrac{a^2}{12EI}(3P_1 - 4P_2)$, $\theta_B = \dfrac{a^2}{12EI}(8P_2 - 3P_1)$ $\theta_C = \dfrac{a^2}{2EI}P_2 + \theta_B = \dfrac{a^2}{12EI}(14P_2 - 3P_1)$ $\delta_C = \dfrac{a^3}{12EI}(12P_2 - 3P_1)$ $\delta_D = \dfrac{a^3}{12EI}(2P_1 - 3P_2)$
II・6・5	(荷重図・せん断力図・曲げモーメント図)	$R_A = \dfrac{P_1 \cdot b - P_2 \cdot a}{l}$, $R_B = \dfrac{P_1 \cdot c + P_2(l+a)}{l}$ $Q_B = -\dfrac{c}{l}P_1 - \dfrac{a}{l}P_2$　　　（BD間） $M_B = -P_2 \cdot a$, $M_D = \dfrac{P_1 b - P_2 \cdot a}{l}c$ $\theta_C = \dfrac{bc(l+c)}{6EIl}P_1 - \dfrac{a}{6EI}(3a+2l)P_2$ $\delta_C = \dfrac{a^2(l+a)}{3EI}P_2 - \dfrac{abc(2c+b)}{6EIl}P_1$ $\delta_D = \dfrac{b^2c^2}{3EIl}P_1 - \dfrac{abc(2l-b)}{6EIl}P_2$

はね出し単純ばりの計算公式

No.	L：荷重図 Q：せん断力図 M：曲げモーメント図	W：全荷重　　M：曲げモーメント R：反　力　　θ：回転角 Q：せん断力　δ：たわみ
II・6・6	（荷重図・せん断力図・曲げモーメント図）	$R_A = \dfrac{(wl^2 - 2P\cdot a)}{2l}$,　$R_B = wl + P - R_A$ $Q_{x1} = R_A - wx_1$　　　（AB間） $M_B = P\cdot a$ $M_{max} = \dfrac{(wl^2 - 2P\cdot a)^2}{8wl^2}$　$\left(x_0 = \dfrac{wl^2 - 2P\cdot a}{2wl}の場合.\right)$ $\theta_B = -\dfrac{wl^3}{24EI} + \dfrac{al}{3EI}P$,　$\theta_C = \dfrac{a^2 P}{2EI} + \theta_B$ $\delta_C = \dfrac{a^3}{3EI}P + \theta_B \cdot a$ $\delta_0 = \dfrac{5wl^4}{384EI} - \dfrac{al^2}{16EI}P$　（AB材中央部）
II・6・7	（荷重図・せん断力図・曲げモーメント図）	$W = \dfrac{a+l}{2}w$,　$R_A = w\dfrac{(a+l)}{2}\left(1 - \dfrac{a+l}{3l}\right)$ $R_B = \dfrac{(a+l)^2}{6l}w$ $Q_A = R_A$,　$Q_B = R_B - \dfrac{wa^2}{2(a+l)}$ $M_B = -\dfrac{wa^3}{6(a+l)}$ $M_{x1} = R_A \cdot x_1 - \dfrac{(3l + 3a - x_1)x_1}{6(a+l)}w$ $\theta_B = \dfrac{-wl}{360EI(a+l)}\left[7l^3 + 15al^2 - 20a^3\right]$ $\delta_C = \dfrac{wa^5}{30EI(a+l)} + \theta_B \cdot a$
II・6・8	（荷重図・せん断力図・曲げモーメント図）	$R_A = \dfrac{P_1(l+a) - P_2 \cdot b}{l}$,　$R_B = \dfrac{P_2(l+b) - P_1 \cdot a}{l}$ $Q_A = -P_1 + R_A$　　　（AB材） $M_A = -P_1 \cdot a$,　$M_B = -P_2 \cdot b$ $\theta_A = \dfrac{2M_A + M_B}{6EI} \times l$,　$\theta_B = -\dfrac{M_A + 2M_B}{6EI} \times l$ $\delta_C = \dfrac{P_1 \cdot a^3}{3EI} - \theta_A \cdot a$ $\delta_D = \dfrac{P_2 \cdot b^3}{3EI} + \theta_B \cdot b$ $\delta_0 = \dfrac{(M_A + M_B)l^2}{16EI}$　　　（AB材中央部）

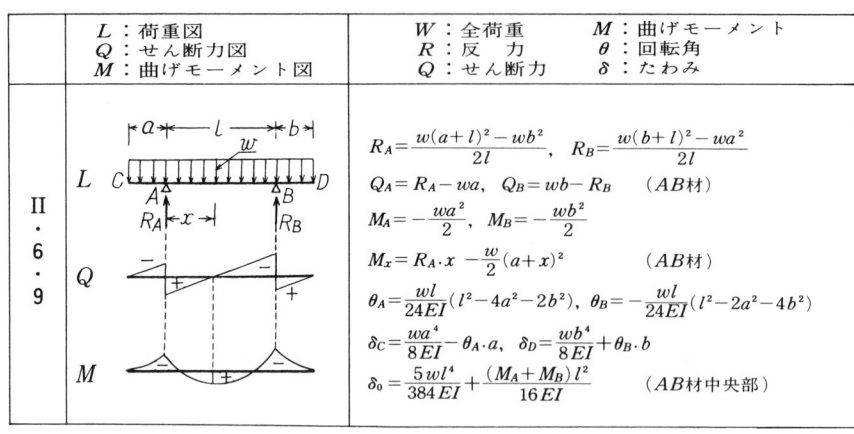

	L：荷重図 Q：せん断力図 M：曲げモーメント図	W：全荷重 R：反　力 Q：せん断力	M：曲げモーメント θ：回転角 δ：たわみ

| II·6·9 | L Q M | $R_A = \dfrac{w(a+l)^2 - wb^2}{2l}$, $R_B = \dfrac{w(b+l)^2 - wa^2}{2l}$
$Q_A = R_A - wa$, $Q_B = wb - R_B$ （AB材）
$M_A = -\dfrac{wa^2}{2}$, $M_B = -\dfrac{wb^2}{2}$
$M_x = R_A \cdot x - \dfrac{w}{2}(a+x)^2$ （AB材）
$\theta_A = \dfrac{wl}{24EI}(l^2 - 4a^2 - 2b^2)$, $\theta_B = -\dfrac{wl}{24EI}(l^2 - 2a^2 - 4b^2)$
$\delta_C = \dfrac{wa^4}{8EI} - \theta_A \cdot a$, $\delta_D = \dfrac{wb^4}{8EI} + \theta_B \cdot b$
$\delta_0 = \dfrac{5wl^4}{384EI} + \dfrac{(M_A + M_B)l^2}{16EI}$ （AB材中央部） |

II·7　一端ピン他端固定ばりの計算公式

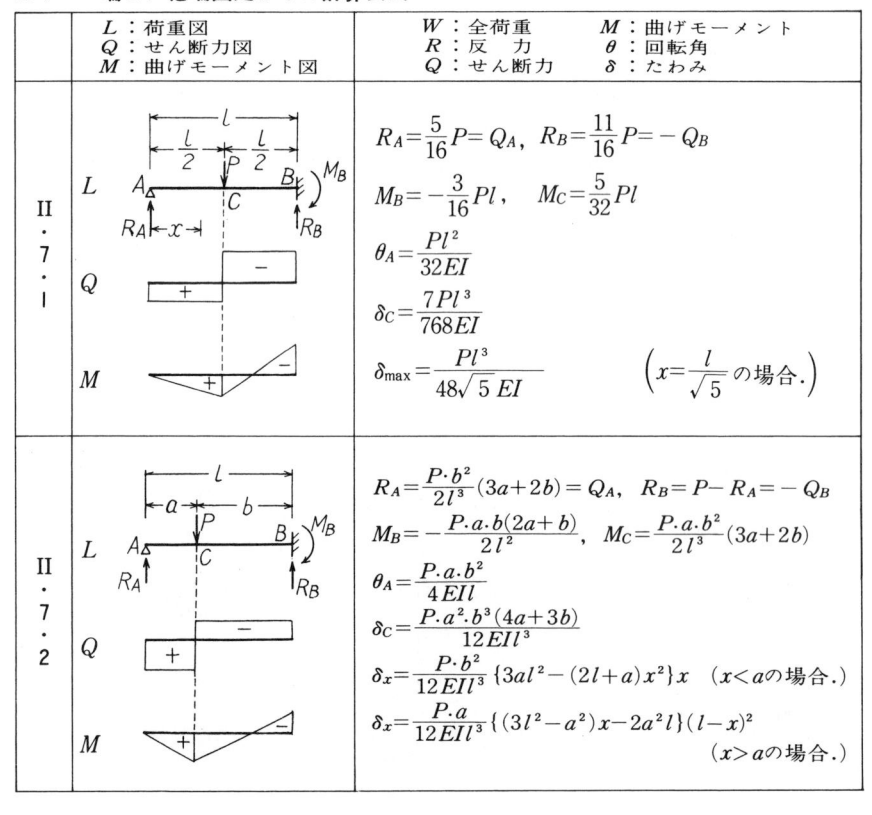

	L：荷重図 Q：せん断力図 M：曲げモーメント図	W：全荷重 R：反　力 Q：せん断力	M：曲げモーメント θ：回転角 δ：たわみ

| II·7·1 | L Q M | $R_A = \dfrac{5}{16}P = Q_A$, $R_B = \dfrac{11}{16}P = -Q_B$
$M_B = -\dfrac{3}{16}Pl$, $M_C = \dfrac{5}{32}Pl$
$\theta_A = \dfrac{Pl^2}{32EI}$
$\delta_C = \dfrac{7Pl^3}{768EI}$
$\delta_{max} = \dfrac{Pl^3}{48\sqrt{5}EI}$ $\left(x = \dfrac{l}{\sqrt{5}}\text{の場合.}\right)$ |

| II·7·2 | L Q M | $R_A = \dfrac{P \cdot b^2}{2l^3}(3a + 2b) = Q_A$, $R_B = P - R_A = -Q_B$
$M_B = -\dfrac{P \cdot a \cdot b(2a+b)}{2l^2}$, $M_C = \dfrac{P \cdot a \cdot b^2}{2l^3}(3a + 2b)$
$\theta_A = \dfrac{P \cdot a \cdot b^2}{4EIl}$
$\delta_C = \dfrac{P \cdot a^2 \cdot b^3(4a + 3b)}{12EIl^3}$
$\delta_x = \dfrac{P \cdot b^2}{12EIl^3}\{3al^2 - (2l+a)x^2\}x$　（$x < a$の場合.）
$\delta_x = \dfrac{P \cdot a}{12EIl^3}\{(3l^2 - a^2)x - 2a^2 l\}(l-x)^2$
　　　　　　　　　　　　　　　　（$x > a$の場合.） |

一端ピン他端固定ばりの計算公式

No.	L：荷重図 Q：せん断力図 M：曲げモーメント図	W：全荷重　　　M：曲げモーメント R：反　力　　　θ：回転角 Q：せん断力　　δ：たわみ
II・7・3	(図)	$R_A = \dfrac{2}{3}P = Q_A$ $R_B = \dfrac{4}{3}P = -Q_B$ $M_B = -\dfrac{Pl}{3}$ $M_C = \dfrac{2}{9}Pl$ $M_D = \dfrac{1}{9}Pl$ $\theta_A = \dfrac{Pl^2}{18EI}$ $\delta_C = \dfrac{7Pl^3}{486EI}$
II・7・4	(図)	$R_A = P\left(1 - \dfrac{3a(a+b)}{2l^2}\right) = Q_A$,　$R_B = P\left(1 + \dfrac{3a(a+b)}{2l^2}\right)$ $M_B = -\dfrac{3P \cdot a(a+b)}{2l}$,　　$M_C = R_A \cdot a$ $M_D = M_B + R_B \cdot a$ $\theta_A = \dfrac{P \cdot a(a+b)}{4EI}$ $\delta_C = \dfrac{P \cdot a^2}{6EI}(3l - 4a) - \dfrac{P \cdot a^2}{4EIl^2}(l^2 - a^2)(l-a)$
II・7・5	(図)	$R_A = \dfrac{33}{32}P = Q_A$,　$R_B = \dfrac{63}{32}P = Q_B$ $M_B = -\dfrac{15}{32}Pl$ $M_C = \dfrac{17}{64}Pl$ $\theta_A = \dfrac{Pl^2}{64EI}$ $\delta_C = \dfrac{31Pl^3}{1536EI}$

No.	L：荷重図 Q：せん断力図 M：曲げモーメント図	W：全荷重　　M：曲げモーメント R：反　力　　θ：回転角 Q：せん断力　δ：たわみ
II・7・6	(図：等分布荷重 w、左端ピン A、右端固定 B、長さ l、C 点、R_A, R_B, M_B、x_0)	$R_A = \dfrac{3}{8}wl = Q_A,\ R_B = \dfrac{5}{8}wl = -Q_B$ $Q_x = \dfrac{w}{8}(3l-8x),\ M_x = \dfrac{wlx}{8}\left(3-\dfrac{4x}{l}\right)$ $M_B = -\dfrac{wl^2}{8}$ $M_C = \dfrac{9}{128}wl^2 \quad \left(x_0 = \dfrac{3}{8}l\text{の場合.}\right)$ $\theta_A = \dfrac{wl^3}{48EI}$ $\delta_x = \dfrac{wl^3 x}{48EI}\left(1-\dfrac{3x^2}{l^2}+\dfrac{2x^3}{l^3}\right)$ $\delta_{\max} = \dfrac{wl^4}{185EI} \quad (x=0.422\,l\text{の場合.})$
II・7・7	(図：三角形分布荷重、右端で最大 w、M_{max})	$R_A = \dfrac{1}{10}wl = Q_A,\ R_B = \dfrac{2}{5}wl = -Q_B$ $M_B = -\dfrac{1}{15}wl^2$ $M_C = \dfrac{wl^2}{15\sqrt{5}} \quad \left(x_0 = \dfrac{l}{\sqrt{5}}\text{の場合.}\right)$ $M_x = wl^2\left(\dfrac{x}{10l}-\dfrac{x^3}{6l^3}\right)$ $\theta_A = \dfrac{wl^3}{120EI}$ $\delta_{\max} = \dfrac{2wl^4}{375\sqrt{5}\,EI} \quad \left(x = \dfrac{l}{\sqrt{5}}\text{の場合.}\right)$ $\delta_x = \dfrac{wl^3 x}{120EI}\left(1-\dfrac{2x^2}{l^2}+\dfrac{x^4}{l^4}\right)$
II・7・8	(図：三角形分布荷重、左端で最大 w、M_C)	$R_A = \dfrac{11}{40}wl = Q_A,\ R_B = \dfrac{9}{40}wl = -Q_B$ $M_B = -\dfrac{7}{120}wl^2$ $M_C = 0.0423\,wl^2 \quad (x_0 = 0.329\,l\text{の場合.})$ $M_x = wl^2\left(\dfrac{x^3}{6l^3}-\dfrac{x^2}{2l^2}+\dfrac{11x}{40l}\right)$ $\theta_A = \dfrac{wl^3}{80EI}$ $\delta_{\max} = \dfrac{wl^4}{327.8EI} \quad (x=0.402\,l\text{の場合.})$ $\delta_x = \dfrac{w}{240EI}\left(11l x^3 - 3l^3 x - 10x^4 + \dfrac{2x^5}{l}\right)$

一端ピン他端固定ばりの計算公式

No.	L：荷重図 / Q：せん断力図 / M：曲げモーメント図	W：全荷重　M：曲げモーメント / R：反 力　θ：回転角 / Q：せん断力　δ：たわみ
II・7・9	(荷重図・せん断力図・曲げモーメント図)	$R_A = \dfrac{wb}{40l^3}[5a(b^2+4bc+6c^2)+4(b^3+5b^2c+10bc^2+5c^3)]$ $R_B = \dfrac{wb}{2} - R_A$ $M_B = R_A l - \dfrac{wb}{6}(b+3c)$ $M_x = R_A \cdot x - \dfrac{w(x-a)^3}{6b}$　　($a<x<a+b$ の場合.) $\theta_A = \dfrac{R_A l^2}{2EI} - \dfrac{wb}{24EI}(b^2+4bc+6c^2)$ $\delta_x = \dfrac{wb}{120EI}\left[5(b^2+4bc+6c^2)x - \dfrac{(x-a)^5}{b^2}\right] + \dfrac{R_A}{6EI}(x^3-3b^2x)$　　($a<x<a+b$ の場合.)
II・7・10	(荷重図・せん断力図・曲げモーメント図)	$R_A = \dfrac{wb}{40l^3}[5a(3b^2+8bc+6c^2)+(11b^3+40b^2c+50bc^2+20c^3)]$ $R_B = \dfrac{wb}{2} - R_A$ $M_B = R_A l - \dfrac{wb}{6}(2b+3c)$ $M_x = R_A \cdot x - \dfrac{w}{6b}[3b(x-a)^2-(x-a)^3]$ 　　($a<x<a+b$ の場合.) $\theta_A = \dfrac{R_A l^2}{2EI} - \dfrac{wb}{24EI}(3b^2+8bc+bc^2)$ $\delta_x = \dfrac{wb}{120EI}\left[5(3b^2+8bc+6c^2)x - 5\dfrac{(x-a)^4}{b} + \dfrac{(x-a)^5}{b^2}\right] + \dfrac{R_A}{6EI}(x^3-3b^2x)$
II・7・11	(荷重図・せん断力図・曲げモーメント図)	$R_A = Q_A = \dfrac{11}{64}wl$ $R_B = -Q_B = \dfrac{21}{64}wl$ $M_B = -\dfrac{5}{64}wl^2$ $M_{max} = \dfrac{11\sqrt{11}}{768}wl^2$　　$\left(x_0 = \dfrac{\sqrt{11}}{8}l\text{ の場合.}\right)$ $\theta_A = \dfrac{5wl^3}{384EI}$ $\delta_C = \dfrac{113wl^4}{15360EI}$

No.	L：荷重図 Q：せん断力図 M：曲げモーメント図	W：全荷重 R：反 力 Q：せん断力	M：曲げモーメント θ：回転角 δ：たわみ

II・7・12

$R_A = \dfrac{47}{256}wl = Q_A$

$R_B = \dfrac{81}{256}wl = -Q_B$

$M_B = \dfrac{17}{256}wl^2$

$M_{\max} = \left(\dfrac{25}{512} - \dfrac{7}{768}\sqrt{\dfrac{7}{128}}\right)wl^2$

$\left(x_0 = \left(\dfrac{1}{2} - \sqrt{\dfrac{7}{128}}\right)l\, \text{の場合.}\right)$

$\theta_A = \dfrac{17wl^3}{1536EI}$

$\delta_C = \dfrac{11}{4096}\dfrac{wl^4}{EI}$

II・7・13

$R_A = \dfrac{wb}{8l^3}\{4l[3c(b+c)+b^2] - 2c^2(3b+2c) - b^2(b+4c)\}$

$R_B = wb - R_A$

$M_B = R_A l - wb\left(\dfrac{b}{2} + c\right)$

$\theta_A = \dfrac{R_A l^2}{2EI} - \dfrac{wb}{6EI}[3c(c+b) + b^2]$

$\delta_x = \dfrac{wb}{6EI}\left[\dfrac{3}{2}(b+2c)(l-x)^2 - (l-x)^3 + \dfrac{(a+b-x)^3}{4b}\right]$
$\quad - \dfrac{R_A}{6EI}(x^3 - 3l^2 x + 2l^3)$　$(a < x < a+b\, \text{の場合.})$

II・7・14

$R_A = \dfrac{wa}{8l^3}\{4l(3lb + a^2) - 2b^2(2l+a) - a^2(l+3b)\}$

$R_B = wa - R_A$

$M_B = R_A l - wa\left(l - \dfrac{a}{2}\right)$

$\theta_A = \dfrac{R_A l^2}{2EI} - \dfrac{wa}{6EI}(3lb + a^2)$

$\delta_x = \dfrac{wa}{6EI}\left[\dfrac{3}{2}(l+b)(l-x)^2 - (l-x)^3 + \dfrac{(a-x)^4}{4a}\right]$
$\quad - \dfrac{R_A}{6EI}(x^3 - 3l^2 x + 2l^3)$　$(0 < x < a\, \text{の場合.})$

$\delta_x = \dfrac{wa}{6EI}\left[\dfrac{3}{2}(l+b)(l+x)^2 - (l-x)^3\right] - \dfrac{R_A}{6EI}(x^3 - 3l^2 x + 2l^3)$　$(a < x < a+b\, \text{の場合.})$

一端ピン他端固定ばりの計算公式

No.	L：荷重図　Q：せん断力図　M：曲げモーメント図	W：全荷重　M：曲げモーメント　R：反　力　θ：回転角　Q：せん断力　δ：たわみ
II・7・15	(荷重図・せん断力図・曲げモーメント図)	$R_A = \dfrac{wa}{4l^2}(4l^2 - 3al + 2a^2)$, $R_B = 2wa - R_A$ $M_B = \dfrac{wa^2}{4l}(3l - 2a)$ $M_x = -\dfrac{w}{2}x^2 + R_A \cdot x$　　($x < a$ の場合.) $\delta_C = \dfrac{w}{48EI}\left[(3a^2l^2 - 2a^4) - \dfrac{3}{4}a^2(3l - 2a)\right]$
II・7・16	(荷重図・せん断力図・曲げモーメント図)	$R_A = -R_B = -\dfrac{3m}{2l}$ $M_B = -\dfrac{m}{2}$ $M_x = m - \dfrac{3x}{2l}m$ $\theta_A = \dfrac{ml}{4EI}$ $\delta_x = \dfrac{m}{4EIl}\left(lx - 2x^2 + \dfrac{x^3}{l}\right)$ $\delta_{\max} = \dfrac{ml^2}{27EI}$　　　($x = \dfrac{l}{3}$ の場合.)
II・7・17	(荷重図・せん断力図・曲げモーメント図)	$R_A = -R_B = -\dfrac{3m}{2l}\left(\dfrac{l^2 - a^2}{l^2}\right) = Q$ $M_B = \dfrac{m}{2}\left(1 - 3\dfrac{a^2}{l^2}\right)$ $M_x = R_A \cdot x$　　　　　　($x < a$ の場合.) $M_x = R_A \cdot x + m$　　　($x > a$ の場合.) $\theta_A = -\dfrac{m}{EI}\left(\dfrac{1}{4}l - a + \dfrac{3a^2}{4l}\right)$ $\delta_x = \dfrac{m}{EI}\left[\dfrac{l^2 - a^2}{4l^3}(3l^2x - x^3) - (l - a)x\right]$ ($x < a$ の場合.)

II・8 両端固定ばりの計算公式

No.	L：荷重図 Q：せん断力図 M：曲げモーメント図	W：全荷重　　M：曲げモーメント R：反　力　　θ：回転角 Q：せん断力　　δ：たわみ
II・8・1	(図)	$R_A = R_B = Q = \dfrac{P}{2}$ $M_A = M_B = -\dfrac{Pl}{8}, \quad M_C = \dfrac{Pl}{8}$ $M_x = \dfrac{P}{8}(4x-l) \quad \left(x < \dfrac{l}{2}\text{の場合.}\right)$ $M_x = \dfrac{P}{8}(3l-4x) \quad \left(x > \dfrac{l}{2}\text{の場合.}\right)$ $\delta_C = \dfrac{Pl^3}{192EI}$ $\delta_x = \dfrac{Plx^2}{24EI}\left(\dfrac{3}{2} - \dfrac{2x}{l}\right)$
II・8・2	(図)	$R_A = R_B = P$ $M_A = M_B = -\dfrac{2}{9}Pl, \quad M_C = \dfrac{Pl}{9}$ $M_x = P\left(x - \dfrac{2}{9}l\right) \quad \left(x < \dfrac{l}{3}\text{の場合.}\right)$ $\delta_0 = \dfrac{5Pl^3}{648EI} \quad$（はりの中央部.） $\delta_C = \dfrac{Pl^3}{162EI}$
II・8・3	(図)	$R_A = R_B = \dfrac{3}{2}P$ $M_A = M_B = -\dfrac{5}{16}Pl$ $M_C = \dfrac{3}{16}Pl$ $\delta_C = \dfrac{Pl^3}{96EI}$

両端固定ばりの計算公式

No.	L：荷重図　Q：せん断力図　M：曲げモーメント図	W：全荷重　M：曲げモーメント　R：反力　θ：回転角　Q：せん断力　δ：たわみ
II・8・4		$R_A = R_B = 2P = Q_A$ $M_A = M_B = -\dfrac{2}{5}Pl$ $M_D = \dfrac{Pl}{5}$ 　（はりの中央部．） $\delta_{max} = \dfrac{13Pl^3}{1000EI}$
II・8・5		$R_A = \dfrac{P \cdot b^2}{l^3}(3a+b), \quad R_B = \dfrac{P \cdot a^2}{l^3}(a+3b)$ $M_A = -\dfrac{P \cdot a \cdot b^2}{l^2}, \quad M_B = -\dfrac{P \cdot a^2 \cdot b}{l^2}$ $M_C = \dfrac{2P \cdot a^2 \cdot b^2}{l^3}$ $\delta_C = \dfrac{P \cdot a^3 \cdot b^3}{3EIl^3}$ $\delta_{max} = \dfrac{2P \cdot a^3 \cdot b^2}{3EI(3a+b)^2}$ 　（$a>b$の場合．） $\delta_{max} = \dfrac{2P \cdot a^2 \cdot b^3}{3EI(a+3b)^2}$ 　（$a<b$の場合．）
II・8・6		$R_A = R_B = P$ $M_A = M_B = -\dfrac{P \cdot a(l-a)}{l}$ $M_C = \dfrac{P \cdot a^2}{l}$ $\delta_C = \dfrac{P \cdot a^3(2b-a)}{6EIl}$ $\delta_{max} = \dfrac{P \cdot a^2(2a+3b)}{24EI}$

No.	L：荷重図 Q：せん断力図 M：曲げモーメント図	W：全荷重 R：反　力 Q：せん断力	M：曲げモーメント θ：回転角 δ：たわみ
II・8・7		$R_A = R_B = \dfrac{n-1}{2}P$ $M_A = M_B = -\dfrac{n^2-1}{12n}Pl$ $M_C = \dfrac{n^2-1}{24n}Pl$ $\delta = \dfrac{nPl^3}{384EI}$	
II・8・8		$R_A = R_B = \dfrac{wl}{2} = Q$ $Q_x = w\left(\dfrac{l}{2} - x\right)$ $M_A = M_B = -\dfrac{wl^2}{12}, \quad M_C = \dfrac{wl^2}{24}$ $M_x = \dfrac{w}{2}(lx - x^2) - \dfrac{wl^2}{12} = \dfrac{wl^2}{2}\left(\dfrac{1}{6} - \dfrac{x}{l} + \dfrac{x^2}{l^2}\right)$ $\delta_C = \dfrac{wl^4}{384EI}$ $\delta_x = \dfrac{wl^2 x^2}{24EI}\left(1 - \dfrac{2x}{l} + \dfrac{x^2}{l^2}\right)$	
II・8・9		$R_A = \dfrac{3}{20}wl = Q_A, \quad R_B = \dfrac{7}{20}wl = -Q_B$ $M_A = -\dfrac{wl^2}{30}, \quad M_B = -\dfrac{wl^2}{20}$ $M_{\max} = \dfrac{wl^2}{46.6} \qquad (x = 0.548l \text{の場合．})$ $\delta_{\max} = \dfrac{wl^4}{764EI} \qquad (x = 0.525l \text{の場合．})$ $\delta_C = \dfrac{wl^4}{768EI} \qquad (x = \dfrac{1}{2}l \text{の場合．})$ $\delta_x = \dfrac{wl^2 x^2}{120EI}\left(\dfrac{x^3}{l^3} - \dfrac{3x}{l} + 2\right)$	

両端固定ばりの計算公式

No.	L：荷重図　Q：せん断力図　M：曲げモーメント図	W：全荷重　R：反力　Q：せん断力	M：曲げモーメント　θ：回転角　δ：たわみ

II・8・10

$W = \dfrac{1}{2}wl$

$R_A = R_B = \dfrac{1}{4}wl$

$Q_x = wl\left(\dfrac{1}{4} - \dfrac{x^2}{l^2}\right) \quad \left(x < \dfrac{l}{2}\text{ の場合.}\right)$

$M_A = M_B = -\dfrac{5}{96}wl^2$

$M_C = \dfrac{wl^2}{32}$

$\delta_C = \dfrac{7\,wl^4}{3840EI}$

II・8・11

$W = \dfrac{1}{2}wl$

$R_A = R_B = \dfrac{1}{4}wl$

$Q_A = -Q_B = \dfrac{1}{4}wl$

$M_A = M_B = -\dfrac{17}{384}wl^2$

$M_C = \dfrac{7}{384}wl^2$

$\delta_C = \dfrac{wl^4}{768EI}$

II・8・12

$W = \dfrac{1}{2}wl$

$R_A = R_B = \dfrac{1}{4}wl$

$Q_A = -Q_B = \dfrac{1}{4}wl$

$M_A = M_B = -\dfrac{37\,wl^2}{864}$

$M_C = \dfrac{19\,wl^2}{864}$

$\delta_C = 0.00131\dfrac{wl^4}{EI}$

No.	L：荷重図 Q：せん断力図 M：曲げモーメント図	W：全荷重 R：反　力 Q：せん断力	M：曲げモーメント θ：回転角 δ：たわみ
II・8・13		$W=(l-a)w$ $R_A=R_B=\dfrac{(l-a)w}{2}$ $Q_A=-Q_B=\dfrac{(l-a)w}{2}$ $M_A=M_B=-\dfrac{w}{12l}(l^3-2a^2l+a^3)$ $M_C=\dfrac{w}{12l}\left(\dfrac{l^3}{2}-a^3\right)$ $\delta_C=\dfrac{w}{1920EI}[(5l^2-4a^2)^2-20l(l^3-2a^2l+a^3)]$	
II・8・14		$R_A=R_B=\dfrac{wb}{2}$ $M_A=M_B=\dfrac{wb}{24l}(3l^2-b^2)$ $M_C=\dfrac{wb}{24l}(b^2-3bl+3l^2)$ $\delta_C=\dfrac{wb}{216EI}\left(l^3-\dfrac{b^2}{2}l+\dfrac{b^3}{2}\right)$	
II・8・15		$W=2wa$ $R_A=R_B=wa$ $M_A=M_B=-\dfrac{wa^2(3l-2a)}{6l}$ $M_C=\dfrac{wa^3}{3l}$ $\delta_C=\dfrac{wa^3}{24EI}(l-a)$	

両端固定ばりの計算公式

No.	L：荷重図　Q：せん断力図　M：曲げモーメント図	W：全荷重　　M：曲げモーメント　R：反　力　　θ：回転角　Q：せん断力　δ：たわみ
II・8・16		$W = 2wb$ $R_A = R_B = wb$ $M_A = M_B = -\dfrac{wb}{12l}(3l^2 - 3(b+c)^2 - b^2)$ $M_C = wb\left(a + \dfrac{b}{2}\right) - M_A$
II・8・17		$W = wa$ $R_A = \dfrac{wa(a+2b)}{2l} + \dfrac{wa^2 b^2}{2l^3}$ $R_B = wa - R_A$ $M_A = \dfrac{wa^2}{12l^2}[2l(3l-4a) + 3a^2]$ $M_B = \dfrac{wa^3}{12l^2}(l + 3b)$ $\delta_x = \dfrac{1}{6EI}\left(3M_A \cdot x^2 - R_A \cdot x^3 + \dfrac{w}{4}x^4\right)$　($x<a$の場合.)
II・8・18		$W = wb$ $R_A = \dfrac{wb}{2l^3}[(b+2c)l^2 - (a-c)(2ac + bc + ab)]$ $R_B = wb - R_A$ $M_A = -\dfrac{wb}{8l^2}\left[(b+2c)^2(2a+b) + \dfrac{1}{3}b^2(2l - 6c - 3b)\right]$ $M_B = -\dfrac{wb}{8l^2}\left[(2a+b)^2(b+2c) + \dfrac{1}{3}b^2(2l - 6a - 3b)\right]$ $M_x = R_A \cdot x - \dfrac{w}{2}(x-a)^2 - M_A$　　($a<x<a+b$の場合.) $\delta_x = \dfrac{1}{6EI}\left[3M_A \cdot x^2 - R_A \cdot x^3 + \dfrac{w}{4}(x-a)^4\right]$ ($a<x<a+b$の場合.)

No.	L：荷重図　Q：せん断力図　M：曲げモーメント図	W：全荷重　M：曲げモーメント　R：反　力　θ：回転角　Q：せん断力　δ：たわみ
II・8・19	L　M_A ─ a ─ b ─ b ─ c ─ M_B　R_A $L/2$ $L/2$ R_B　Q　M	$W = wb$ $R_A = \dfrac{b+c}{l}bw + \dfrac{M_A - M_B}{l}$ $R_B = \dfrac{a+b}{l}bw - \dfrac{M_A - M_B}{l}$ $M_A = \dfrac{wb}{6l^2}[6(a+b)(b+c)^2 + b^2(a-b-2c)]$ $M_B = \dfrac{wb}{6l^2}[6(b+c)(a+b)^2 + b^2(c-b-2a)]$ $\delta_C = \dfrac{wb}{96EI}[2(b+c)^2(3a+2b-c) + b^2(a-2b-3c)]$ $\quad + \dfrac{w}{96EIb}\left[\dfrac{l^5}{40} - \dfrac{al^4}{4} + a^2l^3 - 2a^3l^2 + 2a^4l - \dfrac{4}{5}a^5\right]$

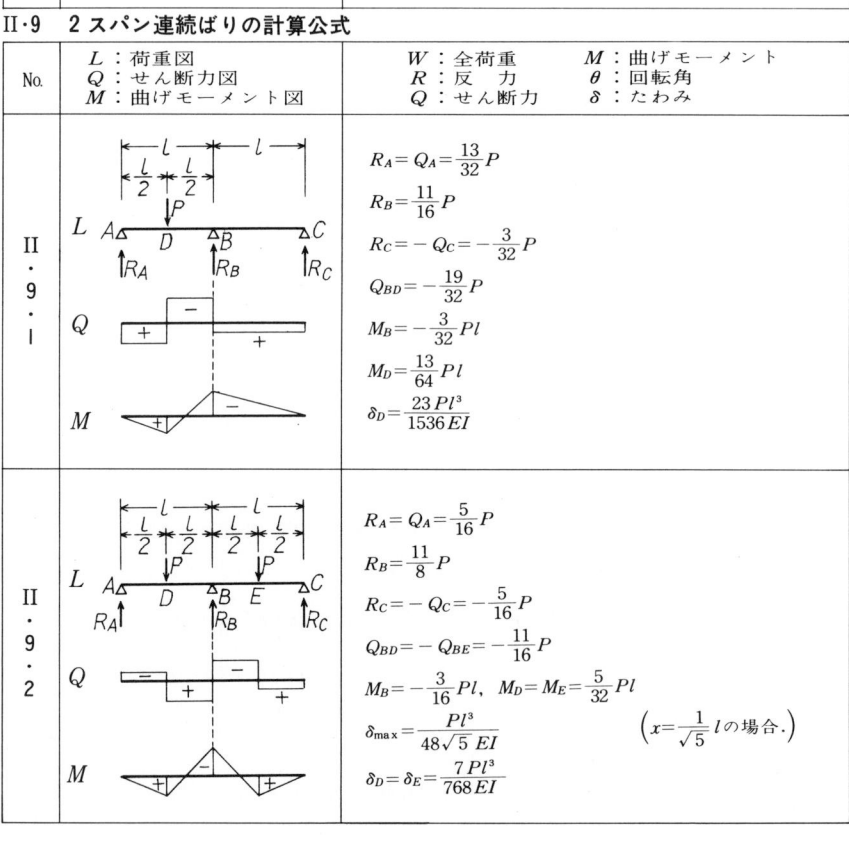

II・9　2スパン連続ばりの計算公式

No.	L：荷重図　Q：せん断力図　M：曲げモーメント図	W：全荷重　M：曲げモーメント　R：反　力　θ：回転角　Q：せん断力　δ：たわみ
II・9・1	(図：l と l のスパン，$L/2$, $L/2$，A D B C，R_A R_B R_C)	$R_A = Q_A = \dfrac{13}{32}P$ $R_B = \dfrac{11}{16}P$ $R_C = -Q_C = -\dfrac{3}{32}P$ $Q_{BD} = -\dfrac{19}{32}P$ $M_B = -\dfrac{3}{32}Pl$ $M_D = \dfrac{13}{64}Pl$ $\delta_D = \dfrac{23Pl^3}{1536EI}$
II・9・2	(図：l と l，$L/2$ $L/2$ $L/2$ $L/2$，A D B E C，R_A R_B R_C)	$R_A = Q_A = \dfrac{5}{16}P$ $R_B = \dfrac{11}{8}P$ $R_C = -Q_C = -\dfrac{5}{16}P$ $Q_{BD} = -Q_{BE} = -\dfrac{11}{16}P$ $M_B = -\dfrac{3}{16}Pl,\quad M_D = M_E = \dfrac{5}{32}Pl$ $\delta_{\max} = \dfrac{Pl^3}{48\sqrt{5}EI}\qquad \left(x = \dfrac{1}{\sqrt{5}}l\text{の場合．}\right)$ $\delta_D = \delta_E = \dfrac{7Pl^3}{768EI}$

2スパン連続ばりの計算公式

No.	L：荷重図　Q：せん断力図　M：曲げモーメント図	W：全荷重　M：曲げモーメント　R：反力　θ：回転角　Q：せん断力　δ：たわみ
II・9・3		$R_A = Q_A = \dfrac{7}{16}wl$ $R_B = \dfrac{5}{8}wl$ $R_C = -Q_C = -\dfrac{1}{16}wl$ $Q_{BA} = -\dfrac{9}{16}wl$ $M_B = -\dfrac{1}{16}wl^2$ $M_D = \dfrac{49}{512}wl^2 \qquad \left(x_0 = \dfrac{7}{16}l\text{ の場合.}\right)$ $\delta_0 = \dfrac{7\,wl^4}{768\,EI} \qquad \left(x = \dfrac{1}{2}l\text{ の場合.}\right)$
II・9・4		$R_A = Q_A = \dfrac{3}{8}wl$ $R_B = \dfrac{5}{4}wl$ $R_C = -Q_C = \dfrac{3}{8}wl$ $Q_{BA} = -Q_{BC} = -\dfrac{5}{8}wl$ $M_B = -\dfrac{1}{8}wl^2$ $M_D = \dfrac{9}{128}wl^2 \qquad \left(x = \dfrac{3}{8}l\text{ の場合.}\right)$ $\delta_{\max} = \dfrac{wl^4}{185\,EI} \qquad (x = 0.422\,l\text{ の場合.})$
II・9・5		$R_A = Q_A = \dfrac{7}{16}wl - \dfrac{3}{32}P$ $R_B = \dfrac{5}{8}wl + \dfrac{11}{16}P$ $R_C = -Q_C = -\dfrac{1}{16}wl + \dfrac{13}{32}P$ $Q_{BA} = -\dfrac{9}{16}wl - \dfrac{3}{32}P, \quad Q_{BE} = \dfrac{1}{16}wl + \dfrac{19}{32}P$ $M_B = -\dfrac{1}{16}wl^2 - \dfrac{3}{32}Pl, \quad M_E = -\dfrac{1}{32}wl^2 + \dfrac{13}{64}Pl$ $\delta_E = \dfrac{23\,Pl^3}{1536\,EI} - \dfrac{wl^4}{256\,EI}$

No.	L：荷重図 Q：せん断力図 M：曲げモーメント図	W：全荷重　　M：曲げモーメント R：反　力　　θ：回転角 Q：せん断力　δ：たわみ
II・9・6	(荷重図・せん断力図・曲げモーメント図)	$W = 4P$ $R_A = R_C = Q_A = -Q_C = \dfrac{2}{3}P$ $R_B = \dfrac{8}{3}P$ $Q_{BE} = -Q_{BF} = -\dfrac{4}{3}P$ $M_B = -\dfrac{1}{3}Pl$ $M_D = M_G = \dfrac{2}{9}Pl$ $M_E = M_F = \dfrac{1}{9}Pl$ $\delta_D = \delta_G = \dfrac{7Pl^3}{486EI}$
II・9・7	(荷重図・せん断力図・曲げモーメント図)	$W = (w_1 + w_2)l$ $R_A = Q_A = \dfrac{1}{16}(7w_1 - w_2)l$ $R_B = \dfrac{5}{8}(w_1 + w_2)l$ $R_C = -Q_C = \dfrac{1}{16}(7w_2 - w_1)l$ $Q_{BA} = -\dfrac{1}{16}(9w_1 + w_2)l,\quad Q_{BC} = \dfrac{1}{16}(w_1 + 9w_2)l$ $M_B = -\dfrac{1}{16}(w_1 + w_2)l^2$ $\delta_D = \dfrac{1}{768EI}(7w_1 - 3w_2)l^4,\ \delta_E = \dfrac{1}{768EI}(7w_2 - 3w_1)l^4$
II・9・8	(荷重図・せん断力図・曲げモーメント図) $\alpha = \dfrac{I_2 l_1}{I_1 l_2}$	$W = w_1 l_1 + w_2 l_2$ $R_A = Q_A = \dfrac{w_1 l_1}{2} - \dfrac{1}{8(1+\alpha)l_1}(\alpha w_1 l_1^2 + w_2 l_2^2)$ $R_C = -Q_C = \dfrac{w_2 l_2}{2} - \dfrac{1}{8(1+\alpha)l_2}(\alpha w_1 l_1^2 + w_2 l_2^2)$ $R_B = W - R_A - R_C$ $Q_{BA} = R_A - w_1 l_1,\quad Q_{BC} = w_2 l_2 - R_C$ $M_B = -\dfrac{1}{8(1+\alpha)}(\alpha w_1 l_1^2 + w_2 l_2^2)$ $\delta_0 = \dfrac{5 w_2 l_2^4}{384 E I_2} + \dfrac{M_B l_2^2}{16 E I_2}\qquad (BCばり中央部)$

II·10 連続ばりの応力表

(*l*：支点間距離)

II·10·1 2スパン連続ばり

№	図	M：曲げモーメント 支点	中間	乗数	R：反力 支点	乗数
1	A—B—C 全スパン等分布荷重 w	$M_B=-0.125$	$M_1=0.070$	$w\cdot l^2$	$A=0.375$ $B=1.250$ $C=0.375$	$w\cdot l$
2	A—B—C 左スパン等分布荷重 w	$M_B=-0.063$	$M_1=0.096$	$w\cdot l^2$	$A=0.438$ $B=0.625$ $C=-0.063$	$w\cdot l$
3	各スパン中央に P	$M_B=-0.188$	$M_1=0.156$	$P\cdot l$	$A=0.313$ $B=1.375$ $C=0.313$	P
4	左スパン中央に P	$M_B=-0.094$	$M_1=0.203$	$P\cdot l$	$A=0.406$ $B=0.688$ $C=-0.094$	P
5	各スパン三等分点に P,P	$M_B=-0.333$	$M_1=0.222$ $M_2=0.111$	$P\cdot l$	$A=0.667$ $B=2.667$ $C=0.667$	P
6	左スパン三等分点に P,P	$M_B=-0.167$	$M_1=0.278$ $M_2=0.222$	$P\cdot l$	$A=0.833$ $B=1.333$ $C=-0.167$	P
7	各スパン四等分点に P,P,P	$M_B=-0.469$	$M_1=0.258$ $M_2=0.266$ $M_3=0.023$	$P\cdot l$	$A=1.031$ $B=3.938$ $C=1.031$	P
8	左スパン四等分点に P,P,P	$M_B=-0.234$	$M_1=0.316$ $M_2=0.383$ $M_3=0.200$	$P\cdot l$	$A=1.266$ $B=1.969$ $C=-0.235$	P

II·10·2 3スパン連続ばり

№	図	M：曲げモーメント 支点	中間	乗数	R：反力 支点	乗数
1	A—B—C—D 全スパン等分布荷重 w	$M_B=-0.100$ $M_C=-0.100$	$M_1=0.080$ $M_2=0.025$	$w\cdot l^2$	$A=0.400$ $B=1.100$ $C=1.100$ $D=0.400$	$w\cdot l$

(次ページに続く．)

II·10·2	3スパン連続ばり	M：曲げモーメント		乗数	R：反力	乗数
		支点	中間		支点	
2	A—B—2—C—D（ABとCD区間にw）	$M_B=-0.050$ $M_C=-0.050$	$M_1=0.101$ $M_2=-0.050$	$w \cdot l^2$	$A=0.450$ $B=0.550$ $C=0.550$ $D=0.450$	$w \cdot l$
3	A—B—2—C—D（BC区間にw）	$M_B=-0.050$ $M_C=-0.050$	$M_1=-0.025$ $M_2=0.075$	$w \cdot l^2$	$A=-0.050$ $B=0.550$ $C=0.550$ $D=-0.050$	$w \cdot l$
4	A—B—2—C—D（ABとBC区間にw）	$M_B=-0.117$ $M_C=-0.033$	$M_1=0.074$ $M_2=0.054$	$w \cdot l^2$	$A=0.383$ $B=1.200$ $C=0.449$ $D=-0.033$	$w \cdot l$
5	A—B—C—D（CD区間にw）	$M_B=0.017$ $M_C=-0.068$	$M_1=0.094$	$w \cdot l^2$	$A=0.017$ $B=-0.100$ $C=0.650$ $D=0.433$	$w \cdot l$
6	A—B—2—C—D（各スパン中央にP）	$M_B=-0.150$ $M_C=-0.150$	$M_1=0.175$ $M_2=0.100$	$P \cdot l$	$A=0.350$ $B=1.150$ $C=1.150$ $D=0.350$	P
7	A—B—C—D（ABとCDスパン中央にP）	$M_B=-0.075$ $M_C=-0.075$	$M_1=0.213$	$P \cdot l$	$A=0.425$ $B=0.575$ $C=0.575$ $D=0.425$	P
8	A—B—C—D（BCスパン中央にP）	$M_B=-0.075$ $M_C=-0.075$	$M_1=0.175$	$P \cdot l$	$A=-0.075$ $B=0.575$ $C=0.575$ $D=-0.075$	P
9	A—B—2—C—D（ABとBCスパン中央にP）	$M_B=-0.175$ $M_C=-0.050$	$M_1=0.162$ $M_2=0.137$	$P \cdot l$	$A=0.325$ $B=1.300$ $C=0.425$ $D=-0.050$	P

（次ページに続く．）

II.10.2	3スパン連続ばり	M：曲げモーメント			R：反力	
		支点	中間	乗数	支点	乗数
10	(図：A B C Dに荷重P、Dの左に集中)	$M_B=0.025$ $M_C=-0.100$	$M_1=0.200$	$P\cdot l$	$A=0.025$ $B=-0.150$ $C=0.725$ $D=0.400$	P
11	(図：A 1 2 B 3 3 C 2 1 D、各点にP)	$M_B=-0.267$ $M_C=-0.267$	$M_1=0.244$ $M_2=0.155$ $M_3=0.066$	$P\cdot l$	$A=0.733$ $B=2.267$ $C=2.267$ $D=0.733$	P
12	(図：A 1 2 B C 2 1 D)	$M_B=-0.133$ $M_C=-0.133$	$M_1=0.289$ $M_2=0.244$	$P\cdot l$	$A=0.867$ $B=1.133$ $C=1.133$ $D=0.867$	P
13	(図：A B 1 1 C D)	$M_B=-0.133$ $M_C=-0.133$	$M_1=0.200$	$P\cdot l$	$A=-0.133$ $B=1.133$ $C=1.133$ $D=-0.133$	P
14	(図：A 1 2 B 3 4 C D)	$M_B=-0.311$ $M_C=-0.089$	$M_1=0.230$ $M_2=0.126$ $M_3=0.096$ $M_4=0.170$	$P\cdot l$	$A=0.689$ $B=2.533$ $C=0.867$ $D=-0.089$	P
15	(図：A B C 1 2 D)	$M_B=0.044$ $M_C=-0.178$	$M_1=0.215$ $M_2=0.274$	$P\cdot l$	$A=0.044$ $B=-0.267$ $C=1.400$ $D=0.822$	P
16	(図：A 1 2 3 B 4 5 4 C 3 2 1 D)	$M_B=-0.375$ $M_C=-0.375$ $M_5=0.125$	$M_1=0.281$ $M_2=0.313$ $M_3=0.094$ $M_4=0.001$	$P\cdot l$	$A=1.125$ $B=3.375$ $C=3.375$ $D=1.125$	P
17	(図：A 1 2 3 B C 3 2 1 D)	$M_B=-0.188$ $M_C=-0.188$	$M_1=0.328$ $M_2=0.406$ $M_3=0.234$	$P\cdot l$	$A=1.312$ $B=1.687$ $C=1.687$ $D=1.312$	P

（次ページに続く.）

II·10·2	3スパン連続ばり	M：曲げモーメント			R：反力	
		支　点	中　間	乗数	支　点	乗数
18	[図: A B 1 2 1 C D, PPP on center span]	$M_B=-0.188$ $M_C=-0.188$	$M_1=0.188$ $M_2=0.313$	$P \cdot l$	$A=-0.188$ $B=1.688$ $C=1.688$ $D=-0.188$	P
19	[図: A 1 2 3 B 4 5 6 C D, PPP PPP]	$M_B=-0.438$ $M_C=-0.125$	$M_1=0.266$ $M_2=0.281$ $M_3=0.047$ $M_4=0.015$ $M_5=0.219$ $M_6=0.172$	$P \cdot l$	$A=1.062$ $B=3.750$ $C=1.312$ $D=-0.125$	P
20	[図: A B C 1 2 3 D, PPP on right span]	$M_B=0.063$ $M_C=-0.250$	$M_1=0.188$ $M_2=0.375$ $M_3=0.313$	$P \cdot l$	$A=0.063$ $B=-0.375$ $C=2.062$ $D=1.250$	P

II·10·3	4スパン連続ばり	M：曲げモーメント			R：反力	
		支　点	中　間	乗数	支　点	乗数
1	[図: A 1 B 2 C 2 D 1 E, 全スパン等分布荷重 w]	$M_B=-0.107$ $M_C=-0.072$ $M_D=-0.107$	$M_1=0.077$ $M_2=0.036$	$w \cdot l^2$	$A=0.393$ $B=1.143$ $C=0.929$ $D=1.143$ $E=0.393$	$w \cdot l$
2	[図: A 1 B 2 C 3 D 4 E, 1,3スパンに等分布荷重]	$M_B=-0.054$ $M_C=-0.036$ $M_D=-0.054$	$M_1=0.099$ $M_2=-0.045$ $M_3=0.081$ $M_4=-0.026$	$w \cdot l^2$	$A=0.446$ $B=0.571$ $C=0.464$ $D=0.571$ $E=-0.054$	$w \cdot l$
3	[図: A 1 B 2 C 3 D 4 E, 1,2,4スパン等分布荷重]	$M_B=-0.121$ $M_C=-0.018$ $M_D=-0.058$	$M_1=0.072$ $M_2=0.061$ $M_3=-0.038$ $M_4=0.098$	$w \cdot l^2$	$A=0.380$ $B=1.223$ $C=0.357$ $D=0.598$ $E=0.442$	$w \cdot l$

（次ページに続く．）

II 10 3	4スパン連続ばり	M：曲げモーメント			R：反力	
		支 点	中 間	乗数	支 点	乗数
4	A B C l D E （CD区間に w）	$M_B=0.013$ $M_C=-0.054$ $M_D=-0.049$	$M_1=0.074$	$w \cdot l^2$	$A=0.013$ $B=-0.080$ $C=0.572$ $D=0.545$ $E=-0.049$	$w \cdot l$
5	A l B 2 C 2 D l E （BD区間に w）	$M_B=-0.036$ $M_C=-0.107$ $M_D=-0.036$	$M_1=-0.018$ $M_2=0.056$	$w \cdot l^2$	$A=-0.036$ $B=0.464$ $C=1.143$ $D=0.464$ $E=-0.036$	$w \cdot l$
6	A l B C D l E	$M_B=-0.071$ $M_C=0.036$ $M_D=-0.071$	$M_1=0.089$	$w \cdot l^2$	$A=0.429$ $B=0.678$ $C=-0.214$ $D=0.678$ $E=0.429$	$w \cdot l$
7	A l B 2 C 2 D l E （4つの P）	$M_B=-0.161$ $M_C=-0.107$ $M_D=-0.161$	$M_1=0.170$ $M_2=0.116$	$P \cdot l$	$A=0.339$ $B=1.214$ $C=0.892$ $D=1.214$ $E=0.339$	P
8	A l B C 2 D E （2つの P）	$M_B=-0.080$ $M_C=-0.054$ $M_D=-0.080$	$M_1=0.210$ $M_2=0.183$	$P \cdot l$	$A=0.420$ $B=0.607$ $C=0.446$ $D=0.607$ $E=-0.080$	P
9	A l B 2 C D 3 E （3つの P）	$M_B=-0.181$ $M_C=-0.027$ $M_D=-0.087$	$M_1=0.160$ $M_2=0.146$ $M_3=0.207$	$P \cdot l$	$A=0.319$ $B=1.335$ $C=0.286$ $D=0.647$ $E=0.413$	P

（次ページに続く.）

II·10·3	4スパン連続ばり	M：曲げモーメント			R：反力	
		支点	中間	乗数	支点	乗数
10	A B C D E, P at中央(D付近)	$M_B=0.020$ $M_C=-0.080$ $M_D=-0.074$	$M_1=0.173$	$P \cdot l$	$A=0.020$ $B=-0.121$ $C=0.607$ $D=0.567$ $E=-0.074$	P
11	P P 於 B,C 間及 C,D 間中央	$M_B=-0.054$ $M_C=-0.161$ $M_D=-0.054$	$M_1=0.143$	$P \cdot l$	$A=-0.054$ $B=0.446$ $C=1.214$ $D=0.446$ $E=-0.054$	P
12	P,P 於 AB中央及 DE中央	$M_B=-0.107$ $M_C=0.054$ $M_D=-0.107$	$M_1=0.196$	$P \cdot l$	$A=0.393$ $B=0.768$ $C=-0.321$ $D=0.768$ $E=0.393$	P
13	PP PP PP PP (各スパン2点)	$M_B=-0.286$ $M_C=-0.190$ $M_D=-0.286$	$M_1=0.238$ $M_2=0.143$ $M_3=0.079$ $M_4=0.111$	$P \cdot l$	$A=0.714$ $B=2.381$ $C=1.810$ $D=2.381$ $E=0.714$	P
14	PP PP 於 AB, CD	$M_B=-0.143$ $M_C=-0.095$ $M_D=-0.143$	$M_1=0.286$ $M_2=0.238$ $M_3=0.222$ $M_4=0.206$	$P \cdot l$	$A=0.857$ $B=1.190$ $C=0.905$ $D=1.190$ $E=-0.143$	P
15	PP PP PP 於 AB,BC,DE	$M_B=-0.321$ $M_C=-0.048$ $M_D=-0.155$	$M_1=0.226$ $M_2=0.119$ $M_3=0.103$ $M_4=0.196$ $M_5=0.230$ $M_6=0.282$	$P \cdot l$	$A=0.679$ $B=2.595$ $C=0.619$ $D=1.262$ $E=0.845$	P

（次ページに続く．）

連続ばりの応力表

II 10·3	4 スパン連続ばり	M：曲げモーメント 支　点	M：曲げモーメント 中　間	乗数	R：反　力 支　点	乗数
16	A B C 1 2 D E（PP荷重 C-D間）	$M_B = 0.036$ $M_C = -0.143$ $M_D = -0.131$	$M_1 = 0.194$ $M_2 = 0.198$	$P \cdot l$	$A = 0.036$ $B = -0.214$ $C = 1.190$ $D = 1.119$ $E = -0.131$	P
17	A B 1 2 C 2 1 D E（PP PP）	$M_B = -0.095$ $M_C = -0.286$ $M_D = -0.095$	$M_1 = 0.174$ $M_2 = 0.111$	$P \cdot l$	$A = -0.095$ $B = 0.905$ $C = 2.381$ $D = 0.905$ $E = -0.095$	P
18	A 1 2 B C D 2 1 E（PP　　PP）	$M_B = -0.190$ $M_C = 0.095$ $M_D = -0.190$	$M_1 = 0.270$ $M_2 = 0.206$	$P \cdot l$	$A = 0.810$ $B = 1.475$ $C = -0.570$ $D = 1.475$ $E = 0.810$	P
19	A 1 2 3 B 4 5 C 5 4 D 3 2 1 E（PPP PPP PPP PPP）	$M_B = -0.402$ $M_C = -0.268$ $M_D = -0.402$	$M_1 = 0.275$ $M_2 = 0.299$ $M_3 = 0.074$ $M_4 = 0.007$ $M_5 = 0.165$	$P \cdot l$	$A = 1.098$ $B = 3.536$ $C = 2.732$ $D = 3.536$ $E = 1.098$	P
20	A 1 2 3 B C 4 5 D E（PPP　PPP）	$M_B = -0.201$ $M_C = -0.134$ $M_D = -0.201$	$M_1 = 0.325$ $M_2 = 0.400$ $M_3 = 0.224$ $M_4 = 0.224$ $M_5 = -0.333$	$P \cdot l$	$A = 1.299$ $B = 1.768$ $C = 1.366$ $D = 1.768$ $E = -0.201$	P
21	A 1 2 B 3 C D 4 5 E（PPP PPP　PPP）	$M_B = -0.452$ $M_C = -0.067$ $M_D = -0.218$	$M_1 = 0.262$ $M_2 = 0.274$ $M_3 = 0.241$ $M_4 = 0.391$ $M_5 = 0.321$	$P \cdot l$	$A = 1.048$ $B = 3.837$ $C = 0.967$ $D = 1.868$ $E = 1.282$	P

（次ページに続く.）

II.10.3	4スパン連続ばり	M：曲げモーメント			R：反 力	
		支 点	中 間	乗数	支 点	乗数
22 (図: PPP載荷 C123D間)		$M_B=0.050$ $M_C=-0.201$ $M_D=-0.184$	$M_1=0.178$ $M_2=0.308$ $M_3=0.187$	$P\cdot l$	$A=0.050$ $B=-0.301$ $C=1.768$ $D=1.667$ $E=-0.184$	P
23 (図: PPP PPP 載荷)		$M_B=-0.134$ $M_C=-0.402$ $M_D=-0.134$	$M_1=0.174$ $M_2=0.232$ $M_3=0.04$	$P\cdot l$	$A=-0.134$ $B=1.366$ $C=3.536$ $D=1.366$ $E=-0.134$	P
24 (図: PPP PPP 載荷)		$M_B=-0.268$ $M_C=0.134$ $M_D=-0.268$	$M_1=0.308$ $M_2=0.366$ $M_3=0.174$	$P\cdot l$	$A=1.232$ $B=2.170$ $C=-0.804$ $D=2.170$ $E=1.232$	P

II.10.4	5スパン連続ばり	M：曲げモーメント			R：反 力	
		支 点	中 間	乗数	支 点	乗数
1 (図: 等分布荷重 w)		$M_B=-0.105$ $M_C=-0.079$ $M_D=-0.079$ $M_E=-0.105$	$M_1=0.078$ $M_2=0.033$ $M_3=0.046$	$w\cdot l^2$	$A=0.395$ $B=1.131$ $C=0.974$ $D=0.974$ $E=1.131$ $F=0.395$	$w\cdot l$
2 (図: 各スパン中央 P)		$M_B=-0.158$ $M_C=-0.118$ $M_D=-0.118$ $M_E=-0.158$	$M_1=0.171$ $M_2=0.112$ $M_3=0.132$	$P\cdot l$	$A=0.342$ $B=1.197$ $C=0.960$ $D=0.960$ $E=1.197$ $F=0.342$	P

（次ページに続く．）

II.10.4	5スパン連続ばり	M：曲げモーメント			R：反力	
		支点	中間	乗数	支点	乗数
3	(図: PP PP PP PP PP PP, A 1 2 B 3 4 C 5 5 D 4 3 E 2 1 F)	$M_B = -0.281$ $M_C = -0.211$ $M_D = -0.211$ $M_E = -0.281$	$M_1 = 0.240$ $M_2 = 0.146$ $M_3 = 0.076$ $M_4 = 0.099$ $M_5 = 0.123$	$P \cdot l$	$A = 0.719$ $B = 2.351$ $C = 1.930$ $D = 1.930$ $E = 2.351$ $F = 0.719$	P
4	(図: P ↓↓↓↓↓ P ↓↓↓↓↓ P, A 1 2 3 B 4 5 6 C 7 8 D E F)	$M_B = -0.395$ $M_C = -0.296$ $M_D = -0.296$ $M_E = -0.395$	$M_1 = 0.276$ $M_2 = 0.303$ $M_3 = 0.079$ $M_4 = 0.005$ $M_5 = 0.155$ $M_6 = 0.054$ $M_7 = 0.079$ $M_8 = 0.204$	$P \cdot l$	$A = 1.105$ $B = 3.494$ $C = 2.901$ $D = 2.901$ $E = 3.494$ $F = 1.105$	P
5	(図: w, w, w / A 1 B C 2 D E 1 F)	$M_B = -0.053$ $M_C = -0.039$ $M_D = -0.039$ $M_E = -0.053$	$M_1 = 0.100$ $M_2 = 0.086$	$w \cdot l^2$	$A = 0.447$ $B = 0.567$ $C = 0.486$ $D = 0.486$ $E = 0.567$ $F = 0.447$	$w \cdot l$
6	(図: P P P / A 1 B C 2 D E 1 F)	$M_B = -0.079$ $M_C = -0.059$ $M_D = -0.059$ $M_E = -0.079$	$M_1 = 0.211$ $M_2 = 0.191$	$P \cdot l$	$A = 0.421$ $B = 0.599$ $C = 0.480$ $D = 0.480$ $E = 0.599$ $F = 0.421$	P
7	(図: PP PP PP / A 1 2 B C 3 3 D E 2 1 F)	$M_B = -0.140$ $M_C = -0.105$ $M_D = -0.105$ $M_E = -0.140$	$M_1 = 0.287$ $M_2 = 0.240$ $M_3 = 0.228$	$P \cdot l$	$A = 0.860$ $B = 1.175$ $C = 0.965$ $D = 0.965$ $E = 1.175$ $F = 0.860$	P

II·11 不均等スパン連続ばりの計算公式

No.	k, a の計算公式	支点曲げモーメント
II·11·1	A B C / l_1 l_2 $k_1 = 2(l_1 + l_2)$	$M_B = -\dfrac{N_1}{k_1}$ (N_1：荷重項)
II·11·2	A B C D / l_1 l_2 l_3 $k_1 = 2(l_1 + l_2)$ $a_1 = k_2/k_3$ $k_2 = 2(l_2 + l_3)$ $a_2 = l_2/k_3$ $k_3 = k_1 k_2 - l_2^2$ $a_3 = k_1/k_3$	$M_B = -a_1 N_1 + a_2 N_2$ $M_C = a_2 N_1 - a_3 N_2$
II·11·3	A B C D E / l_1 l_2 l_3 l_4 $k_1 = 2(l_1 + l_2)$ $a_1 = k_5/k_6$ $k_2 = 2(l_2 + l_3)$ $a_2 = k_3 l_2/k_6$ $k_3 = 2(l_3 + l_4)$ $a_3 = l_3 l_2/k_6$ $k_4 = k_1 k_2 - l_2^2$ $a_4 = k_3 k_1/k_6$ $k_5 = k_2 k_3 - l_3^2$ $a_5 = l_3 k_1/k_6$ $k_6 = k_3 k_4 - k_1 l_3^2$ $a_6 = k_4/k_6$	$M_B = -a_1 N_1 + a_2 N_2 - a_3 N_3$ $M_C = a_2 N_1 - a_4 N_2 + a_5 N_3$ $M_D = -a_3 N_1 + a_5 N_2$ $ - a_6 N_3$
II·11·4	A B C D E F / l_1 l_2 l_3 l_4 l_5 $k_1 = 2(l_1 + l_2)$ $a_1 = k_7/k_9$, $a_2 = k_6 l_2/k_9$ $k_2 = 2(l_2 + l_3)$ $a_3 = k_4 l_2 l_3/k_9$ $k_3 = 2(l_3 + l_4)$ $a_4 = l_2 l_3 l_4/k_9$ $k_4 = 2(l_4 + l_5)$ $a_5 = k_6 k_1/k_9$ $k_5 = k_1 k_2 - l_2^2$ $a_6 = k_1 k_4 l_3/k_9$ $k_6 = k_3 k_4 - l_4^2$ $a_7 = k_1 l_3 l_4/k_9$ $k_7 = k_2 k_6 - k_4 l_3^2$ $a_8 = k_5 k_4/k_9$ $k_8 = k_3 k_5 - k_1 l_3^2$ $a_9 = k_5 l_4/k_9$ $k_9 = k_5 k_6 - k_5 l_3^2$ $a_{10} = k_8/k_9$	$M_B = -a_1 N_1 + a_2 N_2$ $ - a_3 N_3 + a_4 N_4$ $M_C = a_2 N_1 - a_5 N_2$ $ + a_6 N_3 - a_7 N_4$ $M_D = -a_3 N_1 + a_6 N_2$ $ - a_8 N_3 + a_9 N_4$ $M_E = a_4 N_1 - a_7 N_2$ $ + a_9 N_3 - a_{10} N_4$

計算公式用曲げモーメントの荷重項(N)

荷重項	荷重形式			
	等分布荷重 w, スパン l	集中荷重 P 中央($l/2, l/2$)	集中荷重 P, P 三等分点	集中荷重 P, P, P 四等分点
N	$\dfrac{1}{4}wl^3$	$\dfrac{3}{8}Pl^2$	$\dfrac{2}{3}Pl^2$	$\dfrac{15}{16}Pl^2$
N_1	$\dfrac{w_1 l_1^3 + w_2 l_2^3}{4}$	$\dfrac{3}{8}(P_1 l_1^2 + P_2 l_2^2)$	$\dfrac{2}{3}(P_1 l_1^2 + P_2 l_2^2)$	$\dfrac{15}{16}(P_1 l_1^2 + P_2 l_2^2)$
N_2	$\dfrac{w_2 l_2^3 + w_3 l_3^3}{4}$	$\dfrac{3}{8}(P_2 l_2^2 + P_3 l_3^2)$	$\dfrac{2}{3}(P_2 l_2^2 + P_3 l_3^2)$	$\dfrac{15}{16}(P_2 l_2^2 + P_3 l_3^2)$
N_3	$\dfrac{w_3 l_3^3 + w_4 l_4^3}{4}$	$\dfrac{3}{8}(P_3 l_3^2 + P_4 l_4^2)$	$\dfrac{2}{3}(P_3 l_3^2 + P_4 l_4^2)$	$\dfrac{15}{16}(P_3 l_3^2 + P_4 l_4^2)$
N_4	$\dfrac{w_4 l_4^3 + w_5 l_5^3}{4}$	$\dfrac{3}{8}(P_4 l_4^2 + P_5 l_5^2)$	$\dfrac{2}{3}(P_4 l_4^2 + P_5 l_5^2)$	$\dfrac{15}{16}(P_4 l_4^2 + P_5 l_5^2)$

〔例題 1〕 2スパン連続ばりを計算せよ.

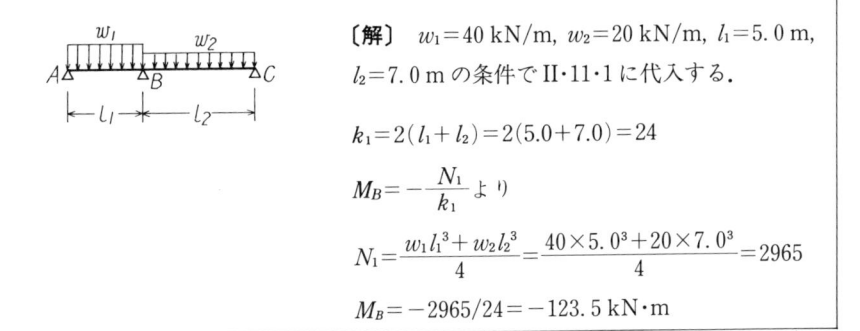

〔解〕 $w_1 = 40 \text{ kN/m}$, $w_2 = 20 \text{ kN/m}$, $l_1 = 5.0 \text{ m}$, $l_2 = 7.0 \text{ m}$ の条件で II·11·1 に代入する.

$k_1 = 2(l_1 + l_2) = 2(5.0 + 7.0) = 24$

$M_B = -\dfrac{N_1}{k_1}$ より

$N_1 = \dfrac{w_1 l_1^3 + w_2 l_2^3}{4} = \dfrac{40 \times 5.0^3 + 20 \times 7.0^3}{4} = 2965$

$M_B = -2965/24 = -123.5 \text{ kN·m}$

〔例題 2〕 3スパン連続ばりの曲げモーメントを求めよ．

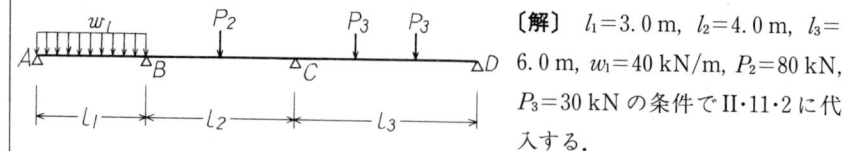

〔解〕 $l_1=3.0$ m, $l_2=4.0$ m, $l_3=6.0$ m, $w_1=40$ kN/m, $P_2=80$ kN, $P_3=30$ kN の条件でII・11・2に代入する．

$$k_1=2(3.0+4.0)=14.0, \quad a_1=20/264=0.076$$
$$k_2=2(4.0+6.0)=20.0, \quad a_2=4/264=0.015$$
$$k_3=14\times20-4.0^2=264.0, \quad a_3=14/264=0.053$$

$$M_B=-a_1N_1+a_2N_2$$
$$=-a_1\left(\frac{w_1l_1^3}{4}+\frac{3}{8}P_2l_2^2\right)+a_2\left(\frac{3}{8}P_2l_2^2+\frac{2}{3}P_3l_3^2\right)$$
$$=-0.076\left(\frac{40\times3.0^3}{4}+\frac{3\times80\times4.0^2}{8}\right)+0.015\left(\frac{3\times80\times4.0^2}{8}+\frac{2\times30\times6.0^2}{3}\right)$$
$$=-39.0 \text{ kN·m}$$

$$M_C=0.015\left(\frac{40\times3.0^3}{4}+\frac{3\times80\times4.0^2}{8}\right)-0.053\left(\frac{3\times80\times4.0^2}{8}+\frac{2\times30\times6.0^2}{3}\right)$$
$$=-52.4 \text{ kN·m}$$

以上のようにスパンおよび荷重の違ったいかなる場合にも適用できる．

〔検算〕 例題1をII・9・8式を利用して検算せよ．

$$\alpha=\frac{l_1}{l_2}=\frac{5.0}{7.0}=0.715$$
$$M_B=-\frac{1}{8(1+\alpha)}(\alpha w_1l_1^2+w_2l_2^2)$$
$$=-\frac{1}{8(1+0.715)}(0.715\times40\times5.00^2+20\times7.00^2)$$
$$=-123.5 \text{ kN·m}$$

〔注〕 荷重項でw_1, w_2, w_3, w_4, w_5は第1, 2, 3, 4, 5スパンの荷重を表わす，$P_1\sim P_5$も同様．

II·12 方づえを有するはりの計算公式

No.	L：荷重図　M：曲げモーメント図	R：鉛直反力　N：軸力　H：水平反力　k：剛比　M：曲げモーメント
II·12·1	(荷重図およびモーメント図)	$k=\dfrac{K_2}{K_1}=\dfrac{l_1}{2l_2}$, $M_C=M_D=\dfrac{6Pl_2}{8(3+2k)}$ $M_0=\dfrac{2Pl_2}{4}-M_C$ $R_A=R_B=\dfrac{M_C}{l_1}$, $R_E=R_F=\dfrac{P}{2}$ $H=\left(\dfrac{P}{2}+\dfrac{M_C}{l_1}\right)\dfrac{l_1}{h}$ $N=\left(\dfrac{P}{2}+\dfrac{M_C}{l_1}\right)\dfrac{x}{h}$, $\delta=\dfrac{P(2l_2)^3}{48EI}-\dfrac{M_C(2l_2)^2}{8EI}$
II·12·2	(荷重図およびモーメント図)	$k=\dfrac{K_2}{K_1}=\dfrac{l_1}{2l_2}$, $M_0=\dfrac{wl_2^2}{2}-M_C$ $M_C=M_D=\dfrac{3w(l_2^2/3-l_1^2/8)}{3+2k}+\dfrac{wl_1^2}{8}$ $R_A=R_B=\dfrac{M_C}{l_1}-\dfrac{wl_1}{2}$, $R_E=R_F=\dfrac{wl}{2}$ $H=\dfrac{M_C+wl_1l_2+wl_1^2/2}{h}$ $N=\dfrac{H\cdot x}{l_1}$, $\delta=\dfrac{5w(2l_2)^4}{384EI}-\dfrac{M_C(2l_2)^2}{8EI}$
II·12·3	(荷重図およびモーメント図)	$M_C=M_D=\dfrac{2M}{l}l_2$ $R_A=R_B=\dfrac{2M}{l}\cdot\dfrac{l_2}{l_1}$ $R_E=R_F=\dfrac{2M}{l}$ $H=\dfrac{M}{h}$ $N=\dfrac{M}{h}\cdot\dfrac{x}{l_1}$

II·13 階段ばりの計算公式

No.	L：荷重図 Q：せん断力図 M：曲げモーメント図	W：全荷重　　M：曲げモーメント R：反　力 Q：せん断力
II·13·1	(図：荷重図 L、せん断力図 Q、曲げモーメント図 M)	$W=wl$,　$R_A=R_B=\dfrac{W}{2}$ $H_A=\dfrac{W}{2}\cdot\sin\theta$ $Q_A=-Q_B=\dfrac{W}{2}\cdot\cos\theta=V_A$ $w_\theta=w\cdot\cos^2\theta$,　$M=\dfrac{w_\theta}{8}\left(\dfrac{l}{\cos\theta}\right)^2=\dfrac{wl^2}{8}$ （w_θ：材と垂直方向の材に沿った単位荷重）
II·13·2	(図：荷重図 L、せん断力図 Q、曲げモーメント図 M)	$W_1=wa$,　$W_2=wb$,　$W=wl$ $R_A=R_B=\dfrac{W}{2}=Q_B$,　$H_A=R_A\cdot\sin\theta$ $Q_A=R_A\cdot\cos\theta=V_A$ $Q_{CA}=W_1\cdot\cos\theta-V_A$ $Q_{CB}=R_B-W_2$ $M_D=\dfrac{wl^2}{8}$,　$M_C=R_B\cdot b-\dfrac{W_2\cdot b}{2}$
II·13·3	(図：荷重図 L、せん断力図 Q、曲げモーメント図 M)	$W_1=wa$,　$W_2=wb$,　$W=wl$ $R_A=R_B=\dfrac{W}{2}$ $Q_A=-Q_B=R_A$ $Q_{CA}=R_A-W_1$ $Q_{CD}=Q_{DC}=W_2\cdot\cos\theta-Q_A$ $M_0=\dfrac{wl^2}{8}$,　$M_C=M_D=R_A\cdot a-\dfrac{W_1\cdot a}{2}$

階段ばりの計算公式

No.	L：荷重図　　M：曲げモーメント図	C：固定端モーメント　　R：反力　　M：曲げモーメント　　H：水平反力
II・13・4	(荷重図・曲げモーメント図)	$C = -\dfrac{wl^2}{12}$ $a = \dfrac{(1-2n)^3(\sec\theta - 1) + 1}{(1-2n)\sec\theta + 2n}$ $M_x = M_A + \dfrac{wl}{2}x - \dfrac{w}{2}x^2$ $M_A = M_B = (1.5 - 0.5\,a)C$
II・13・5	(荷重図・曲げモーメント図)	$k = \dfrac{s}{b},\quad \mu = \dfrac{1}{1+k}$ $M_A = -\dfrac{1}{24}\{w_1 a^2(2+\mu) - \mu w_2 b^2\}$ $M_B = -\dfrac{1}{24}\{w_2 b^2(3-\mu) + (\mu-1)w_1 a^2\}$ $M_C = -\dfrac{1}{12}\{w_1 a^2(1-\mu) + \mu w_2 b^2\}$ $R_A = \dfrac{w_1 a}{2} + \dfrac{w_1 a + w_2 b}{2} + \dfrac{2\mu b(w_1 a^2 - w_2 b)}{s^2}$ $\quad\quad - \dfrac{(1-\mu)(w_1 a^2 - w_2 b^2)}{8b}$ $R_B = \dfrac{w_2 b}{2} - \dfrac{(1-\mu)(w_1 a^2 - w_2 b^2)}{8b}$ $H_A = \dfrac{a}{h}\Bigl[\dfrac{w_1 a + w_2 b}{2} + \dfrac{2b\mu(w_1 a^2 - w_2 b)}{8s^2}$ $\quad\quad - \dfrac{(1-\mu)(w_1 a^2 - w_2 b^2)}{8b}\Bigr]$

II・14　リングばりの計算公式

No.	荷重形式・応力図	計　算　公　式
II・14・1	（等分布荷重 w のリングばり、支点数 n、曲げモーメント図、ねじりモーメント図）	$M_n = -\dfrac{WR}{n}\left(\dfrac{1}{\alpha} - \dfrac{1}{2}\cot\dfrac{\alpha}{2}\right)$ $M_0 = M_n \cdot \cos\dfrac{\alpha}{2} + \dfrac{WR}{2n}\left(\sin\dfrac{\alpha}{2} - \dfrac{2\sin^2\dfrac{\alpha}{4}}{\dfrac{\alpha}{2}}\right)$ $M_T = M_n \cdot \sin\alpha_n - \dfrac{WR}{2n}(1 - \cos\alpha_n)$ $\quad + \dfrac{W \cdot \alpha_n \cdot R}{4}\left(1 - \dfrac{\sin\alpha_n}{\alpha_n}\right)$ (ただし, ねじりモーメントは支点と支点間中央で0.) M_n：支点上の曲げモーメント(kN·m). M_0：支点間中央の曲げモーメント(kN·m). M_T：ねじりモーメント(kN·m). R　：リングの半径(m). n　：支点の数. α　：$2\pi/n$ または $360°/n$ α_n：任意の円弧に対する中心からのはさみ角. w　：等分布荷重(kN/m) W　：$2\pi Rw$ リング上の全荷重(kN). 支点数による計算例.

支点	Q_{max}	M_n	M_0	M_T
		乗　数　wR^2		
4	$\dfrac{w\pi R}{4}$	-0.2146	$+0.1107$	$+0.0333$
6	$\dfrac{w\pi R}{6}$	-0.0931	$+0.0472$	$+0.00942$
8	$\dfrac{w\pi R}{8}$	-0.0520	$+0.0261$	$+0.00396$
12	$\dfrac{w\pi R}{12}$	-0.0229	$+0.0119$	$+0.00113$

ウノルトの式（I形鋼ばり）

No.	荷重形式・応力図	計算公式
II・14・2	集中荷重の場合 曲げモーメント ねじりモーメント	$\rho = \dfrac{R}{h}\sqrt{\dfrac{2C}{D}} \qquad \left(\alpha = \dfrac{\pi}{n}\right)$ $C = \dfrac{1}{3}(2bt_1^3 + ht_2^3)G$ $D = \dfrac{t_1 b^3}{12}E \fallingdotseq \dfrac{I_y E}{2}$ M：リングガーダーの曲げモーメント． M_T：純粋のねじりモーメント． M_F：フランジの面内曲げモーメント． $M = \dfrac{PR}{2}\left(\sin\phi - \tan\dfrac{\alpha}{2}\cdot\cos\phi\right)$ $M_F = -\dfrac{PR^2}{2h}\cdot\dfrac{1}{1+\rho^2}\Big\{(\tan\dfrac{\alpha}{2}\cdot\cos\phi - \sin\phi)$ $\qquad -\dfrac{1}{\rho}(\tan h.\dfrac{\rho\alpha}{2}\cdot\cos h.\rho.\phi - \sin h.\rho.\phi)\Big\}$ $M_T = -\dfrac{PR}{2}\cdot\dfrac{1}{1+\rho^2}\Big\{\rho^2(\tan\dfrac{\alpha}{2}\cdot\sin\phi + \cos\phi)$ $\qquad + (\cos h.\rho.\phi - \tan h.\dfrac{\rho\alpha}{2}\cdot\sin h.\rho.\phi) - (1+\rho^2)\Big\}$ 最大値を求めれば 　$\phi = 0$ の場合 $\begin{cases} M = -\dfrac{PR}{2}\cdot\tan\dfrac{\alpha}{2} \\ M_F = -\dfrac{PR^2}{2h}\cdot\dfrac{1}{1+\rho^2}\left(\tan\dfrac{\alpha}{2} - \dfrac{\tan h.\dfrac{\rho\alpha}{2}}{\rho}\right) \\ M_T = 0 \end{cases}$ 　$\phi = \dfrac{\alpha}{2}$ の場合 $\begin{cases} M = 0 \\ M_F = 0 \\ M_T = -\dfrac{PR}{2}\left\{\dfrac{\rho^2}{\cos\dfrac{\alpha}{2}} + \dfrac{1}{\cos h.\dfrac{\rho\alpha}{2}} - (1+\rho^2)\right\}\dfrac{1}{1+\rho^2} \end{cases}$ 　$\phi = \alpha$ の場合 $\begin{cases} M = \dfrac{PR}{2}\cdot\tan\dfrac{\alpha}{2} \\ M_F = \dfrac{PR^2}{2h}\cdot\dfrac{1}{1+\rho^2}\left(\tan\dfrac{\alpha}{2} - \dfrac{\tan h.\dfrac{\rho\alpha}{2}}{\rho}\right) \\ M_T = 0 \end{cases}$

ウノルトの式（I形鋼ばり）

No.	荷重形式・応力図	計 算 公 式
II・14・3	等分布荷重の場合 （I形断面図） （等分布荷重 w を受けるリング、C, B, A 支点、半径 R、角 α, ϕ） 曲げモーメント図 ねじりモーメント図	$\rho = \dfrac{R}{h}\sqrt{\dfrac{2C}{D}}$ $C = \dfrac{1}{3}(2bt_1^3 + ht_2^3)G$ $D = \dfrac{t_1 b^3}{12} E \doteqdot \dfrac{I_y E}{2}$ M：リングガーダーの曲げモーメント． M_T：純粋のねじりモーメント． M_F：フランジの面内曲げモーメント． $M = wR^2\left(\alpha \dfrac{\cos(\alpha-\phi)}{\sin\alpha} - 1\right)$ $M_F = \dfrac{wR^2}{h}\cdot\dfrac{1}{1+\rho^2}\left\{\alpha\dfrac{\cos(\alpha-\phi)}{\sin\alpha} + \dfrac{\alpha}{\rho}\cdot\dfrac{\cos h\cdot\rho(\alpha-\phi)}{\sin h\cdot\rho\cdot\alpha} - \left(1+\dfrac{1}{\rho^2}\right)\right\}$ $M_T = \dfrac{wR^2}{1+\rho^2}\left\{(1+\rho^2)(\alpha-\phi) - \alpha\cdot\rho^2\dfrac{\sin(\alpha-\phi)}{\sin\alpha} - \alpha\dfrac{\sin h\cdot\rho(\alpha-\phi)}{\sin h\cdot\rho\cdot\alpha}\right\}$ 最大値を求めれば $\phi = 0$ の場合 $\begin{cases} M = -wR^2\left(1 - \dfrac{\alpha}{\tan\alpha}\right) \\ M_F = -\dfrac{wR^3}{h}\cdot\dfrac{1}{1+\rho^2}\left\{1 + \dfrac{1}{\rho^2} - \dfrac{\alpha}{\tan\alpha} - \dfrac{\alpha}{\rho\cdot\tan h\cdot\rho\cdot\alpha}\right\} \\ M_T = 0 \end{cases}$ $\phi = \dfrac{\alpha}{2}$ の場合 $\begin{cases} M = 0 \\ M_F = -\dfrac{wR^2}{2}\cdot\dfrac{1}{1+\rho^2}\left\{\dfrac{\rho^2}{\cos\dfrac{\alpha}{2}} + \dfrac{1}{\cos h\cdot\dfrac{\rho\alpha}{2}} - (1+\rho^2)\right\} \\ M_T = 0 \end{cases}$ $\phi = \alpha$ の場合 $\begin{cases} M = wR^2\left(\dfrac{\alpha}{\sin\alpha} - 1\right) \\ M_F = \dfrac{wR^3}{h}\cdot\dfrac{1}{1+\rho^2}\left\{\dfrac{\alpha}{\sin\alpha} + \dfrac{\alpha}{\rho\cdot\sin h\cdot\rho\cdot\alpha} - \left(1+\dfrac{1}{\rho^2}\right)\right\} \\ M_T = 0 \end{cases}$

II·15　曲がりばり(バルコニー式)の計算公式

No.	荷重形式・応力図	計　算　公　式
II·15·1	(等分布荷重 w、曲げモーメント図、ねじりモーメント図)	ϕ点の曲げモーメント：$M\phi = X\cdot\cos\phi - wR^2(1-\cos\phi)$ ϕ点のねじりモーメント：$M_T = X\cdot\sin\phi - wR^2(\phi-\sin\phi)$ $X = wR^2 \dfrac{(4\sin\alpha - 2\alpha)(\lambda+1) + \sin 2\alpha(\lambda-1) - 4\lambda\alpha\cdot\cos\alpha}{2\alpha(\lambda+1) - \sin 2\alpha(\lambda-1)}$ $\lambda = \dfrac{EI}{GI_P} = 1$の場合 $X = wR^2\left(\dfrac{2\sin\alpha - \alpha\cdot\cos\alpha}{\alpha} - 1\right)$ $\alpha = 45°$の場合で $h/b = 0.5$, (　)内 $h/b = 2.0$ のとき ただし b ははり幅, h ははり成. $M_A = 0.225wR^2 \ (0.232wR^2)$ $M_B = 0.0962wR^2 \ (0.0865wR^2)$ $M_{AT} = 0.01wR^2 \ (0.017wR^2)$ $M_T = 0.027wR^2 \ (0.025wR^2)$
II·15·2	(部分分布荷重 w、曲げモーメント図、ねじりモーメント図)	$0 < \phi < \gamma$ の場合 ϕ点の曲げモーメント：$M\phi = X\cdot\cos\phi$ ϕ点のねじりモーメント：$M_T = X\cdot\sin\phi$ $\gamma < \phi < \beta$ の場合 ϕ点の曲げ：$M\phi = X\cdot\cos\phi - wR^2\{1 - \cos(\phi-\gamma)\}$ ϕ点のねじり：$M_T = X\cdot\sin\phi - wR^2\{(\phi-\gamma) - \sin(\phi-\gamma)\}$ $\beta < \phi < \alpha$ の場合 ϕ点の曲げ：$M\phi = X\cdot\cos\phi - wR^2 \cdot 2\sin\dfrac{\beta+\gamma}{2}\cdot\sin\left(\phi - \dfrac{\beta+\gamma}{2}\right)$ ϕ点のねじり：$M_T = X\cdot\sin\phi - wR^2\left\{(\beta-\gamma) - 2\sin\dfrac{\beta-\gamma}{2}\cdot\cos\left(\phi - \dfrac{\beta+\gamma}{2}\right)\right\}$ $X = wR^2 \dfrac{\lambda(k_1 + k_2 - k_3) + k_1 - k_2}{2\alpha(\lambda+1) - (\lambda-1)\sin 2\alpha}$ $k_1 = 2\{2(\sin\beta - \sin\gamma) + (\alpha-\beta)\cos\beta - (\alpha-\gamma)\cos\gamma\}$ $k_2 = 2\cos\alpha\{\sin(\alpha-\gamma) - \sin(\alpha-\beta)\}$ $k_3 = 4(\beta-\gamma)\cos\alpha$

No.	荷重形式・応力図	計 算 公 式
II・15・3	(曲げモーメント図、ねじりモーメント図)	ϕ点の曲げモーメント：$M\phi = X \cdot \cos\phi - 0.5PR \cdot \sin\phi$ ϕ点のねじりモーメント：$M_T = X \cdot \sin\phi - 0.5PR(1-\cos\phi)$ $\lambda = \dfrac{EI}{GI_P} = 1$ の場合 $X = PR\dfrac{1-\cos\alpha}{2\alpha}$ $\alpha = 45°$の場合で$h/b = 0.5$，（　）内$h/b = 2.0$のときただしbははり幅，hははり成． $M_A = 0.441PR(0.459PR)$ $M_B = 0.376PR(0.353PR)$ $M_{AT} = 0.027PR(0.045PR)$ $M_T = 0.0706PR(0.0616PR)$
II・15・4	(曲げモーメント図、ねじりモーメント図)	$0 < \phi < \beta$ の場合 ϕ点の曲げモーメント：$M\phi = X \cdot \cos\phi$ ϕ点のねじりモーメント：$M_T = X \cdot \sin\phi$ $\beta < \phi < \alpha$ の場合 ϕ点の曲げ：$M\phi = X \cdot \cos\phi - PR \cdot \sin(\phi - \beta)$ ϕ点のねじり：$M_T = X \cdot \sin\phi - PR\{1 - \cos(\phi - \beta)\}$ $X = \dfrac{2(\lambda k_1 + k_2)}{2\alpha(\lambda + 1) - (\lambda - 1)\sin 2\alpha}$ $k_1 = 2(\cos\beta - \cos\alpha) - (\alpha - \beta)\sin\beta - \sin\alpha \cdot \sin(\alpha - \beta)$ $k_2 = \sin\alpha \cdot \sin(\alpha - \beta) - (\alpha - \beta)\sin\beta$

No.	荷重形式・応力図	計 算 公 式
II・15・5	(等分布荷重 w、曲げモーメント図、ねじりモーメント図)	$\lambda = \dfrac{EI}{GI_P} = 1$ の場合 $M = -w\dfrac{x^2}{2} + w\dfrac{l^2 \cdot \sin^2\alpha}{6}$ $M_T = w\dfrac{l^2 \cdot \sin\alpha \cdot \cos\alpha}{6}$ $\alpha = 45°$ の場合で $h/b = 0.5$, ( ) 内 $h/b = 2.0$ のとき ただし b ははり幅, h ははり成. $M_A = 0.409\ wl^2\ (0.461\ wl^2)$ $M_B = 0.091\ wl^2\ (0.039\ wl^2)$ $M_T = 0.091\ wl^2\ (0.039\ wl^2)$
II・15・6	(集中荷重 P、曲げモーメント図、ねじりモーメント図)	$\lambda = \dfrac{EI}{GI_P} = 1$ の場合 $M = P\left(\dfrac{l \cdot \sin^2\alpha}{4} - \dfrac{x}{2}\right)$ $M_T = P\dfrac{l \cdot \sin\alpha \cdot \cos\alpha}{4}$ $\alpha = 45°$ の場合で $h/b = 0.5$, ( ) 内 $h/b = 2.0$ のとき ただし b ははり幅, h ははり成. $M_A = 0.365\ Pl\ (0.441\ Pl)$ $M_B = 0.135\ Pl\ (0.059\ Pl)$ $M_T = 0.135\ Pl\ (0.059\ Pl)$

No.	荷 重 形 式	計 算 公 式
II・15・7	集中荷重 P	$M = PR \cdot \sin\phi$ $M_T = PR(1-\cos\phi)$ xy 平面に垂直方向の変位 $\delta = \dfrac{PR^3}{EI}\left(\dfrac{1+3\lambda}{2}\alpha + \dfrac{\lambda-1}{4}\sin 2\alpha - 2\lambda\cdot\sin\alpha\right)$ $\lambda = \dfrac{EI}{GI_P}$
II・15・8	等分布荷重 w	$M = wR^2(1-\cos\phi)$ $M_T = wR^2(\phi - \sin\phi)$ xy 平面に垂直方向の変位 $\delta = \dfrac{wR^4}{EI}\left\{(1-\cos\alpha)^2 + \lambda(\alpha-\sin\alpha)^2\right\}$ $\lambda = \dfrac{EI}{GI_P}$
II・15・9	ねじりモーメント M_K	$M = M_K \cdot \sin\phi$ $M_T = -M_K \cdot \cos\phi$ x 軸回りの回転角 $\theta_x = \dfrac{M_K}{EI}\left(\dfrac{1+\lambda}{2}\alpha + \dfrac{\lambda-1}{4}\sin 2\alpha\right)$ $\lambda = \dfrac{EI}{GI_P}$
II・15・10	曲げモーメント M_0	$M = M_0 \cos\phi$ $M_T = M_0 \sin\phi$ y 軸回りの回転角 $\theta_y = \dfrac{M_0}{EI}\left(\dfrac{1+\lambda}{2}\alpha - \dfrac{\lambda-1}{4}\sin 2\alpha\right)$ $\lambda = \dfrac{EI}{GI_P}$

II·16　格子ばりの計算公式

No.	はり形状 (単純支持正方形格子ばりで等分布荷重 w kN/m²が作用する場合)	はり名	はり単位荷重 (kN/m)	最大曲げモーメント (kN·m)
II·16·1		AA BB	$0.562\,wl$ $0.415\,wl$	$0.0703\,wl \times L^2$ $0.0520\,wl \times L^2$
II·16·2		AA BB	$0.550\,wl$ $0.316\,wl$	$0.0686\,wl \times L^2$ $0.0395\,wl \times L^2$
II·16·3		AA BB CC	$0.635\,wl$ $0.523\,wl$ $0.293\,wl$	$0.0794\,wl \times L^2$ $0.0654\,wl \times L^2$ $0.0366\,wl \times L^2$
II·16·4		AA BB	$0.305\,wl$ $0.596\,wl$	$0.0382\,wl \times L^2$ $0.0746\,wl \times L^2$
II·16·5		AA BB CC	$0.340\,wl$ $0.302\,wl$ $0.583\,wl$	$0.0425\,wl \times L^2$ $0.0378\,wl \times L^2$ $0.0729\,wl \times L^2$
II·16·6		AA BB CC DD	$0.311\,wl$ $0.341\,wl$ $0.308\,wl$ $0.570\,wl$	$0.0389\,wl \times L^2$ $0.0427\,wl \times L^2$ $0.0385\,wl \times L^2$ $0.0713\,wl \times L^2$

格点荷重の分担力の計算公式

No.	はり形状	格点荷重の分担力の計算公式
II・16・7		$P = P_1 + P_2$ が成り立つ. $\left.\begin{array}{l}\delta_1 = \dfrac{P_1 l^3}{48 EI_1}\\[4pt]\delta_2 = \dfrac{P_2 l^3}{48 EI_2}\end{array}\right\}$ $\delta_1 = \delta_2$ よりそれぞれの分担荷重 $P_1,\ P_2$ を求める. $P_1 = \dfrac{EI_1}{EI_1 + EI_2} P$ $P_2 = \dfrac{EI_2}{EI_1 + EI_2} P$
II・16・8		$P = P_1 + P_2$ が成り立つ. $\left.\begin{array}{l}\delta_1 = \dfrac{P_1 \cdot a^3}{48 EI_1}\\[4pt]\delta_2 = \dfrac{P_2 \cdot b^3}{48 EI_2}\end{array}\right\}$ $\delta_1 = \delta_2$ よりそれぞれの分担荷重 $P_1,\ P_2$ を求める. $P_1 = \dfrac{P}{1 + \dfrac{I_2}{I_1} \cdot \dfrac{a^3}{b^3}}$ $P_2 = \dfrac{P}{1 + \dfrac{I_1}{I_2} \cdot \dfrac{b^3}{a^3}}$
II・16・9		$P = P_1 + P_2$ が成り立つ. $\left.\begin{array}{l}\delta_1 = \dfrac{P_1 \cdot a^3}{192 E_1 I_1}\\[4pt]\delta_2 = \dfrac{P_2 \cdot b^3}{48 E_2 I_2}\end{array}\right\}$ $\delta_1 = \delta_2$ よりそれぞれの分担荷重 $P_1,\ P_2$ を求める. $P_1 = \dfrac{P}{1 + \dfrac{E_2 I_2}{4 E_1 I_1} \left(\dfrac{a}{b}\right)^3}$ $P_2 = \dfrac{P}{1 + \dfrac{4 E_1 I_1}{E_2 I_2} \left(\dfrac{b}{a}\right)^3}$

たわみ角法による格子ばりの解法

No.	はり形状・応力図	たわみ角法による格子ばりの解法
II・16・10	(図：はり形状、部材角、層せん断力、M図、Q図)	部材角 $\dfrac{\delta}{l}=R,\ \dfrac{\delta}{2l}=\dfrac{R}{2}$ 基本式より $M_{EA}=2EK_b(-3R)$ (1) $M_{EB}=2EK_b(+3R)$ (2) $M_{EC}=2EK_b(2\theta_E-3R)$ (3) $M_{ED}=EK_b(2\theta_E+3\cdot R/2)$ (4) $M_{AE}=2EK_b(-3R)$ (5) $M_{BE}=2EK_b(+3R)$ (6) $M_{CE}=2EK_b(\theta_E-3R)$ (7) $M_{DE}=EK_b(\theta_E+3\cdot R/2)$ (8) つり合い方程式 $-Q_{EA}+Q_{EB}-Q_{EC}+Q_{ED}-P=0$ (9) $Q_{EA}=\dfrac{M_{EA}+M_{AE}}{l}=-\dfrac{2EK_b(6R)}{l}$ (10) $Q_{EB}=\dfrac{M_{EB}+M_{BE}}{l}=\dfrac{2EK_b(6R)}{l}$ (11) $Q_{EC}=\dfrac{M_{EC}+M_{CE}}{l}=\dfrac{2EK_b(3\theta_E-6R)}{l}$ (12) $Q_{ED}=\dfrac{M_{ED}+M_{DE}}{2l}=\dfrac{EK_b(3\theta_E+3R)}{2l}$ (13) (9)式に(10)～(13)式の値を代入して次式を得る. $-9\theta_E+75R=\dfrac{2Pl}{EK_b}$ (14) 節点方程式 $M_{EC}+M_{ED}=0$ $2EK_b(2\theta_E-3R)+EK_b(2\theta_E+3/2\cdot R)=0$ $\theta_E=3/4\cdot R$ を(14)に代入して $R=\dfrac{8Pl}{273EK_b}$ が得られ $\therefore\ \theta_E=\dfrac{2Pl}{91EK_b}$ が求まる. この R,θ_E を(1)～(8)に代入すれば，各点のモーメントが求められる.

格子ばりの格点方程式

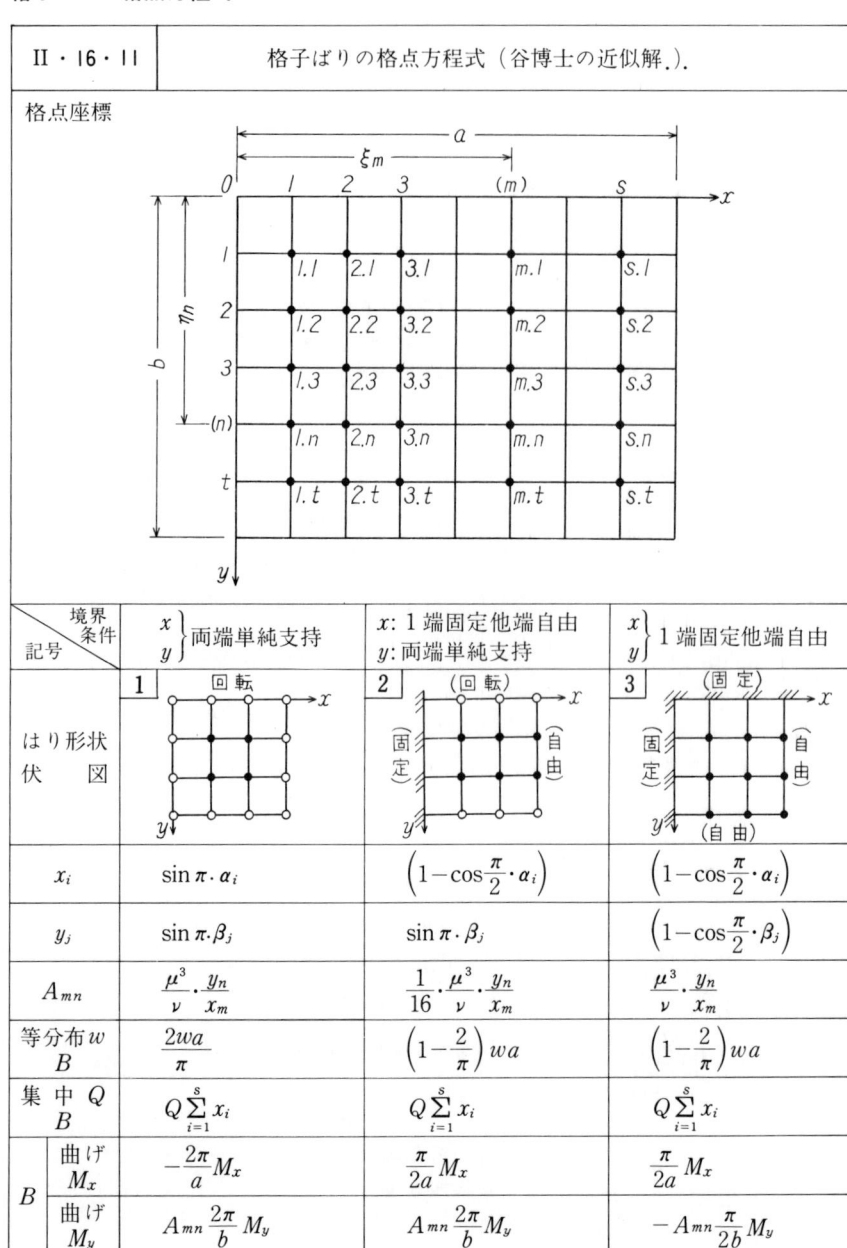

| II・16・11 | 格子ばりの格点方程式(谷博士の近似解). |

格点座標

(格点座標の図: x軸方向に $0,1,2,3,(m),s$、y軸方向に $1,2,3,(n),t$ の格点。aは全幅、bは全高、ξ_m、η_n は格点位置)

境界条件 記号	$\left.\begin{array}{l}x\\y\end{array}\right\}$両端単純支持	x: 1端固定他端自由 y: 両端単純支持	$\left.\begin{array}{l}x\\y\end{array}\right\}$1端固定他端自由
はり形状伏図	1 回転	2 (回転)/(固定)/(自由)	3 (固定)/(固定)/(自由)/(自由)
x_i	$\sin\pi\cdot\alpha_i$	$\left(1-\cos\dfrac{\pi}{2}\cdot\alpha_i\right)$	$\left(1-\cos\dfrac{\pi}{2}\cdot\alpha_i\right)$
y_j	$\sin\pi\cdot\beta_j$	$\sin\pi\cdot\beta_j$	$\left(1-\cos\dfrac{\pi}{2}\cdot\beta_j\right)$
A_{mn}	$\dfrac{\mu^3}{\nu}\cdot\dfrac{y_n}{x_m}$	$\dfrac{1}{16}\cdot\dfrac{\mu^3}{\nu}\cdot\dfrac{y_n}{x_m}$	$\dfrac{\mu^3}{\nu}\cdot\dfrac{y_n}{x_m}$
等分布 w B	$\dfrac{2wa}{\pi}$	$\left(1-\dfrac{2}{\pi}\right)wa$	$\left(1-\dfrac{2}{\pi}\right)wa$
集中 Q B	$Q\sum_{i=1}^{s}x_i$	$Q\sum_{i=1}^{s}x_i$	$Q\sum_{i=1}^{s}x_i$
B 曲げ M_x	$-\dfrac{2\pi}{a}M_x$	$\dfrac{\pi}{2a}M_x$	$\dfrac{\pi}{2a}M_x$
B 曲げ M_y	$A_{mn}\dfrac{2\pi}{b}M_y$	$A_{mn}\dfrac{2\pi}{b}M_y$	$-A_{mn}\dfrac{\pi}{2b}M_y$

格子ばりの計算公式

> 記号　$\alpha_i = \dfrac{\xi_i}{a}$,　$\beta_j = \dfrac{\eta_j}{b}$,　$\mu = \dfrac{b}{a}$,　$\nu = \dfrac{D_y}{D_x}$
>
> D_x : x方向はり剛度,　　D_y : y方向はり剛度
>
> 格点方程式　$\displaystyle\sum_{i=1}^{s} P_{in} \cdot x_i + A_{mn} \sum_{j=1}^{t} P_{mj} \cdot y_j = B$

〔例題1〕　$x,\ y$方向ばり両端単純支持の格点に作用する荷重を求めよ．

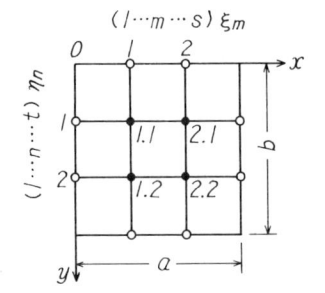

(1) 等分布荷重 w が作用する場合

〔解〕　$s = t = 2$
$a = b$ 　とおくと　$P_{11} = P_{21} = P_{12} = P_{22}$
$D_x = D_y$

格点方程式を立てると

$$\sum_{i=1}^{2} P_{i1} \cdot x_i + A_{1j} \sum_{j=1}^{2} P_{1j} \cdot y_j = B$$

この式を展開して

$$P_{11} \cdot x_1 + P_{21} \cdot x_2 + A_{11}(P_{11} \cdot y_1 + P_{12} \cdot y_2) = B$$

①欄の公式を利用して

$$\left.\begin{array}{l} x_1 \\ x_2 \\ y_1 \\ y_2 \end{array}\right\} = \sin \pi \cdot \alpha_i = \sin \pi \cdot \dfrac{\xi_i}{a} = \sin \pi \cdot \dfrac{1}{3} = \sin 60° = 0.866$$

$$A_{11} = \dfrac{\mu^3}{\nu} \cdot \dfrac{y_m}{x_m} = \dfrac{\left(\dfrac{b}{a}\right)^3}{\dfrac{D_y}{D_x}} \cdot \dfrac{y_1}{x_1} = 1,\ \text{以上の数値を展開式に代入, 結果を得る．}$$

$$P_{11} \times 0.866 + P_{21} \times 0.866 + (P_{11} \times 0.866 + P_{12} \times 0.866) = B$$

$$4 \times 0.866 \times P_{11} = \dfrac{2wa}{\pi}$$

$$\therefore\ P_{11} = 0.185\, wa$$

(2) 集中荷重 Q が作用する場合

$$B = Q \sum_{i=1}^{2} x_i = Q(x_1 + x_2) = 2 \times 0.865\, Q = 1.73\, Q$$

$$4 \times 0.866 \times P_{11} = 1.73\, Q$$

$$\therefore\ P_{11} = 0.5\, Q$$

〔例題 2〕 x 方向ばり 1 端固定他端自由，y 方向ばり両端とも単純支持の格点に作用する荷重を求めよ．

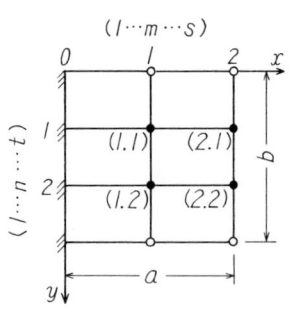

〔解〕 集中荷重 Q が作用する場合

$$\left.\begin{array}{l} s=t=2 \\ a=b \\ D_x=D_y \end{array}\right\} とおくと \left.\begin{array}{l} P_{11}=P_{12} \\ P_{21}=P_{22} \end{array}\right\} となる.$$

格点方程式 (1)　$\sum_{i=1}^{2} P_{i1}\cdot x_i + A_{11} \sum_{j=1}^{2} P_{1j}\cdot y_j = B$

格点方程式 (2)　$\sum_{i=1}^{2} P_{i1}\cdot x_i + A_{21} \sum_{j=1}^{2} P_{2j}\cdot y_j = B$

展開 (1)　$P_{11}\cdot x_1 + P_{21}\cdot x_2 + A_{11}(P_{11}\cdot y_1 + P_{12}\cdot y_2) = B$

展開 (2)　$P_{11}\cdot x_1 + P_{21}\cdot x_2 + A_{21}(P_{21}\cdot y_1 + P_{22}\cdot y_2) = B$

2欄の公式を利用して

$$\left\{\begin{array}{ll} x_1 = 0.3 & A_{11} = \dfrac{1}{16} \times \dfrac{0.865}{0.3} = 0.18 \\ x_2 = 1 & \\ y_1 = 0.865 & A_{21} = \dfrac{1}{16} \times 0.865 = 0.054 \\ y_2 = 0.865 & B = Q(0.3+1) = 1.3\,Q \end{array}\right.$$

代入 (1)　$0.61\,P_{11} + P_{21} = 1.3\,Q$

代入 (2)　$0.3\,P_{11} + 1.09\,P_{21} = 1.3\,Q$

上式の連立方程式を解いて

$$\therefore \left\{\begin{array}{l} P_{11} = 0.33\,Q \\ P_{21} = 1.1\,Q \end{array}\right.$$

3

ラーメン構造力学公式

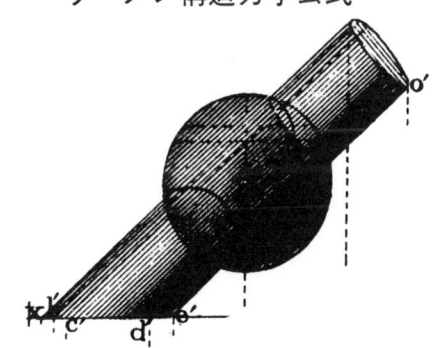

III章　ラーメン構造力学公式

III・1　概　　説

ラーメンは一般には柱とはりの接合部が剛に接合された骨組で，主として曲げによって外力に抵抗する．ラーメンにはいろいろの形のものが考えられるが，もっとも一般的なものとして，柱とはりが直角に接合された長方形ラーメンがある．そのほか山形ラーメン，異形ラーメンなどが考えられる．

アーチは一般には曲線材の骨組で曲げおよび軸方向力によって外力に抵抗する．3・1図はラーメンおよびアーチの代表的なものである．

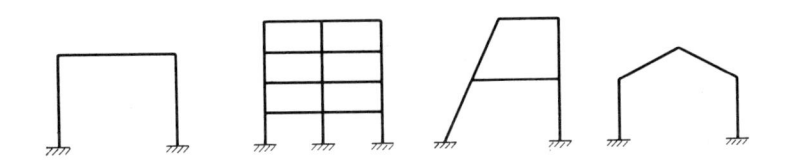

(a) 門形ラーメン　(b) 連層長方形ラーメン　(c) 異形ラーメン　(d) 山形ラーメン

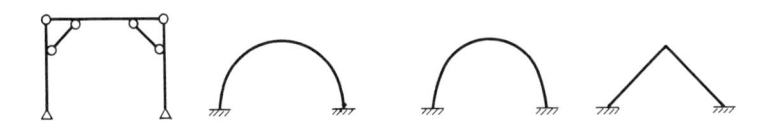

(e) 方づえ付きラーメン　(f) 円弧アーチ　(g) パラボラ形アーチ　(h) 山形アーチ

3・1図　ラーメンおよびアーチの種類．

III・2 構造物の安定問題と静定・不静定

一般に構造物が荷重の如何にかかわらず，つねに静定の状態を保つとき，その構造物は**安定**である．したがって，安定に対する必要かつ十分条件は，いかなる荷重に対しても常に力のつり合いが成り立つことである．すなわち3・2図(a)，(c)のように三角形の連続から成り立っていれば安定である．

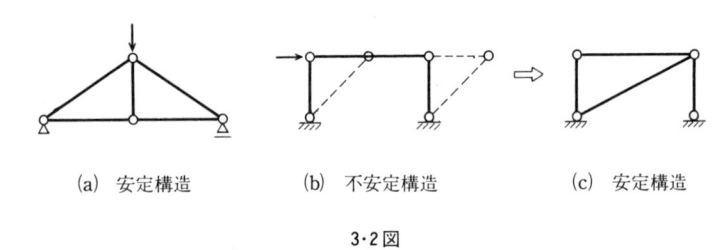

(a) 安定構造　　(b) 不安定構造　　(c) 安定構造

3・2図

つぎに構造物自身（内的）と支点（外的）とのあいだには3・3図のように4通りの区分を設けることができる．

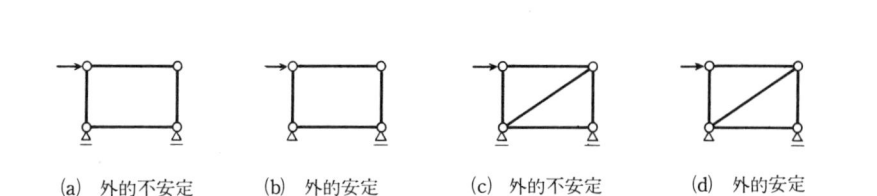

(a) 外的不安定　　(b) 外的安定　　(c) 外的不安定　　(d) 外的安定
　　内的不安定　　　　内的不安定　　　　内的安定　　　　内的安定

3・3図

このうち外的不安定とは，両支点がローラーのときで，水平力を加えると横に移動するものをさす．

いま，反力の数を n とすれば

　　外的に不安定の場合： $n < 3$

　　外的に安定の場合：$\begin{cases} n = 3 \cdots\cdots 静定 \\ n > 3 \cdots\cdots 不静定 \end{cases}$

$n > 3$ の場合に， $n - 3 = N$ となるとき，その構造物は外的に **N 次の不静定構造**であるという．

構造物の判別式

平面骨組が安定，不安定になるための必要条件．

(a) $2k > (n+s+r)$ ……… 不安定
(b) $2k = (n+s+r)$ **静定構造** ⎫
(c) $2k < (n+s+r)$ **不静定構造** ⎬ 安定
(d) $N = (n+s+r) - 2k$ ……… **不静定次数**

記号　k：節点数
　　　n：支持反力数
　　　s：部材数
　　　r：剛節数

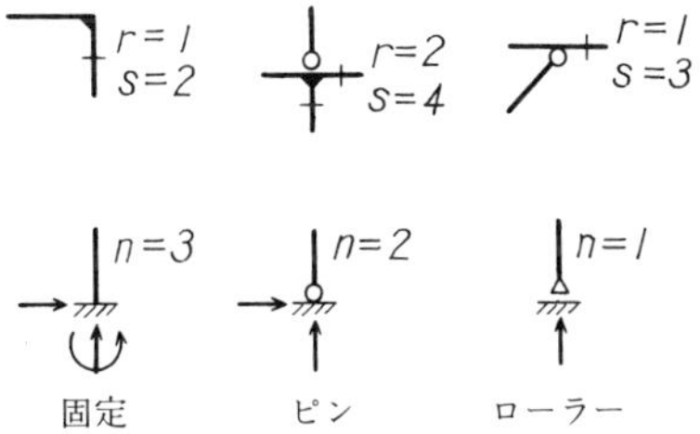

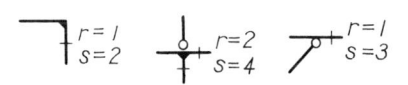

〔例〕 はりの判別

(a) 静定ばり
$-2k = -4$
$s = 1$
$n = 3$
―――――
$N = 0$

(b) 3次不静定ばり
$-2k = -4$
$s = 1$
$n = 6$
―――――
$N = 3$

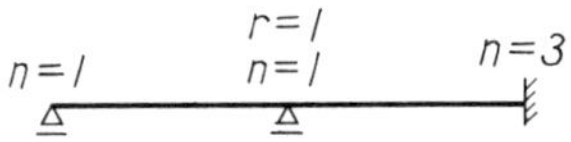

(c) 2次不静定連続ばり
$-2k = -6$
$s = 2$
$r = 1$
$n = 5$
―――――
$N = 2$

〔例〕 ラーメンの判別

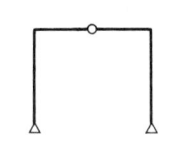

(d) 静定ラーメン
(e) 不安定ラーメン 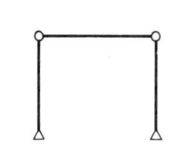
(f) 12次の不静定ラーメン

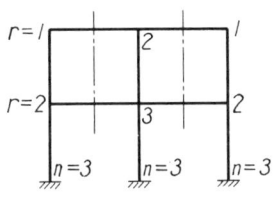

(d) $-2k = -10$	(e) $-2k = -8$	(f) $-2k = -18$
$s = 4$	$s = 3$	$s = 10$
$r = 2$	$r = 0$	$r = 11$
$n = 4$	$n = 4$	$n = 9$
$N = 0$	$N = -1$	$N = 12$

〔注〕 柱脚が固定,材端がすべて剛接の場合,(f)図のように1点鎖線ですべてのはりを切断した数の3倍の不静定次数を有する.すなわち$N=4×3=12$となる.

〔例〕 トラスの判別(節点はすべてピン.)

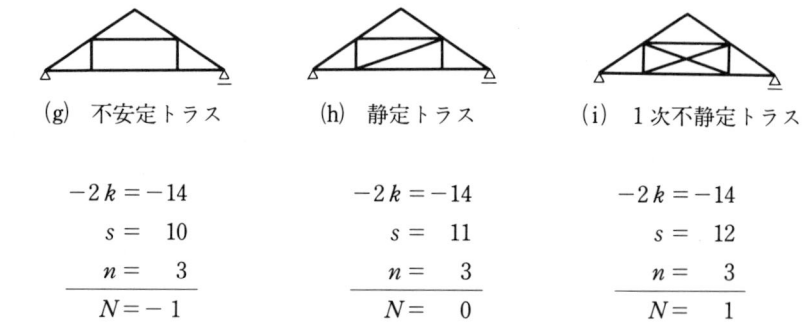

(g) 不安定トラス　　(h) 静定トラス　　(i) 1次不静定トラス

$-2k = -14$	$-2k = -14$	$-2k = -14$
$s = 10$	$s = 11$	$s = 12$
$n = 3$	$n = 3$	$n = 3$
$N = -1$	$N = 0$	$N = 1$

III・3　ラーメン構造の応力解析

1. 応力解法の分類(応力法と変形法)

不静定ラーメンの応力解析には,力のつり合い条件式のほかに変形の適合条件を考慮しなければならない.その解析方法は従来多くの学者によって研究され,数多くの解法があり,一般に応力を未知数として解く応力法と変形を未知数として解く変形法に大別できる.

① 応力法:マックスウェル・モールの一般解法(II章,IV章の解説参照.),重心法,3モーメント法,柔性マトリックス法などがある.

② 変形法:たわみ角法,固定法,カニ(Kani)法,D値法,剛性マトリックス法などがある.

2. たわみ角法
(1) たわみ角法の公式

3・1表 たわみ角法の公式.

	両端固定	一端ピン他端固定
基本公式	$M_{AB}=2EK(2\theta_A+\theta_B-3R)+C_{AB}$ $M_{BA}=2EK(\theta_A+2\theta_B-3R)+C_{BA}$	$M_{AB}=3EK(\theta_A-R)+H_{AB}$ $M_{BA}=3EK(\theta_B-R)+H_{BA}$
実用公式	$M_{AB}=k(2\varphi_A+\varphi_B+\psi)+C_{AB}$ $M_{BA}=k(\varphi_A+2\varphi_B+\psi)+C_{BA}$ $[\varphi=2EK_0\theta,\ \psi=-6EK_0R]$	$M_{AB}=k(1.5\varphi_A+0.5\psi)+H_{AB}$ $M_{BA}=k(1.5\varphi_B+0.5\psi)+H_{BA}$ $[\varphi=2EK_0\theta,\ \psi=-6EK_0R]$
記号	M_{AB}, M_{BA}：材端モーメント E ：ヤング率 K ：剛度　　$K=I/l$ K_0 ：標準剛度 I ：断面2次モーメント θ, φ ：節点回転角 R, ψ ：部材回転角 k ：剛比　　$k=K/K_0$ C_{AB}, C_{BA}：荷重項(固定端モーメント) H_{AB}, H_{BA}：荷重項($H_{AB}=C_{AB}-0.5C_{BA},\ H_{BA}=C_{BA}-0.5C_{AB}$)	

(2) 力のつり合い方程式

① 節点方程式：1節点に集まる部材の材端モーメントの総和はゼロである。$\sum M=0$

$\sum M_B = M_{BA}+M_{BC}+M_{BE}=0$ (3・1)

$\sum M_C = M_{CB}+M_{CD}=0$ (3・2)

$\sum M_D = M_{DC}+M_{DE}=0$ (3・3)

$\sum M_E = M_{EB}+M_{ED}+M_{EF}=0$ (3・4)

3・4図

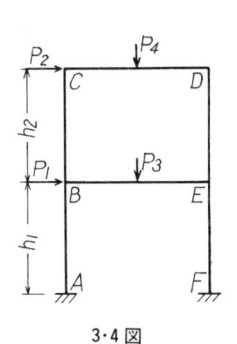

② 層方程式：任意層の柱のせん断力の総和は層せん断力に等しい．

$$\Sigma Q_1 = -\frac{M_{AB}+M_{BA}}{h_1} - \frac{M_{EF}+M_{FE}}{h_1} = P_1 + P_2 \qquad (3\cdot5)$$

$$\Sigma Q_2 = -\frac{M_{BC}+M_{CB}}{h_2} - \frac{M_{DE}+M_{ED}}{h_2} = P_2 \qquad (3\cdot6)$$

上記6個のつり合い方程式から未知数φ_A, φ_B, φ_C, φ_D, ψ_1, ψ_2を求める．これを実用公式に代入して材端応力を求めることができる．

〔例題〕 3・5図の2層ラーメンのつり合い方程式は

$M_{AB} = k_1(\varphi_B + \psi_1)$, $\qquad M_{BA} = k_1(2\varphi_B + \psi_1)$

$M_{BC} = k_2(2\varphi_B + \varphi_C + \psi_2)$, $\quad M_{CB} = k_2(2\varphi_C + \varphi_B + \psi_2)$

$M_{EF} = k_3(2\varphi_E + \psi_1)$, $\qquad M_{FE} = k_3(\varphi_E + \psi_1)$

$M_{DE} = k_4(2\varphi_D + \varphi_E + \psi_2)$, $\quad M_{ED} = k_4(\varphi_D + 2\varphi_E + \psi_2)$

$M_{BE} = k_5(2\varphi_B + \varphi_E) - \dfrac{P_3 l}{8}$, $\quad M_{EB} = k_5(\varphi_B + 2\varphi_E) + \dfrac{P_3 l}{8}$

$M_{CD} = k_6(2\varphi_C + \varphi_D) - \dfrac{P_4 l}{8}$, $\quad M_{DC} = k_6(\varphi_C + 2\varphi_D) + \dfrac{P_4 l}{8}$

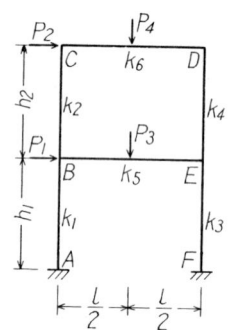

3・5図

3・2表 例題のラーメンの連立方程式

つり合い方程式	節点	φ_B	φ_C	φ_D	φ_E	ψ_1	ψ_2	=	荷重項
節点方程式	B	$2(k_1+k_2+k_5)$	k_2		k_5	k_1	k_2	=	$P_3 l/8$
	C	k_2	$2(k_2+k_6)$	k_6			k_2	=	$P_4 l/8$
	D		k_6	$2(k_4+k_6)$	k_4		k_4	=	$-P_4 l/8$
	E	k_5		k_4	$2(k_3+k_4+k_5)$	k_3	k_4	=	$-P_3 l/8$
層方程式	1	$3k_1$			$3k_3$	$2(k_1+k_3)$		=	$-(P_1+P_2)h_1$
	2	$3k_2$	$3k_2$	$3k_4$	$3k_4$		$2(k_2+k_4)$	=	$-P_2 h_2$

〔注〕 $\varphi_A = \varphi_F = 0$, $C_{BE} = -C_{EB} = -\dfrac{P_3 l}{8}$, $C_{CD} = -C_{DC} = -\dfrac{P_4 l}{8}$

以上の3・2表にあげたつり合い方程式を連立方程式として未知数φ_B, φ_C, φ_D, φ_E, ψ_1, ψ_2を解いて，上記の材端モーメントの実用公式に代入することによって応力が求まる．

鉛直荷重P_3, P_4のみによる場合$P_1 = P_2 = 0$とする．また節点に移動のない場合は，$\psi_1 = \psi_2 = 0$となり，節点方程式のみによって解析できる．

3. 固 定 法

(1) 解法の原理　固定法はモーメント分配法とも呼ばれ，部材の中間荷重によって生ずる材端の固定端モーメントをその節点に集まっている各部材の剛比に応じて分配し，その分配された分配モーメントをさらに他端へ到達させていく方法であり，曲げ応力を直接とりあつかうので応力法に解釈する場合もある．

(2) 剛度と剛比　部材の断面2次モーメントIをその部材長さlで除した値 $K=I/l$ を剛度という．

また，構造物全体の標準剛度K_0を任意にきめ，各部材の剛度を標準剛度で除した値 $k=K/K_0$を各部材の剛比という．

(3) 分配モーメント　3・6図において，A点の外力mによって，A点はθ_Aだけ回転する．そのときのA点の材端モーメントM_{AB}，M_{AC}は外力mに等しく，その値はたわみ角法の基本公式から

$$M_{AB}=2EK_{AB}(2\theta_A)=k_1(2\varphi_A) \qquad (3\cdot7)$$
$$M_{AC}=2EK_{AC}(2\theta_A)=k_2(2\varphi_A) \qquad (3\cdot8)$$
$$M_{AB}+M_{AC}=m \qquad (3\cdot9)$$

(3・7)，(3・8)，(3・9)式により

$$M_{AB}=\frac{k_1}{k_1+k_2}m,\quad M_{AC}=\frac{k_2}{k_1+k_2}m \qquad (3\cdot10)$$

ここに $\dfrac{k_1}{k_1+k_2}$，$\dfrac{k_2}{k_1+k_2}$ を分配率という．一般には $\dfrac{k}{\sum k}$ で表わす．

3・6図

(4) 有効剛比

一端ピンの場合（3・7図参照）
$$M_{AC}=3EK_{AC}(\theta_A)=\frac{3}{4}k_2(2\varphi_A)$$
$$=k_e(2\varphi_A)$$

したがって有効剛比　$k_e=0.75k$ 　　　　(3・11)

3・7図

対称変形の場合（3・8図参照）
$$M_{AB}=2EK(2\theta_A-\theta_A)=0.5k(2\varphi)=k_e(2\varphi_A)$$

したがって有効剛比　$k_e=0.5k$　　　　(3・12)

3・8図

逆対称変形の場合（3・9図参照）
$$M_{AB}=2EK(2\theta_A+\theta_A)=1.5k(2\varphi)=k_e(2\varphi_A)$$

したがって有効剛比　$k_e=1.5k$　　　　(3・13)

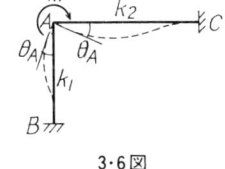

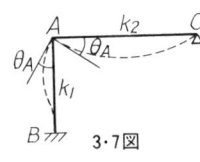

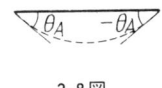

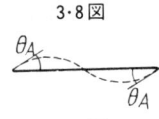

3・9図

(5) **到達モーメント** 3・10図のようにA端の分配モーメントM_{AB}によってB点に生ずるモーメントを到達モーメントという．

$$M_{AB}=2EK(2\theta_A)\cdots\cdots\cdots\text{分配モーメント}$$
$$M_{BA}=2EK(\theta_A)=0.5M_{AB}\cdots\text{到達モーメント}$$

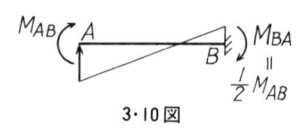

到達モーメントは分配モーメントの半分が到達するものをいう．

3・10図

(6) **解法の順序** 3・11図参照

① 各節点において，各部材の分配率(DF)を求める．

② 中間荷重を受ける部材の両端を拘束して固定端モーメント(FEM)を求める．

③ 拘束を解除して，逆符号の固定端モーメントを節点外力として，各部材の分配モーメント(D_1)を求める．

④ 分配モーメントの半分をその部材の他端への到達モーメントとして各部材の到達モーメント(C_1)を求める．

⑤ 到達モーメントの逆符号の値をその節点の外力として分配モーメント(D_2)を求める．

⑥ 以後分配モーメントが収斂(れん)するまで $C_2\to D_3\to C_3\to D_4$ というように⑤と⑥をくり返す．

⑦ 各部材の材端モーメントは②から⑥までの総和によって求められる．

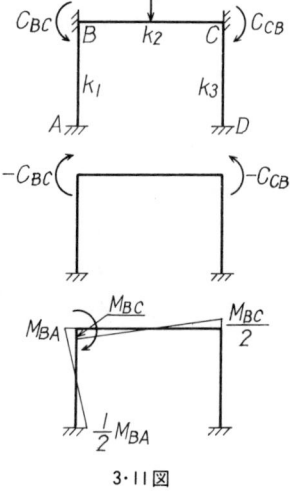

3・11図

なお具体的な解法例を固定モーメント法公式のⅢ・25・1〜Ⅲ・25・3に示した．

4. 長方形ラーメンの略算法（武藤博士の式）

(1) **柱の横力分担係数** 3・12図のように柱とはりに一様なせん断力Qを受けているラーメンの柱の反曲点は中央にあり，柱端，はり端の曲げモーメントは等しくなる．このような場合の材端モーメントのたわみ角法公式は

$$\left.\begin{array}{ll}\text{柱端}& M_{AB}=M_{BA}=2EK_0k_c(3\theta-3R)\\ \text{はり端}& M_{AA'}=M_{BB'}=2EK_0k_b(3\theta)\end{array}\right\} \quad (3\cdot14)$$

つり合い方程式は

$$\left.\begin{array}{ll}\text{節点方程式}& \sum M_A=2M_{AA'}+2M_{AB}=0\\ \text{層方程式}& 2M_{AB}=-Qh\end{array}\right\} \quad (3\cdot15)$$

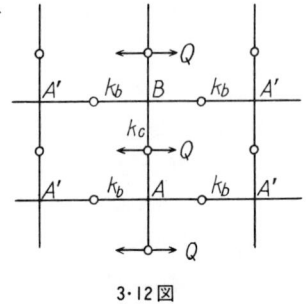

3・12図

ラーメン構造の応力解析

(3・14)式を(3・15)式に代入して解くと，$\bar{k} = \dfrac{2k_b}{k_c}$ とすれば

$$Q = \dfrac{\bar{k}}{2+\bar{k}} k_c \left(\dfrac{12EK_0}{h} R \right) = \dfrac{\bar{k}}{2+\bar{k}} k_c \left(\dfrac{12EK_0}{h^2} \right) \delta \qquad (3\cdot16)$$

ゆえに，柱の横力分担係数 D は

$$D = \dfrac{Q}{\delta} = \dfrac{\bar{k}}{2+\bar{k}} k_c \left(\dfrac{12EK_0}{h^2} \right) \qquad (3\cdot17)$$

$a = \dfrac{\bar{k}}{2+\bar{k}}$, 単位を $\left[\dfrac{12EK_0}{h^2} \right]$ とすれば $D = ak_c$ が得られる．

柱脚固定の場合 はり端モーメントを M，柱頭のモーメントを aM とし，柱の反曲点を中央とする（3・13図参照）．

柱　端
$$\left. \begin{array}{l} M_{AB} = 2EK_0 k_c (\theta_B - 3R) \\ M_{BA} = 2EK_0 k_c (2\theta_B - 3R) \end{array} \right\} \quad (3\cdot18)$$

はり端
$$M_{BB'} = 2EK_0 k_b (3\theta_B)$$

節点方程式　$M_{BA} = -aM_{BB'}$
層方程式　$M_{AB} + M_{BA} = -Qh$ $\Big\}$ $\quad (3\cdot19)$

3・13図

(3・18)式を(3・19)式に代入して解くと，$\bar{k} = \dfrac{k_b}{k_c}$ とすれば

$$Q = \dfrac{0.5 + 3a\bar{k}}{2 + 3a\bar{k}} k_c \left(\dfrac{12EK_0}{h} R \right) = \dfrac{0.5 + 3a\bar{k}}{2 + 3a\bar{k}} k_c \left(\dfrac{12EK_0}{h^2} \right) \delta \qquad (3\cdot20)$$

ゆえに横力分担係数 D は，単位を $\left[\dfrac{12EK_0}{h^2} \right]$ とすれば

$$D = \dfrac{Q}{\delta} = \dfrac{0.5 + a\bar{k}}{2 + a\bar{k}} k_c = ak_c \qquad (3\cdot21)$$

実用式として $a = \dfrac{1}{3}$ とすると $a = \dfrac{0.5 + \bar{k}}{2 + \bar{k}}$ となる．

柱脚ピンの場合 柱頭のモーメントをはり端のモーメント M の a 倍とする（3・14図参照）．

柱　端
$$\left. \begin{array}{l} M_{AB} = 0 \\ M_{BA} = 3EK_0 k_c (\theta - R) \end{array} \right\} \quad (3\cdot22)$$

はり端
$$M_{BB'} = 2EK_0 k_b (3\theta)$$

3・14図

節点方程式 $M_{BA}=-\alpha M_{BB}'$
層方程式 $M_{BA}=-Qh$ $\quad\quad\quad\quad\quad\quad\quad\quad\quad$ (3・23)

(3・22)式を(3・23)式に代入して解くと, $\bar{k}=\dfrac{k_b}{k_c}$ とすれば

$$Q=\frac{0.5\alpha\bar{k}}{1+2\alpha\bar{k}}k_c\left[\frac{12EK_0}{h}R\right]=\frac{0.5\alpha\bar{k}}{1+2\alpha\bar{k}}k_c\left[\frac{12EK_0}{h^2}\right]\delta \quad (3・24)$$

前と同様に

$$D=\frac{0.5\alpha\bar{k}}{1+2\alpha\bar{k}}k_c=ak_c \quad\quad\quad\quad\quad\quad (3・25)$$

実用式として $\alpha=1$ とすると $a=\dfrac{0.5\bar{k}}{1+2\bar{k}}$ となる.

(2) 応力解析 応力解析については, まず, 各柱の横力分担係数 $D_1, D_2\cdots\cdots D_6$ を求め, おのおのの層について, 層せん断力を D 値の比に分配して各柱のせん断力 Q を求める.

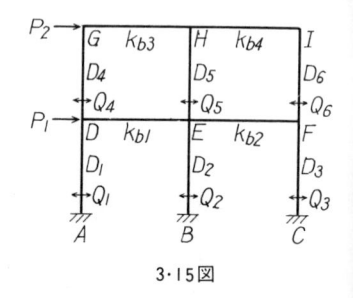

$$Q_1=\frac{D_1}{D_1+D_2+D_3}\times(P_1+P_2)$$

$$Q_4=\frac{D_4}{D_4+D_5+D_6}\times P_2$$

Q_2, Q_3, Q_5, Q_6 についても同様(3・15図参照).

柱のせん断力が求まると柱頭, 柱脚の曲げモーメントは次式で得られる(3・16図参照).

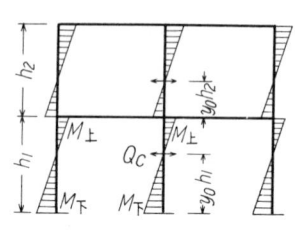

柱脚　$M_下=Q_C\cdot y_0 h_1$
柱頭　$M_上=Q_C(1-y_0)h_1$

ここで Q_C は柱のせん断力, y_0 は反曲点高比とする.
はり端の曲げモーメントは3・17図のように
外柱につくはり

$$M_{DE}=-(M_{DA}+M_{DG})$$

$$M_{GH}=-M_{GD}$$

中柱につくはり

$$M_{ED}=-\frac{k_{b1}}{k_{b1}+k_{b2}}(M_{EB}+M_{EH})$$

$$M_{EF}=-\frac{k_{b2}}{k_{b1}+k_{b2}}(M_{EB}+M_{EH})$$

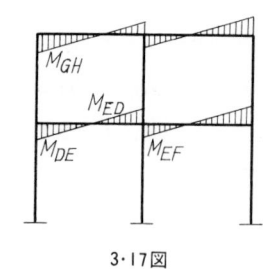

中柱の場合, 柱のモーメントをはりの剛比の比に分配する.

3・15図

3・16図

3・17図

5. ラーメン構造の応力計算例

〔例題 1〕 3·18図の山形ラーメンの鉛直荷重時応力およびC点のたわみを求めよ．ただし計算条件は等分布荷重 $w=15\,\mathrm{kN/m}$，スパン $l=15\,\mathrm{m}$，軒高 $h=6\,\mathrm{m}$，こう配 $\dfrac{3}{10}$，仮定断面は柱，はりとも H-500×200×10×16 とする．

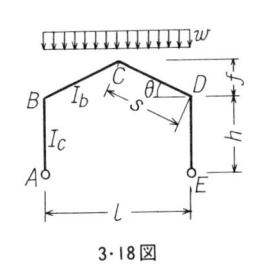

〔解〕 こう配係数は $\sin\theta=0.287$，$\cos\theta=0.957$，$\tan\theta=0.30$ となり

また $f=2.25\,\mathrm{m}$，$s=7.83\,\mathrm{m}$，$I_b=I_c$ とすると

公式 III·8·1 より

$$k=\frac{I_b}{I_c}\cdot\frac{6}{7.83}=0.766$$

$$\alpha=6^2(0.766+3)+2.25(3\times6+2.25)=181$$

$$V_A=V_E=\frac{15\times15}{2}=112.5\,\mathrm{kN}$$

$$H_A=-H_E=\frac{15\times15^2}{32}\cdot\frac{8\times6+5\times2.25}{181}=34.5\,\mathrm{kN}$$

$$M_B=M_D=-34.5\times6=-207\,\mathrm{kN\cdot m}$$

$$M_C=\frac{15\times15^2}{8}-34.5(6+2.25)=137\,\mathrm{kN\cdot m}$$

$$N_{BA}=-V_A=N_{DE}=-112.5\,\mathrm{kN}$$

$$N_{BC}=-V_A\cdot\sin\theta-H_A\cdot\cos\theta=N_{DC}=-65.31\,\mathrm{kN}$$

$$N_{CB}=-H_A\cdot\cos\theta=N_{CD}=-33.02\,\mathrm{kN}$$

$$Q_{BA}=-H_A=Q_{DE}=-34.5\,\mathrm{kN}$$

$$Q_{BC}=-H_A\cdot\sin\theta+V_A\cdot\cos\theta=-Q_{DC}=97.76\,\mathrm{kN}$$

$$Q_{CB}=-H_A\cdot\sin\theta=-Q_{CD}=-9.91\,\mathrm{kN}$$

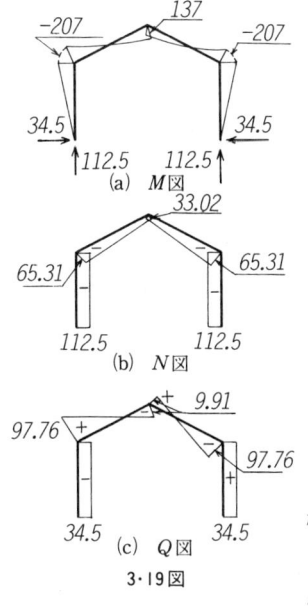

たわみの計算は

柱はり断面　H-500×200×10×16

$I=47800\,\mathrm{cm^4}$，$E=21000\,\mathrm{kN/cm^2}$ とすると

仮想仕事法（公式 III·34·8）より

$$H=\frac{15\times15^2}{32}\cdot\frac{8\times6+5\times2.25}{181}=34.5$$
（応力計算より）

$$H_1=\frac{15}{8}\cdot\frac{3\times6+2\times2.25}{181}=0.233$$

$$\delta_c = \frac{2 \times 34.5 \times 0.233 \times 600^3}{3 \times 21000 \times 47800} + \frac{783}{21000 \times 47800} \left\{ \frac{5 \times 15 \times 10^{-2} \times 1500^3}{192} \right.$$

$$- \frac{0.233 \times 600 \times 15 \times 10^{-2} \times 1500^2}{6} - \frac{5 \times 0.233 \times 225 \times 15 \times 10^{-2} \times 1500^2}{48}$$

$$- \frac{34.5 \times 600 \times 1500}{4} - \frac{34.5 \times 225 \times 1500}{6} + 2 \times 34.5 \times 0.233$$

$$\left. (600^2 + 600 \times 225 + \frac{1}{3} \times 225^2) \right\}$$

$$= 2.72 \text{ cm}$$

〔例題2〕 例題1の条件で風荷重時応力を求めよ．ただし風圧力 $q = 1200$ N/m²，またけた間隔を 10 m とする．

〔解〕 3・20図のように屋根荷重を分解して荷重項別に計算して合成すれば求められる．

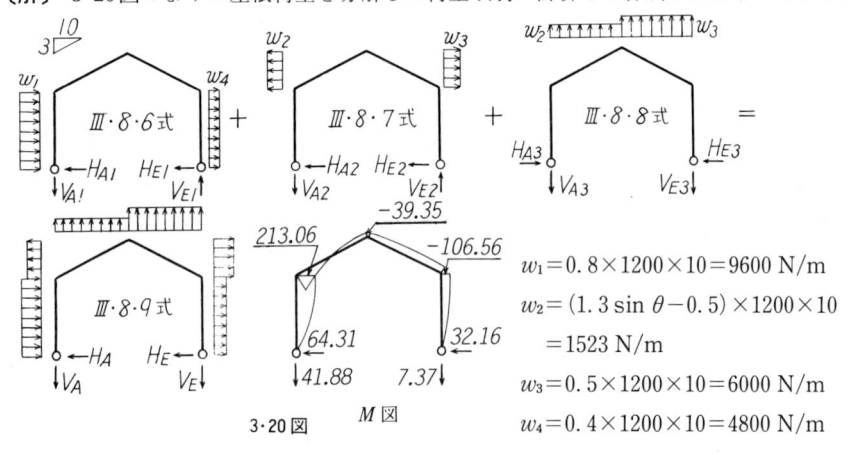

$w_1 = 0.8 \times 1200 \times 10 = 9600$ N/m
$w_2 = (1.3 \sin\theta - 0.5) \times 1200 \times 10$
 $= 1523$ N/m
$w_3 = 0.5 \times 1200 \times 10 = 6000$ N/m
$w_4 = 0.4 \times 1200 \times 10 = 4800$ N/m

3・20図

公式 III・8・6, III・8・7, III・8・8 より

$$V_{A1} = -V_{E1} = -\frac{6^2}{2 \times 15}(9.6 + 4.8) = -17.28 \text{ kN}$$

$$H_{A1} = -9.6 \times 6 + \frac{5 \times 6 \times 0.766 + 6(2 \times 6 + 2.25)}{16 \times 181} \times 6^2(9.6 - 4.8) = 51.03 \text{ kN}$$

$$H_{E1} = -4.8 \times 6 - \frac{5 \times 6 \times 0.766 + 6(2 \times 6 + 2.25)}{16 \times 181} \times 6^2(9.6 - 4.8) = -35.37 \text{ kN}$$

$$V_{A2} = -V_{E2} = \frac{2.25(2 \times 6 + 2.25)}{2 \times 15}(1.523 - 6.00) = -4.78 \text{ kN}$$

$$H_{A2} = 1.523 \times 2.25 - \frac{8 \times 6^2(0.766 + 3) + 5 \times 2.25(4 \times 6 + 2.25)}{16 \times 181}$$

$$\times 2.25(1.523 + 6.00) = -4.63 \text{ kN}$$

$$H_{E2} = -6.00 \times 2.25 + \frac{8 \times 6^2(0.766+3) + 5 \times 2.25(4 \times 6+2.25)}{16 \times 181}$$
$$\times 2.25(1.523+6.00) = -5.44 \text{ kN}$$

$$V_{A3} = -\frac{15}{8}(3 \times 1.523+6.00) = -19.82 \text{ kN}$$

$$V_{E3} = -\frac{15}{8}(1.523+3 \times 6.00) = -36.61 \text{ kN}$$

$$H_{A3} = -H_{E3} = -\frac{8 \times 6+5 \times 2.25}{64 \times 181} \times 15^2(1.523+6.00) = -8.65 \text{ kN}$$

公式 III·8·9 より

$$V_A = -17.28 - 4.78 - 19.82 = -41.88 \text{ kN}$$
$$V_E = 17.28 + 4.78 - 36.61 = -14.45 \text{ kN}$$
$$H_A = -51.03 - 4.63 - 8.65 = -64.31 \text{ kN}$$
$$H_E = -35.37 - 5.44 + 8.65 = -32.16 \text{ kN}$$
$$M_B = 64.31 \times 6 - \frac{9.6 \times 6^2}{2} = 213.06 \text{ kN·m}$$
$$M_C = 64.31(6+2.25) - \frac{41.88 \times 15}{2} - 9.6 \times 6\left(\frac{6}{2}+2.25\right) + \frac{1.52 \times 7.83^2}{2}$$
$$= -39.35 \text{ kN·m}$$
$$M_D = -32.16 \times 6 + \frac{4.8 \times 6^2}{2} = -106.56 \text{ kN·m}$$

〔例題 3〕 3·21 図の**門形ラーメン**の鉛直荷重時の反力およびせん断力を求めよ（モーメントだけが既知の場合.）．ただし計算条件は等分布荷重 $w_1 = 8 \text{ kN/m}$, $w_2 = 6 \text{ kN/m}$, スパン $l = 8.0 \text{ m}$, 階高 $h = 5.0 \text{ m}$, 柱の断面2次モーメント $I_c = 100000 \text{ cm}^4$, はりの断面2次モーメント $I_b = 200000 \text{ cm}^4$ とする.

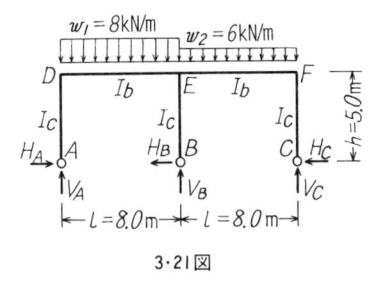

また DE 材の中央のたわみを求めよ．

3·21 図

〔解〕 公式 III·15·3 より各部材端モーメントを求める．

$$k = \frac{I_b}{I_c} \cdot \frac{h}{l} = \frac{200000}{100000} \times \frac{500}{800} = 1.25$$

$$n = 4k+3 = 4 \times 1.25+3 = 8$$

$$m = k+1 = 1.25+1 = 2.25$$

$$M_D = -\frac{(7k+6)w_1 - kw_2}{nm} \cdot \frac{l^2}{24} = -16.35 \text{ kN·m}, \quad M_F = -11.60 \text{ kN·m}$$

$$M_{EB} = \frac{(w_1 - w_2)}{m} \cdot \frac{l^2}{12} = 4.74 \text{ kN·m}$$

$$M_{ED} = -\frac{(6k^2 + 13k + 6) w_1 + (6k + 5) kw_2}{nm} \cdot \frac{l^2}{24} = -51.38 \text{ kN·m}$$

$$M_{EF} = -\frac{(6k^2 + 13k + 6) w_2 + (6k + 5) kw_1}{nm} \cdot \frac{l^2}{24} = -46.64 \text{ kN·m}$$

鉛直反力の求めかた

$$V_A = \frac{w_1 l}{2} + \frac{|M_D - M_{ED}|}{l} = \frac{8.0 \times 8}{2} + \frac{16.35 - 51.38}{8} = 27.63 \text{ kN}$$

$$V_B = \frac{w_1 l}{2} + \frac{w_2 l}{2} + \frac{|M_{ED} - M_D|}{l} + \frac{|M_{EF} - M_F|}{l}$$

$$= \frac{8.0 \times 8}{2} + \frac{6.0 \times 8}{2} + \frac{51.38 - 16.35}{8} + \frac{46.64 - 11.60}{8} = 64.75 \text{ kN}$$

水平反力の求めかた　水平反力H_Aは右向きとして,柱ADの柱頭D点において$\Sigma M_D = 0$を応用すれば

$$-H_A h + M_D = 0 \qquad \therefore \quad H_A = \frac{M_D}{h} = \frac{16.35}{5} = 3.27 \text{ kN}$$

すなわち右向きに仮定したことは正しい.

同様にしてH_Bを左向きと仮定すれば

$$H_B = \frac{M_{EB}}{h} = \frac{4.74}{5} = 0.95 \text{ kN と求まる.}$$

すなわち左向き水平反力と仮定したことは正しい.

たわみの計算(3·22図参照)

公式II·4·7より

$$\delta_0 = \frac{5 w l^4}{384 EI}$$

$$= \frac{5 \times 0.08 \times 800^4}{384 \times 200000 \times 2100} = 1.01 \text{ cm}$$

公式II·4·29より

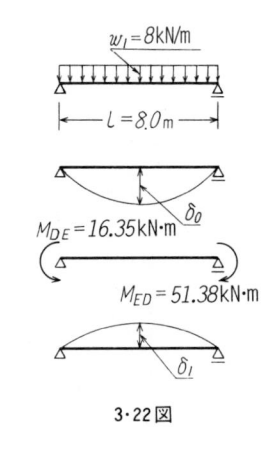

$$\delta_1 = \frac{(m_1 + m_2)}{16 EI} l^2$$

$$= \frac{(1635 + 5138) \times 800^2}{16 \times 200000 \times 2100} = 0.64 \text{ cm}$$

$$\delta_{DE} = \delta_0 - \delta_1 = 1.01 - 0.64$$

$$= 0.37 \text{ cm}$$

($E = 2100 \text{ kN/cm}^2$ とする.)

3·22図

III・4 下屋式ラーメン（片流れ）の計算公式

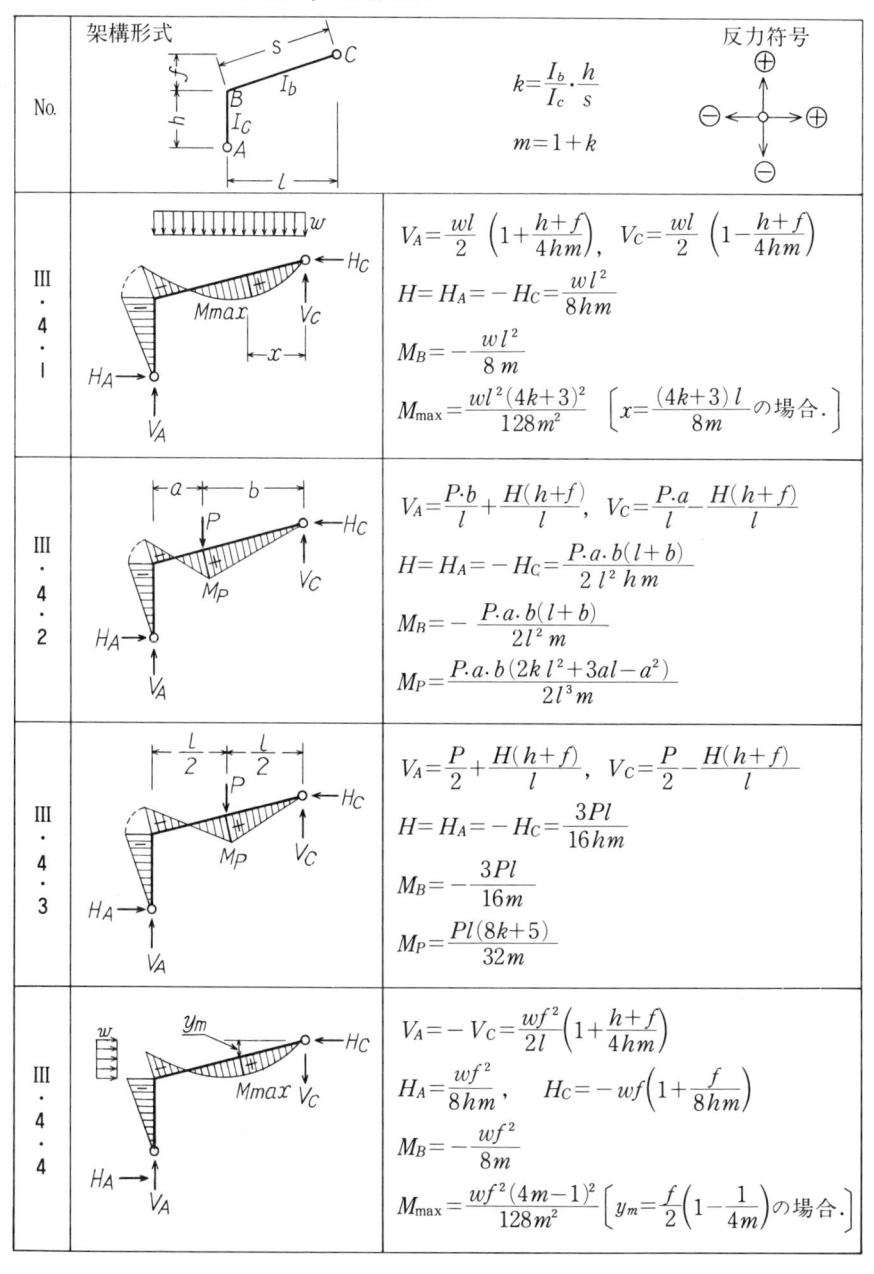

No.	架構形式		反力符号
	(図: s, f, h, B, I_b, I_c, A, C, l)	$k=\dfrac{I_b}{I_c}\cdot\dfrac{h}{s}$ $m=1+k$	(符号図: $\oplus$, $\ominus$)
III・4・1	(図: 等分布荷重 w, M_{max}, x, H_A, V_A, H_C, V_C)	$V_A=\dfrac{wl}{2}\left(1+\dfrac{h+f}{4hm}\right),\quad V_C=\dfrac{wl}{2}\left(1-\dfrac{h+f}{4hm}\right)$ $H=H_A=-H_C=\dfrac{wl^2}{8hm}$ $M_B=-\dfrac{wl^2}{8m}$ $M_{max}=\dfrac{wl^2(4k+3)^2}{128m^2}\quad\left[x=\dfrac{(4k+3)l}{8m}\text{の場合.}\right]$
III・4・2	(図: a, b, P, M_P, H_A, V_A, H_C, V_C)	$V_A=\dfrac{P\cdot b}{l}+\dfrac{H(h+f)}{l},\quad V_C=\dfrac{P\cdot a}{l}-\dfrac{H(h+f)}{l}$ $H=H_A=-H_C=\dfrac{P\cdot a\cdot b(l+b)}{2l^2hm}$ $M_B=-\dfrac{P\cdot a\cdot b(l+b)}{2l^2m}$ $M_P=\dfrac{P\cdot a\cdot b(2kl^2+3al-a^2)}{2l^3m}$
III・4・3	(図: $\dfrac{l}{2}$, $\dfrac{l}{2}$, P, M_P, H_A, V_A, H_C, V_C)	$V_A=\dfrac{P}{2}+\dfrac{H(h+f)}{l},\quad V_C=\dfrac{P}{2}-\dfrac{H(h+f)}{l}$ $H=H_A=-H_C=\dfrac{3Pl}{16hm}$ $M_B=-\dfrac{3Pl}{16m}$ $M_P=\dfrac{Pl(8k+5)}{32m}$
III・4・4	(図: w, y_m, M_{max}, H_A, V_A, H_C, V_C)	$V_A=-V_C=\dfrac{wf^2}{2l}\left(1+\dfrac{h+f}{4hm}\right)$ $H_A=\dfrac{wf^2}{8hm},\quad H_C=-wf\left(1+\dfrac{f}{8hm}\right)$ $M_B=-\dfrac{wf^2}{8m}$ $M_{max}=\dfrac{wf^2(4m-1)^2}{128m^2}\quad\left[y_m=\dfrac{f}{2}\left(1-\dfrac{1}{4m}\right)\text{の場合.}\right]$

下屋式ラーメン（片流れ）の計算公式

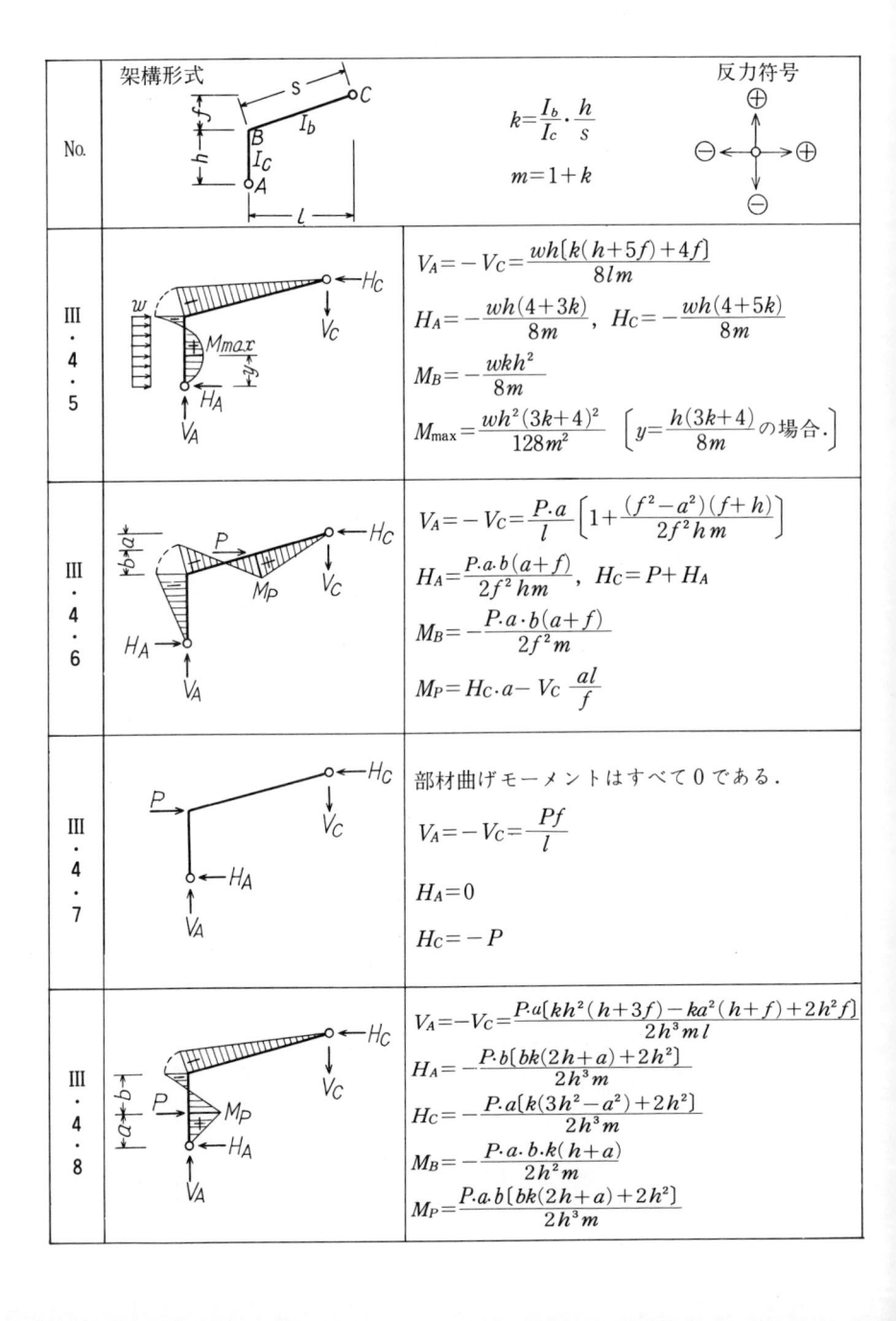

No.	架構形式		
	(図: B, C, I_b, I_c, s, f, h, A, l)	$k=\dfrac{I_b}{I_c}\cdot\dfrac{h}{s}$ $m=1+k$	反力符号 ⊕ ⊖ ⊕ ⊖
III・4・5	(図: w, M_{max}, y, H_A, V_A, H_C, V_C)	$V_A=-V_C=\dfrac{wh[k(h+5f)+4f]}{8lm}$ $H_A=-\dfrac{wh(4+3k)}{8m},\ H_C=-\dfrac{wh(4+5k)}{8m}$ $M_B=-\dfrac{wkh^2}{8m}$ $M_{max}=\dfrac{wh^2(3k+4)^2}{128m^2}\ \left[y=\dfrac{h(3k+4)}{8m}\text{の場合.}\right]$	
III・4・6	(図: a, b, P, M_P, H_A, V_A, H_C, V_C)	$V_A=-V_C=\dfrac{P\cdot a}{l}\left[1+\dfrac{(f^2-a^2)(f+h)}{2f^2hm}\right]$ $H_A=\dfrac{P\cdot a\cdot b(a+f)}{2f^2hm},\ H_C=P+H_A$ $M_B=-\dfrac{P\cdot a\cdot b(a+f)}{2f^2m}$ $M_P=H_C\cdot a-V_C\dfrac{al}{f}$	
III・4・7	(図: P, H_A, V_A, H_C, V_C)	部材曲げモーメントはすべて0である． $V_A=-V_C=\dfrac{Pf}{l}$ $H_A=0$ $H_C=-P$	
III・4・8	(図: a, b, P, M_P, H_A, V_A, H_C, V_C)	$V_A=-V_C=\dfrac{P\cdot a[kh^2(h+3f)-ka^2(h+f)+2h^2f]}{2h^3ml}$ $H_A=-\dfrac{P\cdot b[bk(2h+a)+2h^2]}{2h^3m}$ $H_C=-\dfrac{P\cdot a[k(3h^2-a^2)+2h^2]}{2h^3m}$ $M_B=-\dfrac{P\cdot a\cdot b\cdot k(h+a)}{2h^2m}$ $M_P=\dfrac{P\cdot a\cdot b[bk(2h+a)+2h^2]}{2h^3m}$	

III・5 下屋式ラーメン（フラット）の計算公式

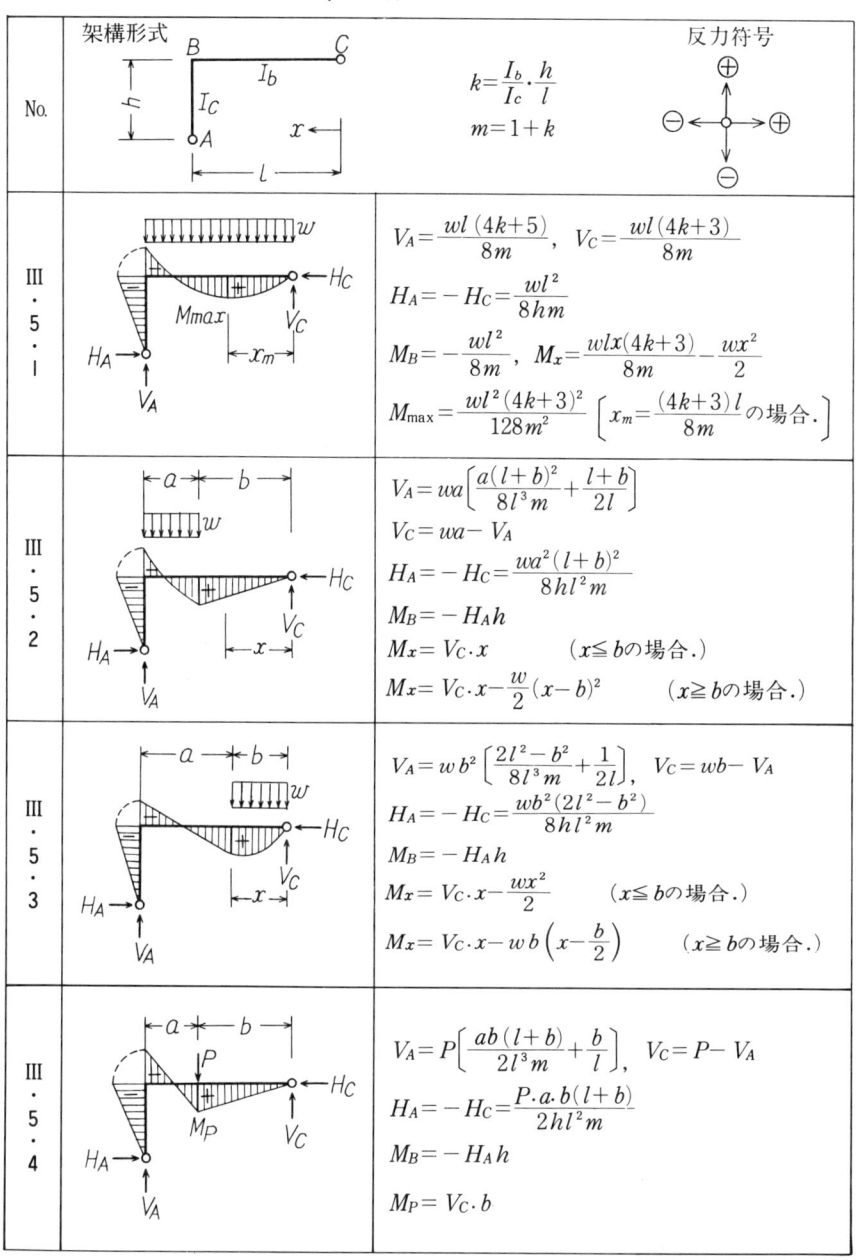

No.	架構形式		反力符号
	(図: B-C梁、A-B柱、高さh、スパンl、I_b, I_c)	$k=\dfrac{I_b}{I_c}\cdot\dfrac{h}{l}$ $m=1+k$	(⊕⊖の符号図)
III・5・1	(図: 等分布荷重w)	$V_A=\dfrac{wl(4k+5)}{8m}$, $V_C=\dfrac{wl(4k+3)}{8m}$ $H_A=-H_C=\dfrac{wl^2}{8hm}$ $M_B=-\dfrac{wl^2}{8m}$, $M_x=\dfrac{wlx(4k+3)}{8m}-\dfrac{wx^2}{2}$ $M_{\max}=\dfrac{wl^2(4k+3)^2}{128m^2}$ $\left[x_m=\dfrac{(4k+3)l}{8m}\text{の場合.}\right]$
III・5・2	(図: 部分分布荷重w, 区間a,b)	$V_A=wa\left[\dfrac{a(l+b)^2}{8l^3m}+\dfrac{l+b}{2l}\right]$ $V_C=wa-V_A$ $H_A=-H_C=\dfrac{wa^2(l+b)^2}{8hl^2m}$ $M_B=-H_A h$ $M_x=V_C\cdot x$ （$x\leqq b$の場合.） $M_x=V_C\cdot x-\dfrac{w}{2}(x-b)^2$ （$x\geqq b$の場合.）
III・5・3	(図: 部分分布荷重w, 区間a,b)	$V_A=wb^2\left[\dfrac{2l^2-b^2}{8l^3m}+\dfrac{1}{2l}\right]$, $V_C=wb-V_A$ $H_A=-H_C=\dfrac{wb^2(2l^2-b^2)}{8hl^2m}$ $M_B=-H_A h$ $M_x=V_C\cdot x-\dfrac{wx^2}{2}$ （$x\leqq b$の場合.） $M_x=V_C\cdot x-wb\left(x-\dfrac{b}{2}\right)$ （$x\geqq b$の場合.）
III・5・4	(図: 集中荷重P, 位置a,b)	$V_A=P\left[\dfrac{ab(l+b)}{2l^3m}+\dfrac{b}{l}\right]$, $V_C=P-V_A$ $H_A=-H_C=\dfrac{P\cdot a\cdot b(l+b)}{2hl^2m}$ $M_B=-H_A h$ $M_P=V_C\cdot b$

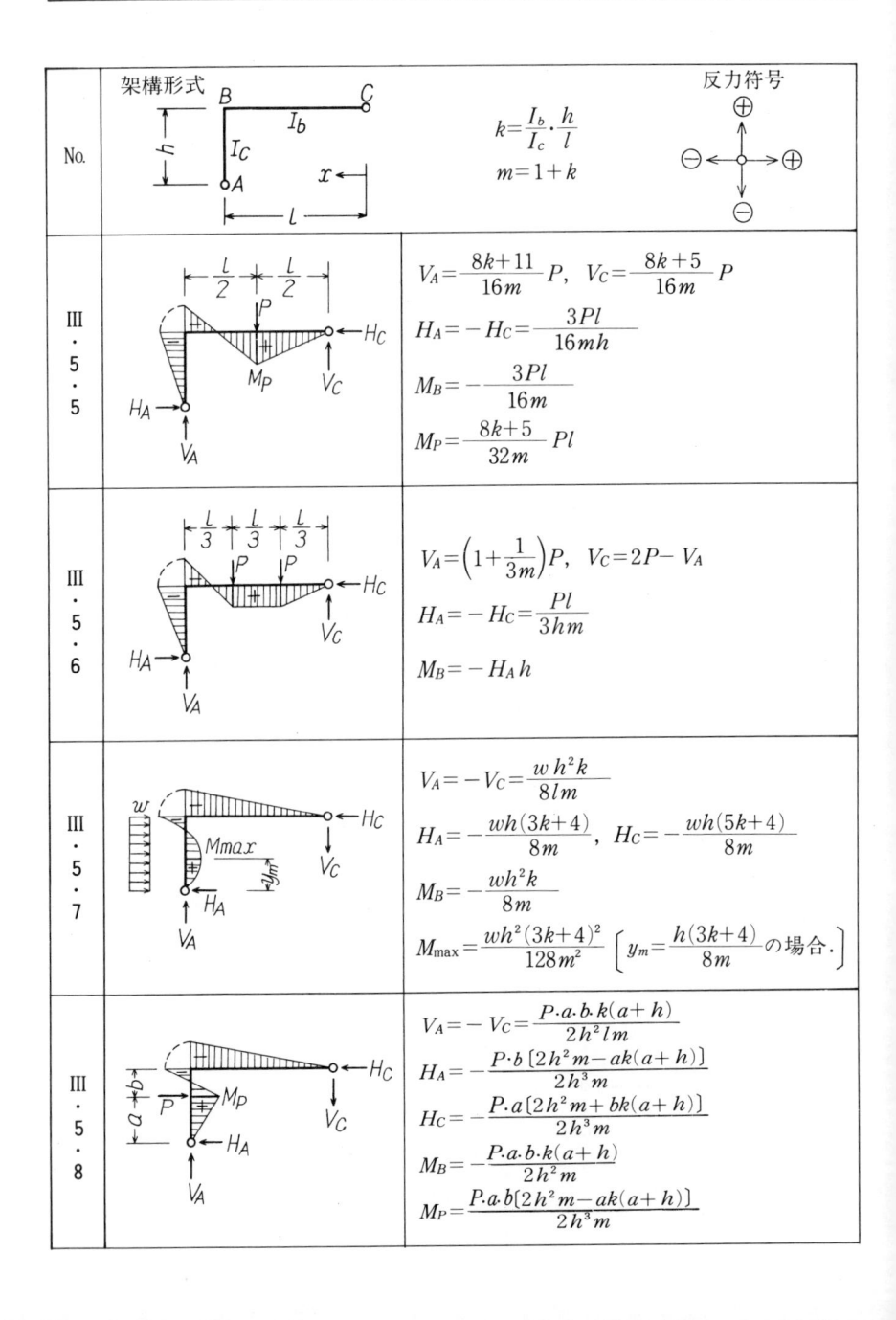

No.	架構形式		
	B — I_b — C h, I_c A — x — l	$k = \dfrac{I_b}{I_c} \cdot \dfrac{h}{l}$ $m = 1 + k$	反力符号 ⊕ ⊖ ← ○ → ⊕ ⊖
III・5・5	(図: 荷重 P が $l/2$ 位置、M_P、H_A, V_A, H_C, V_C)	$V_A = \dfrac{8k+11}{16m} P,\quad V_C = \dfrac{8k+5}{16m} P$ $H_A = -H_C = \dfrac{3Pl}{16mh}$ $M_B = -\dfrac{3Pl}{16m}$ $M_P = \dfrac{8k+5}{32m} Pl$	
III・5・6	(図: $l/3$ 間隔に荷重 P, P)	$V_A = \left(1 + \dfrac{1}{3m}\right)P,\quad V_C = 2P - V_A$ $H_A = -H_C = \dfrac{Pl}{3hm}$ $M_B = -H_A h$	
III・5・7	(図: 等分布荷重 w、M_{max}、y_m)	$V_A = -V_C = \dfrac{w h^2 k}{8 l m}$ $H_A = -\dfrac{wh(3k+4)}{8m},\quad H_C = -\dfrac{wh(5k+4)}{8m}$ $M_B = -\dfrac{wh^2 k}{8m}$ $M_{max} = \dfrac{wh^2(3k+4)^2}{128 m^2}\quad \left[y_m = \dfrac{h(3k+4)}{8m}\text{ の場合.}\right]$	
III・5・8	(図: 柱に P、a, b、M_P)	$V_A = -V_C = \dfrac{P \cdot a \cdot b \cdot k(a+h)}{2 h^2 l m}$ $H_A = -\dfrac{P \cdot b\,[2h^2 m - ak(a+h)]}{2 h^3 m}$ $H_C = -\dfrac{P \cdot a\,[2h^2 m + bk(a+h)]}{2 h^3 m}$ $M_B = -\dfrac{P \cdot a \cdot b \cdot k(a+h)}{2 h^2 m}$ $M_P = \dfrac{P \cdot a \cdot b\,[2h^2 m - ak(a+h)]}{2 h^3 m}$	

III・6 門形ラーメン（柱脚ピン）の計算公式

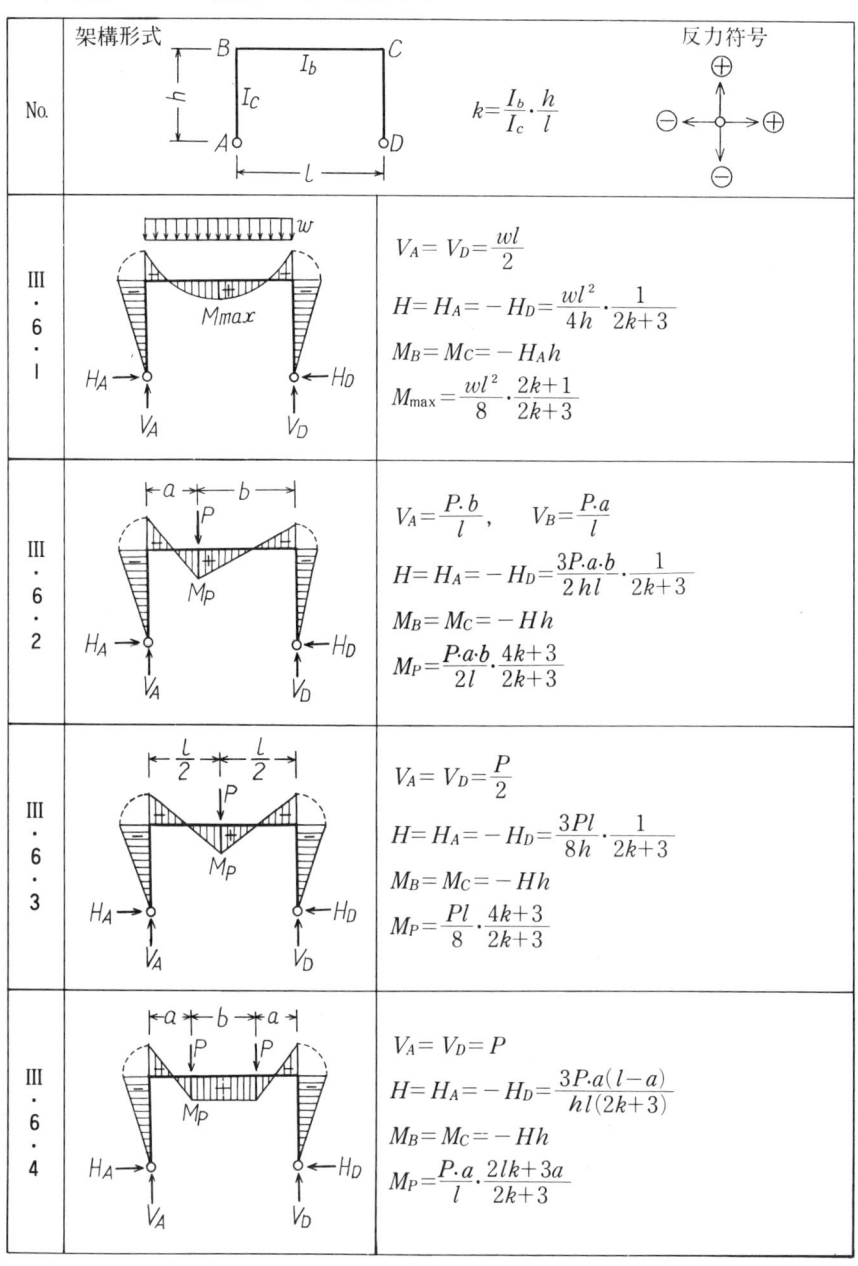

No.	架構形式		反力符号
	B, C 梁 I_b、柱 I_c、高さ h、スパン l	$k=\dfrac{I_b}{I_c}\cdot\dfrac{h}{l}$	⊕ ⊖ ⊕ ⊖
III・6・1	等分布荷重 w	$V_A=V_D=\dfrac{wl}{2}$ $H=H_A=-H_D=\dfrac{wl^2}{4h}\cdot\dfrac{1}{2k+3}$ $M_B=M_C=-H_A h$ $M_{\max}=\dfrac{wl^2}{8}\cdot\dfrac{2k+1}{2k+3}$	
III・6・2	集中荷重 P（a, b）	$V_A=\dfrac{P\cdot b}{l},\quad V_B=\dfrac{P\cdot a}{l}$ $H=H_A=-H_D=\dfrac{3P\cdot a\cdot b}{2hl}\cdot\dfrac{1}{2k+3}$ $M_B=M_C=-Hh$ $M_P=\dfrac{P\cdot a\cdot b}{2l}\cdot\dfrac{4k+3}{2k+3}$	
III・6・3	中央集中荷重 P	$V_A=V_D=\dfrac{P}{2}$ $H=H_A=-H_D=\dfrac{3Pl}{8h}\cdot\dfrac{1}{2k+3}$ $M_B=M_C=-Hh$ $M_P=\dfrac{Pl}{8}\cdot\dfrac{4k+3}{2k+3}$	
III・6・4	2点集中荷重 P,P（a, b, a）	$V_A=V_D=P$ $H=H_A=-H_D=\dfrac{3P\cdot a(l-a)}{hl(2k+3)}$ $M_B=M_C=-Hh$ $M_P=\dfrac{P\cdot a}{l}\cdot\dfrac{2lk+3a}{2k+3}$	

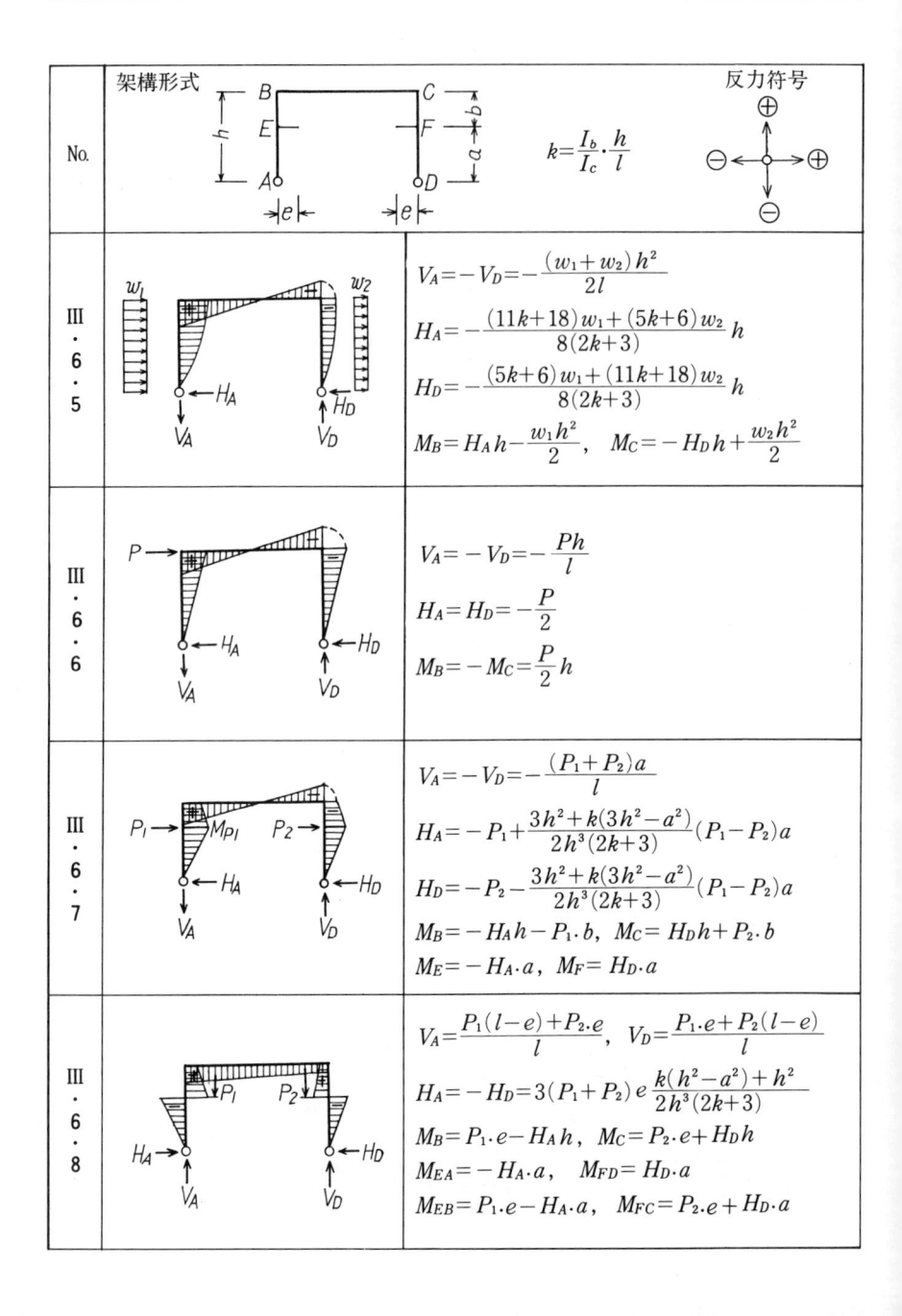

No.	架構形式		反力符号
	$k=\dfrac{I_b}{I_c}\cdot\dfrac{h}{l}$		
III.6.5	(図: 等分布荷重 w_1, w_2)	$V_A=-V_D=-\dfrac{(w_1+w_2)h^2}{2l}$ $H_A=-\dfrac{(11k+18)w_1+(5k+6)w_2}{8(2k+3)}h$ $H_D=-\dfrac{(5k+6)w_1+(11k+18)w_2}{8(2k+3)}h$ $M_B=H_A h-\dfrac{w_1 h^2}{2}, \quad M_C=-H_D h+\dfrac{w_2 h^2}{2}$	
III.6.6	(図: 水平荷重 P)	$V_A=-V_D=-\dfrac{Ph}{l}$ $H_A=H_D=-\dfrac{P}{2}$ $M_B=-M_C=\dfrac{P}{2}h$	
III.6.7	(図: P_1, P_2)	$V_A=-V_D=-\dfrac{(P_1+P_2)a}{l}$ $H_A=-P_1+\dfrac{3h^2+k(3h^2-a^2)}{2h^3(2k+3)}(P_1-P_2)a$ $H_D=-P_2-\dfrac{3h^2+k(3h^2-a^2)}{2h^3(2k+3)}(P_1-P_2)a$ $M_B=-H_A h-P_1\cdot b, \quad M_C=H_D h+P_2\cdot b$ $M_E=-H_A\cdot a, \quad M_F=H_D\cdot a$	
III.6.8	(図: P_1, P_2 下向き)	$V_A=\dfrac{P_1(l-e)+P_2\cdot e}{l}, \quad V_D=\dfrac{P_1\cdot e+P_2(l-e)}{l}$ $H_A=-H_D=3(P_1+P_2)e\,\dfrac{k(h^2-a^2)+h^2}{2h^3(2k+3)}$ $M_B=P_1\cdot e-H_A h, \quad M_C=P_2\cdot e+H_D h$ $M_{EA}=-H_A\cdot a, \quad M_{FD}=H_D\cdot a$ $M_{EB}=P_1\cdot e-H_A\cdot a, \quad M_{FC}=P_2\cdot e+H_D\cdot a$	

III·7 異形門形ラーメン（柱脚ピン）の計算公式

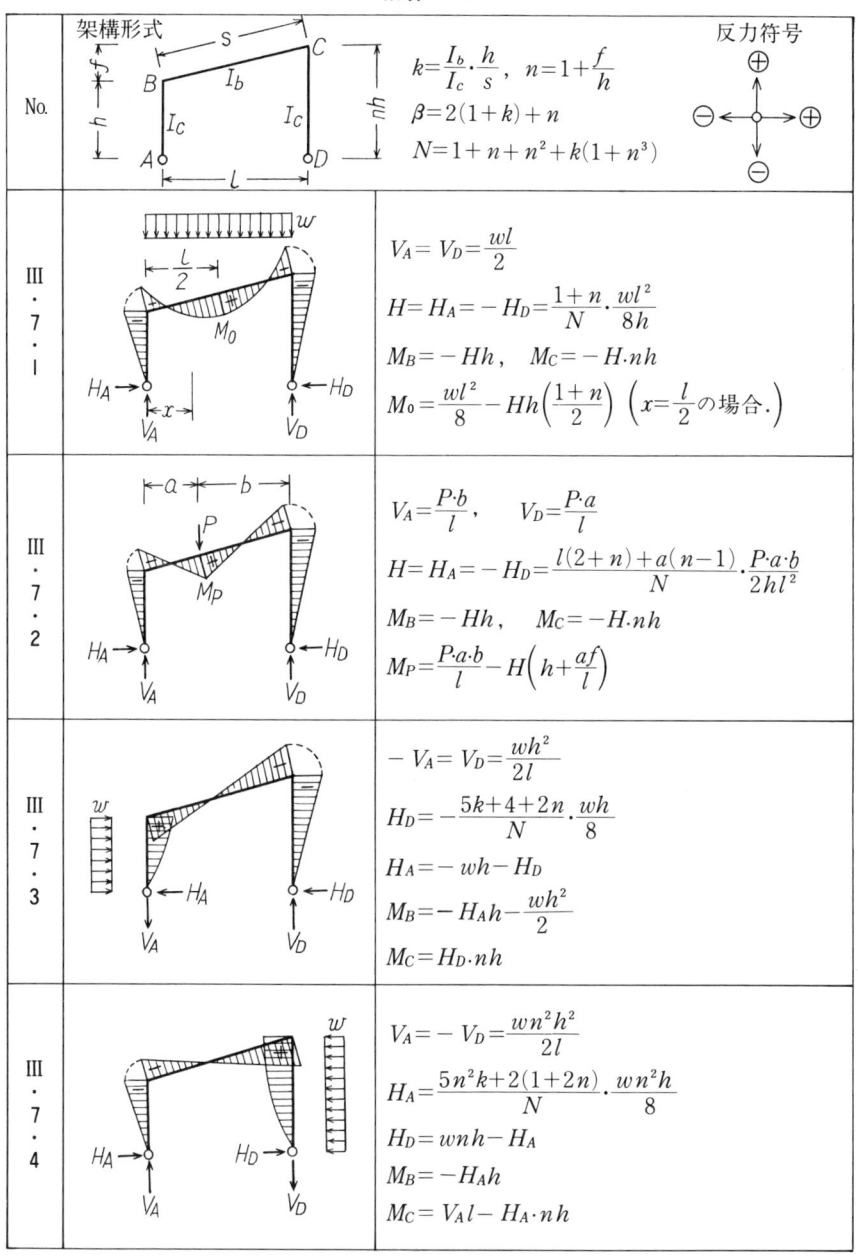

No.	架構形式		反力符号
	図：A, B, C, D 四隅のラーメン。上辺 s、B から C、梁 I_b、柱 I_c、高さ h、f、nh、底辺 l	$k=\dfrac{I_b}{I_c}\cdot\dfrac{h}{s}$, $n=1+\dfrac{f}{h}$ $\beta=2(1+k)+n$ $N=1+n+n^2+k(1+n^3)$	⊕ ⊖ ⊕ ⊖

III·7·1	等分布荷重 w、M_0、H_A, H_D, V_A, V_D, x, $\dfrac{l}{2}$	$V_A=V_D=\dfrac{wl}{2}$ $H=H_A=-H_D=\dfrac{1+n}{N}\cdot\dfrac{wl^2}{8h}$ $M_B=-Hh$, $M_C=-H\cdot nh$ $M_0=\dfrac{wl^2}{8}-Hh\left(\dfrac{1+n}{2}\right)$ $\left(x=\dfrac{l}{2}\text{の場合.}\right)$
III·7·2	集中荷重 P、a, b、M_P	$V_A=\dfrac{P\cdot b}{l}$, $V_D=\dfrac{P\cdot a}{l}$ $H=H_A=-H_D=\dfrac{l(2+n)+a(n-1)}{N}\cdot\dfrac{P\cdot a\cdot b}{2hl^2}$ $M_B=-Hh$, $M_C=-H\cdot nh$ $M_P=\dfrac{P\cdot a\cdot b}{l}-H\left(h+\dfrac{af}{l}\right)$
III·7·3	水平等分布荷重 w（左）	$-V_A=V_D=\dfrac{wh^2}{2l}$ $H_D=-\dfrac{5k+4+2n}{N}\cdot\dfrac{wh}{8}$ $H_A=-wh-H_D$ $M_B=-H_Ah-\dfrac{wh^2}{2}$ $M_C=H_D\cdot nh$
III·7·4	水平等分布荷重 w（右）	$V_A=-V_D=\dfrac{wn^2h^2}{2l}$ $H_A=\dfrac{5n^2k+2(1+2n)}{N}\cdot\dfrac{wn^2h}{8}$ $H_D=wnh-H_A$ $M_B=-H_Ah$ $M_C=V_Al-H_A\cdot nh$

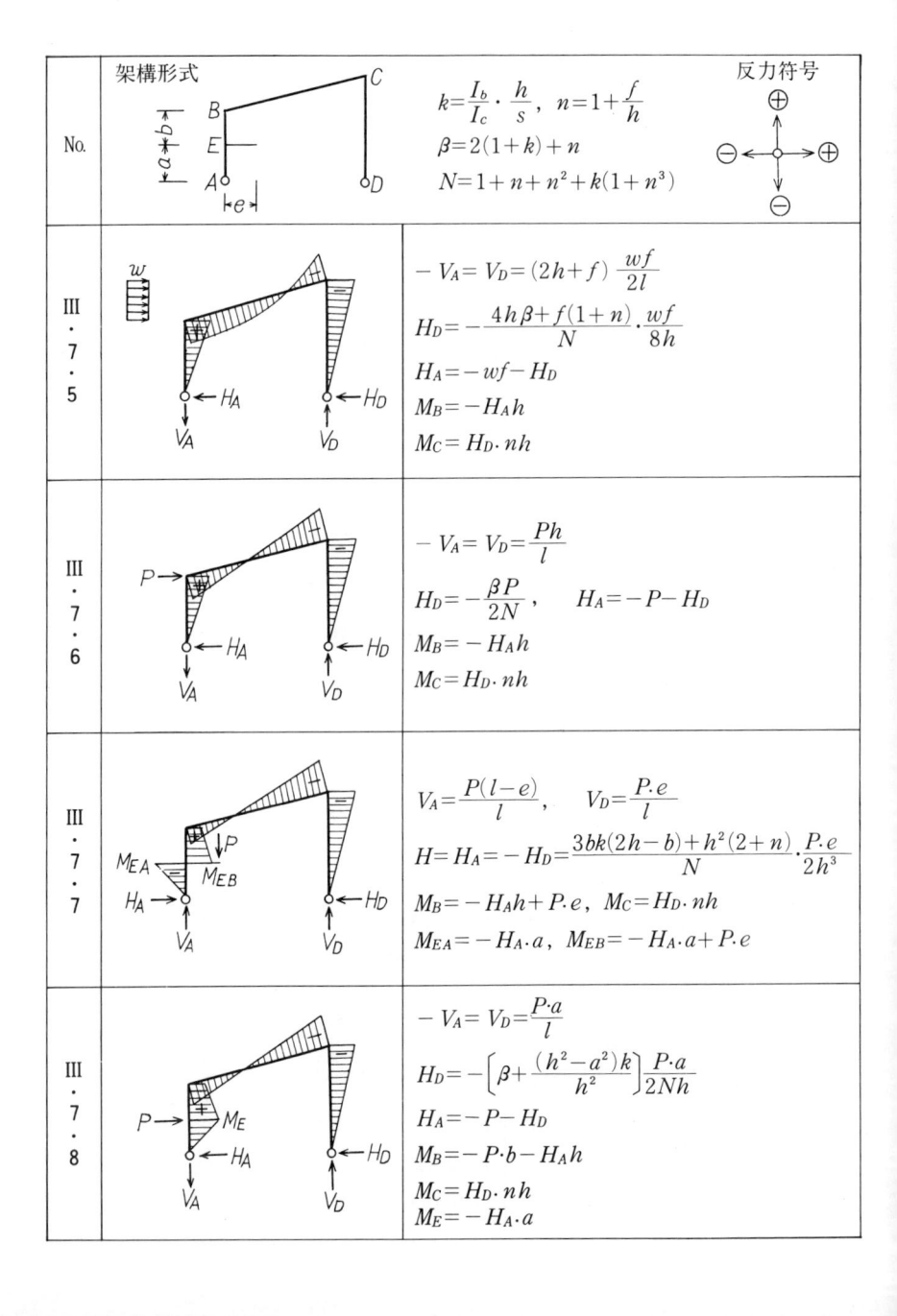

No.	架構形式		反力符号
	(frame diagram with points A, B, C, D, E; dimensions a, b, e)	$k=\dfrac{I_b}{I_c}\cdot\dfrac{h}{s},\quad n=1+\dfrac{f}{h}$ $\beta=2(1+k)+n$ $N=1+n+n^2+k(1+n^3)$	(sign convention symbol)
III·7·5	(diagram with load w, reactions H_A, H_D, V_A, V_D)	$-V_A=V_D=(2h+f)\dfrac{wf}{2l}$ $H_D=-\dfrac{4h\beta+f(1+n)}{N}\cdot\dfrac{wf}{8h}$ $H_A=-wf-H_D$ $M_B=-H_A h$ $M_C=H_D\cdot nh$	
III·7·6	(diagram with load P at B, reactions)	$-V_A=V_D=\dfrac{Ph}{l}$ $H_D=-\dfrac{\beta P}{2N},\qquad H_A=-P-H_D$ $M_B=-H_A h$ $M_C=H_D\cdot nh$	
III·7·7	(diagram with load P, moments M_{EA}, M_{EB})	$V_A=\dfrac{P(l-e)}{l},\qquad V_D=\dfrac{P\cdot e}{l}$ $H=H_A=-H_D=\dfrac{3bk(2h-b)+h^2(2+n)}{N}\cdot\dfrac{P\cdot e}{2h^3}$ $M_B=-H_A h+P\cdot e,\quad M_C=H_D\cdot nh$ $M_{EA}=-H_A\cdot a,\quad M_{EB}=-H_A\cdot a+P\cdot e$	
III·7·8	(diagram with load P at E, moment M_E)	$-V_A=V_D=\dfrac{P\cdot a}{l}$ $H_D=-\left[\beta+\dfrac{(h^2-a^2)k}{h^2}\right]\dfrac{P\cdot a}{2Nh}$ $H_A=-P-H_D$ $M_B=-P\cdot b-H_A h$ $M_C=H_D\cdot nh$ $M_E=-H_A\cdot a$	

III・8 山形ラーメン（柱脚ピン）の計算公式

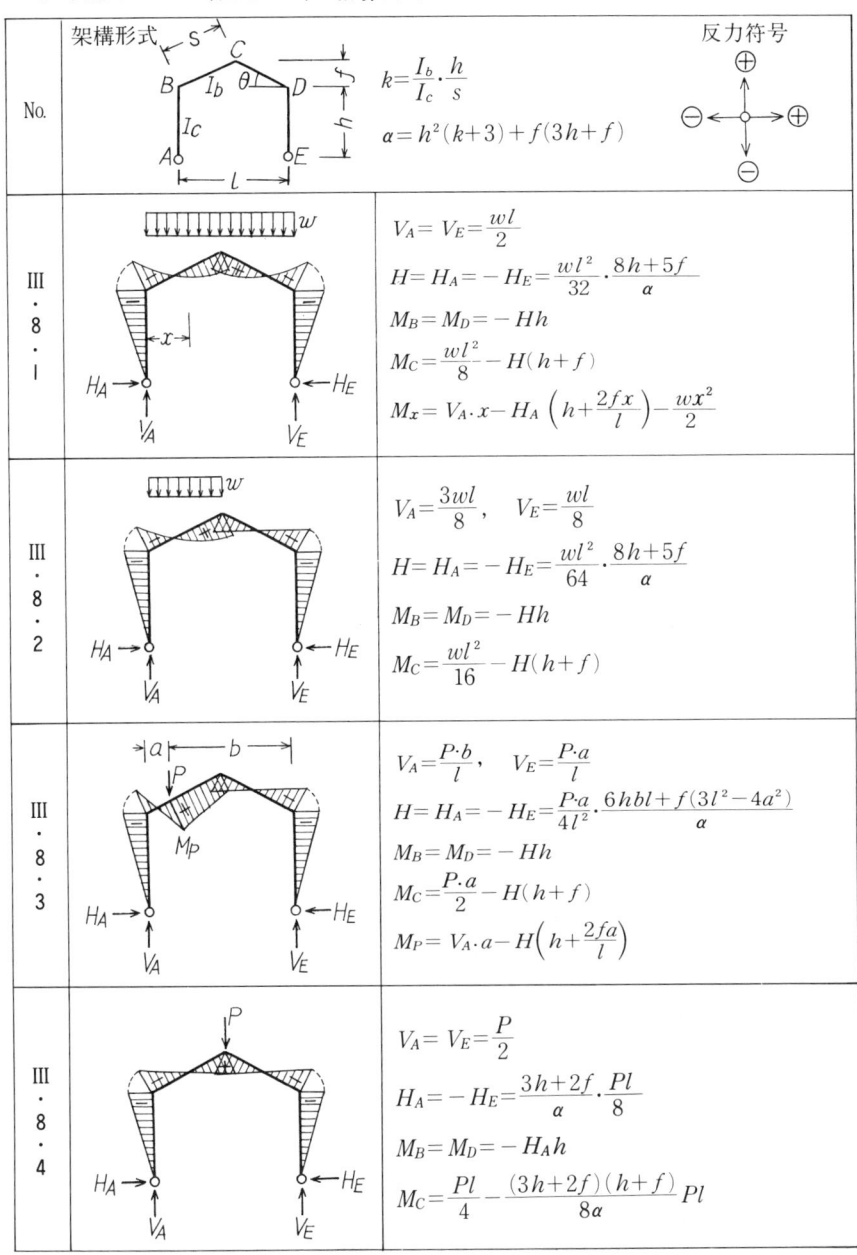

No.	架構形式		反力符号
	架構形式図：$k=\dfrac{I_b}{I_c}\cdot\dfrac{h}{s}$, $\alpha=h^2(k+3)+f(3h+f)$		⊕／⊖

No.	図	公式
III・8・1	等分布荷重 w	$V_A=V_E=\dfrac{wl}{2}$ $H=H_A=-H_E=\dfrac{wl^2}{32}\cdot\dfrac{8h+5f}{\alpha}$ $M_B=M_D=-Hh$ $M_C=\dfrac{wl^2}{8}-H(h+f)$ $M_x=V_A\cdot x-H_A\left(h+\dfrac{2fx}{l}\right)-\dfrac{wx^2}{2}$
III・8・2	半スパン等分布荷重 w	$V_A=\dfrac{3wl}{8}$, $V_E=\dfrac{wl}{8}$ $H=H_A=-H_E=\dfrac{wl^2}{64}\cdot\dfrac{8h+5f}{\alpha}$ $M_B=M_D=-Hh$ $M_C=\dfrac{wl^2}{16}-H(h+f)$
III・8・3	集中荷重 P（位置 a, b）	$V_A=\dfrac{P\cdot b}{l}$, $V_E=\dfrac{P\cdot a}{l}$ $H=H_A=-H_E=\dfrac{P\cdot a}{4l^2}\cdot\dfrac{6hbl+f(3l^2-4a^2)}{\alpha}$ $M_B=M_D=-Hh$ $M_C=\dfrac{P\cdot a}{2}-H(h+f)$ $M_P=V_A\cdot a-H\left(h+\dfrac{2fa}{l}\right)$
III・8・4	頂点集中荷重 P	$V_A=V_E=\dfrac{P}{2}$ $H_A=-H_E=\dfrac{3h+2f}{\alpha}\cdot\dfrac{Pl}{8}$ $M_B=M_D=-H_Ah$ $M_C=\dfrac{Pl}{4}-\dfrac{(3h+2f)(h+f)}{8\alpha}Pl$

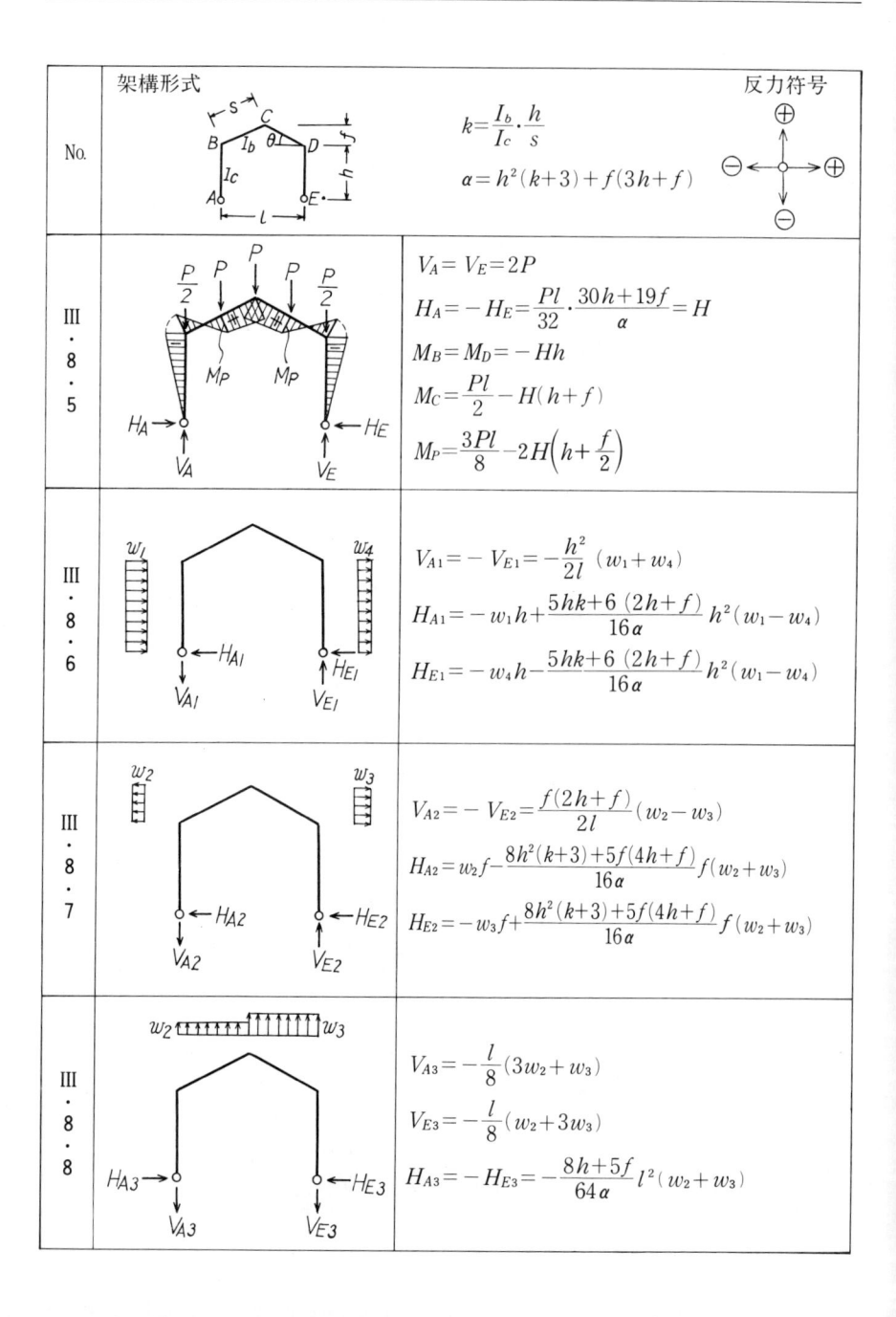

No.	架構形式		反力符号
	(図: 架構形式 B, C, D, A, E, I_b, I_c, s, h, f, l, θ)	$k = \dfrac{I_b}{I_c} \cdot \dfrac{h}{s}$ $\alpha = h^2(k+3) + f(3h+f)$	⊕ ⊖ ⊕ ⊖
III・8・5	(図: 荷重 $\frac{P}{2}$, P, P, P, $\frac{P}{2}$, M_P, H_A, V_A, H_E, V_E)	$V_A = V_E = 2P$ $H_A = -H_E = \dfrac{Pl}{32} \cdot \dfrac{30h+19f}{\alpha} = H$ $M_B = M_D = -Hh$ $M_C = \dfrac{Pl}{2} - H(h+f)$ $M_P = \dfrac{3Pl}{8} - 2H\left(h+\dfrac{f}{2}\right)$	
III・8・6	(図: w_1, w_4, H_{A1}, V_{A1}, H_{E1}, V_{E1})	$V_{A1} = -V_{E1} = -\dfrac{h^2}{2l}(w_1+w_4)$ $H_{A1} = -w_1 h + \dfrac{5hk+6(2h+f)}{16\alpha} h^2(w_1-w_4)$ $H_{E1} = -w_4 h - \dfrac{5hk+6(2h+f)}{16\alpha} h^2(w_1-w_4)$	
III・8・7	(図: w_2, w_3, H_{A2}, V_{A2}, H_{E2}, V_{E2})	$V_{A2} = -V_{E2} = \dfrac{f(2h+f)}{2l}(w_2-w_3)$ $H_{A2} = w_2 f - \dfrac{8h^2(k+3)+5f(4h+f)}{16\alpha} f(w_2+w_3)$ $H_{E2} = -w_3 f + \dfrac{8h^2(k+3)+5f(4h+f)}{16\alpha} f(w_2+w_3)$	
III・8・8	(図: w_2, w_3, H_{A3}, V_{A3}, H_{E3}, V_{E3})	$V_{A3} = -\dfrac{l}{8}(3w_2+w_3)$ $V_{E3} = -\dfrac{l}{8}(w_2+3w_3)$ $H_{A3} = -H_{E3} = -\dfrac{8h+5f}{64\alpha} l^2(w_2+w_3)$	

山形ラーメン（柱脚ピン）の計算公式

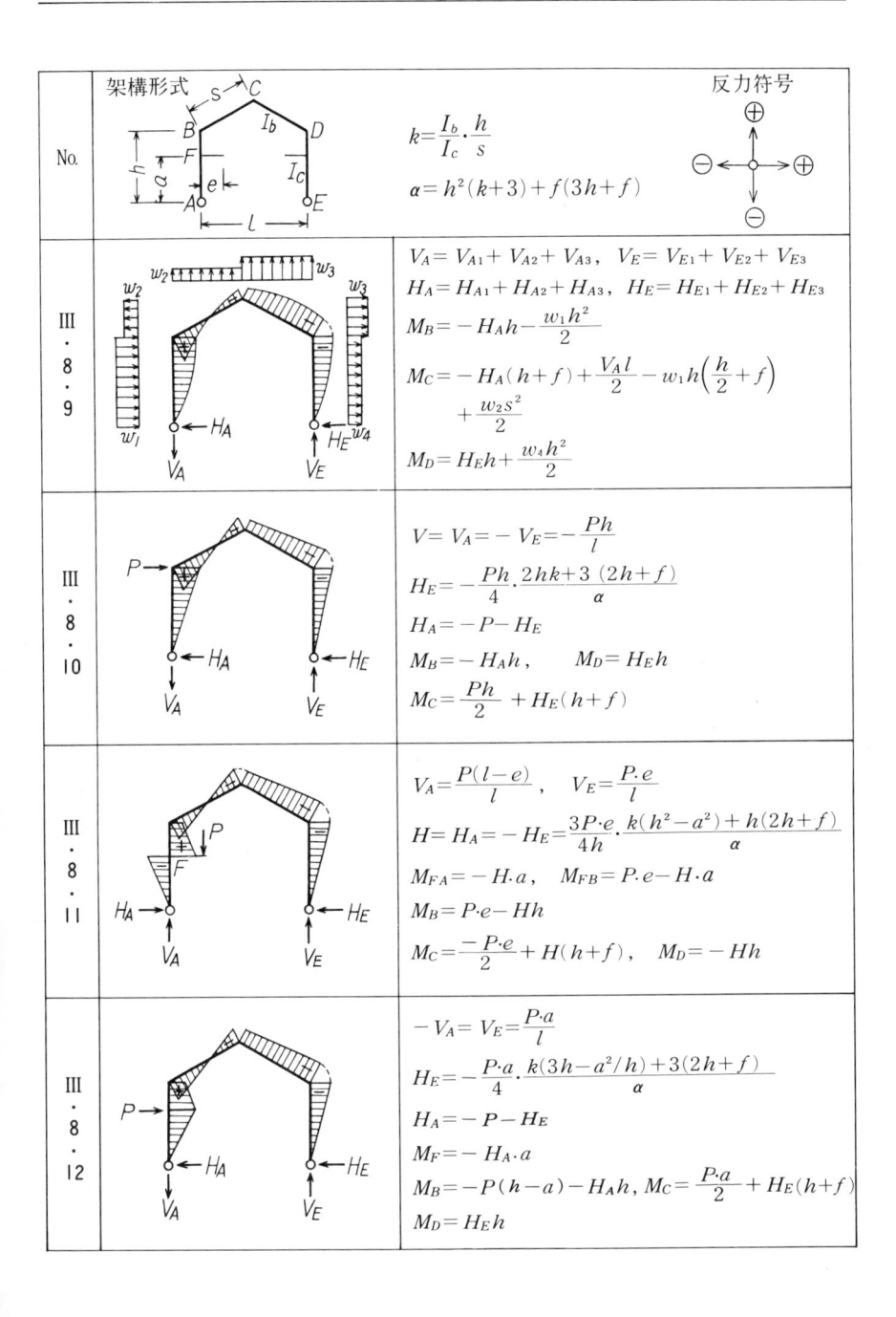

No.	架構形式	
	架構形式図（B,C,D,F,A,E,h,a,e,l,s,I_b,I_c）	$k=\dfrac{I_b}{I_c}\cdot\dfrac{h}{s}$ $\alpha = h^2(k+3)+f(3h+f)$ 反力符号 ⊕ ⊖
III・8・9	w_1, w_2, w_3, w_4 分布荷重図	$V_A = V_{A1}+V_{A2}+V_{A3}, \quad V_E = V_{E1}+V_{E2}+V_{E3}$ $H_A = H_{A1}+H_{A2}+H_{A3}, \quad H_E = H_{E1}+H_{E2}+H_{E3}$ $M_B = -H_A h - \dfrac{w_1 h^2}{2}$ $M_C = -H_A(h+f) + \dfrac{V_A l}{2} - w_1 h\left(\dfrac{h}{2}+f\right) + \dfrac{w_2 s^2}{2}$ $M_D = H_E h + \dfrac{w_4 h^2}{2}$
III・8・10	水平荷重 P 図	$V = V_A = -V_E = -\dfrac{Ph}{l}$ $H_E = -\dfrac{Ph}{4}\cdot\dfrac{2hk+3(2h+f)}{\alpha}$ $H_A = -P - H_E$ $M_B = -H_A h, \quad M_D = H_E h$ $M_C = \dfrac{Ph}{2} + H_E(h+f)$
III・8・11	鉛直荷重 P（柱脚から a、偏心 e）図	$V_A = \dfrac{P(l-e)}{l}, \quad V_E = \dfrac{P\cdot e}{l}$ $H = H_A = -H_E = \dfrac{3P\cdot e}{4h}\cdot\dfrac{k(h^2-a^2)+h(2h+f)}{\alpha}$ $M_{FA} = -H\cdot a, \quad M_{FB} = P\cdot e - H\cdot a$ $M_B = P\cdot e - Hh$ $M_C = \dfrac{-P\cdot e}{2} + H(h+f), \quad M_D = -Hh$
III・8・12	水平荷重 P（柱の途中 a）図	$-V_A = V_E = \dfrac{P\cdot a}{l}$ $H_E = -\dfrac{P\cdot a}{4}\cdot\dfrac{k(3h-a^2/h)+3(2h+f)}{\alpha}$ $H_A = -P - H_E$ $M_F = -H_A\cdot a$ $M_B = -P(h-a) - H_A h, \quad M_C = \dfrac{P\cdot a}{2} + H_E(h+f)$ $M_D = H_E h$

III・9 3ヒンジ山形ラーメンの計算公式

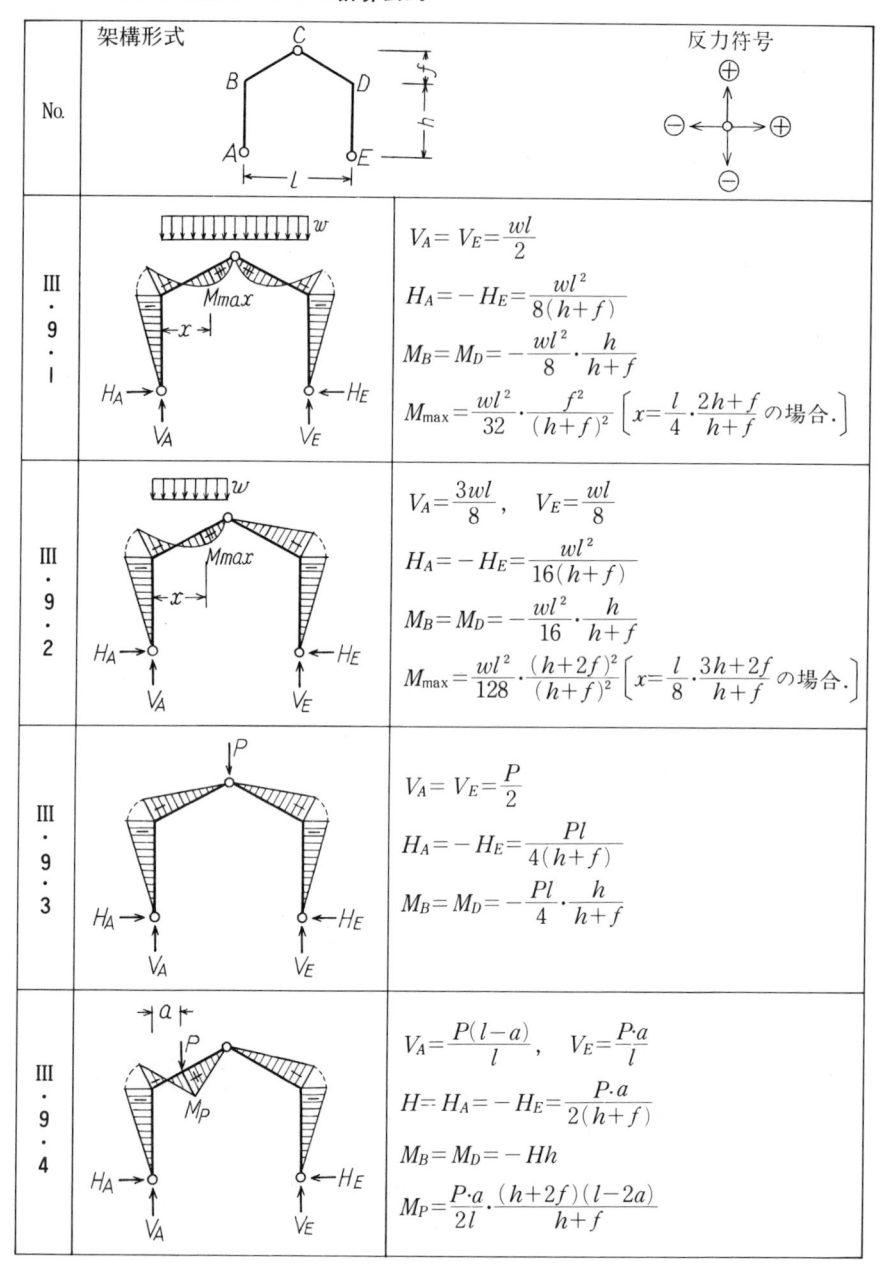

No.	架構形式		反力符号

架構形式: A, B, C, D, E の節点。A-B, D-E が柱 (高さ h)、B-C, C-D が梁 (ライズ f)、スパン l。C が頂点ヒンジ。

反力符号: 上+、下−、右+、左−

III・9・1 等分布荷重 w (全スパン)

$$V_A = V_E = \frac{wl}{2}$$

$$H_A = -H_E = \frac{wl^2}{8(h+f)}$$

$$M_B = M_D = -\frac{wl^2}{8}\cdot\frac{h}{h+f}$$

$$M_{\max} = \frac{wl^2}{32}\cdot\frac{f^2}{(h+f)^2} \quad \left[x = \frac{l}{4}\cdot\frac{2h+f}{h+f} \text{ の場合.}\right]$$

III・9・2 等分布荷重 w (半スパン)

$$V_A = \frac{3wl}{8}, \quad V_E = \frac{wl}{8}$$

$$H_A = -H_E = \frac{wl^2}{16(h+f)}$$

$$M_B = M_D = -\frac{wl^2}{16}\cdot\frac{h}{h+f}$$

$$M_{\max} = \frac{wl^2}{128}\cdot\frac{(h+2f)^2}{(h+f)^2} \quad \left[x = \frac{l}{8}\cdot\frac{3h+2f}{h+f} \text{ の場合.}\right]$$

III・9・3 頂点集中荷重 P

$$V_A = V_E = \frac{P}{2}$$

$$H_A = -H_E = \frac{Pl}{4(h+f)}$$

$$M_B = M_D = -\frac{Pl}{4}\cdot\frac{h}{h+f}$$

III・9・4 梁上任意位置集中荷重 P (C点から距離 a)

$$V_A = \frac{P(l-a)}{l}, \quad V_E = \frac{P\cdot a}{l}$$

$$H = H_A = -H_E = \frac{P\cdot a}{2(h+f)}$$

$$M_B = M_D = -Hh$$

$$M_P = \frac{P\cdot a}{2l}\cdot\frac{(h+2f)(l-2a)}{h+f}$$

3 ヒンジ山形ラーメンの計算公式

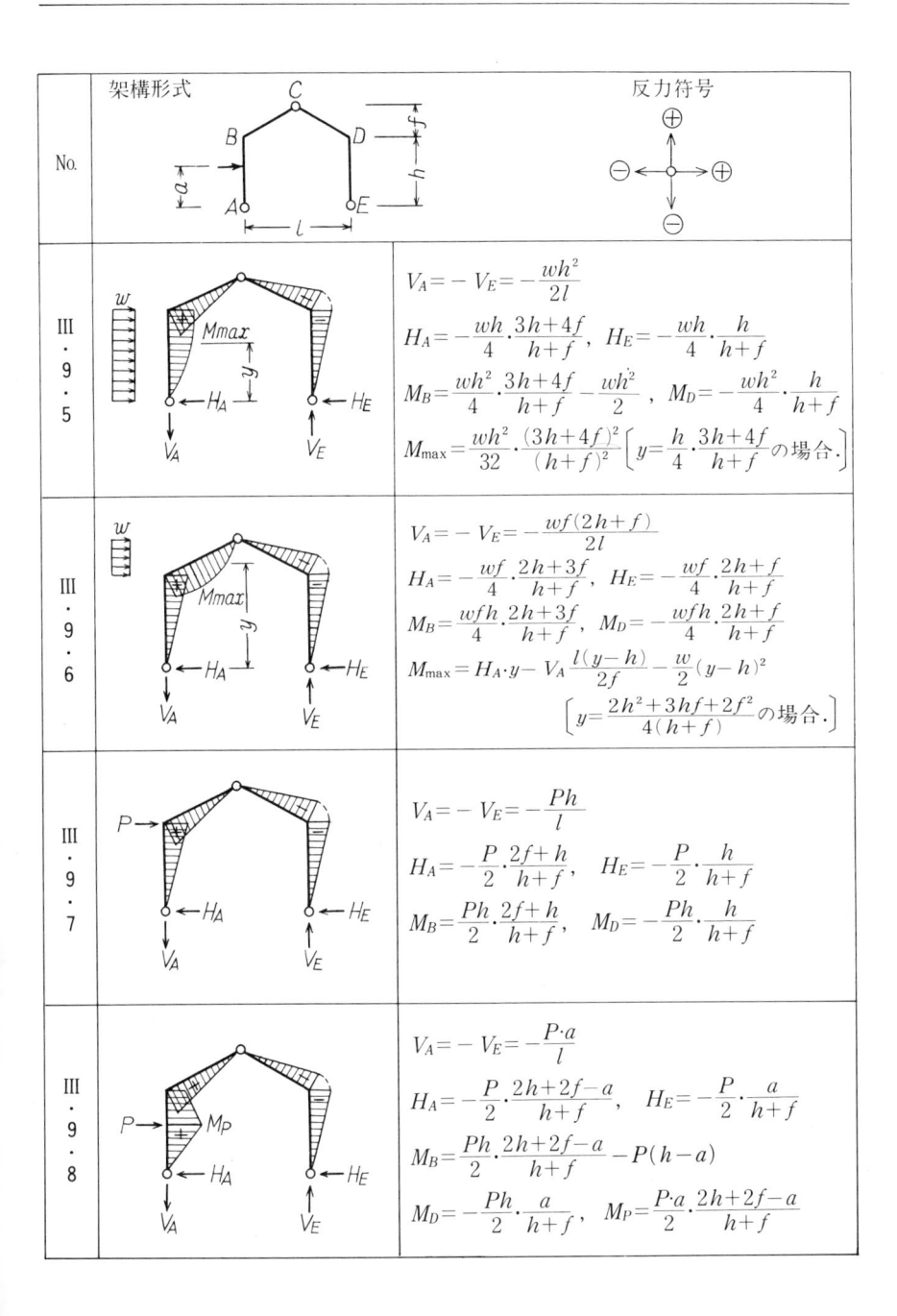

No.	架構形式		反力符号

(架構形式図: 頂点C, 左肩B, 右肩D, 左脚A, 右脚E, 高さh, 棟高f, 幅l, 高さa)

反力符号: 水平方向 左 $\ominus$ 右 $\oplus$, 鉛直方向 上 $\oplus$ 下 $\ominus$

III·9·5	等分布荷重 w (左脚側水平)	$V_A = -V_E = -\dfrac{wh^2}{2l}$ $H_A = -\dfrac{wh}{4}\cdot\dfrac{3h+4f}{h+f},\quad H_E = -\dfrac{wh}{4}\cdot\dfrac{h}{h+f}$ $M_B = \dfrac{wh^2}{4}\cdot\dfrac{3h+4f}{h+f}-\dfrac{wh^2}{2},\quad M_D = -\dfrac{wh^2}{4}\cdot\dfrac{h}{h+f}$ $M_{\max} = \dfrac{wh^2}{32}\cdot\dfrac{(3h+4f)^2}{(h+f)^2}\quad\left[y=\dfrac{h}{4}\cdot\dfrac{3h+4f}{h+f}\text{の場合}\right]$

III·9·6	等分布荷重 w (左屋根側水平)	$V_A = -V_E = -\dfrac{wf(2h+f)}{2l}$ $H_A = -\dfrac{wf}{4}\cdot\dfrac{2h+3f}{h+f},\quad H_E = -\dfrac{wf}{4}\cdot\dfrac{2h+f}{h+f}$ $M_B = \dfrac{wfh}{4}\cdot\dfrac{2h+3f}{h+f},\quad M_D = -\dfrac{wf}{4}\cdot\dfrac{2h+f}{h+f}$ $M_{\max} = H_A\cdot y - V_A\dfrac{l(y-h)}{2f}-\dfrac{w}{2}(y-h)^2$ $\left[y=\dfrac{2h^2+3hf+2f^2}{4(h+f)}\text{の場合}\right]$

III·9·7	集中荷重 P (B点水平)	$V_A = -V_E = -\dfrac{Ph}{l}$ $H_A = -\dfrac{P}{2}\cdot\dfrac{2f+h}{h+f},\quad H_E = -\dfrac{P}{2}\cdot\dfrac{h}{h+f}$ $M_B = \dfrac{Ph}{2}\cdot\dfrac{2f+h}{h+f},\quad M_D = -\dfrac{Ph}{2}\cdot\dfrac{h}{h+f}$

III·9·8	集中荷重 P (高さ a 位置水平), モーメント M_P	$V_A = -V_E = -\dfrac{P\cdot a}{l}$ $H_A = -\dfrac{P}{2}\cdot\dfrac{2h+2f-a}{h+f},\quad H_E = -\dfrac{P}{2}\cdot\dfrac{a}{h+f}$ $M_B = \dfrac{Ph}{2}\cdot\dfrac{2h+2f-a}{h+f}-P(h-a)$ $M_D = -\dfrac{Ph}{2}\cdot\dfrac{a}{h+f},\quad M_P = \dfrac{P\cdot a}{2}\cdot\dfrac{2h+2f-a}{h+f}$

III·10 アーチ形ラーメン（柱脚ピン）の計算公式

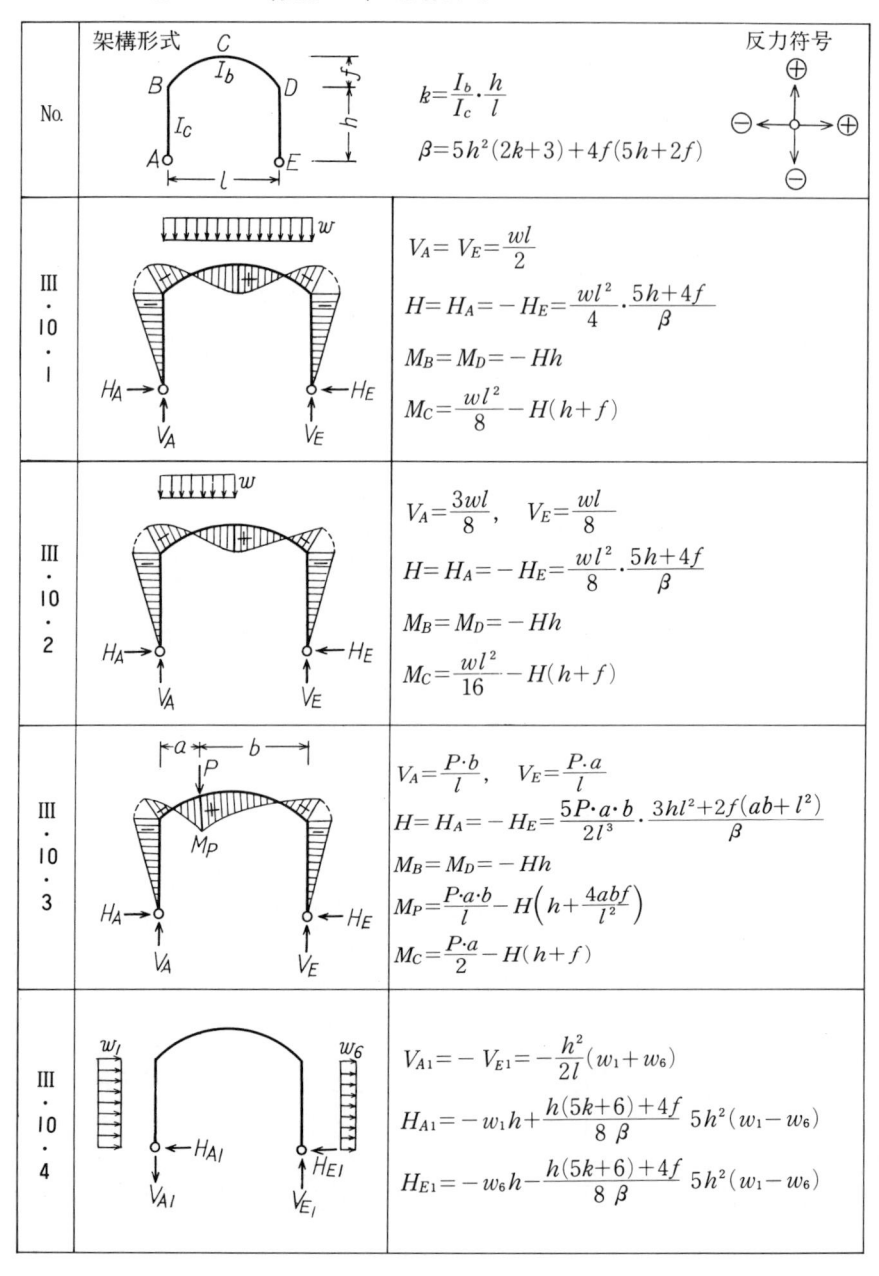

No.	架構形式		反力符号
	(図: C頂点, B-D梁部 I_b, A-B, D-E柱部 I_c, 高さ h, ライズ f, スパン l)	$k=\dfrac{I_b}{I_c}\cdot\dfrac{h}{l}$ $\beta=5h^2(2k+3)+4f(5h+2f)$	(符号図)
III·10·1	(等分布荷重 w)	$V_A=V_E=\dfrac{wl}{2}$ $H=H_A=-H_E=\dfrac{wl^2}{4}\cdot\dfrac{5h+4f}{\beta}$ $M_B=M_D=-Hh$ $M_C=\dfrac{wl^2}{8}-H(h+f)$
III·10·2	(半スパン等分布荷重 w)	$V_A=\dfrac{3wl}{8},\quad V_E=\dfrac{wl}{8}$ $H=H_A=-H_E=\dfrac{wl^2}{8}\cdot\dfrac{5h+4f}{\beta}$ $M_B=M_D=-Hh$ $M_C=\dfrac{wl^2}{16}-H(h+f)$
III·10·3	(集中荷重 P, 位置 a, b)	$V_A=\dfrac{P\cdot b}{l},\quad V_E=\dfrac{P\cdot a}{l}$ $H=H_A=-H_E=\dfrac{5P\cdot a\cdot b}{2l^3}\cdot\dfrac{3hl^2+2f(ab+l^2)}{\beta}$ $M_B=M_D=-Hh$ $M_P=\dfrac{P\cdot a\cdot b}{l}-H\left(h+\dfrac{4abf}{l^2}\right)$ $M_C=\dfrac{P\cdot a}{2}-H(h+f)$
III·10·4	(左右柱に水平荷重 w_1, w_6)	$V_{A1}=-V_{E1}=-\dfrac{h^2}{2l}(w_1+w_6)$ $H_{A1}=-w_1h+\dfrac{h(5k+6)+4f}{8\beta}5h^2(w_1-w_6)$ $H_{E1}=-w_6h-\dfrac{h(5k+6)+4f}{8\beta}5h^2(w_1-w_6)$

アーチ形ラーメン（柱脚ピン）の計算公式

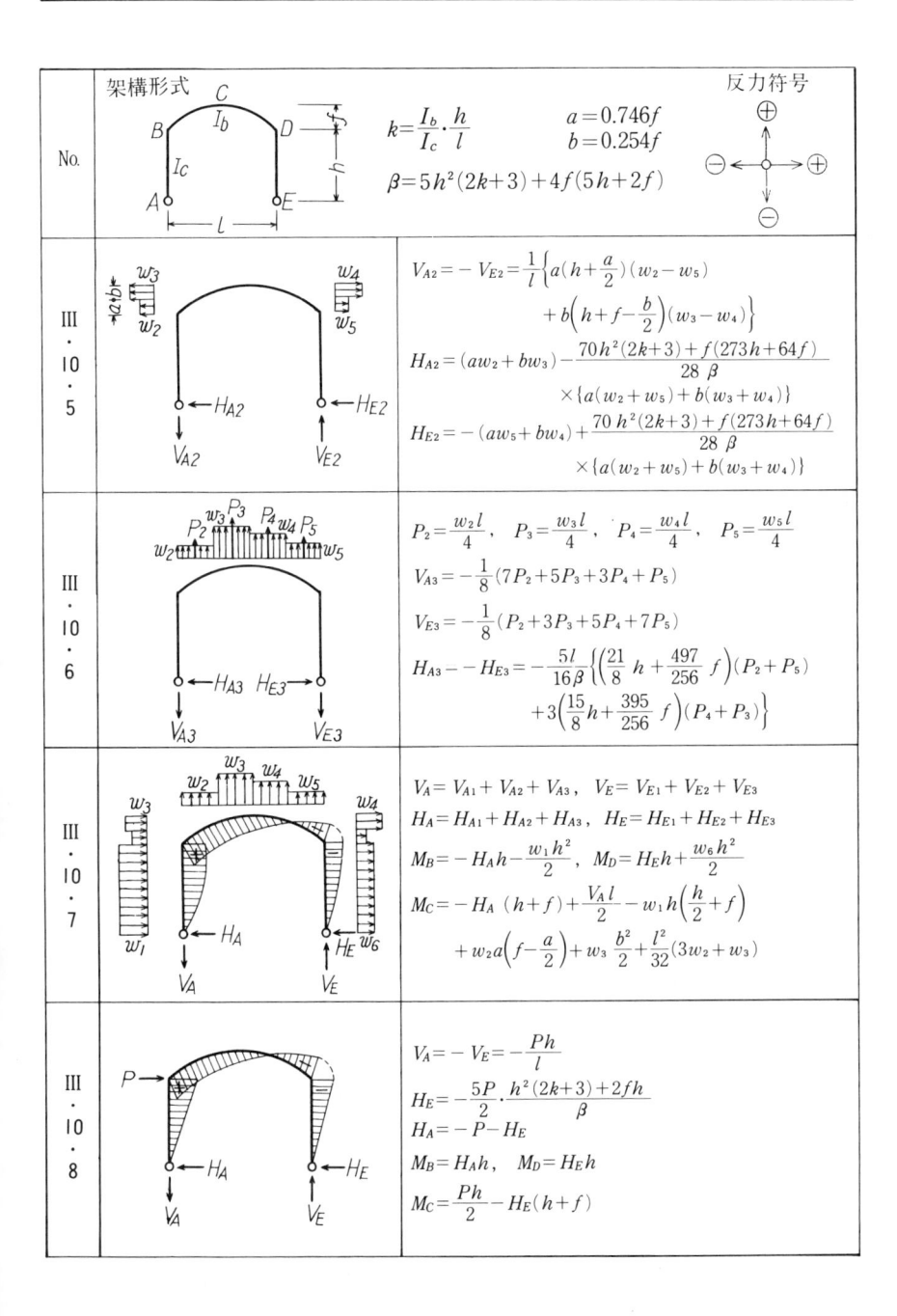

No.	架構形式		反力符号
	$k=\dfrac{I_b}{I_c}\cdot\dfrac{h}{l}$ $\quad a=0.746f$ $\quad b=0.254f$ $\beta=5h^2(2k+3)+4f(5h+2f)$		

III.10.5	(図)	$V_{A2}=-V_{E2}=\dfrac{1}{l}\left\{a\left(h+\dfrac{a}{2}\right)(w_2-w_5)+b\left(h+f-\dfrac{b}{2}\right)(w_3-w_4)\right\}$ $H_{A2}=(aw_2+bw_3)-\dfrac{70h^2(2k+3)+f(273h+64f)}{28\beta}\times\{a(w_2+w_5)+b(w_3+w_4)\}$ $H_{E2}=-(aw_5+bw_4)+\dfrac{70h^2(2k+3)+f(273h+64f)}{28\beta}\times\{a(w_2+w_5)+b(w_3+w_4)\}$

III.10.6	(図)	$P_2=\dfrac{w_2l}{4},\quad P_3=\dfrac{w_3l}{4},\quad P_4=\dfrac{w_4l}{4},\quad P_5=\dfrac{w_5l}{4}$ $V_{A3}=-\dfrac{1}{8}(7P_2+5P_3+3P_4+P_5)$ $V_{E3}=-\dfrac{1}{8}(P_2+3P_3+5P_4+7P_5)$ $H_{A3}=-H_{E3}=-\dfrac{5l}{16\beta}\left\{\left(\dfrac{21}{8}h+\dfrac{497}{256}f\right)(P_2+P_5)+3\left(\dfrac{15}{8}h+\dfrac{395}{256}f\right)(P_4+P_3)\right\}$

III.10.7	(図)	$V_A=V_{A1}+V_{A2}+V_{A3},\quad V_E=V_{E1}+V_{E2}+V_{E3}$ $H_A=H_{A1}+H_{A2}+H_{A3},\quad H_E=H_{E1}+H_{E2}+H_{E3}$ $M_B=-H_Ah-\dfrac{w_1h^2}{2},\quad M_D=H_Eh+\dfrac{w_6h^2}{2}$ $M_C=-H_A(h+f)+\dfrac{V_Al}{2}-w_1h\left(\dfrac{h}{2}+f\right)+w_2a\left(f-\dfrac{a}{2}\right)+w_3\dfrac{b^2}{2}+\dfrac{l^2}{32}(3w_2+w_3)$

III.10.8	(図)	$V_A=-V_E=-\dfrac{Ph}{l}$ $H_E=-\dfrac{5P}{2}\cdot\dfrac{h^2(2k+3)+2fh}{\beta}$ $H_A=-P-H_E$ $M_B=H_Ah,\quad M_D=H_Eh$ $M_C=\dfrac{Ph}{2}-H_E(h+f)$

III・11 タイバー付き山形ラーメン（その1）の計算公式

No.	架構形式	公式
	架構形式図（B-C-D山形、A-E柱脚、タイバーF、寸法 s, f, h, l、I_b, I_c）	F：タイバー断面積 $k=\dfrac{I_b}{I_c}\cdot\dfrac{h}{s}$, $\quad m=\dfrac{3I_b l}{F\cdot s\cdot f^2}$ $\gamma=(3+4k)(2+m)+m\left(3+\dfrac{2f}{h}\right)^2$ 反力符号 $\oplus\ominus$
III・11・1	等分布荷重 w	$V_A=V_E=\dfrac{wl}{2}$ $H_A=-H_E=\dfrac{wl^2}{8h\gamma}\left\{1+m\left(8+\dfrac{5f}{h}\right)\right\}$ $T=\dfrac{wl^2}{8f\gamma}\left(6+10k-\dfrac{f}{h}\right)$
III・11・2	集中荷重 P（位置 a, b）	$V_A=\dfrac{P\cdot b}{l},\quad V_E=\dfrac{P\cdot a}{l}$ $H_A=-H_E=\dfrac{Pln}{2h\gamma}\Big\{3(2+m)(1-2n)^2$ $\qquad+m\left(3+\dfrac{2f}{h}\right)(3-4n^2)\Big\}$ $n=\dfrac{a}{l},\quad 0<n<\dfrac{l}{2}$ $T=\dfrac{Pln}{2f\gamma}\left\{(3+4k)(3-4n^2)-3\left(3+\dfrac{2f}{h}\right)(1-2n)^2\right\}$
III・11・3	5点集中荷重 $\dfrac{P}{2},P,P,P,\dfrac{P}{2}$	$V_A=V_E=2P$ $H_A=-H_E=\dfrac{Pl}{4h\gamma}\left\{\dfrac{3}{4}(2+m)+\dfrac{19}{4}m\left(3+\dfrac{2f}{h}\right)\right\}$ $T=\dfrac{Pl}{4f\gamma}\left\{\dfrac{19}{4}(3+4k)-\dfrac{3}{4}\left(3+\dfrac{2f}{h}\right)\right\}$
III・11・4	7点集中荷重 $\dfrac{P}{2},P,P,P,P,P,\dfrac{P}{2}$	$V_A=V_E=3P$ $H_A=-H_E=\dfrac{Pl}{6h\gamma}\left\{2(2+m)+11m\left(3+\dfrac{2f}{h}\right)\right\}$ $T=\dfrac{Pl}{6f\gamma}\left\{11(3+4k)-2\left(3+\dfrac{2f}{h}\right)\right\}$

タイバー付き山形ラーメン（その1）の計算公式

No.	架構形式		反力符号

F：タイバー断面積

$$k=\frac{I_b}{I_c}\cdot\frac{h}{s},\quad m=\frac{3I_b l}{Fsf^2}$$

$$\gamma=(3+4k)(2+m)+m\left(3+\frac{2f}{h}\right)^2$$

No.	架構形式	公式
III・11・5	w_1, w_4 荷重図	$V_{A1}=-V_{E1}=-\dfrac{h^2}{2l}(w_1+w_4)$ $H_{A1}=-w_4 h-\dfrac{(w_1-w_4)h}{4\gamma}\left\{(2+m)(9+11k)\right.$ $\left.+m\left(3+\dfrac{2f}{h}\right)\left(9+\dfrac{8f}{h}\right)\right\}$ $H_{E1}=-w_1 h+\dfrac{(w_1-w_4)h}{4\gamma}\left\{(2+m)(9+11k)\right.$ $\left.+m\left(3+\dfrac{2f}{h}\right)\left(9+\dfrac{8f}{h}\right)\right\}$ $T=-\dfrac{(w_1+w_4)h^2}{4f\gamma}\left\{3k+(10k+6)\dfrac{f}{h}\right\}$
III・11・6	w_2, w_3 荷重図	$V_{A2}=-V_{E2}=\dfrac{f}{2l}(2h+f)(w_2-w_3)$ $H_{A2}=-w_3 f+\dfrac{(w_2+w_3)f}{8\gamma}\left\{(2+m)(12+16k)\right.$ $\left.-\dfrac{f}{h}+m\left(3+\dfrac{2f}{h}\right)\left(13+\dfrac{10f}{h}\right)\right\}$ $H_{E2}=w_2 f-\dfrac{(w_2+w_3)f}{8\gamma}\left\{(2+m)(12+16k)\right.$ $\left.-\dfrac{f}{h}+m\left(3+\dfrac{2f}{h}\right)\left(13+\dfrac{10f}{h}\right)\right\}$ $T=\dfrac{(w_2+w_3)f}{4\gamma}\left(6+6k+\dfrac{f}{h}\right)$
III・11・7	w_2, w_3 荷重図	$V_{A3}=-\left(\dfrac{3w_2 l}{8}+\dfrac{w_3 l}{8}\right)$ $V_{E3}=-\left(\dfrac{w_2 l}{8}+\dfrac{3w_3 l}{8}\right)$ $H_{A3}=-H_{E3}=-\dfrac{(w_2+w_3)l^2}{16h\gamma}\left\{1+m\left(8+\dfrac{5f}{h}\right)\right\}$ $T=-\dfrac{(w_2+w_3)l^2}{16f\gamma}\left\{6+10k-\dfrac{f}{h}\right\}$
III・11・8	P 荷重図	$V_A=-V_E=-\dfrac{2Ph}{l}$ $H_A=H_E=-P$ $T=0$

III・12 タイバー付き山形ラーメン（その2）の計算公式

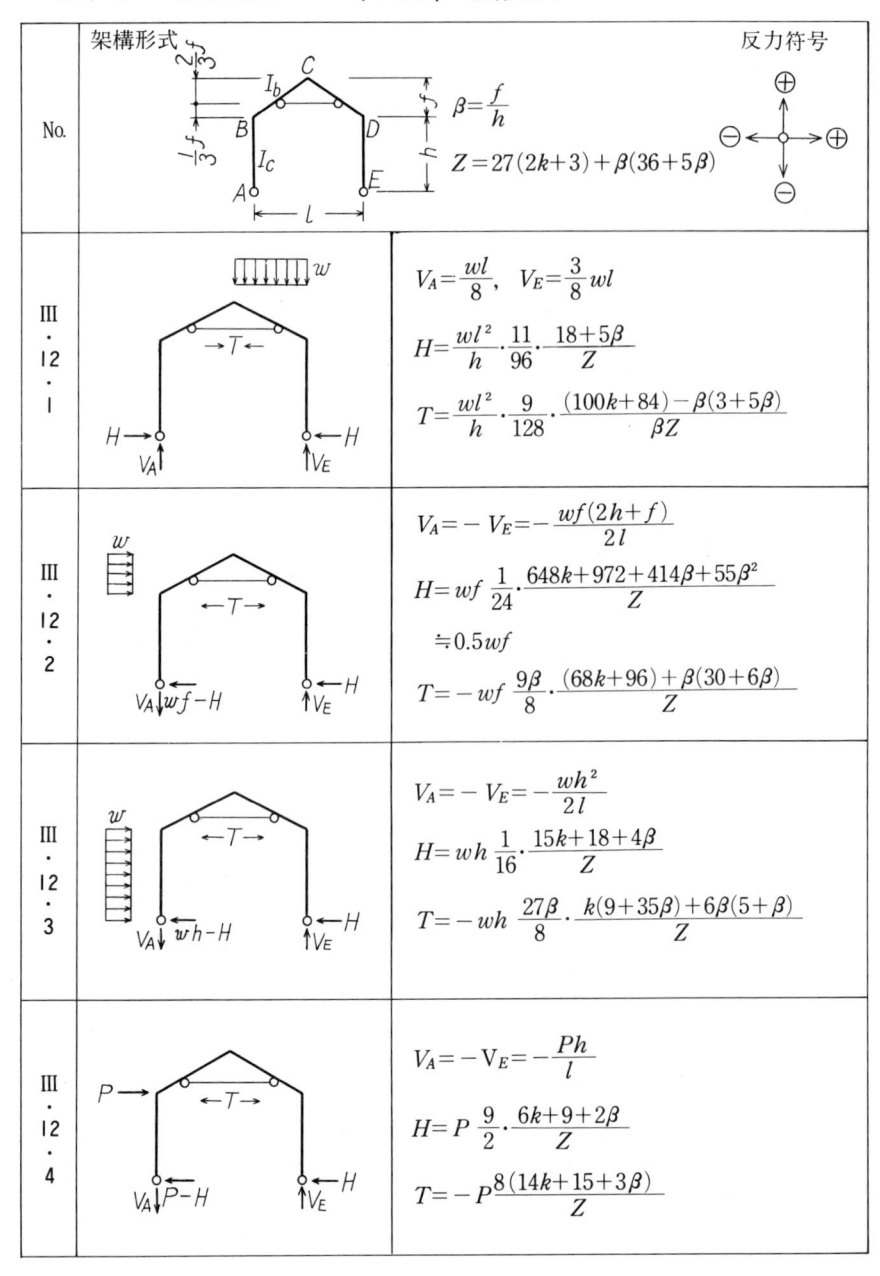

No.	架構形式		反力符号

架構形式: $\beta = \dfrac{f}{h}$, $Z = 27(2k+3) + \beta(36+5\beta)$

III・12・1

等分布荷重 w（鉛直）

$$V_A = \dfrac{wl}{8}, \quad V_E = \dfrac{3}{8}wl$$

$$H = \dfrac{wl^2}{h} \cdot \dfrac{11}{96} \cdot \dfrac{18+5\beta}{Z}$$

$$T = \dfrac{wl^2}{h} \cdot \dfrac{9}{128} \cdot \dfrac{(100k+84) - \beta(3+5\beta)}{\beta Z}$$

III・12・2

水平荷重 w（左側鉛直材）

$$V_A = -V_E = -\dfrac{wf(2h+f)}{2l}$$

$$H = wf \dfrac{1}{24} \cdot \dfrac{648k + 972 + 414\beta + 55\beta^2}{Z}$$

$$\fallingdotseq 0.5 wf$$

$$T = -wf \dfrac{9\beta}{8} \cdot \dfrac{(68k+96) + \beta(30+6\beta)}{Z}$$

$V_A \downarrow wf - H$

III・12・3

水平等分布荷重 w

$$V_A = -V_E = -\dfrac{wh^2}{2l}$$

$$H = wh \dfrac{1}{16} \cdot \dfrac{15k + 18 + 4\beta}{Z}$$

$$T = -wh \dfrac{27\beta}{8} \cdot \dfrac{k(9+35\beta) + 6\beta(5+\beta)}{Z}$$

$V_A \downarrow wh - H$

III・12・4

水平集中荷重 P

$$V_A = -V_E = -\dfrac{Ph}{l}$$

$$H = P \dfrac{9}{2} \cdot \dfrac{6k + 9 + 2\beta}{Z}$$

$$T = -P \dfrac{8(14k + 15 + 3\beta)}{Z}$$

$V_A \downarrow P - H$

III・13　中柱付き山形ラーメンの計算公式

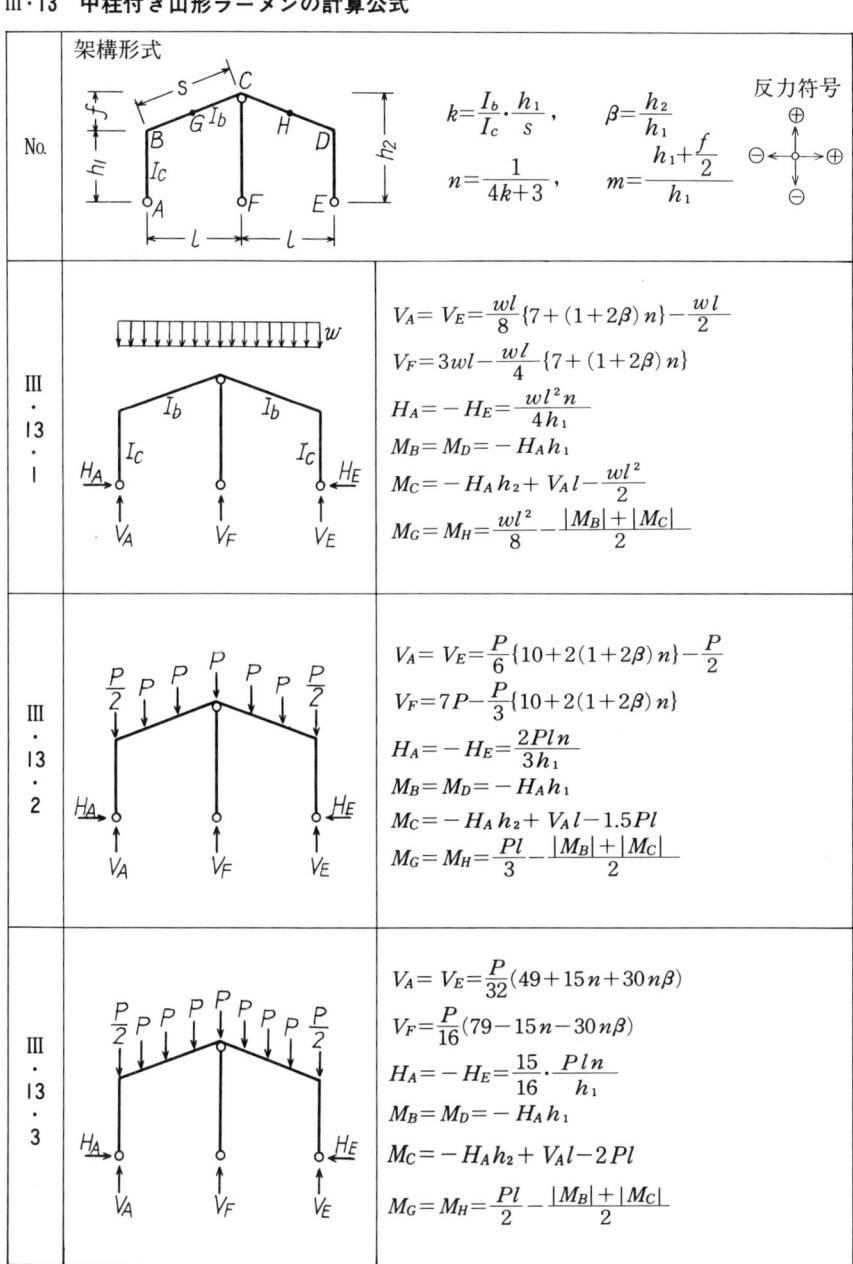

No.	架構形式		
	(図：架構形式 A,B,C,D,E,F,G,H 点、I_b, I_c、h_1, h_2, f, s, l)	$k=\dfrac{I_b}{I_c}\cdot\dfrac{h_1}{s}$,　$\beta=\dfrac{h_2}{h_1}$ $n=\dfrac{1}{4k+3}$,　$m=\dfrac{h_1+\dfrac{f}{2}}{h_1}$	反力符号 $\oplus\ \ominus\ \oplus\ \ominus$

III・13・1	(等分布荷重 w の図)	$V_A = V_E = \dfrac{wl}{8}\{7+(1+2\beta)n\} - \dfrac{wl}{2}$ $V_F = 3wl - \dfrac{wl}{4}\{7+(1+2\beta)n\}$ $H_A = -H_E = \dfrac{wl^2 n}{4h_1}$ $M_B = M_D = -H_A h_1$ $M_C = -H_A h_2 + V_A l - \dfrac{wl^2}{2}$ $M_G = M_H = \dfrac{wl^2}{8} - \dfrac{|M_B|+|M_C|}{2}$

III・13・2	(集中荷重 $\dfrac{P}{2}, P, P, P, P, P, \dfrac{P}{2}$ の図)	$V_A = V_E = \dfrac{P}{6}\{10+2(1+2\beta)n\} - \dfrac{P}{2}$ $V_F = 7P - \dfrac{P}{3}\{10+2(1+2\beta)n\}$ $H_A = -H_E = \dfrac{2Pln}{3h_1}$ $M_B = M_D = -H_A h_1$ $M_C = -H_A h_2 + V_A l - 1.5Pl$ $M_G = M_H = \dfrac{Pl}{3} - \dfrac{|M_B|+|M_C|}{2}$

III・13・3	(集中荷重の図)	$V_A = V_E = \dfrac{P}{32}(49+15n+30n\beta)$ $V_F = \dfrac{P}{16}(79-15n-30n\beta)$ $H_A = -H_E = \dfrac{15}{16}\cdot\dfrac{Pln}{h_1}$ $M_B = M_D = -H_A h_1$ $M_C = -H_A h_2 + V_A l - 2Pl$ $M_G = M_H = \dfrac{Pl}{2} - \dfrac{|M_B|+|M_C|}{2}$

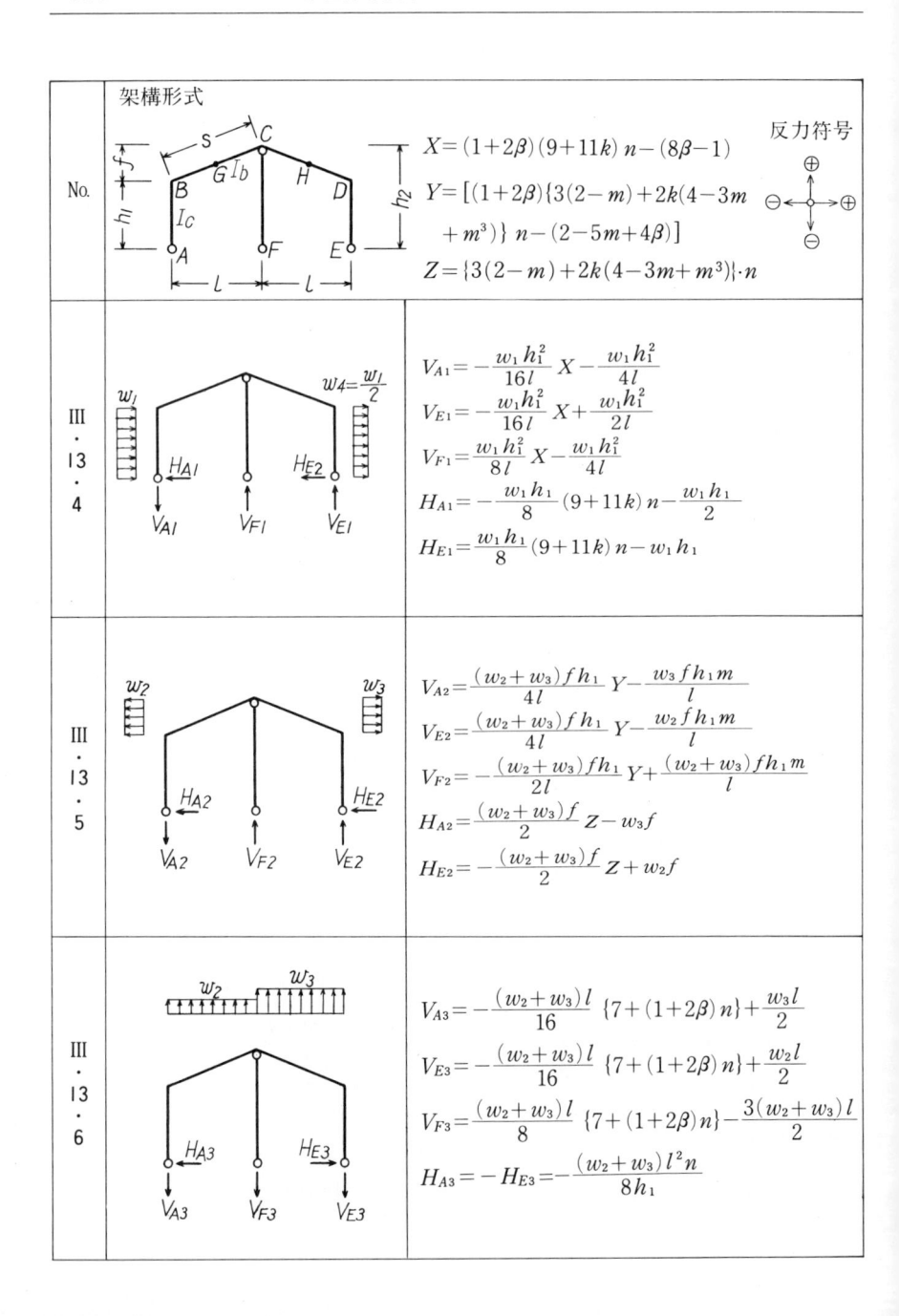

No.	架構形式		
	![frame diagram with points A,B,C,D,E,F,G,H with dimensions s, f, h₁, h₂, l, l and I_b, I_c]	$X=(1+2\beta)(9+11k)n-(8\beta-1)$ $Y=[(1+2\beta)\{3(2-m)+2k(4-3m+m^3)\}n-(2-5m+4\beta)]$ $Z=\{3(2-m)+2k(4-3m+m^3)\}\cdot n$	反力符号 ⊕ ⊖ ⊕ ⊖

III・13・4	load w_1 on left, $w_4=\dfrac{w_1}{2}$ on right; reactions $H_{A1}, V_{A1}, V_{F1}, H_{E2}, V_{E1}$	$V_{A1}=-\dfrac{w_1 h_1^2}{16l}X-\dfrac{w_1 h_1^2}{4l}$ $V_{E1}=-\dfrac{w_1 h_1^2}{16l}X+\dfrac{w_1 h_1^2}{2l}$ $V_{F1}=\dfrac{w_1 h_1^2}{8l}X-\dfrac{w_1 h_1^2}{4l}$ $H_{A1}=-\dfrac{w_1 h_1}{8}(9+11k)n-\dfrac{w_1 h_1}{2}$ $H_{E1}=\dfrac{w_1 h_1}{8}(9+11k)n-w_1 h_1$
III・13・5	loads w_2 (left roof) and w_3 (right roof); reactions $H_{A2}, V_{A2}, V_{F2}, H_{E2}, V_{E2}$	$V_{A2}=\dfrac{(w_2+w_3)fh_1}{4l}Y-\dfrac{w_3 f h_1 m}{l}$ $V_{E2}=\dfrac{(w_2+w_3)fh_1}{4l}Y-\dfrac{w_2 f h_1 m}{l}$ $V_{F2}=-\dfrac{(w_2+w_3)fh_1}{2l}Y+\dfrac{(w_2+w_3)f h_1 m}{l}$ $H_{A2}=\dfrac{(w_2+w_3)f}{2}Z-w_3 f$ $H_{E2}=-\dfrac{(w_2+w_3)f}{2}Z+w_2 f$
III・13・6	horizontal loads w_2, w_3 on top; reactions $H_{A3}, V_{A3}, V_{F3}, H_{E3}, V_{E3}$	$V_{A3}=-\dfrac{(w_2+w_3)l}{16}\{7+(1+2\beta)n\}+\dfrac{w_3 l}{2}$ $V_{E3}=-\dfrac{(w_2+w_3)l}{16}\{7+(1+2\beta)n\}+\dfrac{w_2 l}{2}$ $V_{F3}=\dfrac{(w_2+w_3)l}{8}\{7+(1+2\beta)n\}-\dfrac{3(w_2+w_3)l}{2}$ $H_{A3}=-H_{E3}=-\dfrac{(w_2+w_3)l^2 n}{8h_1}$

中柱付き山形ラーメンの計算公式

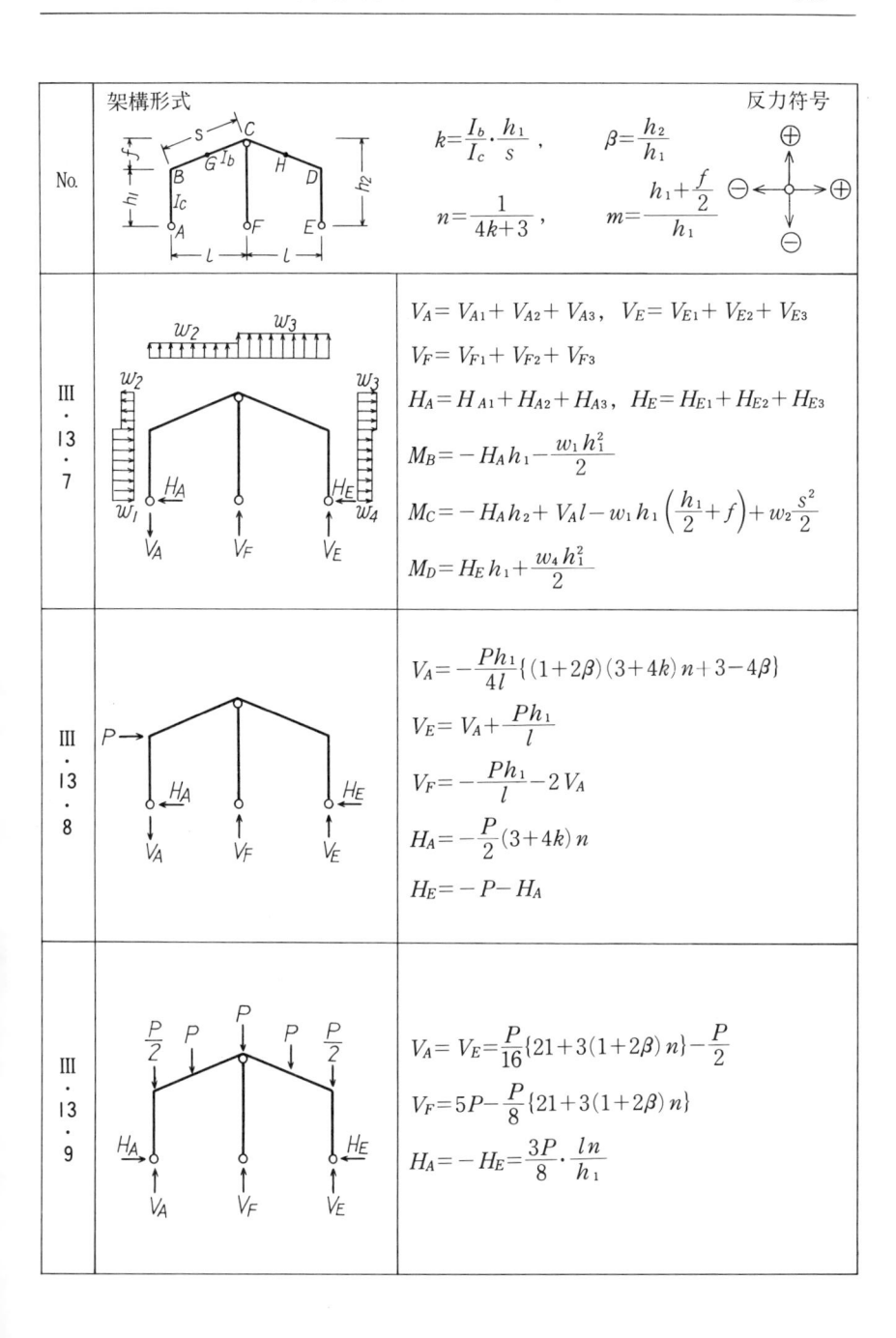

No.	架構形式		反力符号
	(図: 架構形式 A-B-G-C-H-D-E、F中柱、寸法 h_1, h_2, f, s, l, l)	$k=\dfrac{I_b}{I_c}\cdot\dfrac{h_1}{s}$, $\quad \beta=\dfrac{h_2}{h_1}$ $n=\dfrac{1}{4k+3}$, $\quad m=\dfrac{h_1+\dfrac{f}{2}}{h_1}$	(符号規約: $\oplus\ominus$)
III・13・7	(分布荷重 w_1, w_2, w_3, w_4 の図)	$V_A=V_{A1}+V_{A2}+V_{A3}$, $\ V_E=V_{E1}+V_{E2}+V_{E3}$ $V_F=V_{F1}+V_{F2}+V_{F3}$ $H_A=H_{A1}+H_{A2}+H_{A3}$, $\ H_E=H_{E1}+H_{E2}+H_{E3}$ $M_B=-H_A h_1-\dfrac{w_1 h_1^2}{2}$ $M_C=-H_A h_2+V_A l-w_1 h_1\left(\dfrac{h_1}{2}+f\right)+w_2\dfrac{s^2}{2}$ $M_D=H_E h_1+\dfrac{w_4 h_1^2}{2}$	
III・13・8	(水平荷重 P の図)	$V_A=-\dfrac{Ph_1}{4l}\{(1+2\beta)(3+4k)n+3-4\beta\}$ $V_E=V_A+\dfrac{Ph_1}{l}$ $V_F=-\dfrac{Ph_1}{l}-2V_A$ $H_A=-\dfrac{P}{2}(3+4k)n$ $H_E=-P-H_A$	
III・13・9	(鉛直集中荷重 $\dfrac{P}{2}, P, P, P, \dfrac{P}{2}$ の図)	$V_A=V_E=\dfrac{P}{16}\{21+3(1+2\beta)n\}-\dfrac{P}{2}$ $V_F=5P-\dfrac{P}{8}\{21+3(1+2\beta)n\}$ $H_A=-H_E=\dfrac{3P}{8}\cdot\dfrac{ln}{h_1}$	

III・14 中柱むねピン山形ラーメンの計算公式

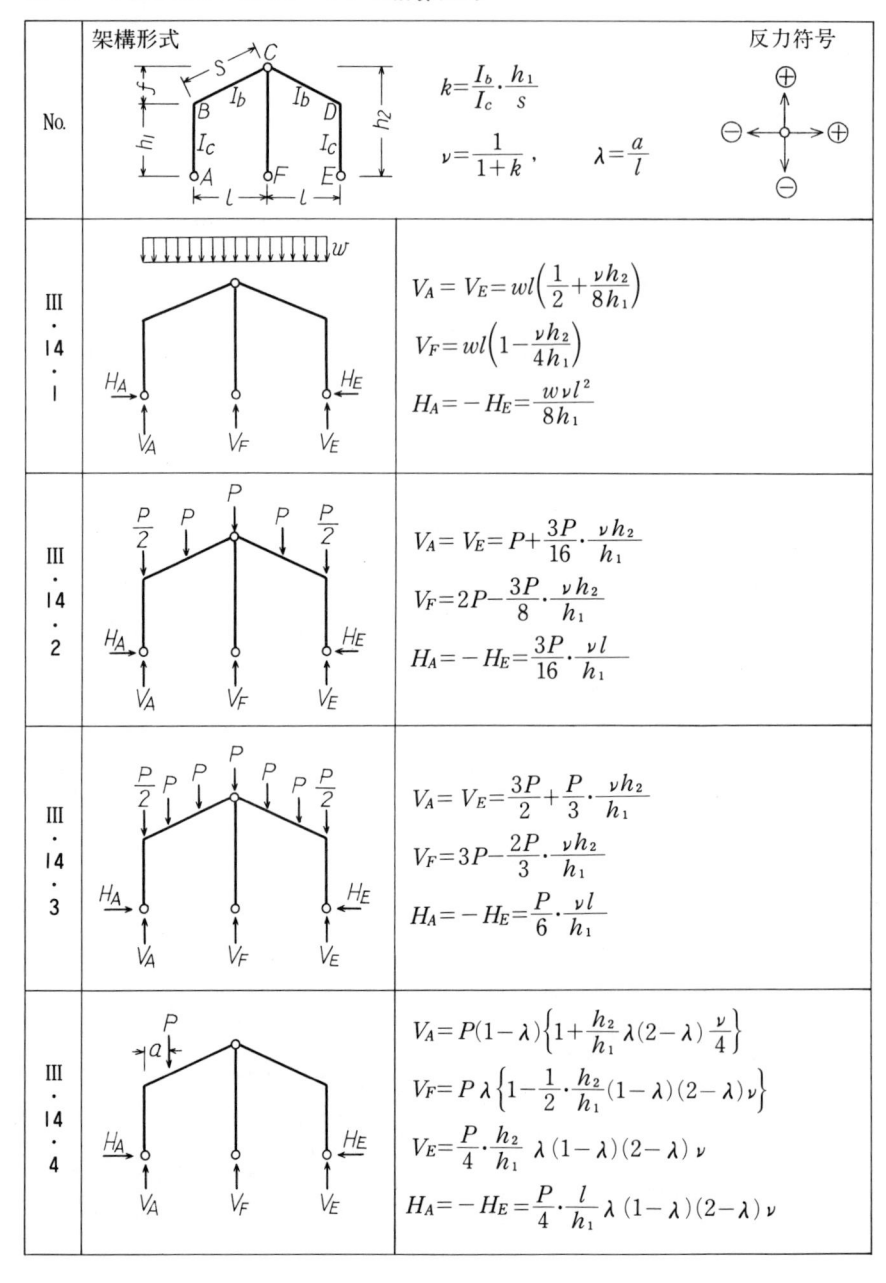

No.	架構形式		反力符号
	架構形式図 (A, B, C, D, E, F, I_b, I_c, h_1, h_2, f, s, l)	$k=\dfrac{I_b}{I_c}\cdot\dfrac{h_1}{s}$ $\nu=\dfrac{1}{1+k}$, $\quad \lambda=\dfrac{a}{l}$	⊕ ⊖ 十字符号 ⊕ ⊖
III・14・1	等分布荷重 w	$V_A = V_E = wl\left(\dfrac{1}{2}+\dfrac{\nu h_2}{8h_1}\right)$ $V_F = wl\left(1-\dfrac{\nu h_2}{4h_1}\right)$ $H_A = -H_E = \dfrac{w\nu l^2}{8h_1}$	
III・14・2	集中荷重 $\dfrac{P}{2}, P, P, P, \dfrac{P}{2}$	$V_A = V_E = P+\dfrac{3P}{16}\cdot\dfrac{\nu h_2}{h_1}$ $V_F = 2P-\dfrac{3P}{8}\cdot\dfrac{\nu h_2}{h_1}$ $H_A = -H_E = \dfrac{3P}{16}\cdot\dfrac{\nu l}{h_1}$	
III・14・3	集中荷重 $\dfrac{P}{2}, P, P, P, P, P, \dfrac{P}{2}$	$V_A = V_E = \dfrac{3P}{2}+\dfrac{P}{3}\cdot\dfrac{\nu h_2}{h_1}$ $V_F = 3P-\dfrac{2P}{3}\cdot\dfrac{\nu h_2}{h_1}$ $H_A = -H_E = \dfrac{P}{6}\cdot\dfrac{\nu l}{h_1}$	
III・14・4	集中荷重 P（位置 a）	$V_A = P(1-\lambda)\left\{1+\dfrac{h_2}{h_1}\lambda(2-\lambda)\dfrac{\nu}{4}\right\}$ $V_F = P\lambda\left\{1-\dfrac{1}{2}\cdot\dfrac{h_2}{h_1}(1-\lambda)(2-\lambda)\nu\right\}$ $V_E = \dfrac{P}{4}\cdot\dfrac{h_2}{h_1}\lambda(1-\lambda)(2-\lambda)\nu$ $H_A = -H_E = \dfrac{P}{4}\cdot\dfrac{l}{h_1}\lambda(1-\lambda)(2-\lambda)\nu$	

中柱むねピン山形ラーメンの計算公式

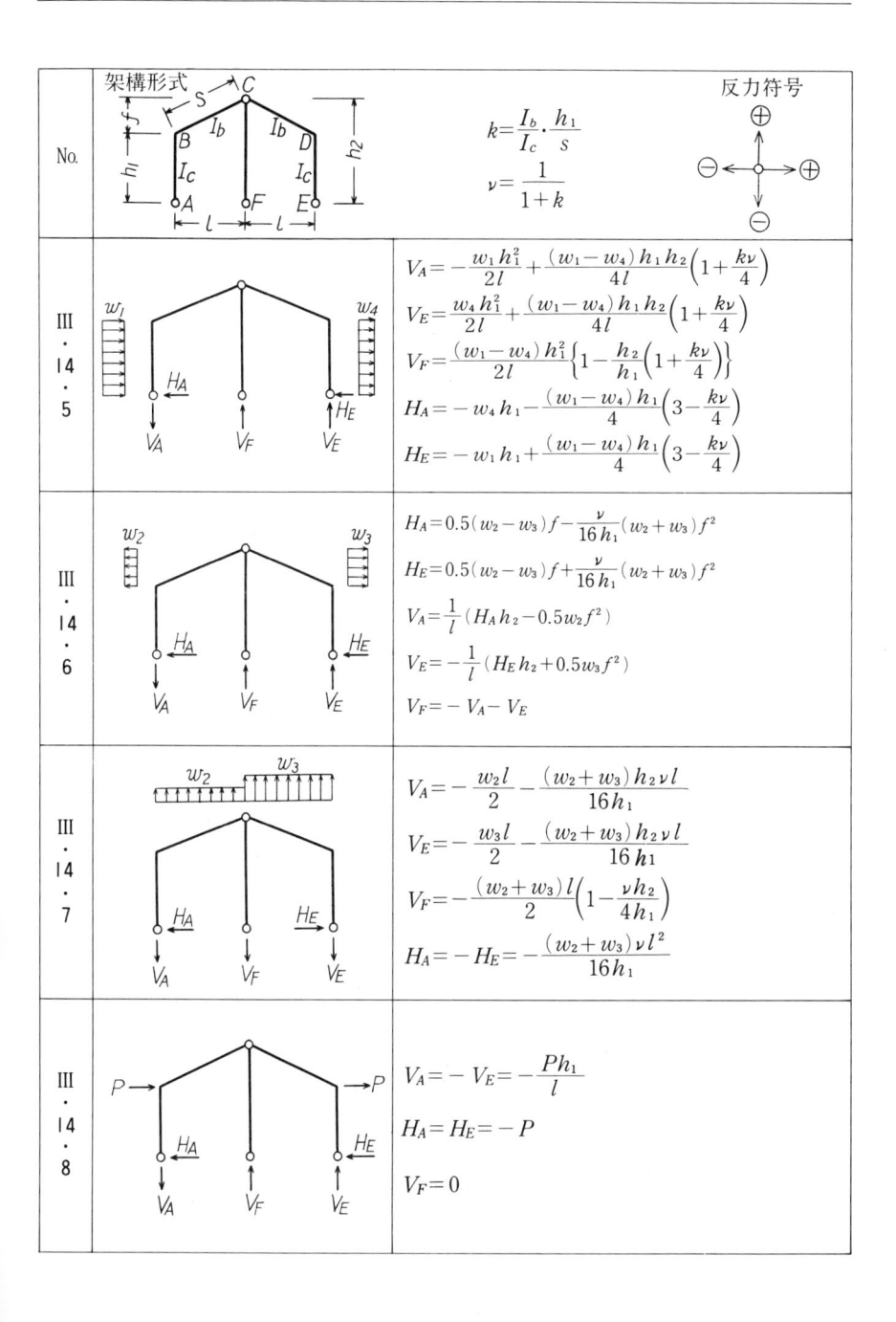

No.	架構形式		反力符号
	図: $h_1, f, B, I_b, S, C, I_b, D, h_2, I_c, I_c, A, F, E, l, l$	$k = \dfrac{I_b}{I_c} \cdot \dfrac{h_1}{s}$　$\nu = \dfrac{1}{1+k}$	⊕ ⊖ ⊕ ⊖

No.		式
III・14・5	w_1 ... w_4	$V_A = -\dfrac{w_1 h_1^2}{2l} + \dfrac{(w_1-w_4)h_1 h_2}{4l}\left(1+\dfrac{k\nu}{4}\right)$ $V_E = \dfrac{w_4 h_1^2}{2l} + \dfrac{(w_1-w_4)h_1 h_2}{4l}\left(1+\dfrac{k\nu}{4}\right)$ $V_F = \dfrac{(w_1-w_4)h_1^2}{2l}\left\{1 - \dfrac{h_2}{h_1}\left(1+\dfrac{k\nu}{4}\right)\right\}$ $H_A = -w_4 h_1 - \dfrac{(w_1-w_4)h_1}{4}\left(3 - \dfrac{k\nu}{4}\right)$ $H_E = -w_1 h_1 + \dfrac{(w_1-w_4)h_1}{4}\left(3 - \dfrac{k\nu}{4}\right)$
III・14・6	w_2 ... w_3	$H_A = 0.5(w_2 - w_3)f - \dfrac{\nu}{16 h_1}(w_2+w_3)f^2$ $H_E = 0.5(w_2 - w_3)f + \dfrac{\nu}{16 h_1}(w_2+w_3)f^2$ $V_A = \dfrac{1}{l}(H_A h_2 - 0.5 w_2 f^2)$ $V_E = -\dfrac{1}{l}(H_E h_2 + 0.5 w_3 f^2)$ $V_F = -V_A - V_E$
III・14・7	w_2　w_3	$V_A = -\dfrac{w_2 l}{2} - \dfrac{(w_2+w_3)h_2 \nu l}{16 h_1}$ $V_E = -\dfrac{w_3 l}{2} - \dfrac{(w_2+w_3)h_2 \nu l}{16 h_1}$ $V_F = -\dfrac{(w_2+w_3)l}{2}\left(1 - \dfrac{\nu h_2}{4 h_1}\right)$ $H_A = -H_E = -\dfrac{(w_2+w_3)\nu l^2}{16 h_1}$
III・14・8	$P \to$ ... $\to P$	$V_A = -V_E = -\dfrac{P h_1}{l}$ $H_A = H_E = -P$ $V_F = 0$

III・15 2スパン単層ラーメンの計算公式

No.	架構形式		反力符号
	A-D, B-E, C-F frame with I_b beams, I_c columns, span l, l, height h	$k=\dfrac{I_b}{I_c}\cdot\dfrac{h}{l}$ $n=4k+3$ $m=k+1$	⊕⊖ signs

No.	図	公式
III・15・1	等分布荷重 w	$H_A=-H_C=\dfrac{1}{n}\cdot\dfrac{wl^2}{4h}$, $H_B=0$ $V_A=V_C=\dfrac{3m}{n}\cdot\dfrac{wl}{2}$, $V_B=\dfrac{5k+3}{n}wl$ $M_D=M_F=-\dfrac{1}{n}\cdot\dfrac{wl^2}{4}$, $M_{EB}=0$ $M_{ED}=M_{EF}=-\dfrac{2k+1}{n}\cdot\dfrac{wl^2}{4}$ $x_m=\dfrac{3m}{2n}l$ $M_{\max}=\dfrac{9k^2+10k+3}{n^2}\cdot\dfrac{wl^2}{8}$
III・15・2	左スパンのみ等分布荷重 w	$H_A=\dfrac{7k+6}{nm}\cdot\dfrac{wl^2}{24h}$, $H_B=-\dfrac{1}{m}\cdot\dfrac{wl^2}{12h}$ $H_C=\dfrac{k}{nm}\cdot\dfrac{wl^2}{24h}$ $V_A=\dfrac{7k+6}{n}\cdot\dfrac{wl}{4}$, $V_B=\dfrac{5k+3}{n}\cdot\dfrac{wl}{2}$ $V_C=-\dfrac{k}{n}\cdot\dfrac{wl}{4}$ $M_D=-\dfrac{7k+6}{nm}\cdot\dfrac{wl^2}{24}$, $M_{EB}=\dfrac{1}{m}\cdot\dfrac{wl^2}{12}$ $M_{ED}=-\dfrac{6km+7k+6}{nm}\cdot\dfrac{wl^2}{24}$, $M_F=\dfrac{k}{nm}\cdot\dfrac{wl^2}{24}$ $M_{EF}=-\dfrac{(6k+5)k}{nm}\cdot\dfrac{wl^2}{24}$ $x_m=\dfrac{7k+6}{n}\cdot\dfrac{l}{4}$ $M_{\max}=\dfrac{(7k+6)(21k^2+23k+6)}{n^2m}\cdot\dfrac{wl^2}{96}$
III・15・3	左スパン w_1, 右スパン w_2	$H_A=\dfrac{(7k+6)w_1-kw_2}{mnh}\cdot\dfrac{l^2}{24}$, $H_B=-\dfrac{(w_1-w_2)}{mh}\cdot\dfrac{l^2}{12}$ $H_C=-\dfrac{(7k+6)w_2-kw_1}{mnh}\cdot\dfrac{l^2}{24}$ $V_A=\dfrac{(7k+6)w_1-kw_2}{n}\cdot\dfrac{l}{4}$, $V_B=\dfrac{(5k+3)(w_1+w_2)}{n}\cdot\dfrac{l}{2}$ $V_C=\dfrac{(7k+6)w_2-kw_1}{n}\cdot\dfrac{l}{4}$ $M_D=-\dfrac{(7k+6)w_1-kw_2}{nm}\cdot\dfrac{l^2}{24}$, $M_{EB}=\dfrac{(w_1-w_2)}{m}\cdot\dfrac{l^2}{12}$ $M_F=-\dfrac{(7k+6)w_2-kw_1}{nm}\cdot\dfrac{l^2}{24}$ $M_{ED}=-\dfrac{(6k^2+13k+6)w_1+(6k+5)kw_2}{nm}\cdot\dfrac{l^2}{24}$ $M_{EF}=-\dfrac{(6k^2+13k+6)w_2+(6k+5)kw_1}{nm}\cdot\dfrac{l^2}{24}$ $x_m=\dfrac{l}{4n}\left(7k+6-\dfrac{kw_2}{w_1}\right)$ $M_{\max}=V_A\cdot x_m-H_Ah-\dfrac{w_1x_m^2}{2}$

2 スパン単層ラーメンの計算公式

No.	架構形式		
	$D\ I_b\ E\ I_b\ F$ — h ; $A\ I_c\ B\ I_c\ C$ — l — l —	$k=\dfrac{I_b}{I_c}\cdot\dfrac{h}{l}$; $n=4k+3$; $m=k+1$	反力符号

III・15・4

$H_A=-H_C=\dfrac{3ab^2}{n}\cdot\dfrac{P}{hl^2},\quad H_B=0$

$V_A=V_C=\dfrac{2(a+2l)k+3(2a+l)}{n}\cdot\dfrac{P\cdot b^2}{l^3}$

$V_B=\dfrac{4(2l^3-ab^2-2b^2l)k+6(l^3-2ab^2-b^2l)}{n}\cdot\dfrac{P}{l^3}$

$M_D=M_F=-\dfrac{3ab^2}{n}\cdot\dfrac{P}{l^2},\quad M_{EB}=0$

$M_{ED}=M_{EF}=-\dfrac{2(a+l)k+3a}{n}\cdot\dfrac{P\cdot a\cdot b}{l^2}$

$M_P=\dfrac{2(a+2l)k+6a}{n}\cdot\dfrac{P\cdot a\cdot b^2}{l^3}$

III・15・5

$H_A=\dfrac{an+(10k+9)b}{nm}\cdot\dfrac{P\cdot a\cdot b}{4hl^2},\quad H_B=-\dfrac{1}{m}\cdot\dfrac{P\cdot a\cdot b}{2hl}$

$H_C=\dfrac{an-(2k+3)b}{nm}\cdot\dfrac{P\cdot a\cdot b}{4hl^2}$

$V_A=\dfrac{2(3ab+2b^2+2l^2)k+3(3ab+b^2+l^2)}{n}\cdot\dfrac{P\cdot b}{2l^3}$

$V_B=\dfrac{2(2l^3-ab^2-2b^2l)k+3(l^3-2ab^2-b^2l)}{n}\cdot\dfrac{P}{l^3}$

$V_C=\dfrac{3(b-a)-2(b+2a)k}{2l^3}\cdot P\cdot a\cdot b$

$M_D=-\dfrac{an+(10k+9)b}{nm}\cdot\dfrac{P\cdot a\cdot b}{4l^2},\quad M_{EB}=\dfrac{1}{m}\cdot\dfrac{P\cdot a\cdot b}{2l}$

$M_F=\dfrac{an-(2k+3)b}{nm}\cdot\dfrac{P\cdot a\cdot b}{4l^2}$

$M_{ED}=-\dfrac{4(2a+b)k^2+2(9a+4b)k+3(3a+b)}{nm}\cdot\dfrac{P\cdot a\cdot b}{4l^2}$

$M_{EF}=-\dfrac{4(2a+b)k^2+10ak+3(a-b)}{nm}\cdot\dfrac{P\cdot a\cdot b}{4l^2}$

$M_P=V_A\cdot a-H_A h$

III・15・6

$H_A=H_C=-\dfrac{n}{m}\cdot\dfrac{P}{12},\quad H_B=-\dfrac{2k+3}{m}\cdot\dfrac{P}{6}$

$V_A=-\dfrac{h}{l}\cdot\dfrac{P}{2},\quad V_B=0,\quad V_C=\dfrac{h}{l}\cdot\dfrac{P}{2}$

$M_D=\dfrac{n}{m}\cdot\dfrac{Ph}{12},\quad M_{EB}=-\dfrac{2k+3}{m}\cdot\dfrac{Ph}{6}$

$M_{ED}=-\dfrac{2k+3}{m}\cdot\dfrac{Ph}{12},\quad M_{EF}=\dfrac{2k+3}{m}\cdot\dfrac{Ph}{12}$

$M_F=-\dfrac{n}{m}\cdot\dfrac{Ph}{12}$

No.	架構形式		反力符号

共通:
$$k=\frac{I_b}{I_c}\cdot\frac{h}{l}$$
$$n=4k+3$$
$$m=k+1$$

III・15・7

架構形式: 節点 D, E, F 上部梁、節点 A, B, C 下部、I_b 梁、I_c 柱、スパン l、高さ h、荷重 P 位置 a、$f=\dfrac{a}{h}$

$$H_A=-P+\left[\frac{3(9+16k)}{n}-\frac{f^2k(15+16k)}{mn}\right]\frac{Pf}{12}$$

$$H_B=-\left(3-\frac{f^2k}{m}\right)\frac{Pf}{6}$$

$$H_C=-\left[\frac{3(3+8k)}{n}-\frac{f^2k(9+8k)}{mn}\right]\frac{Pf}{12}$$

$$V_A=-\frac{3+k+3f^2k}{n}\cdot\frac{P\cdot a}{2l},\quad V_B=\frac{3(1-f^2)k}{n}\cdot\frac{P\cdot a}{l}$$

$$V_C=\frac{3+7k-3f^2k}{n}\cdot\frac{P\cdot a}{l}$$

$$M_D=\left[\frac{9}{n}+\frac{f^2k(15+16k)}{mn}\right]\frac{P\cdot a}{12}$$

$$M_{EB}=-\left[3-\frac{f^2k}{m}\right]\frac{P\cdot a}{6}$$

$$M_F=-\left[\frac{3(3+8k)}{n}-\frac{f^2k(9+8k)}{mn}\right]\frac{P\cdot a}{12}$$

$$M_{ED}=-\left[\frac{3(3+2k)}{n}+\frac{f^2k(3+2k)}{mn}\right]\frac{P\cdot a}{12}$$

$$M_{EF}=\left[\frac{9(1+2k)}{n}-\frac{f^2k(9+10k)}{mn}\right]\frac{P\cdot a}{12}$$

$$M_P=H_A\cdot a$$

III・15・8

架構形式: 等分布荷重 w を左柱に作用、y_m 高さ位置

$$H_A=-\frac{112k^2+201k+90}{nm}\cdot\frac{wh}{48},\quad H_B=-\frac{5k+6}{m}\cdot\frac{wh}{24}$$

$$H_C=-\frac{40k^2+57k+18}{nm}\cdot\frac{wh}{48}$$

$$V_A=-\frac{5k+6}{n}\cdot\frac{wh^2}{8l},\quad V_B=\frac{3k}{n}\cdot\frac{wh^2}{4l}$$

$$V_C=\frac{11k+6}{n}\cdot\frac{wh^2}{8l}$$

$$M_D=\frac{16k^2+33k+18}{nm}\cdot\frac{wh^2}{48}$$

$$M_{ED}=-\frac{14k^2+33k+18}{nm}\cdot\frac{wh^2}{48}$$

$$M_{EF}=\frac{26k^2+45k+18}{nm}\cdot\frac{wh^2}{48},\quad M_{EB}=-\frac{5k+6}{m}\cdot\frac{wh^2}{24}$$

$$M_F=-\frac{40k^2+57k+18}{nm}\cdot\frac{wh^2}{48}$$

$$y_m=\frac{112k^2+201k+90}{nm}\cdot\frac{h}{48}$$

$$M_{\max}=-H_A\cdot y_m-\frac{w}{2}y_m^2$$

III·16　3スパン単層ラーメンの計算公式

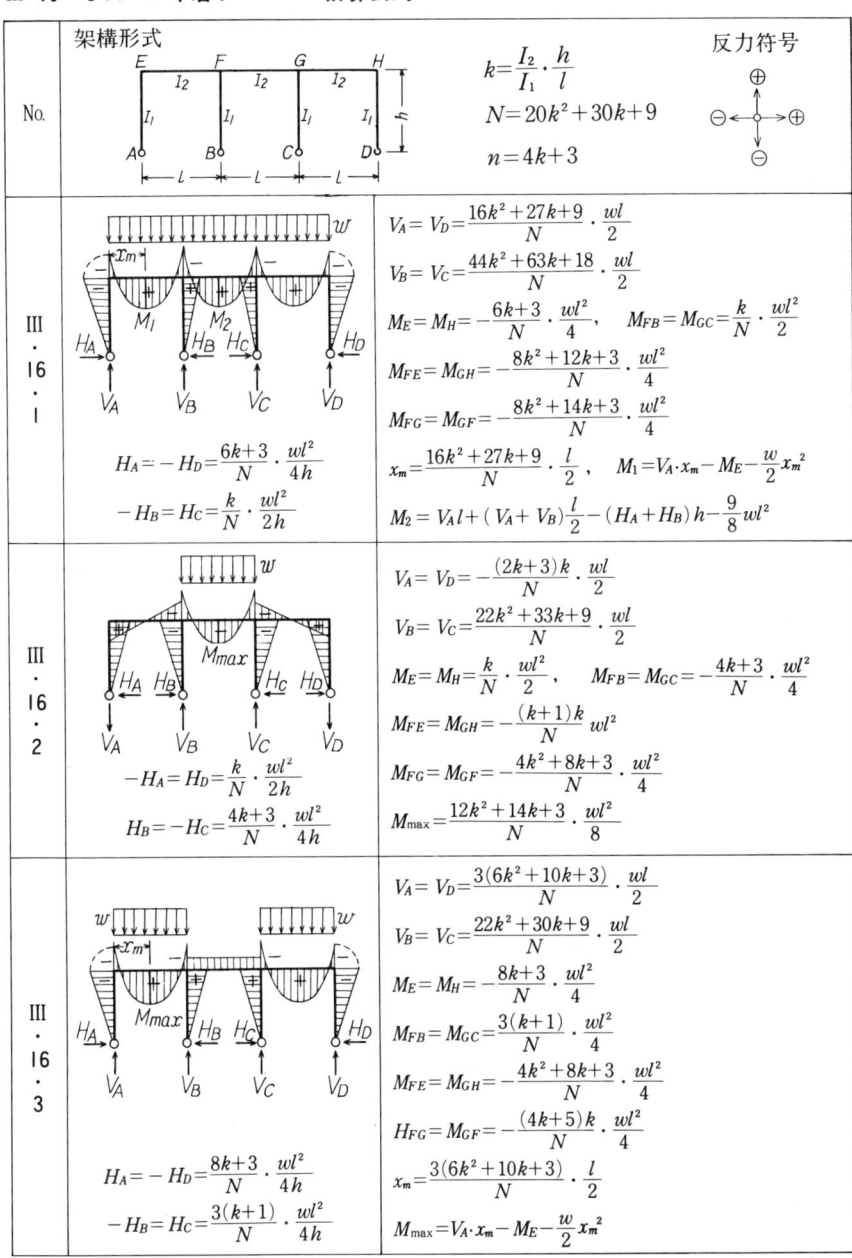

No.	架構形式		反力符号

共通: $k=\dfrac{I_2}{I_1}\cdot\dfrac{h}{l}$, $N=20k^2+30k+9$, $n=4k+3$

III·16·1

$$V_A=V_D=\frac{16k^2+27k+9}{N}\cdot\frac{wl}{2}$$

$$V_B=V_C=\frac{44k^2+63k+18}{N}\cdot\frac{wl}{2}$$

$$M_E=M_H=-\frac{6k+3}{N}\cdot\frac{wl^2}{4},\quad M_{FB}=M_{GC}=\frac{k}{N}\cdot\frac{wl^2}{2}$$

$$M_{FE}=M_{GH}=-\frac{8k^2+12k+3}{N}\cdot\frac{wl^2}{4}$$

$$M_{FG}=M_{GF}=-\frac{8k^2+14k+3}{N}\cdot\frac{wl^2}{4}$$

$$H_A=-H_D=\frac{6k+3}{N}\cdot\frac{wl^2}{4h}$$

$$-H_B=H_C=\frac{k}{N}\cdot\frac{wl^2}{2h}$$

$$x_m=\frac{16k^2+27k+9}{N}\cdot\frac{l}{2},\quad M_1=V_A\cdot x_m-M_E-\frac{w}{2}x_m^2$$

$$M_2=V_A l+(V_A+V_B)\frac{l}{2}-(H_A+H_B)h-\frac{9}{8}wl^2$$

III·16·2

$$V_A=V_D=-\frac{(2k+3)k}{N}\cdot\frac{wl}{2}$$

$$V_B=V_C=\frac{22k^2+33k+9}{N}\cdot\frac{wl}{2}$$

$$M_E=M_H=\frac{k}{N}\cdot\frac{wl^2}{2},\quad M_{FB}=M_{GC}=-\frac{4k+3}{N}\cdot\frac{wl^2}{4}$$

$$M_{FE}=M_{GH}=-\frac{(k+1)k}{N}wl^2$$

$$M_{FG}=M_{GF}=\frac{4k^2+8k+3}{N}\cdot\frac{wl^2}{4}$$

$$-H_A=H_D=\frac{k}{N}\cdot\frac{wl^2}{2h}$$

$$H_B=-H_C=\frac{4k+3}{N}\cdot\frac{wl^2}{4h}$$

$$M_{\max}=\frac{12k^2+14k+3}{N}\cdot\frac{wl^2}{8}$$

III·16·3

$$V_A=V_D=\frac{3(6k^2+10k+3)}{N}\cdot\frac{wl}{2}$$

$$V_B=V_C=\frac{22k^2+30k+9}{N}\cdot\frac{wl}{2}$$

$$M_E=M_H=-\frac{8k+3}{N}\cdot\frac{wl^2}{4}$$

$$M_{FB}=M_{GC}=\frac{3(k+1)}{N}\cdot\frac{wl^2}{4}$$

$$M_{FE}=M_{GH}=-\frac{4k^2+8k+3}{N}\cdot\frac{wl^2}{4}$$

$$H_{FG}=M_{GF}=-\frac{(4k+5)k}{N}\cdot\frac{wl^2}{4}$$

$$H_A=-H_D=\frac{8k+3}{N}\cdot\frac{wl^2}{4h}$$

$$-H_B=H_C=\frac{3(k+1)}{N}\cdot\frac{wl^2}{4h}$$

$$x_m=\frac{3(6k^2+10k+3)}{N}\cdot\frac{l}{2}$$

$$M_{\max}=V_A\cdot x_m-M_E-\frac{w}{2}x_m^2$$

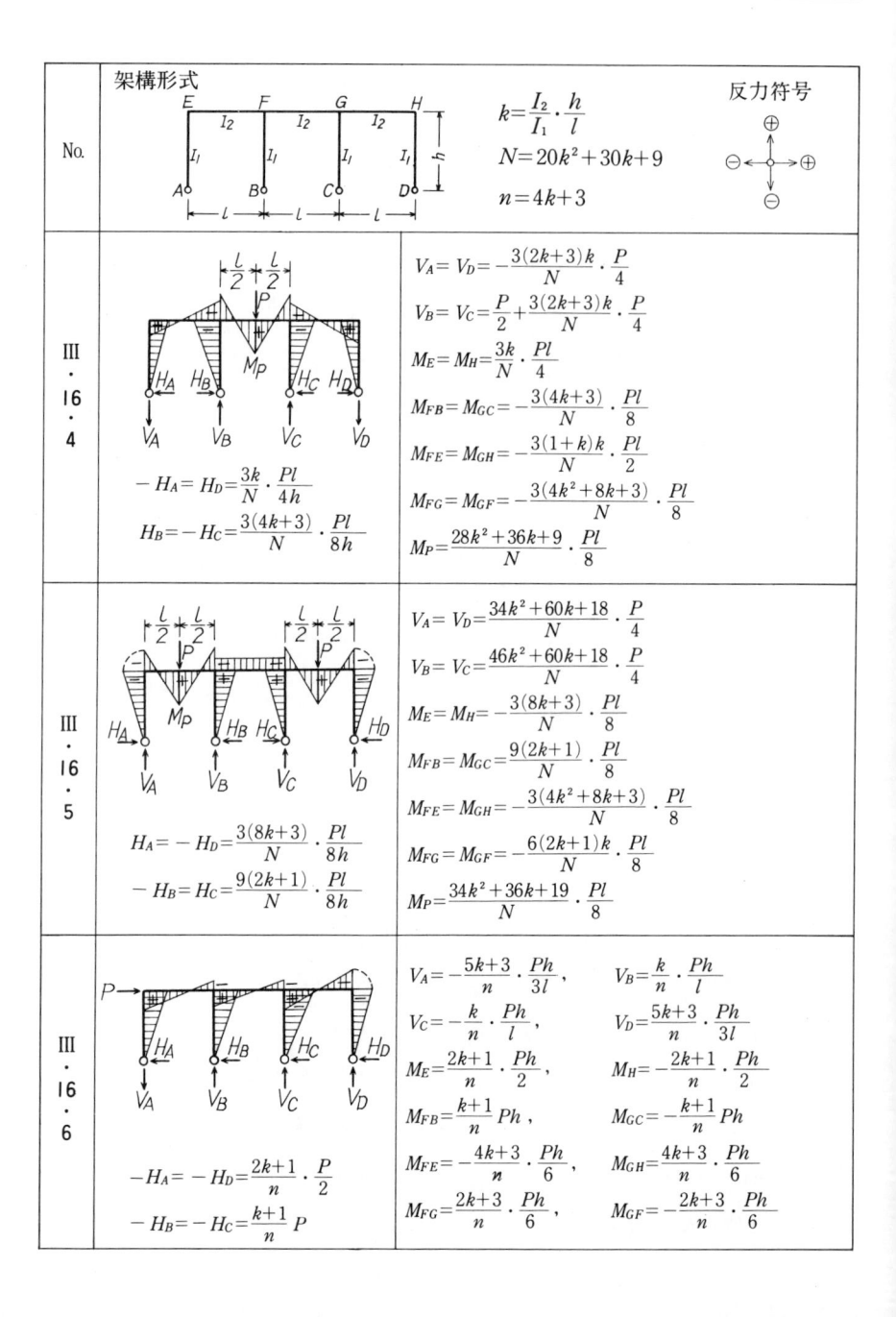

No.	架構形式		
	$E\ \ F\ \ G\ \ H$ 上部 I_2, I_2, I_2; 下部 I_1, I_1, I_1, I_1; $A\ B\ C\ D$, 各スパン l, 高さ h	$k=\dfrac{I_2}{I_1}\cdot\dfrac{h}{l}$ $N=20k^2+30k+9$ $n=4k+3$	反力符号 $\oplus$ / $\ominus\ \oplus$ / $\ominus$

III・16・4	図: 中央スパン中央に P、M_P、反力 H_A, H_B, H_C, H_D、V_A, V_B, V_C, V_D、荷重位置 $l/2+l/2$	$V_A=V_D=-\dfrac{3(2k+3)k}{N}\cdot\dfrac{P}{4}$ $V_B=V_C=\dfrac{P}{2}+\dfrac{3(2k+3)k}{N}\cdot\dfrac{P}{4}$ $M_E=M_H=\dfrac{3k}{N}\cdot\dfrac{Pl}{4}$ $M_{FB}=M_{GC}=-\dfrac{3(4k+3)}{N}\cdot\dfrac{Pl}{8}$ $M_{FE}=M_{GH}=-\dfrac{3(1+k)k}{N}\cdot\dfrac{Pl}{2}$ $M_{FG}=M_{GF}=-\dfrac{3(4k^2+8k+3)}{N}\cdot\dfrac{Pl}{8}$ $M_P=\dfrac{28k^2+36k+9}{N}\cdot\dfrac{Pl}{8}$ $-H_A=H_D=\dfrac{3k}{N}\cdot\dfrac{Pl}{4h}$ $H_B=-H_C=\dfrac{3(4k+3)}{N}\cdot\dfrac{Pl}{8h}$

III・16・5	図: 両端スパン中央に P、M_P、反力 H_A, H_B, H_C, H_D、V_A, V_B, V_C, V_D	$V_A=V_D=\dfrac{34k^2+60k+18}{N}\cdot\dfrac{P}{4}$ $V_B=V_C=\dfrac{46k^2+60k+18}{N}\cdot\dfrac{P}{4}$ $M_E=M_H=-\dfrac{3(8k+3)}{N}\cdot\dfrac{Pl}{8}$ $M_{FB}=M_{GC}=\dfrac{9(2k+1)}{N}\cdot\dfrac{Pl}{8}$ $M_{FE}=M_{GH}=-\dfrac{3(4k^2+8k+3)}{N}\cdot\dfrac{Pl}{8}$ $M_{FG}=M_{GF}=-\dfrac{6(2k+1)k}{N}\cdot\dfrac{Pl}{8}$ $M_P=\dfrac{34k^2+36k+19}{N}\cdot\dfrac{Pl}{8}$ $H_A=-H_D=\dfrac{3(8k+3)}{N}\cdot\dfrac{Pl}{8h}$ $-H_B=H_C=\dfrac{9(2k+1)}{N}\cdot\dfrac{Pl}{8h}$

III・16・6	図: 水平荷重 P が左側から作用、反力 H_A, H_B, H_C, H_D、V_A, V_B, V_C, V_D	$V_A=-\dfrac{5k+3}{n}\cdot\dfrac{Ph}{3l},\quad V_B=\dfrac{k}{n}\cdot\dfrac{Ph}{l}$ $V_C=-\dfrac{k}{n}\cdot\dfrac{Ph}{l},\quad V_D=\dfrac{5k+3}{n}\cdot\dfrac{Ph}{3l}$ $M_E=\dfrac{2k+1}{n}\cdot\dfrac{Ph}{2},\quad M_H=-\dfrac{2k+1}{n}\cdot\dfrac{Ph}{2}$ $M_{FB}=\dfrac{k+1}{n}Ph,\quad M_{GC}=-\dfrac{k+1}{n}Ph$ $M_{FE}=-\dfrac{4k+3}{n}\cdot\dfrac{Ph}{6},\quad M_{GH}=\dfrac{4k+3}{n}\cdot\dfrac{Ph}{6}$ $M_{FG}=\dfrac{2k+3}{n}\cdot\dfrac{Ph}{6},\quad M_{GF}=-\dfrac{2k+3}{n}\cdot\dfrac{Ph}{6}$ $-H_A=-H_D=\dfrac{2k+1}{n}\cdot\dfrac{P}{2}$ $-H_B=-H_C=\dfrac{k+1}{n}P$

3 スパン単層ラーメンの計算公式

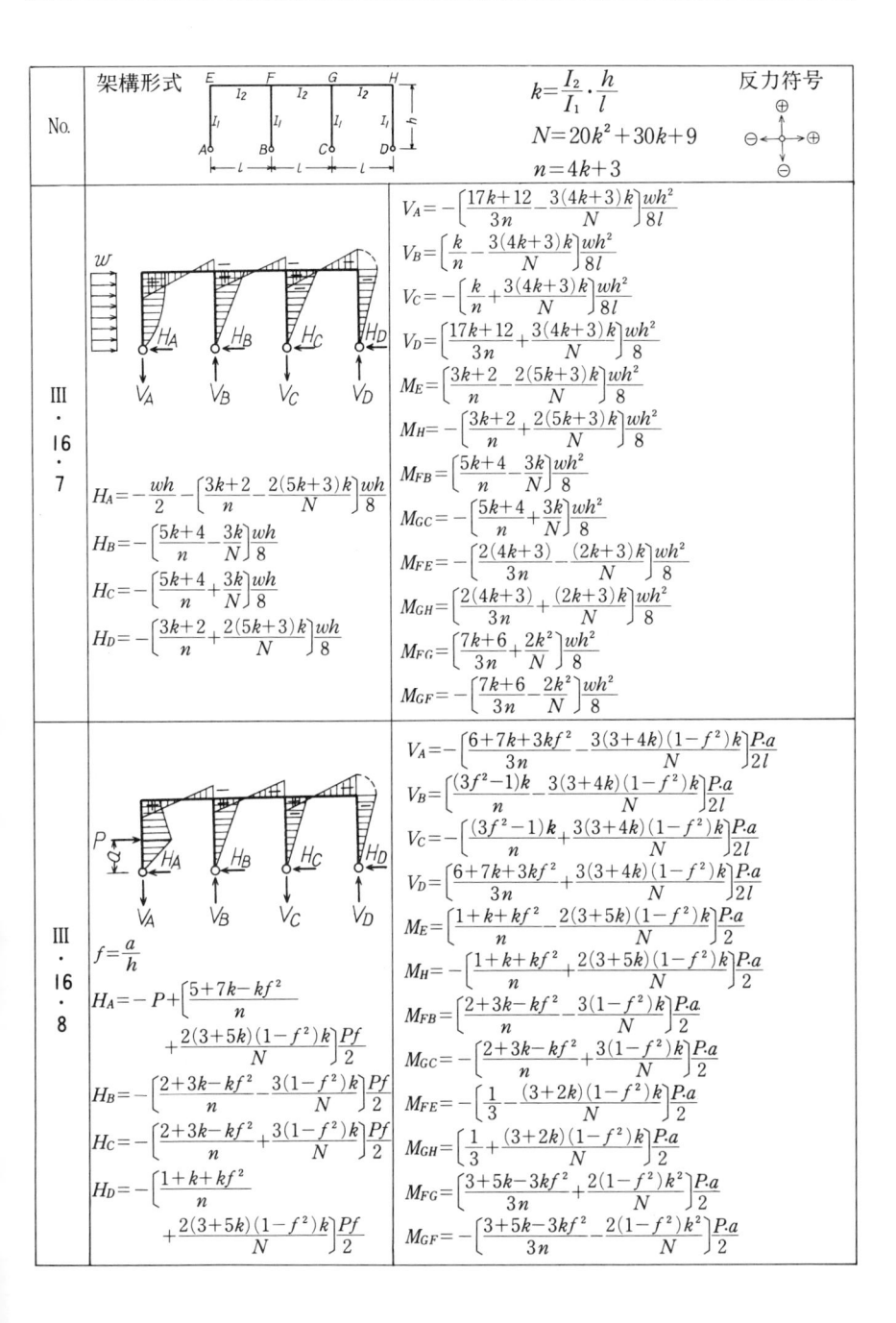

No.	架構形式		
	$k=\dfrac{I_2}{I_1}\cdot\dfrac{h}{l}$ $N=20k^2+30k+9$ $n=4k+3$	反力符号	

III・16・7

$$V_A=-\left[\frac{17k+12}{3n}-\frac{3(4k+3)k}{N}\right]\frac{wh^2}{8l}$$

$$V_B=\left[\frac{k}{n}-\frac{3(4k+3)k}{N}\right]\frac{wh^2}{8l}$$

$$V_C=-\left[\frac{k}{n}+\frac{3(4k+3)k}{N}\right]\frac{wh^2}{8l}$$

$$V_D=\left[\frac{17k+12}{3n}+\frac{3(4k+3)k}{N}\right]\frac{wh^2}{8}$$

$$M_E=\left[\frac{3k+2}{n}-\frac{2(5k+3)k}{N}\right]\frac{wh^2}{8}$$

$$M_H=-\left[\frac{3k+2}{n}+\frac{2(5k+3)k}{N}\right]\frac{wh^2}{8}$$

$$M_{FB}=\left[\frac{5k+4}{n}-\frac{3k}{N}\right]\frac{wh^2}{8}$$

$$M_{GC}=-\left[\frac{5k+4}{n}+\frac{3k}{N}\right]\frac{wh^2}{8}$$

$$M_{FE}=\left[\frac{2(4k+3)}{3n}-\frac{(2k+3)k}{N}\right]\frac{wh^2}{8}$$

$$M_{GH}=\left[\frac{2(4k+3)}{3n}+\frac{(2k+3)k}{N}\right]\frac{wh^2}{8}$$

$$M_{FG}=\left[\frac{7k+6}{3n}+\frac{2k^2}{N}\right]\frac{wh^2}{8}$$

$$M_{GF}=-\left[\frac{7k+6}{3n}-\frac{2k^2}{N}\right]\frac{wh^2}{8}$$

$$H_A=-\frac{wh}{2}-\left[\frac{3k+2}{n}-\frac{2(5k+3)k}{N}\right]\frac{wh}{8}$$

$$H_B=-\left[\frac{5k+4}{n}-\frac{3k}{N}\right]\frac{wh}{8}$$

$$H_C=-\left[\frac{5k+4}{n}+\frac{3k}{N}\right]\frac{wh}{8}$$

$$H_D=-\left[\frac{3k+2}{n}+\frac{2(5k+3)k}{N}\right]\frac{wh}{8}$$

III・16・8

$$f=\frac{a}{h}$$

$$H_A=-P+\left[\frac{5+7k-kf^2}{n}+\frac{2(3+5k)(1-f^2)k}{N}\right]\frac{Pf}{2}$$

$$H_B=-\left[\frac{2+3k-kf^2}{n}-\frac{3(1-f^2)k}{N}\right]\frac{Pf}{2}$$

$$H_C=-\left[\frac{2+3k-kf^2}{n}+\frac{3(1-f^2)k}{N}\right]\frac{Pf}{2}$$

$$H_D=-\left[\frac{1+k+kf^2}{n}+\frac{2(3+5k)(1-f^2)k}{N}\right]\frac{Pf}{2}$$

$$V_A=-\left[\frac{6+7k+3kf^2}{3n}-\frac{3(3+4k)(1-f^2)k}{N}\right]\frac{P\cdot a}{2l}$$

$$V_B=\left[\frac{(3f^2-1)k}{n}-\frac{3(3+4k)(1-f^2)k}{N}\right]\frac{P\cdot a}{2l}$$

$$V_C=-\left[\frac{(3f^2-1)k}{n}+\frac{3(3+4k)(1-f^2)k}{N}\right]\frac{P\cdot a}{2l}$$

$$V_D=\left[\frac{6+7k+3kf^2}{3n}+\frac{3(3+4k)(1-f^2)k}{N}\right]\frac{P\cdot a}{2l}$$

$$M_E=\left[\frac{1+k+kf^2}{n}-\frac{2(3+5k)(1-f^2)k}{N}\right]\frac{P\cdot a}{2}$$

$$M_H=-\left[\frac{1+k+kf^2}{n}+\frac{2(3+5k)(1-f^2)k}{N}\right]\frac{P\cdot a}{2}$$

$$M_{FB}=\left[\frac{2+3k-kf^2}{n}-\frac{3(1-f^2)k}{N}\right]\frac{P\cdot a}{2}$$

$$M_{GC}=-\left[\frac{2+3k-kf^2}{n}+\frac{3(1-f^2)k}{N}\right]\frac{P\cdot a}{2}$$

$$M_{FE}=-\left[\frac{1}{3}-\frac{(3+2k)(1-f^2)k}{N}\right]\frac{P\cdot a}{2}$$

$$M_{GH}=\left[\frac{1}{3}+\frac{(3+2k)(1-f^2)k}{N}\right]\frac{P\cdot a}{2}$$

$$M_{FG}=\left[\frac{3+5k-3kf^2}{3n}+\frac{2(1-f^2)k^2}{N}\right]\frac{P\cdot a}{2}$$

$$M_{GF}=-\left[\frac{3+5k-3kf^2}{3n}-\frac{2(1-f^2)k^2}{N}\right]\frac{P\cdot a}{2}$$

III·17 連棟山形ラーメンの計算公式

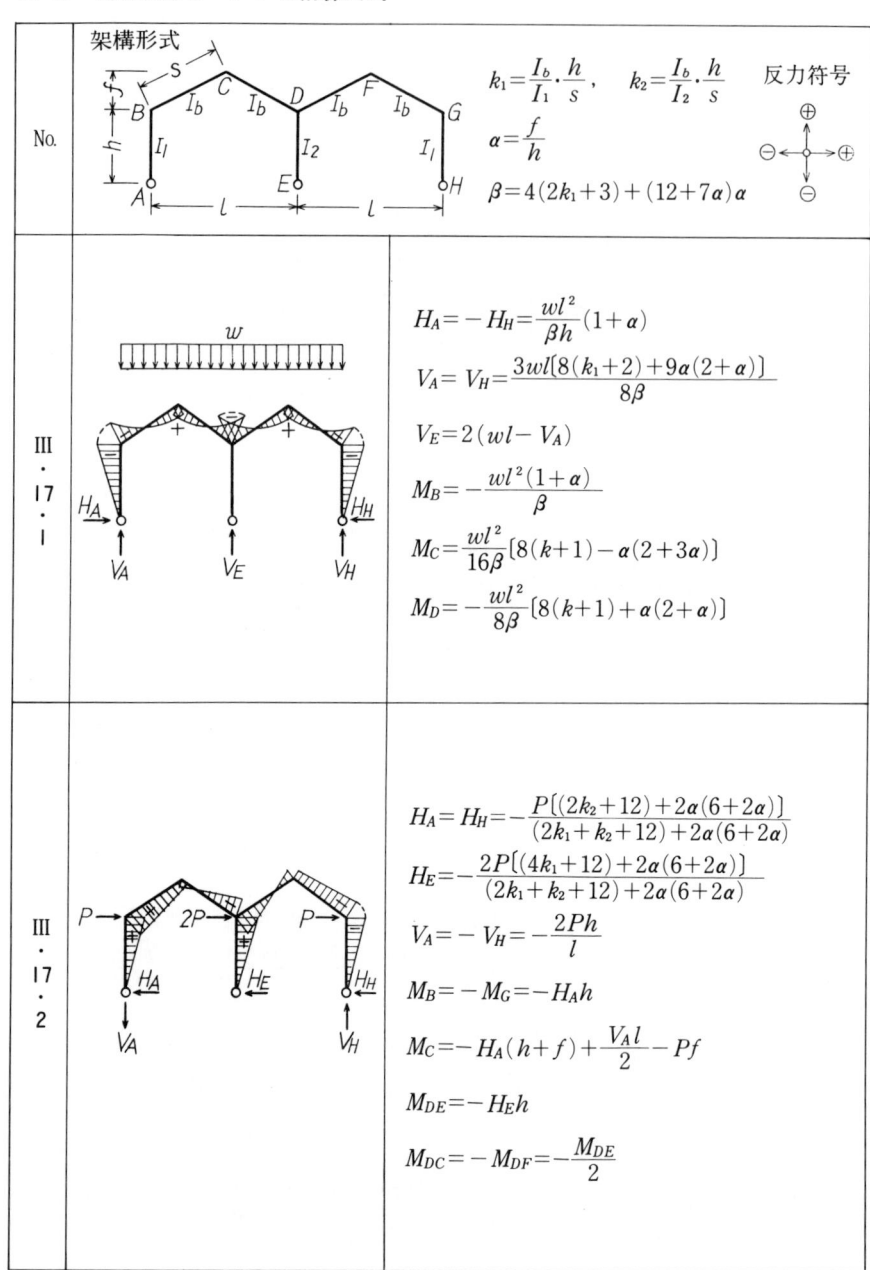

No.	架構形式		
	(図: 架構形式、節点 A, B, C, D, E, F, G, H、梁 I_b、柱 I_1, I_2、高さ h、スパン l、f、s)	$k_1=\dfrac{I_b}{I_1}\cdot\dfrac{h}{s}$, $k_2=\dfrac{I_b}{I_2}\cdot\dfrac{h}{s}$ $\alpha=\dfrac{f}{h}$ $\beta=4(2k_1+3)+(12+7\alpha)\alpha$	反力符号 ⊕ ⊖

III·17·1	(図: 等分布荷重 w、反力 H_A, V_A, V_E, H_H, V_H)	$H_A=-H_H=\dfrac{wl^2}{\beta h}(1+\alpha)$ $V_A=V_H=\dfrac{3wl\{8(k_1+2)+9\alpha(2+\alpha)\}}{8\beta}$ $V_E=2(wl-V_A)$ $M_B=-\dfrac{wl^2(1+\alpha)}{\beta}$ $M_C=\dfrac{wl^2}{16\beta}\{8(k+1)-\alpha(2+3\alpha)\}$ $M_D=-\dfrac{wl^2}{8\beta}\{8(k+1)+\alpha(2+\alpha)\}$

III·17·2	(図: 水平荷重 $P, 2P, P$、反力 H_A, V_A, H_E, H_H, V_H)	$H_A=H_H=-\dfrac{P\{(2k_2+12)+2\alpha(6+2\alpha)\}}{(2k_1+k_2+12)+2\alpha(6+2\alpha)}$ $H_E=-\dfrac{2P\{(4k_1+12)+2\alpha(6+2\alpha)\}}{(2k_1+k_2+12)+2\alpha(6+2\alpha)}$ $V_A=-V_H=-\dfrac{2Ph}{l}$ $M_B=-M_G=-H_Ah$ $M_C=-H_A(h+f)+\dfrac{V_Al}{2}-Pf$ $M_{DE}=-H_Eh$ $M_{DC}=-M_{DF}=-\dfrac{M_{DE}}{2}$

III·18　連棟山形ラーメン（むねピン）の計算公式

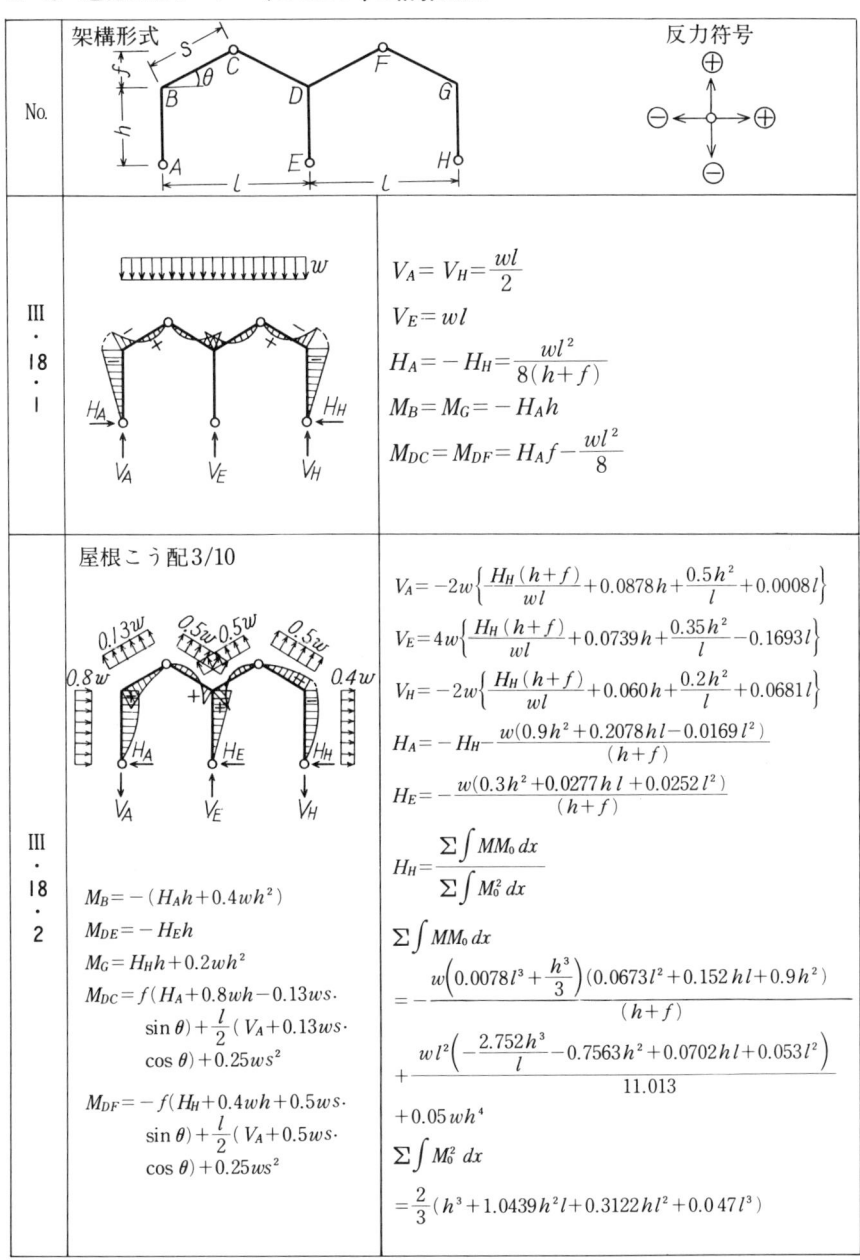

No.	架構形式		反力符号

架構形式: 点A, B, C, D, E, F, G, H からなる連棟山形ラーメン。寸法 h, f, S, θ, l, l

III·18·1	(荷重 w 等分布図)	$V_A = V_H = \dfrac{wl}{2}$ $V_E = wl$ $H_A = -H_H = \dfrac{wl^2}{8(h+f)}$ $M_B = M_G = -H_A h$ $M_{DC} = M_{DF} = H_A f - \dfrac{wl^2}{8}$
III·18·2	屋根こう配 3/10 (荷重図: $0.8w$, $0.13w$, $0.5w$, $0.5w$, $0.5w$, $0.4w$) $M_B = -(H_A h + 0.4wh^2)$ $M_{DE} = -H_E h$ $M_G = H_H h + 0.2wh^2$ $M_{DC} = f(H_A + 0.8wh - 0.13ws\cdot\sin\theta) + \dfrac{l}{2}(V_A + 0.13ws\cdot\cos\theta) + 0.25ws^2$ $M_{DF} = -f(H_H + 0.4wh + 0.5ws\cdot\sin\theta) + \dfrac{l}{2}(V_A + 0.5ws\cdot\cos\theta) + 0.25ws^2$	$V_A = -2w\left\{\dfrac{H_H(h+f)}{wl} + 0.0878h + \dfrac{0.5h^2}{l} + 0.0008l\right\}$ $V_E = 4w\left\{\dfrac{H_H(h+f)}{wl} + 0.0739h + \dfrac{0.35h^2}{l} - 0.1693l\right\}$ $V_H = -2w\left\{\dfrac{H_H(h+f)}{wl} + 0.060h + \dfrac{0.2h^2}{l} + 0.0681l\right\}$ $H_A = -H_H - \dfrac{w(0.9h^2 + 0.2078hl - 0.0169l^2)}{(h+f)}$ $H_E = -\dfrac{w(0.3h^2 + 0.0277hl + 0.0252l^2)}{(h+f)}$ $H_H = \dfrac{\sum\int MM_0\, dx}{\sum\int M_0^2\, dx}$ $\sum\int MM_0\, dx$ $= -\dfrac{w\left(0.0078l^3 + \dfrac{h^3}{3}\right)(0.0673l^2 + 0.152hl + 0.9h^2)}{(h+f)}$ $+ \dfrac{wl^2\left(-\dfrac{2.752h^3}{l} - 0.7563h^2 + 0.0702hl + 0.053l^2\right)}{11.013}$ $+ 0.05wh^4$ $\sum\int M_0^2\, dx$ $= \dfrac{2}{3}(h^3 + 1.0439h^2l + 0.3122hl^2 + 0.047l^3)$

III・19　2層ラーメン（柱脚ピン）の計算公式

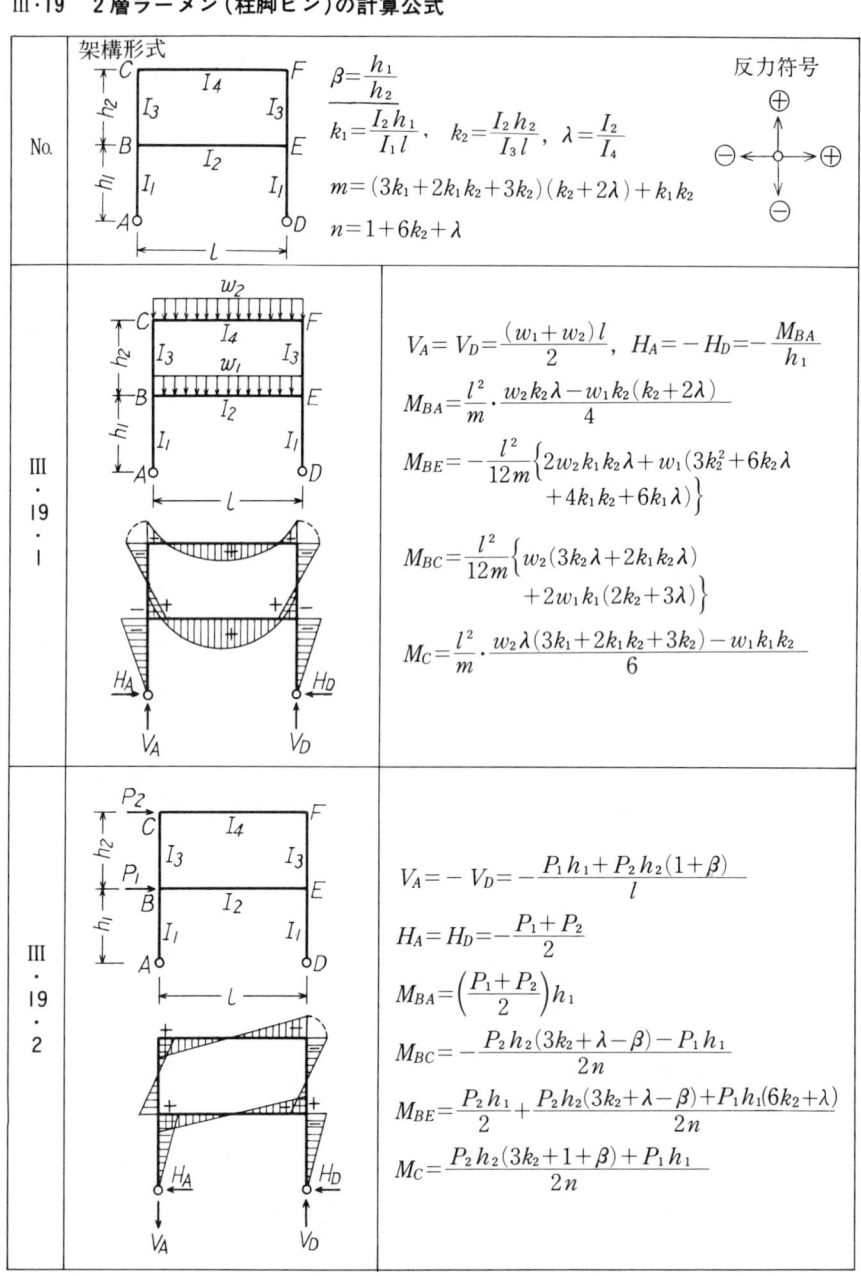

No.	架構形式	
	架構形式：2層ラーメン（上層高さ h_2、下層高さ h_1、スパン l、上梁 I_4、柱上部 I_3、中梁 I_2、柱下部 I_1、節点 C,F,B,E,A,D、柱脚 A,D ピン）	$\beta=\dfrac{h_1}{h_2}$ $k_1=\dfrac{I_2 h_1}{I_1 l},\quad k_2=\dfrac{I_2 h_2}{I_3 l},\quad \lambda=\dfrac{I_2}{I_4}$ $m=(3k_1+2k_1 k_2+3k_2)(k_2+2\lambda)+k_1 k_2$ $n=1+6k_2+\lambda$ 反力符号：⊕－⊕／⊖

III・19・1

上梁に等分布荷重 w_2、中梁に等分布荷重 w_1

$$V_A=V_D=\dfrac{(w_1+w_2)l}{2},\quad H_A=-H_D=-\dfrac{M_{BA}}{h_1}$$

$$M_{BA}=\dfrac{l^2}{m}\cdot\dfrac{w_2 k_2 \lambda-w_1 k_2(k_2+2\lambda)}{4}$$

$$M_{BE}=-\dfrac{l^2}{12m}\bigl\{2w_2 k_1 k_2 \lambda+w_1(3k_2^2+6k_2\lambda+4k_1 k_2+6k_1\lambda)\bigr\}$$

$$M_{BC}=\dfrac{l^2}{12m}\bigl\{w_2(3k_2\lambda+2k_1 k_2\lambda)+2w_1 k_1(2k_2+3\lambda)\bigr\}$$

$$M_C=\dfrac{l^2}{m}\cdot\dfrac{w_2\lambda(3k_1+2k_1 k_2+3k_2)-w_1 k_1 k_2}{6}$$

III・19・2

上層に水平力 P_2（節点 C）、下層に水平力 P_1（節点 B）

$$V_A=-V_D=-\dfrac{P_1 h_1+P_2 h_2(1+\beta)}{l}$$

$$H_A=H_D=-\dfrac{P_1+P_2}{2}$$

$$M_{BA}=\left(\dfrac{P_1+P_2}{2}\right)h_1$$

$$M_{BC}=-\dfrac{P_2 h_2(3k_2+\lambda-\beta)-P_1 h_1}{2n}$$

$$M_{BE}=\dfrac{P_2 h_1}{2}+\dfrac{P_2 h_2(3k_2+\lambda-\beta)+P_1 h_1(6k_2+\lambda)}{2n}$$

$$M_C=\dfrac{P_2 h_2(3k_2+1+\beta)+P_1 h_1}{2n}$$

III·20 山形ラーメン（柱脚固定）の計算公式

No.	架構形式		反力符号
	(図: 山形ラーメン 架構, 節点 A,B,C,D,E, I_b, I_c, s, h, f, l)	$k=\dfrac{I_b}{I_c}\cdot\dfrac{h}{s}$　$N=(kh+f)^2+4k(h^2+hf+f^2)$	(符号図)
III·20·1	(等分布荷重 w の図、$H_A, M_A, V_A, H_E, M_E, V_E$)	$V=V_A=V_E=\dfrac{wl}{2}$ $H=H_A=-H_E=\dfrac{wl^2}{8}\cdot\dfrac{k(4h+5f)+f}{N}$ $M_A=M_E=\dfrac{wl^2}{48}\cdot\dfrac{kh(8h+15f)+f(6h-f)}{N}$ $M_B=M_D=-\dfrac{wl^2}{48}\cdot\dfrac{kh(16h+15f)+f^2}{N}$ $M_C=-H(h+f)+M_A+\dfrac{wl^2}{8}$
III·20·2	(左半分のみ等分布荷重 w の図)	$V_A=\dfrac{wl}{32}\cdot\dfrac{36k+13}{3k+1},\quad V_E=\dfrac{wl}{32}\cdot\dfrac{12k+3}{3k+1}$ $H=H_A=-H_E=\dfrac{wl^2}{16}\cdot\dfrac{k(4h+5f)+f}{N}$ $M_A=\dfrac{wl^2}{96}\left[\dfrac{kh(8h+15f)+f(6h-f)}{N}-\dfrac{3}{2(3k+1)}\right]$ $M_E=\dfrac{wl^2}{96}\left[\dfrac{kh(8h+15f)+f(6h-f)}{N}+\dfrac{3}{2(3k+1)}\right]$ $M_B=-\dfrac{wl^2}{96}\left[\dfrac{kh(16h+15f)+f^2}{N}+\dfrac{3}{2(3k+1)}\right]$ $M_D=-\dfrac{wl^2}{96}\left[\dfrac{kh(16h+15f)+f^2}{N}-\dfrac{3}{2(3k+1)}\right]$ $M_C=-H(h+f)+M_E+V_E\dfrac{l}{2}$
III·20·3	(集中荷重 P、位置 a, b の図)	$V_A=P-V_E,\quad V_E=\dfrac{P\cdot a}{l^2}\cdot\dfrac{3kl^2+a(l+2b)}{3k+1}$ $H=H_A=-H_E=\dfrac{P\cdot a}{l^2}$ $\qquad\times\dfrac{3kl^2(h+f)-4a^2f(k+1)-3al(kh-f)}{N}$ $M_A=\dfrac{P\cdot a}{2l^2}\Bigl[\dfrac{2lh^2bk+3hlf(2a+lk)-f^2l(l-4a)}{N}$ $\qquad+\dfrac{-4a^2fh(k+2)-4a^2f^2}{N}-\dfrac{b(b-a)}{3k+1}\Bigr]$ $M_E=\dfrac{P\cdot a}{2l^2}\Bigl[\dfrac{2lh^2bk+3hlf(2a+lk)-f^2l(l-4a)}{N}$ $\qquad+\dfrac{-4a^2fh(k+2)-4a^2f^2}{N}+\dfrac{b(b-a)}{3k+1}\Bigr]$ $M_B=-Hh+M_A,\quad M_D=-Hh+M_E$ $M_C=-H(h+f)+M_E+V_E\dfrac{l}{2}$ $M_P=-H\left(h+\dfrac{2fa}{l}\right)+M_A+V_A\cdot a$

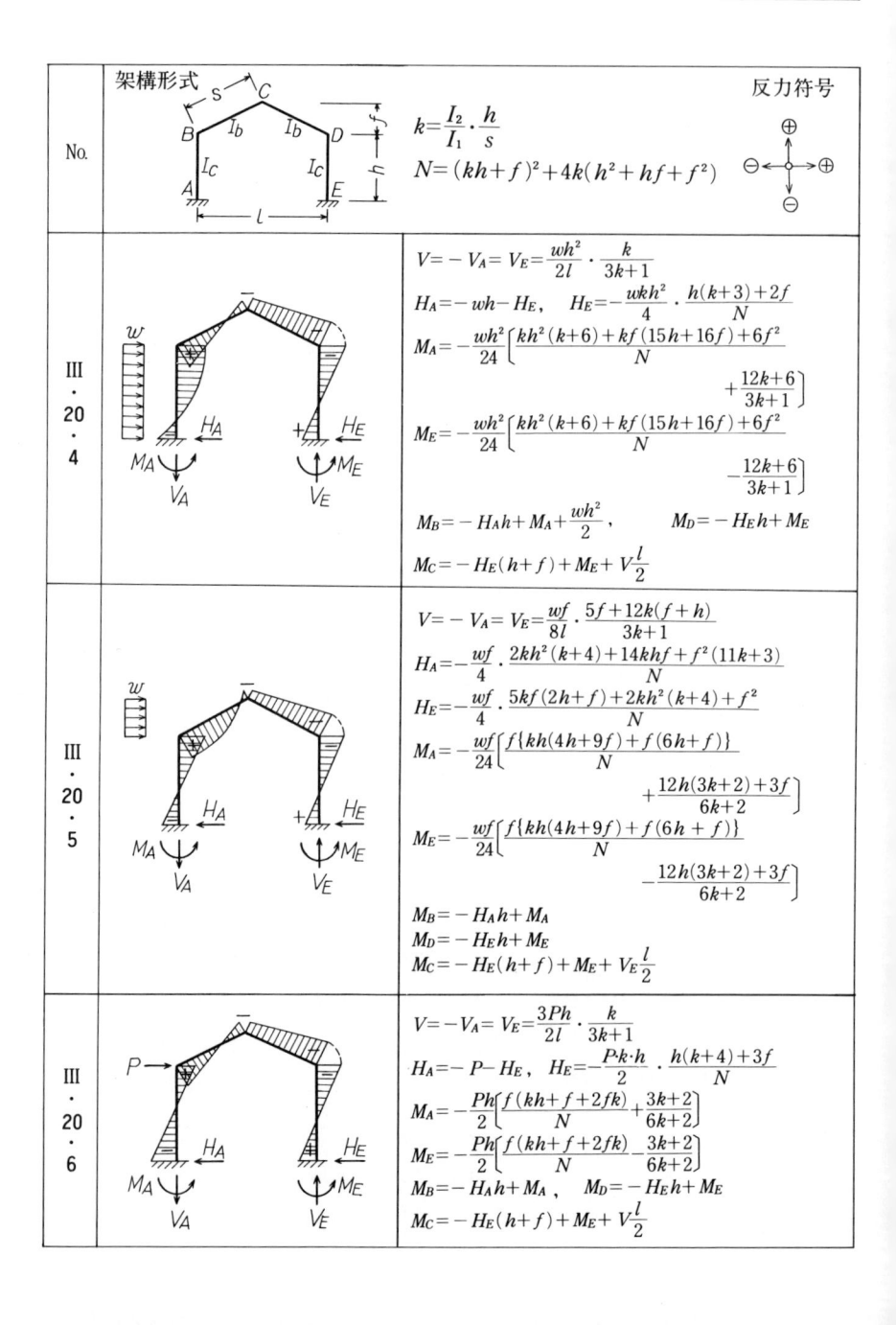

山形ラーメン(柱脚固定)の計算公式

No.	架構形式	反力符号
	架構形式：B-S-C-D-E, I_b, I_c, A, E, 高さ h, f, スパン l	$k=\dfrac{I_2}{I_1}\cdot\dfrac{h}{s}$ $N=(kh+f)^2+4k(h^2+hf+f^2)$

III・20・4

$V=-V_A=V_E=\dfrac{wh^2}{2l}\cdot\dfrac{k}{3k+1}$

$H_A=-wh-H_E, \qquad H_E=-\dfrac{wkh^2}{4}\cdot\dfrac{h(k+3)+2f}{N}$

$M_A=-\dfrac{wh^2}{24}\left[\dfrac{kh^2(k+6)+kf(15h+16f)+6f^2}{N}\right.$
$\left.\qquad\qquad +\dfrac{12k+6}{3k+1}\right]$

$M_E=-\dfrac{wh^2}{24}\left[\dfrac{kh^2(k+6)+kf(15h+16f)+6f^2}{N}\right.$
$\left.\qquad\qquad -\dfrac{12k+6}{3k+1}\right]$

$M_B=-H_A h+M_A+\dfrac{wh^2}{2}, \qquad M_D=-H_E h+M_E$

$M_C=-H_E(h+f)+M_E+V\dfrac{l}{2}$

III・20・5

$V=-V_A=V_E=\dfrac{wf}{8l}\cdot\dfrac{5f+12k(f+h)}{3k+1}$

$H_A=-\dfrac{wf}{4}\cdot\dfrac{2kh^2(k+4)+14khf+f^2(11k+3)}{N}$

$H_E=-\dfrac{wf}{4}\cdot\dfrac{5kf(2h+f)+2kh^2(k+4)+f^2}{N}$

$M_A=-\dfrac{wf}{24}\left[\dfrac{f\{kh(4h+9f)+f(6h+f)\}}{N}\right.$
$\left.\qquad\qquad +\dfrac{12h(3k+2)+3f}{6k+2}\right]$

$M_E=-\dfrac{wf}{24}\left[\dfrac{f\{kh(4h+9f)+f(6h+f)\}}{N}\right.$
$\left.\qquad\qquad -\dfrac{12h(3k+2)+3f}{6k+2}\right]$

$M_B=-H_A h+M_A$
$M_D=-H_E h+M_E$
$M_C=-H_E(h+f)+M_E+V_E\dfrac{l}{2}$

III・20・6

$V=-V_A=V_E=\dfrac{3Ph}{2l}\cdot\dfrac{k}{3k+1}$

$H_A=-P-H_E, \qquad H_E=-\dfrac{P\cdot k\cdot h}{2}\cdot\dfrac{h(k+4)+3f}{N}$

$M_A=-\dfrac{Ph}{2}\left[\dfrac{f(kh+f+2fk)}{N}+\dfrac{3k+2}{6k+2}\right]$

$M_E=-\dfrac{Ph}{2}\left[\dfrac{f(kh+f+2fk)}{N}-\dfrac{3k+2}{6k+2}\right]$

$M_B=-H_A h+M_A, \qquad M_D=-H_E h+M_E$

$M_C=-H_E(h+f)+M_E+V\dfrac{l}{2}$

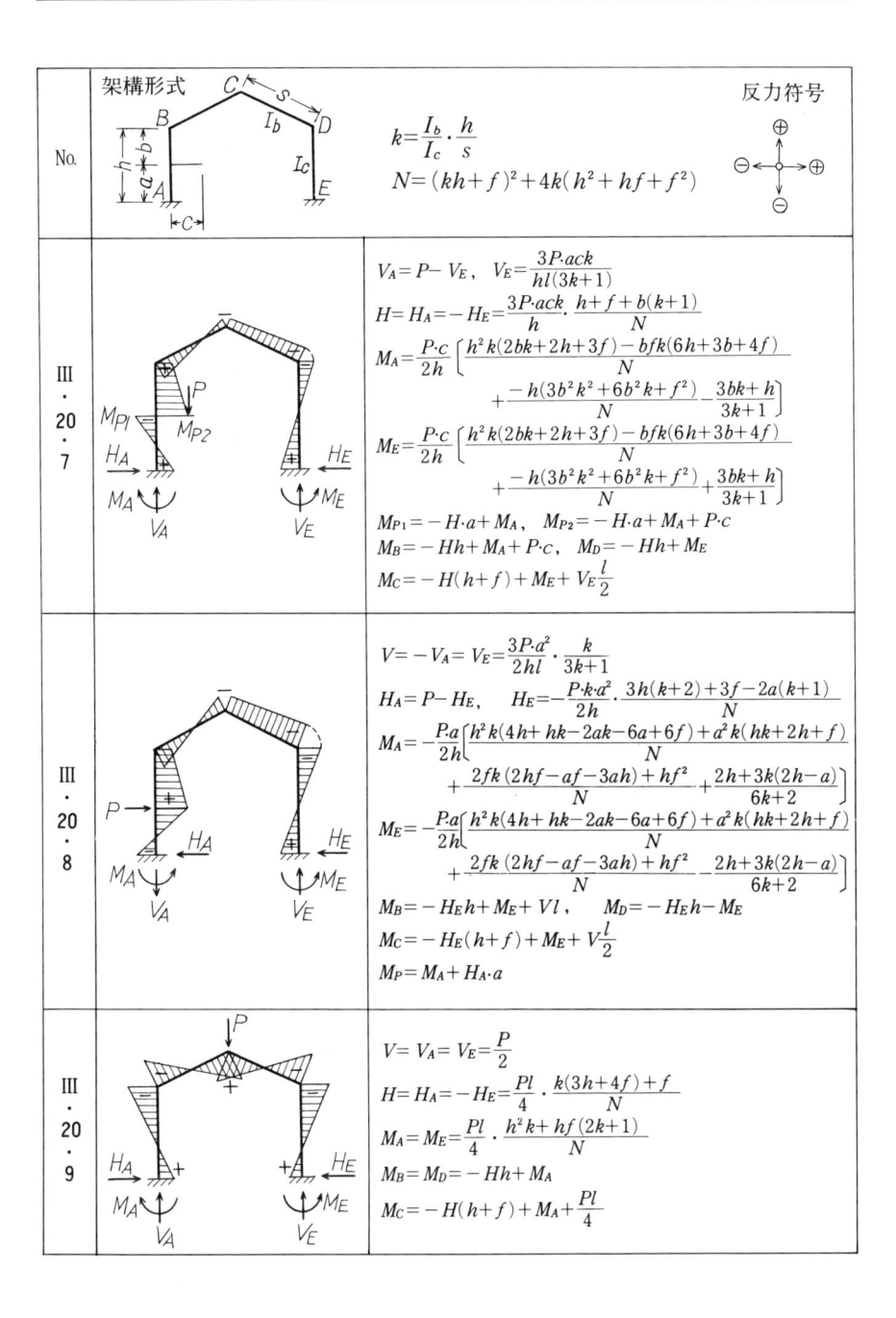

山形ラーメン（柱脚固定）の計算公式

$$k = \frac{I_b}{I_c} \cdot \frac{h}{s}$$

$$N = (kh+f)^2 + 4k(h^2 + hf + f^2)$$

No.	架構形式	反力符号

III・20・7

$$V_A = P - V_E, \quad V_E = \frac{3P \cdot ack}{hl(3k+1)}$$

$$H = H_A = -H_E = \frac{3P \cdot ack}{h} \cdot \frac{h+f+b(k+1)}{N}$$

$$M_A = \frac{P \cdot c}{2h} \left[\frac{h^2 k(2bk+2h+3f) - bfk(6h+3b+4f)}{N} \right.$$
$$\left. + \frac{-h(3b^2k^2 + 6b^2k + f^2)}{N} - \frac{3bk+h}{3k+1} \right]$$

$$M_E = \frac{P \cdot c}{2h} \left[\frac{h^2 k(2bk+2h+3f) - bfk(6h+3b+4f)}{N} \right.$$
$$\left. + \frac{-h(3b^2k^2 + 6b^2k + f^2)}{N} + \frac{3bk+h}{3k+1} \right]$$

$$M_{P1} = -H \cdot a + M_A, \quad M_{P2} = -H \cdot a + M_A + P \cdot c$$

$$M_B = -Hh + M_A + P \cdot c, \quad M_D = -Hh + M_E$$

$$M_C = -H(h+f) + M_E + V_E \frac{l}{2}$$

III・20・8

$$V = -V_A = V_E = \frac{3P \cdot a^2}{2hl} \cdot \frac{k}{3k+1}$$

$$H_A = P - H_E, \quad H_E = -\frac{P \cdot k \cdot a^2}{2h} \cdot \frac{3h(k+2) + 3f - 2a(k+1)}{N}$$

$$M_A = -\frac{P \cdot a}{2h} \left[\frac{h^2 k(4h+hk-2ak-6a+6f) + a^2 k(hk+2h+f)}{N} \right.$$
$$\left. + \frac{2fk(2hf - af - 3ah) + hf^2}{N} + \frac{2h + 3k(2h-a)}{6k+2} \right]$$

$$M_E = -\frac{P \cdot a}{2h} \left[\frac{h^2 k(4h+hk-2ak-6a+6f) + a^2 k(hk+2h+f)}{N} \right.$$
$$\left. + \frac{2fk(2hf - af - 3ah) + hf^2}{N} - \frac{2h + 3k(2h-a)}{6k+2} \right]$$

$$M_B = -H_E h + M_E + Vl, \quad M_D = -H_E h - M_E$$

$$M_C = -H_E(h+f) + M_E + V\frac{l}{2}$$

$$M_P = M_A + H_A \cdot a$$

III・20・9

$$V = V_A = V_E = \frac{P}{2}$$

$$H = H_A = -H_E = \frac{Pl}{4} \cdot \frac{k(3h+4f) + f}{N}$$

$$M_A = M_E = \frac{Pl}{4} \cdot \frac{h^2 k + hf(2k+1)}{N}$$

$$M_B = M_D = -Hh + M_A$$

$$M_C = -H(h+f) + M_A + \frac{Pl}{4}$$

III・21　門形ラーメン（柱脚固定）の計算公式

No.	架構形式		反力符号
	架構形式: 門形ラーメン, 梁 I_b（B-C間）, 柱 I_c（A-B, C-D間）, スパン l, 高さ h	$k = \dfrac{I_b}{I_c} \cdot \dfrac{h}{l}$	⊕（上下）, ⊖⊕（左右）

III・21・1

等分布荷重 w

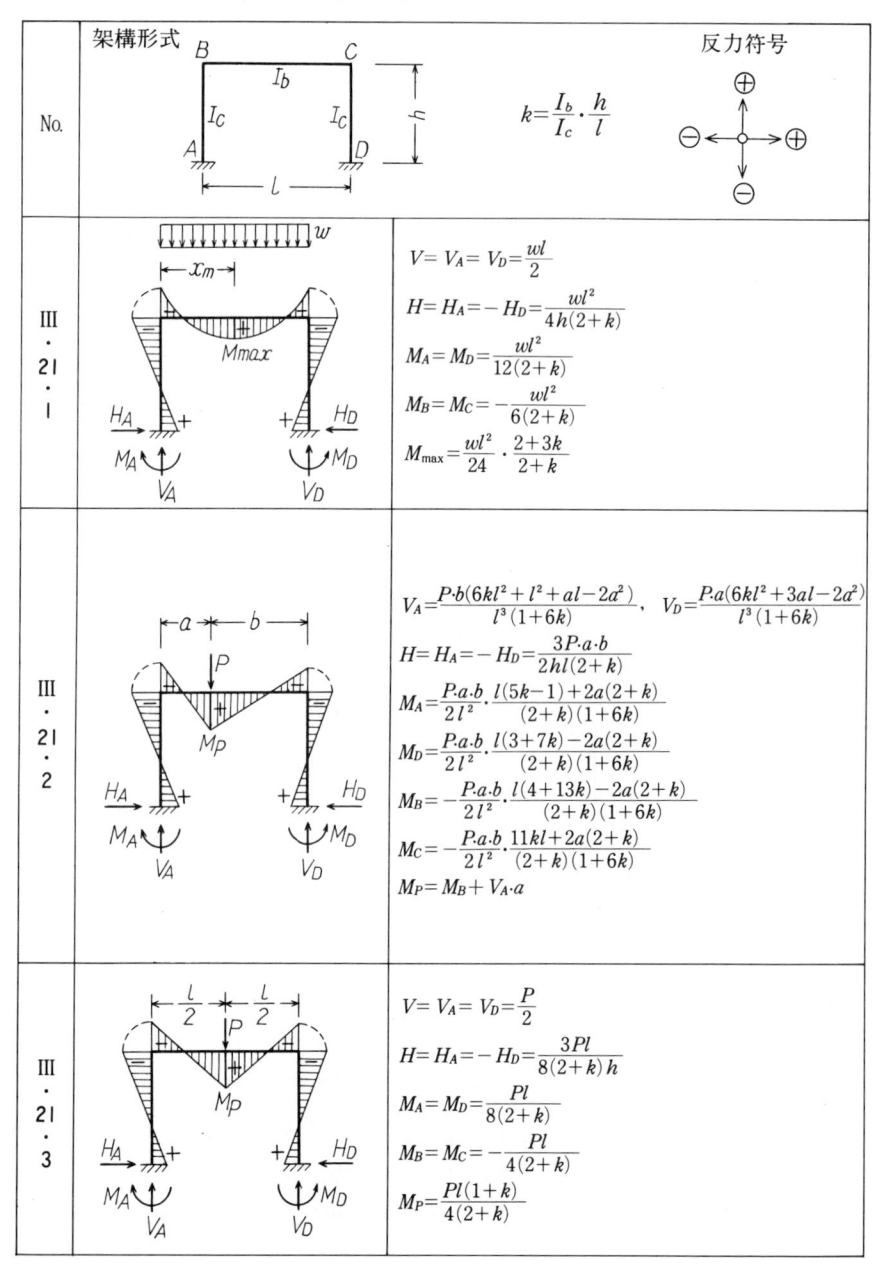

$$V = V_A = V_D = \frac{wl}{2}$$

$$H = H_A = -H_D = \frac{wl^2}{4h(2+k)}$$

$$M_A = M_D = \frac{wl^2}{12(2+k)}$$

$$M_B = M_C = -\frac{wl^2}{6(2+k)}$$

$$M_{max} = \frac{wl^2}{24} \cdot \frac{2+3k}{2+k}$$

III・21・2

集中荷重 P（梁上、左端から a、右端から b）

$$V_A = \frac{P \cdot b(6kl^2 + l^2 + al - 2a^2)}{l^3(1+6k)}, \quad V_D = \frac{P \cdot a(6kl^2 + 3al - 2a^2)}{l^3(1+6k)}$$

$$H = H_A = -H_D = \frac{3P \cdot a \cdot b}{2hl(2+k)}$$

$$M_A = \frac{P \cdot a \cdot b}{2l^2} \cdot \frac{l(5k-1) + 2a(2+k)}{(2+k)(1+6k)}$$

$$M_D = \frac{P \cdot a \cdot b}{2l^2} \cdot \frac{l(3+7k) - 2a(2+k)}{(2+k)(1+6k)}$$

$$M_B = -\frac{P \cdot a \cdot b}{2l^2} \cdot \frac{l(4+13k) - 2a(2+k)}{(2+k)(1+6k)}$$

$$M_C = -\frac{P \cdot a \cdot b}{2l^2} \cdot \frac{11kl + 2a(2+k)}{(2+k)(1+6k)}$$

$$M_P = M_B + V_A \cdot a$$

III・21・3

集中荷重 P（梁中央）

$$V = V_A = V_D = \frac{P}{2}$$

$$H = H_A = -H_D = \frac{3Pl}{8(2+k)h}$$

$$M_A = M_D = \frac{Pl}{8(2+k)}$$

$$M_B = M_C = -\frac{Pl}{4(2+k)}$$

$$M_P = \frac{Pl(1+k)}{4(2+k)}$$

門形ラーメン(柱脚固定)の計算公式

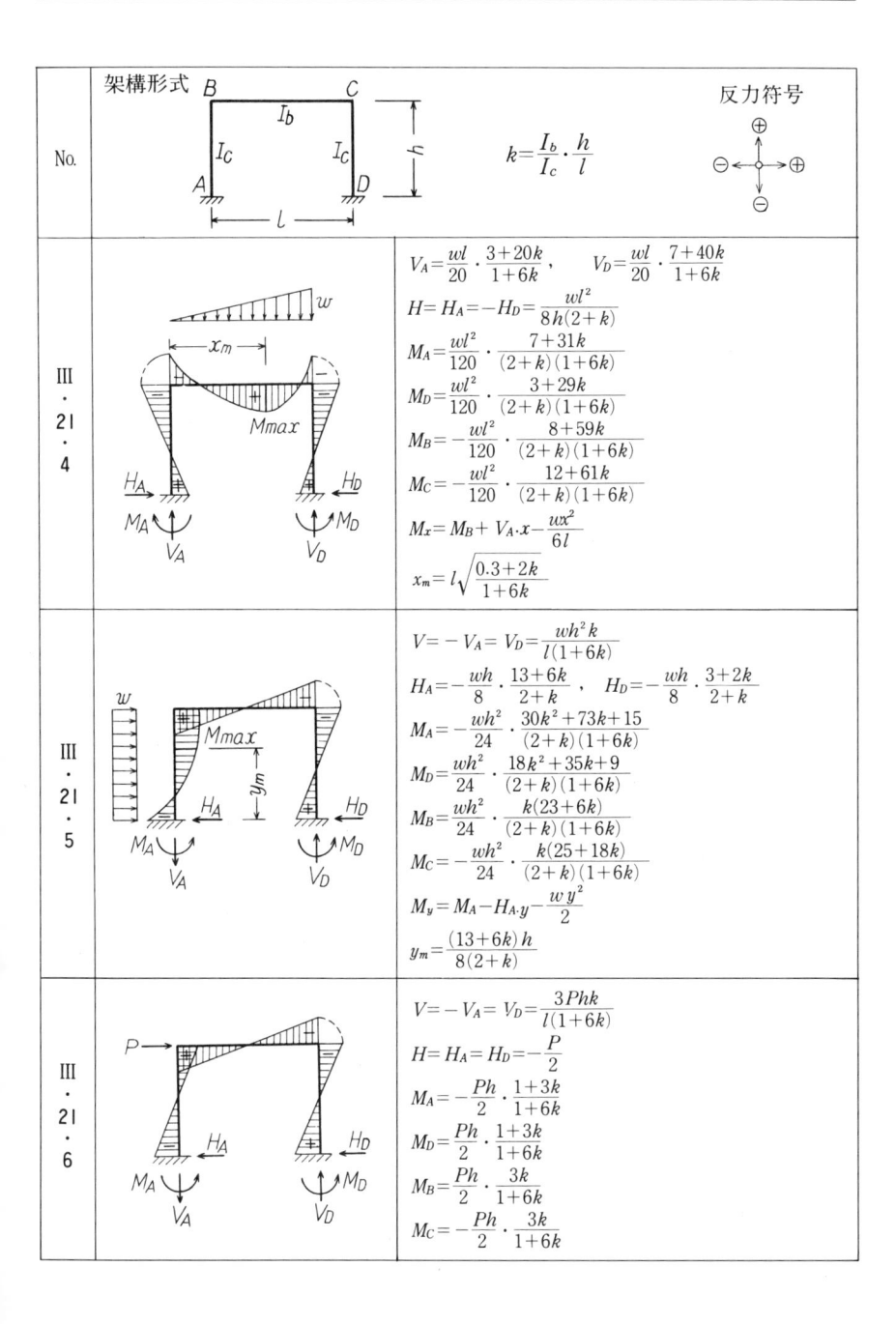

No.	架構形式		反力符号
	$k = \dfrac{I_b}{I_c} \cdot \dfrac{h}{l}$ — frame with B-C beam (I_b), columns I_c, height h, span l, fixed at A, D		

III·21·4	(台形分布荷重 w の図)	$V_A = \dfrac{wl}{20} \cdot \dfrac{3+20k}{1+6k}$, $\quad V_D = \dfrac{wl}{20} \cdot \dfrac{7+40k}{1+6k}$ $H = H_A = -H_D = \dfrac{wl^2}{8h(2+k)}$ $M_A = \dfrac{wl^2}{120} \cdot \dfrac{7+31k}{(2+k)(1+6k)}$ $M_D = \dfrac{wl^2}{120} \cdot \dfrac{3+29k}{(2+k)(1+6k)}$ $M_B = -\dfrac{wl^2}{120} \cdot \dfrac{8+59k}{(2+k)(1+6k)}$ $M_C = -\dfrac{wl^2}{120} \cdot \dfrac{12+61k}{(2+k)(1+6k)}$ $M_x = M_B + V_A \cdot x - \dfrac{wx^2}{6l}$ $x_m = l\sqrt{\dfrac{0.3+2k}{1+6k}}$
III·21·5	(水平等分布荷重 w の図)	$V = -V_A = V_D = \dfrac{wh^2 k}{l(1+6k)}$ $H_A = -\dfrac{wh}{8} \cdot \dfrac{13+6k}{2+k}$, $\quad H_D = -\dfrac{wh}{8} \cdot \dfrac{3+2k}{2+k}$ $M_A = -\dfrac{wh^2}{24} \cdot \dfrac{30k^2+73k+15}{(2+k)(1+6k)}$ $M_D = \dfrac{wh^2}{24} \cdot \dfrac{18k^2+35k+9}{(2+k)(1+6k)}$ $M_B = \dfrac{wh^2}{24} \cdot \dfrac{k(23+6k)}{(2+k)(1+6k)}$ $M_C = -\dfrac{wh^2}{24} \cdot \dfrac{k(25+18k)}{(2+k)(1+6k)}$ $M_y = M_A - H_A \cdot y - \dfrac{wy^2}{2}$ $y_m = \dfrac{(13+6k)h}{8(2+k)}$
III·21·6	(水平集中荷重 P の図)	$V = -V_A = V_D = \dfrac{3Phk}{l(1+6k)}$ $H = H_A = H_D = -\dfrac{P}{2}$ $M_A = -\dfrac{Ph}{2} \cdot \dfrac{1+3k}{1+6k}$ $M_D = \dfrac{Ph}{2} \cdot \dfrac{1+3k}{1+6k}$ $M_B = \dfrac{Ph}{2} \cdot \dfrac{3k}{1+6k}$ $M_C = -\dfrac{Ph}{2} \cdot \dfrac{3k}{1+6k}$

No.	架構形式		反力符号
	$k=\dfrac{I_b}{I_c}\cdot\dfrac{h}{l}$		

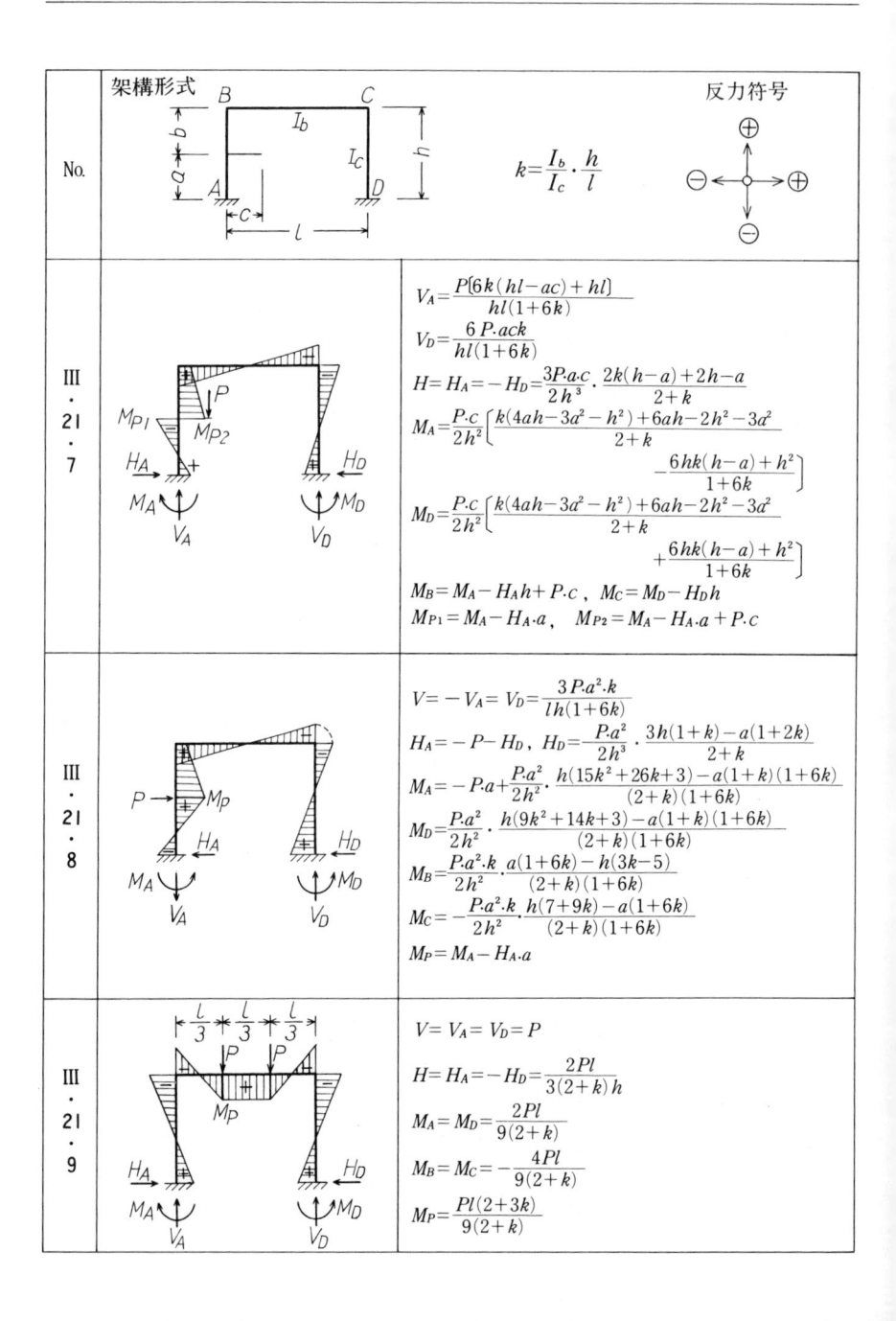

No.	架構形式	公式
III.21.7		$V_A=\dfrac{P[6k(hl-ac)+hl]}{hl(1+6k)}$ $V_D=\dfrac{6P\cdot ack}{hl(1+6k)}$ $H=H_A=-H_D=\dfrac{3P\cdot a\cdot c}{2h^3}\cdot\dfrac{2k(h-a)+2h-a}{2+k}$ $M_A=\dfrac{P\cdot c}{2h^2}\left[\dfrac{k(4ah-3a^2-h^2)+6ah-2h^2-3a^2}{2+k}\right.$ $\left.\qquad-\dfrac{6hk(h-a)+h^2}{1+6k}\right]$ $M_D=\dfrac{P\cdot c}{2h^2}\left[\dfrac{k(4ah-3a^2-h^2)+6ah-2h^2-3a^2}{2+k}\right.$ $\left.\qquad+\dfrac{6hk(h-a)+h^2}{1+6k}\right]$ $M_B=M_A-H_A h+P\cdot c,\quad M_C=M_D-H_D h$ $M_{P1}=M_A-H_A\cdot a,\quad M_{P2}=M_A-H_A\cdot a+P\cdot c$
III.21.8		$V=-V_A=V_D=\dfrac{3P\cdot a^2\cdot k}{lh(1+6k)}$ $H_A=-P-H_D,\quad H_D=\dfrac{P\cdot a^2}{2h^3}\cdot\dfrac{3h(1+k)-a(1+2k)}{2+k}$ $M_A=-P\cdot a+\dfrac{P\cdot a^2}{2h^2}\cdot\dfrac{h(15k^2+26k+3)-a(1+k)(1+6k)}{(2+k)(1+6k)}$ $M_D=\dfrac{P\cdot a^2}{2h^2}\cdot\dfrac{h(9k^2+14k+3)-a(1+k)(1+6k)}{(2+k)(1+6k)}$ $M_B=\dfrac{P\cdot a^2\cdot k}{2h^2}\cdot\dfrac{a(1+6k)-h(3k-5)}{(2+k)(1+6k)}$ $M_C=-\dfrac{P\cdot a^2\cdot k}{2h^2}\cdot\dfrac{h(7+9k)-a(1+6k)}{(2+k)(1+6k)}$ $M_P=M_A-H_A\cdot a$
III.21.9		$V=V_A=V_D=P$ $H=H_A=-H_D=\dfrac{2Pl}{3(2+k)h}$ $M_A=M_D=\dfrac{2Pl}{9(2+k)}$ $M_B=M_C=-\dfrac{4Pl}{9(2+k)}$ $M_P=\dfrac{Pl(2+3k)}{9(2+k)}$

III·22　2スパン単層ラーメン（柱脚固定）の計算公式

No.	架構形式		反力符号

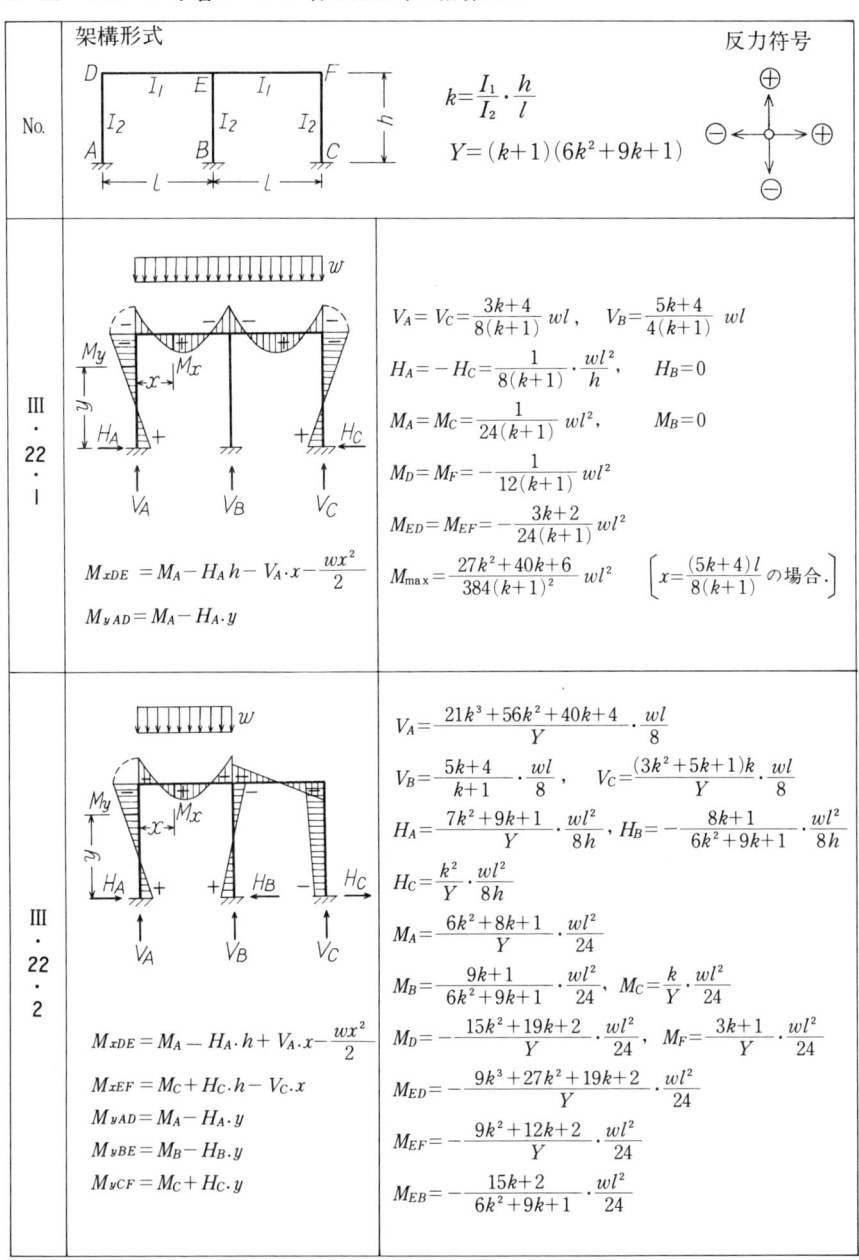

架構形式: D, E, F 上部; A, B, C 下部（柱脚固定）, I_1 梁, I_2 柱, スパン l, 高さ h

$$k=\frac{I_1}{I_2}\cdot\frac{h}{l}$$

$$Y=(k+1)(6k^2+9k+1)$$

III·22·1

$$V_A=V_C=\frac{3k+4}{8(k+1)}wl, \quad V_B=\frac{5k+4}{4(k+1)}wl$$

$$H_A=-H_C=\frac{1}{8(k+1)}\cdot\frac{wl^2}{h}, \quad H_B=0$$

$$M_A=M_C=\frac{1}{24(k+1)}wl^2, \quad M_B=0$$

$$M_D=M_F=-\frac{1}{12(k+1)}wl^2$$

$$M_{ED}=M_{EF}=-\frac{3k+2}{24(k+1)}wl^2$$

$$M_{\max}=\frac{27k^2+40k+6}{384(k+1)^2}wl^2 \quad \left[x=\frac{(5k+4)l}{8(k+1)}\text{の場合.}\right]$$

$$M_{xDE}=M_A-H_A h-V_A\cdot x-\frac{wx^2}{2}$$

$$M_{yAD}=M_A-H_A\cdot y$$

III·22·2

$$V_A=\frac{21k^3+56k^2+40k+4}{Y}\cdot\frac{wl}{8}$$

$$V_B=\frac{5k+4}{k+1}\cdot\frac{wl}{8}, \quad V_C=\frac{(3k^2+5k+1)k}{Y}\cdot\frac{wl}{8}$$

$$H_A=\frac{7k^2+9k+1}{Y}\cdot\frac{wl^2}{8h}, \quad H_B=-\frac{8k+1}{6k^2+9k+1}\cdot\frac{wl^2}{8h}$$

$$H_C=\frac{k^2}{Y}\cdot\frac{wl^2}{8h}$$

$$M_A=\frac{6k^2+8k+1}{Y}\cdot\frac{wl^2}{24}$$

$$M_B=\frac{9k+1}{6k^2+9k+1}\cdot\frac{wl^2}{24}, \quad M_C=\frac{k}{Y}\cdot\frac{wl^2}{24}$$

$$M_D=-\frac{15k^2+19k+2}{Y}\cdot\frac{wl^2}{24}, \quad M_F=\frac{3k+1}{Y}\cdot\frac{wl^2}{24}$$

$$M_{ED}=-\frac{9k^3+27k^2+19k+2}{Y}\cdot\frac{wl^2}{24}$$

$$M_{EF}=-\frac{9k^2+12k+2}{Y}\cdot\frac{wl^2}{24}$$

$$M_{EB}=-\frac{15k+2}{6k^2+9k+1}\cdot\frac{wl^2}{24}$$

$$M_{xDE}=M_A-H_A\cdot h+V_A\cdot x-\frac{wx^2}{2}$$

$$M_{xEF}=M_C+H_C\cdot h-V_C\cdot x$$

$$M_{yAD}=M_A-H_A\cdot y$$

$$M_{yBE}=M_B-H_B\cdot y$$

$$M_{yCF}=M_C+H_C\cdot y$$

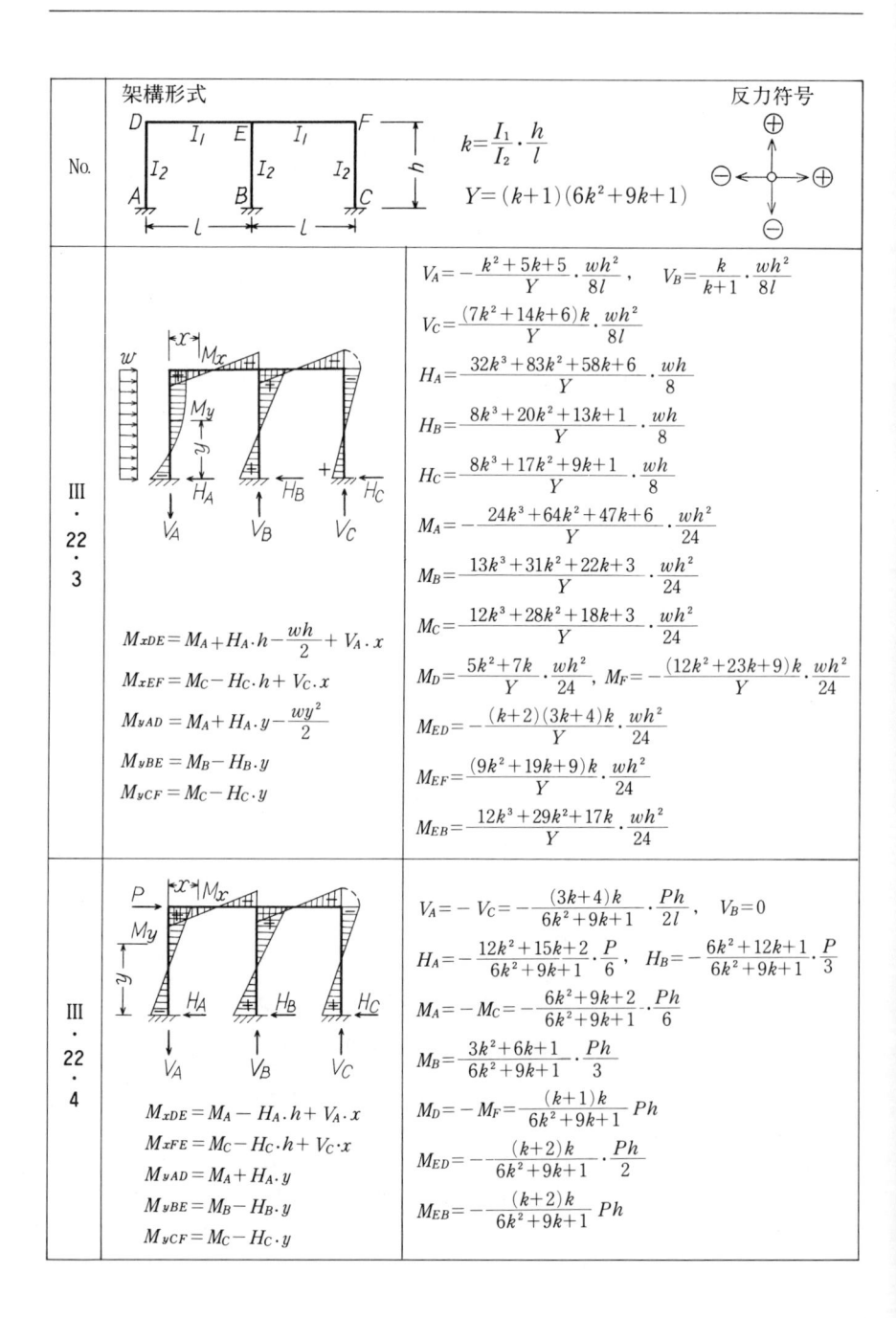

2スパン単層ラーメン(柱脚固定)の計算公式

No.	架構形式		反力符号

架構形式: $k = \dfrac{I_1}{I_2} \cdot \dfrac{h}{l}$, $Y = (k+1)(6k^2+9k+1)$

III・22・3

$M_{xDE} = M_A + H_A \cdot h - \dfrac{wh^2}{2} + V_A \cdot x$

$M_{xEF} = M_C - H_C \cdot h + V_C \cdot x$

$M_{yAD} = M_A + H_A \cdot y - \dfrac{wy^2}{2}$

$M_{yBE} = M_B - H_B \cdot y$

$M_{yCF} = M_C - H_C \cdot y$

$V_A = -\dfrac{k^2+5k+5}{Y} \cdot \dfrac{wh^2}{8l}$, $\quad V_B = \dfrac{k}{k+1} \cdot \dfrac{wh^2}{8l}$

$V_C = \dfrac{(7k^2+14k+6)k}{Y} \cdot \dfrac{wh^2}{8l}$

$H_A = \dfrac{32k^3+83k^2+58k+6}{Y} \cdot \dfrac{wh}{8}$

$H_B = \dfrac{8k^3+20k^2+13k+1}{Y} \cdot \dfrac{wh}{8}$

$H_C = \dfrac{8k^3+17k^2+9k+1}{Y} \cdot \dfrac{wh}{8}$

$M_A = -\dfrac{24k^3+64k^2+47k+6}{Y} \cdot \dfrac{wh^2}{24}$

$M_B = \dfrac{13k^3+31k^2+22k+3}{Y} \cdot \dfrac{wh^2}{24}$

$M_C = \dfrac{12k^3+28k^2+18k+3}{Y} \cdot \dfrac{wh^2}{24}$

$M_D = \dfrac{5k^2+7k}{Y} \cdot \dfrac{wh^2}{24}$, $\quad M_F = -\dfrac{(12k^2+23k+9)k}{Y} \cdot \dfrac{wh^2}{24}$

$M_{ED} = -\dfrac{(k+2)(3k+4)k}{Y} \cdot \dfrac{wh^2}{24}$

$M_{EF} = \dfrac{(9k^2+19k+9)k}{Y} \cdot \dfrac{wh^2}{24}$

$M_{EB} = \dfrac{12k^3+29k^2+17k}{Y} \cdot \dfrac{wh^2}{24}$

III・22・4

$M_{xDE} = M_A - H_A \cdot h + V_A \cdot x$

$M_{xFE} = M_C - H_C \cdot h + V_C \cdot x$

$M_{yAD} = M_A + H_A \cdot y$

$M_{yBE} = M_B - H_B \cdot y$

$M_{yCF} = M_C - H_C \cdot y$

$V_A = -V_C = -\dfrac{(3k+4)k}{6k^2+9k+1} \cdot \dfrac{Ph}{2l}$, $\quad V_B = 0$

$H_A = -\dfrac{12k^2+15k+2}{6k^2+9k+1} \cdot \dfrac{P}{6}$, $\quad H_B = -\dfrac{6k^2+12k+1}{6k^2+9k+1} \cdot \dfrac{P}{3}$

$M_A = -M_C = -\dfrac{6k^2+9k+2}{6k^2+9k+1} \cdot \dfrac{Ph}{6}$

$M_B = \dfrac{3k^2+6k+1}{6k^2+9k+1} \cdot \dfrac{Ph}{3}$

$M_D = -M_F = \dfrac{(k+1)k}{6k^2+9k+1} Ph$

$M_{ED} = -\dfrac{(k+2)k}{6k^2+9k+1} \cdot \dfrac{Ph}{2}$

$M_{EB} = -\dfrac{(k+2)k}{6k^2+9k+1} Ph$

III・23　3スパン単層ラーメン（柱脚固定）の計算公式

架構形式

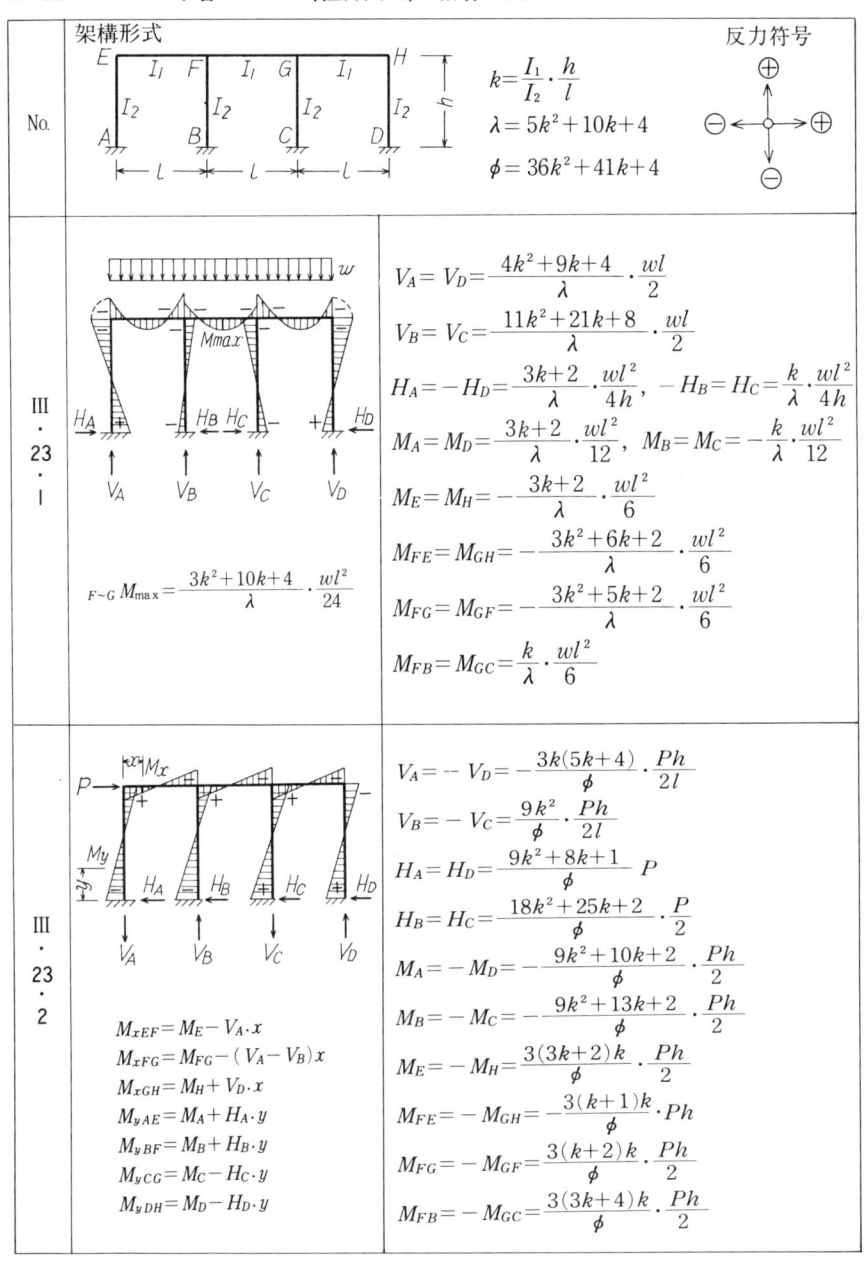

$$k=\frac{I_1}{I_2}\cdot\frac{h}{l}$$

$$\lambda = 5k^2+10k+4$$

$$\phi = 36k^2+41k+4$$

反力符号

III・23・1

$$V_A = V_D = \frac{4k^2+9k+4}{\lambda}\cdot\frac{wl}{2}$$

$$V_B = V_C = \frac{11k^2+21k+8}{\lambda}\cdot\frac{wl}{2}$$

$$H_A = -H_D = \frac{3k+2}{\lambda}\cdot\frac{wl^2}{4h},\quad -H_B = H_C = \frac{k}{\lambda}\cdot\frac{wl^2}{4h}$$

$$M_A = M_D = \frac{3k+2}{\lambda}\cdot\frac{wl^2}{12},\quad M_B = M_C = -\frac{k}{\lambda}\cdot\frac{wl^2}{12}$$

$$M_E = M_H = -\frac{3k+2}{\lambda}\cdot\frac{wl^2}{6}$$

$$M_{FE} = M_{GH} = -\frac{3k^2+6k+2}{\lambda}\cdot\frac{wl^2}{6}$$

$$M_{FG} = M_{GF} = -\frac{3k^2+5k+2}{\lambda}\cdot\frac{wl^2}{6}$$

$$M_{FB} = M_{GC} = \frac{k}{\lambda}\cdot\frac{wl^2}{6}$$

$$_{F\sim G}M_{\max} = \frac{3k^2+10k+4}{\lambda}\cdot\frac{wl^2}{24}$$

III・23・2

$$V_A = -V_D = -\frac{3k(5k+4)}{\phi}\cdot\frac{Ph}{2l}$$

$$V_B = -V_C = \frac{9k^2}{\phi}\cdot\frac{Ph}{2l}$$

$$H_A = H_D = \frac{9k^2+8k+1}{\phi}\cdot P$$

$$H_B = H_C = \frac{18k^2+25k+2}{\phi}\cdot\frac{P}{2}$$

$$M_A = -M_D = -\frac{9k^2+10k+2}{\phi}\cdot\frac{Ph}{2}$$

$$M_B = -M_C = -\frac{9k^2+13k+2}{\phi}\cdot\frac{Ph}{2}$$

$$M_E = -M_H = \frac{3(3k+2)k}{\phi}\cdot\frac{Ph}{2}$$

$$M_{FE} = -M_{GH} = -\frac{3(k+1)k}{\phi}\cdot Ph$$

$$M_{FG} = -M_{GF} = \frac{3(k+2)k}{\phi}\cdot\frac{Ph}{2}$$

$$M_{FB} = -M_{GC} = \frac{3(3k+4)k}{\phi}\cdot\frac{Ph}{2}$$

$$M_{xEF} = M_E - V_A\cdot x$$
$$M_{xFG} = M_{FG} - (V_A - V_B)x$$
$$M_{xGH} = M_H + V_D\cdot x$$
$$M_{yAE} = M_A + H_A\cdot y$$
$$M_{yBF} = M_B + H_B\cdot y$$
$$M_{yCG} = M_C - H_C\cdot y$$
$$M_{yDH} = M_D - H_D\cdot y$$

III・24　2層ラーメン（柱脚固定）の計算公式

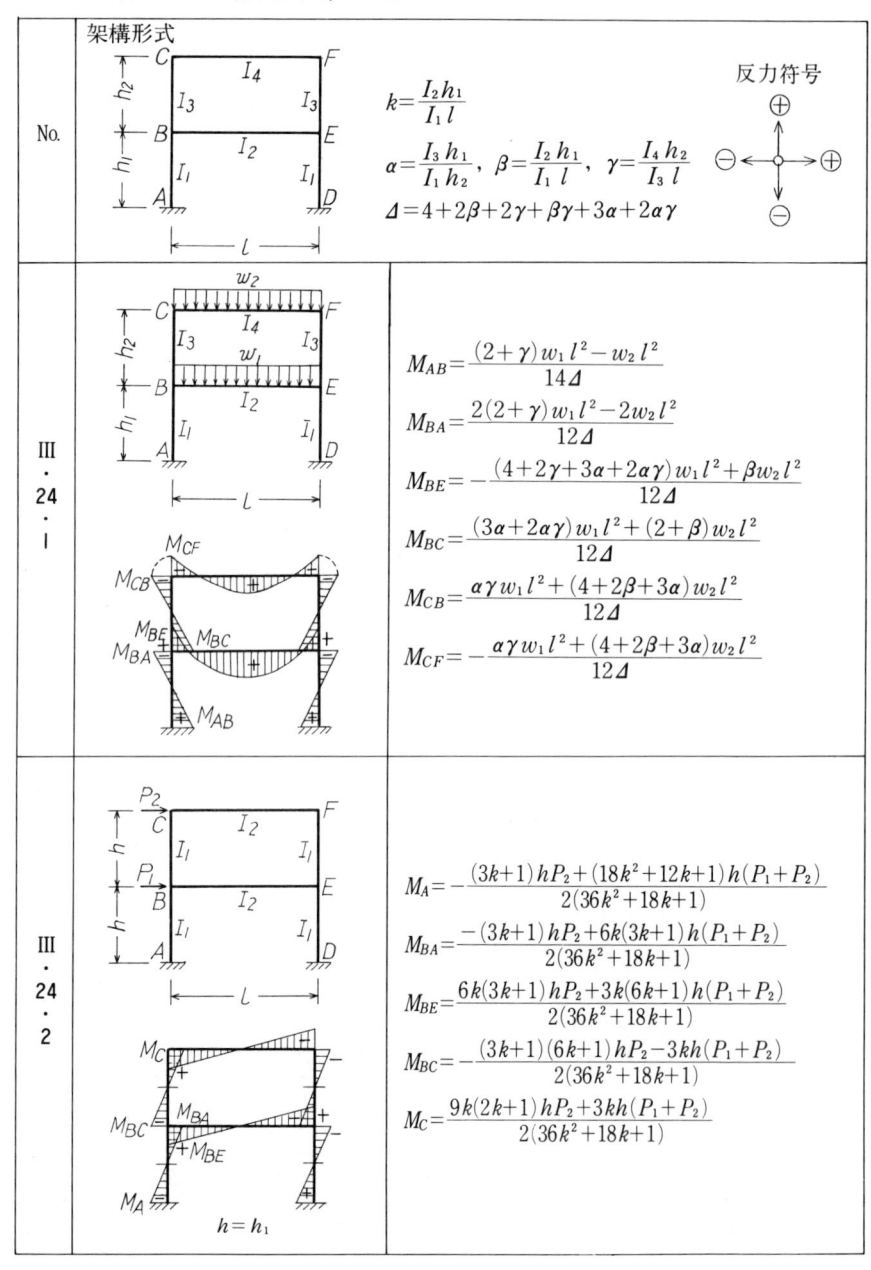

No. 架構形式

$$k=\frac{I_2 h_1}{I_1 l}$$

$$\alpha=\frac{I_3 h_1}{I_1 h_2},\quad \beta=\frac{I_2 h_1}{I_1 l},\quad \gamma=\frac{I_4 h_2}{I_3 l}$$

$$\Delta=4+2\beta+2\gamma+\beta\gamma+3\alpha+2\alpha\gamma$$

反力符号

III・24・1

$$M_{AB}=\frac{(2+\gamma)w_1 l^2 - w_2 l^2}{14\Delta}$$

$$M_{BA}=\frac{2(2+\gamma)w_1 l^2 - 2w_2 l^2}{12\Delta}$$

$$M_{BE}=-\frac{(4+2\gamma+3\alpha+2\alpha\gamma)w_1 l^2 + \beta w_2 l^2}{12\Delta}$$

$$M_{BC}=\frac{(3\alpha+2\alpha\gamma)w_1 l^2 + (2+\beta)w_2 l^2}{12\Delta}$$

$$M_{CB}=\frac{\alpha\gamma w_1 l^2 + (4+2\beta+3\alpha)w_2 l^2}{12\Delta}$$

$$M_{CF}=-\frac{\alpha\gamma w_1 l^2 + (4+2\beta+3\alpha)w_2 l^2}{12\Delta}$$

III・24・2

$$M_A=-\frac{(3k+1)hP_2 + (18k^2+12k+1)h(P_1+P_2)}{2(36k^2+18k+1)}$$

$$M_{BA}=\frac{-(3k+1)hP_2 + 6k(3k+1)h(P_1+P_2)}{2(36k^2+18k+1)}$$

$$M_{BE}=\frac{6k(3k+1)hP_2 + 3k(6k+1)h(P_1+P_2)}{2(36k^2+18k+1)}$$

$$M_{BC}=-\frac{(3k+1)(6k+1)hP_2 - 3kh(P_1+P_2)}{2(36k^2+18k+1)}$$

$$M_C=\frac{9k(2k+1)hP_2 + 3kh(P_1+P_2)}{2(36k^2+18k+1)}$$

$h=h_1$

固定モーメント法

III・25 固定モーメント法

III・25・1	固定モーメント法（節点が移動しないとき）

基本原理は123ページ固定法の解法原理を参照．

〔例題〕 等分布荷重時応力を求めよ．

〔計算条件〕
はり断面　RG_1　30×55 cm
　　　　　$2G_1$　30×60 cm
柱　断面　$2C_1$　40×40 cm
　　　　　$1C_1$　45×45 cm
荷　　重　$w_1 = 4$ kN/m
　　　　　$w_2 = 2$ kN/m

〔解〕(1) 剛比算定　　　　　　　　　　　（標準剛度 $K_0 = 0.85 \times 10^3 \mathrm{cm}^3$）

	F L	部材	l, h (cm)	$b \times D$ (cm^2)	$I(\times 10^5)$(cm^4)	$K(\times 10^3)$(cm^3)	k
はり	R	RG_1	600	30×55	4.2	0.7	0.82
	2	$2G_1$	600	30×60	5.4	0.9	1.06
柱	2	$2C_1$	350	40×40	2.1	0.6	0.71
	1	$1C_1$	400	45×45	3.4	0.85	1.0

(2) C, M_0, Q 算定

$$RG_1 \begin{cases} C = wl^2/12 = 6.0 \text{ kN·m} \\ M_0 = wl^2/8 = 9.0 \text{ kN·m} \\ Q = wl/2 = 6.0 \text{ kN} \end{cases} \quad 2G_1 \begin{cases} C = 12.0 \text{ kN·m} \\ M_0 = 18.0 \text{ kN·m} \\ Q = 12.0 \text{ kN} \end{cases}$$

(3) 分配モーメント

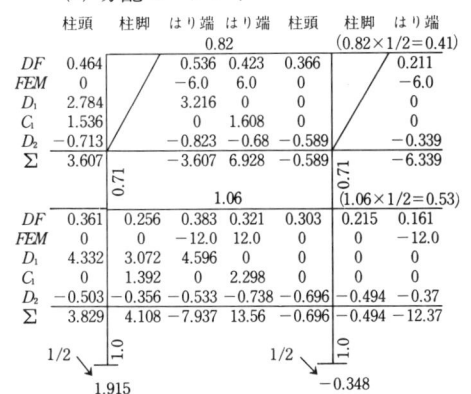

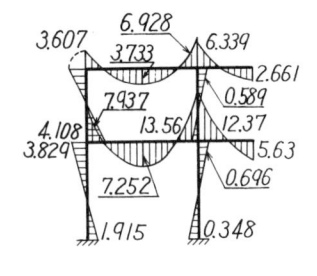

	柱頭	柱脚	はり端	はり端	柱頭	柱脚	はり端
			0.82			$(0.82 \times 1/2 = 0.41)$	
DF	0.464		0.536	0.423	0.366		0.211
FEM	0		−6.0	6.0	0		−6.0
D_1	2.784		3.216	0	0		0
C_1	1.536		0	1.608	0		0
D_2	−0.713		−0.823	−0.68	−0.589		−0.339
Σ	3.607		−3.607	6.928	−0.589		−6.339
		0.71				0.71	
			1.06			$(1.06 \times 1/2 = 0.53)$	
DF	0.361	0.256	0.383	0.321	0.303	0.215	0.161
FEM	0	0	−12.0	12.0	0	0	−12.0
D_1	4.332	3.072	4.596	0	0	0	0
C_1	0	1.392	0	2.298	0	0	0
D_2	−0.503	−0.356	−0.533	−0.738	−0.696	−0.494	−0.37
Σ	3.829	4.108	−7.937	13.56	−0.696	−0.494	−12.37
1/2		1.0		1/2		1.0	
	1.915			−0.348			

曲げモーメント図

III・25・2　固定モーメント法（節点が移動するとき）—強制変形法

基本原理

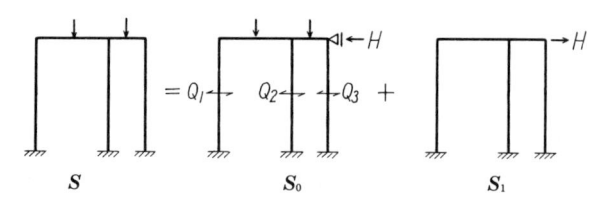

S_0：節点の移動のないときの応力を求めると H が得られる．

つり合い条件式：$H = (Q_1 + Q_2 + Q_3)$

$H = （強制変形応力の Q_1 + Q_2 + Q_3）X$

S：固定力(H)を水平力とし節点の移動による応力．

〔例題〕　等分布荷重時応力を求めよ．

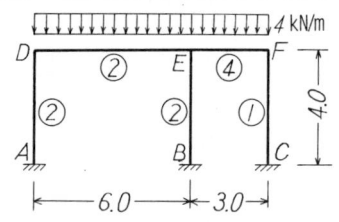

〔解〕（1）固定端，中央曲げモーメント

$$C_{DE} = -C_{ED} = -\frac{4 \times 6.0^2}{12} = -12 \text{ kN·m}$$

$${}_{DE}M_0 = 1.5\,C = 18 \text{ kN·m} \quad （中央部）$$

$$C_{EF} = -C_{FE} = -\frac{4 \times 3.0^2}{12} = -3 \text{ kN·m}$$

$${}_{EF}M_0 = 1.5 \times C = 4.5 \text{ kN·m} \quad （中央部）$$

（2）S_0 の応力（F 点を拘束した場合）

	DA	DE	ED	EB	EF	FE	FC
DF	0.5	0.50	0.25	0.25	0.50	0.80	0.20
FEM		−12.0	12.0		−3.0	3.0	
D_1	6.0	6.0	−2.25	−2.25	−4.5	−2.4	
C_1	0	−1.12	3.0	0	−1.2	−2.25	0
D_2	0.56	0.56	−0.45	−0.45	−0.90	1.80	0.45
C_2	0	−0.22	0.28	0	0.90	−0.45	0
D_3	0.11	0.11	−0.29	−0.29	−0.60	0.36	0.09
C_3	0	−0.14	0.05	0	0.18	−0.30	0
D_4	0.07	0.07	−0.06	−0.06	−0.11	0.24	0.06
Σ	6.74	6.74	12.28	−3.05	−9.23	0	0

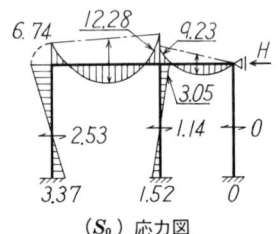

（S_0）応力図

固定力　$H = Q_1 + Q_2 + Q_3$

$H = -2.53 + 1.14 + 0$

$= -1.39 \text{ kN}$

（次ページに続く．）

(3) S_1 の応力 （$6EK_0R=100$ kN·m の強制変形を与えたときの応力）

	DA	DE	ED	EB	EF	FE	FC
DF	0.5	0.5	0.25	0.25	0.5	0.8	0.2
FEM	−200			−200			−100
D_1	100	100	50	50	100	80	20
C_1	0		25	50	0	40	50	0
D_2	−12	−13	−22	−22	−46	−40	−10
C_2	0	−11	−6	0	−20	−23	0
D_3	5	6	6	6	14	18	5
C_3	0	3	3	0	9	7	0
D_4	−2	−1	−3	−3	−6	−6	−1
Σ	−109	109	78	−169	91	86	−86

	AD	BE	CF
DF	0	0	0
FEM	−200	−200	−100
D_1	0	0	0
C_1	50	25	10
D_2	0	0	0
C_2	−6	−11	−5
D_3	0	0	0
C_3	2	3	2
D_4	0	0	0
Σ	−154	−183	−93

(S_1) 応力図

〔注〕（ ）内数字が S_1 の値．
つり合い条件式は
$1.39 = (65.8 + 88 + 44.8)X$
$\therefore X = 0.698 \times 10^{-2}$
強制変形応力に X 倍すると S_1 が求まる．

(4) 実応力 ($S_0 + S_1$)

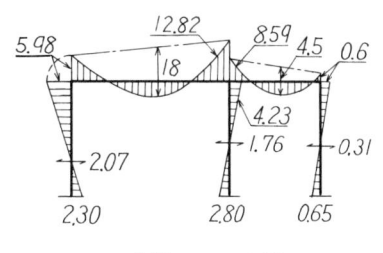

曲げモーメント図

$M_A = 3.37 + (−1.07) = 2.30$ kN·m
$M_D = 6.74 + (−0.76) = 5.98$ kN·m
$M_B = 1.52 + 1.28 = 2.80$ kN·m
$M_C = 0 + 0.65 = 0.65$ kN·m
$M_F = 0 + 0.60 = 0.60$ kN·m
$M_{ED} = 12.28 + 0.54 = 12.82$ kN·m
$M_{EF} = 9.23 + (−0.64) = 8.59$ kN·m

III·25·3　固定モーメント法（節点が移動するとき）—強制変形法

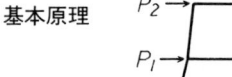

基本原理

$$S = S_1 X_1 + S_2 X_2$$

つり合い条件式：第1層　$Q_1 = Q_{11} X_1 + Q_{21} X_2$

第2層　$Q_2 = Q_{12} X_1 + Q_{22} X_2$

応力：$S = S_1 X_1 + S_2 X_2 = \sum S_i X_i$

変形：$R = R_1 X_1 + R_2 X_2 = \sum R_i X_i$

S_1：第1層のみに $6EK_0 R_1 = 100$ kN·m の強制変形を与えた応力（$R_2 = 0$ の場合.）.
S_2：第2層のみに $6EK_0 R_2 = 100$ kN·m の強制変形を与えた応力（$R_1 = 0$ の場合.）.

〔例題〕　水平荷重時応力を求めよ．

〔解〕

(1) S_1 の計算

固定端モーメント

1階柱　$C_{AB} = C_{BA} = -100 k$
　　　$= -300$ kN·m

2階柱　$C_{BC} = C_{CB} = 0$

(2) S_2 の計算

1階柱　$C_{AB} = C_{BA} = 0$

2階柱　$C_{BC} = C_{CB} = -100 k$
　　　$= -100$ kN·m

（S_1）応力計算

	DF	0.25		0.75
	FEM	—		—
	D_1	—		—
	C_1	15		—
	D_2	−3.8		−11.2
	C_2	—		—
	D_3	—		—
	Σ	11.2		−11.2
	DF	0.30	0.10	0.60
	FEM	−300	—	—
	D_1	90	30	180
	C_1	—	—	—
	D_2	—	—	—
	C_2	—	−1.9	—
	D_3	0.6	0.2	1.1
	Σ	−209.4	28.3	181.8
	DF	—		
	FEM	−300		
	D_1	—		
	C_1	45		
	D_2	—		
	C_2	—		
	D_3	—		
	Σ	−255		

（S_2）応力計算

	DF	0.25		0.75
	FEM	−100		—
	D_1	25		75
	C_1	5		—
	D_2	−1.2		−3.8
	C_2	−0.6		—
	D_3	0.1		0.5
	Σ	−71.7		71.7
	DF	0.30	0.10	0.60
	FEM	—	−100	—
	D_1	30	10	60
	C_1	—	12.5	—
	D_2	−3.8	−1.2	−7.5
	C_2	—	−0.6	—
	D_3	0.2	0	0.4
	Σ	26.4	−79.3	52.9
	DF	—		
	FEM	—		
	D_1	—		
	C_1	15		
	D_2	—		
	C_2	−1.9		
	D_3	—		
	Σ	13.1		

フレーム諸元：
- 2kN　C ② D
- $k_e = 1.5k = 3$，4.0 m
- 2kN　B　④　E，$k_e = 6$
- ③　A　③　F，4.0 m
- 6.0 m

（次ページに続く．）

(S₁) 応力図   (S₂) 応力図

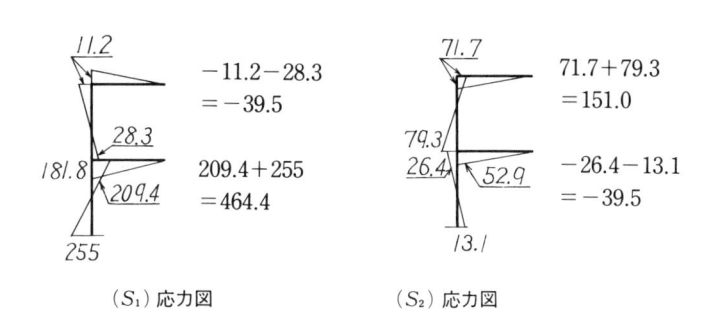

(3) つり合い条件式

(S_1) より $\quad 464.4X_1 - 39.5X_2 = 2.0 \text{ kN} \times 4.0 \text{ m}$
(S_2) より $\quad -39.5X_1 + 151.0X_2 = 1.0 \text{ kN} \times 4.0 \text{ m}$

$\therefore \quad X_1 = 0.0199$
$\quad X_2 = 0.0317$

また

$$R_1 = \frac{100 X_1}{6EK_0} = \frac{1.99}{6EK_0}, \quad R_2 = \frac{100 X_2}{6EK_0} = \frac{3.17}{6EK_0}$$ より変形が求まる.

(4) 実応力 ($S_1 X_1 + S_2 X_2$)

	CB	CD
$X_1 S_1$	0.22	−0.22
$X_2 S_2$	−2.27	2.27
Σ	−2.05	2.05
	BA	BC	BE
$X_1 S_1$	−4.16	0.56	3.60
$X_2 S_2$	0.83	−2.51	1.68
Σ	−3.33	−1.95	5.28
	AB		
$X_1 S_1$	−5.08		
$X_2 S_2$	0.42		
Σ	−4.66		

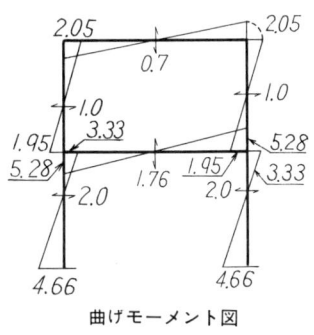

曲げモーメント図

$$Q_{AB} = \frac{3.33 + 4.66}{4.0} = 2.0 \text{ kN}$$

$$Q_{BC} = \frac{2.05 + 1.95}{4.0} = 1.0 \text{ kN}$$

$$Q_{BE} = \frac{5.28 + 5.28}{6.0} = 1.76 \text{ kN}$$

$$Q_{CD} = \frac{2.05 + 2.05}{6.0} = 0.7 \text{ kN}$$

III・26 分担係数(D値)法(武藤博士の式)

No.	形 式	分 担 係 数		
III・26・1	普遍ラーメン（固定／ピン）	一般階式 $D = ak_c$ $\bar{k} = \dfrac{k_1+k_2+k_3+k_4}{2k_c}$ $a = \dfrac{\bar{k}}{2+\bar{k}}$	柱脚固定式 $D = ak_{c1}$ $\bar{k} = \dfrac{k_1+k_2}{k_{c1}}$ $a = \dfrac{0.5+\bar{k}}{2+\bar{k}}$	柱脚ピン式 $D = ak_{c1}$ $\bar{k} = \dfrac{k_1+k_2}{k_{c1}}$ $a = \dfrac{0.5\bar{k}}{1+2\bar{k}}$
III・26・2	異柱高ラーメン [D](k_c) [D'](k'_c)	$a : h'$柱の剛性係数. $k'_c : h'$柱の剛比. $Q' : h'$柱のせん断力. $Q' = ak'_c \dfrac{12EK_0}{(h')^2}\delta$ $\quad = a\left(\dfrac{h}{h'}\right)^2 k'_c \left[\dfrac{12EK_0}{h^2}\right]\delta$ $\dfrac{Q'}{\delta} = a\left(\dfrac{h}{h'}\right)^2 k'_c\left[\dfrac{12EK_0}{h^2}\right]$ $\therefore\ D' = a\left(\dfrac{h}{h'}\right)^2 k'_c$		
III・26・3	吹抜けラーメン	1. $h_1 \neq h_2$ の場合 　$D_1 = a_1 k_1$　下部柱の分担係数. 　$D_2 = a_2 k_2$　上部柱の分担係数. $\delta_1 = \dfrac{Q}{D_1}\left[\dfrac{h_1^2}{12EK_0}\right] = \dfrac{Q}{D_1}\left(\dfrac{h_1}{h}\right)^2\left[\dfrac{h^2}{12EK_0}\right]$ $\delta_2 = \dfrac{Q}{D_2}\left[\dfrac{h_2^2}{12EK_0}\right] = \dfrac{Q}{D_2}\left(\dfrac{h_2}{h}\right)^2\left[\dfrac{h^2}{12EK_0}\right]$ $\therefore\ \delta = \delta_1 + \delta_2 = Q\left\{\dfrac{1}{D_1\left(\dfrac{h}{h_1}\right)^2} + \dfrac{1}{D_2\left(\dfrac{h}{h_2}\right)^2}\right\}\left[\dfrac{h^2}{12EK_0}\right]$ $\dfrac{1}{D_{12}} = \dfrac{1}{D_1\left(\dfrac{h}{h_1}\right)^2} + \dfrac{1}{D_2\left(\dfrac{h}{h_2}\right)^2}$ $\therefore\ D_{12} = \dfrac{1}{\dfrac{1}{D_1}\left(\dfrac{h_1}{h}\right)^2 + \dfrac{1}{D_2}\left(\dfrac{h_2}{h}\right)^2}$		

(次ページに続く.)

分担係数(D値)法

No.	形　式	分　担　係　数
III・26・3		2. $h_1 = h_2$ の場合 $$D_{12} = \dfrac{4}{\dfrac{1}{D_1} + \dfrac{1}{D_2}}$$ 3. $h_1 = h_2$ かつ D_1 と D_2 の差が小さい場合 $D_{12} = D_1 + D_2$
III・26・4	段違いラーメン	1. 各柱のそれぞれの分担係数 $D_0, D_1 \cdots D_5, D_6$ III・26・1式より求める． 2. P_{III} を h_0, h_1, h_3 の柱に分配する． $$\dfrac{1}{D_{12}} = \dfrac{1}{D_1\left(\dfrac{h_0}{h_1}\right)^2} + \dfrac{1}{D_2\left(\dfrac{h_0}{h_2}\right)^2}$$ 3. 柱 h^3 の分担係数は，D_4, D_5 から D_{45} を導きこれに D_6 を加えた D_{456} を求め，これと D_3 とを合成して D_{3456} を得る． $$\dfrac{1}{D_{45}} = \dfrac{1}{D_4\left(\dfrac{h_6}{h_4}\right)^2} + \dfrac{1}{D_5\left(\dfrac{h_6}{h_5}\right)^2}$$ $$\dfrac{1}{D_{3456}} = \dfrac{1}{D_3\left(\dfrac{h_0}{h_3}\right)^2} + \dfrac{1}{(D_6 + D_{45})\left(\dfrac{h_0}{h_6}\right)^2}$$ 4. 各負担せん断力 $P_{III} \rightarrow Q(D_{3456})$, $Q(D_{12})$, $Q(D_0)$ $P_{II} + Q(D_{3456}) \rightarrow Q(D_6)$, $Q(D_{45})$ $P_{I} + Q(D_{45}) + Q(D_{12}) \rightarrow Q(D_5)$, $Q(D_2)$

〔例題 1〕 水平荷重時応力を求めよ(Ⅲ・26・3の応用．)．

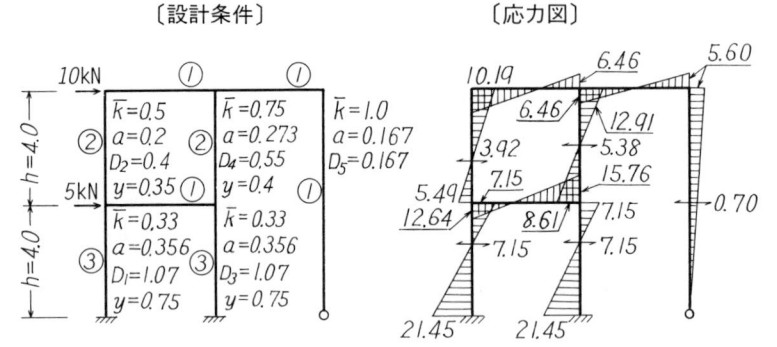

〔設計条件〕 〔応力図〕

〔注〕 図中 y の値は182ページに示す標準反曲点高比から求める．なお詳細は120ページの"応力解析"を参照するとよい．

〔解〕

$$D_{13} = D'_1 + D'_3 = 1.07 \times \frac{(2h)^2}{h^2} + 1.07 \times \frac{(2h)^2}{h^2} = 8.56$$

$$D_{24} = D'_2 + D'_4 = 0.4 \times 4 + 0.55 \times 4 = 3.8$$

$$D_{1324} = \frac{1}{\frac{1}{D_{13}} + \frac{1}{D_{24}}} = 2.63, \quad D_{245} = \frac{1}{\frac{1}{D_{24}} + \frac{1}{D_5}} = 0.16$$

		D_{1234}	D_5		Σ
10 t に関して $\begin{pmatrix} D_1, D_2, D_3, D_4 \\ と D_5 に分ける． \end{pmatrix}$ →	D	2.63	0.167	→	2.797
→	Q	9.40※	0.60	←	10 kN
		D_{13}	D_{245}		Σ
5 t に関して $\begin{pmatrix} D_1, D_3 であるも \\ のと D_2, D_4, D_5 \\ であるものとの \\ 2つにわける． \end{pmatrix}$	D	8.56	0.16	→	8.72
	Q	4.90※※	0.10▲	←	5 kN
		D_2	D_4		Σ
	D	0.4	0.55	→	0.95
	Q	3.92	5.38	←	(9.4−0.1)kN ※▲
※ $\frac{2.63}{2.797} \times 10 = 9.40$		D_1	D_3	→	Σ
※※ $\frac{8.56}{8.72} \times 5 = 4.9$	D	1.07	1.07	→	2.14
	Q	7.15	7.15	←	(9.4+4.9)kN ※ ※※

D' とは D に階高の修正をしたもの．

〔例題 2〕 水平荷重時応力を求めよ（III・26・4の応用．）．

〔設計条件〕

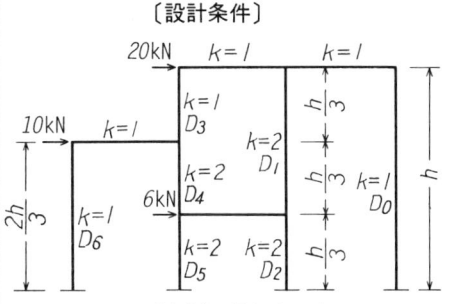

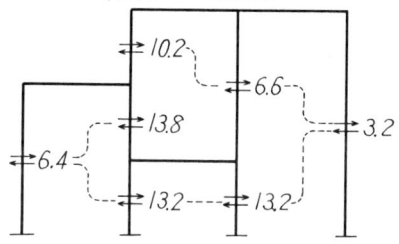

〔解〕 まず各柱の分担係数を求めてから

$$\frac{1}{D_{12}}=\frac{1}{0.54\times 1.5^2}+\frac{1}{0.8\times 3^2} \quad \therefore \quad D_{12}=1.05$$

$$\frac{1}{D_{45}}=\frac{1}{0.4\times 2^2}+\frac{1}{0.8\times 2^2} \quad \therefore \quad D_{45}=1.07$$

$$D_{456}=1.07+0.5=1.57$$

$$\frac{1}{D_{3456}}=\frac{1}{0.33\times 3^2}+\frac{1}{1.57\times 1.5^2}$$

$$\therefore \quad D_{3456}=1.62 \text{ を得る．}$$

$P_{\mathrm{III}}=20$ kN の負担せん断力は，D_{3456}，D_{12}，D_0 の割合に配分して 10.2 kN，6.6 kN，3.2 kN を得る．つぎに柱4と柱6のせん断力を求めるため柱3のせん断力 10.2 kN と外力 $P_{\mathrm{II}}=10$ kN とを加えた 20.2 kN を D_{45} と D_6 の割合に配分する．これで柱4に 13.8 kN，柱6 に 6.4 kN が求まる．

最後に柱2と柱5のせん断力は上の柱から 6.6 kN と 13.8 kN，外力 $P_{\mathrm{I}}=6$ kN，これらを加えた 26.4 kN を D_2，D_5 の割合に分配する．せん断力配分計算法は下記のようにするとわかりやすい．

〔各材の分担係数〕

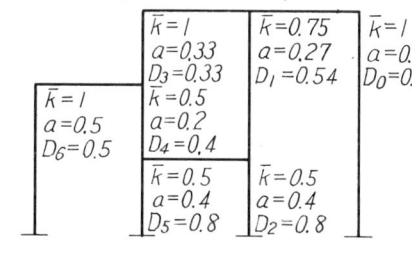

〔各材のせん断力〕

		D_{3456}	D_{12}	D_0		Σ	
D		1.62	1.05	0.5	→	3.17	
Q		10.2 *	6.6 ▲	3.2	←	20	←$P_{\mathrm{III}}=20$ kN
	D_6	D_{45}				Σ	
D	0.5	1.07			→	1.57	
Q	6.4	13.8 **			←	10.2 *+10	←$P_{\mathrm{II}}=10$ kN
	D_5	D_2				Σ	
D	0.8	0.8			→	1.6	
Q	13.2	13.2			←	13.8 **+6.6 ▲+6	←$P_{\mathrm{I}}=6$ kN

標準反曲点高比 y_0 の表（1層から8層まで）〔学会鉄筋コンクリート構造計算規準・同解説より〕

層数 m	層位置 n	$\bar{k}$												
		0.1	0.2	0.3	0.4	0.5	0.6	0.7	0.8	0.9	1.0	2.0	3.0	4.0	5.0
1	1	.80	.75	.70	.65	.65	.60	.60	.60	.60	.55	.55	.55	.55	.55
2	2	.45	.40	.35	.35	.35	.35	.40	.40	.40	.40	.45	.45	.45	.45
	1	.95	.80	.75	.70	.65	.65	.65	.60	.60	.60	.55	.55	.55	.50
3	3	.15	.20	.20	.25	.30	.30	.30	.35	.35	.35	.40	.45	.45	.45
	2	.55	.50	.45	.45	.45	.45	.45	.45	.45	.45	.45	.50	.50	.50
	1	1.00	.85	.80	.75	.70	.70	.65	.65	.65	.60	.55	.55	.55	.55
4	4	−.05	.05	.15	.20	.25	.30	.30	.35	.35	.35	.40	.45	.45	.45
	3	.25	.30	.30	.35	.35	.40	.40	.40	.40	.45	.45	.50	.50	.50
	2	.60	.55	.50	.50	.45	.45	.45	.45	.45	.45	.50	.50	.50	.50
	1	1.10	.90	.80	.75	.70	.70	.65	.65	.65	.60	.55	.55	.55	.55
5	5	−.20	.00	.15	.20	.25	.30	.30	.30	.35	.35	.40	.45	.45	.45
	4	.10	.20	.25	.30	.35	.35	.40	.40	.40	.40	.45	.45	.50	.50
	3	.40	.40	.40	.40	.40	.45	.45	.45	.45	.45	.50	.50	.50	.50
	2	.65	.55	.50	.50	.50	.50	.50	.50	.50	.50	.50	.50	.50	.50
	1	1.20	.95	.80	.75	.75	.70	.70	.65	.65	.65	.55	.55	.55	.55
6	6	−.30	.00	.10	.20	.25	.25	.30	.30	.35	.35	.40	.45	.45	.45
	5	.00	.20	.25	.30	.35	.35	.40	.40	.40	.40	.45	.45	.50	.50
	4	.20	.30	.35	.35	.40	.40	.40	.45	.45	.45	.45	.50	.50	.50
	3	.40	.40	.40	.45	.45	.45	.45	.45	.45	.45	.50	.50	.50	.50
	2	.70	.60	.55	.50	.50	.50	.50	.50	.50	.50	.50	.50	.50	.50
	1	1.20	.95	.85	.80	.75	.70	.70	.65	.65	.65	.55	.55	.55	.55
7	7	−.35	−.05	.10	.20	.20	.25	.30	.30	.35	.35	.40	.45	.45	.45
	6	−.10	.15	.25	.30	.35	.35	.35	.40	.40	.40	.45	.45	.50	.50
	5	.10	.25	.30	.35	.40	.40	.40	.45	.45	.45	.45	.50	.50	.50
	4	.30	.35	.40	.40	.40	.45	.45	.45	.45	.45	.50	.50	.50	.50
	3	.50	.45	.45	.45	.45	.45	.45	.45	.45	.45	.50	.50	.50	.50
	2	.75	.60	.55	.50	.50	.50	.50	.50	.50	.50	.50	.50	.50	.50
	1	1.20	.95	.85	.80	.75	.70	.70	.65	.65	.65	.55	.55	.55	.55
8	8	−.35	−.05	.10	.15	.25	.25	.30	.30	.35	.35	.40	.45	.45	.45
	7	−.10	.15	.25	.30	.35	.35	.40	.40	.40	.40	.45	.50	.50	.50
	6	.05	.25	.30	.35	.40	.40	.40	.45	.45	.45	.45	.50	.50	.50
	5	.20	.30	.35	.40	.40	.45	.45	.45	.45	.45	.50	.50	.50	.50
	4	.35	.40	.40	.45	.45	.45	.45	.45	.45	.45	.50	.50	.50	.50
	3	.50	.45	.45	.45	.45	.45	.45	.45	.50	.50	.50	.50	.50	.50
	2	.75	.60	.55	.55	.50	.50	.50	.50	.50	.50	.50	.50	.50	.50
	1	1.20	1.00	.85	.80	.75	.70	.70	.65	.65	.65	.55	.55	.55	.55

分担係数(D値)法

標準反曲点高比 y_0 の表(9層から高層まで)〔学会鉄筋コンクリート構造計算規準・同解説より〕

層数 m	層位置 n	$\bar{k}$ 0.1	0.2	0.3	0.4	0.5	0.6	0.7	0.8	0.9	1.0	2.0	3.0	4.0	5.0
9	9	−.40	−.05	.10	.20	.25	.25	.30	.30	.35	.35	.45	.45	.45	.45
	8	−.15	.15	.25	.30	.35	.35	.35	.40	.40	.40	.45	.45	.50	.50
	7	.05	.25	.30	.35	.40	.40	.40	.45	.45	.45	.50	.50	.50	.50
	6	.15	.30	.35	.40	.40	.45	.45	.45	.45	.45	.50	.50	.50	.50
	5	.25	.35	.40	.40	.45	.45	.45	.45	.45	.45	.50	.50	.50	.50
	4	.40	.40	.40	.45	.45	.45	.45	.45	.45	.45	.50	.50	.50	.50
	3	.55	.45	.45	.45	.45	.45	.45	.45	.50	.50	.50	.50	.50	.50
	2	.80	.65	.55	.55	.50	.50	.50	.50	.50	.50	.50	.50	.50	.50
	1	1.20	1.00	.85	.80	.75	.70	.70	.65	.65	.65	.55	.55	.55	.55
10	10	−.40	−.05	.10	.20	.25	.30	.30	.30	.35	.35	.40	.45	.45	.45
	9	−.15	.15	.25	.30	.35	.35	.40	.40	.40	.40	.45	.45	.50	.50
	8	.00	.25	.30	.35	.40	.40	.40	.45	.45	.45	.50	.50	.50	.50
	7	.10	.30	.35	.40	.40	.45	.45	.45	.45	.45	.50	.50	.50	.50
	6	.20	.35	.40	.40	.45	.45	.45	.45	.45	.45	.50	.50	.50	.50
	5	.30	.40	.40	.45	.45	.45	.45	.45	.45	.45	.50	.50	.50	.50
	4	.40	.40	.45	.45	.45	.45	.45	.45	.50	.50	.50	.50	.50	.50
	3	.55	.50	.45	.45	.45	.50	.50	.50	.50	.50	.50	.50	.50	.50
	2	.80	.65	.55	.55	.55	.50	.50	.50	.50	.50	.50	.50	.50	.50
	1	1.30	1.00	.85	.80	.75	.70	.70	.65	.65	.65	.60	.55	.55	.55
11	11	−.40	−.05	.10	.20	.25	.30	.30	.30	.35	.35	.40	.45	.45	.45
	10	−.15	.15	.25	.30	.35	.35	.40	.40	.40	.40	.45	.45	.50	.50
	9	.00	.25	.30	.35	.40	.40	.40	.45	.45	.45	.50	.50	.50	.50
	8	.10	.30	.35	.40	.40	.45	.45	.45	.45	.45	.50	.50	.50	.50
	7	.20	.35	.40	.45	.45	.45	.45	.45	.45	.45	.50	.50	.50	.50
	6	.25	.35	.40	.45	.45	.45	.45	.45	.45	.45	.50	.50	.50	.50
	5	.35	.40	.40	.45	.45	.45	.45	.45	.45	.50	.50	.50	.50	.50
	4	.40	.45	.45	.45	.45	.45	.45	.50	.50	.50	.50	.50	.50	.50
	3	.55	.50	.50	.50	.50	.50	.50	.50	.50	.50	.50	.50	.50	.50
	2	.80	.65	.60	.55	.50	.50	.50	.50	.50	.50	.50	.50	.50	.50
	1	1.30	1.00	.85	.80	.75	.70	.70	.65	.65	.60	.55	.55	.55	.55
12以上	上より 1	−.40	−.05	.10	.20	.25	.30	.30	.30	.35	.35	.40	.45	.45	.45
	2	−.15	.15	.25	.30	.35	.35	.40	.40	.40	.40	.45	.45	.50	.50
	3	.00	.25	.30	.35	.40	.40	.40	.45	.45	.45	.50	.50	.50	.50
	4	.10	.30	.35	.40	.40	.45	.45	.45	.45	.45	.50	.50	.50	.50
	5	.20	.35	.40	.45	.45	.45	.45	.45	.45	.45	.50	.50	.50	.50
	6	.25	.35	.40	.45	.45	.45	.45	.45	.45	.45	.50	.50	.50	.50
	7	.30	.40	.40	.45	.45	.45	.45	.50	.50	.50	.50	.50	.50	.50
	8	.35	.40	.45	.45	.45	.45	.45	.50	.50	.50	.50	.50	.50	.50
	中間	.40	.40	.45	.45	.45	.50	.50	.50	.50	.50	.50	.50	.50	.50
	4	.45	.45	.45	.45	.50	.50	.50	.50	.50	.50	.50	.50	.50	.50
	3	.60	.50	.50	.50	.50	.50	.50	.50	.50	.50	.50	.50	.50	.50
	2	.80	.65	.60	.55	.55	.50	.50	.50	.50	.50	.50	.50	.50	.50
	下より 1	1.30	1.00	.85	.80	.75	.70	.70	.65	.65	.55	.55	.55	.55	.55

反曲点修正値の表（$y = y_0 + y_1 + y_2 + y_3$）〔学会鉄筋コンクリート構造計算規準・同解説より〕

y_1：上下のはりの剛比変化による修正値．

α_1	$\bar{k}$													
	0.1	0.2	0.3	0.4	0.5	0.6	0.7	0.8	0.9	1.0	2.0	3.0	4.0	5.0
0.4	.55	.40	.30	.25	.25	.20	.20	.15	.15	.15	.05	.05	.05	.05
0.5	.45	.30	.20	.20	.15	.15	.15	.10	.10	.10	.05	.05	.05	.05
0.6	.30	.20	.15	.15	.10	.10	.10	.10	.05	.05	.05	.05	.0	.0
0.7	.20	.15	.10	.10	.10	.05	.05	.05	.05	.05	.0	.0	.0	.0
0.8	.15	.10	.05	.05	.05	.05	.05	.05	.05	.0	.0	.0	.0	.0
0.9	.05	.05	.05	.05	.0	.0	.0	.0	.0	.0	.0	.0	.0	.0

k_b上 $= k_{b1} + k_{b2}$
$\alpha_1 = k_b$上 $/ k_b$下
k_b下 $= k_{b3} + k_{b4}$

α_1 は最下層は考えないでよい．
上ばりの剛比が大きいときには逆数をとって $\alpha_1 = k_b$下$/k_b$上として y_1 を求め符号を負（－）とする．

y_2：上層の層高変化による修正値．
y_3：下層の層高変化による修正値．

α_2上	α_3下	$\bar{k}$												
		0.1	0.2	0.3	0.4	0.5	0.6	0.7	0.8	0.9	1.0	2.0	3.0	4.0	5.0
2.0		.25	.15	.15	.10	.10	.10	.10	.10	.05	.05	.05	.05	.0	.0
1.8		.20	.15	.10	.10	.10	.05	.05	.05	.05	.05	.05	.0	.0	.0
1.6	0.4	.15	.10	.10	.05	.05	.05	.05	.05	.05	.05	.0	.0	.0	.0
1.4	0.6	.10	.05	.05	.05	.05	.05	.05	.05	.0	.0	.0	.0	.0	.0
1.2	0.8	.05	.05	.05	.0	.0	.0	.0	.0	.0	.0	.0	.0	.0	.0
1.0	1.0	.0	.0	.0	.0	.0	.0	.0	.0	.0	.0	.0	.0	.0	.0
0.8	1.2	−.05	−.05	−.05	.0	.0	.0	.0	.0	.0	.0	.0	.0	.0	.0
0.6	1.4	−.10	−.05	−.05	−.05	−.05	−.05	−.05	−.05	−.05	.0	.0	.0	.0	.0
0.4	1.6	−.15	−.10	−.10	−.05	−.05	−.05	−.05	−.05	−.05	−.05	.0	.0	.0	.0
	1.8	−.20	−.15	−.10	−.10	−.10	−.05	−.05	−.05	−.05	−.05	−.05	.0	.0	.0
	2.0	−.25	−.15	−.15	−.10	−.10	−.10	−.10	−.10	−.05	−.05	−.05	−.05	.0	.0

h上 $= \alpha_2 h$
h下 $= \alpha_3 h$

y_2：$\alpha_2 = h$上$/h$ から求める．
上層が高いときに正となる．
y_3：$\alpha_3 = h$下$/h$ から求める．

ただし，最上層については y_2, 最下層については y_3 を考えなくてよい．

III・27　山形アーチ（ピン）の計算公式

No.	荷重形式・応力図	計　算　公　式
III・27・1		$V_A = \dfrac{3}{8}wl$, $\quad V_B = \dfrac{1}{8}wl$, $\quad H_A = -H_B = \dfrac{5}{64} \cdot \dfrac{wl^2}{h}$ $M_{xAC} = \dfrac{7wlx}{32} - \dfrac{wx^2}{2}$ $M_{xCB} = -\dfrac{wlx}{32}$, $\quad M_C = -\dfrac{wl^2}{64}$ $M_{max} = \dfrac{49}{2048}wl^2 \quad \left(x=\dfrac{7}{32}l \text{の場合.}\right)$ $N_{AC} = -(V_A - wx)\dfrac{h}{s} - H_A\dfrac{l}{2s}$ $N_{CB} = -V_B\dfrac{h}{s} + H_B\dfrac{l}{2s}$
III・27・2		$V_A = V_B = \dfrac{wl}{2}$, $\quad H_A = -H_B = \dfrac{5}{32} \cdot \dfrac{wl^2}{h}$ $M_{xAC} = M_{xCB} = \dfrac{3wlx}{16} - \dfrac{wx^2}{2}$ $M_C = -\dfrac{wl^2}{32}$ $M_{max} = \dfrac{9}{512}wl^2 \quad \left(x=\dfrac{3}{16}l \text{の場合.}\right)$ $N_{AC} = N_{CB} = -(V_A - wx)\dfrac{h}{s} - H_A\dfrac{l}{2s}$
III・27・3		$V_A = P\dfrac{l-a}{l}$, $\quad V_B = P\dfrac{a}{l}$ $H_A = -H_B = \dfrac{P \cdot a}{4h}\left\{3 - 4\left(\dfrac{a}{l}\right)^2\right\}$ $M_P = P \cdot a\left\{1 - \dfrac{5}{2} \cdot \dfrac{a}{l} + 2\left(\dfrac{a}{l}\right)^3\right\}$ $M_C = P \cdot a\left\{\left(\dfrac{a}{l}\right)^2 - \dfrac{1}{4}\right\}$ $N_{AP} = -V_A\dfrac{h}{s} - H_A\dfrac{l}{2s}$, $\quad N_{PC} = V_B\dfrac{h}{s} + H_B\dfrac{l}{2s}$ $N_{CB} = -V_B\dfrac{h}{s} + H_B\dfrac{l}{2s}$
III・27・4		$V_A = V_B = \dfrac{P}{2}$ $H_A = -H_B = \dfrac{Pl}{4h}$ $M = 0$ $N_{AC} = N_{CB} = \dfrac{P \cdot s}{2h}$

No.	荷重形式・応力図	計算公式
III・27・5	(山形アーチ：等分布水平荷重 w、左側 AC に作用、M_{max}、スパン l、高さ h)	$V_A = -V_B = -\dfrac{wh}{21}$, $-H_B = \dfrac{5wh}{16}$, $H_A = -wh - H_B$ $M_{xAC} = \dfrac{wh^2 x}{8l^2}(7l - 16x)$ $M_{xCB} = -\dfrac{wh^2 x}{8l}$ $M_C = -\dfrac{wh^2}{16}$ $N_{AC} = -V_A \dfrac{h}{s} - \left(H_A - \dfrac{2whx}{l}\right)\dfrac{l}{2s}$ $N_{CB} = -V_B \dfrac{h}{s} + H_B \dfrac{l}{2s}$
III・27・6	(山形アーチ：集中水平荷重 P が高さ f の位置に作用)	$V_A = -V_B = \dfrac{-Pf}{l}$, $H_B = -\dfrac{Pf}{4h}\left\{3 - \left(\dfrac{f}{h}\right)^2\right\}$ $H_A = -P - H_B$ $M_P = \dfrac{Pf}{4}\left\{4 - \dfrac{5f}{h} + \left(\dfrac{f}{h}\right)^2\right\}$ $M_C = -\dfrac{Pf}{4}\left\{1 - \left(\dfrac{f}{h}\right)^2\right\}$ $N_{AP} = -V_A \dfrac{h}{s} - H_A \dfrac{l}{2s}$, $N_{PC} = -V_A \dfrac{h}{s} + H_B \dfrac{l}{2s}$ $N_{CB} = -V_B \dfrac{h}{s} + H_B \dfrac{l}{2s}$
III・27・7	(山形アーチ：頂点 C に水平集中荷重 P)	$V_A = -V_B = -\dfrac{Ph}{l}$, $H_B = -\dfrac{P}{2}$, $H_A = -P - H_B$ $M = 0$ $N_{AC} = +\dfrac{P \cdot s}{l}$ $N_{CB} = -\dfrac{P \cdot s}{l}$
III・27・8	(山形アーチ：左半スパンに等分布荷重 w、M_{max})	$V_A = \dfrac{3wl}{8}$, $V_B = \dfrac{wl}{8}$ $H_A = -H_B = \dfrac{wl^2}{16h}$ $M_x = -\dfrac{wx^2}{2} + \dfrac{wlx}{4}$ $M_{max} = \dfrac{wl^2}{32}$

III・28　円弧アーチ（両端ピン）の計算公式

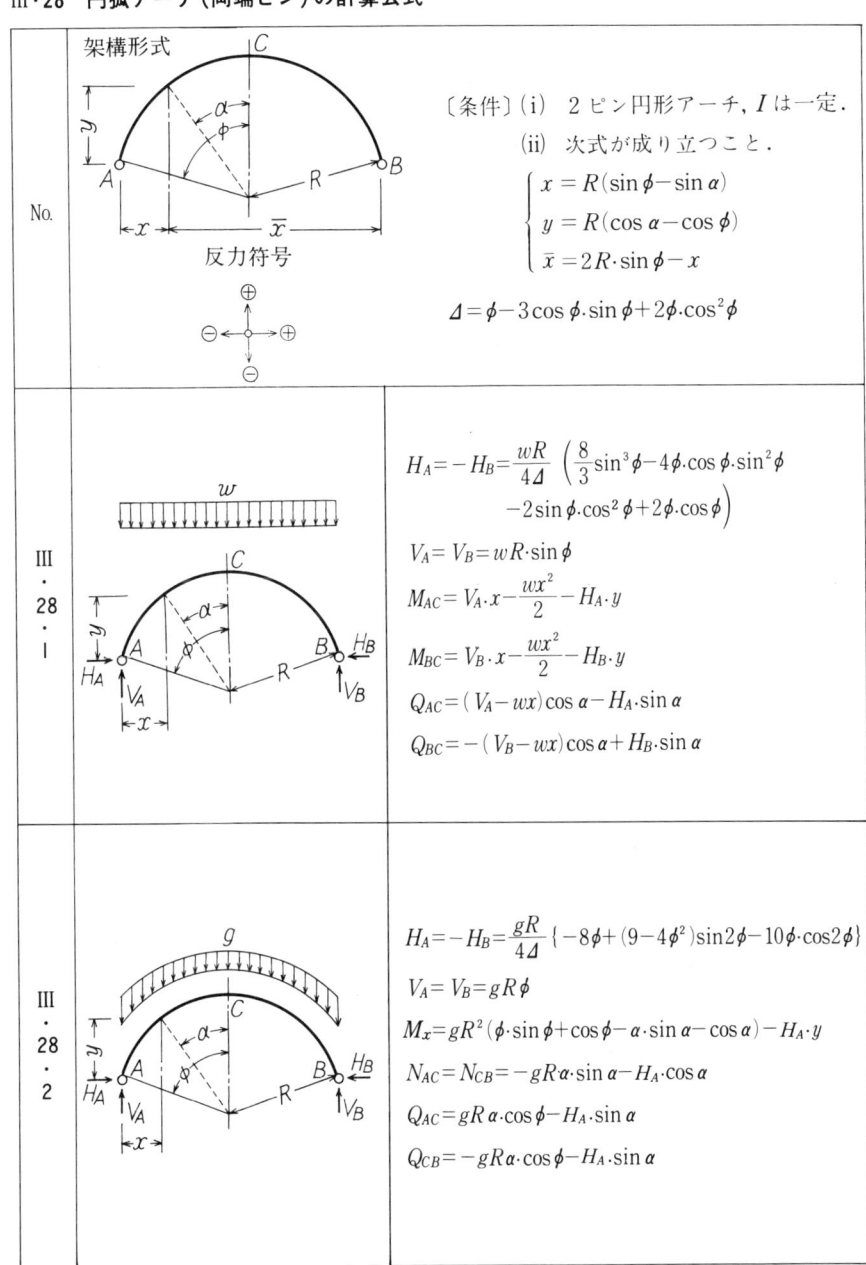

No.	架構形式	
	架構形式（図）	〔条件〕(i) 2ピン円形アーチ，Iは一定． (ii) 次式が成り立つこと． $\begin{cases} x = R(\sin\phi - \sin\alpha) \\ y = R(\cos\alpha - \cos\phi) \\ \bar{x} = 2R\cdot\sin\phi - x \end{cases}$ 反力符号 $\Delta = \phi - 3\cos\phi\cdot\sin\phi + 2\phi\cdot\cos^2\phi$
III・28・1	（等分布荷重 w の図）	$H_A = -H_B = \dfrac{wR}{4\Delta}\left(\dfrac{8}{3}\sin^3\phi - 4\phi\cdot\cos\phi\cdot\sin^2\phi - 2\sin\phi\cdot\cos^2\phi + 2\phi\cdot\cos\phi\right)$ $V_A = V_B = wR\cdot\sin\phi$ $M_{AC} = V_A\cdot x - \dfrac{wx^2}{2} - H_A\cdot y$ $M_{BC} = V_B\cdot x - \dfrac{wx^2}{2} - H_B\cdot y$ $Q_{AC} = (V_A - wx)\cos\alpha - H_A\cdot\sin\alpha$ $Q_{BC} = -(V_B - wx)\cos\alpha + H_B\cdot\sin\alpha$
III・28・2	（アーチに沿った荷重 g の図）	$H_A = -H_B = \dfrac{gR}{4\Delta}\{-8\phi + (9 - 4\phi^2)\sin 2\phi - 10\phi\cdot\cos 2\phi\}$ $V_A = V_B = gR\phi$ $M_x = gR^2(\phi\cdot\sin\phi + \cos\phi - \alpha\cdot\sin\alpha - \cos\alpha) - H_A\cdot y$ $N_{AC} = N_{CB} = -gR\alpha\cdot\sin\alpha - H_A\cdot\cos\alpha$ $Q_{AC} = gR\alpha\cdot\cos\phi - H_A\cdot\sin\alpha$ $Q_{CB} = -gR\alpha\cdot\cos\phi - H_A\cdot\sin\alpha$

III・28・3	(図) $z=\dfrac{R[\sin(\phi-\theta)+\cos\phi-\cos\theta]}{\phi-\theta}$	$H_A=-H_B=\dfrac{gR}{4\varDelta}\bigl[-8\phi(9-4\phi^2)\sin 2\phi$ $-10\phi\cdot\cos 2\phi-12\sin^2\phi\cdot\theta+10\theta-2\sin\theta\cdot\cos\theta$ $+8\cos\phi\cdot\sin\phi\cdot\theta^2+8\cos\phi(\cos\theta\cdot\theta-2\sin\theta)\bigr]$ $V_A=V_B=gR(\phi-\theta)$ $M_{AD}=gR^2(\phi\cdot\sin\phi+\cos\phi-\alpha\cdot\sin\alpha-\cos\alpha$ $-\sin\phi\cdot\theta+\sin\alpha\cdot\theta)-H_A\cdot y$ $M_{DC}=gR(\phi-\theta)z-H_A\cdot y$ $N_{AD}=-gR(\alpha-\theta)\sin\alpha-H_A\cdot\cos\alpha$ $N_{DC}=-H_A\cdot\cos\alpha$ $Q_{AD}=gR(\alpha-\theta)\cos\theta-H_A\cdot\sin\alpha$ $Q_{DC}=-H_A\cdot\sin\alpha$
III・28・4	(図)	$H_A=-H_B=\dfrac{P}{2\varDelta}\bigl[\sin^2\phi-\sin^2\theta-2\cos\phi(\phi\cdot\sin\phi$ $+\cos\phi-\theta\cdot\sin\theta-\cos\theta)\bigr]$ $V_A=\dfrac{P(\sin\phi+\sin\theta)}{2\sin\phi}$, $\quad V_B=\dfrac{P(\sin\phi-\sin\theta)}{2\sin\phi}$ $M_{AD}=V_A\cdot x-H_A\cdot y$ $M_{DC}=V_A\cdot x-P(\sin\theta-\sin\alpha)R-H_A\cdot y$ $M_{CB}=V_B\cdot x+H_B\cdot y$ $N_{AD}=-V_A\cdot\sin\alpha-H_A\cdot\cos\alpha$ $N_{DC}=-H_A\cdot\cos\alpha+V_B\cdot\sin\alpha$ $N_{CB}=-V_B\cdot\sin\alpha+H_B\cdot\cos\alpha$ $Q_{AD}=V_A\cos\alpha-H_A\cdot\sin\alpha$ $Q_{DC}=H_A\cdot\sin\alpha-V_A\cdot\cos\alpha$ $Q_{CB}=-V_B\cdot\cos\alpha-H_B\cdot\sin\alpha$
III・28・5	(図)	$H_A=-H_B=\dfrac{P}{\varDelta}\bigl[\sin^2\phi-\sin^2\theta-2\cos\phi(\phi\cdot\sin\phi$ $+\cos\phi-\theta\cdot\sin\theta-\cos\theta)\bigr]$ $V_A=V_B=P$ $M_{AD}=P\cdot x-H_A\cdot y$ $M_{DC}=PR(\sin\phi-\sin\theta)-H_A\cdot y$ $N_{AD}=-P\cdot\sin\alpha-H_A\cdot\cos\alpha$, $\quad N_{DC}=-H_A\cdot\cos\alpha$ $Q_{AD}=P\cdot\cos\alpha-H_A\cdot\sin\alpha$, $\quad Q_{DC}=-H_A\cdot\sin\alpha$

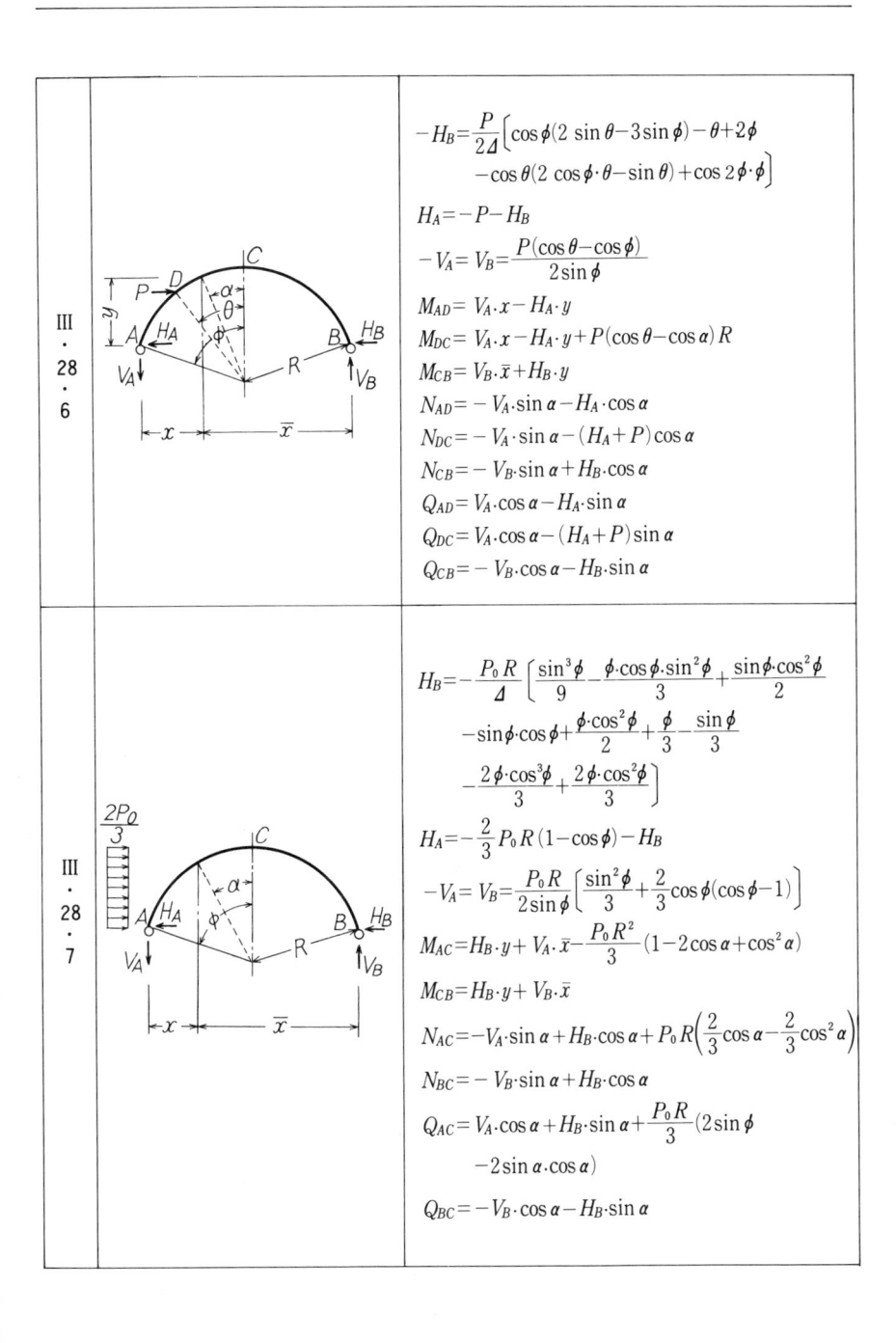

円弧アーチ(両端ピン)の計算公式

III・28・6	(図: 円弧アーチに点Pが作用、D点、C頂点、AB両端ピン支点、角度θ、φ、α)	$-H_B=\dfrac{P}{2\varDelta}\bigl[\cos\phi(2\sin\theta-3\sin\phi)-\theta+2\phi$ $-\cos\theta(2\cos\phi\cdot\theta-\sin\theta)+\cos2\phi\cdot\phi\bigr]$ $H_A=-P-H_B$ $-V_A=V_B=\dfrac{P(\cos\theta-\cos\phi)}{2\sin\phi}$ $M_{AD}=V_A\cdot x-H_A\cdot y$ $M_{DC}=V_A\cdot x-H_A\cdot y+P(\cos\theta-\cos\alpha)R$ $M_{CB}=V_B\cdot\bar{x}+H_B\cdot y$ $N_{AD}=-V_A\cdot\sin\alpha-H_A\cdot\cos\alpha$ $N_{DC}=-V_A\cdot\sin\alpha-(H_A+P)\cos\alpha$ $N_{CB}=-V_B\cdot\sin\alpha+H_B\cdot\cos\alpha$ $Q_{AD}=V_A\cdot\cos\alpha-H_A\cdot\sin\alpha$ $Q_{DC}=V_A\cdot\cos\alpha-(H_A+P)\sin\alpha$ $Q_{CB}=-V_B\cdot\cos\alpha-H_B\cdot\sin\alpha$
III・28・7	(図: 円弧アーチ、左側に等分布荷重 $\dfrac{2P_0}{3}$、C頂点、AB両端ピン支点)	$H_B=-\dfrac{P_0 R}{\varDelta}\Bigl[\dfrac{\sin^3\phi}{9}-\dfrac{\phi\cdot\cos\phi\cdot\sin^2\phi}{3}+\dfrac{\sin\phi\cdot\cos^2\phi}{2}$ $-\sin\phi\cdot\cos\phi+\dfrac{\phi\cdot\cos^2\phi}{2}+\dfrac{\phi}{3}-\dfrac{\sin\phi}{3}$ $-\dfrac{2\phi\cdot\cos^3\phi}{3}+\dfrac{2\phi\cdot\cos^2\phi}{3}\Bigr]$ $H_A=-\dfrac{2}{3}P_0 R(1-\cos\phi)-H_B$ $-V_A=V_B=\dfrac{P_0 R}{2\sin\phi}\Bigl[\dfrac{\sin^2\phi}{3}+\dfrac{2}{3}\cos\phi(\cos\phi-1)\Bigr]$ $M_{AC}=H_B\cdot y+V_A\cdot\bar{x}-\dfrac{P_0 R^2}{3}(1-2\cos\alpha+\cos^2\alpha)$ $M_{CB}=H_B\cdot y+V_B\cdot\bar{x}$ $N_{AC}=-V_A\cdot\sin\alpha+H_B\cdot\cos\alpha+P_0 R\Bigl(\dfrac{2}{3}\cos\alpha-\dfrac{2}{3}\cos^2\alpha\Bigr)$ $N_{BC}=-V_B\cdot\sin\alpha+H_B\cdot\cos\alpha$ $Q_{AC}=V_A\cdot\cos\alpha+H_B\cdot\sin\alpha+\dfrac{P_0 R}{3}(2\sin\phi$ $-2\sin\alpha\cdot\cos\alpha)$ $Q_{BC}=-V_B\cdot\cos\alpha-H_B\cdot\sin\alpha$

III・29　円弧アーチ（両端固定）の計算公式

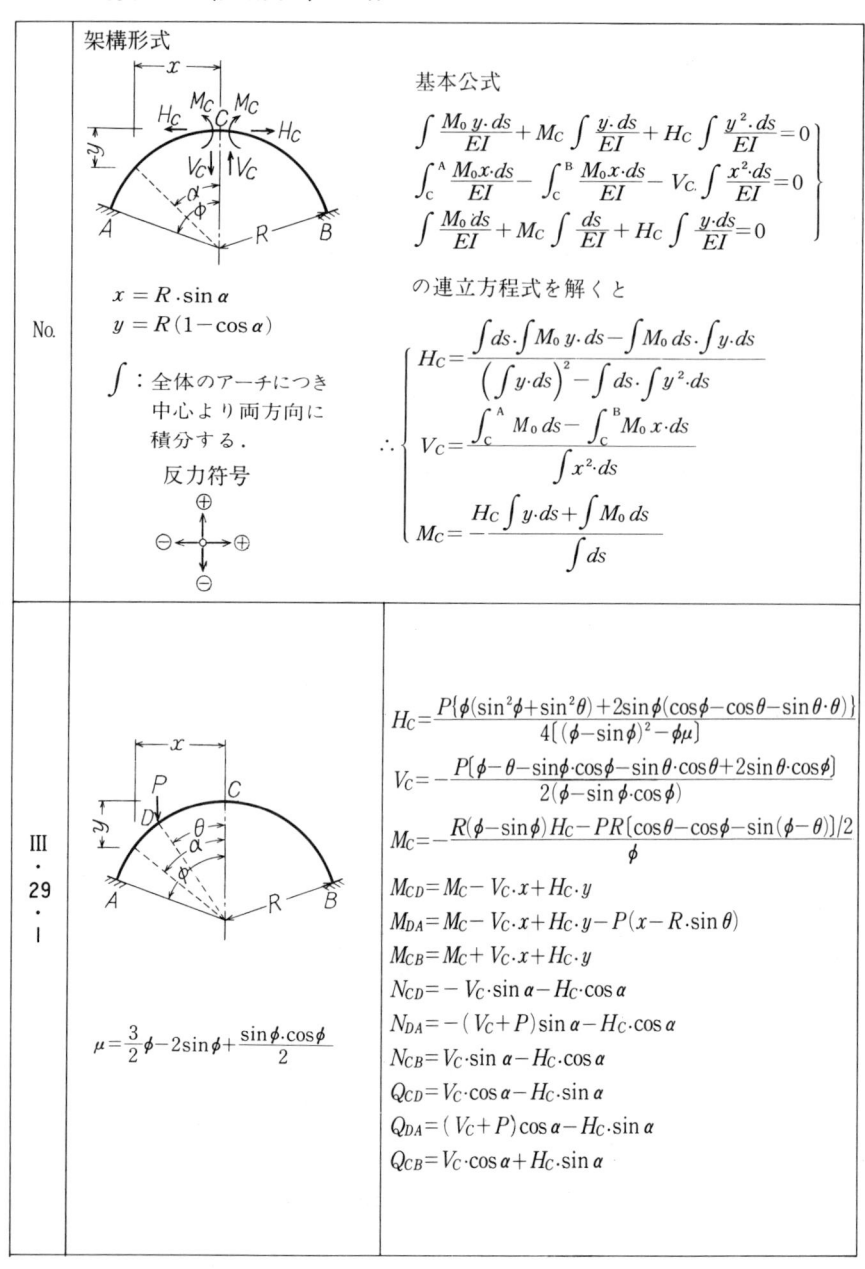

	架構形式	基本公式
No.	$x = R \cdot \sin\alpha$ $y = R(1-\cos\alpha)$ $\int$：全体のアーチにつき中心より両方向に積分する． 反力符号	$\left.\begin{array}{l}\displaystyle\int \frac{M_0\,y\cdot ds}{EI} + M_C \int \frac{y\cdot ds}{EI} + H_C \int \frac{y^2\cdot ds}{EI} = 0 \\ \displaystyle\int_C^A \frac{M_0 x\cdot ds}{EI} - \int_C^B \frac{M_0 x\cdot ds}{EI} - V_C \int \frac{x^2\cdot ds}{EI} = 0 \\ \displaystyle\int \frac{M_0\,ds}{EI} + M_C \int \frac{ds}{EI} + H_C \int \frac{y\cdot ds}{EI} = 0\end{array}\right\}$ の連立方程式を解くと $\therefore \begin{cases} H_C = \dfrac{\int ds \cdot \int M_0\,y\cdot ds - \int M_0\,ds \cdot \int y\cdot ds}{\left(\int y\cdot ds\right)^2 - \int ds \cdot \int y^2\cdot ds} \\ V_C = \dfrac{\int_C^A M_0\,ds - \int_C^B M_0\,ds}{\int x^2\cdot ds} \\ M_C = -\dfrac{H_C \int y\cdot ds + \int M_0\,ds}{\int ds} \end{cases}$
III・29・I	(図) $\mu = \dfrac{3}{2}\phi - 2\sin\phi + \dfrac{\sin\phi\cdot\cos\phi}{2}$	$H_C = \dfrac{P\{\phi(\sin^2\phi+\sin^2\theta)+2\sin\phi(\cos\phi-\cos\theta-\sin\theta\cdot\theta)\}}{4((\phi-\sin\phi)^2 - \phi\mu)}$ $V_C = -\dfrac{P(\phi-\theta-\sin\phi\cdot\cos\phi-\sin\theta\cdot\cos\theta+2\sin\theta\cdot\cos\phi)}{2(\phi-\sin\phi\cdot\cos\phi)}$ $M_C = -\dfrac{R(\phi-\sin\phi)H_C - PR[\cos\theta-\cos\phi-\sin(\phi-\theta)]/2}{\phi}$ $M_{CD} = M_C - V_C\cdot x + H_C\cdot y$ $M_{DA} = M_C - V_C\cdot x + H_C\cdot y - P(x - R\cdot\sin\theta)$ $M_{CB} = M_C + V_C\cdot x + H_C\cdot y$ $N_{CD} = -V_C\cdot\sin\alpha - H_C\cdot\cos\alpha$ $N_{DA} = -(V_C+P)\sin\alpha - H_C\cdot\cos\alpha$ $N_{CB} = V_C\cdot\sin\alpha - H_C\cdot\cos\alpha$ $Q_{CD} = V_C\cdot\cos\alpha - H_C\cdot\sin\alpha$ $Q_{DA} = (V_C+P)\cos\alpha - H_C\cdot\sin\alpha$ $Q_{CB} = V_C\cdot\cos\alpha + H_C\cdot\sin\alpha$

円弧アーチ(両端固定)の計算公式

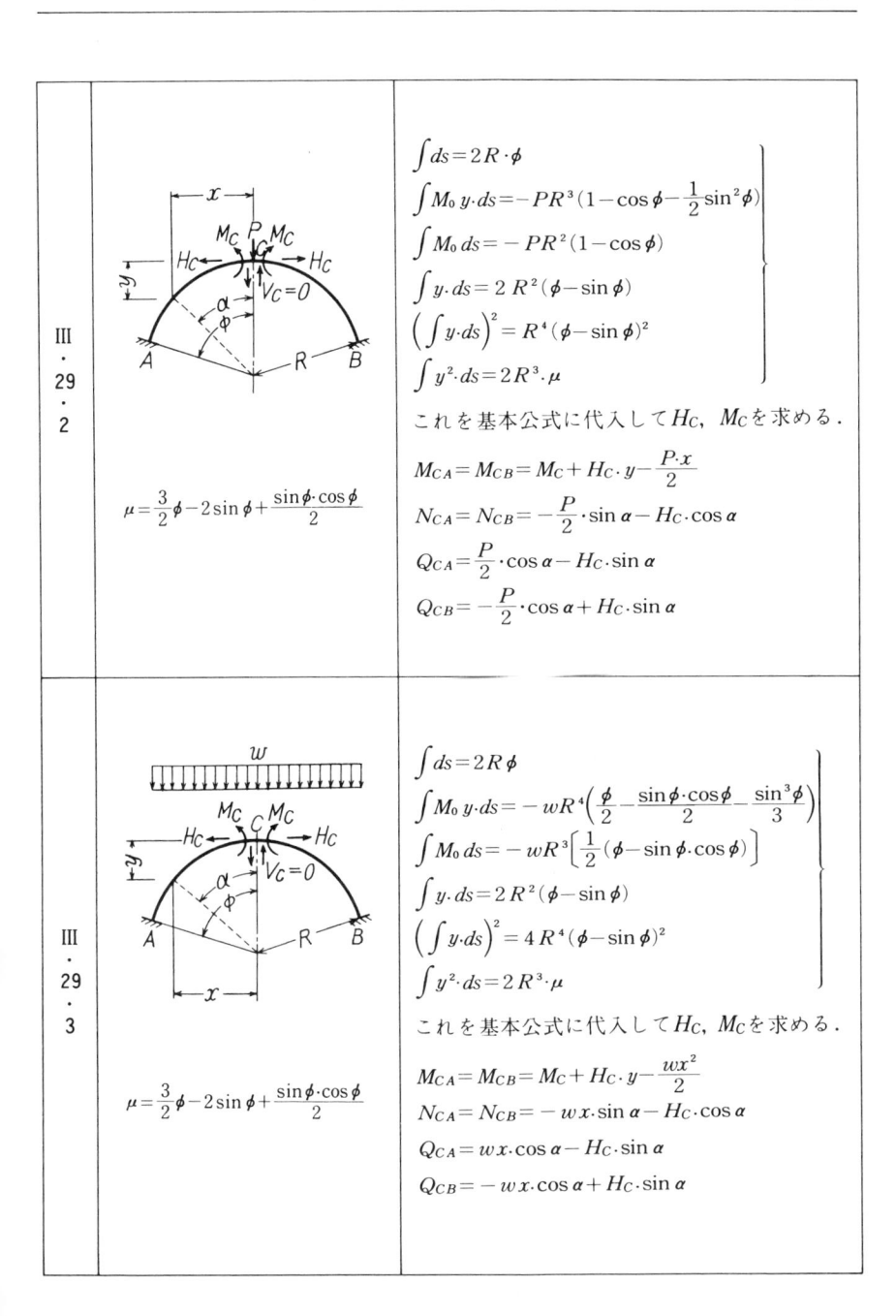

III·29·2	(図: 集中荷重 P, M_C, H_C, $V_C=0$, α, ϕ, A, R, B) $\mu = \dfrac{3}{2}\phi - 2\sin\phi + \dfrac{\sin\phi\cdot\cos\phi}{2}$	$\left.\begin{array}{l}\int ds = 2R\cdot\phi \\ \int M_0\, y\cdot ds = -PR^3\left(1-\cos\phi-\dfrac{1}{2}\sin^2\phi\right) \\ \int M_0\, ds = -PR^2(1-\cos\phi) \\ \int y\cdot ds = 2R^2(\phi-\sin\phi) \\ \left(\int y\cdot ds\right)^2 = R^4(\phi-\sin\phi)^2 \\ \int y^2\cdot ds = 2R^3\cdot\mu \end{array}\right\}$ これを基本公式に代入して H_C, M_C を求める. $M_{CA} = M_{CB} = M_C + H_C\cdot y - \dfrac{P\cdot x}{2}$ $N_{CA} = N_{CB} = -\dfrac{P}{2}\cdot\sin\alpha - H_C\cdot\cos\alpha$ $Q_{CA} = \dfrac{P}{2}\cdot\cos\alpha - H_C\cdot\sin\alpha$ $Q_{CB} = -\dfrac{P}{2}\cdot\cos\alpha + H_C\cdot\sin\alpha$
III·29·3	(図: 等分布荷重 w, M_C, H_C, $V_C=0$, α, ϕ, A, R, B) $\mu = \dfrac{3}{2}\phi - 2\sin\phi + \dfrac{\sin\phi\cdot\cos\phi}{2}$	$\left.\begin{array}{l}\int ds = 2R\phi \\ \int M_0\, y\cdot ds = -wR^4\left(\dfrac{\phi}{2} - \dfrac{\sin\phi\cdot\cos\phi}{2} - \dfrac{\sin^3\phi}{3}\right) \\ \int M_0\, ds = -wR^3\left[\dfrac{1}{2}(\phi - \sin\phi\cdot\cos\phi)\right] \\ \int y\cdot ds = 2R^2(\phi-\sin\phi) \\ \left(\int y\cdot ds\right)^2 = 4R^4(\phi-\sin\phi)^2 \\ \int y^2\cdot ds = 2R^3\cdot\mu \end{array}\right\}$ これを基本公式に代入して H_C, M_C を求める. $M_{CA} = M_{CB} = M_C + H_C\cdot y - \dfrac{wx^2}{2}$ $N_{CA} = N_{CB} = -wx\cdot\sin\alpha - H_C\cdot\cos\alpha$ $Q_{CA} = wx\cdot\cos\alpha - H_C\cdot\sin\alpha$ $Q_{CB} = -wx\cdot\cos\alpha + H_C\cdot\sin\alpha$

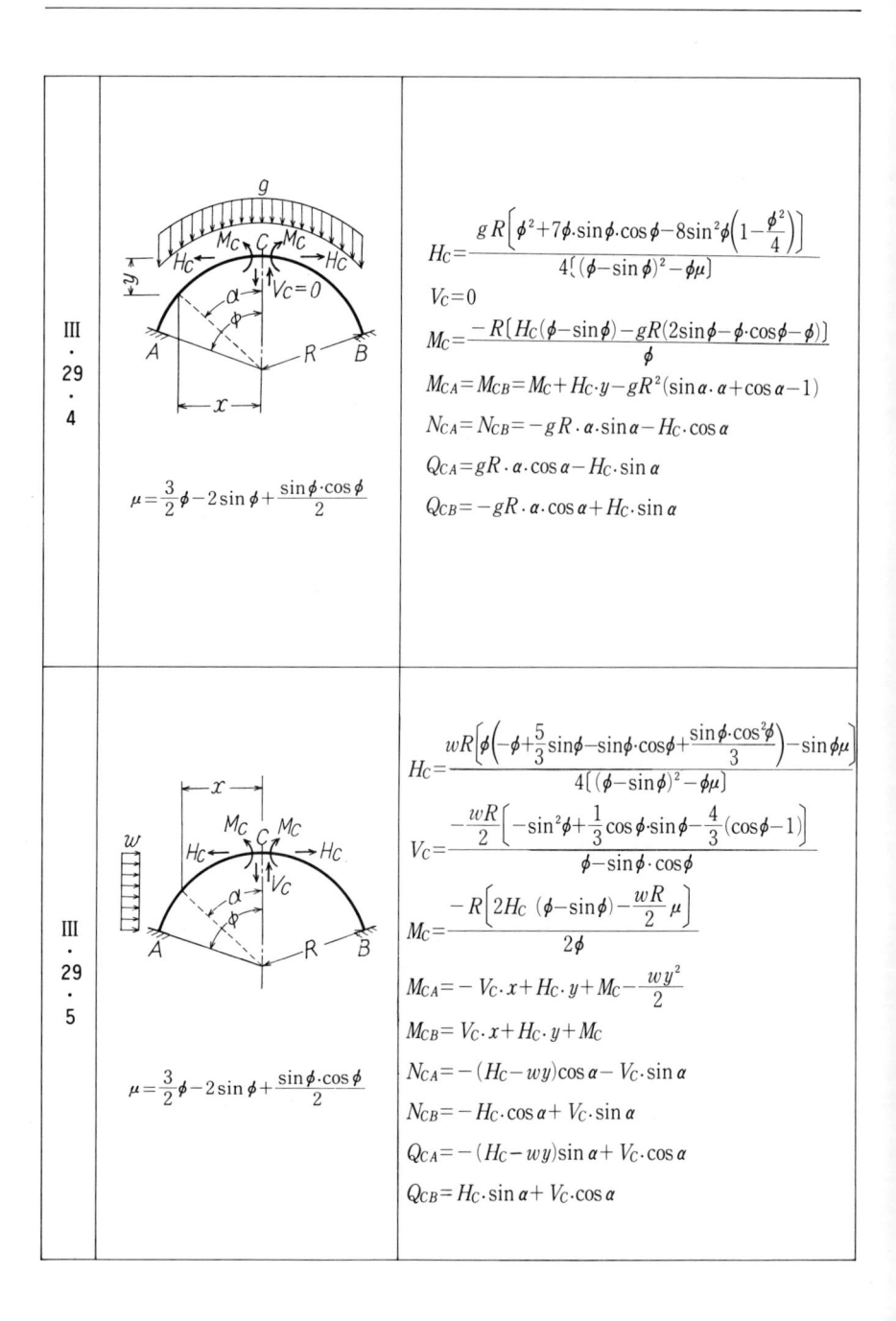

III·29·4	(図) $\mu=\dfrac{3}{2}\phi-2\sin\phi+\dfrac{\sin\phi\cdot\cos\phi}{2}$	$H_C=\dfrac{gR\left[\phi^2+7\phi\cdot\sin\phi\cdot\cos\phi-8\sin^2\phi\left(1-\dfrac{\phi^2}{4}\right)\right]}{4\{(\phi-\sin\phi)^2-\phi\mu\}}$ $V_C=0$ $M_C=\dfrac{-R\{H_C(\phi-\sin\phi)-gR(2\sin\phi-\phi\cdot\cos\phi-\phi)\}}{\phi}$ $M_{CA}=M_{CB}=M_C+H_C\cdot y-gR^2(\sin\alpha\cdot\alpha+\cos\alpha-1)$ $N_{CA}=N_{CB}=-gR\cdot\alpha\cdot\sin\alpha-H_C\cdot\cos\alpha$ $Q_{CA}=gR\cdot\alpha\cdot\cos\alpha-H_C\cdot\sin\alpha$ $Q_{CB}=-gR\cdot\alpha\cdot\cos\alpha+H_C\cdot\sin\alpha$
III·29·5	(図) $\mu=\dfrac{3}{2}\phi-2\sin\phi+\dfrac{\sin\phi\cdot\cos\phi}{2}$	$H_C=\dfrac{wR\left[\phi\left(-\phi+\dfrac{5}{3}\sin\phi-\sin\phi\cdot\cos\phi+\dfrac{\sin\phi\cdot\cos^2\phi}{3}\right)-\sin\phi\mu\right]}{4\{(\phi-\sin\phi)^2-\phi\mu\}}$ $V_C=\dfrac{-\dfrac{wR}{2}\left[-\sin^2\phi+\dfrac{1}{3}\cos\phi\cdot\sin\phi-\dfrac{4}{3}(\cos\phi-1)\right]}{\phi-\sin\phi\cdot\cos\phi}$ $M_C=\dfrac{-R\left[2H_C(\phi-\sin\phi)-\dfrac{wR}{2}\mu\right]}{2\phi}$ $M_{CA}=-V_C\cdot x+H_C\cdot y+M_C-\dfrac{wy^2}{2}$ $M_{CB}=V_C\cdot x+H_C\cdot y+M_C$ $N_{CA}=-(H_C-wy)\cos\alpha-V_C\cdot\sin\alpha$ $N_{CB}=-H_C\cdot\cos\alpha+V_C\cdot\sin\alpha$ $Q_{CA}=-(H_C-wy)\sin\alpha+V_C\cdot\cos\alpha$ $Q_{CB}=H_C\cdot\sin\alpha+V_C\cdot\cos\alpha$

III・30 放物線アーチ（両端ピン）の計算公式

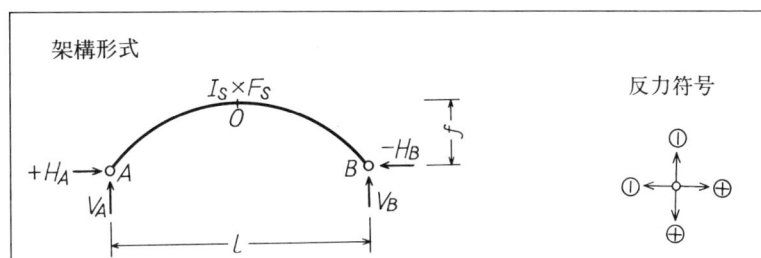

架構形式

反力符号

$I_S = I \cdot \cos\phi$

$\mu = \dfrac{15}{8} \cdot \dfrac{1}{f^2} \cdot \dfrac{I_S}{F_S}$

H_A, H_B：水平反力
V_A, V_B：鉛直反力
M_0　　：頂点の曲げモーメント．
I_S　　：頂点の断面２次モーメント．
F_S　　：頂点の断面積．

No.	III・30・1	III・30・2	III・30・3
荷重形式	w 全長等分布	w 半長($l/2$)等分布	w 部分(βl)等分布
H_A	$\dfrac{wl^2}{8f(1+\mu)}$	$\dfrac{wl^2}{16f(1+\mu)}$	$\dfrac{wl^2\beta^2(2\beta^2-5\beta^2+5)}{16f(1+\mu)}$
H_B	$-\dfrac{wl^2}{8f(1+\mu)}$	$-\dfrac{wl^2}{16f(1+\mu)}$	$-\dfrac{wl^2\beta^2(2\beta^2-5\beta^2+5)}{16f(1+\mu)}$
V_A	$\dfrac{wl}{2}$	$\dfrac{3wl}{8}$	$\dfrac{wl\beta(2-\beta)}{2}$
V_B	$\dfrac{wl}{2}$	$\dfrac{wl}{8}$	$\dfrac{wl\beta^2}{2}$
M_0	$\dfrac{wl^2}{8}\cdot\dfrac{\mu}{1+\mu}$	$\dfrac{wl^2}{16}\cdot\dfrac{\mu}{1+\mu}$	$\dfrac{1}{2}V_A l-\left(H_A f+\dfrac{wl^2}{8}\right)(\beta>0.5)$

放物線アーチ（両端ピン）の計算公式

No.	III・30・4	III・30・5	III・30・6
荷重形式	(図：左半分 $L/2$ に三角形分布荷重)	$w_x = w\left[1 - \frac{4x}{l} + 4\left(\frac{x}{l}\right)^2\right]$ (図：分布 w_x)	$\eta = \frac{h}{f}$ (図：水平力 P、高さ h)
H_A	$\dfrac{0.02279\,wl^2}{f(1+\mu)}$	$\dfrac{0.02381\,wl^2}{f(1+\mu)}$	$-\dfrac{P}{2}\left\{-1-\left(1+\dfrac{\eta}{4}\right)(1-\eta)^{\frac{3}{2}}\right\}$
H_B	$-\dfrac{0.02279\,wl^2}{f(1+\mu)}$	$-\dfrac{0.02381\,wl^2}{f(1+\mu)}$	$-\dfrac{P}{2}\left\{1-\left(1+\dfrac{\eta}{4}\right)(1-\eta)^{\frac{3}{2}}\right\}$
V_A	$\dfrac{5wl}{24}$	$\dfrac{wl}{6}$	$-\dfrac{Ph}{l}$
V_B	$\dfrac{wl}{24}$	$\dfrac{wl}{6}$	$\dfrac{Ph}{l}$
M_0	$\dfrac{V_B l}{2} + H_B f$	―	$\dfrac{Pf}{2}(1-\eta)\left\{1-\left(1+\dfrac{\eta}{4}\right)\sqrt{1-\eta}\right\}$

No.	III・30・7	III・30・8	III・30・9
荷重形式	(図：左端に鉛直分布荷重 w)	(図：左端に三角形分布荷重 w)	(図：左端にモーメント M)
H_A	$-0.7143\,wf$	$-0.4008\,wf$	$\dfrac{5}{8}\cdot\dfrac{1}{1+\mu}\cdot\dfrac{M}{f}$
H_B	$-0.2857\,wf$	$-0.0992\,wf$	$-\dfrac{5}{8}\cdot\dfrac{1}{1+\mu}\cdot\dfrac{M}{f}$
V_A	$-\dfrac{wf^2}{21}$	$-\dfrac{wf^2}{61}$	$-\dfrac{M}{h}l$
V_B	$\dfrac{wf^2}{21}$	$\dfrac{wf^2}{61}$	$\dfrac{M}{h}l$
M_0	$-0.0357\,wf^2$	$-0.01587\,wf^2$	$\left(\dfrac{1}{2}-\dfrac{5}{8}\cdot\dfrac{1}{1+\mu}\right)M$

III・31 放物線アーチ（両端固定）の計算公式

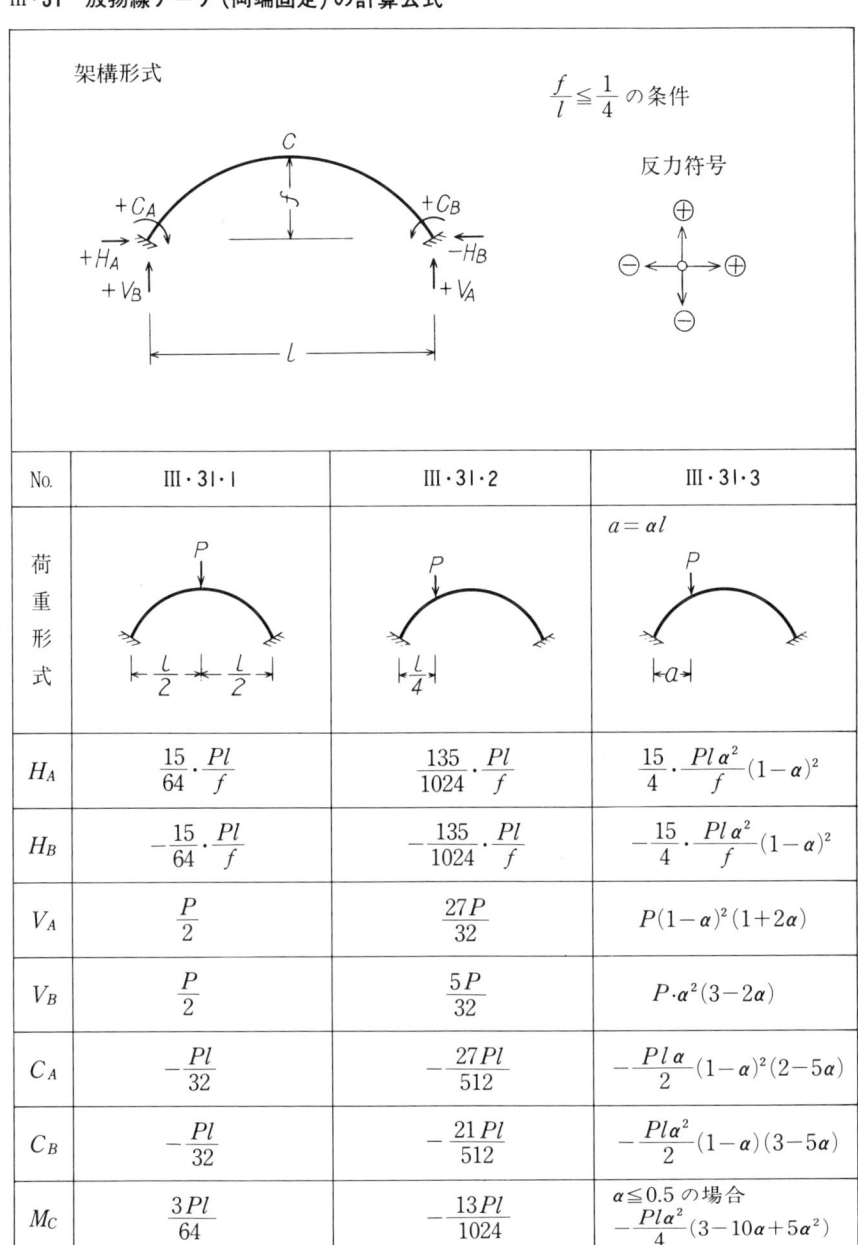

架構形式　　　　　　　　　　　$\dfrac{f}{l} \leq \dfrac{1}{4}$ の条件

反力符号

No.	III・31・1	III・31・2	III・31・3
荷重形式	P 中央, $\dfrac{L}{2}$, $\dfrac{L}{2}$	P 位置 $\dfrac{L}{4}$	$a = \alpha l$, P 位置 a
H_A	$\dfrac{15}{64} \cdot \dfrac{Pl}{f}$	$\dfrac{135}{1024} \cdot \dfrac{Pl}{f}$	$\dfrac{15}{4} \cdot \dfrac{Pl\alpha^2}{f}(1-\alpha)^2$
H_B	$-\dfrac{15}{64} \cdot \dfrac{Pl}{f}$	$-\dfrac{135}{1024} \cdot \dfrac{Pl}{f}$	$-\dfrac{15}{4} \cdot \dfrac{Pl\alpha^2}{f}(1-\alpha)^2$
V_A	$\dfrac{P}{2}$	$\dfrac{27P}{32}$	$P(1-\alpha)^2(1+2\alpha)$
V_B	$\dfrac{P}{2}$	$\dfrac{5P}{32}$	$P \cdot \alpha^2(3-2\alpha)$
C_A	$-\dfrac{Pl}{32}$	$-\dfrac{27Pl}{512}$	$-\dfrac{Pl\alpha}{2}(1-\alpha)^2(2-5\alpha)$
C_B	$-\dfrac{Pl}{32}$	$-\dfrac{21Pl}{512}$	$-\dfrac{Pl\alpha^2}{2}(1-\alpha)(3-5\alpha)$
M_C	$\dfrac{3Pl}{64}$	$-\dfrac{13Pl}{1024}$	$\alpha \leq 0.5$ の場合 $-\dfrac{Pl\alpha^2}{4}(3-10\alpha+5\alpha^2)$

放物線アーチ(両端固定)の計算公式

No.	III・31・4	III・31・5	III・31・6
荷重形式	(P, P at $L/4$ from each end)	$a=\alpha l$ (P, P at a from each end)	P → at top, $L/2$
H_A	$\dfrac{135}{512}\cdot\dfrac{Pl}{f}$	$\dfrac{15}{2}\cdot\dfrac{Pl\alpha^2}{f}(1-\alpha)^2$	$-\dfrac{P}{2}$
H_B	$-\dfrac{135}{512}\cdot\dfrac{Pl}{f}$	$-\dfrac{15}{12}\cdot\dfrac{Pl\alpha^2}{f}(1-\alpha)^2$	$-\dfrac{P}{2}$
V_A	P	P	$-\dfrac{3}{4}\cdot\dfrac{Pf}{l}$
V_B	P	P	$\dfrac{3}{4}\cdot\dfrac{Pf}{l}$
C_A	$-\dfrac{3Pl}{256}$	$-Pl\,\alpha(1-\alpha)(1-5\alpha+5\alpha^2)$	$-\dfrac{Pf}{8}$
C_B	$-\dfrac{3Pl}{256}$	$-Pl\,\alpha(1-\alpha)(1-5\alpha+5\alpha^2)$	$\dfrac{Pf}{8}$
M_C	$-\dfrac{13Pl}{512}$	$-\dfrac{Pl\alpha^2}{2}(3-10\alpha+5\alpha^2)$	0

No.	III・31・7	III・31・8	III・31・9
荷重形式	$a=\alpha l$ (P → at a)	w → on left half	w ↓ distributed on right half
H_A	$-P(1-15\alpha^2+50\alpha^3-60\alpha^4+24\alpha^5)$	$-\dfrac{11}{14}wf$	$\dfrac{wl^2}{8f}$
H_B	$-P\cdot\alpha^2(15-50\alpha+60\alpha^2-24\alpha^3)$	$-\dfrac{3}{14}wf$	$-\dfrac{wl^2}{8f}$

(次ページに続く.)

放物線アーチ（両端固定）の計算公式

No.	III·31·7	III·31·8	III·31·9
V_A	$-\dfrac{12Pf\alpha^2}{l}(1-\alpha)^2$	$-\dfrac{wf^2}{4l}$	$\dfrac{wl}{2}$
V_B	$\dfrac{12Pf\alpha^2}{l}(1-\alpha)^2$	$\dfrac{wf^2}{4l}$	$\dfrac{wl}{2}$
C_A	$-2Pf\alpha(1-\alpha)^2(2-7\alpha+8\alpha^2)$	$-\dfrac{51}{280}wf^2$	0
C_B	$2Pf\alpha^2(1-\alpha)(3-9\alpha+8\alpha^2)$	$\dfrac{19}{280}wf^2$	0
M_C	$\alpha\leq 0.5$ の場合 $-Pf\alpha^2(3-14\alpha+20\alpha^2-8\alpha^3)$	$-\dfrac{3}{140}wf^2$	0

No.	III·31·10	III·31·11	III·31·12
荷重形式	等分布荷重 w（左半分 $l/2$）	等分布荷重 w（中央 $l/4$）	等分布荷重 w（$a=\alpha l$）
H_A	$\dfrac{wl^2}{16f}$	$\dfrac{53}{4096}\cdot\dfrac{wl^2}{f}$	$\dfrac{wl^2\alpha^3}{8f}(10-15\alpha+6\alpha^2)$
H_B	$-\dfrac{wl^2}{16f}$	$-\dfrac{53}{4096}\cdot\dfrac{wl^2}{f}$	$-\dfrac{wl^2\alpha^3}{8f}(10-15\alpha+6\alpha^2)$
V_A	$\dfrac{13wl}{32}$	$\dfrac{121}{512}wl$	$\dfrac{wl\alpha}{2}(2-2\alpha^2+\alpha^3)$
V_B	$\dfrac{3wl}{32}$	$\dfrac{7}{512}wl$	$\dfrac{wl\alpha^3}{2}(2-\alpha)$
C_A	$-\dfrac{wl^2}{64}$	$-\dfrac{27}{2048}wl^2$	$-\dfrac{wl^2\alpha^2}{2}(1-3\alpha+3\alpha^2-\alpha^3)$
C_B	$\dfrac{wl^2}{64}$	$\dfrac{27}{2048}wl^2$	$\dfrac{wl^2\alpha^3}{2}(1-2\alpha+\alpha^2)$
M_C	0	$-\dfrac{7}{4096}wl^2$	$\alpha\leq 0.5$ の場合 $-\dfrac{wl^2\alpha^3}{8}(2-5\alpha+2\alpha^2)$

放物線アーチ(両端固定)の計算公式

No.	III・31・13	III・31・14	III・31・15
荷重形式	図: 左右にwの等分布荷重、各$L/4$区間	図: $a=\alpha l$、左右にw、各a区間	図: 中央にw、$L/4$, $L/2$, $L/4$
H_A	$\dfrac{53}{2048}\cdot\dfrac{wl^2}{f}$	$\dfrac{wl^2\alpha^3}{4f}(10-15\alpha+6\alpha^2)$	$\dfrac{203}{2048}\cdot\dfrac{wl^2}{f}$
H_B	$-\dfrac{53}{2048}\cdot\dfrac{wl^2}{f}$	$-\dfrac{wl^2\alpha^3}{4f}(10-15\alpha+6\alpha^2)$	$-\dfrac{203}{2048}\cdot\dfrac{wl^2}{f}$
V_A	$\dfrac{wl}{4}$	$wl\alpha$	$\dfrac{wl}{4}$
V_B	$\dfrac{wl}{4}$	$wl\alpha$	$\dfrac{wl}{4}$
C_A	$-\dfrac{9}{1024}wl^2$	$-\dfrac{wl^2\alpha^2}{2}(1-4\alpha+5\alpha^2-2\alpha^3)$	$\dfrac{9}{1024}wl^2$
C_B	$-\dfrac{9}{1024}wl^2$	$-\dfrac{wl^2\alpha^2}{2}(1-4\alpha+5\alpha^2-2\alpha^3)$	$\dfrac{9}{1024}wl^2$
M_C	$-\dfrac{7}{2048}wl^2$	$-\dfrac{wl^2\alpha^3}{4}(2-5\alpha+2\alpha^2)$	$\dfrac{7}{2048}wl^2$

No.	III・31・16	III・31・17	III・31・18
荷重形式	図: $a=\alpha l$、中央にw等分布、幅a	図: 三角形分布w、スパン$L/2$	図: $a=\alpha l$、三角形分布w、幅a
H_A	$\dfrac{wl^2\alpha}{64f}(15-10\alpha^2-3\alpha^4)$	$\dfrac{5}{256}\cdot\dfrac{wl^2}{f}$	$\dfrac{wl^2\alpha^3}{16f}(5-6\alpha+2\alpha^2)$
H_B	$-\dfrac{wl^2\alpha}{64f}(15-10\alpha^2-3\alpha^4)$	$-\dfrac{5}{256}\cdot\dfrac{wl^2}{f}$	$-\dfrac{wl^2\alpha^3}{16f}(5-6\alpha+2\alpha^2)$

(次ページに続く.)

放物線アーチ（両端固定）の計算公式

No.	III·31·16	III·31·17	III·31·18
V_A	$\dfrac{wl\alpha}{2}$	$\dfrac{9}{40}wl$	$\dfrac{wl\alpha}{20}(10-5\alpha^2+2\alpha^3)$
V_B	$\dfrac{wl\alpha}{2}$	$\dfrac{1}{40}wl$	$\dfrac{wl\alpha^3}{20}(5-2\alpha)$
C_A	$\dfrac{wl^2\alpha}{32}(1-2\alpha^2+\alpha^4)$	$-\dfrac{7}{640}wl^2$	$-\dfrac{wl^2\alpha^2}{120}(20-15\alpha+36\alpha^2+10\alpha^3)$
C_B	$\dfrac{wl^2\alpha}{32}(1-2\alpha^2+\alpha^4)$	$\dfrac{11}{1920}wl^2$	$\dfrac{wl^2\alpha^3}{120}(15-24\alpha+10\alpha^2)$
M_C	$\dfrac{wl^2\alpha}{64}(3-8\alpha+6\alpha^2-\alpha^4)$	$-\dfrac{1}{768}wl^2$	$-\dfrac{wl^2\alpha^3}{48}(3-6\alpha+2\alpha^2)$

No.	III·31·19	III·31·20	III·31·21
荷重形式	荷重: w ～ w、スパン $\dfrac{l}{2}$ ＋ $\dfrac{l}{2}$	$a=\alpha l$、w ～ w、スパン a ＋ a	w 三角形荷重、スパン $\dfrac{l}{2}$
H_A	$\dfrac{5}{128}\cdot\dfrac{wl^2}{f}$	$\dfrac{wl^2\alpha^3}{8f}(5-6\alpha+2\alpha^2)$	$\dfrac{wl^2}{112f}$
H_B	$-\dfrac{5}{128}\cdot\dfrac{wl^2}{f}$	$-\dfrac{wl^2\alpha^3}{8f}(5-6\alpha+2\alpha^2)$	$-\dfrac{wl^2}{112f}$
V_A	$\dfrac{wl}{4}$	$\dfrac{wl\alpha}{2}$	$\dfrac{5}{32}wl$
V_B	$\dfrac{wl}{4}$	$\dfrac{wl\alpha}{2}$	$\dfrac{1}{96}wl$
C_A	$-\dfrac{wl^2}{129}$	$-\dfrac{wl^2\alpha^2}{6}(1-\alpha)^3$	$-\dfrac{17}{2240}wl^2$
C_B	$-\dfrac{wl^2}{129}$	$-\dfrac{wl^2\alpha^2}{6}(1-\alpha)^3$	$\dfrac{19}{6720}wl^2$
M_C	$-\dfrac{wl^2}{384}$	$\dfrac{wl^2\alpha^3}{24}(3-6\alpha+2\alpha^2)$	$-\dfrac{1}{1120}wl^2$

放物線アーチ(両端固定)の計算公式

No.	III・31・22 ($a=\alpha l$)	III・31・23 (2次放物線)	III・31・24 ($a=\alpha l$)
荷重形式	(図)	(図)	(図)
H_A	$\dfrac{wl^2}{112f}\cdot\dfrac{\alpha^3}{1-\alpha}(35-98\alpha+84\alpha^2-24\alpha^3)$	$\dfrac{wl^2}{56f}$	$\dfrac{wl^2}{56f}\cdot\dfrac{\alpha^3}{1-\alpha}(35-98\alpha+84\alpha^2-24\alpha^3)$
H_B	$-\dfrac{wl^2}{112f}\cdot\dfrac{\alpha^3}{1-\alpha}(35-98\alpha+84\alpha^2-24\alpha^3)$	$-\dfrac{wl^2}{56f}$	$-\dfrac{wl^2}{56f}\cdot\dfrac{\alpha^3}{1-\alpha}(35-98\alpha+84\alpha^2-24\alpha^3)$
V_A	$\dfrac{wl}{12}\cdot\dfrac{\alpha}{1-\alpha}(6-8\alpha-3\alpha^2+6\alpha^3-2\alpha^4)$	$\dfrac{wl}{6}$	$\dfrac{wl}{9}\cdot\dfrac{\alpha}{1-\alpha}(3-4\alpha)$
V_B	$\dfrac{wl}{12}\cdot\dfrac{\alpha^2}{1-\alpha}(3\alpha-6\alpha^2+2\alpha^3)$	$\dfrac{wl}{6}$	$\dfrac{wl}{9}\cdot\dfrac{\alpha}{1-\alpha}(3-4\alpha)$
C_A	$-\dfrac{wl^2}{840}\cdot\dfrac{\alpha^2}{1-\alpha}(140-525\alpha+756\alpha^2-490\alpha^3+120\alpha^4)$	$-\dfrac{wl^2}{210}$	$-\dfrac{wl^2}{420}\cdot\dfrac{\alpha^2}{1-\alpha}(70-315\alpha+546\alpha^2-420\alpha^3+120\alpha^4)$
C_B	$\dfrac{wl^2}{840}\cdot\dfrac{\alpha^3}{1-\alpha}(105-336\alpha+350\alpha^2-120\alpha^3)$	$-\dfrac{wl^2}{210}$	$-\dfrac{wl^2}{420}\cdot\dfrac{\alpha^2}{1-\alpha}(70-315\alpha+546\alpha^2-420\alpha^3+120\alpha^4)$
M_C	$-\dfrac{wl^2}{560}\cdot\dfrac{\alpha^3}{1-\alpha}(35-126\alpha+140\alpha^2-40\alpha^3)$	$-\dfrac{wl^2}{560}$	$-\dfrac{wl^2}{280}\cdot\dfrac{\alpha^3}{1-\alpha}(35-126\alpha+140\alpha^2-40\alpha^3)$

〔注〕 円弧アーチ,放物線アーチの公式は構造計算便覧(産業図書)および構造設計データーブック(宇野書店)を参照した.

III・32　ブレース構造の計算公式

No.	架構形式	応力計算公式
III・32・1	(図)	$V_A = -V_B = -\dfrac{Ph}{l}$ $H_A = -P, \quad H_B = 0$ $N_{AC} = 0$ $N_{CD} = -P$ $N_{DB} = -V_B$ $T_{AD} = P\dfrac{\sqrt{h^2 + l^2}}{l}$
III・32・2	(図)	$V_A = -V_B = -\dfrac{Ph}{l}$ $H_A = -P, \quad H_B = 0$ $N_{AC} = N_{BD} = -\dfrac{Ph}{l}$ $N_{CE} = -P$ $T_{AE} = 2P\dfrac{\sqrt{(l/2)^2 + h^2}}{l}$ $M_E = \dfrac{Ph}{2}, \quad Q_{CE} = -Q_{ED} = \dfrac{Ph}{l}$
III・32・3	(図)	$V_A = -V_B = -\dfrac{Ph}{l}$ $H_A = H_B = -\dfrac{P}{2}$ $N_{AC} = N_{BD} = 0$ $N_{CE} = -P$ $T_{AE} = -T_{BE} = P\dfrac{\sqrt{(l/2)^2 + h^2}}{l}$
III・32・4	(図)	$V_A = -V_B = -\dfrac{Ph}{l}$ $H_A = -P, \quad H_B = 0$ $N_{AC} = -\dfrac{P \cdot b \cdot h}{al}, \quad N_{BD} = -\dfrac{Ph}{l}$ $N_{CE} = -P, \quad N_{ED} = 0$ $T_{AE} = P\dfrac{\sqrt{a^2 + h^2}}{a}$ $M_E = \dfrac{P \cdot b \cdot h}{l}, \quad Q_{CE} = \dfrac{P \cdot b \cdot h}{al}, \quad Q_{ED} = \dfrac{-Ph}{l}$

No.	架構形式	応力計算公式
III・32・5		$V_A = -V_B = -\dfrac{Ph}{l}$ $H_A = H_B = -\dfrac{P}{2}$ $N_{AC} = -N_{BD} = -\dfrac{P \cdot bh}{2al}, \quad N_{CD} = -P$ $N_{EF} = -P/2$ $T_{AE} = -T_{BF} = \dfrac{P}{2} \cdot \dfrac{\sqrt{a^2+h^2}}{a}$ $M_E = -M_F = \dfrac{P \cdot bh}{2l}, \quad Q_{CE} = Q_{FD} = \dfrac{P \cdot bh}{2al}$
III・32・6		$V_A = -V_B = -\dfrac{Ph}{l}, \quad H_A = -P, \quad H_B = 0$ $N_{AC} = -N_{BF} = \dfrac{Ph}{l}, \quad N_{CD} = -\dfrac{Phc}{ld}$ $N_{DE} = -\dfrac{Ph}{a}, \quad N_{CE} = \dfrac{Phe}{ad}$ $M_C = P \cdot b, \quad M_E = \dfrac{Phc}{l}$ $Q_{AC} = P, \quad Q_{CD} = -\dfrac{P \cdot b}{a}$ $Q_{DE} = \dfrac{Phc}{ld}, \quad Q_{EF} = -\dfrac{Ph}{l}$
III・32・7		$V_A = -V_B = -\dfrac{Ph}{l}, \quad H_A = H_B = -\dfrac{P}{2}$ $N_{AC} = -N_{BD} = \dfrac{Ph}{l}, \quad N_{CE} = -N_{DH} = -\dfrac{Phc}{2ld}$ $N_{EF} = -\dfrac{P}{2}\left(\dfrac{b}{2a}+1\right), \quad N_{FG} = -\dfrac{P}{2}$ $N_{GH} = \dfrac{P \cdot b}{2a}, \quad N_{CF} = -N_{DG} = \dfrac{Phe}{2ad}$ $M_C = M_D = \dfrac{P \cdot b}{2}, \quad M_F = -M_G = \dfrac{Phc}{2l}$ $Q_{AC} = Q_{BD} = \dfrac{P}{2}, \quad Q_{CE} = Q_{DH} = -\dfrac{P \cdot b}{2a}$ $Q_{EF} = Q_{GH} = \dfrac{Phc}{2ld}, \quad Q_{FG} = -\dfrac{Ph}{l}$
III・32・8		$V_A = -V_B = -\dfrac{Ph}{l}, \quad H_A = H_B = -\dfrac{P}{2}$ $N_{AC} = -N_{BD} = \dfrac{Ph}{l}, \quad N_{EF} = P\left(\dfrac{b}{2a}+1\right)$ $N_{FG} = \dfrac{P \cdot b}{2a}, \quad N_{CF} = -N_{DF} = -\dfrac{P \cdot c \cdot h}{al}$ $M_C = M_D = \dfrac{P \cdot b}{2}$ $Q_{AC} = Q_{BD} = \dfrac{P}{2}$ $Q_{CE} = Q_{DG} = \dfrac{P \cdot b}{2a}$

No.	架 構 形 式	応 力 計 算 公 式
III・32・9	(図)	$V_A = -V_B = -\dfrac{Ph}{l}, \quad H_B = -P$ $N_{AD} = -N_{CE} = \dfrac{Ph}{l}, \quad N_{FG} = -P$ $N_{DG} = -N_{DB} = N_{BE} = -N_{GE} = \dfrac{P \cdot a}{l}$ $a = \sqrt{(l/2)^2 + (h/2)^2}$
III・32・10	(図)	$V_A = -V_C = -\dfrac{2Ph}{l}$ $H_B = -P$ $N_{AD} = 0, \quad N_{CE} = -\dfrac{2Ph}{l}$ $N_{DE} = -P$ $N_{BE} = 2P \dfrac{\sqrt{h^2 + (l/2)^2}}{l}$
III・32・11	(図)	$V_A = -V_C = -\dfrac{Ph}{l}$ $H_B = -P$ $N_{AD} = -N_{CE} = \dfrac{Ph}{l}$ $N_{DE} = -\dfrac{P}{2}$ $N_{BD} = -N_{BE} = -P \dfrac{\sqrt{h^2 + (l/2)^2}}{l}$
III・32・12	(図)	$V_A = -V_B = -\dfrac{Ph}{l}, \quad H_A = -P$ $N_{AD} = -P\left(\dfrac{d}{a} - \dfrac{h}{l}\right), \quad N_{BF} = -\dfrac{Ph}{l}$ $N_{DE} = -\dfrac{2Phb}{lc}, \quad N_{DC} = \dfrac{P\sqrt{a^2+c^2}}{c}\left(\dfrac{d}{a} - \dfrac{2h}{l}\right)$ $N_{EC} = \dfrac{2Ph\sqrt{b^2+c^2}}{lc}, \quad N_{AC} = \dfrac{P\sqrt{a^2+d^2}}{a}$ $M_E = \dfrac{Ph}{2}, \quad Q_{DE} = -Q_{EF} = \dfrac{Ph}{l}$

No.	架構形式	応力計算公式
III・32・13		$V_A = -V_B = -\dfrac{Ph}{l}, \quad H_A = H_B = -\dfrac{P}{2}$ $N_{AE} = -N_{BG} = P\left(\dfrac{d}{2a} - \dfrac{h}{l}\right)$ $N_{EF} = \dfrac{P}{2}\left(\dfrac{bh}{cl} + 1\right), \quad N_{FG} = \dfrac{P}{c}\left(\dfrac{d}{2} - \dfrac{ah}{l}\right)$ $N_{EC} = -N_{DG} = -\dfrac{P\sqrt{a^2+c^2}}{2a}\left(\dfrac{bh}{cl} - 1\right)$ $N_{CF} = -N_{DF} = \dfrac{Ph\sqrt{c^2+(b/2)^2}}{cl}$ $N_{AC} = -N_{BD} = \dfrac{P\sqrt{a^2+d^2}}{2a}$
III・32・14		$V_A = -V_B = -\dfrac{Ph}{l}, \quad H_A = -P$ $N_{AC} = -N_{DF} = -\dfrac{P \cdot a}{l}, \quad N_{EC} = 0$ $N_{BD} = -\dfrac{Ph}{l}, \quad N_{CD} = N_{EF} = -P$ $N_{AD} = P\dfrac{\sqrt{b^2+l^2}}{l}$ $N_{CF} = P\dfrac{\sqrt{a^2+l^2}}{l}$
III・32・15		$V_A = -V_B = -\dfrac{Ph}{l}, \quad H_A = H_B = -\dfrac{P}{2}$ $N_{AC} = -N_{BD} = \dfrac{P}{l}\left(h - \dfrac{b}{2}\right), \quad N_{CD} = 0$ $N_{CE} = -N_{FD} = \dfrac{P \cdot a}{2l}, \quad N_{EF} = -\dfrac{P}{2}$ $N_{AD} = -N_{BC} = \dfrac{P}{2} \cdot \dfrac{\sqrt{b^2+l^2}}{l}$ $N_{CF} = -N_{ED} = \dfrac{P}{2} \cdot \dfrac{\sqrt{a^2+l^2}}{l}$
III・32・16		$V_A = -V_B = -\dfrac{Ph}{l}, \quad H_B = -P$ $N_{AC} = \dfrac{Ph}{l}$ $N_{BC} = -P\dfrac{\sqrt{l^2+h^2}}{l}$

III・33 ブレース付きラーメン構造の計算公式

1. 1層ラーメンの分担係数

記号　P_R：ラーメンの横力分担量．
　　　P_B：ブレースの横力分担量．
　　　D：分担係数
　　　T：ブレースの応力．
　　　A：ブレースの断面積．
　　　E：ブレースのヤング係数．
　　　I_b：はりの断面2次モーメント．
　　　I_c：柱の断面2次モーメント．

3・23図

$$k=\frac{I_b}{I_c}\cdot\frac{h}{l}, \quad f=\frac{l}{h}$$

$$P=P_R+P_B, \quad P_R=\frac{1}{1+D}P, \quad P_B=\frac{D}{1+D}P \quad \therefore \quad D=\frac{P_B}{P_R} \tag{1}$$

$$T=P_B\cdot\sec\theta, \quad \delta=\delta_B\cdot\sec\theta=\frac{T\sqrt{l^2+h^2}}{AE}\sec\theta=\frac{P_B(l^2+h^2)^{\frac{3}{2}}}{AEl^2} \tag{2}$$

2. 多層ラーメンの分担係数（二見博士の式）

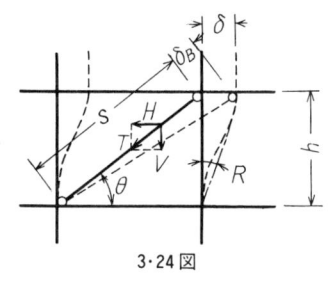

傾角 θ，材長 $S=h\cdot\mathrm{cosec}\,\theta$ のブレース材は $\delta=R\cdot h$ にともない，δ_B の伸びを生ずる．

〔仮定条件〕：ブレースの両端はピンとし，かつブレース材にくらべて柱はり材は断面が大きいので，柱，はりの材長は無視する．

3・24図

(1) 関係式

$$\left.\begin{array}{l}\text{ブレースの伸び}\cdots\cdots\delta_B=\delta\cdot\cos\theta\\ \text{引張り応力}\cdots\cdots T=(\delta_B/s)\,AE\\ \text{水平分力}\cdots\cdots H=T\cdot\cos\theta\\ \text{鉛直分力}\cdots\cdots V=T\cdot\sin\theta\end{array}\right\} \tag{3}$$

(2) ブレースの負担する層モーメント

$$M_B = Hh = AER\,h\cdot\sin\theta\cdot\cos^2\theta = \frac{12C}{100}AERh \tag{4}$$

ここで $C = \frac{100}{12}\sin\theta\cdot\cos^2\theta$ ……ブレース傾角による定数とする．

3. 柱材の分担する層モーメント

$$M_R = M_\text{上} + M_\text{下} = 6EKR + 6EKR = 12EKR \tag{5}$$

4. 両者の分担するせん断力（層モーメント）の割合

$$D = \frac{\text{ブレース群の分担する層モーメント}}{\text{柱材群の分担する層モーメント}} = \frac{M_B}{M_R} = \frac{CAh}{100K}$$

$$\therefore\quad D = \frac{\sum M_B}{\sum M_R} = \frac{\sum C\cdot A}{\sum K}\cdot\frac{h}{100} \tag{6}$$

5. 分担係数

$$\boxed{D = \frac{\sum C\cdot A}{\sum k}\,\eta\cdot D_0} \quad\text{……（公式）} \tag{7}$$

記号　K_0：柱材の標準剛度．

　　　A_0：ブレースの標準断面積．

　　　h_0：標準階高

　　　k：標準剛度に対する剛比．

　　　a：標準断面積に対する断面積比．

　　　η：標準階高に対する階高比．

$$K = k\cdot K_0 \quad\longrightarrow\quad k = \frac{K}{K_0}$$

$$A = a\cdot A_0 \quad\longrightarrow\quad a = \frac{A}{A_0}$$

$$h = \eta\cdot h_0 \quad\longrightarrow\quad \eta = \frac{h}{h_0}$$

$$D_0 = \frac{A_0 h_0}{100 K_0}$$

6. ラーメンとブレースの分担力

ラーメンの分担力　$H_R = \dfrac{1}{1+D}Q$ \hfill (8)

ブレースの分担力　$H_B = \dfrac{D}{1+D}Q$ \hfill (9)

（Q は層せん断力を示す．）

ブレース付きラーメン構造の計算公式

No.	架構形式	分担係数計算公式
III・33・1	(図)	P_R によるたわみ $\left(f=\dfrac{l}{h}\right)$ $\delta=\dfrac{P_R h^3}{12EI_c}\cdot\dfrac{2+3k}{1+6k}$ $D=\dfrac{P_B}{P_R}=\dfrac{Al^2}{(1+f^2)^{\frac{3}{2}}}\cdot\dfrac{2+3k}{12I_c(1+6k)}$
III・33・2	(図)	P_R によるたわみ $\left(f=\dfrac{l}{h}\right)$ $\delta=\dfrac{P_R h^3}{12EI_c}\cdot\dfrac{1+2k}{k}$ $D=\dfrac{P_B}{P_R}=\dfrac{Al^2}{(1+f^2)^{\frac{3}{2}}}\cdot\dfrac{1+2k}{12I_c\cdot k}$
III・33・3	(図)	P_R によるたわみ $\left(f=\dfrac{l}{h}\right)$ $\delta=\dfrac{P_R h^3}{6EI_c}$ $D=\dfrac{P_B}{P_R}=\dfrac{Al^2}{6EI_c(1+f^2)^{\frac{3}{2}}}$

No.	架構形式	設計条件
III・33・4	(図)	スパン・階高，ブレース断面，剛比 $l=6.00,\quad A_1=30,\quad k_1=1.0$ $h_1=5.00,\quad A_2=20,\quad k_2=1.5$ $h_2=4.00,\quad A_3=10,\quad k_3=2.0$ $h_3=3.00$ $\left.\begin{array}{l}h_0=h_1=500\,\text{cm}\\ A_0=A_2=20\,\text{cm}^2\\ K_0=100\,\text{cm}^3\end{array}\right\}$ とおけば $D_0=\dfrac{A_0 h_0}{100 K_0}=\dfrac{20\times 500}{100\times 100}=1.0$

(次ページに続く.)

No.	項	計算公式	3 F	2 F	1 F
III・33・4 〔解〕	関　　数	$\tan\theta = h/l$ $\sin\theta$ $\cos\theta$	0.500 0.449 0.893	0.666 0.554 0.832	0.833 0.640 0.768
	傾 角 定 数	$c = \dfrac{100}{12}\sin\theta\cdot\cos^2\theta$	2.98	3.19	3.15
	断 面 積 比	$a = A/A_0$ ca $\sum ca$	0.50 1.49 1.49	1.0 3.19 3.19	1.5 4.725 4.725
	柱 剛 比	$\sum k = k_1 + \cdots + k_n$	4.0	3.0	2.0
	階 高 比	$\eta = h/h_0$	0.6	0.8	1.0
	分 担 力	$D = \dfrac{\sum ca}{\sum k_c}\eta D_3$	0.224	0.850	2.363
	ラーメン分担率 ブレース分担率	$1/(1+D)$ $D/(1+D)$	0.817 0.183	0.541 0.459	0.297 0.703
	ラーメン分担力 ブレース水平力 ブレース引張り力	$Q = 1/(1+D) \times P$ $H = [D/(1+D)]P\cdot ca/\sum ca$ $T = H\cdot\sec\theta = H/\cos\theta$	$0.817(P_R)$ $0.183(P_R)$ $0.205(P_R)$	$0.541(P_R+P_3)$ $0.459(P_R+P_3)$ $0.551(P_R+P_3)$	$0.297(P_R+P_3+P_2)$ $0.703(P_R+P_3+P_2)$ $0.915(P_R+P_3+P_2)$

No.	架 構 形 式	設 計 条 件
III・33・5	(図：ブレース付きラーメン架構、柱 k_1, k_2, k_3、梁 k_4, k_5, k_6、ブレース A_1, A_2, A_3、スパン l_1, l_2、階高 h_1, h_2)	スパン・階高，　断面積，　　　　剛比 $l_1 = 4.00$,　　$A_1 = 10\,\text{cm}^2$,　　$k_1 = 1.0$ $l_2 = 5.00$,　　$A_2 = 15$,　　　　$k_2 = 2.0$ $h_1 = 4.50$,　　$A_3 = 20$,　　　　$k_3 = 1.5$ $h_2 = 3.00$　　　　　　　　　　$k_4 = 0.5$ 　　　　　　　　　　　　　　　　$k_5 = 1.0$ $\left.\begin{array}{l} h_0 = h_2 = 300\,\text{cm} \\ A_0 = A_1 = 10\,\text{cm}^2 \\ K_0 = 30\,\text{cm}^3 \end{array}\right\}$ とすれば　$k_6 = 0.7$ $D_0 = \dfrac{10 \times 300}{100 \times 30} = 1.0$

(次ページに続く．)

ブレース付きラーメン構造の計算公式

項		計 算 公 式	2F ②~③間	1F ①~②間	1F ②~③間
	関　　数	$\tan\theta$	0.600	1.125	0.900
		$\sin\theta$	0.515	0.747	0.669
		$\cos\theta$	0.858	0.665	0.743
Ⅲ・33・5〔解〕	傾 角 定 数	$c=\dfrac{100}{12}\sin\theta\cdot\cos^2\theta$	3.16	2.75	3.08
	断 面 積 比	$a=A/A_0$	2.0	1.0	1.5
		ca	6.32	2.75	4.62
		$\sum ca$	6.32	7.37	
	柱 剛 比	$\sum k_c=k_1+\cdots\cdots+k_n$	2.20	4.50	
	階 高 比	$\eta=h/h_0$	1.0	1.5	
	分 担 力	$D=\dfrac{\sum ca}{\sum k_c}\eta D_0$	2.87	2.46	
	ラーメン分担率	$1/(1+D)$	0.258	0.289	
	ブレース分担率	$D/(1+D)$	0.742	0.711	
	ラーメン分担力	$Q=1/(1+D)\times P$	$0.258P$	$0.578P$	
	ブレース水平力	$H=\dfrac{D}{1+D}\cdot P\cdot\dfrac{ca}{\sum ca}$	$0.742P$	$0.532P$	$0.862P$
	ブレース引張り力	$T=\dfrac{H}{\cos\theta}$	$0.951P$	$0.800P$	$1.16P$

〔注〕　ブレース付きラーメン構造における横力分担率は弾性計算によるか，塑性的な判断を考慮に入れて決定するが，ブレースの軸力による反力がブレース周辺の柱，はりに作用し，周辺骨組は一般に大きな軸力変動を受ける．弾性計算による場合は，一般に比較的低層の場合で軸変形を無視し，全体をしてせん断形の変形をするものと考え，高層骨組では変動軸力による影響を考慮してせん断形と曲げ形の和として応力，変形を求める必要がある．

〔参考文献〕
1)　二見秀雄他：筋かい材を有する矩形ラーメンの解法，建築学会大会論文集，第25号，
　　　　　　　昭和17年4月　P298/305
2)　武藤　清：筋かい付ラーメンの耐震計算法，建築学会研究報告集，第24号，
　　　　　　　昭和28年10月　P209/210
3)　鬼武信夫：筋かいを有するラーメンの一解法，建築学会研究報告集，第27号，
　　　　　　　昭和29年5月　P135/136
4)　谷　資信：筋かいの配置とその効果に関する研究，建築学会論文報告集，第53号，
　　　　　　　第59号，第61号，第62号
5)　藤本盛久他：繰返し荷重を受ける筋かい付ラーメンの弾塑性解析，建築学会大会梗概集，
　　　　　　　昭和44年8月，昭和47年10月

III・34 変形計算公式

弾性変形の関連法則

名　称	定　理	公　式
(1) エネルギー保存の法則	外力の仕事：(i) 変位による仕事. (ii) モーメントによる仕事. 内力の仕事：(i) 軸方向力Nによる. (ii) 曲げモーメントMによる. (iii) せん断力Qによる. 外力のなした仕事は，材の得た変形の仕事(エネルギー)に等しい．	$W_e = 1/2 \cdot P \cdot \delta$ $W_e = 1/2 \cdot M \cdot \theta$ $W_n = \int \dfrac{N^2}{2EA} ds$ $W_m = \int \dfrac{M^2}{2EI} ds$ $W_q = \int K \dfrac{Q^2}{2GA} ds$ $W_e = W_n + W_m + W_q$
(2) モール(Mohr)の定理 　第1定理 　第2定理	 任意の点のたわみ角θは，M図を荷重と考えたときに，その点のせん断力$\overline{Q}$をEIで割って求められる． 任意の点のたわみδは，M図を荷重と考えたときに，その点の曲げモーメント$\overline{M}$をEIで割って求められる．	 $\theta = \dfrac{\overline{Q}}{EI}$ $\delta = \dfrac{\overline{M}}{EI}$
(3) カスチリアーノ(Castigliano)の定理 　第1定理	物体に作用する力，あるいはモーメントのその方向への変位δ_n，または回転角θ_nは，内力の仕事を1回偏微分したものに等しい．	$\delta_n = \dfrac{\partial W_i}{\partial P_n}$ $= \int N \dfrac{\partial N}{\partial P_n} \cdot \dfrac{ds}{EA}$ $+ \int M \dfrac{\partial M}{\partial P_n} \cdot \dfrac{ds}{EI}$ $+ \int KQ \dfrac{\partial Q}{\partial P_n} \cdot \dfrac{ds}{GA}$

(次ページに続く．)

変形計算公式

名　称	定　理	公　式
第 2 定理 （最小仕事の定理）	外力を P_n，その方向の変位を δ_n，モーメントを M_n，回転角を θ_n とすれば力またはモーメントそれ自身がなんら仕事をしない場合には，その力について内力の仕事を1回微分したものはゼロに等しい．不静定量 X は弾性変形の仕事を最小ならしめる値を有する．	$\delta_n = \dfrac{\partial W_i}{\partial M_n}$ $= \int N \dfrac{\partial N}{\partial M_n} \cdot \dfrac{ds}{EA}$ $+ \int M \dfrac{\partial M}{\partial M_n} \cdot \dfrac{ds}{EI}$ $+ \int KQ \dfrac{\partial Q}{\partial M_n} \cdot \dfrac{ds}{GA}$ $\delta = \dfrac{\partial W_i}{\partial X} = 0$
(4) 仮想仕事の原理	つり合いの状態にある質点が任意の微小変位をするとき，この質点に作用する力のなす仕事の和はゼロに等しい．	仮想変位を $\bar{\delta}_{x,y,z}$ $\sum P_x \bar{\delta}_x = 0$ $\sum P_y \bar{\delta}_y = 0$ $\sum P_z \bar{\delta}_z = 0$
	仮想外力を $\overline{P_n}$, $\overline{M_n}$ とした場合の応力を $\overline{N}$, $\overline{M}$, $\overline{Q}$ とし，また荷重による応力を N_0, M_0, Q_0 とし，かつこれによる $\overline{P_m}$, $\overline{M_n}$ の作用点の力方向への変位，回転角を δ_n, θ_n とすると右の式が成立つ．	$\sum \overline{M_n}\theta_n + \sum \overline{P_n}\delta_n$ $= \int \dfrac{N_0 \overline{N}}{EA} ds$ $+ \int \dfrac{M_0 \overline{M}}{EI} ds$ $+ \int K \dfrac{Q_0 \overline{Q}}{GA} ds$
	1点の変位を求めるときは，任意方向に $X=1$ なる単位力を与え，そのときの応力 N_1, Q_1, M_1 を求めればよい．	$\delta = \int \dfrac{N_0 N_1}{EA} ds$ $+ \int \dfrac{M_0 M_1}{EI} ds$ $+ \int K \dfrac{Q_0 Q_1}{GA} ds$
	通常ははり，ラーメンにあっては第2項のみを利用する．	$\delta_{ik} = \int \dfrac{M_i M_k}{EI} ds$
(5) 相反作用の定理 　ベティ (Betti) の定理	i 点に P_i が作用したときの他の1点 k のたわみ δ_{ki} と，k 点に P_k が作用したとき i 点のたわみ δ_{ik} の関係式をいう．	$\sum P_i \delta_{ki}$ $= \sum P_k \delta_{ik}$
マックスウェル 　（Maxwell）の定理	ベティの定理で $P_i = P_k = 1$ とした特別の場合．	$\delta_{ki} = \delta_{ik}$

$\int M_i M_k ds$ の計算図表

M 図	$(i)(k)$	$\int M_i M_k ds$	$(i)(k)$	$\int M_i M_k ds$
(図: (1)〜(9))	(1)(1)	$\dfrac{l}{3}(a^2+ab+b^2)$ $=l\left(h^2+\dfrac{d^2}{3}\right)$	(1)(15)	$\dfrac{fl}{6}(b+3h)$ $=\dfrac{fl}{12}(3a+5b)$
	(1)(2)	$\dfrac{l}{6}[a(2a_1+b_1)+b(2b_1+a_1)]$ $=\dfrac{l}{6}[a_1(2a+b)+b_1(2b+a)]$ $=l\left(hh_1+\dfrac{dd_1}{3}\right)$ $=\dfrac{l}{6}(aa_1+4hh_1+bb_1)$	(1)(16)	$\dfrac{kv}{2}\left(a+\dfrac{2vd}{3l}\right)$
			(1)(17)	$\dfrac{c_2 l}{20}(4a+b)$
			(1)(18)	$\dfrac{2f_1 l}{45}(7a_1+8b)$
	(1)(3)	$\dfrac{la_2}{6}(2a+b)$	(3)(3)	$\dfrac{la_2^2}{3}$
	(1)(5)	$\dfrac{l}{6}[2(a_3a-a_4b)+a_3b-a_4a]$	(3)(4)	$\dfrac{la_2 b_2}{6}$
	(1)(6)	$-\dfrac{lb_3}{6}(b-a)$	(3)(5)	$\dfrac{l}{6}a_2(2a_3-a_4)$
	(1)(7)	$\dfrac{h_1}{2}\left(lh-\dfrac{2de}{3}\right)$ $=\dfrac{l_1}{6}[a(l+w)+b(l+v)]$	(3)(6)	$-\dfrac{la_2 b_3}{6}$
			(3)(7)	$\dfrac{h_1 a_2}{6}(l+w)$
	(1)(8)	$\dfrac{hh_2 l}{2}$	(3)(8)	$\dfrac{h_2 a_2 l}{4}$
	(1)(9)	$\dfrac{2fhl}{3}$	(3)(9)	$\dfrac{fa_2 l}{3}$
	(1)(10)	$\dfrac{cl}{12}(3b+a)$	(3)(10)	$\dfrac{cla_2}{12}$
	(1)(11)	$\dfrac{c_1 l}{12}(3a+b)$	(3)(11)	$\dfrac{c_1 la_2}{4}$
	(1)(13)	$l\left(hh_1+\dfrac{dd_1-f_1 h}{3}\right)$ $=\dfrac{l}{6}(aa_1+4hh_1+bb_1)$	(3)(12)	$\dfrac{la_2}{6}(a+2h)$
	(1)(14)	$\dfrac{l}{6}[a_1(2a+b)+4f_1 h]$	(3)(14)	$\dfrac{la_2}{3}(a_1+f)$

(次ページに続く．)

変形計算公式

M 図	$(i)(k)$	$\int M_i M_k ds$	$(i)(k)$	$\int M_i M_k ds$
	(3)(15)	$\dfrac{a_2 fl}{4}$	(7)(8)	$\dfrac{h_1 h_2 l}{2w}\left(\dfrac{l}{2}-\dfrac{2v^2}{3l}\right)$
	(3)(17)	$\dfrac{a_2 c_2 l}{5}$	(7)(9)	$\dfrac{lfh_1}{3}\left(1+\dfrac{vw}{l^2}\right)$
	(3)(18)	$\dfrac{16 a_2 f_1 l}{45}$	(7)(10)	$\dfrac{h_1 c}{12}\left(3v+\dfrac{w^2}{l}\right)$
	(4)(7)	$\dfrac{h_1 b_2}{6}(l+v)$	(7)(15)	$\dfrac{h_1 f}{12}\left(3l+3v-\dfrac{v^2}{l}\right)$
	(4)(12)	$\dfrac{lb_2}{6}(b+2h)$	(7)(18)	$h_1 f_1 \dfrac{2(7l^2-3a^2)(l+a)}{45l^2}$
	(4)(14)	$\dfrac{lb_2}{6}(a_1+2f)$	(8)(9)	$\dfrac{5fh_2 l}{12}$
	(4)(15)	$\dfrac{5 b_2 fl}{12}$	(9)(9)	$\dfrac{8f^2 l}{15}$
	(4)(16)	$\dfrac{kb_2 v^2}{6l}$	(9)(10)	$\dfrac{cfl}{5}$
	(4)(17)	$\dfrac{b_2 c_2 l}{20}$	(9)(18)	$\dfrac{8 ff_1 l}{15}$
	(5)(5)	$\dfrac{l}{3}(a_3^2+a_4^2-a_3 a_4)$	(10)(10)	$\dfrac{c^2 l}{5}$
	(5)(6)	$-\dfrac{l}{6}(a_3 b_3+a_4 b_3)$	(10)(11)	$\dfrac{cc_1 l}{30}$
	(5)(7)	$\dfrac{l}{6}\left[a_3\left(1+\dfrac{w}{l}\right)-a_4\left(1+\dfrac{v}{l}\right)\right]h_1$	(10)(16)	$\dfrac{ckv^3}{12l^2}$
	(5)(10)	$\dfrac{l}{12}(a_3-3a_4)c$	(11)(16)	$\dfrac{kvc_1}{12l^2}(6l^2-4lv+v^2)$
	(5)(15)	$\dfrac{l}{12}(3a_3-5a_4)f$	(12)(12)	$l\left[h^2+\dfrac{d^2-3fh}{3}+\dfrac{f^2}{5}\right]$
	(5)(17)	$\dfrac{l}{20}(4a_3-a_4)c_2$	(17)(17)	$\dfrac{c_2^2 l}{7}$
	(7)(7)	$\dfrac{h_1^2 l}{3}$	(18)(18)	$\dfrac{512 l f_1^2}{945}$

No.	架 構 形 式	変 形 計 算 公 式
III・34・1	(frame with uniform load w on BD, hinge at C, height h, span l, columns I_c, beam I_b)	$(A-B)$ $M_{y0} = -H \cdot y = -\dfrac{wl^2}{8h} y$ $M_{y1} = -H_1 \cdot y = \dfrac{l}{4h} y$ $(B-C)$ $M_{x0} = V \cdot x - \dfrac{wx^2}{2} - Hh = \dfrac{wlx}{2} - \dfrac{wl^2}{8} - \dfrac{wx^2}{2}$ $M_{x1} = V_1 \cdot x - H_1 h = \dfrac{1}{2} x - \dfrac{l}{4}$ $\delta_C = 2\int_0^h \dfrac{M_{y0} M_{y1}}{EI_c} dy + 2\int_0^{l/2} \dfrac{M_{x0} M_{x1}}{EI_b} dx$ $= \dfrac{whl^3}{48 EI_c} + \dfrac{wl^4}{128 EI_b}$
III・34・2	(frame with horizontal load P at B, hinge at C)	$(A-B)$ $M_{y0} = \dfrac{P}{2} y$ $M_{y1} = \dfrac{1}{2} y$ $(B-C)$ $M_{x0} = \dfrac{P}{2} h - \dfrac{Ph}{l} x$ $M_{x1} = \dfrac{h}{2} - \dfrac{h}{l} x$ $\delta_B = \delta_D = 2\int_0^h \dfrac{M_{y0} M_{y1}}{EI_c} dy + 2\int_0^{l/2} \dfrac{M_{x0} M_{x1}}{EI_b} dx$ $= \dfrac{Ph^3}{6 EI_c} + \dfrac{Ph^2 l}{12 EI_b}$
III・34・3	(frame with uniform load w on BD, rigid joint at C) $k = \dfrac{I_b}{I_c} \cdot \dfrac{h}{l}$	$(A-B)$ $M_{y0} = -\dfrac{wl^2}{4h} \cdot \dfrac{1}{2k+3} y$ $M_{y1} = -\dfrac{3l}{8h} \cdot \dfrac{1}{2k+3} y$ $(B-C)$ $M_{x0} = \dfrac{wl}{2} x - \dfrac{wx^2}{2} - \dfrac{wl^2}{4} \cdot \dfrac{1}{2k+3}$ $M_{x1} = \dfrac{x}{2} - \dfrac{3l}{8} \cdot \dfrac{1}{2k+3}$ $\delta_C = 2\int_0^h \dfrac{M_{y0} M_{y1}}{EI_c} dy + 2\int_0^{l/2} \dfrac{M_{x0} M_{x1}}{EI_b} dx$ $= \dfrac{5wl^4}{384 EI_b} - \dfrac{wl^4}{32 EI_b} \cdot \dfrac{1}{2k+3}$

変形計算公式

No.	架構形式	変形計算公式
III・34・4	(Frame: portal frame with pinned supports at A and E, beam BCD with moment of inertia I_b, columns with I_c, height h, span l, point load P at center C) $k=\dfrac{I_b}{I_c}\cdot\dfrac{h}{l}$	$(A-B)\ M_{y0}=-\dfrac{3Pl}{8h}\cdot\dfrac{1}{2k+3}y$ $M_{y1}=-\dfrac{3l}{8h}\cdot\dfrac{1}{2k+3}y$ $(B-C)\ M_{x0}=\dfrac{P}{2}x-\dfrac{3Pl}{8}\cdot\dfrac{1}{2k+3}$ $M_{x1}=\dfrac{x}{2}-\dfrac{3l}{8}\cdot\dfrac{1}{2k+3}$ $\delta_C=2\displaystyle\int_0^h\dfrac{M_{y0}M_{y1}}{EI_c}dy+2\int_0^{l/2}\dfrac{M_{x0}M_{x1}}{EI_b}dx$ $=\dfrac{Pl^3}{48EI_b}-\dfrac{3Pl^3}{64EI_b}\cdot\dfrac{1}{2k+3}$
III・34・5	(Portal frame, horizontal load P at B)	$(A-B)\ M_{y0}=\dfrac{P}{2}y,\quad M_{y1}=\dfrac{1}{2}y$ $(B-C)\ M_{x0}=\dfrac{P}{2}h-\dfrac{Ph}{l}x$ $M_{x1}=\dfrac{1}{2}h-\dfrac{h}{l}x$ $\delta_B=\delta_D=2\displaystyle\int_0^h\dfrac{M_{y0}M_{y1}}{EI_c}dy+2\int_0^{l/2}\dfrac{M_{x0}M_{x1}}{EI_b}dx$ $=\dfrac{Ph^3}{6EI_c}+\dfrac{Ph^2l}{12EI_b}$
III・34・6	(Gable frame with apex C, rafter length s, rise f, horizontal loads $P/2$ at B and D) $y'=\dfrac{2f}{l}x$ $ds=\dfrac{2s}{l}dx$	$(A-B)\ M_{y0}=\dfrac{P}{2}y,\quad M_{y1}=\dfrac{1}{2}y$ $(B-C)\ M_{x0}=\dfrac{P}{2}(h+y')-\dfrac{Ph}{l}x-\dfrac{P}{2}y'$ $=\dfrac{P}{2}h-\dfrac{Ph}{l}x$ $M_{x1}=\dfrac{1}{2}(h+y')-\dfrac{h}{l}x-\dfrac{1}{2}y'$ $=\dfrac{h}{2}-\dfrac{h}{l}x$ $\delta_B=\delta_D=2\displaystyle\int_0^h\dfrac{M_{y0}M_{y1}}{EI_c}dy+2\int_0^s\dfrac{M_{x0}M_{x1}}{EI_b}ds$ $=\dfrac{Ph^3}{6EI_c}+\dfrac{P\cdot sh^2}{6EI_b}$

No.	架 構 形 式	変 形 計 算 公 式
III・34・7	架構図:$y' = \dfrac{2f}{l} x$, $ds = \dfrac{2s}{l} dx$	$H = \dfrac{wl^2}{8(h+f)}, \quad H_1 = \dfrac{l}{4(h+f)}$ $V = \dfrac{wl}{2}, \qquad V_1 = \dfrac{1}{2}$ $(A-B) \ M_{y0} = -H \cdot y$ $\qquad\qquad M_{y1} = -H_1 \cdot y$ $(B-C) \ M_{x0} = V \cdot x - \dfrac{wx^2}{2} - H(h+y')$ $\qquad\qquad M_{x1} = V_1 \cdot x - H_1(h+y')$ $\delta_C = 2\int_0^h \dfrac{M_{y0} M_{y1}}{EI_c} dy + 2\int_0^s \dfrac{M_{x0} M_{x1}}{EI_b} ds$ $= \dfrac{2HH_1}{3EI_c} h^3 + \dfrac{s}{EI_b}\left(\dfrac{5wl^3}{192} - \dfrac{H_1 hwl^2}{6}\right.$ $\left. - \dfrac{5H_1 fwl^2}{48} - \dfrac{Hhl}{4} - \dfrac{Hfl}{6} + 2HH_1 h^2\right.$ $\left. + 2HH_1 fh + \dfrac{2}{3} HH_1 f^2\right)$
III・34・8	架構図:$k = \dfrac{I_b}{I_c} \cdot \dfrac{h}{s}$, $y' = \dfrac{2f}{l} x$, $ds = \dfrac{2s}{l} dx$	$H = \dfrac{wl^2}{32} \cdot \dfrac{8h+5f}{h^2(k+3) + f(3h+f)}$ $H_1 = \dfrac{l}{8} \cdot \dfrac{3h+2f}{h^2(k+3) + f(3h+f)}$ $V = \dfrac{wl}{2}, \quad V_1 = \dfrac{1}{2}$ $(A-B) \ M_{y0} = -H \cdot y, \quad M_{y1} = -H_1 \cdot y$ $(B-C) \ M_{x0} = V \cdot x - \dfrac{wx^2}{2} - H(h+y')$ $\qquad\qquad M_{x1} = V_1 \cdot x - H_1(h+y')$ $\delta_C = 2\int_0^h \dfrac{M_{y0} M_{y1}}{EI_c} dy + 2\int_0^s \dfrac{M_{x0} M_{x1}}{EI_b} ds$ $= \dfrac{2HH_1 h^3}{3EI_c} + \dfrac{s}{EI_b}\left(\dfrac{5wl^3}{192} - \dfrac{H_1 hwl^2}{6}\right.$ $\left. - \dfrac{5H_1 fwl^2}{48} - \dfrac{Hhl}{4} - \dfrac{Hfl}{6} + 2HH_1 h^2\right.$ $\left. + 2HH_1 fh + \dfrac{2}{3} HH_1 f^2\right)$

III·34·9　アーチ形ラーメンの変形（マックスウェル・モールの解法）

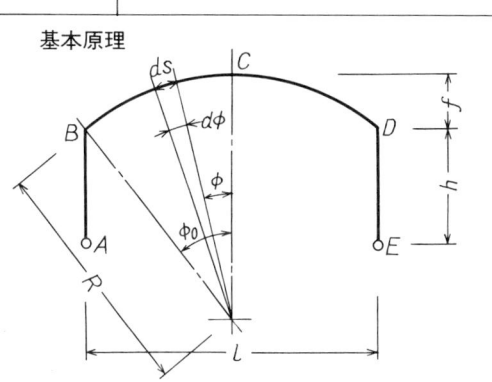

基本原理

δ_{10}：等分布荷重のみによるE点の水平変位．

δ_{11}：不静定力$(X_1=1)$によるE点の水平変位．

δ_{C0}：等分布荷重のみによるC点のたわみ．

δ_{C1}：不静定力$(X_1=1)$によるC点のたわみ．

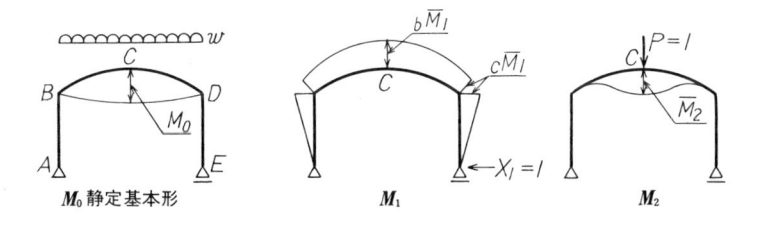

M_0 静定基本形　　　　M_1　　　　M_2

〔解〕(1)　不静定力の算定

$$\delta_{10}=2\int_0^{\phi_0}\frac{M_0\cdot {}_b\overline{M_1}}{EI_b}ds=\frac{wR^3}{EI_b}\int_0^{\phi_0}(\sin^2\phi_0-\sin^2\phi)(-h-R\cos\phi+R\cos\phi_0)d\phi$$

$$=-\frac{wR^3}{EI_b}\left\{\frac{2R}{3}\cdot\sin^3\phi_0+h\phi_0\cdot\sin^2\phi_0-R\phi_0\cdot\sin^2\phi_0\cdot\cos\phi_0-(2\phi_0-\sin2\phi_0)\frac{h-R\cos\phi_0}{4}\right\}$$

$$\delta_{11}=2\int_0^{\phi_0}\frac{{}_b\overline{M_1}^2}{EI_b}ds+2\int_0^h\frac{{}_c\overline{M_1}^2}{EI_c}dy_1$$

$$=\frac{2R}{EI_b}\int_0^{\phi_0}(-h-R\cdot\cos\phi+R\cdot\cos\phi_0)^2d\phi+\frac{2}{EI_c}\int_0^h(-y_1)^2dy_1$$

$$=\frac{2R}{EI_b}\left\{h^2\phi_0+\frac{R^2}{4}(2\phi_0+\sin2\phi_0)+R^2\phi_0\cdot\cos^2\phi_0+2hR\cdot\sin\phi_0-2hR\phi_0\cdot\cos\phi_0-2R^2\cdot\sin\phi_0\cdot\cos\phi_0\right\}+\frac{2h^3}{3EI_c}$$

$\therefore\ X_1=-\dfrac{\delta_{10}}{\delta_{11}}$で求まる．

（次ページに続く．）

(2) C 点のたわみ (δ_C) の算定

$$\delta_{C0} = 2\int_0^{\phi_0} \frac{M_0 \overline{M}_2}{EI_b} ds$$

$$= \frac{wR^4}{2EI_b} \cdot \int_0^{\phi_0} (\sin^2\phi_0 - \sin^2\phi)(\sin\phi_0 - \sin\phi) d\phi$$

$$= \frac{wR^4}{2EI_b}\Big[-\cos\phi_0 + \frac{1}{3}\cos^3\phi_0 - \frac{\sin\phi_0}{4}(2\phi_0 - \sin 2\phi_0)$$
$$+ \sin^2\phi_0(\cos\phi_0 - 1) + \phi_0\cdot\sin^3\phi_0 + \frac{2}{3}\Big]$$

$$\delta_{C1} = 2\int_0^{\phi_0} \frac{{}_b\overline{M}_1 \overline{M}_2}{EI_b} ds$$

$$= -\frac{R^2 X_1}{EI_b} \int_0^{\phi_0} (h + R\cdot\cos\phi - R\cdot\cos\phi_0)(\sin\phi_0 - \sin\phi) d\phi$$

$$= -\frac{R^2 X_1}{EI_b}\Big[\frac{R}{2}\cdot\sin^2\phi_0 + (h - R\cdot\cos\phi_0)(\cos\phi_0 + \phi_0\cdot\sin\phi_0 - 1)\Big]$$

∴ $\delta_C = \delta_{C0} + \delta_{C1}$ となる．

ここで計算公式の過程においてそれぞれの曲げモーメントはつぎのとおりである．

M_0：静定基本形のアーチ部分の曲げモーメント．
${}_b\overline{M}_1$：不静定力 $X_1 = 1$ によるアーチ部分の曲げモーメント．
${}_c\overline{M}_1$：不静定力 $X_1 = 1$ による柱部分の曲げモーメント．
$\overline{M}_2$：静定基本形で C 点に $P = 1$ という力が作用したときのアーチ部分の曲げモーメント．

4

トラス構造公式

Ⅳ章　トラス構造公式

Ⅳ・1　トラスの定義と種類

トラスとは，2個以上の直線部材をその両端でまったく摩擦のないヒンジ（hinge）で連結し，これを地盤あるいは支持点と適当に結合して外力に抵抗するように組み立てられた構造物をいう．

力学的特質：与えられた外力に対して，トラスを構成する各部材が軸方向力，すなわち引張り応力または圧縮応力によって抵抗する点である．曲げモーメント，軸方向力，せん断力によって外力に抵抗する棒構造（ラーメン，アーチ構造）と相違する．

トラスの種類：トラスはその用途と形式により小屋トラス，トラスばり，柱付きトラス（transverse bent）およびラーメン式トラスの4種に大別される（4・1図参照）．

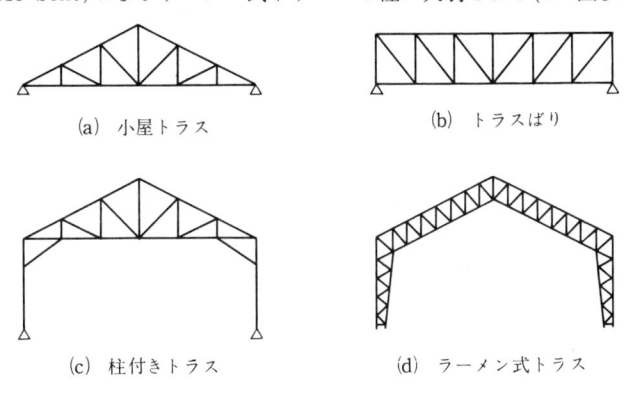

(a) 小屋トラス　　(b) トラスばり

(c) 柱付きトラス　　(d) ラーメン式トラス

4・1図　トラスの種類．

Ⅳ・2　トラスの解法の仮定と応力図示法

仮定　① 部材は直線材で伸縮しない．
　　　② 各節点を結ぶ直線は材軸と一致する．
　　　③ 各節点はピン節点とする．曲げモーメントは起きない．

④　外力は節点に作用する．
　　⑤　座標は外力による変形以前の座標とする．

応力の図示法：符号…引張り応力(+)←□→，圧縮応力(-)→□←

引張り応力は矢印を内側に向ける． $P\circ\!\!\leftarrow\!\!\overset{N}{}\overset{N}{}\!\!\rightarrow\!\!\circ P$　　$N=+P$ となる．

圧縮応力は矢印を外側に向ける． $P\!\!\rightarrow\!\!\circ\overset{N}{}\overset{N}{}\circ\!\!\leftarrow\!\! P$　　$N=-P$ となる．

Ⅳ・3　静定トラスの解法

1．解法の種類

静定トラスの解法としてはつぎの6種類がある．

節　点　法 $\begin{cases} ① & 図式解法（クレモナ図解法）\\ ② & 算式解法（\sum X=0,\ \sum Y=0 をみたす．）\end{cases}$

切　断　法 $\begin{cases} ③ & 図式解法（カルマン法）\\ ④ & 算式解法（リッター法）\end{cases}$

部材置換法 $\begin{cases} ⑤ & 図式解法 \\ ⑥ & 算式解法 \end{cases}$

　これらの実用的解法は①，④，⑤であるが，最もよく用いられるのは①の**クレモナ図解法**でトラス全体の部材応力が求まる．

　④の**リッター法**は，特定の部材応力だけを求める場合やトラス全体を"はり"として扱う場合などに用いると有効である．また⑤の**部材置換**の図解法は一部に剛節点を含む合成骨組や複雑な組みかたをしたフィンク トラスを解くのに便利である．

2．節点法（クレモナ図解法）

　各節点に集まる力（外力，反力，部材応力）はつり合いの状態にあり，外力が与えられると，まず反力が求まり，部材応力を未知数として解く．つり合い条件の示力図を閉じさせるには未知数は2個以内でなければならない．したがって，未知応力が2個の節点より応力を求める．また求められた応力を既知応力としてつぎの節点を解く．示力図は節点に対して時計回りに描く．

　4・2図により

　①　反力計算　$R_A=R_B=\dfrac{3\times 5}{2}=7.5\,\mathrm{kN}$

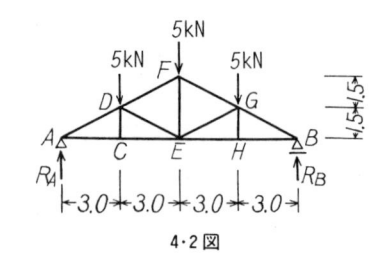

4・2図

② A点の示力図　(単位：⟼ 10 kN)　　③ C点の示力図

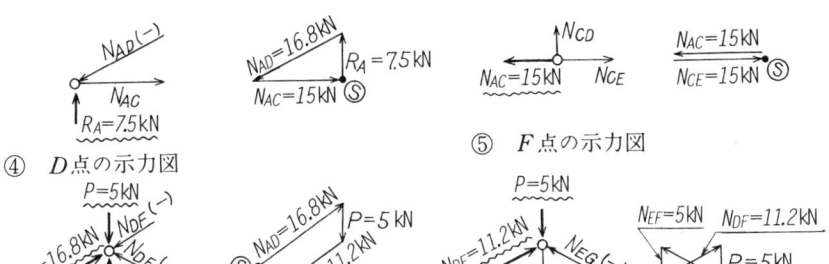

〔注〕 図において〜〜は既知数，Ⓢは描き始める点．
トラスの領域番号をつけ，上図のA，C，D，Fの各点の示力図を合成して描くと，4·3図(b)のようになる．これを**クレモナ図**という．

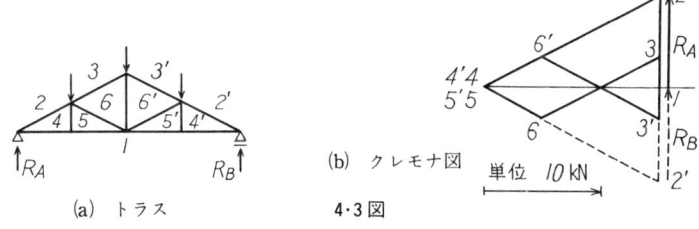

(a) トラス　　(b) クレモナ図　　4·3図

3. 節点法（算式解法）

〔例題1〕 4·4図の鉛直荷重時におけるワーレントラスを解け．

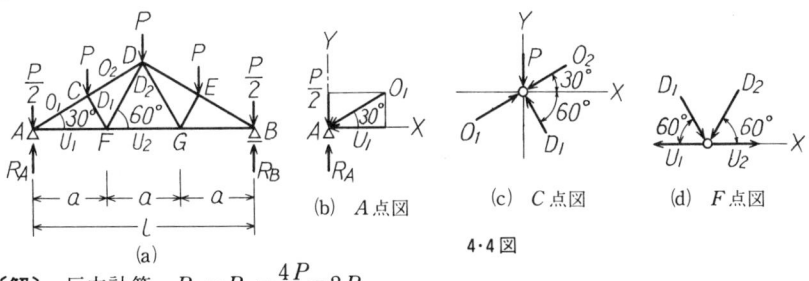

(a)　(b) A点図　(c) C点図　(d) F点図　　4·4図

〔解〕 反力計算　$R_A = R_B = \dfrac{4P}{2} = 2P$

部材応力

A点：$\sum Y = 0$ より　$R_A - \dfrac{P}{2} - O_1 \cdot \sin 30° = 0$　∴　$O_1 = (R_A - \dfrac{1}{2}P)/\sin 30°$

　　　$\sum X = 0$ より　$-O_1 \cdot \cos 30° - U_1 = 0$　∴　$U_1 = -O_1 \cdot \cos 30°$

C 点：$\sum Y=0$ より　$-P+O_1\cdot\sin 30°-O_2\cdot\sin 30°+D_1\cdot\sin 60°=0$ }→O_2, D_1 を求める．
　　　　$\sum X=0$ より　$O_1\cdot\cos 30°-O_2\cdot\cos 30°-D_1\cdot\cos 60°=0$

F 点：$\sum Y=0$ より　$-D_1\cdot\sin 60°-D_2\cdot\sin 60°=0$　∴　$D_2=-D_1$
　　　　$\sum X=0$ より　$-U_1+D_1\cdot\cos 60°-D_2\cdot\cos 60°+U_2=0$→$U_2$ が求まる．

〔例題 2〕　4・5 図の風荷重時におけるワーレン トラスを解け．

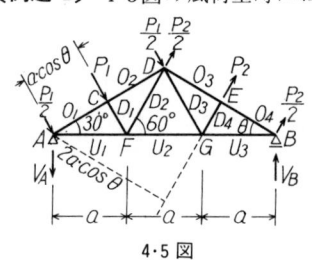

〔解〕　反力計算

$$\sum M_A=2P_1\cdot a\cdot\cos 30°-2P_2\cdot 2a\cdot\cos 30°+V_B\cdot 3a=0$$
$$\therefore\quad V_B=\frac{(2P_1-4P_2)\cos 30°}{3}$$
$$\sum M_B=-V_A\cdot 3a-2P_1\cdot 2a\cdot\cos 30°+2P_2\cdot a\cdot\cos 30°=0$$
$$\therefore\quad V_A=\frac{(2P_2-4P_1)\cos 30°}{3}$$
$$\sum X=-H_A+2P_1\cdot\cos 60°+2P_2\cdot\cos 60°=0$$
$$\therefore\quad H_A=2(P_1+P_2)\cos 60°$$

4・5 図

部材応力

A 点：$-H_A+\dfrac{P_1}{2}\cdot\cos 60°+O_1\cdot\cos 30°+U_1=0$ }→O_1, U_1 を求める．
　　　　$-V_A-\dfrac{P_1}{2}\cdot\cos 30°+O_1\cdot\cos 60°=0$

C 点：$O_1=O_2$ また $D_1=P_1$ となる．

F 点：$-U_1+(D_1+D_2)\cos 60°+U_2=0$ }→D_2, U_2 が求まる．
　　　　$(-D_1+D_2)\cos 30°=0$

B 点：$U_3-O_4\cdot\cos 30°+\dfrac{P_2}{2}\cdot\cos 60°=0$ }→O_4, U_3 を算出する．
　　　　$O_4\cdot\cos 60°+\dfrac{P_2}{2}\cdot\cos 30°-V_B=0$

E 点：$O_3=O_4$，$D_4=P_2$

G 点：$(D_3+D_4)\cos 60°-(U_2+U_3)=0$ }→D_3 が求まる．
　　　　$(D_4-D_3)\cos 30°=0$

4．切断法（リッター法）

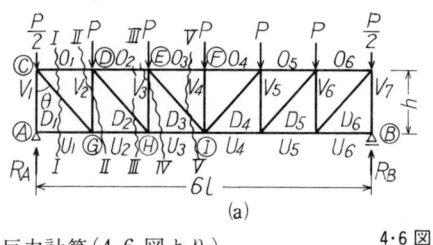

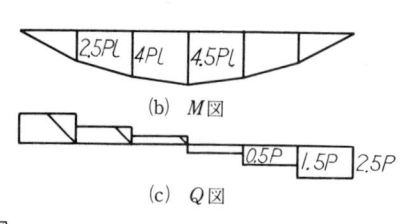

4・6 図

反力計算（4・6 図より）
$$R_A=R_B=\left(\frac{P}{2}+P+P+P+P+P+\frac{P}{2}\right)\times\frac{1}{2}=3P=V_1=V_7$$

Ⅰ-Ⅰ 切断のつり合い：$\sum M_G = (R_A - \dfrac{P}{2})l + O_1 h = 0$　　∴ $O_1 = -\dfrac{(R_A - P/2)l}{h}$

$\sum M_C = 0 - U_1 h = 0$　　∴ $U_1 = 0 = U_6$

$\sum V = R_A - \dfrac{P}{2} - D_1 \cdot \cos\theta = 0$　　∴ $D_1 = \dfrac{R_A - P/2}{\cos\theta} = D_6$

Ⅱ-Ⅱ 切断のつり合い：$\sum V = R_A - \dfrac{P}{2} + V_2 = 0$　　∴ $V_2 = -(R_A - \dfrac{P}{2}) = V_6$

Ⅲ-Ⅲ 切断のつり合い：$\sum M_H = (R_A - \dfrac{P}{2})2l - Pl + O_2 h = 0$　　∴ $O_2 = -\dfrac{(R_A - P/2)2l - Pl}{h}$

$\sum V = R_A - \dfrac{P}{2} - P - D_2 \cdot \cos\theta = 0$　　∴ $D_2 = \dfrac{R_A - P/2 - P}{\cos\theta}$

$\sum M_D = (R_A - \dfrac{P}{2})l - U_2 h = 0$　　∴ $U_2 = \dfrac{(R_A - P/2)l}{h}$

Ⅳ-Ⅳ 切断のつり合い：$\sum V = R_A - \dfrac{P}{2} - P + V_3 = 0$　　∴ $V_3 = -(R_A - \dfrac{P}{2} - P)$

$\sum M_E = (R_A - \dfrac{P}{2})2l - Pl - U_3 h = 0$　　∴ $U_3 = \dfrac{(R_A - P/2)2l - Pl}{h}$

Ⅴ-Ⅴ 切断のつり合い：$\sum M_I = (R_A - \dfrac{P}{2})3l - P \cdot 2l - Pl + O_3 h = 0$

∴ $O_3 = -\dfrac{(R_A - P/2)3l - P \cdot 2l - Pl}{h}$

$\sum V = R_A - \dfrac{P}{2} - P - P - D_3 \cdot \cos\theta = 0$ ∴ $D_3 = -\dfrac{R_A - P/2 - P - P}{\cos\theta}$

Ⅳ・4　不静定トラスの解法

不静定トラスの応力を求める方法として，仮想仕事法とカスチリアーノの定理がある．これは不静定次数に等しい数の余剰力を求めるのであり，余剰力としては，反力または余剰部材の応力（軸方向力）を選ぶ．つぎに不静定骨組の解法に用いられる一方法を述べる．

マックスウェル・モールの一般解法

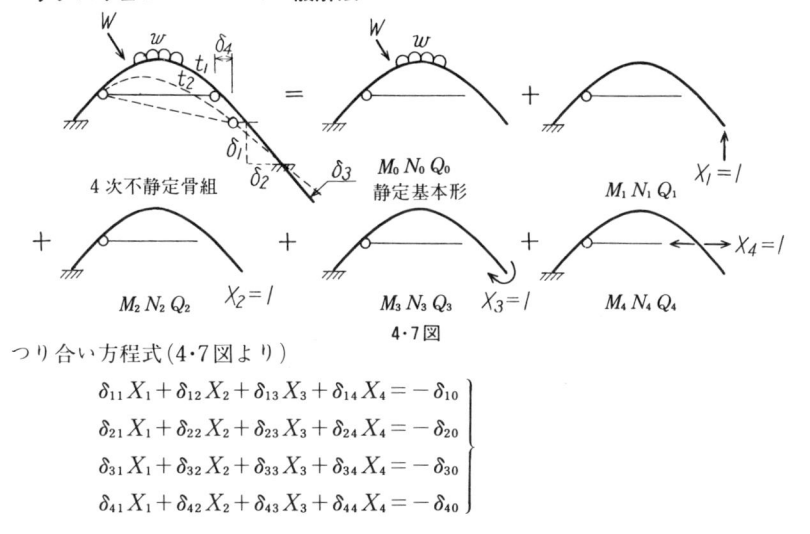

4・7図

つり合い方程式（4・7図より）

$$\left.\begin{array}{l}\delta_{11}X_1 + \delta_{12}X_2 + \delta_{13}X_3 + \delta_{14}X_4 = -\delta_{10}\\ \delta_{21}X_1 + \delta_{22}X_2 + \delta_{23}X_3 + \delta_{24}X_4 = -\delta_{20}\\ \delta_{31}X_1 + \delta_{32}X_2 + \delta_{33}X_3 + \delta_{34}X_4 = -\delta_{30}\\ \delta_{41}X_1 + \delta_{42}X_2 + \delta_{43}X_3 + \delta_{44}X_4 = -\delta_{40}\end{array}\right\}$$

$$\delta_{ij} = \int \frac{M_i M_j}{EI} ds + \int \frac{N_i N_j}{EA} ds + \int \frac{K Q_i Q_j}{GA} ds$$

ただし i は変形番号, j は余剰力番号, K はせん断形状係数, G はせん断弾性係数を示す.

δ_1, δ_2, δ_3 は X_1, X_2, X_3 と同方向のときは正符号をとる.

これから X_1, X_2, X_3, X_4 を計算して次式より応力が求まる.

$$M = M_0 + M_1 X_1 + M_2 X_2 + M_3 X_3 + M_4 X_4$$
$$N = N_0 + N_1 X_1 + N_2 X_2 + N_3 X_3 + N_4 X_4$$
$$Q = Q_0 + Q_1 X_1 + Q_2 X_2 + Q_3 X_3 + Q_4 X_4$$

〔例題〕 ラーメン材を含むトラスの解法原理を示せ.

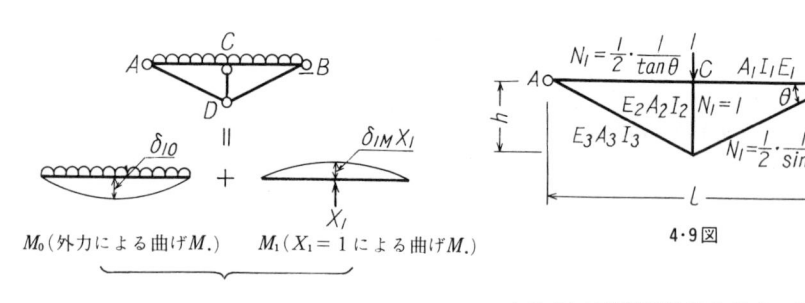

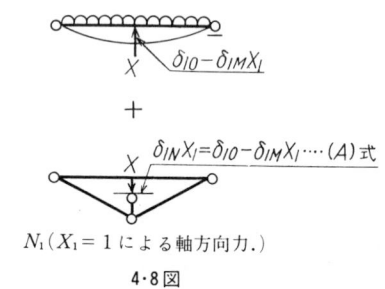

M_0 (外力による曲げ M.) M_1 ($X_1=1$ による曲げ M.)

N_1 ($X_1=1$ による軸方向力.)

4・8 図

$$\delta_{10} = -\int_0^l \frac{M_0 M_1}{EI} dx$$
$$\delta_{1M} = \int \frac{M_1 M_1}{EI} dx$$
$$\delta_{1N} = \sum \frac{N_1 N_1}{EA} l$$

$$X_1 = \frac{-\delta_{10}}{\delta_{1M} + \delta_{1N}}$$
$\therefore M_0 + M_1 X_1$
$\therefore N_1 X_1$
で応力が求まる.

4・9 図

4・8 図の不静定骨組を C 点で切り離して, はりの C 点に X_1 を加え外力と X_1 によるはりの曲げたわみと X_1 によるトラスのたわみとが等しい条件 4・8 図の (A) 式によって X_1 を求める.

4・9 図により

$$\delta_{10} = -\frac{5}{384} \cdot \frac{wl^4}{E_1 I_1}$$

$$\delta_{1M} = \frac{1}{48} \cdot \frac{1 \cdot l^3}{E_1 I_1}$$

$$\delta_{1N} = \frac{1}{E_2 A_2} h + \frac{1}{E_3 A_3} \left(\frac{1}{2\sin\theta}\right)^2 \cdot$$
$$h \frac{1}{\sin\theta} + \frac{1}{E_1 A_1} \left(\frac{1}{2} \cdot \frac{1}{\tan\theta}\right)^2 l$$

以上により X_1 を求めればよい.

IV·5 クレモナ図解法

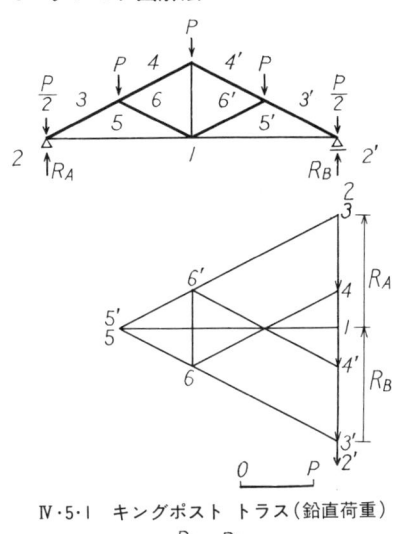

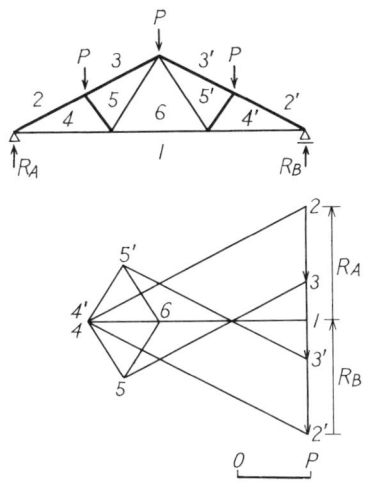

IV·5·1 キングポストトラス(鉛直荷重)

IV·5·2 キングポストトラス(風荷重)

IV·5·3 ワーレントラス(鉛直荷重)

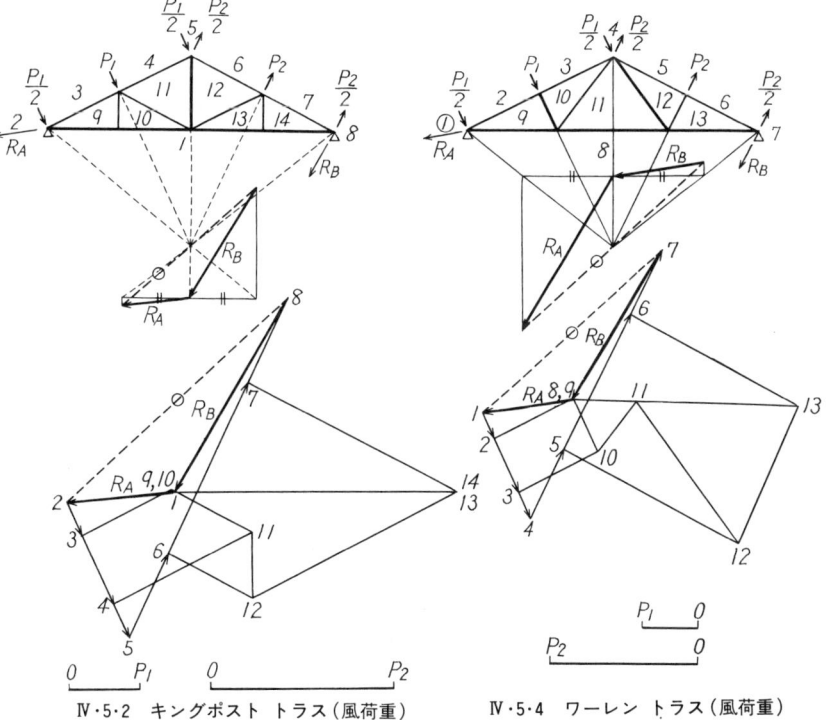

IV·5·4 ワーレントラス(風荷重)

228　　　クレモナ図解法

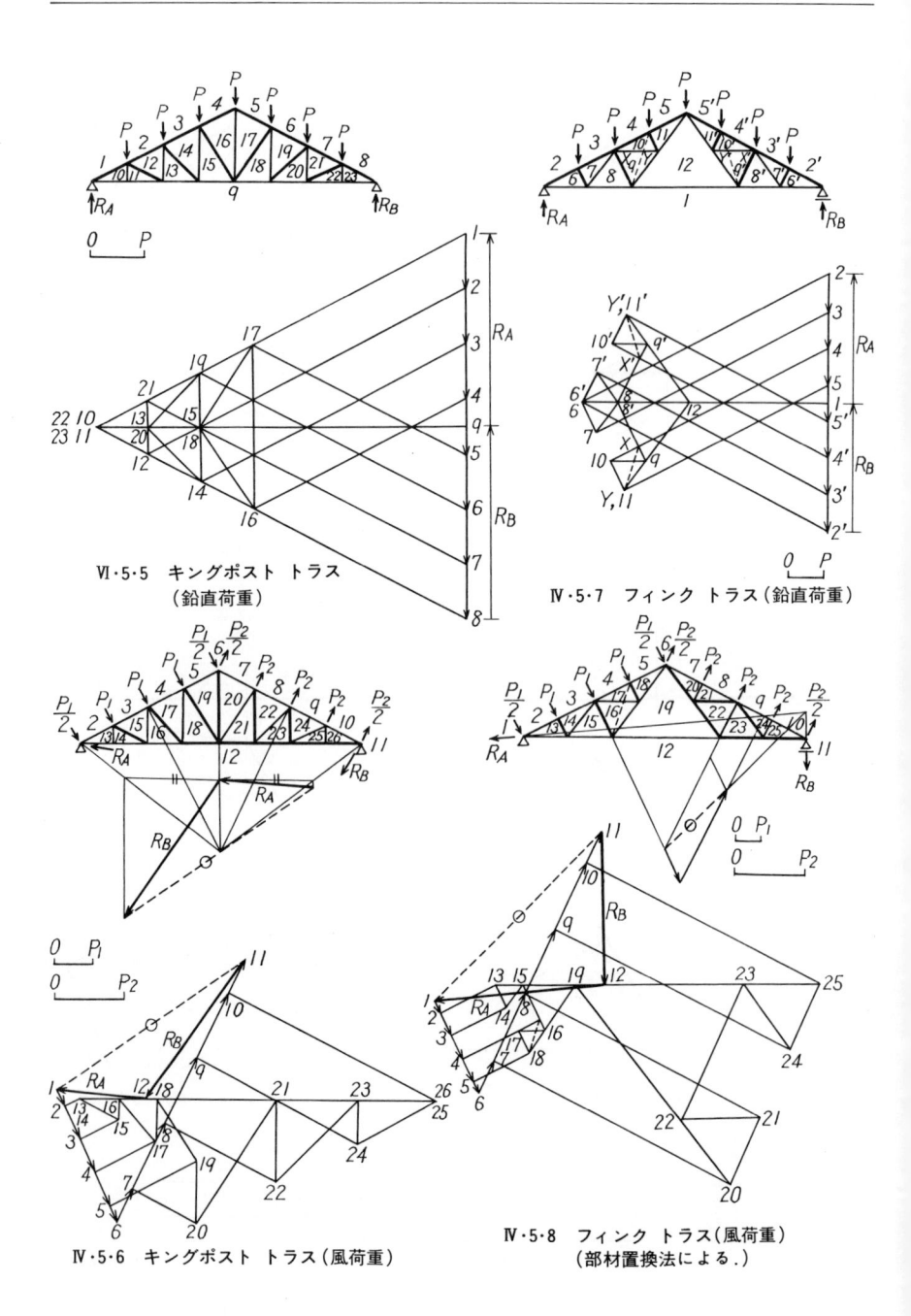

Ⅵ·5·5　キングポスト トラス
（鉛直荷重）

Ⅳ·5·7　フィンク トラス（鉛直荷重）

Ⅳ·5·6　キングポスト トラス（風荷重）

Ⅳ·5·8　フィンク トラス（風荷重）
（部材置換法による．）

Ⅳ・5・9　プラット　トラス（上弦荷重）

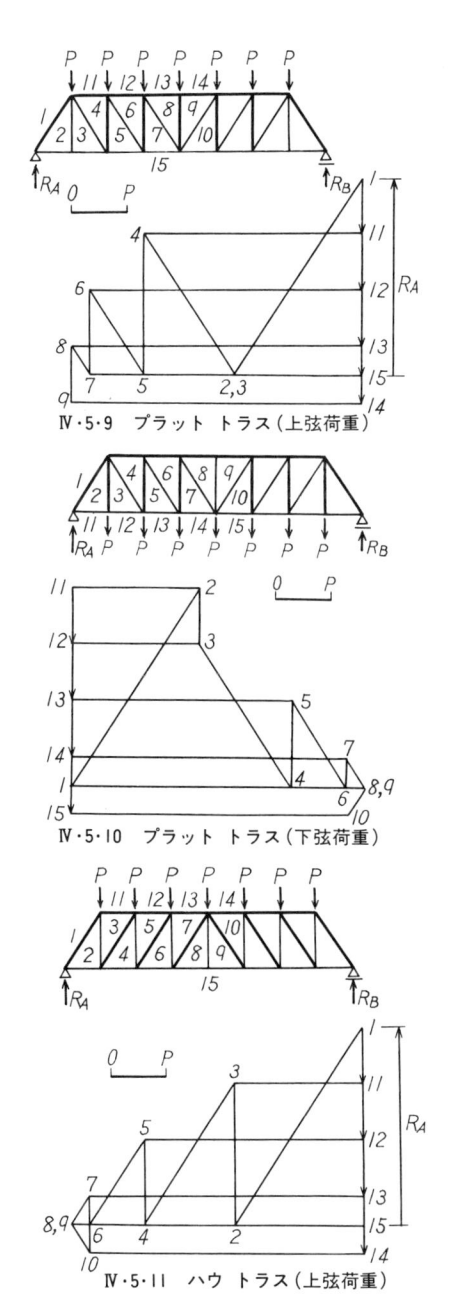

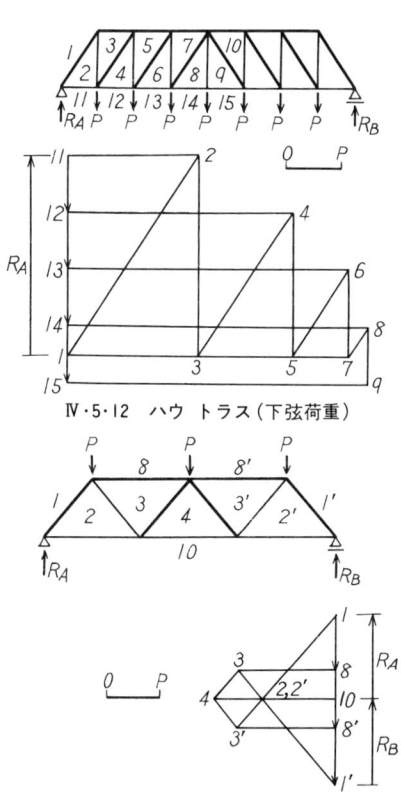

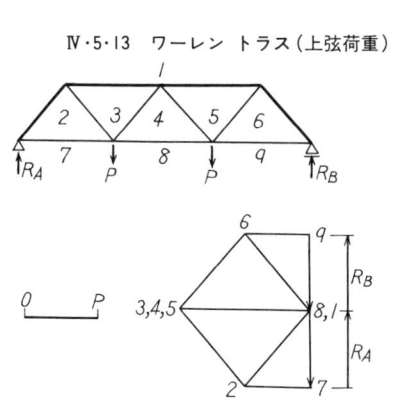

Ⅳ・5・10　プラット　トラス（下弦荷重）

Ⅳ・5・11　ハウ　トラス（上弦荷重）

Ⅳ・5・12　ハウ　トラス（下弦荷重）

Ⅳ・5・13　ワーレン　トラス（上弦荷重）

Ⅳ・5・14　ワーレン　トラス（下弦荷重）

IV·5·15 ワーレン トラス（上弦荷重）

IV·5·16 ワーレン トラス（上弦荷重）

IV·5·17 ワーレン トラス（下弦荷重）

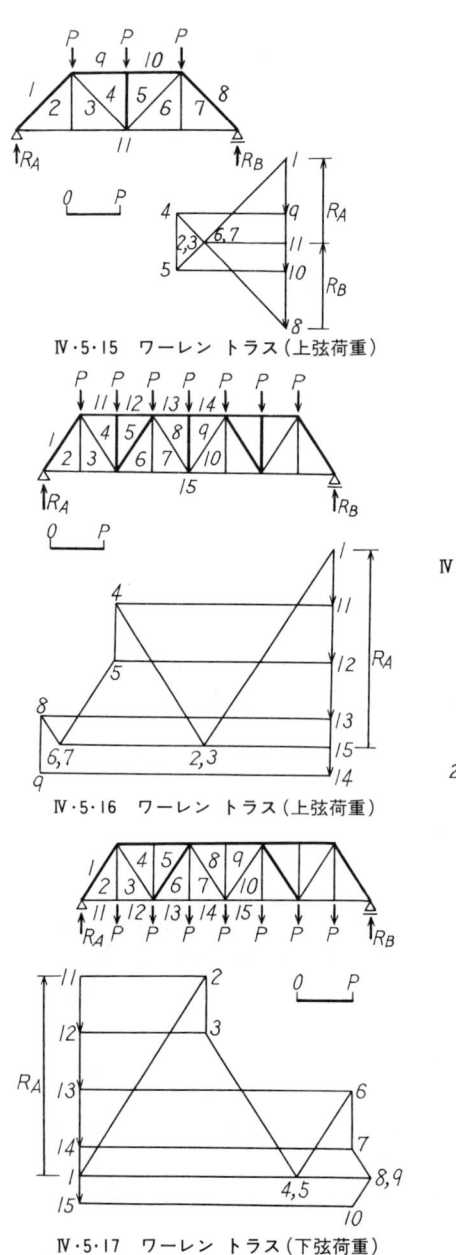

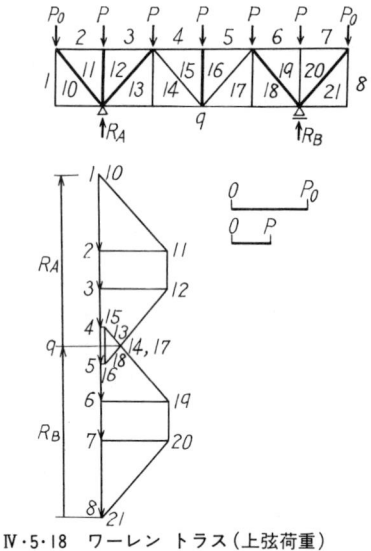

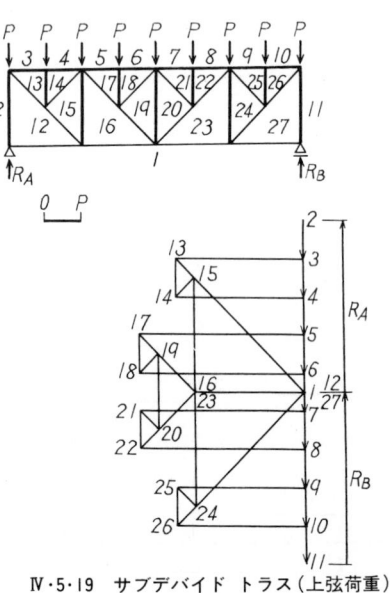

IV·5·18 ワーレン トラス（上弦荷重）

IV·5·19 サブデバイド トラス（上弦荷重）

クレモナ図解法

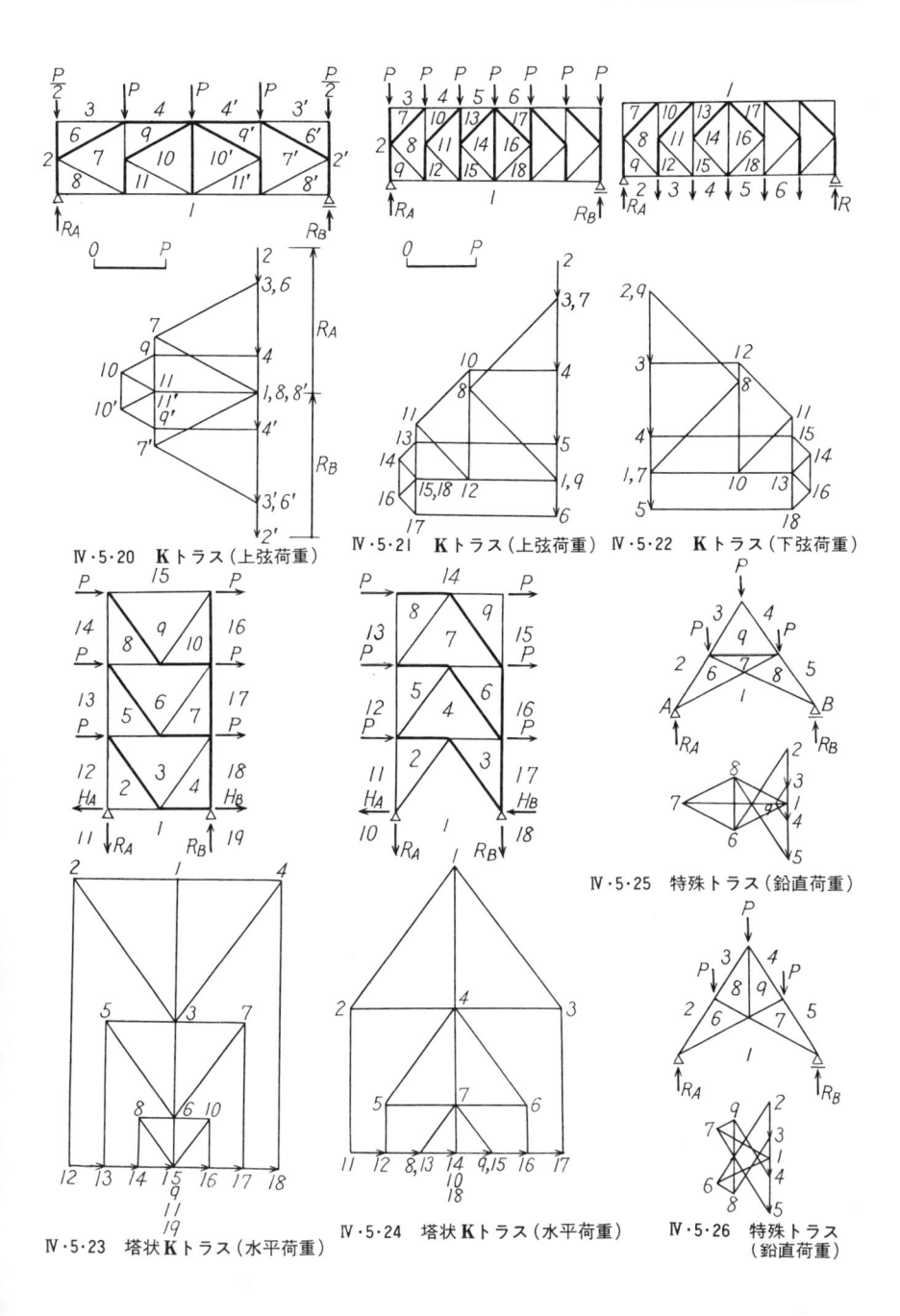

Ⅳ・5・20　Kトラス（上弦荷重）

Ⅳ・5・21　Kトラス（上弦荷重）

Ⅳ・5・22　Kトラス（下弦荷重）

Ⅳ・5・23　塔状Kトラス（水平荷重）

Ⅳ・5・24　塔状Kトラス（水平荷重）

Ⅳ・5・25　特殊トラス（鉛直荷重）

Ⅳ・5・26　特殊トラス（鉛直荷重）

Ⅳ・5・27 方づえ付き複合トラス
(鉛直荷重)

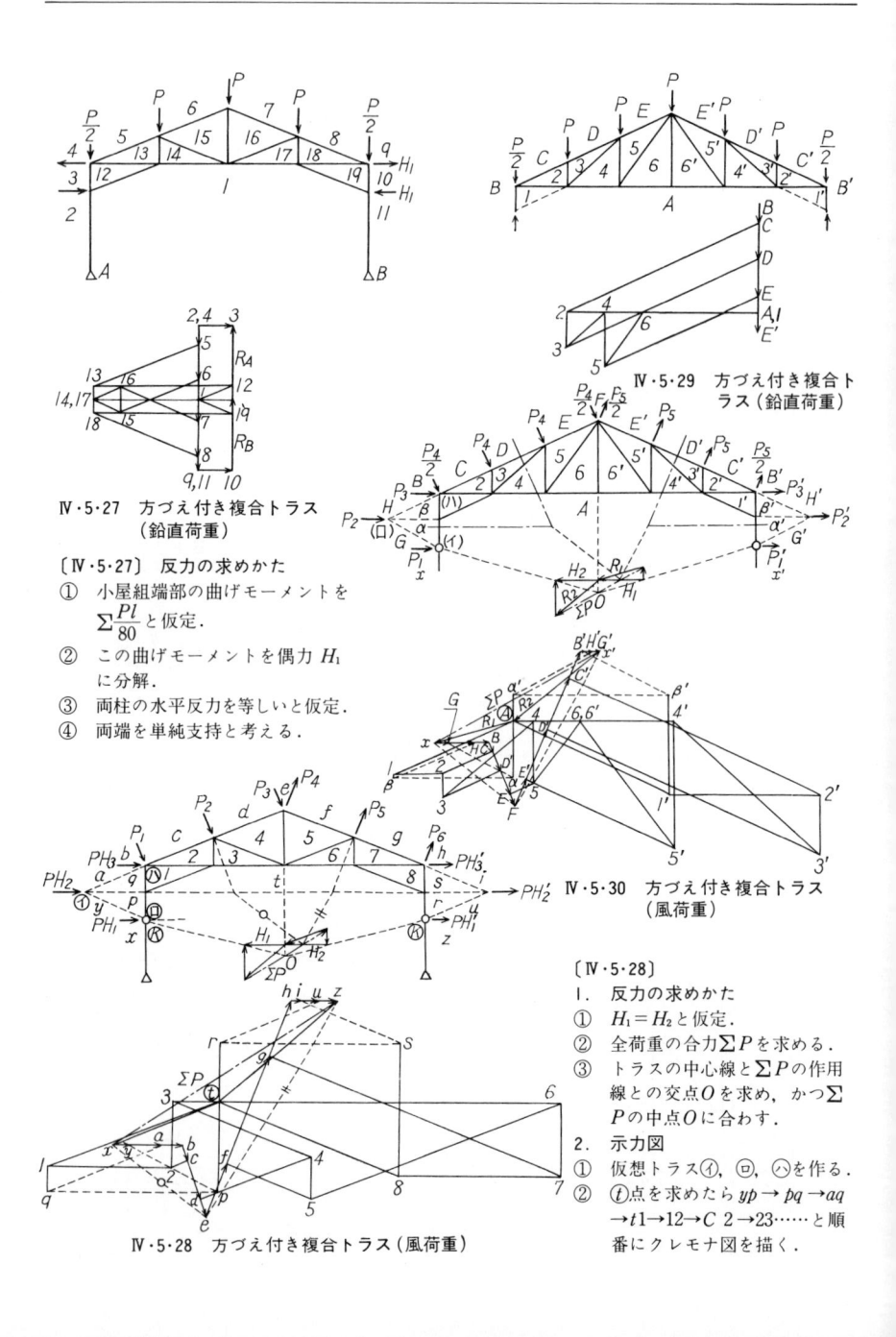

Ⅳ・5・29 方づえ付き複合トラス(鉛直荷重)

Ⅳ・5・30 方づえ付き複合トラス
(風荷重)

Ⅳ・5・28 方づえ付き複合トラス(風荷重)

[Ⅳ・5・27] 反力の求めかた
① 小屋組端部の曲げモーメントを $\sum \dfrac{Pl}{80}$ と仮定.
② この曲げモーメントを偶力 H_1 に分解.
③ 両柱の水平反力を等しいと仮定.
④ 両端を単純支持と考える.

[Ⅳ・5・28]
1. 反力の求めかた
① $H_1 = H_2$ と仮定.
② 全荷重の合力 $\sum P$ を求める.
③ トラスの中心線と $\sum P$ の作用線との交点 O を求め,かつ $\sum P$ の中点 O に合わす.
2. 示力図
① 仮想トラス㋑,㋺,㋩を作る.
② ㋑点を求めたら $yp \to pq \to aq \to t1 \to 12 \to C\ 2 \to 23$ ……と順番にクレモナ図を描く.

IV・6 ラーメン材を含むトラスの計算公式

No.	架構形式	計算公式
IV・6・1	A_1, E_1：AB材の断面積，ヤング係数． A_2, E_2：CD材の断面積，ヤング係数． A_3, E_3：AD，BD材の断面積，ヤング係数． I_1：AB材の断面2次モーメント． 反力 $R_A = R_B = \dfrac{wl}{2}$	$-X = \dfrac{\dfrac{5wl^4}{384 E_1 I_1}}{\dfrac{h}{E_2 A_2} + \dfrac{s^3}{2h^2 E_3 A_3} + \dfrac{l^3}{16h^2 E_1 A_1} + \dfrac{l^3}{48 E_1 I_1}}$ $N_{AB} = -\dfrac{lX}{4h}, \quad N_{AD} = N_{BD} = \dfrac{s \cdot X}{2h}$ $Q_A = -Q_B = \dfrac{wl - X}{2} = R_A - \dfrac{X}{2}$ $M_x = Q_A \cdot x - \dfrac{wx^2}{2}, \quad M_C = \dfrac{wl^2}{8} - \dfrac{Xl}{4}$ $M_{\max} = M_C + \dfrac{X^2}{8w}$ $\delta_x = \dfrac{wx(x^3 - 2lx^2 + l^3)}{24 E_1 I_1} - \dfrac{X \cdot x(3l^2 - 4x^2)}{48 E_1 I_1}$ $\delta_C = \dfrac{5wl^4}{384 E_1 I_1} - \dfrac{Xl^3}{48 E_1 I_1}$ $\delta_D = \delta_C - \dfrac{Xh}{E_2 A_2}$
IV・6・2	A_1, E_1：AB材の断面積，ヤング係数． A_2, E_2：CD材の断面積，ヤング係数． A_3, E_3：AD，BD材の断面積，ヤング係数． I_1：AB材の断面2次モーメント． 反力 $R_A = R_B = \dfrac{P}{2}$	$-X = \dfrac{\dfrac{Pl^3}{48 E_1 I_1}}{\dfrac{h}{E_2 A_2} + \dfrac{s^3}{2h^2 E_3 A_3} + \dfrac{l^3}{16h^2 E_1 A_1} + \dfrac{l^3}{48 E_1 I_1}}$ $N_{AB} = -\dfrac{lX}{4h}, \quad N_{AD} = N_{BD} = \dfrac{s \cdot X}{2h}$ $Q_A = -Q_B = R_A - \dfrac{X}{2}$ $M_x = Q_A \cdot x$ $M_C = \dfrac{Q_A l}{2}$ $\delta_x = \dfrac{x(P - X)(3l^2 - 4x^2)}{48 E_1 I_1}$ $\delta_C = \dfrac{(P - X) l^3}{48 E_1 I_1}$ $\delta_D = \delta_C - \dfrac{Xh}{E_2 A_2}$

No.	架構形式	計算公式
Ⅳ・6・3	A_1, E_1：AB材の断面積，ヤング係数． A_2, E_2：CD材の断面積，ヤング係数． A_3, E_3：AD，BD材の断面積，ヤング係数． I_1：AB材の断面2次モーメント． 反力 $R_A = \dfrac{P(l-a)}{l}$ $R_B = \dfrac{P \cdot a}{l} = P - R_A$	$-X = \dfrac{\dfrac{P(3al^2-4a^3)}{48E_1I_1}}{\dfrac{h}{E_2A_2}+\dfrac{s^3}{2h^2E_3A_3}+\dfrac{l^3}{16h^2E_1A_1}+\dfrac{l^3}{48E_1I_1}}$ $N_{AB} = -\dfrac{lX}{4h}$, $\quad N_{AD} = N_{BD} = \dfrac{s \cdot X}{2h}$ $Q_A = R_A - \dfrac{X}{2}$ $-Q_B = P - \left(R_A - \dfrac{X}{2}\right)$ $M_{x1} = Q_A \cdot x_1 \qquad (0 < x_1 < a \text{ の場合.})$ $M_{x2} = Q_A \cdot x_2 - P(x_2 - a) \quad \left(a < x_2 < \dfrac{l}{2} \text{ の場合.}\right)$ $M_{x3} = Q_B(l - x_3) \qquad \left(\dfrac{l}{2} < x_3 < l \text{ の場合.}\right)$ $M_a = Q_A \cdot a$ $M_C = Q_B \dfrac{l}{2}$ $0 < x_1 < a$ の場合 $\delta_{x1} = \dfrac{P \cdot x_1(l-a)\{l^2-(l-a)^2-x_1^2\}}{6lE_1I_1} - \dfrac{X \cdot x_1(3l^2-4x_1^2)}{48E_1I_1}$ $a < x_2 < l$ の場合 $\delta_{x2} = \dfrac{P \cdot x_2 a(l^2-a^2-x_2^2)}{6lE_1I_1} - \dfrac{X \cdot x_2(3l^2-4x_2^2)}{48E_1I_1}$ $\delta_C = \dfrac{P \cdot a(3l^2-4a^2) - Xl^3}{48E_1I_1}$ $\delta_D = \delta_C - \dfrac{Xh}{E_2A_2}$

No.	架構形式	計算公式

IV・6・4

A_1, E_1 : AB, BD, DF 材の断面積, ヤング係数.

A_2, E_2 : BC, DE 材の断面積, ヤング係数.

A_3, E_3 : AC, CE, EF 材の断面積, ヤング係数.

I_1 : AB, BD, DF 材の断面2次モーメント.

反力　$R_A = R_F = \dfrac{wl}{2}$

$$-X = \dfrac{\dfrac{wa(l^3-2la^2+a^3)}{12E_1I_1}}{\dfrac{2h}{E_2A_2} + \dfrac{2s^3}{E_3A_3h^2} + \dfrac{a^2l-2a^3}{E_2A_2h^2}}※$$

$$※ + \dfrac{a^3}{E_1A_1h^2} + \dfrac{a^2(3l-4a)}{3E_1I_1}$$

$N_{AF} = -\dfrac{a \cdot X}{h}$, $\quad N_{AC} = N_{EF} = \dfrac{s \cdot X}{h}$

$N_{CE} = \dfrac{a \cdot X}{h}$

$Q_A = Q_F = \dfrac{wl}{2} - X = R_A - X$

$M_{x1} = Q_A \cdot x_1 - \dfrac{wx_1^2}{2}$ 　　($0 < x_1 < a$ の場合.)

$M_{x2} = Q_A \cdot x_2 + X(x_2-a) - \dfrac{wx_2^2}{2}$

　　　　　　　　　　　　　　　($0 < x_2 < l-a$ の場合.)

$M_0 = \dfrac{wl^2}{8} - a \cdot X$ 　　(AF 材中央部)

$0 < x_1 < a$ の場合

$\delta_{x1} = \dfrac{wx_1(x_1^3-2lx_1^2+l^3)}{24E_1I_1} - \dfrac{X \cdot x_1(3la-3a^2-x_1^2)}{6E_1I_1}$

$0 < x_2 < l-a$ の場合

$\delta_{x2} = \dfrac{wx_2(x_2^3-2lx_2^2+l^3)}{24E_1I_1} - \dfrac{X \cdot a(3lx_2-3x_2^2-a^2)}{6E_1I_1}$

$\delta_B = \delta_D = \dfrac{wa(l^3-2la^2+a^3)}{24E_1I_1} - \dfrac{X \cdot a^2(3l-4a)}{6E_1I_1}$

$\delta_C = \delta_E = \delta_B - \dfrac{Xh}{E_2A_2}$

No.	架構形式	計算公式
IV・6・5	A_1, E_1: AB, BD, DF材の断面積, ヤング係数. A_2, E_2: BC, DE材の断面積, ヤング係数. A_3, E_3: AC, CE, EF材の断面積, ヤング係数. I_1: AB, BD, DF材の断面2次モーメント. 反力 $R_A = R_F = P$	$-X = \dfrac{\dfrac{P \cdot a^2 (3l - 4a)}{3 E_1 I_1}}{\dfrac{2h}{E_2 A_2} + \dfrac{2s^3}{E_3 A_3 h^2} + \dfrac{a^2 l - 2a^3}{E_2 A_2 h^2}}$ ※ ※ $+ \dfrac{a^3}{E_1 A_1 h^2} + \dfrac{a^2(3l - 4a)}{3 E_1 I_1}$ $N_{AF} = -\dfrac{a \cdot X}{h}$ $N_{AC} = N_{EF} = \dfrac{s \cdot X}{h}$ $N_{CE} = \dfrac{a \cdot X}{h}$ $Q_A = Q_F = P - X$ $M_{x_1} = Q_A \cdot x_1 \qquad (0 < x_1 < a \text{ の場合.})$ $M_{x_2} = Q_A \cdot x_2 - (x_2 - a)(P - X)$ $\qquad\qquad (a < x_2 < l - a \text{ の場合.})$ $M_{\max} = a(P - X)$ $0 < x_1 < a$ の場合 $\delta_{x_1} = \dfrac{x_1(3la - 3a^2 - x_1^2)(P - X)}{6 E_1 I_1}$ $a < x_2 < l - a$ の場合 $\delta_{x_2} = \dfrac{a(3l x_2 - 3 x_2^2 - a^2)(P - X)}{6 E_1 I_1}$ $\delta_B = \delta_D = \dfrac{a^2(3l - 4a)(P - X)}{6 E_1 I_1}$ $\delta_C = \delta_E = \delta_B - \dfrac{Xh}{E_2 I_2}$

ラーメン材を含むトラスの計算公式

No.	架構形式	計算公式
IV.6.6	(図: 台形トラス A,B,D,F 上弦, C,E 下端, R_A, R_F 反力, 荷重 P が B, D に作用, 寸法 $a, l-2a, a$, 高さ h, 斜材長 s) A_1, E_1 : AB, BD, DF 材の断面積, ヤング係数. A_2, E_2 : BC, DE 材の断面積, ヤング係数. A_3, E_3 : AC, CE, EF 材の断面積, ヤング係数. I_1 : AB, BD, DF 材の断面2次モーメント. 反力 $R_A = R_F = P$	$-X = \dfrac{\dfrac{P \cdot x(3la - 3a^2 - x^2)}{3E_1 I_1}}{\dfrac{2h}{E_2 A_2} + \dfrac{2s^3}{E_3 A_3 h^2} + \dfrac{a^2 l - 2a^3}{E_2 A_2 h^2}}$ ※ ※ $\dfrac{}{+ \dfrac{a^3}{E_1 A_1 h^2} + \dfrac{a^2(3l - 4a)}{3E_1 I_1}}$ $N_{AF} = -\dfrac{a \cdot X}{h}$ $N_{AC} = N_{EF} = \dfrac{s \cdot X}{h}$ $N_{CE} = \dfrac{a \cdot X}{h}$ $Q_A = Q_F = P - X$ $M_{x1} = Q_A \cdot x_1$ ($0 < x_1 < x$ の場合.) $M_{x2} = Q_A \cdot x_2 - P(x_2 - x)$ ($x < x_2 < a$ の場合.) $M_{x3} = Q_A \cdot x_3 - P(x_3 - x) + X(x_3 - a)$ ($a < x_3 < l - a$ の場合.) $0 < x_1 < x$ の場合 $\delta_{x1} = \dfrac{P \cdot x_1(3lx - 3x^2 - x_1^2) - X \cdot x_1(3la - 3a^2 - x_1^2)}{6E_1 I_1}$ $x < x_2 < a$ の場合 $\delta_{x2} = \dfrac{P \cdot x(3lx_2 - 3x_2^2 - x^2) - X \cdot x_2(3la - 3a^2 - x_2^2)}{6E_1 I_1}$ $a < x_3 < l - a$ の場合 $\delta_{x3} = \dfrac{P \cdot x(3lx_3 - 3x_3^2 - x^2) - X \cdot a(3lx_3 - 3x_3^2 - a^2)}{6E_1 I_1}$ $\delta_B = \delta_D = \dfrac{P \cdot x(3la - 3a^2 - x^2) - X \cdot a^2(3l - 4a)}{6E_1 I_1}$ $\delta_C = \delta_E = \delta_B - \dfrac{Xh}{E_2 A_2}$

No.	架構形式	計算公式
Ⅳ.6.7	A_1, E_1：AB，BD，DF材の断面積，ヤング係数． A_2, E_2：BC，DE材の断面積，ヤング係数． A_3, E_3：AC，CE，EF材の断面積，ヤング係数． I_1：AB，BD，DF材の断面2次モーメント． 反力　$R_A=R_F=P$	$-X=\dfrac{\dfrac{P \cdot a(3lx-3x^2-a^2)}{3E_1I_1}}{\dfrac{2h}{E_2A_2}+\dfrac{2s^3}{E_3A_3h^2}+\dfrac{a^2l-2a^3}{E_2A_2h^2}}$※ ※$+\dfrac{a^3}{E_1A_1h^2}+\dfrac{a^2(3l-4a)}{3E_1I_1}$ $N_{AF}=-\dfrac{a \cdot X}{h}$ $N_{AC}=N_{EF}=\dfrac{s \cdot X}{h}$ $N_{CE}=\dfrac{a \cdot X}{h}$ $Q_A=Q_F=P-X$ $M_{x1}=Q_A \cdot x_1$　　　　　　　　$(0<x_1<a$の場合.$)$ $M_{x2}=Q_A \cdot x_2+X(x_2-a)$　　$(a<x_2<x$の場合.$)$ $M_{x3}=Q_A \cdot x_3+X(x_3-a)-P(x_3-x)$ 　　　　　　　　　　　　　　$(x<x_3<l-x$の場合.$)$ $0<x_1<a$の場合 $\delta_{x1}=\dfrac{P \cdot x_1(3lx-3x^2-x_1^2)-X \cdot x_1(3la-3a^2-x_1^2)}{6E_1I_1}$ $a<x_2<x$の場合 $\delta_{x2}=\dfrac{P \cdot x_2(3lx-3x^2-x_2^2)-X \cdot a(3lx_2-3x_2^2-a^2)}{6E_1I_1}$ $x<x_3<l-x$の場合 $\delta_{x3}=\dfrac{P \cdot x(3lx_3-3x_3^2-x^2)-X \cdot a(3lx_3-3x_3^2-a^2)}{6E_1I_1}$ $\delta_B=\delta_D=\dfrac{P \cdot x(3la-3a^2-x^2)-X \cdot a^2(3l-4a)}{6E_1I_1}$ $\delta_E=\delta_C=\delta_B-\dfrac{Xh}{E_2A_2}$

No.	架構形式	計　算　公　式
Ⅳ・6・8	A_1, E_1：AB，BD，DF材の断面積，ヤング係数． A_2, E_2：BC，DE材の断面積，ヤング係数． A_3, E_3：AC，CE，EF材の断面積，ヤング係数． I_1：AB，BD，DF材の断面2次モーメント． 反力　$R_A = R_F = \dfrac{P}{2}$	$-X = \dfrac{\dfrac{P \cdot a(3l^2 - 4a^2)}{24 E_1 I_1}}{\dfrac{2h}{E_2 A_2} + \dfrac{2s^3}{E_3 A_3 h^2} + \dfrac{a^2 l - 2a^3}{E_2 A_2 h^2}}$ ※ ※ $+ \dfrac{a^3}{E_1 A_1 h^2} + \dfrac{a^2(3l - 4a)}{3 E_1 I_1}$ $N_{AF} = -\dfrac{a \cdot X}{h}$ $N_{AC} = N_{EF} = \dfrac{s \cdot X}{h}$ $N_{CE} = \dfrac{a \cdot X}{h}$ $Q_A = Q_F = \dfrac{P}{2} - X$ $M_{x_1} = Q_A \cdot x_1$　　　　　　($0 < x_1 < a$ の場合．) $M_{x_2} = Q_A \cdot x_2 + X(x_2 - a)$　($a < x_2 < l/2$ の場合．) $0 < x_1 < a$ の場合 $\delta_{x_1} = \dfrac{P \cdot x_1 (3l^2 - 4x_1^2)}{48 E_1 I_1} - \dfrac{X \cdot x_1 (3la - 3a^2 - x_1^2)}{6 E_1 I_1}$ $a < x_2 < l/2$ の場合 $\delta_{x_2} = \dfrac{P \cdot x_2 (3l^2 - 4x_2^2)}{48 E_1 I_1} - \dfrac{X \cdot a (3lx_2 - 3x_2^2 - a^2)}{6 E_1 I_1}$ $\delta_B = \delta_D = \dfrac{P \cdot a(3l^2 - 4a^2)}{48 E_1 I_1} - \dfrac{X \cdot a^2 (3l - 4a)}{6 E_1 I_1}$ $\delta_C = \delta_E = \delta_B - \dfrac{Xh}{E_2 A_2}$

IV・7 不静定トラスの計算公式

| IV・7・1 | 内的不静定トラスの応力（マックスウェル・モールの解法） |

基本原理

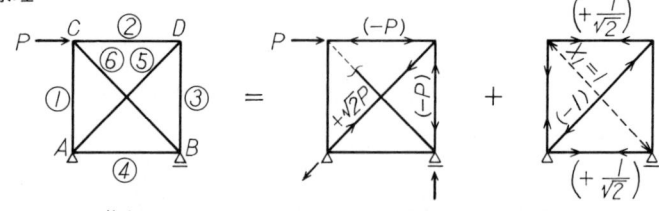

トラスBC材をC点で切断して内的静定トラスを作り，荷重Pによる部材応力N_0を求め，BC材の余剰力$X_1=1$が働いたときの基本形（原形）の部材応力をN_1とすれば，基本形の部材応力は$N=N_0+N_1X_1$で求まる．

〔解〕

部材	S (cm)	N_0 (kN)	N_1 (無次元)	$N_1N_1S\left(\dfrac{l}{AE}\right)$	$N_0N_1S\left(\dfrac{lP}{AE}\right)$	N_1X_1	$N=N_1X_1+N_0$
1	l	0	$\dfrac{1}{\sqrt{2}}$	$\dfrac{1}{2}$	0	$\dfrac{1}{2}P$	$\dfrac{1}{2}P$
2	l	$-P$	$\dfrac{1}{\sqrt{2}}$	$\dfrac{1}{2}$	$-\dfrac{1}{\sqrt{2}}$	$\dfrac{1}{2}P$	$-\dfrac{1}{2}P$
3	l	$-P$	$\dfrac{1}{\sqrt{2}}$	$\dfrac{1}{2}$	$-\dfrac{1}{\sqrt{2}}$	$\dfrac{1}{2}P$	$-\dfrac{1}{2}P$
4	l	0	$\dfrac{1}{\sqrt{2}}$	$\dfrac{1}{2}$	0	$\dfrac{1}{2}P$	$\dfrac{1}{2}P$
5	$\sqrt{2}\,l$	$\sqrt{2}\,P$	-1	$\sqrt{2}$	-2	$-\dfrac{1}{\sqrt{2}}P$	$\dfrac{1}{\sqrt{2}}P$
6	$\sqrt{2}\,l$	0	-1	$\sqrt{2}$	0	$-\dfrac{1}{\sqrt{2}}P$	$-\dfrac{1}{\sqrt{2}}P$
			※ Σ	$2+2\sqrt{2}$	$-(2+\sqrt{2})$		

※ $\delta_{11}=\Sigma\dfrac{N_1^2}{AE}S=(2+2\sqrt{2})\dfrac{l}{AE}$ 　$\left.\begin{array}{l}\delta_{10}+\delta_{11}X_1=0\text{より}\end{array}\right.$

$\delta_{10}=\Sigma\dfrac{N_1N_0}{AE}S=-(2+\sqrt{2})\dfrac{lP}{AE}$ 　$\therefore\ X_1=-\dfrac{\delta_{10}}{\delta_{11}}=\dfrac{1}{\sqrt{2}}P$

E：ヤング係数（kN/cm²）
A：断　面　積（cm²）
S：部材の長さ（cm）．

IV・8 トラスの変形計算公式

IV・8・1　片持ちばり式トラスの変形(仮想仕事法)

基本原理

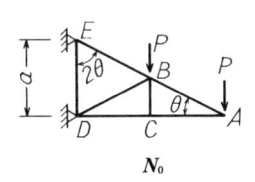

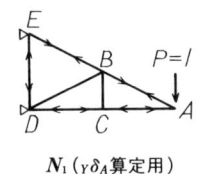

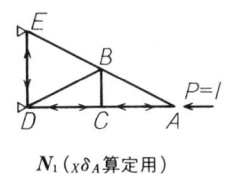

N_0　　N_1 ($_Y\delta_A$算定用)　　N_1 ($_X\delta_A$算定用)

仮想仕事の原理　$\delta = \int_0^s \dfrac{N_0 N_1}{EA} ds = \sum \dfrac{N_0 N_1}{EA} S$ を利用すればよい．

〔解〕　木構造トラス　$P = 2$ kN, $a = 2$ m, $\theta = 30°$, $A = 4.5$ cm $\times$ 9 cm, $E = 800$ kN/cm² とすると

部材	S (m)	N_0 (kN)	N_1 (無次元)	$N_0 N_1 S$	$_x N_1$	$N_0 \cdot _x N_1 \cdot S$
AB	2	$+4$	$+2$	16	0	0
BE	2	$+6$	$+2$	24	0	0
BC	1	0	0	0	0	0
ED	2	-3	-1	6	0	0
BD	2	-2	0	0	0	0
AC	$\sqrt{3}$	$-2\sqrt{3}$	$-\sqrt{3}$	$6\sqrt{3}$	-1	$+6$
CD	$\sqrt{3}$	$-2\sqrt{3}$	$-\sqrt{3}$	$6\sqrt{3}$	-1	$+6$
Σ				$(46 + 12\sqrt{3})$ $\times 10^2$　※		※※ $+12$

$EA = 800 \times (4.5 \times 9) = 324 \times 10^2$ kN

※　$_Y\delta_A = \sum \dfrac{N_0 N_1 S}{EA} = \dfrac{66.8 \times 10^2}{324 \times 10^2} = 0.206$ cm　(↓方向)

※※　$_X\delta_A = \sum \dfrac{N_0 N_1 S}{EA} = \dfrac{12 \times 10^2}{324 \times 10^2} = 0.037$ cm　(→方向)

Ⅳ・8・2　N形トラスの変形（仮想仕事法）

基本原理

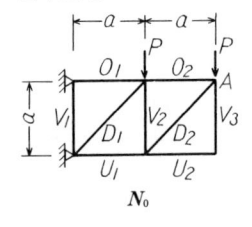

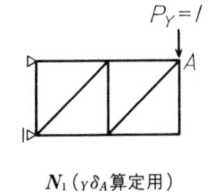

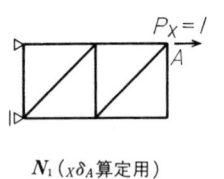

N_0

N_1（$_Y\delta_A$算定用）

N_1（$_X\delta_A$算定用）

仮想仕事の原理　$\delta = \int_0^s \dfrac{N_0 N_1}{EA} ds = \Sigma \dfrac{N_0 N_1}{EA} S$ を利用すればよい．

〔解〕

部材	S(cm)	N_0(kN)	$_YN_1$（無次元）	$_XN_1$（無次元）	$N_0 \cdot {_YN_1} \cdot S$	$N_0 \cdot {_XN_1} \cdot S$
O_1	a	$3P$	2	1	$6P \cdot a$	$3P \cdot a$
O_2	a	P	1	1	$P \cdot a$	$P \cdot a$
U_1	a	$-P$	-1	0	$P \cdot a$	0
U_2	a	0	0	0	0	0
V_1	a	$2P$	1	0	$2P \cdot a$	0
V_2	a	P	1	0	$P \cdot a$	0
V_3	a	0	0	0	0	0
D_1	$\sqrt{2}\,a$	$-2\sqrt{2}\,P$	$-\sqrt{2}$	0	$4\sqrt{2}\,a$	0
D_2	$\sqrt{2}\,a$	$-\sqrt{2}\,P$	$-\sqrt{2}$	0	$4\sqrt{2}\,a$	0
Σ					$(11+6\sqrt{2})P \cdot a$	$4P \cdot a$

鉛直方向　$_Y\delta_A = \Sigma \dfrac{N_0 N_1}{EA} S = \dfrac{(11+6\sqrt{2})P \cdot a}{EA}$

水平方向　$_X\delta_A = \Sigma \dfrac{N_0 N_1}{EA} = \dfrac{4P \cdot a}{EA}$

　　　　　E：ヤング係数（kN/cm²）

　　　　　A：断面積（cm²）

| Ⅳ・8・3 | キングポスト トラスの変形（仮想仕事法） |

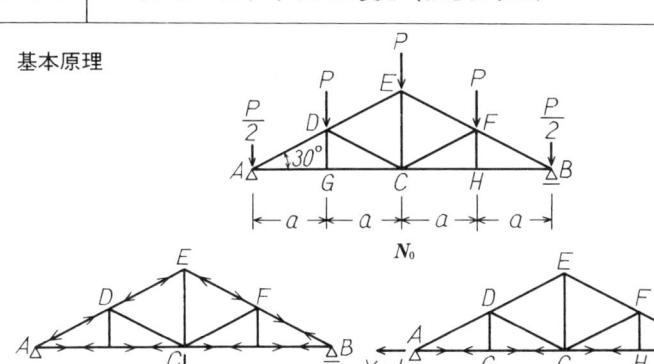

基本原理

仮想仕事の原理 $\delta = \int_0^s \dfrac{N_0 N_1}{EA} ds = \Sigma \dfrac{N_0 N_1}{EA} S$ を利用すればよい．

〔解〕 $P = 1.0 \text{ kN}$, $a = 1.50 \text{ m}$ とすると

部材	S (m)	N_0(kN)	N_1 （無次元）	$N_0 N_1 S$	
AG, BH	1.5	$3\sqrt{3}/2$	$\sqrt{3}/2$	$(27/8) \times 2$	
GC, CH	1.5	$3\sqrt{3}/2$	$\sqrt{3}/2$	$(27/8) \times 2$	左右対称
AD, BF	$\sqrt{3}$	-3	-1	$(3\sqrt{3}) \times 2$	のため2
CD, CF	$\sqrt{3}$	-1	0	0	倍する．
DE, EF	$\sqrt{3}$	-2	-1	$(2\sqrt{3}) \times 2$	
DG, FH	$\sqrt{3}/2$	0	0	0	
CE	$\sqrt{3}$	1	1	$\sqrt{3}$	
ΣY				$13.5 + 11\sqrt{3}$	

鉛直方向 ∴ $\delta_C = \dfrac{(13.5 + 11\sqrt{3})}{EA} = \dfrac{32.55}{EA}$

水平方向 N_1図で $X = 1$ を加えると $\overline{AG} = \overline{GC} = \overline{CH} = \overline{HB} = +1$
で他の部材は0である．

∴ $\delta_B = 4 \times \dfrac{N_0 N_1 S}{EA} = \dfrac{4 \times 3\sqrt{3} \times 1 \times 1.5}{2EA} = \dfrac{9\sqrt{3}}{EA}$

E：ヤング係数 (kN/cm²)
A：断面積 (cm²)

Ⅳ・8・4　不静定トラスの変形（仮想仕事法）

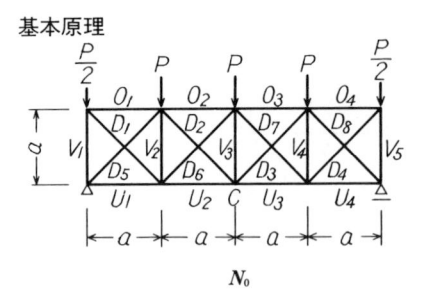

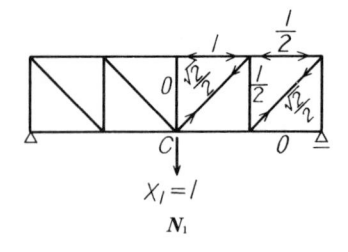

基本原理

$$\delta = \int_0^s \frac{N_0 N_1}{EA} ds = \sum \frac{N_0 N_1}{EA} S \text{ を利用すればよい．}$$

仮想仕事の原理

〔解〕 $P = 1.2$ kN, $a = 2.0$ m とすると

部材	S (m)	N_0 (kN)	N_1 (無次元)	$N_0 N_1 S$	
$V_1,\ V_5$	2	-1.29	-0.5	$+1.29$	
$V_2,\ V_4$	2	-0.29	-0.5	$+0.29$	
V_3	2	-0.40	0	0	
$O_1,\ O_4$	2	-0.69	-0.5	$+0.69$	
$O_2,\ O_3$	2	-2.00	-1.0	$+4.0$	左右対称
$U_1,\ U_4$	2	$+1.11$	0	0	のため2
$U_2,\ U_3$	2	$+2.20$	$+0.5$	$+2.20$	倍する．
$D_1,\ D_4$	$2\sqrt{2}$	$+0.97$	$+0.5\sqrt{2}$	$+1.94$	
$D_2,\ D_3$	$2\sqrt{2}$	$+0.29$	$+0.5\sqrt{2}$	$+0.58$	
$D_5,\ D_8$	$2\sqrt{2}$	-1.57	0	0	
$D_6,\ D_7$	$2\sqrt{2}$	-0.56	0	0	
Σ				$+10.99 \times 2 = 21.98$	

$$\therefore\ \delta_C = \sum \frac{N_0 N_1 S}{EA} = \frac{21.98}{EA}$$

E：ヤング係数（kN/cm²）

A：断面積（cm²）

5

構造設計

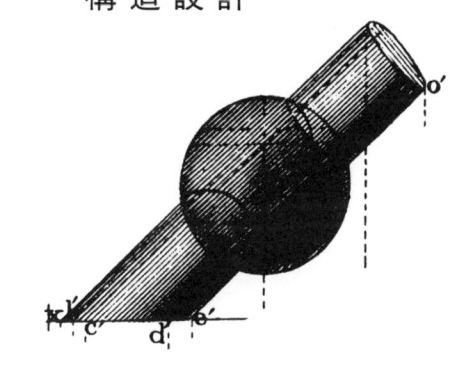

V章 構造設計

V·1 概　　説

　構造設計とは外から加わる力に対して安全かつ経済的に設計することで，現状では大体つぎのような順序で行われている．

　① 構造計画…構造種別，構造形式，骨組の配置と大きさを決定する．
　② 構造計算…外力計算，応力計算，断面計算，変形の検討を行う．
　③ 構造製図…骨組配置，部材リスト，断面継手，仕口等の図面作成をする．

　以上のようにして構造設計が完了するわけであるが，必ずしも①構造計画，②構造計算，③構造製図，と順をおってできあがるのではなく，構造計算の結果を見て構造計画を修正して，再び構造計算をやりなおして合理的な骨組を発見することにつとめる必要がある．

　この章では一連の構造計算に関連する部材の設計式を，どのように使用して計算するかを具体例をあげて読者への理解を深めるよう便をはかった．

　内容項目として

　　1. 度量衡・数表
　　2. 材料の許容応力度
　　3. 荷重および外力
　　4. C, M_0, Q の計算図表
　　5. 鋼構造設計
　　6. 基礎の設計
　　7. 鉄筋コンクリート構造設計
　　8. 保有水平耐力の算定
　　9. 鉄筋の断面積・周長

が載せてある．

1. 度量衡，数表

項目		SI 単位			工学単位		
単位長さの荷重	kN/m, N/mm	N/cm	N/m	t/m	kg/cm	kg/m
	1	10	1000	0.10972	1.01972	101.972
	0.1	1	100	0.0101972	0.101972	10.1972
	0.001	0.01	1			0.101972
	9.80665	98.0665	9806.65	1	10	1000
	0.980665	9.80665	980.665	0.1	1	100
	0.00980665	0.0980665	9.80665	0.001	0.01	1
単位面積の荷重	N/mm²	kN/m²	N/m²	kg/cm²	t/m²	kg/m²
	1	100	1.0×10^6	10.1972	101.972	101972
	0.001	1	1000	0.0101972	0.101972	101.972
	1.0×10^{-6}	0.001	1	1.01972×10^{-5}	0.000101972	0.101972
	0.0980665	98.0665	98066.5	1	10	10000
	0.00980665	9.80665	9806.65	0.1	1	1000
	9.80665×10^{-6}	0.00980665	9.80665	0.0001	0.001	1
単位体積の重量	N/mm³	kN/m³	N/m³	kg/cm³	t/m³	kg/m³
	1	1.0×10^6	1.0×10^9	101.972	101972	1.01972×10^8
	1.0×10^{-6}	1	1000	0.000101972	0.101972	101.972
	1.0×10^{-9}	0.001	1	1.01972×10^{-7}	0.000101972	0.101972
	0.00980665	9806.65	9806650	1	1000	1.0×10^6
	9.80665×10^{-6}	9.80665	9806.65	0.001	1	1000
	9.80665×10^{-9}	0.00980665	9.80665	1.0×10^{-6}	0.001	1
曲げモーメント	kN·m	N·m	N·mm	t·m	kg·m	kg·cm
	1	1000	1000000	0.101972	101.972	10197.2
	0.001	1	1000	0.000101972	0.101972	10.1972
	0.000001	0.001	1	1.01975×10^{-7}	0.00010972	0.0101972
	9.80665	9806.65	9806650	1	1000	1.0×10^5
	0.00980665	9.80665	9806.65	0.001	1	100
	9.80665×10^{-5}	0.0980665	98.0665	1.0×10^{-5}	0.01	1
材料設計強度・許容応力度	N/mm²	kN/m²	N/m²	kg/cm²	t/m²	kg/m²
	1	100	1.0×10^6	10.1972	101.972	101972
	0.001	1	1000	0.0101972	0.101972	101.972
	1.0×10^{-6}	0.001	1	1.01972×10^{-5}	0.000101972	0.101972
	0.0980665	98.0665	98066.5	1	10	10000
	0.00980665	9.80665	9806.65	0.1	1	1000
	9.80665×10^{-6}	0.00980665	9.80665	0.0001	0.001	1

V・2 許容応力度
1. 材料の諸係数

材　料	ヤング係数 E：N/mm² (kg/cm²)	せん断弾性係数 G：N/mm² (kg/cm²)	ポアソン比 ν	線膨張係数 α (1/℃)	比　重
鉄　骨	2.05×10^5 (2.1×10^6)	79000 (810000)	0.3	0.00001	7.85
鉄　筋	2.05×10^5 (2.1×10^6)	79000 (810000)	0.3	0.00001	7.85
普通コンクリート 〔軽量コンクリート〕	$3.35\times10^4\times(\gamma/24)^2\times(Fc/60)^{1/3}$ $[2.1\times10^4(\gamma/23)^{1.5}\times\sqrt{Fc/20}]$	$E/2.4$	0.2	0.00001	2.3～2.4 〔1.55～2.1〕
アルミニュウム合金	68600	26500	0.3	0.000024	2.7
PC鋼材	1.96×10^5				
PHC杭	3.92×10^5				

〔注〕　γ：コンクリートの単位容積重量　(kN/m³)
　　　Fc：コンクリートの設計基準強度　(N/mm²)

2. 材料の許容応力度
(1) 鉄筋・溶接金網〔N/mm²(N/10・mm² ⟶ kN/cm²)〕

種　類	材　質		長　期			短　期		
			引張り	圧縮	せん断	引張り	圧縮	せん断
丸　鋼	SR 235		155	155	156	235	235	235
	SR 295		155	155	195	295	295	295
異形鉄筋	SD 295 A		195	195	195	295	295	295
	SD 345	D 25 以下 D 29 以上	215 195	215 195	195 195	345 345	345 345	345 345
	SD 390	D 25 以下 D 29 以上	215 195	215 195	195 195	390 390	390 390	390 390
溶接金網			195		195	295*		295
	せん断補強以外に用いる場合で，床板に用いる場合に限る．材料補強は JIS 製品の場合，短期許容応力度の 1.1 倍とする． * 床版に用いる場合に限る．							

(2) コンクリート 〔N/mm^2 ($N/10 \cdot mm^2 \longrightarrow kN/cm^2$)〕

種類	コンクリート呼称	設計基準強度	長期 圧縮	長期 せん断	長期 付着 曲げ上端	長期 付着 その他	短期 圧縮	短期 せん断	短期 付着 曲げ上端	短期 付着 その他
普通コン	FC 18	18	6	0.60	0.72	0.90	12	0.90	1.08	1.35
普通コン	FC 21	21	7	0.70	0.76	0.95	14	1.05	1.14	1.42
普通コン	FC 24	24	8	0.74	0.80	1.00	16	1.11	1.20	1.50
普通コン	FC 27	27	9	0.77	0.84	1.06	18	1.15	1.26	1.57
普通コン	FC 30	30	10	0.80	0.88	1.10	20	1.20	1.32	1.65
普通コン	FC 33	33	11	0.83	0.92	1.15	22	1.24	1.38	1.72
軽量コン	FC 18	18	6	0.54	0.57	0.72	12	0.81	0.86	1.08
軽量コン	FC 21	21	7	0.63	0.61	0.76	14	0.94	0.91	1.13
軽量コン	FC 24	24	8	0.67	0.64	0.80	16	0.99	0.96	1.20
軽量コン	FC 27	27	9	0.69	0.67	0.84	18	1.03	1.00	1.25
軽量コン	FC 30	30	10	0.72	0.70	0.88	20	1.08	1.05	1.32
軽量コン	FC 33	33	11	0.74	0.73	0.92	22	1.11	1.10	1.37

(3) 鉄骨 〔N/mm^2 ($N/10 \cdot mm^2 \longrightarrow kN/cm^2$)〕

材料	板厚	F値	限界細長比 Λ	長期 引張り・圧縮・曲げ	長期 せん断	短期 引張り・圧縮・曲げ	短期 せん断	破断強度 引張り・圧縮・曲げ	破断強度 せん断
SS 400 ABC	40 mm 以下	235	120	157	90.5	235	135.7	400	232
SS 400 ABC	40 mm 超過	215	125	143	82.8	215	124.1	400	232
SM 490 ABC	40 mm 以下	325	102	217	125	325	186.6	490	283
SM 490 ABC	40 mm 超過	395	107	197	114	294	169.7	490	283
SN 400 ABC	40 mm 以下	235	120	157	90.5	235	135.7	400	232
SN 400 ABC	40 mm 超過	215	125	143	82.8	215	124.1	400	232
SN 490 ABC	40 mm 以下	325	102	217	125	325	186.6	490	283
SN 490 ABC	40 mm 超過	395	107	197	114	294	169.7	490	283
BCR 295	22 mm 以下	295		196	113.3	294	169.9		
BCP 235	40 mm 以下	235		157	90.5	235	138.5		
BCP 325	40 mm 以下	325		217	125	294	169.7		
STKR 400	40 mm 以下	235		157	90.5	235	135.7		

〔注〕保有水平耐力算定時の材料強度は短期許容応力度の1.1倍とする.

(4) 溶接〔N/mm² (N/10・mm² ⟶ kN/cm²)〕

材料	作業方法	厚さ	長期 突合せ 引張り・圧縮・曲げ	長期 突合せ せん断	長期 すみ肉	短期 突合せ 引張り・圧縮・曲げ	短期 突合せ せん断	短期 すみ肉
SS 400	(1)	40 mm 以下	157	90.5	90.5	235	135.7	135.7
SN 400 B	(1)	40 mm 超過	143	82.8	82.4	215	124.1	124.1
SN 400 C	(2)	40 mm 以下	141	81.4	81.4	212	122.2	122.2
STKR 400	(2)	40 mm 超過	129	74.6	74.6	194	112.0	112.0
SM 490 AB	(1)	40 mm 以下	217	125	124.4	325	186.6	186.6
SN 490 B	(1)	40 mm 超過	197	114	113.1	294	169.7	169.7
SN 490 C	(2)	40 mm 以下	194	112	112.1	291	167.9	167.9
STKR 490	(2)	40 mm 超過	176	101	101.8	264	152.6	152.6
BCR 295	(1)	22 mm 以下	196	113.3	113.3	294	169.7	169.7
BCP 235	(1)	40 mm 以下	157	90.5	90.5	235	135.7	135.7
BCP 325	(1)	40 mm 以下	217	125	124.4	323	186.6	186.65

〔注〕 (1) 建設省告示第1103号によって定められた，高度の品質を確保し得る作業方法をとる場合．
(2) その他の場合．(1)×0.9の値とする．

(5) 高力ボルト (kN/本)

種類	径	長期 引張り	長期 摩擦 一面	長期 摩擦 二面	短期 引張り	短期 摩擦 一面	短期 摩擦 二面	破断耐力 引張り	破断耐力 摩擦 一面	破断耐力 摩擦 二面
F 10 T	M 16	61.1	29.5	59.1	91.5	44.4	88.6	177.4	101.9	204.8
F 10 T	M 20	95.3	46.2	92.3	142.1	69.2	138.1	277.3	159.7	319.5
F 10 T	M 22	115.6	55.9	111.8	173.5	83.8	167.6	335.1	193.0	387.1
F 10 T	M 24	137.2	66.4	133.2	205.8	98.9	199.9	398.9	230.3	460.6
F 11 T	M 16	64.9	31.5	63.0	97.4	47.3	94.4	187.2	107.8	215.6
F 11 T	M 20	101.9	49.2	98.0	152.9	73.8	147.0	292.0	168.5	337.1
F 11 T	M 22	122.5	59.6	119.6	183.2	89.4	179.3	353.8	203.8	408.7
F 11 T	M 24	146.0	70.8	142.1	218.5	105.8	212.6	420.4	243.0	486.0

V・3　荷重および外力
1．材料の重量

材　料			単位重量 (kN/m³)	材　料		単位重量 (kN/m³)
土砂および砂利	土	飽水状態	18	モルタルおよびプラスター	シンダーコンクリート	18
	砂		20		モルタル	20
	砂利		21		パーライトモルタル	12
	砂混り砂利		23		漆喰	14
石　材	軽石		9		プラスター	20
	大理石，みかげ石		27	金　属	アルミニウム	27
	大谷石		17		亜鉛	71
れんがおよびタイル	普通れんが		19		鉄	78
	耐火れんが		20		銅	88
	日本瓦		18		鉛	111
	タイル		20	木　材	杉，ひのき	4
鉄筋コンクリート	普通 $Fc \leq 36$ (N/mm²)		24		あかまつ，つが，ラワン	5
	$36 < Fc \leq 48$		24.5		くろまつ，けやき	6
	$48 < Fc \leq 60$		25	その他	石膏ボード	7.4
	軽量1種 $Fc \leq 27$ (N/mm²)		20		木毛板（半硬質）	8.7
	$27 < Fc \leq 36$		22		ドリゾール板	9.5
	軽量1種 $Fc \leq 27$ (N/mm²)		18		ALC版	6.5

2．厚さ1cm あたりの単位重量

材　料		単位重量 (N/m²/cm)	材　料		単位重量 (N/m²/cm)
コンクリート仕上げ面	モルタル，タイル貼	200	合成樹脂板	硬質塩化ビニール板	145
	アスファルト防水	150		軟質ポリエチレン板	95
ガラス	板ガラス	250	断熱材	ロックウール	8〜10
	網入り形板ガラス	260		グラスウール	10〜13
	中空ガラスブロック	120		硬質ウレタン	12〜15
ボード類	木硬質繊維板	100	耐火構造被覆材	モルタル	200
	石膏ボード	100		軽量モルタル	130
	石綿セメント板	180		パーライトモルタル	100
	フレキシブル板	200		吹付け石綿	30
	木毛セメント板	50		ALC板	65

3. 固定荷重

項目種別位置	仕上げ構造材	単位重量 (N/m²)	備考
屋根面	折版ルーフィング U　　$t=0.6$	120	
	折版（F-200, 円馳, BL）　$t=0.8$	140	
	イソダッハ　$t=35$	120	
	石綿スレート	250	
	ガラス屋根	290	鉄製枠を含む．
屋根下地	断熱材	80	
	母屋　$C-100\times50\times20\times2.3$	30	母屋間隔　@2000
	ブレース＋座屈拘束材	50〜80	
天井	繊維板張, 合板張, 金属板張	150	吊木受け材, 下地含む．
	木毛セメント板, 石膏ボード板張	200	〃
	モルタル塗　下地ラスシート	600	塗り厚　$t=20\,\mathrm{mm}$
床	コンクリート床（板張）	200	根太, 大引を含む．
	コンクリート床（フローリング張）	450	仕上り厚さ $t=30\,\mathrm{mm}$
	コンクリート床（モルタル塗）	600	〃
	コンクリート床（タイル張）	600	〃
	コンクリート床（アスファルト防水層）	150	防水厚さ $t=10\,\mathrm{mm}$
デッキ床	コンクリートスラブ　山上 $t=80$	1920	
	コンクリートスラブ　山上 $t=100$	2400	
	EZ 50＋溝コンクリート＝130＋600	730	EZ 50 $t=1.2$　溝深さ $v=24$
	EZ 75＋溝コンクリート＝150＋900	1050	EZ 75 $t=1.2$　溝深さ $v=36$
壁体	サイデング（F, S, L　$t=0.6$）	70	＋断熱材 $t=35 \to 110\,(\mathrm{kN/m^2})$
	SP パネル FR（不燃パネル）	210	
	イソバンド（断熱＋準不燃サンドイッチ）	150	
	ALC 版　$t=100$	650	
	コンクリート塗り仕上ーモルタル	400	仕上り厚さ $t=20\,\mathrm{mm}$
	コンクリート塗り仕上ータイル張	600	仕上り厚さ $t=30\,\mathrm{mm}$
	内部壁仕上げ　石膏ボード類張	200	下地材含む．
壁下地	軽鉄間仕切壁骨組	100〜150	壁高により増減する．
	外壁ヨコ胴縁　$C-100\times50\times20\times3.2$	55	胴縁間隔 @1000
	外壁タテ胴縁　$\square-100\times100\times3.2$	100	胴縁間隔 @1500
建具	アルミ製ガラス窓（網入りガラス）	400	枠含む．
	鋼製扉（レデイメイド形）	340	〃
	鋼製シャッター	400	

4. 積載荷重

(N/m²)（令85）

	室の種類	床構造	大ばり・柱基礎	地震力	備考
a	居住室・宿泊室・病室	1800	1300	600	
b	事務室	2900	1800	800	
c	教室	2300	2100	1100	
d	百貨店・商店の売場	2900	2400	1300	
e	集会室（固定席）	2900	2600	1600	劇場・映画館・演芸場　観覧場・公会堂
f	集会室（その他）	3500	3200	2100	
g	車庫・自動車通路	5400	3900	2000	
h	一般書庫・倉庫	7800	6900	4900	通常の階高の室に満載の書架を配慮した場合を想定.
i	可動書架を設ける書庫.・電算室の空調機室.・用具庫等	11800	10300	7400	一般書庫の約1.5倍.
j	機械室	4900	2400	1300	床用は機械の平均重量的重量.
k	廊下・広間・玄関・階段	c～fに掲げる室に連結するものはfによる.			
l	屋上広場・バルコニー	aによる．ただし学校，百貨店の用途に供する建築物はdによる．			
m	屋上（通常，使用しない）	1000	600	400	
n	屋上（S造体育館）	1000	0	0	武道館等

5. 参考積載荷重

室の種類	床構造	大ばり・柱基礎	地震力	備考
乗用車専用駐車場	4000	3000	1500	
倉庫業を営む積載荷重の比率（床用荷重を1.00とした場合）．	$1.00 \times W$	$0.75 \times W$	$0.50 \times W$	重量物保管なしの場合.
	$1.00 \times W$	$0.80 \times W$	$0.65 \times W$	重量物保管ありの場合.

6. 風荷重
(1) 地表面粗度区分の判定

区域	海岸線までの距離, 建築物の高さ.	200 m 以下	200 m を超え 500 m 以下.	500 m を超える.	特定行政庁が規則で定める区域.
都市計画区域内	13 m 以下	III	III	III	IV
	13 m を超え 31 m 未満.	II			
	31 m を超える.		II		
都市計画区域外	13 m 以下	III			I
	13 m を超え 31 m 未満.	II			
	31 m を超える.				

(2) 地表面粗度区分による Z_b, Z_G, α の値

地表面粗度区分		I	II	III	IV
地表面粗度区分に応じた高さ (m).	Z_b	5	5	5	10
地表面粗度区分に応じた高さ (m).	Z_G	250	350	450	550
地表面粗度区分に応じた係数.	α	0.10	0.15	0.20	0.27

(3) ガスト影響係数

屋根の平均高さ (m)		(一) 10 m 以下の場合.	(二) 10 m を超え 40 m 未満の場合.	(三) 40 m 以上の場合.
地表面粗度区分	I	2.0	(一) と (三) とに掲げる数値を直線的に補間した数値.	1.8
	II	2.2		2.0
	III	2.5		2.1
	IV	3.1		2.3

(4) 風圧力の計算

項目		単位	計算式
建築物の高さ H		m	$H = 20.950$
地表面粗度区分による Z_b, Z_G, α			III種 $Z_b = 5$ $Z_G = 450$ $\alpha = 0.20$
ガスト影響係数			$G_f = 2.5 - \{(20.95 - 10)/(40 - 10)\}(2.5 - 2.1) = 2.35$
平均風速の高さ方向の分布係数.	① $H \leq Z_b$ の場合		$E_r = 1.7 \times (Z_b/Z_G)^\alpha$
	② $H > Z_b$ の場合		$E_r = 1.7 \times (H/Z_G)^\alpha = 0.921$
E の算定			$E = E_r^2 \cdot G_f = 0.921^2 \times 2.35 = 1.993$
速度圧 q の算定, 基準風速 $V_0 = 34.0$		N/m²	$q = 0.6 \times E \cdot V_0^2 = 0.6 \times 1.993 \times 34.0^2 = 1382$
風力係数の算定	$H \leq Z_b$ の場合 $kz = 1.0$		$C_f = C_{pe} - C_{pi}$
	$H > Z_b$ の場合* $kz = (Z/H)^{2\alpha}$		$C_f = C_{pe} \cdot 0.8(19.0/20.95)^{2 \times 0.2} = 0.77$
風圧力 $= C_f \cdot q$ 風力係数×速度圧	風上壁面	N/m²	$w = C_{pe} \cdot q = 0.77 \times 1382 = 1064$
	風下壁面	N/m²	$w = C_{pe} \cdot q = 0.40 \times 1382 = 553$

*Z: RF レベルを高さ 19.0 m とする.

7. 地震荷重
(1) 地震用係数

地震地域係数	$Z=1.0$			振動特性係数	$Rt=1.0$	
地盤種別	採用		該当地盤	標準せん断力係数	一般	$C_0=0.2$
		第一種	岩盤，硬質砂礫層		軟弱地盤	$C_0=0.3$
		第二種	第一種，第三種以外		保有水平耐力検討時	
	●	第三種	腐食土，泥土，埋立 （3 m 以上 30 年未満）			$C_0=1.0$
				地下震度 $K=0.1$	$k \geq 0.1(1-H/40)Z$ かつ $k \geq 0.05Z$ $k=0.1$	
設計用一次 固有周期	$T=0.03\,h$ 　$=0.03 \times 20.75 = 0.6225\,\sec$			精算法　： ● 略算法　：	算定方法 算定高さ　$h=20.75\,m$	

(2) 建築固有周期・地震荷重算定式

採用	構造種別	（設計用1次固有周期）：T	算定式
●	S 造 RC・SRC 造	$T=0.03\,h$ $T=0.02\,h$	（i 階より上部建物重量と全建物重量比）： $\alpha_i = Wi/\Sigma W$
	地盤種別	（基礎底部の直下の数値）：Tc（秒）	（層せん断力分布係数）： $A_i = 1 + (1/\sqrt{\alpha_i} - \alpha_i) \cdot 2T/(1+3T)$
	第一種	0.4	
	第二種	0.6	
●	第三種	0.8	
	判　別	（振動特性係数）：Rt	（層せん断力係数）： $C_i = Z \cdot Rt \cdot A_i \cdot C_0$
●	$T < Tc$ $Tc \leq T < 2Tc$ $2Tc \leq T$	1 $1 - 0.2(T/Tc - 1)$ $1.6 \times Tc/T$	（i 階に生じる層せん断力） $Q_i = C_i \cdot \Sigma Wi$

(3) 地震荷重

項目	階	Wi (kN)	ΣWi (kN)	α_i	A_i	C_i	Q_i (kN)	Wi/A (kN/m²)
地せん断力	4 F	278.2	278.2	0.171	1.975	0.395	109.9	1.4
	3 F	225.4	503.6	0.310	1.645	0.329	165.7	吹抜
	2 F	314.8	818.4	0.504	1.393	0.279	228.0	9.0
	1 F	806.5	1624.9	1.000	1.000	0.200	325.0	8.2

8. 天井クレーンの荷重（最大車輪荷重，クレーン自重）

形式	定格荷重 (kN)	クレーンスパン										車輪総数
		6	8	10	12	14	16	18	20	22	24	26
高速形	50(5 t)	—	—	—	61	63	67	71	75	79	84	89	4
	75(7.5 t)	—	—	—	76	80	84	88	93	98	104	110	
	100(10 t)	—	—	—	93	98	103	108	113	118	124	130	
	150(15 t)	—	—	—	136	142	148	154	161	168	176	184	
	200(20 t)	—	—	—	—	—	184	190	197	204	212	221	
	250(25 t)	—	—	—	—	—	214	222	231	240	249	258	
	300(30 t)	—	—	—	—	—	243	252	261	270	280	290	
	400(40 t)	—	—	—	—	—	—	386	329	339	350	361	
普通形・低速形	30(3 t)	31	32	34	36	38	40	42	44	46	48	—	4
	50(5 t)	49	50	53	55	58	61	63	66	69	71	—	
	75(7.5 t)	—	65	68	71	74	78	81	84	87	90	—	
	100(10 t)	—	78	82	86	90	93	97	101	103	108	—	
	150(15 t)	103	108	113	118	123	128	133	138	143	148	—	
	200(20 t)	137	142	148	153	158	164	169	174	180	186	191	
	250(25 t)	164	170	176	182	188	194	200	206	212	218	224	
	300(30 t)	189	195	202	209	216	223	230	237	244	250	267	
	400(40 t)	244	252	260	268	276	284	292	300	308	316	324	
クレーン自重	30(3 t)		70	79	89	97	107	116	126	136	146	$a = 2.2 \sim 3.1$ m
	50(5 t)		86	95	104	113	124	135	145	156	167	$a = 2.6 \sim 3.1$ m
	100(10 t)		114	126	138	151	163	175	190	208	226	$a = 2.8 \sim 3.1$ m
	150(15 t)			167	182	197	212	227	242	258	273	車輪間隔 $a = 3.6$ m
	200(20 t)				216	234	251	269	287	305	323	車輪間隔 $a = 3.9$ m
	250(25 t)				251	271	291	312	333	353	374	車輪間隔 $a = 4.2$ m
	300(30 t)				269	292	310	338	361	384	406	車輪間隔 $a = 4.4$ m
	400(40 t)				382	409	436	463	487	511	535	車輪間隔 $a = 4.4$ m

クレーン荷重反力計算

	項目・計算式	単位	計算値	普通形 200 kN (20 t) SPAN = 20 m の場合
クレーン反力計算	満載車輪圧　P_{MAX}	kN	$P_{MAX} = 174$	
	ガーダースパン　L	m	$L = 6.0$	
	車輪間隔　a	m	$a = 3.6$	
	$\nabla = (2L - a)/L$		$\nabla = (2 \times 6.0 - 3.6)/6.0 = 1.4$	
	鉛直方向荷重 $R_{MAX} = 1.2 P_{MAX} (2L - a)/L$	kN	$R_{MAX} = 1.2 \times 174 \times 1.4 = 292.3$	
	直角方向水平 $H_{MAX} = 0.1 P_{MAX} (2L - a)/L$	kN	$H_{MAX} = 0.1 \times 174 \times 1.4 = 24.4$	
	走行方向荷重 $Q_{MAX} = 0.15 P_{MAX} (2L - a)/L$	kN	$Q_{MAX} = 0.15 \times 174 \times 1.4 = 36.5$	

V·4 C, M_0, Q 計算図表 （学会鉄筋コンクリート構造計算規準・同解説より）

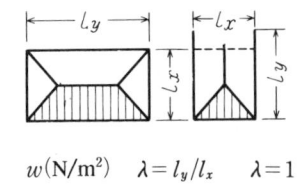

$w(\text{N/m}^2)$ $\lambda = l_y/l_x$ $\lambda = 1$

$$C = \frac{w}{192}\left(8\lambda^2 - 4 + \frac{1}{\lambda}\right)l_x^3$$

（図表の数値は，はりの片側のスラブに関するものである．）

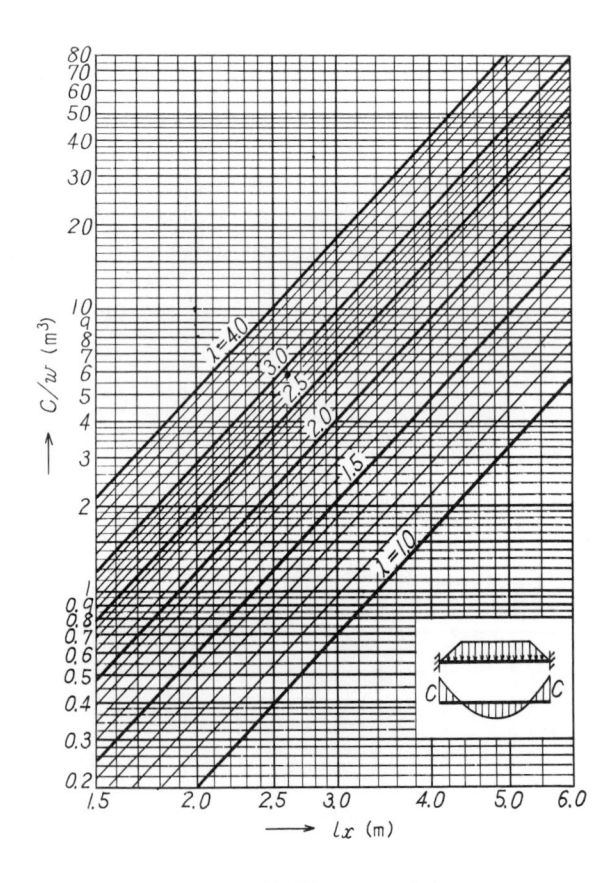

5・1図　固定端モーメント（C）

C, M_0, Q 計算図表

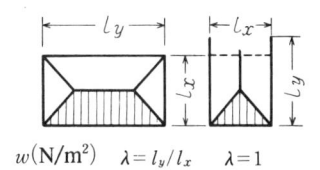

$w(\mathrm{N/m^2})$ $\lambda = l_y/l_x$ $\lambda = 1$

$$M_0 = \frac{w}{48}(3\lambda^2 - 1)l_x^3$$

（図表の数値は，はりの片側の
スラブに関するものである．）

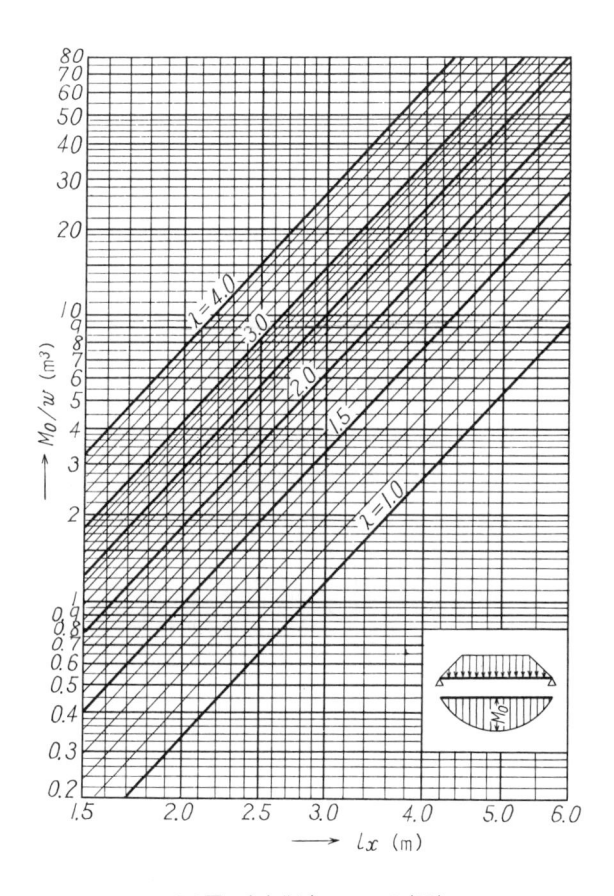

5・2図　中央曲げモーメント（M_0）

$w(\mathrm{N/m^2})$ $\lambda = l_y/l_x$ $\lambda = 1$

$$Q = \frac{w}{8}(2\lambda - 1) l_x^2$$

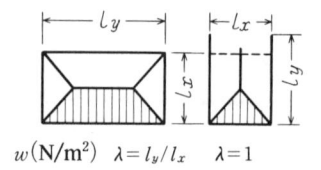

$\begin{pmatrix} \text{図表の数値は，はりの片側の} \\ \text{スラブに関するものである．} \end{pmatrix}$

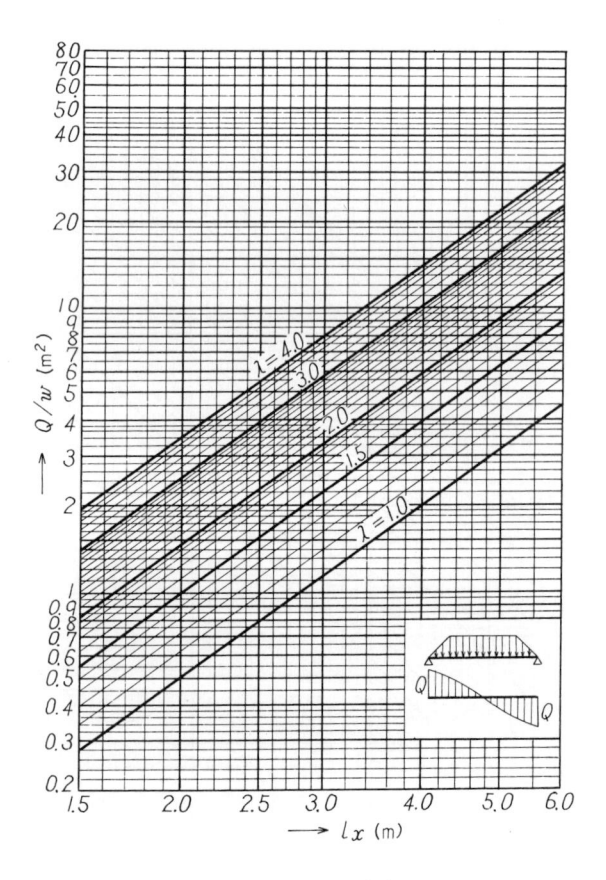

5・3図　せん断力(Q)

C, M_0, Q 計算図表

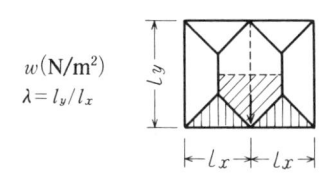

$w(\text{N/m}^2)$
$\lambda = l_y/l_x$

$$C = \frac{w}{192}(24\lambda + 5)l_x^3$$

(図表の数値は、はりの片側の
スラブに関するものである.)

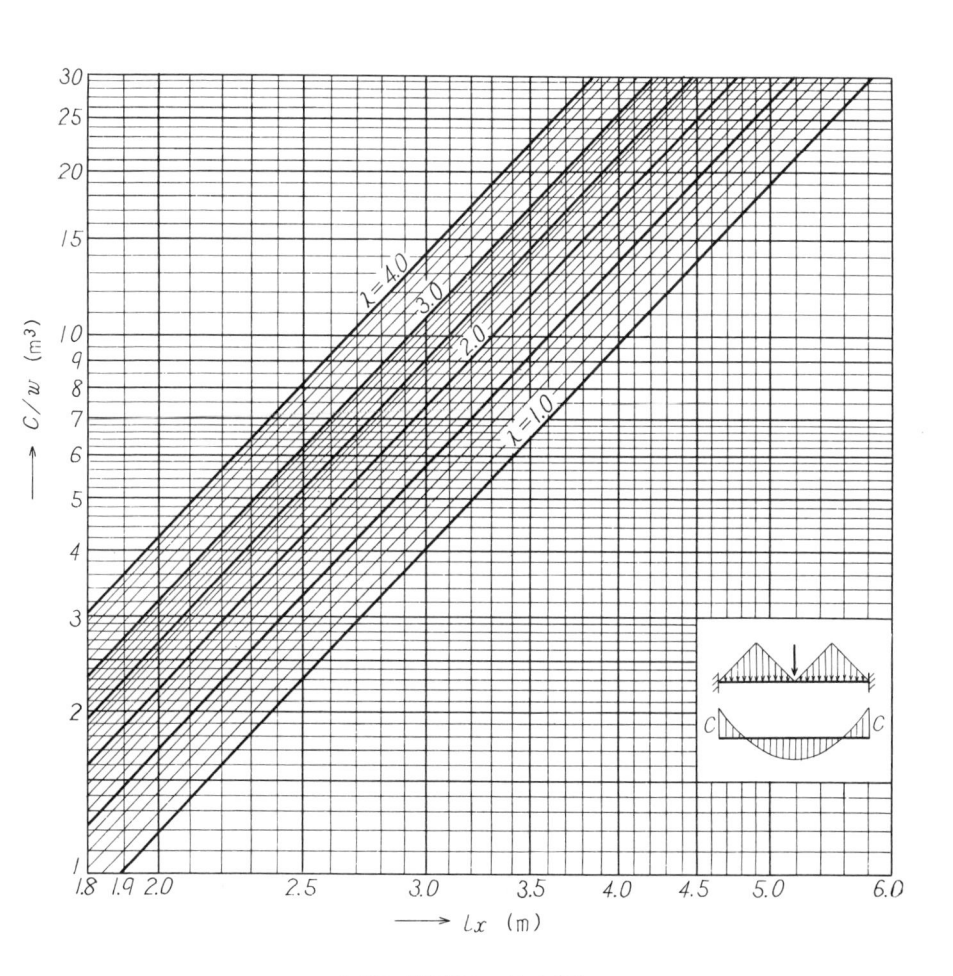

5·4図　固定端モーメント(C)

$w(\text{N/m}^2)$
$\lambda = l_y/l_x$

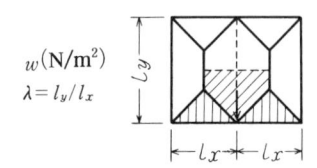

$M_0 = \dfrac{w}{4} \lambda l_x^3$

（図表の数値は，はりの片側の
スラブに関するものである．）

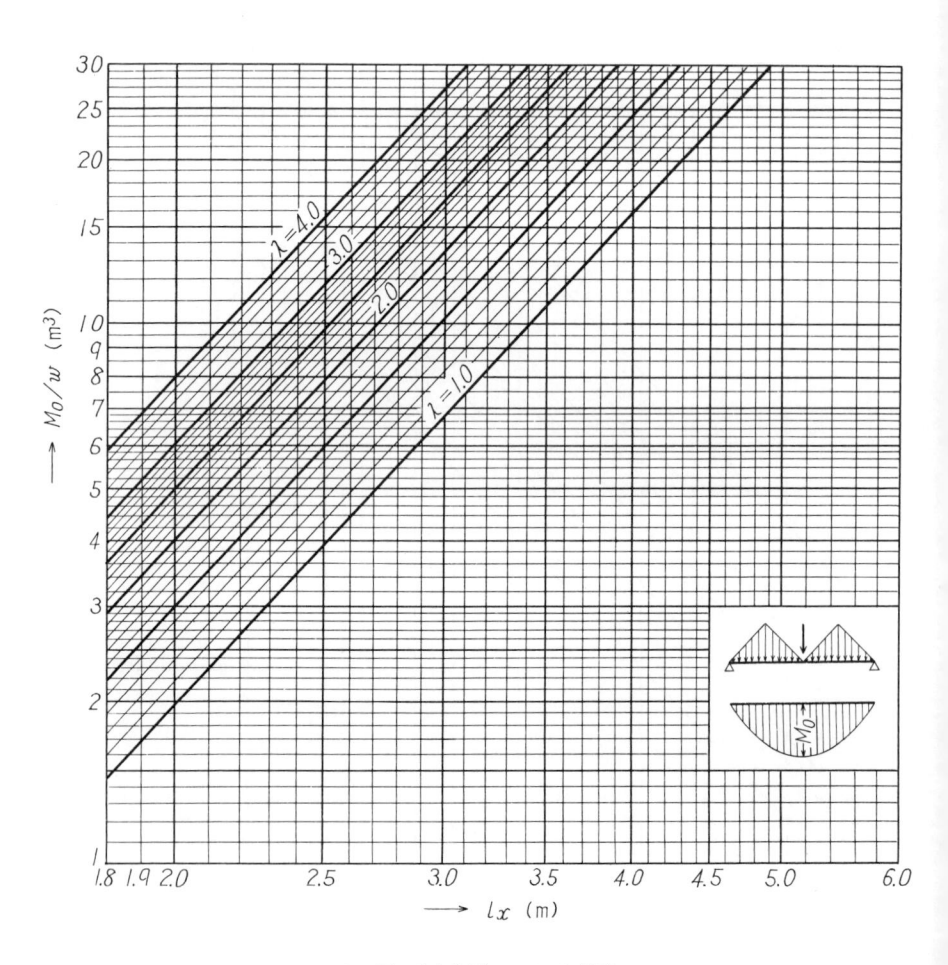

5・5図　中央曲げモーメント（M_0）

C, M_0, Q 計算図表

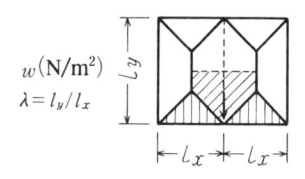

$w(\mathrm{N/m^2})$
$\lambda = l_y/l_x$

$$Q = \frac{w}{8}(2\lambda+1)l_x^2$$

（図表の数値は，はりの片側の
スラブに関するものである．）

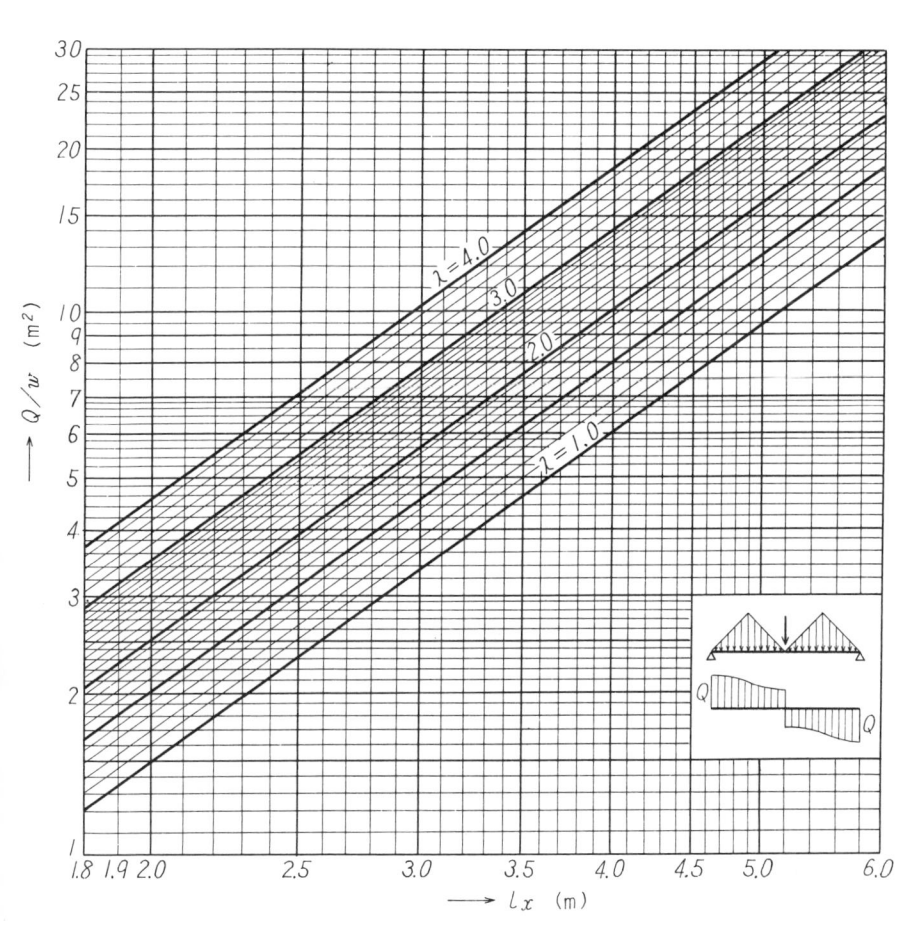

5・6図　せん断力(Q)

$w(\text{N/m}^2)$
$\lambda = l_y/l_x$

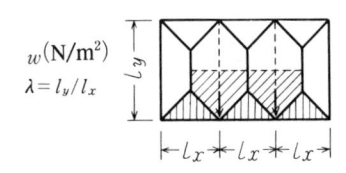

$$C = \frac{w}{192}(64\lambda + 5) l_x^3$$

（図表の数値は，はりの片側の
スラブに関するものである．）

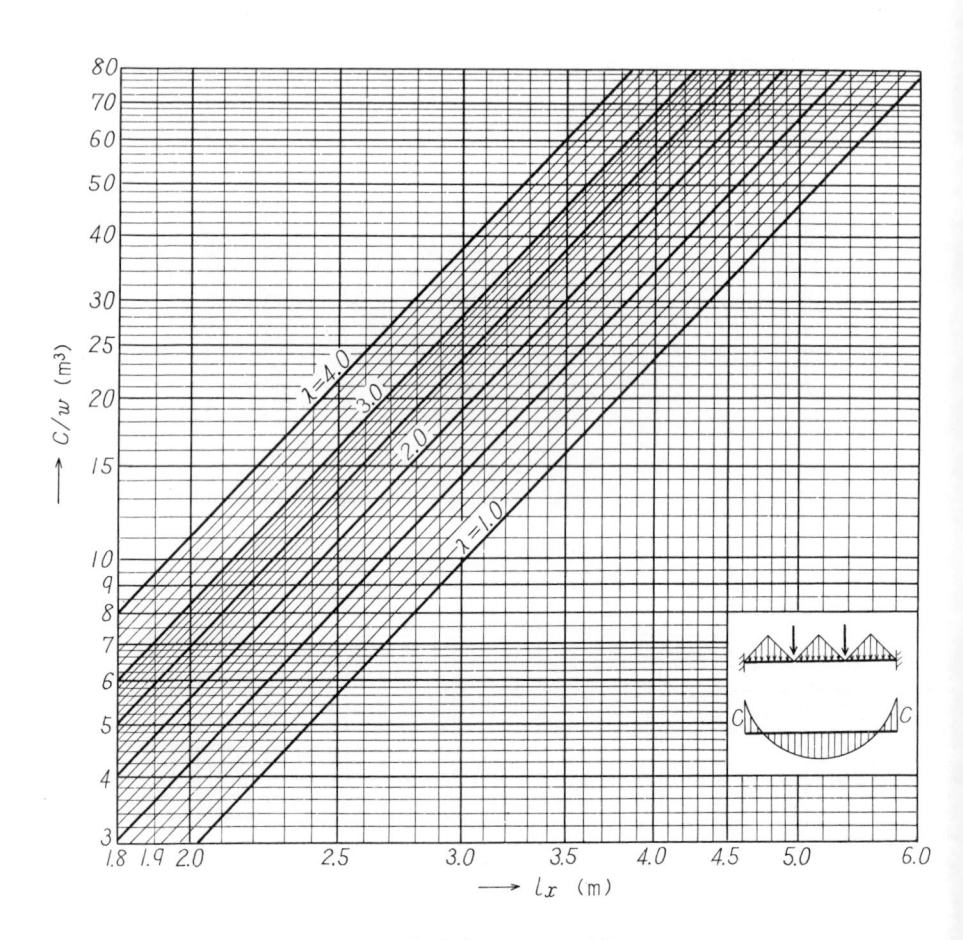

5·7図　固定端モーメント(C)

C, M_0, Q 計算図表

$w(\text{N/m}^2)$
$\lambda = l_y/l_x$

$$M_0 = \frac{w}{24}(12\lambda+1)l_x^3$$

（図表の数値は，はりの片側の
スラブに関するものである．）

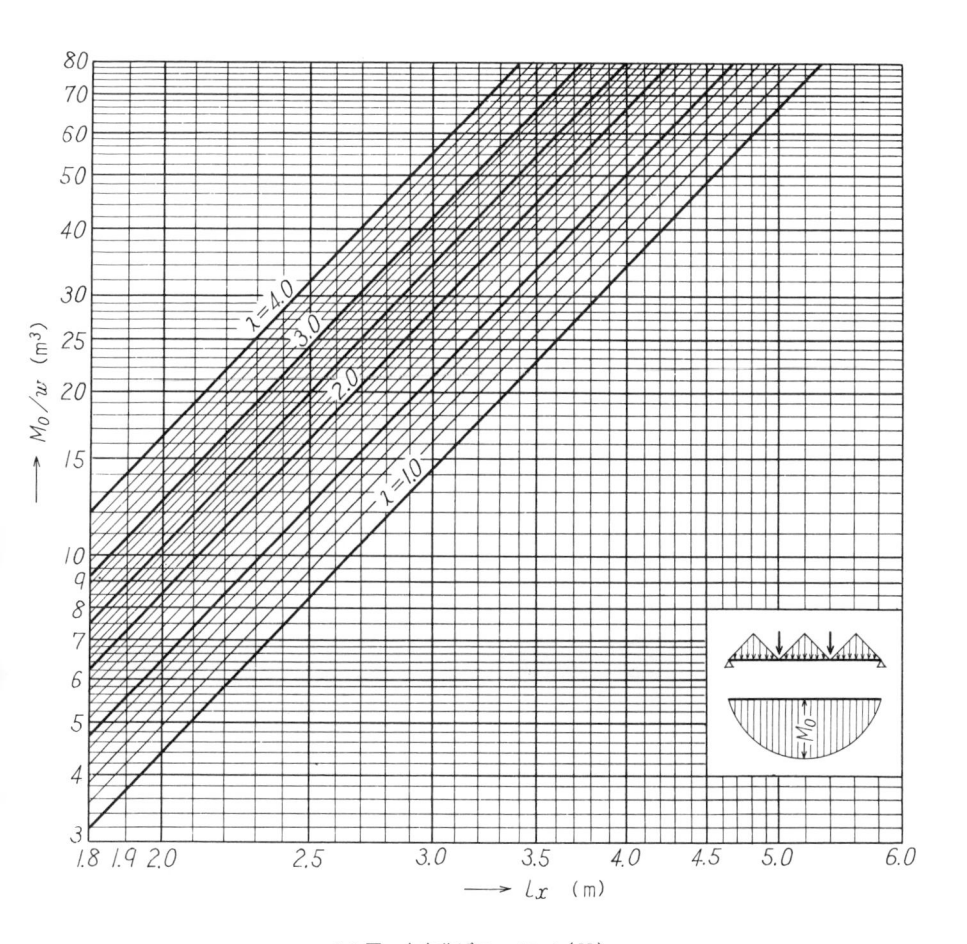

5・8図　中央曲げモーメント(M_0)

$w(\text{N/m}^2)$
$\lambda = l_y/l_x$

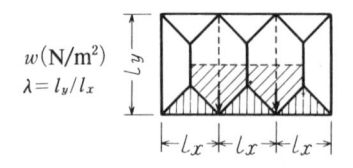

$Q = \dfrac{w}{8}(4\lambda+1)l_x^2$

(図表の数値は，はりの片側の
スラブに関するものである．)

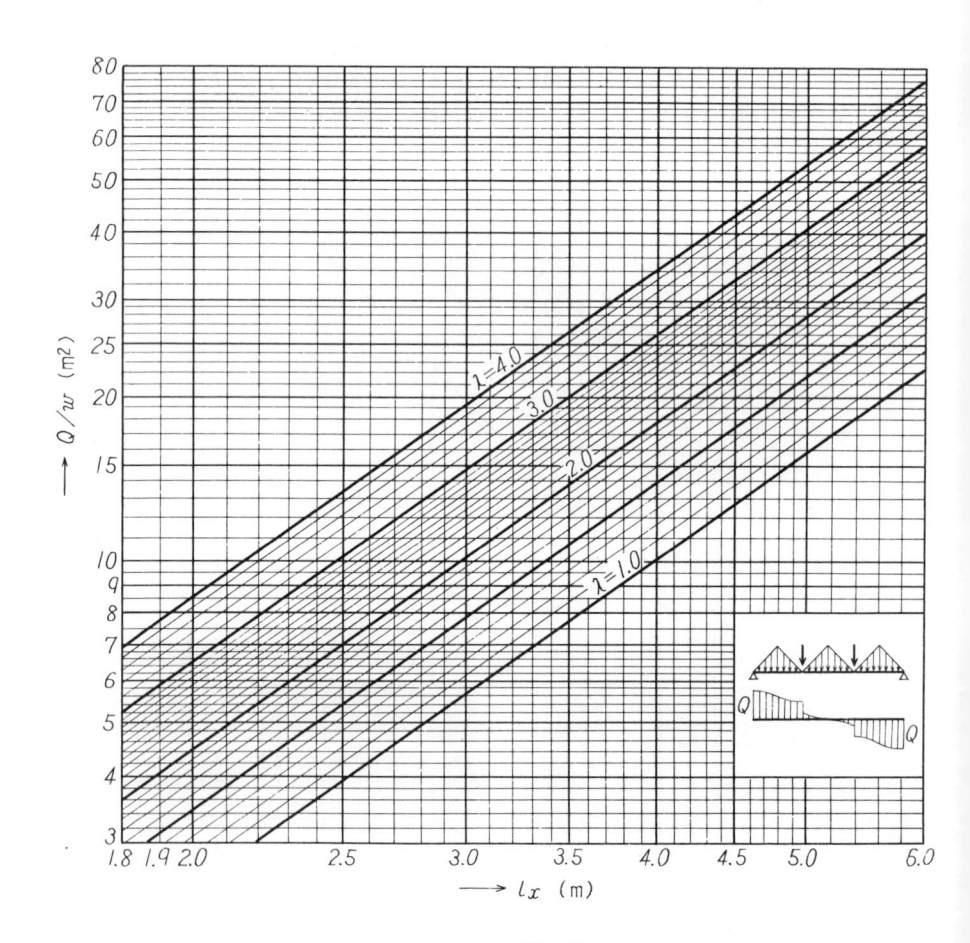

5・9図　せん断力(Q)

V・5 鋼構造設計

1. 鋼材の圧縮材,曲げ材の座屈許容応力度

(単位:N/mm²)

項目		適用	長期許容応力度				破断強度:σ_u	
		材料種類	400 N/mm²級		490 N/mm²級		400 N/mm²級	490 N/mm²級
		板厚 (mm)	$t \leq 40$	$100 \geq t > 40$	$t \leq 40$	$100 \geq t > 40$		
		基準強度 F	235	215	325	295		
		限界細長比 λ	120	125	102	107		
		引張り許容応力度 f_t	157	143	217	197	400	490
		せん断許容応力度 f_s	90.5	82.8	125	114	232	283
圧縮剤	f_c	$\lambda \leq \Lambda$ のとき	$f_c = \dfrac{F \cdot \{1 - 0.4(\lambda/\Lambda)^2\}}{3/2 + (2/3) \cdot (\lambda/\Lambda)^2}$				400	490
		$\lambda > \Lambda$ のとき	$f_c = \dfrac{F \cdot 18}{65(\lambda/\Lambda)^2}$					
	f_c'	圧縮形鋼,溶接I形断面のウェブフィレット先端部.	$f_c' = F/1.3$ (建築基準法では規定していない.)					
曲げ材	f_b	荷重面内に対称軸を有する圧延形鋼およびプレートガーダー,その他これに類する組立材で,強軸まわりに曲げを受ける場合.	$f_b = F \cdot [2/3 - 4/15\, C \cdot \{(\lambda/\Lambda)^2\}]$ または $f_b = 89000\, i/l_b \cdot \eta$ のうち大きい数値で f_t 以下.				400	490
		鋼管箱形断面材の場合,上に挙げる曲げ材で弱軸まわりに曲げを受ける場合ならびにガセットプレートで面内に曲げを受ける場合.	157	143	217	197		
	f_{b1}'	ベアリングプレートなど面外に曲げを受ける板.	$f_{b1}' = F/1.3$ (建築基準法では規定していない.)					
	f_{b2}'	曲げを受けるピン.	$f_{b2}' = F/1.3$ (建築基準法では規定していない.)					
支圧		すべり支承またはローラー支承部に支圧が生ずる場合.	447	409	618	561		
	f_p	ボルト,リベットによって接合される鋼材等のボルトまたはリベットの軸部に接触する面に支圧が生ずる場合.その他これに類する場合.	297	269	406	369		
		上記2項以外の場合.	214	195	295	268		

2. 大ばり断面設計（H形鋼）

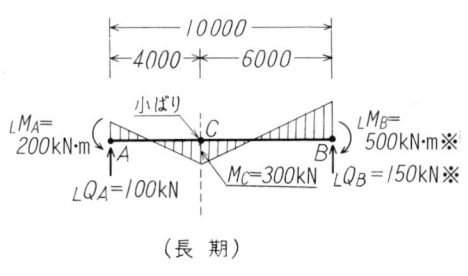

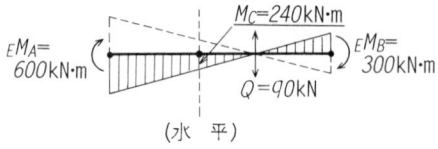

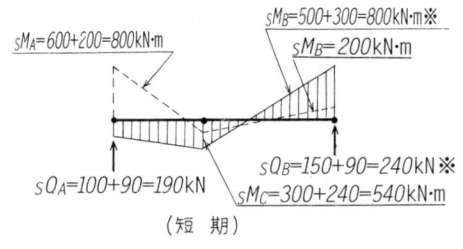

（長期）
- $_LM_A = 200$ kN·m
- $_LM_B = 500$ kN·m ※
- $_LM_C = 300$ kN
- $_LQ_A = 100$ kN
- $_LQ_B = 150$ kN ※
- 小ばり、スパン 10000（4000 + 6000）

（水平）
- $_EM_A = 600$ kN·m
- $_EM_B = 300$ kN·m
- $M_C = 240$ kN·m
- $Q = 90$ kN

（短期）
- $_SM_A = 600 + 200 = 800$ kN·m
- $_SM_B = 500 + 300 = 800$ kN·m ※
- $_SM_B = 200$ kN·m
- $_SQ_A = 100 + 90 = 190$ kN
- $_SQ_B = 150 + 90 = 240$ kN ※
- $_SM_C = 300 + 240 = 540$ kN·m

5·10図　設計用応用図

5·1表　$\Lambda = \dfrac{1500}{\sqrt{F/15}}$ の値

Λ の値	SN 400	SN 490
40 mm 以下	120	102
40 mm こえるもの	125	107

〔注〕$f_b = f_t$ となる最大横座屈長さ $l_{b\,max}$ は次式で求められる．
$$l_{b\,max} = \frac{8900\,A_f}{f_t h} = \frac{8900\,i}{f_t \eta}$$
$$= \frac{8900 \times 7.87}{15.7 \times 7.71} = 574 \text{ cm} > 400 \text{ cm}$$
よって A 点の検討をする場合は $f_b = f_t = 15.7$ kN/cm² でチェックする．

1. 設計応力　5·10図参照
2. 仮定断面

    使用鋼材 SN 400 とする．

    $req\ Z = \dfrac{8000}{2.4} = 3333$ cm³ より

    $H - 588 \times 300 \times 12 \times 20$

3. f_b の計算　$l_b = 600$ cm で検討．

    学・鋼・規 (5·8) 式の f_b は
    $\eta = 7.85$
    $$f_b = \frac{8900 \times 8.01}{600 \times 7.85} = 15.1 \text{ kN/cm}^2$$

    学・鋼・規 (5·7) 式の f_b は
    $$\frac{M_2}{M_1} = -\frac{300}{500} = -0.6$$
    $(M_2/M_1 = -1.0 \sim -0.5)$ までは
    $C = 2.30$ ゆえに $1/\sqrt{C} = 0.659$
    $$\lambda = \frac{1}{\sqrt{C}} \cdot \frac{l_b}{i} = \frac{0.659 \times 600}{8.01} = 49.4$$
    Λ は 5·1 表より SN 400 $\rightarrow \Lambda = 120$
    $$f_b = \left\{\frac{2}{3} - \frac{4}{15 \times 23}\left(\frac{49.4}{120}\right)^2\right\} \times 15.7$$
    $$= 10.4 \text{ kN/cm}^2$$

    したがって $f_b = 15.1$ kN/cm²
    （大きいほう．）短期にあっては 1.5 倍する．

4. 曲げ応力度の検定
    $$_L\sigma_b = \frac{M}{Z} = \frac{50000}{3890} = 12.9 \text{ kN/cm}^2$$
    $$\therefore\ \frac{\sigma_b}{f_b} = \frac{12.9}{15.1} = 0.85 < 1.0\ \text{可．}$$

5. せん断応力度の検定
    $$\tau = \frac{Q}{ht} = \frac{150}{58.8 \times 1.2} = 2.12$$
    $$\therefore\ \frac{\tau}{f_s} = \frac{2.12}{9.05} = 0.23 < 1.0\ \text{可．}$$

鋼構造設計

5・2表 はり断面設計 (SN 400)

No.	項目		計算公式	単位	長期	短期
1	設計応力		M	kN·cm	※ 50000	※ 80000
			Q	kN	150	240
2	使用断面と諸係数.		使用サイズ		H$-588\times300\times12\times20$	
			F	kN/cm²	23.5	
			A	cm²	187.2	
			Z_x	cm³	3890	
			i_y	cm	6.94	
			i	cm	8.01	
3	許容曲げ応力度の計算	学・鋼・規 (5・8) 式の計算.	l_b	cm	600	
			$a = h/A_f$ または η		7.85	
			$f_b = \dfrac{8900\, i}{l_b \cdot \eta}$	kN/cm²	15.1	$15.1\times1.5=22.6$
		学・鋼・規 (5・7) 式の計算図表で出せない場合は算出する.	M_2/M_1		-0.60	-0.675
			$1/\sqrt{C}$		0.659	0.659
			$\lambda = \dfrac{1}{\sqrt{C}} \cdot \dfrac{l_b}{i}$		50.2	50.2
			$\Lambda = \dfrac{1500}{\sqrt{F/15}}$	kN/cm²	120	120
			$f_b = \left\{\dfrac{2}{3} - \dfrac{4}{15C}\left(\dfrac{\lambda}{\Lambda}\right)^2\right\}f_t$	kN/cm²	10.4	15.6
		採用応力度	$f_b \leqq f_t$	kN/cm²	15.1	22.6
4	曲げ応力度の検定.		$\sigma_b = M/Z$	kN/cm²	12.9	20.6
			$\dfrac{\sigma_b}{f_b} \leqq 1$		0.85	0.91
5	せん断応力度の検定.		f_s	kN/cm²	9.05	13.57
			ht	cm²	70.56	70.56
			$\tau = Q/ht$	kN/cm²	2.12	3.40
			$\tau/f_s \leqq 1$		0.23	0.25
6	組合わせ応力度の検定.		$\dfrac{\sqrt{\sigma_b^2 + 3\tau^2}}{f_t} \leqq 1$		0.89	0.95

3. 柱断面設計 (H 形鋼)

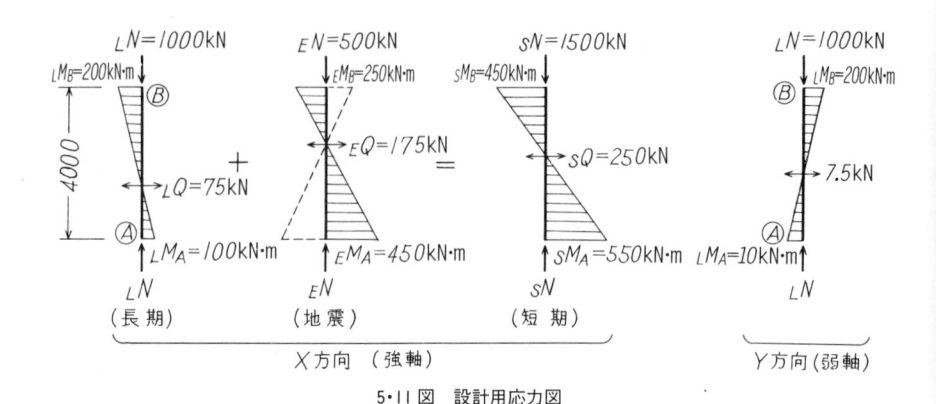

5・11 図　設計用応力図

1. 設計応力　(長期応力×1.5) の値より短期応力が大なるために長期応力時の検討は省略, 5・11 図中の④点の応力で検討する.
2. 仮定断面　SN 490 を使用する.
   $H-400\times400\times13\times21$
3. f_b の計算　$l_b=400$ cm で検討. 長期 ${}_Lf_b={}_Lf_t=21.7$ kN/cm²
   $$f_b=\frac{8900\ i}{l_b\cdot\eta}=\frac{8900\times11}{400\times5.25}=46.6 \to {}_Sf_b=32.5\ \text{kN/cm}^2\ (短期)$$
4. 曲げ応力度の検定　${}_X\sigma_b=\dfrac{M_X}{Z_X}=\dfrac{5500}{3330}=16.5$ kN/cm², $\dfrac{{}_X\sigma_b}{f_b}=0.51<1$

   ${}_Y\sigma_b=\dfrac{M_Y}{Z_y}=\dfrac{1000}{1120}=0.9$ kN/cm², $\dfrac{{}_Y\sigma_b}{f_b}=0.03<1$
5. 圧縮応力度の検定　$\lambda=\dfrac{400}{10.1}=39.6 \to 40$ として　表から
   $$f_c=19.0\times1.5=28.5$$
   $$\sigma_c=\frac{N}{A}=\frac{1500}{218.7}=6.9,\ \ \frac{\sigma_c}{f_c}=0.24<1$$
6. 曲げと圧縮応力度の検定　$\dfrac{{}_X\sigma_b}{f_b}+\dfrac{{}_Y\sigma_b}{f_b}+\dfrac{\sigma_c}{f_c}=0.51+0.03+0.24=0.78<1$
7. せん断応力度の検定　$\tau=\dfrac{Q}{ht}=\dfrac{250}{40\times1.3}=4.8$ kN/cm², $\dfrac{\tau}{f_s}=0.25<1$
8. 組合わせ応力度の検定　$\sigma=\dfrac{\sqrt{(16.5+0.9+6.9)^2+3\times4.8}}{32.5}=0.77<1$

鋼構造設計

5・3表　柱断面設計

No.	項　目		計算公式	単　位	X方向	Y方向
1	設計応力		M	kN·cm	55000	1000
			N	kN	1500	1000
			Q	kN	250	7.5
2	使用断面と諸係数.		使用サイズ		\multicolumn{2}{c}{$H-400\times400\times13\times21$}
			F	kN/cm²	\multicolumn{2}{c}{32.5}
			A	cm²	\multicolumn{2}{c}{218.7}
			Z_x　　Z_y	cm³	3330	1120
			i_x　　i_y	cm	17.5	10.1
			i	cm	11.0	—
3	許容曲げ応力度の計算	学・鋼・規 (5・8)式の計算.	l_b	cm	400	400
			$a=h/A_f$ または η		5.25	
			$f_b=8900\,i/l_b\eta$	kN/cm²	46.6	—
		学・鋼・規 (5・7)式の計算図表で出せない場合は算出する.	M_2/M_1		—	—
			$1/\sqrt{C}$		—	—
			$\lambda=(1/\sqrt{C})(l_b/i)$		—	—
			$\Lambda=1500/\sqrt{F/15}$		—	—
			$f_b=\left\{\dfrac{2}{3}-\dfrac{4}{15C}(\lambda/\Lambda)^2\right\}f_t$	kN/cm²	—	—
		採用応力度	$f_b\leqq f_t$	kN/cm²	32.5	32.5
4	曲げ応力度の検定.		$\sigma_b=M/Z$	kN/cm²	16.5	0.9
			$\sigma_b/f_b\leqq1$		0.51 *1	0.03 *2
5	圧縮応力度の検定.		l_k	cm	\multicolumn{2}{c}{400}
			$\lambda=l_k/i_y$		\multicolumn{2}{c}{40}
			f_c (5・9表より)	kN/cm²	\multicolumn{2}{c}{28.5}
			$\sigma_c=N/A$	kN/cm²	\multicolumn{2}{c}{6.9}
			$\sigma_c/f_c\leqq1$		\multicolumn{2}{c}{0.24 *3}
6	曲げと圧縮応力度.		$\dfrac{\sum\sigma_b}{f_b}+\dfrac{\sigma_c}{f_c}\leqq1$		\multicolumn{2}{c}{0.51 *1 + 0.03 *2 + 0.24 *3 = 0.78 < 1}
7	せん断応力度の検定.		f_s	kN/cm²	\multicolumn{2}{c}{12.5×1.5=18.7}
			ht	cm²	\multicolumn{2}{c}{52}
			$\tau=Q/ht$	kN/cm²	\multicolumn{2}{c}{4.8}
			$\tau/f_s\leqq1$		\multicolumn{2}{c}{0.25}
8	組合わせ応力度の検定.		$\dfrac{\sqrt{(\sigma_b+\sigma_c)^2+3\tau^2}}{f_t}\leqq1$		\multicolumn{2}{c}{0.77 < 1}

4. トラスばりの設計

	項目・計算式			単位	TG1 計算値	
設計用応力	鉛直荷重曲げモーメント M_L			kN·m	$M_L=771\times1.5=1156.5$ (中央)	
	長期積雪曲げモーメント $0.7\times M_S$			kN·m	$M_S=*$	
	短期積雪曲げモーメント $1.0\times M_S$			kN·m	$M_s=771+1063=1834$ (中央)	
	水平荷重曲げモーメント M_E			kN·m	$M_E=436+265=701$ (継手)	
	鉛直荷重せん断力 Q_L			kN	$Q_L=111$	
	長期積雪せん断力 $0.7\times Q_S$			kN	$Q_S=*$	
	短期積雪せん断力 $1.0\times Q_s$			kN	$Q_s=111+149=260$	
	水平荷重せん断力 Q_E			kN	$Q_E=111+13=124$	
	設計用軸力 $\pm N=M/h$			kN	$N=1834/1.640=1118.3$	
	せん断力の斜材応力 $D_Q=Q/\cos\theta$			kN	$D_Q=260/0.62=419.3$	
トラスト上下弦材の設計	上, 下弦材サイズ				上弦材 $CT-300\times200\times11\times17$	下弦材 $CT-300\times200\times11\times17$
	断面性能	断面積 A		cm²	$A=67.21$	$A=67.21$
		二次半径 i_X		cm	$i_X=9.30$	$i_X=*$
		二次半径 i_Y		cm	$i_Y=4.12$	$i_Y=*$
	座屈長さ L_b			cm	$L_b=140\times2=280$	$L_b=*$
	細長比 $\lambda=L_b/i_Y$				$\lambda=280/4.12=68$	$\lambda=*$
	$\lambda\to f_c$ 表より f_c			kN/cm²	$f_c=11.9\times1.5=17.8$	$f_c=*$
	断面検定 圧縮 $\sigma_c/f=N/f_c\cdot A$ 引張り $\sigma_t/f=N/f_t\cdot A$				$\sigma_c/f=1118.3/17.8\times67.21$ $=0.93\ <\ 1.0\ \ \text{ok}$	$\sigma_t/f=1118.3/23.5\times67.21$ $=0.71\ <\ 1.0\ \ \text{ok}$
	ジョイントボルト本数 $n=T/R_B$			本	$n=1118.3/141.0$ $=7.9\to8-\text{M20}$	
ラチス・ポスト材の設計	ラチス材	ポスト材			Latt $2L-90\times90\times7$	Post $2L-90\times90\times7$
	断面性能	断面積 A_eA		cm²	$A_e=21.42$	$A=24.44$
		二次半径 i_X		cm	$i_X=*$	$i_X=2.76$
		二次半径 i_Y		cm	$i_Y=*$	$i_Y=4.01(\text{GP}-9)$
	座屈長さ L_b			cm	$L_b=$(引張り力材となる)	$L_b=216$
	細長比 $\lambda=L_b/i_Y$				$\lambda=*$	$\lambda=78$
	$\lambda\to f_c$ 表より f_c			kN/cm²	$f_c=*$	$f_c=11.9\times1.5=16.5$
	断面検定 圧縮 $\sigma_c/f=Q/f_c\cdot A$ 引張り $\sigma_t/f=Q/f_t\cdot A$				$\sigma_t/f=260/23.5\times21.42$ $=0.51\ <\ 1.0\ \ \text{ok}$	$\sigma_c/f=260/16.5\times24.44$ $=0.64\ <\ 1.0\ \ \text{ok}$
	角部のど厚 $a_1=0.7s=0.7t$			cm	$a_1=0.7\times0.7=0.49$	$a_1=0.7\times0.7=0.49$
	刃形部のど厚 $a_2=0.7s\times3/4$			cm	$a_2=0.49\times3/4=0.36$ $\Sigma a=0.85$	$a_2=0.49\times3/4=0.36$ $\Sigma a=0.85$
	必要溶接長 $l=D_Q/2(a_1+a_2)_wf_S$			cm	$l=419/2(0.85)13.85$ $=17.8$ 以上	$l=260/2(0.85)13.85$ $=11.0$ 以上
	ジョイントボルト本数 $n=D_Q/R_B$			本	$n=260/141$ $=1.9\to2-\text{M20}$ 以上	$n=*$

$H=1800$, $H=1640$, $H=1800$, $@-1400$, $\theta=52°$

5. 組立柱の設計（H形鋼）

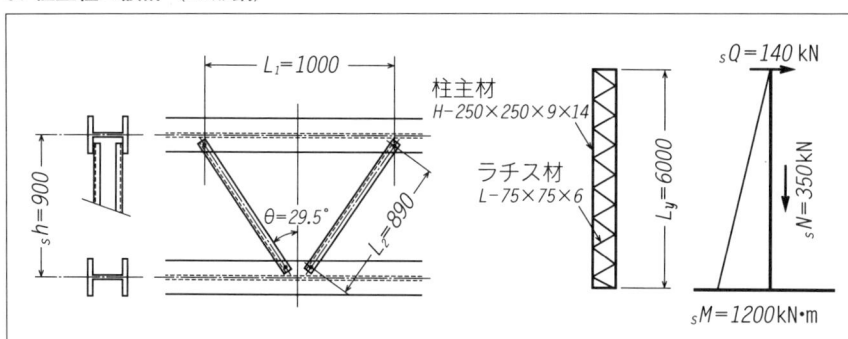

	項目・計算式		単 位	計 算 値
設計用応力	曲げモーメント	$_sM$	kN·m	$_sM=1200$
	鉛直軸力	$_sN$	kN	$_sN=350$
	せん断力	$_sQ$	kN	$_sQ=140$
	設計用軸力	$_DN = {_sN}/2 \pm {_sM}/{_sh}$	kN	$_DN = 350/2 \pm 1200/0.900 = 175 \pm 1333$ $= 1508,\ -1158$
	せん断力の斜材応力	$D_Q = {_sQ}/2 \times \cos\theta$	kN	$D_Q = 140/2 \times 0.870 = 81$
柱断面材の設計	主材サイズ			$H-250 \times 250 \times 9 \times 14$
	断面性能	断面積 A	cm²	$A = 91.43$
		強軸2次半径 i_x	cm	$i_x = 10.8$
		弱軸2次半径 i_v	cm	$i_v = 6.32$
	主材座屈長さ 面内 L_1 面外 L_y		cm	$L_1 = 100$　　　　　$L_y = 600$
	有効細長比	面内 $\lambda_1 = L_1/i_y$		$\lambda_1 = 100/6.32 = 15.8$
		面外 $\lambda_y = L_y/i_x$		$\lambda_y = 600/10.8 = 55.6$
		組合せ $\lambda_{ye} = \sqrt{\lambda_1^2 + \lambda_y^2}$		$\lambda_{ye} = \sqrt{15.8^2 + 55.6^2} = 58$
	圧縮許容応力度 $\lambda \to f_c$ 表より f_c		kN/cm²	$f_c = 12.9 \times 1.5 = 19.3$
	断面検定	圧縮材 $\sigma_c/f = {_DN}/f_c \cdot A$	<1.0	$\sigma_c/f = 1508/19.3 \times 91.43 = 0.85 < 1.0$　ok
		引張り材 $\sigma_t/f = {_DN}/f_t \cdot A$		$\sigma_t/f = 1158/23.5 \times 91.43 = 0.54 < 1.0$　ok
ラチス材の設計	ラチス材			$L-75 \times 75 \times 6$
	断面性能	断面積 A	cm²	$A = 8.727$
		2次半径 $i_x = i_y$	cm	$i_x = 2.30$
		最小2次半径 i_v	cm	$i_v = 1.47$
	ラチス座屈長さ L_2		cm	$L_2 = 89$
	細長比 $\lambda = L_2/i_v$			$\lambda = 89/1.47 = 61$
	圧縮許容応力度 $\lambda \to f_c$ 表より f_c		kN/cm²	$f_c = 16.0 \times 1.5 = 24$
	断面検定	圧縮材 $\sigma_c/f = D_Q/f_c \cdot A$	<1.0	$\sigma_c/f = 81/24 \times 8.727 = 0.39 < 1.0$　ok
		引張り材 $\sigma_t/f = D_Q/f_t \cdot A$		
	角部のど厚	$a_1 = 0.7s = 0.7t$	cm	$a_1 = 0.7 \times 0.6 = 0.42$
	刃形部のど厚	$a_2 = 0.7t \times 3/4$	cm	$a_2 = 0.7 \times 6 \times 3/4 = 0.32$
	必要溶接長さ	$L = D_Q/2(a_1 + a_2) {_wf_s}$	cm	$L = 81/2(0.42 + 0.74)13.57 = 4.03$ 　→ 5.0 cm 以上

6. 接合部の設計（SCSS-H 97 鉄骨構造標準接合部　H 形鋼編　1998 年版）

(1) はり継手の許容応力度設計

(a) 継手設計応力

$$\boxed{M_F = M_j - M_w = (1 - \eta \cdot I_w / I_0) \cdot M_j} \tag{5・1}$$

$$M_j = Z_e \cdot f_t, \ Q_j = A_{ew} \cdot f_s \tag{5・2}$$

$$M_w = (\eta \cdot I_w / I_0) \cdot M_j \tag{5・3}$$

$\eta = 0.5$：（ウェブ都合で伝達させる曲げモーメントの割合.）
I_0：（母材全断面にもとづく断面 2 次モーメント.）
$Z_e = I_e / (0.5H)$：（ボルト穴を控除した断面の断面係数.）
$I_e = I_0 - 2g[d \cdot {}_G t_F{}^3 / 12 + d \cdot {}_G t_F \cdot \{(H - {}_G t_F)/2\}^2]$
$A_{ew} = {}_G t_w \cdot h - m_w \cdot d \cdot {}_G t_w$：（ウェブ部分の断面積.）
$I_w = {}_G t_w \cdot h^3 / 12$：（ウェブ全断面の断面 2 次モーメント.）
$h = H - 2 \cdot {}_G t_F$：（はりのウェブ高さ.）

　　$n_F \times m_F$：フランジのボルト本数.
　　$n_W \times m_W$：ウェブのボルト本数.
　　H：はり成
　　h：フランジ間内のり寸法
　　${}_F t_1$：外フランジ添板厚
　　${}_F t_2$：内フランジ添板厚
　　${}_W t_3$：ウェブ添板厚
　　${}_G t_F$：はりフランジ厚
　　${}_G t_W$：はりウェブ厚
　　d：ボルト穴径

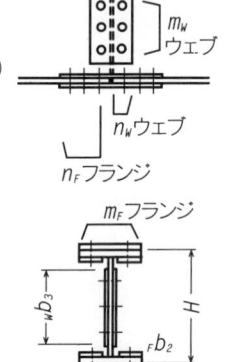

5・12 図

(b) フランジ添板の算定

$$\boxed{{}_F A_{eF} = (H - {}_G t_F) \geq Z_{eF}} \tag{5・4}$$

$Z_{eF} = M_F / f_t = (1 - \eta \cdot I_w / I_0) \cdot Z_e$：（はりフランジの曲げモーメントに抵抗できる分の断面係数.）
${}_F A_{eF} = {}_F b_1 \cdot {}_F t_1 + 2 {}_F b_2 \cdot {}_F t_2 - g \cdot d \cdot ({}_F t_1 + {}_F t_2)$：（ボルト穴を控除したフランジ添板の断面積.）

(c) フランジボルト本数の算定

$$\boxed{n_F \cdot m_F \geq Z_{eF} \cdot f_t / R_S (H - {}_G t_F)} \tag{5・5}$$

R_S：（高力ボルトの許容せん断耐力）

(d) ウェブ添板の算定

$$_wA_{ew} = A_{ew}$$
$$_wZ_{ew} = Z'_{ew} \tag{5·6}$$

$_wA_{ew} = 2_wt_3 \cdot (_wb_3 - m_w \cdot d)$:（ウェブ添板の有効断面積.）
$_wb_3 = P_c(m_w - 1) + 80$:（ウェブ添板の成方向の長さ.）
$Z'_{ew} = M_w/f_t = (\eta \cdot I_w/I_0) \cdot Z_e$:（はりウェブの曲げモーメントに抵抗できる分の断面係数.）
$_wZ_{ew} = {}_wI_{ew}/0.5_wb_3$
$_wI_{ew} = 2_wt_3 \cdot {}_wb_3{}^3/12 - \sum 2 \cdot {}_wt_3 \cdot (d^3/12 + d \cdot e_j{}^2)$

(e) ウェブボルト本数の算定

$$(Q_w/n_w \cdot m_w + Z'_{ew} \cdot f_t \cdot \sin\theta/S)^2 + (Z'_{ew} \cdot f_t \cdot \cos\theta/S)^2 \leq R_s{}^2 \tag{5·7}$$

$$S = \left\{ \frac{m_w(m_w-1)(m_w+1)n_w + n_w(n_w-1)(n_w+1)m_w\beta^2}{\sqrt{6(m_w-1)^2 + \beta^2(n_w-1)^2}} \right\} \frac{P_c}{1}$$

$f^2 = (f_3 + f_2)^2 + f_1{}^2 \leq R_s{}^2$

f_1：一番外側のボルトにかかる設計用曲げモーメントによるせん断力の部材軸方向の分力.
f_2：一番外側のボルトにかかる設計用曲げモーメントによるせん断力の部材成方向の分力.
f_3：設計用せん断力によるボルト1本あたりのせん断力.
f：一番外側のボルトにかかる設計応力によって生じるせん断力によって生じるせん断力.
R_s：高力ボルトの許容せん断耐力.
β：ボルトの部材長手方向ピッチと成方向ピッチの比.

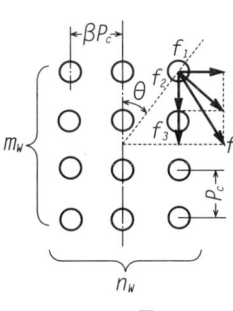

5·13図

(2) 第1種保有耐力接合
(a) 曲げモーメントに対する検討

$$\alpha_J = M_u/Z_{P0} \cdot \sigma_y \geq \alpha \tag{5·8}$$

α_J：（はり継手の M_u のはり母材の全塑性モーメントに対する倍率.）
$M_u = \text{Min.}\{M_1, M_2\}$
$M_1 = Z_{Pe} \cdot \sigma_u$:（ボルト穴控除による母材耐力.）
$Z_{Pe} = Z_P - g \cdot d \cdot {}_Gt_F \cdot (H - {}_Gt_F)$
$(n_F \geq n_w + 2)$

5·4表 α 値

部位	作用応力	SN 400	SN 490
仕口	曲げ	1.3	1.2
継手部	曲げ・せん断	1.3	1.2

〔注〕「建築物の構造規定」（日本建築センター）より

$M_2 = F_P \cdot (H - {}_Ct_F) + 0.5 W_P \cdot {}_GH_W$：（ボルトおよびボルト接合で決まる耐力．）
$F_P = \mathrm{Min.} \{A_1, A_2, A_3\}$
$\quad A_1 = \gamma \cdot {}_bn_F \cdot 0.75 {}_bA_s \cdot {}_b\sigma_u$：（ボルトで決まるフランジの引張り耐力．）
$\quad A_2 = {}_bn_F \cdot e \cdot {}_bt_F \cdot \sigma_u$　　　　：（母材の縁端距離で決まる耐力．）
$\quad A_3 = {}_FA_{eF} \cdot \sigma_u$　　　　　　　：（フランジ添板の有効断面で決まる耐力．）
$W_P = \mathrm{Min.} \{B_1, B_2, B_3\}$
$\quad B_1 = 2 \cdot n_W \cdot 2 \cdot [0.5\ m_W] 0.75 {}_bA_s \cdot {}_b\sigma_u$：（ボルトで決まるフランジの引張り耐力．）
$\quad B_2 = n_W \cdot 2 \cdot [0.5\ m_W] e \cdot {}_bt_W \cdot \sigma_u$　　：（母材の縁端距離で決まる耐力．）
$\quad B_3 = {}_FH_W / {}_bH_W \cdot {}_wA_{eW} \cdot \sigma_u$　　　：（ウェブ添板の有効断面で決まる耐力．）

$\quad \gamma$：フランジ摩擦面の数．
$\quad {}_bn_F$：片側フランジのボルト本数．
$\quad e$：引張り力方向の縁端距離（はしあき）．
$\quad \sigma_u$：材料の破断強度（JIS 規格の最小引張り強さ．）．
$\quad {}_b\sigma_u$：高力ボルトの破断強度．

(b) せん断力に対する検討

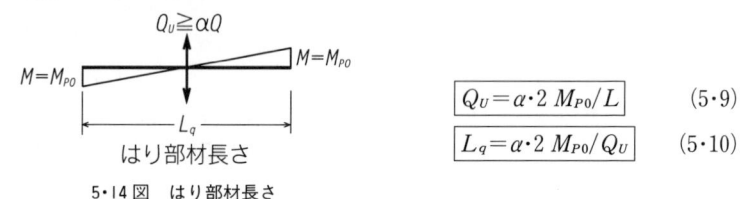

$$Q_U = \alpha \cdot 2 M_{P0}/L \quad (5 \cdot 9)$$
$$L_q = \alpha \cdot 2 M_{P0}/Q_U \quad (5 \cdot 10)$$

5・14図　はり部材長さ

$M_{P0} = Z_{P0} \cdot \sigma_y$：（母材の全断面にもとづく全塑性モーメント．）
ボルト穴を控除した断面の最大せん断強度は下記の最小値を採用する．
$Q_U = \mathrm{Min.} \cdot \{{}_GQ_0, {}_wQ_0, {}_BQ_0\}$
$\quad {}_GQ_0 = t_W(H - 2t_f - m \cdot d) \cdot \sigma_u/\sqrt{3}$　：（ウェブ添板で決まる耐力．）
$\quad {}_wQ_0 = 2(h - m \cdot d) t_{WP} \cdot \sigma_u/\sqrt{3}$　：（はりウェブ母材で決まる耐力．）
$\quad {}_BQ_0 = 2 \cdot n_W \cdot 2 [0.5 m_W]\ 0.75 {}_bA_s \cdot {}_b\sigma_u$：（ウェブボルトで決まる耐力．）

(3) 柱・はり仕口の検討

(a) 許容応力度設計（1次設計）

$$\begin{aligned} M_J &= \mathrm{Min.}\ ({}_sZ, {}_wZ) \cdot f_t \\ Q_J &= \mathrm{Min.}\ ({}_sA_W, {}_wA_W) \cdot f_s \end{aligned} \quad (5 \cdot 11)$$

$$_sZ = B\{H^3 - (H - 2 \cdot {}_bt_F)^3\}/6 \quad H = {}_wZ \quad : \text{(はりフランジの溶接部断面係数，ウェブは無視する.)}$$

$$_sA_W = {}_bt_W \cdot (H - 2{}_bt_F + r) \quad : \text{(せん断力検定用断面積，はり材のウェブのみ.)}$$

$$_wA_W = 2(0.7S)(H - 2{}_bt_F - 2r) \quad : \text{(せん断力検定用断面積，溶接断面のみ.)}$$

$\quad\quad {}_bt_F$ ：はりフランジ厚

$\quad\quad {}_bt_W$ ：はりウェブ厚

$\quad\quad r$ ：スカーラップ

$\quad\quad S$ ：すみ肉溶接サイズ

(b) 保有耐力接合（2次設計）

① 曲げモーメントに対する検定

$$\boxed{\alpha_J = M_U/Z_{P0} \cdot \sigma_y \geq \alpha} \tag{5・12}$$

$\quad M_U = \text{Min.}\{M_1, M_2\}$

$\quad M_1 = \{B \cdot {}_Bt_F \cdot (H - {}_Bt_F) + 2 \cdot a \cdot l_e^2/4\sqrt{3}\} \cdot \sigma_u \ ({}_Bt_W \leq 16)$ ：（ウェブ溶接部で決まる耐力.）

$\quad M_1 = [\{B \cdot {}_Bt_F \cdot (H - {}_Bt_F) + {}_Bt_W \cdot \{H - 2({}_Bt_F + r)\}^2/4\}] \cdot \sigma_u \ ({}_Bt_W > 16)$ ：（ウェブ溶接部で決まる耐力.）

$\quad M_2 = [B \cdot {}_Bt_F \cdot (H - {}_Bt_F) + {}_Bt_W \cdot \{H - 2({}_Bt_F + r)\}^2/4] \cdot \sigma_u$ ：（スカーラップによる断面欠損部で決まる耐力.）

$\quad\quad l_e$ ：（スカーラップの大きさを r としたときのウェブすみ肉溶接の有効長さ.）

$\quad\quad a$ ：（すみ肉溶接ののど厚 $a = S/\sqrt{2},\ S = {}_Bt_W/\sqrt{2}$ かつ $5\,\text{mm} \leq S$）

② せん断力に対する検定

$$\boxed{L_q \geq 2 \cdot \alpha \cdot M_{P0}/Q_U} \tag{5・13}$$

$\quad Q_U = \text{Min.}\{Q_1, Q_2\}$

$\quad M_{P0} = Z_{P0} \cdot \sigma_y$ ：（母材の全断面にもとづく全塑性モーメント.）

$\quad Q_1 = 2 \cdot a \cdot l_e \cdot \sigma_u/\sqrt{3}$ （${}_Bt_W \leq 16$ の場合）：（ウェブ溶接部で決まる耐力.）

$\quad Q_1 = {}_Bt_W \cdot l_e \cdot \sigma_u/\sqrt{3}$ （${}_Bt_W > 16$ の場合）：（ウェブ溶接部で決まる耐力.）

$\quad Q_2 = {}_Bt_W \cdot \{H - 2({}_Bt_F + r)\} \cdot \sigma_u/\sqrt{3}$ ：（スカーラップによる断面欠損部で決まる耐力.）

$\quad\quad \sigma_y$ ：（部材の材料強度.）

$\quad\quad \sigma_u$ ：（材料の破断強度．JIS 規格の最小引張り強さ.）

(4) はり継手部材 (SS 400 級・SN 400 級)

H 鋼断面サイズ	径 D	フランジ					ウェブ		
		ボルト	ゲージ		外添板	内添板	ボルト		P	添板寸法
		配列	$n_F \times m_F$ (片側×列)	g_1 (mm)	g_2 (mm)	厚×幅 (mm)	厚×幅 (mm)	$m_W \times n_W$ (片側×列)	(mm)	厚×成×幅 (mm)
---	---	---	---	---	---	---	---	---	---	---
H-248×124×5×8	M 16	1列	3×2	75	—	12×410	—	2×1	60	6×140×170
H-250×125×6×9	M 16	1列	3×2	75	—	12×410	—	2×1	60	6×140×170
H-298×149×5.5×8	M 20	1列	2×2	90	—	9×290	9×60	3×1	60	6×200×170
H-300×150×6.5×9	M 20	1列	2×2	90	—	9×290	9×60	3×1	60	6×200×170
H-346×174×6×9	M 20	1列	2×2	105	—	9×290	9×70	3×1	60	9×200×170
H-350×175×7×11	M 20	1列	2×2	105	—	9×290	9×70	3×1	60	9×200×170
H-396×199×7×11	M 20	1列	3×2	120	—	9×410	9×80	4×1	60	9×260×170
H-400×200×8×13	M 20	1列	3×2	120	—	12×410	12×80	4×1	60	9×260×170
H-446×199×8×12	M 20	1列	3×2	120	—	12×410	12×80	5×1	60	9×320×170
H-450×200×9×14	M 20	1列	3×2	120	—	12×410	12×80	5×1	60	9×320×170
H-496×199×9×14	M 20	1列	3×2	120	—	16×410	16×80	6×1	60	9×380×170
H-500×200×10×16	M 20	1列	3×2	120	—	16×410	16×80	6×1	60	9×380×170
H-506×201×11×19	M 20	1列	4×2	120	—	16×530	16×80	6×1	60	9×380×170
H-596×199×10×15	M 20	1列	4×2	120	—	16×530	16×80	7×1	60	9×440×170
H-600×200×11×17	M 20	1列	4×2	120	—	16×530	16×80	7×1	60	9×440×170
H-606×201×12×20	M 20	1列	4×2	120	—	19×530	19×80	7×1	60	9×440×170
H-612×202×13×23	M 22	1列	4×2	120	—	19×530	19×80	7×1	60	12×440×170
H-294×200×8×12	M 20	1列	2×2	120	—	9×290	9×80	2×1	60	6×200×170
H-340×250×9×14	M 20	1列	2×2	150	—	9×290	9×100	3×1	60	6×140×170
H-390×300×10×16	M 20	千鳥	4×2	150	40	12×440	12×110	3×1	60	6×200×170
H-440×300×11×18	M 20	千鳥	4×2	150	40	12×440	12×110	4×1	60	6×200×170
H-482×300×11×15	M 20	千鳥	4×2	150	40	12×440	12×110	6×1	60	9×380×170
H-488×300×11×18	M 20	千鳥	4×2	150	40	12×440	12×110	6×1	60	9×380×170
H-582×300×12×17	M 22	千鳥	4×2	150	40	16×440	16×110	7×1	60	9×440×170
H-588×300×12×20	M 22	千鳥	4×2	150	40	16×440	16×110	7×1	60	9×440×170
H-594×302×14×23	M 22	千鳥	4×2	150	40	16×440	16×110	7×1	60	9×440×170
H-692×300×13×20	M 22	千鳥	4×2	150	40	16×440	16×110	9×1	60	9×560×170
H-700×300×13×24	M 22	千鳥	5×2	150	40	19×530	19×110	9×1	60	9×560×170
H-792×300×14×22	M 22	千鳥	5×2	150	40	19×530	19×110	10×1	60	9×620×170
H-800×300×14×26	M 22	千鳥	5×2	150	40	19×530	19×110	10×1	60	9×620×170
H-808×302×16×30	M 22	千鳥	5×2	150	40	19×530	19×110	10×1	60	9×620×170
H-890×299×15×23	M 22	千鳥	5×2	150	40	16×530	19×110	12×1	60	9×740×170
H-900×300×16×28	M 22	千鳥	6×2	150	40	19×620	19×110	12×1	60	9×740×170
H-912×302×18×34	M 22	千鳥	7×2	150	40	19×710	19×110	12×1	60	12×740×170

(5) **はり継手性能** (SS 400 級・SN 400 級) $_sf_t=23.5$ kN/cm², $_sf_s=13.57$ kN/cm²

H鋼断面サイズ	継手性能							横補剛=0の時	
	曲げM・断面係数		せん断力・断面積		保有耐力接合				
	$M_y={_d}Z\cdot{_s}f_t$ (kN·m)	${_d}Z$ (cm³)	$Q_y={_d}A_w\cdot{_s}f_s$ (kN)	${_d}A_w$ (cm²)	Mu (kN·m)	α_j	L_q (m)	L_1 (m)	
H-248×124×5×8	49.5	211.0	132.9	9.80	96	1.3	0.88	4.74	
H-250×125×6×9	56.0	238.0	159.6	11.76	108	1.2	0.80	4.80	
H-298×149×5.5×8	76.6	326.0	161.2	11.88	145	1.3	1.08	5.59	
H-300×150×6.5×9	85.2	362.0	209.9	15.41	164	1.2	0.92	5.60	
H-346×174×6×9	119.4	508.0	213.3	15.72	256	1.2	1.23	6.60	
H-350×175×7×11	140.0	598.0	249.1	18.34	260	1.2	1.25	6.72	
H-396×199×7×11	192.2	818.0	271.7	20.02	351	1.3	1.52	7.62	
H-400×200×8×13	226.0	959.0	310.9	22.88	411	1.3	1.56	7.76	
H-446×199×8×12	243.7	1037.0	340.9	25.12	459	1.4	1.56	7.36	
H-450×200×9×14	283.0	1200.0	381.9	28.08	556	1.4	1.56	7.53	
H-496×199×9×14	319.9	1361.0	274.6	20.24	638	1.4	1.57	7.26	
H-500×200×10×16	363.0	1540.0	486.4	35.80	693	1.3	1.57	7.36	
H-506×201×11×19	422.5	1798.0	542.3	39.96	806	1.4	1.86	7.42	
H-596×199×10×15	449.8	1914.0	559.0	41.20	753	1.3	1.74	6.89	
H-600×200×11×17	479.0	2040.0	713.9	52.85	935	1.4	1.46	7.03	
H-606×201×12×20	566.1	2409.0	675.4	49.77	937	1.4	1.86	7.17	
H-612×202×13×23	571.9	2434.0	701.9	51.73	986	1.4	2.03	7.33	
H-294×200×8×12	144.0	613.0	221.6	16.32	279	1.4	1.36	8.08	
H-340×250×9×14	248.0	1060.0	300.1	22.14	475	1.4	1.65	10.20	
H-390×300×10×16	375.0	1590.0	366.8	27.00	715	1.3	2.10	12.50	
H-440×300×11×18	482.0	2050.0	439.3	32.34	876	1.3	2.25	12.34	
H-482×300×11×15	492.1	2094.0	477.7	35.20	819	1.2	2.14	11.59	
H-488×300×11×18	547.0	2330.0	543.3	40.04	1030	1.2	2.07	12.14	
H-582×300×12×17	693.7	2952.0	618.8	45.60	1182	1.3	2.35	11.27	
H-588×300×12×20	744.0	3160.0	618.8	45.60	1334	1.3	2.52	11.80	
H-594×302×14×23	915.0	3894.0	721.9	53.20	1528	1.3	2.64	11.73	
H-692×300×13×20	997.1	4243.0	759.2	56.24	1849	1.4	2.70	11.10	
H-700×300×13×24	1079.0	4610.0	769.1	56.68	2120	1.4	2.95	11.62	
H-792×300×14×22	1287.5	5479.0	965.1	71.12	2274	1.41	2.77	10.86	
H-800×300×14×26	1373.6	5870.0	966.0	71.12	2628	1.3	3.01	11.34	
H-808×302×16×30	1678.1	7141.0	1102.9	81.28	3021	1.3	3.16	11.39	
H-890×299×15×23	1480.0	6330.0	1130.0	83.40	2840	1.3	2.77	10.47	
H-900×300×16×28	1750.0	7430.0	1207.2	88.96	3300	1.3	3.05	10.86	
H-912×302×18×34	2080.0	8870.0	1470.0	108.70	4170	1.4	3.00	11.15	

(6) **はり継手部材**（SS 490 級・SN 490 級）

H 鋼断面サイズ	径 D	フランジ						ウェブ		
		ボルト		ゲージ		外添板	内添板	ボルト		P	添板寸法
		配列	$n_F \times m_F$ (片側×列)	g_1 (mm)	g_2 (mm)	厚×幅 (mm)	厚×幅 (mm)	$m_W \times n_W$ (片側×列)		(mm)	厚×成×幅 (mm)
H-248×124×5×8	M 16	1列	3×2	75	—	12×410	—	2×1	60	6×140×170
H-250×125×6×9	M 16	1列	3×2	75	—	12×410	—	2×1	60	6×140×170
H-298×149×5.5×8	M 20	1列	2×2	90	—	9×290	9×60	3×1	60	6×200×170
H-300×150×6.5×9	M 20	1列	2×2	90	—	9×290	9×60	3×1	60	6×200×170
H-346×174×6×9	M 20	1列	2×2	105	—	9×290	9×70	3×1	60	9×200×170
H-350×175×7×11	M 20	1列	2×2	105	—	9×290	9×70	3×1	60	9×200×170
H-396×199×7×11	M 20	1列	3×2	120	—	9×410	9×80	4×1	60	9×260×170
H-400×200×8×13	M 20	1列	3×2	120	—	12×410	12×80	4×1	60	9×260×170
H-446×199×8×12	M 20	1列	4×2	120	—	12×530	12×80	5×1	60	9×320×170
H-450×200×9×14	M 20	1列	4×2	120	—	12×530	12×80	5×1	60	9×320×170
H-496×199×9×14	M 20	1列	4×2	120	—	16×410	16×80	6×1	60	9×380×170
H-500×200×10×16	M 20	1列	4×2	120	—	16×410	16×80	6×1	60	9×380×170
H-506×201×11×19	M 20	1列	4×2	120	—	16×530	16×80	6×1	60	9×380×170
H-596×199×10×15	M 20	1列	4×2	120	—	16×530	16×80	7×1	60	9×440×170
H-600×200×11×17	M 22	1列	4×2	120	—	16×530	16×80	7×1	60	9×440×170
H-606×201×12×20	M 22	1列	4×2	120	—	19×530	19×80	7×1	60	9×440×170
H-612×202×13×23	M 22	1列	4×2	120	—	19×530	19×80	7×1	60	12×440×170
H-294×200×8×12	M 20	1列	2×2	120	—	9×290	9×80	2×1	60	6×200×170
H-340×250×9×14	M 20	1列	2×2	150	—	9×290	9×100	3×1	60	6×140×170
H-390×300×10×16	M 22	千鳥	4×2	150	40	12×440	12×110	3×1	60	6×200×170
H-440×300×11×18	M 22	千鳥	5×2	150	40	12×530	12×110	4×1	60	6×200×170
H-482×300×11×15	M 22	千鳥	5×2	150	40	12×530	12×110	6×1	60	9×380×170
H-488×300×11×18	M 22	千鳥	5×2	150	40	12×530	12×110	6×1	60	9×380×170
H-582×300×12×17	M 22	千鳥	5×2	150	40	16×530	16×110	7×1	60	9×440×170
H-588×300×12×20	M 22	千鳥	5×2	150	40	16×530	16×110	7×1	60	9×440×170
H-594×302×14×23	M 22	千鳥	5×2	150	40	16×530	16×110	7×1	60	12×440×170
H-692×300×13×20	M 22	千鳥	7×2	150	40	19×710	16×110	9×1	60	9×560×170
H-700×300×13×24	M 22	千鳥	7×2	150	40	19×710	19×110	9×1	60	9×560×170
H-792×300×14×22	M 22	千鳥	7×2	150	40	19×710	19×110	10×1	60	12×620×170
H-800×300×14×26	M 22	千鳥	7×2	150	40	19×710	19×110	10×1	60	12×620×170
H-808×302×16×30	M 22	千鳥	7×2	150	40	22×710	19×110	10×1	60	12×620×170
H-890×299×15×23	M 22	千鳥	7×2	150	40	22×710	19×110	12×1	60	12×740×170
H-900×300×16×28	M 22	千鳥	8×2	150	40	22×800	19×110	12×1	60	12×740×170
H-912×302×18×34	M 22	千鳥	9×2	150	40	25×890	19×110	12×1	60	12×740×170

鋼構造設計

(7) はり継手性能 (SS 490 級・SN 490 級) $sf_t = 32.5 \text{ kN/cm}^2$, $sf_s = 18.66 \text{ kN/cm}^2$

H鋼断面サイズ	継手性能							横補剛 =0 の時
	曲げ M・断面係数		せん断力・断面積		保有耐力接合			
	$M_y = {}_dZ \cdot sf_t$ (kN·m)	${}_dZ$ (cm³)	$Q_y = {}_dA_w \cdot sf_s$ (kN)	${}_dA_w$ (cm²)	M_u (kN·m)	α_j	L_q (m)	L_1 (m)
H-248×124×5×8	68.5	211.0	182.9	9.80	121	1.0	0.84	4.74
H-250×125×6×9	78.3	242.0	219.4	11.76	137	1.1	0.84	4.74
H-298×149×5.5×8	106.9	326.0	221.6	11.88	177	1.1	1.08	5.59
H-300×150×6.5×9	117.0	362.0	262.0	14.04	200	1.1	1.06	5.59
H-346×174×6×9	165.1	508.0	293.3	15.72	312	1.1	1.23	6.60
H-350×175×7×11	193.0	598.0	342.2	18.34	317	1.1	1.30	6.72
H-396×199×7×11	265.9	818.0	373.5	20.02	443	1.2	1.45	7.62
H-400×200×8×13	305.2	944.0	460.0	24.64	519	1.2	1.49	7.72
H-446×199×8×12	337.0	1037.0	468.7	25.12	618	1.2	1.43	7.36
H-450×200×9×14	388.0	1200.0	598.0	32.04	678	1.2	1.44	7.48
H-496×199×9×14	442.3	1361.0	377.7	20.24	776	1.2	1.42	7.26
H-500×200×10×16	499.0	1540.0	628.0	33.68	877	1.2	1.47	7.36
H-506×201×11×19	584.4	1798.0	745.6	39.96	1021	1.3	1.66	7.53
H-596×199×10×15	622.0	1914.0	768.8	41.20	906.6	1.2	1.45	6.89
H-600×200×11×17	678.0	2090.0	829.0	47.74	1160	1.2	1.47	7.00
H-606×201×12×20	778.7	2396.0	928.7	49.77	1162	1.3	1.86	7.17
H-612×202×13×23	791.0	2434.0	965.3	51.73	1222	1.3	2.03	7.33
H-294×200×8×12	195.0	604.0	342.0	18.34	329	1.2	1.28	8.01
H-340×250×9×14	341.0	1060.0	413.1	22.14	579	1.2	1.75	10.20
H-390×300×10×16	505.0	1560.0	534.0	28.60	856	1.2	2.04	12.38
H-440×300×11×18	649.0	2010.0	584.0	31.24	1040	1.1	2.06	12.21
H-482×300×11×15	680.6	2094.0	656.8	35.20	1032	1.1	1.98	11.59
H-488×300×11×18	739.0	2280.0	633.4	33.88	1190	1.2	2.05	11.97
H-582×300×12×17	959.4	2952.0	850.9	45.60	1530	1.2	2.01	11.27
H-588×300×12×20	1020.0	3140.0	956.0	51.36	1720	1.2	2.08	11.65
H-594×302×14×23	1265.5	3894.0	849.6	53.20	1998	1.2	2.14	11.73
H-692×300×13×20	1379.0	4243.0	1049.4	56.24	2486	1.2	2.22	11.10
H-700×300×13×24	1490.0	4610.0	1230.0	66.04	2580	1.2	2.30	11.53
H-792×300×14×22	1780.6	5479.0	1327.1	71.12	2870	1.2	2.33	10.86
H-800×300×14×26	1890.0	5870.0	1510.0	81.20	3320	1.2	2.35	11.25
H-808×302×16×30	2320.8	7141.0	1516.7	81.28	3812	1.2	2.56	11.39
H-890×299×15×23	2040.0	6330.0	1690.0	90.60	3640	1.2	2.15	10.47
H-900×300×16×28	2400.0	7430.0	1810.0	96.64	4250	1.2	2.28	10.86
H-912×302×18×34	2860.0	8870.0	1940.0	104.40	5080	1.2	2.43	11.15

(8) 柱・はり仕口の耐力表（SS 400 級・SN 400 級）

H 鋼断面サイズ	すみ肉 S	1次設計			保有耐力		
		塑性断面係数 Z_P (cm³)	フランジ断面係数 Z_e (cm³)	短期許容曲げモーメント $M_y = Z_e \cdot sf_t$ (kN·m)	短期許容せん断力 Q_y (kN)	最大曲げ強度 M_u (kN·m)	仕口モーメント比 α_j	最小はり長 L_q (m)
H-248×124×5×8	5	308	230	54.1	109.9	104.7	1.4	0.83
H-250×125×6×9	5	258	261	61.3	131.9	121.7	1.4	0.98
H-298×149×5.5×8	5	458	336	79.0	158.2	155.7	1.4	1.08
H-300×150×6.5×9	5	542	381	89.5	187.1	178.9	1.4	1.04
H-346×174×6×9	5	713	514	120.8	210.1	242.4	1.4	1.21
H-350×175×7×11	5	864	632	148.5	245.2	288.6	1.4	1.27
H-396×199×7×11	5	1076	819	192.4	288.9	360.5	1.4	1.40
H-400×200×8×13	6	1310	973	228.6	330.2	448.0	1.4	1.43
H-446×199×8×12	6	1403	1008	236.9	382.3	463.0	1.4	1.30
H-450×200×9×14	7	1650	1183	278.0	430.1	562.5	1.4	1.38
H-496×199×9×14	7	1850	1305	306.6	486.4	629.0	1.4	1.40
H-500×200×10×16	7	2130	1499	352.3	540.4	726.6	1.4	1.43
H-506×201×11×19	8	2478	1790	420.6	594.5	842.5	1.4	1.52
H-596×199×10×15	7	2556	1691	397.4	673.5	869.0	1.4	1.40
H-600×200×11×17	8	2900	1926	452.6	740.9	957.0	1.4	1.41
H-606×201×12×20	9	3351	2278	535.3	808.2	1139.3	1.4	1.48
H-612×202×13×23	10	3820	2634	619.0	875.6	1298.8	1.4	1.54
H-294×200×8×12	6	840	698	164.0	216.6	285.7	1.4	1.30
H-340×250×9×14	7	1380	1094	257.1	294.9	483.0	1.4	1.68
H-390×300×10×16	7	2140	1722	404.6	391.0	749.0	1.4	1.98
H-440×300×11×18	8	2760	2186	524.8	498.8	966.0	1.4	1.98
H-482×300×11×15	8	2682	2036	488.6	570.6	938.7	1.4	1.68
H-488×300×11×18	8	3130	2445	574.5	570.6	1095.5	1.4	1.97
H-582×300×12×17	9	3810	2798	657.5	778.9	1333.5	1.4	1.77
H-588×300×12×20	9	4350	3293	773.9	778.9	1522.5	1.4	2.00
H-594×302×14×23	10	5061	3814	896.3	952.8	1771.3	1.4	1.91
H-692×300×13×20	10	5456	3916	920.3	1027.3	1909.6	1.4	1.91
H-700×300×13×24	10	6340	4702	1104.9	1027.3	2219.0	1.4	2.21
H-792×300×14×22	10	7098	4942	1161.3	1288.9	2484.3	1.4	1.98
H-800×300×14×26	10	8106	5843	1373.1	1288.9	2835.0	1.4	2.25
H-808×302×16×30	12	9376	6790	1595.6	1473.0	3281.6	1.5	2.26
H-890×299×15×23	11	8750	5809	1365.1	1576.5	3062.5	1.4	1.99
H-900×300×16×28	12	10400	7099	1668.2	1681.6	3605.0	1.4	2.20
H-912×302×18×34	12	12300	8683	2040.5	1891.8	4305.0	1.4	2.34

(9) 柱・はり仕口の耐力表（SS 490 級・SN 490 級）

H 鋼断面サイズ	すみ肉 S	1次設計				保有耐力		
		塑性断面係数 Z_P (cm³)	フランジ断面係数 Z_e (cm³)	短期許容曲げモーメント $M_y = Z_e \cdot {}_sf_t$ (kN·m)	短期許容せん断力 Q_y (kN)	最大曲げ強度 M_u (kN·m)	仕口モーメント比 α_j	最小はり長 L_q (m)
H-248×124×5×8	5	308	230	74.8	151.2	123.5	1.2	1.02
H-250×125×6×9	5	358	261	84.8	181.4	145.0	1.2	1.04
H-298×149×5.5×8	5	458	336	109.2	217.6	183.2	1.2	1.05
H-300×150×6.5×9	5	542	381	123.8	257.3	216.8	1.2	1.08
H-346×174×6×9	5	713	514	167.1	288.7	292.3	1.2	1.21
H-350×175×7×11	5	864	632	205.4	337.1	345.6	1.2	1.35
H-396×199×7×11	5	1076	819	266.2	397.3	441.1	1.2	1.45
H-400×200×8×13	6	1310	973	316.2	454.0	537.1	1.2	1.49
H-446×199×8×12	6	1403	1008	327.6	525.7	575.2	1.2	1.43
H-450×200×9×14	7	1650	1183	384.5	591.4	676.5	1.2	1.44
H-496×199×9×14	7	1850	1305	424.1	668.7	758.5	1.2	1.44
H-500×200×10×16	7	2130	1499	487.1	743.0	873.3	1.2	1.47
H-506×201×11×19	8	2478	1790	581.8	817.4	1015.9	1.2	1.65
H-596×199×10×15	7	2556	1691	549.5	926.1	1048.0	1.2	1.44
H-600×200×11×17	8	2900	1926	625.9	1018.7	1189.0	1.2	1.47
H-606×201×12×20	9	3351	2278	740.3	1114.3	1373.9	1.2	1.64
H-612×202×13×23	10	3820	2634	856.1	1203.9	1566.2	1.2	1.78
H-294×200×8×12	6	840	698	226.8	448.0	352.8	1.2	1.53
H-340×250×9×14	7	1380	1094	355.6	405.6	579.6	1.3	1.75
H-390×300×10×16	7	2140	1722	559.6	537.6	988.8	1.3	2.04
H-440×300×11×18	8	2760	2186	710.5	685.8	1159.2	1.3	2.06
H-482×300×11×15	8	2682	2036	661.7	784.5	1126.4	1.2	2.00
H-488×300×11×18	8	3130	2445	794.6	784.5	1314.6	1.3	2.05
H-582×300×12×17	9	3810	2798	809.4	1070.9	1600.2	1.2	2.03
H-588×300×12×20	9	4350	3293	1070.2	1070.9	1827.0	1.3	2.08
H-594×302×14×23	10	5061	3814	1239.6	1249.4	2125.6	1.3	2.65
H-692×300×13×20	10	5456	3916	1272.7	1412.6	2346.0	1.2	2.22
H-700×300×13×24	10	6340	4702	1528.1	1412.6	2726.2	1.3	2.30
H-792×300×14×22	10	7098	4942	1606.2	1772.2	2981.1	1.2	2.31
H-800×300×14×26	10	8106	5843	1898.9	1772.2	3404.5	1.3	2.35
H-808×302×16×30	12	9376	6790	2206.7	2025.5	4031.7	1.3	2.30
H-890×299×15×23	11	8750	5809	1887.9	2167.8	3762.5	1.2	2.28
H-900×300×16×28	12	10300	7099	2307.2	2312.2	4326.0	1.2	2.38
H-912×302×18×34	12	12300	8683	2821.9	2601.3	5535.0	1.3	2.43

7. 柱脚の設計

(1) 柱脚回転ばね定数（アンカーボルトのみ）

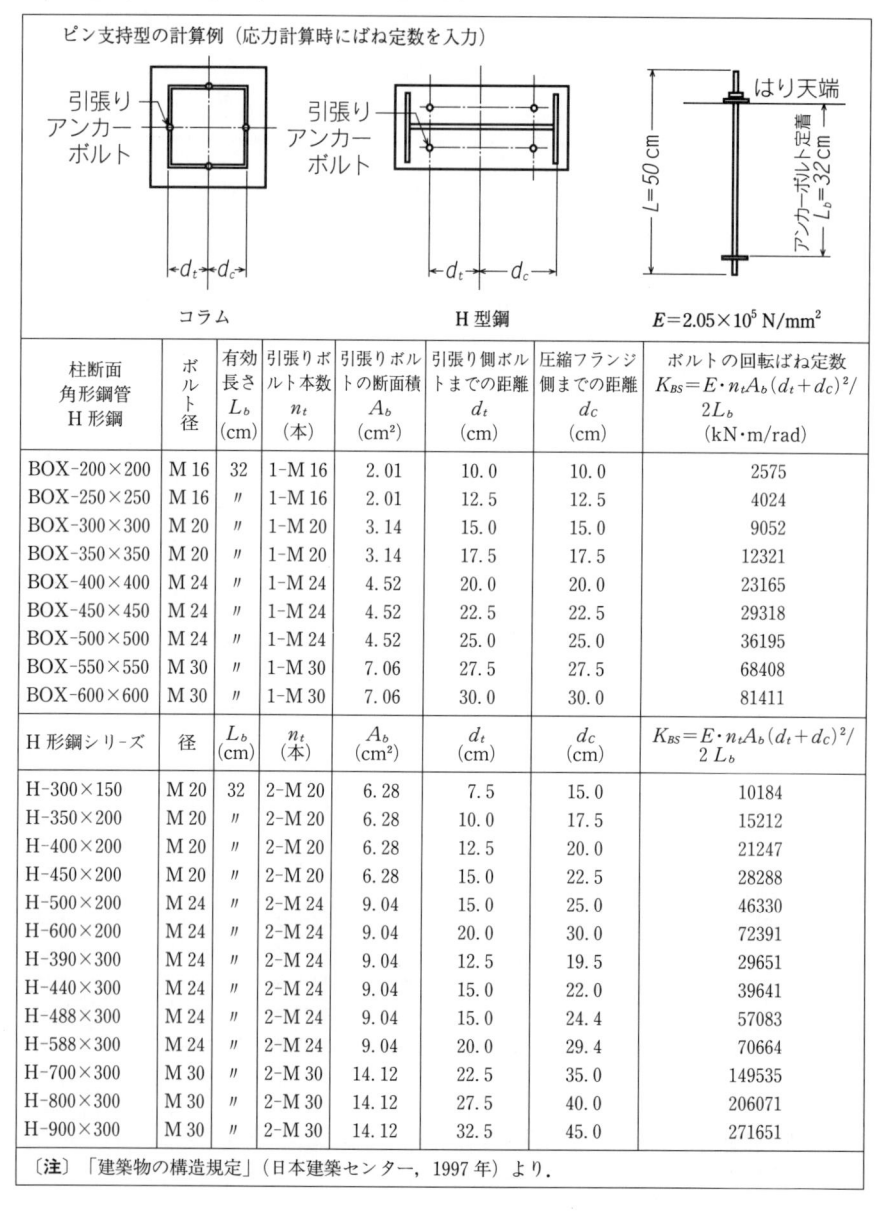

ピン支持型の計算例（応力計算時にばね定数を入力）

コラム　　　　H 型鋼　　　　$E = 2.05 \times 10^5 \, \text{N/mm}^2$

柱断面 角形鋼管 H 形鋼	ボルト径	有効長さ L_b (cm)	引張りボルト本数 n_t (本)	引張りボルトの断面積 A_b (cm²)	引張り側ボルトまでの距離 d_t (cm)	圧縮フランジ側までの距離 d_c (cm)	ボルトの回転ばね定数 $K_{BS} = E \cdot n_t A_b (d_t + d_c)^2 / 2L_b$ (kN·m/rad)
BOX-200×200	M 16	32	1-M 16	2.01	10.0	10.0	2575
BOX-250×250	M 16	〃	1-M 16	2.01	12.5	12.5	4024
BOX-300×300	M 20	〃	1-M 20	3.14	15.0	15.0	9052
BOX-350×350	M 20	〃	1-M 20	3.14	17.5	17.5	12321
BOX-400×400	M 24	〃	1-M 24	4.52	20.0	20.0	23165
BOX-450×450	M 24	〃	1-M 24	4.52	22.5	22.5	29318
BOX-500×500	M 24	〃	1-M 24	4.52	25.0	25.0	36195
BOX-550×550	M 30	〃	1-M 30	7.06	27.5	27.5	68408
BOX-600×600	M 30	〃	1-M 30	7.06	30.0	30.0	81411
H 形鋼シリーズ	径	L_b (cm)	n_t (本)	A_b (cm²)	d_t (cm)	d_c (cm)	$K_{BS} = E \cdot n_t A_b (d_t + d_c)^2 / 2L_b$
H-300×150	M 20	32	2-M 20	6.28	7.5	15.0	10184
H-350×200	M 20	〃	2-M 20	6.28	10.0	17.5	15212
H-400×200	M 20	〃	2-M 20	6.28	12.5	20.0	21247
H-450×200	M 20	〃	2-M 20	6.28	15.0	22.5	28288
H-500×200	M 24	〃	2-M 24	9.04	15.0	25.0	46330
H-600×200	M 24	〃	2-M 24	9.04	20.0	30.0	72391
H-390×300	M 24	〃	2-M 24	9.04	12.5	19.5	29651
H-440×300	M 24	〃	2-M 24	9.04	15.0	22.0	39641
H-488×300	M 24	〃	2-M 24	9.04	15.0	24.4	57083
H-588×300	M 24	〃	2-M 24	9.04	20.0	29.4	70664
H-700×300	M 30	〃	2-M 30	14.12	22.5	35.0	149335
H-800×300	M 30	〃	2-M 30	14.12	27.5	40.0	206071
H-900×300	M 30	〃	2-M 30	14.12	32.5	45.0	271651

〔注〕「建築物の構造規定」（日本建築センター，1997 年）より．

(2) 露出型柱脚の設計

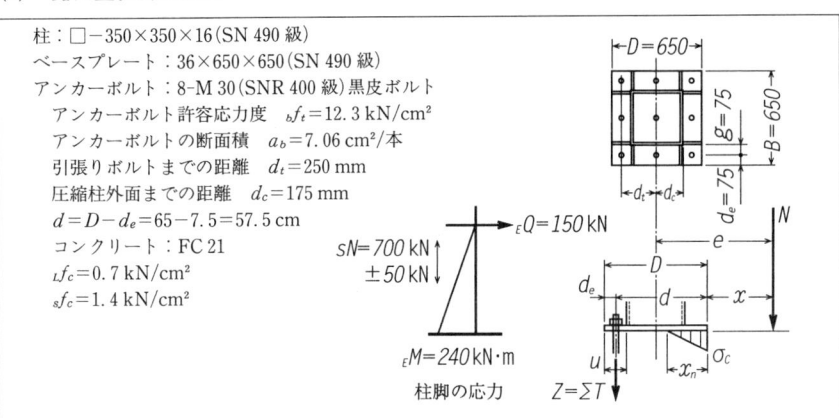

柱：□$-350\times350\times16$（SN 490 級）
ベースプレート：$36\times650\times650$（SN 490 級）
アンカーボルト：8-M 30（SNR 400 級）黒皮ボルト
 アンカーボルト許容応力度 $_bf_t=12.3$ kN/cm²
 アンカーボルトの断面積 $a_b=7.06$ cm²/本
 引張りボルトまでの距離 $d_t=250$ mm
 圧縮柱外面までの距離 $d_c=175$ mm
 $d=D-d_e=65-7.5=57.5$ cm
 コンクリート：FC 21
 $_Lf_c=0.7$ kN/cm²
 $_Sf_c=1.4$ kN/cm²

$_SN=700$ kN
±50 kN
$_EM=240$ kN·m
$_EQ=150$ kN
柱脚の応力
$Z=\Sigma T$

	項目・計算式	単位	計算値
応力	柱の長期軸力 $_LN$	kN	$_LN=700$
	柱の短期軸力 $_SN=_LN\pm_EN$	kN	$_SN=700\pm50=750$ or (650)
	柱脚位置の曲げモーメント $_EM$	kN·m	$_EM=240$
	柱のせん断力 $_EQ$	kN	$_EQ=150$
底板の中立軸	偏心距離 $e=M/N$	cm	$e=24000/(650)=36.9>(D/6)+(d_e/3)=13.3$
	引張り側ボルトの総断面積 $at=n\cdot a_b$	cm²	$at=3\times7.06=21.2$
	作用点距離 $x=e-D/2$	cm	$x=36.9-65/2=4.4$
	ボルト断面比 $d=D-d_e, p=at/b\cdot d$		$p=21.2/65\times57.5=0.0057$
	底板中立軸位置計算図表より → x/d		$x/d=4.4/57.5=0.0765$
	中立軸位置 x_n/d	cm	$x_n/d=0.59$, $x_n=0.59\times57.5=33.9$
検定	アンカーボルトの引抜力 $Z=\Sigma T=N(e-D/2+x_n/3)/(D-d_e-x_n/3)$	kN	$Z=(650)(36.9-65/2+33.9/3)/(65-7.5-33.9/3)$ $=10205/46.2=221$
	アンカーボルトの検討 $\sigma/f=Z/_bf_t\cdot at$		$\sigma/f=221/12.3\times1.5\times21.3=0.56<1.0$ ok
	コンクリートに作用する最大圧縮応力度 $\sigma_c=2N(e+D/2-d_e)/\{b\cdot x_n(D-d_e-x_n/3)\}<f_c$	kN/cm²	$\sigma_c=2\times650(36.9+65/2-7.5)/$ $65\times33.4(65-7.5-33.9/3)$ $=80470/100300\doteqdot0.80<1.4$ kN/cm² ok
	せん断力に対する検討 $Q_a=\mu(N+Z)=0.4(N+Z)$	kN	$Q_a=0.4(221+650)=348.4>150$ kN ok
ベースプレート厚	設計用反力 $w=\sigma_c$	kN/cm²	$w=0.849$
	アンカーボルト1本あたり引張り力 $_bP=a_b\cdot_bf_t$	kN	$_bP=7.06\times12.3\times1.5=18.45$
	ベースプレート突出長さ $u, (\lambda_1=A/u)(\lambda_2=A/u)$	cm	$u=15$, (3辺$\lambda_1=35/15=2.3$) (2辺$\lambda_2=15/15=1.0$)
	柱面よりアンカーボルトまでの距離 g	cm	$g=7.5$
	引張り集中曲げ時の有効幅（R：ボルト径） $b=R+2g$	cm	$b=3.0+2\times7.5=18$
	3辺固定スラブの曲げ $\lambda_1\to M=0.33\times w\times u^2$	kN·cm	$M=0.33\times0.849\times15^2=63.04$
	2辺固定スラブの曲げ $\lambda_2\to M=0.29\times w\times u^2$	kN·cm	$M=0.29\times0.849\times15^2=55.39$
	引張り集中曲げ $M=_bP\cdot g$	kN·cm	$M=18.45\times7.5=138.4$ （最大曲げ）
	ベースプレート厚さ $t=\sqrt{6M/_sf_b\cdot b}$	mm	$t=\sqrt{6\times138.4/32.5\times18}=1.2$ cm → 36 mm で ok

(3) 露出柱脚の設計ルート 2 (終局曲げ, 終局せん断耐力)

項目・略図	計 算 式	単位	計 算 値
諸寸法・基準強度・柱脚応力	ベースプレートの大きさ $B \times D$	cm	$B \times D = 65 \times 65$
	引張りボルトまでの距離 d_t	cm	$d_t = 35/2 + 7.5 = 25$
	圧縮フランジ側までの距離 d_c	cm	$d_c = 35/2 = 17.5$
	引張りアンカーボルトの本数 n_t	本	$n_t = 3-M30$
	アンカーボルトの軸断面積 $n_t \times a_b$	cm²	$A_b = 3 \times 7.06 = 21.18$
	アンカーボルトの F 値 F	kN/cm²	$F = 24$
	コンクリートの設計基準強度 F_c	kN/cm²	$F_c = 2.1$
	引張りアンカーボルトの終局せん断耐力 $Su = n_t \cdot A_b \cdot F/\sqrt{3}$	kN	$Su = 3 \times 21.18 \times 18.5 \times /\sqrt{3}$ $= 679$
	基礎コンクリートの終局圧縮耐力 $Nu = 0.85 \times BDF_c$	kN	$Nu = 0.85 \times 65 \times 65 \times 2.1$ $= 7541$
	引張りアンカーボルトの終局引張り耐力 $Tu = A_b \cdot F$	kN	$Tu = 21.18 \times 24.0$ $= 508.9$
	柱の全塑性モーメント $Mpc = \sigma y \cdot Zp$	kN·m	$Mpc = 32.5 \times 2570 = 83525$
柱脚の一次設計時応力	軸力 $N = {}_LN + 2{}_EN$	kN	$N = 800 + 2 \times 50 = 900$
	曲げ $M = {}_EM$ ($M = 2{}_EM$)	kN·m	$M = 240$ (480)
	せん断力 $Q = {}_EQ$ ($Q = 2{}_EQ$)	kN	$Q = 150$ (300)
終局曲げ耐力・せん断耐力	① $Nu \geqq N > Nu - Tu$ の時 (7541≧750<7541−391=7150 該当しない)		
	$Mu = N \cdot d_t(Nu/N - 1)$	kN·m	柱脚の保有耐力接合の判定式
	$Qu = \max(Qfu, Qsu)$ $Qfu = 0.5 N$ (摩擦抵抗) $Qsu = 2 Su$ (ボルトせん断抵抗)	kN	柱脚の $Mu >$ 柱の $Mpc \cdot \alpha$ 柱脚の $Qu > 1$ 次地震力 $\cdot \gamma$ ($\alpha = 1.2, \gamma = 2.0$ とする)
	② $Nu - Tu \geqq N > -Tu$ の時 (7541−391≧750>−391 該当する)		
	$Mu = Tu \cdot d_t + \{(N+Tu)D/2\}$ $\cdot \{1 - (N+Tu)/Nu\}$	kN·m	$Mu = 508 \times 0.25 + \{(900 + 508)0.65/2\} \times$ $\{1 - (900 + 508)/7541\}$ $= 127 + 372 = 499 < 1.2$ $Mpc = 1002$ no
	摩擦抵抗とボルトせん断抵抗との大きい方 $Qu = \max(Qfu, Qsu)$ $Qfu = 0.5(N + Tu)$ かつ $Qfu \leqq 0.5(N - Tu)$ $Qsu = Su\{1 + \sqrt{1 - (T/Tu)^2}\}$ ただし, $T = Nu - Tu - N$ かつ $T \leqq Tu$	kN	$T = 7541 - 391 - 750 = 6400,$ $T = 391$ $Qfu = 0.5(750 + 391)$ $= 571 > 300$ ok $Qsu = 679\{1 + \sqrt{1 - (391/391)^2}\}$ $= 679$
	③ $Nu - Tu \geqq N > -Tu$ の時 (該当しない)		
	$Mu = (N + 2Tu)$ $Qfu = 0$ $Qsu = Su\sqrt{1 - (T/Tu)^2}$ ただし, $T = -Tu - N$	kN·m kN	判定式確認 水平荷重時応力の2倍の応力に対して柱脚の終局耐力を確認する $Mu = 499 > M = (480)$ ok $Qu = Qfu = 571 > Q = (300)$ ok

〔注〕「建築物の構造規定」(日本建築センター, 1997年) より.

鋼構造設計

(4) 露出柱脚のコンクリート圧壊，アンカーボルト抜出し検討

項目・略図		計 算 式	単位	計 算 値
諸寸法・基準強度・柱脚応力		ベースプレートの大きさ $B \times D$	cm	$B \times D = 65 \times 65$
		コンクリートの断面積 $Ac \times Bc$	cm	$Ac \times Bc = 85 \times 85$
		コンクリートの立上げ部の幅 Bc	cm	$Bc = 85$
		アンカーボルトの定着長さ Lb	cm	$Lb = 32$
		引張り側アンカーボルトの本数 n_t	本	$n_t = 3$
		引張り側アンカーボルトの軸断面積 $A_b = n_t \times a_b$	cm²	$A_b = 3 \times 7.06 = 21.18$
		アンカーボルトの F 値 F	kN/cm²	$F = 24$
		コンクリートの設計基準強度 Fc	kN/cm²	$Fc = 2.1$
		基礎コンクリートの引張り強度 $_c\sigma_t = 0.39 \times Fc^{0.73}$	kN/cm²	$_c\sigma_t = 0.39 \times 2.1^{0.73}$ $= 0.67$
	柱脚の一次設計時応力	軸力 $N = {}_LN + {}_EN$	kN	$N = 800 + 50 = 850$
		曲げ $M = {}_EM (M = 2{}_EM)$	kN·m	$M = 240 (480)$
		せん断力 $Q = {}_EQ (Q = 2{}_EQ)$	kN	$Q = 150 (300)$
コンクリート破壊検討	割裂破壊 モードI	アンカーボルト降伏時圧縮反力 $Cy = A_b \cdot F + N$	kN	$Cy = 21.18 \times 24 + 850$ $= 1358$
		B. PL最外縁から立上げ最外縁までの距離 e_c	cm	$e_c = (85 - 65)/2 = 10$
		圧縮側の局部加圧面積 $Ap = 2e_c \cdot Bc$	cm²	$Ap = 2 \times 10 \times 85 = 1700$
		コンクリート局部圧縮耐力 $R_{c1} = Fc \cdot Ap$	kN	$R_{c1} = 2.1 \times 1700 = 3570$
		判定 $Cy < R_{c1}$		$Cy = 1350 < R_{c1} = 3570$ ok
	圧縮破壊 モードII	アンカーボルト降伏時圧縮反力 Cy	kN	$Cy = 1358$
		圧縮側の局部加圧面積 $Aq = B \cdot D/3$	cm²	$Aq = 65 \times 65/3 = 1408$
		コンクリート局部圧縮耐力 $R_{c2} = Fc \cdot Aq$	kN	$R_{c2} = 2.1 \times 1408 = 2956$
		判定 $Cy < R_{c2}$		$Cy = 1358 < R_{c2} = 2956$ ok
ボルトの抜出し検討	モードIII	アンカーボルト1本の終局耐力 $Tu = A_b \cdot F$	kN	$Tu = 21.18 \times 24 = 508$
		アンカーブロックの受圧面積 $Ao = s \cdot s$	cm²	$Ao = 7.5 \times 7.5 = 56.25$
		座金部分のコンクリート圧縮耐力 $R_{c3} = 5 Fc \cdot Ao$	kN	$R_{c3} = 5 \times 2.1 \times 56.25$ $= 590$
		判定 $Tu < R_{c3}$		$Tu = 508 < R_{c3} = 590$ ok
	モードIV	引張り側ボルトの終局耐力 $Tu = n_t \cdot A_b \cdot F$	kN	$Tu = 21.18 \times 24 = 508$
		基礎コンクリートの割裂面の水平投影面積 1本の場合 $Ac = \pi \cdot Lb(Lb + D)$ 2本の場合 $Ac = (2\pi - \theta^\circ \pi/180^\circ + \sin\theta) L_b^2$	cm²	$Ac = (2 \times 3.14 - 45 \times 3.14/$ $180 + \sin 45^\circ) 30^2$ $= 5581$
		コーン状破壊許容引張り力 $R_{ct} = {}_c\sigma_t \cdot Ac$	kN	$R_{ct} = 0.67 \times 5581 = 3739$
		判定 $Tu < R_{ct}$		$Tu = 508 < R_{ct} = 3739$ ok

(5) 根巻型柱脚の許容応力度設計

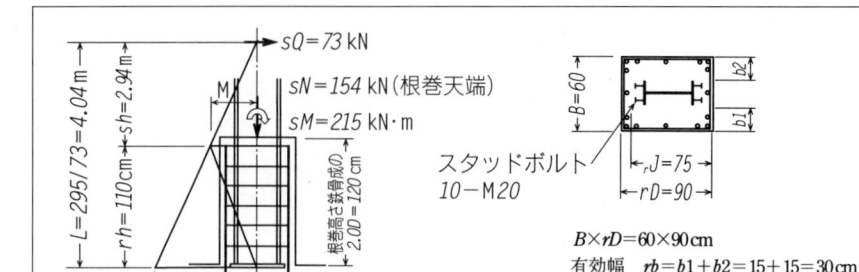

図: $sQ=73$ kN, $sN=154$ kN(根巻天端), $sM=215$ kN·m
$L=295/73=4.04$ m, $rh=110$ cm, $sh=2.94$ m
根巻高さ柱成の $2.0D=120$ cm
$rM=295$ kN·m

スタッドボルト $10-M20$
$B=60$, $rJ=75$, $rD=90$
$B \times rD = 60 \times 90$ cm
有効幅 $rb = b1+b2 = 15+15 = 30$ cm

	項目・計算式	単位	計算値
応力	根巻フープ筋頂部位置の曲げモーメント sM	kN·m	$sM=73\times2.94=215$
	柱の軸力 $sN={}_LN+{}_EN$	kN	$sN=148+6=154$
	柱のせん断力 $sQ={}_LQ+{}_EQ$	kN	$sQ=34+39=73$
	基礎ばり天端の柱の曲げ耐力 rM	kN·m	$rM=98+197=295$
スタッドボルト・根巻コンクリートの検討	鉄骨サイズ		$H-588\times300\times12\times20$
	鉄骨の全断面積 A	cm²	$A=192.5$
	フランジ片側の断面積 $Af=B\times t$	cm²	$Af=30\times2.0=601$
	鉄骨の断面係数 Z, Zp	cm³	$Z=4020, Zp=4490$
	鉄骨フランジ面に作用する軸力 $Nf=(N/A+M/Z)\cdot Af$	kN	$Nf=(154/192.5\pm21500/4020)\times60=368.9$
	スタッドボルト本数 n, 断面積 sca, ヤング係数 Ec	cm²·kN/cm²	$n=10$, $sca=2.84$, $Ec=20.58\times10_5$, $Fc=2058$
	スタッドボルトの耐力 $Nq=n\times0.5\times{}_{sca}\sqrt{Ec\cdot Fc}$	kN	$Nq=10\times92.2=922, >Nf=368.9$ ok
	引張り鉄筋の総断面積 ${}_ra_t$	cm²	${}_ra_t=6\times5.07=25.35 (5-D25)$
	引張り鉄筋の短期許容応力度 ${}_rf_t$	kN/cm²	${}_rf_t=34.5$
曲げ耐力	応力中心間距離 rj	cm	$rj=70, (90-10)\times0.875=70$
	根巻柱の許容曲げ耐力 ${}_rM_A={}_ra_t\cdot{}_rf_t\cdot rj$	kN·m	${}_rM_A=25.35\times34.5\times70=612>{}_rM=295$ ok
	フープ筋のせん断用短期許容引張り応力度 wf_t	kN/cm²	$wf_t=29.5$
	コンクリート短期許容せん断応力度 ${}_rf_s$	kN/cm²	${}_rf_s=1.05$
	主筋の短期許容付着応力度 ${}_rf_a$	kN/cm²	${}_rf_a=1.14$
	帯筋比 $p_w=a_w/Bx$, 1組の帯筋断面積 a_w	%	$p_w=2.54/60\times10=0.0042 (2-D13)$
	引張り鉄筋周長の総和 $r\psi$	cm	$r\psi=8.0\times4=32$
せん断耐力	根巻コンクリート幅 B, 有効幅 rb	cm	$B=60, rb=15+15=30$
	${}_rQ_{A1}=B\cdot rj\cdot({}_rf_s+0.5wf_t\cdot p_w)$	kN	${}_rQ_{A1}=60\times70(1.05+0.5\times29.5\times0.0042)=4670$
	${}_rQ_{A2}=B\cdot rj\{(2\,rb/B)\cdot wf_s+wf_t\cdot p_w\}$	kN	${}_rQ_{A2}=60\times70\{(2\times30/60)1.05+29.5\times0.0042\}=4930$
	${}_rQ_{A3}={}_r\psi\cdot{}_rf_a\cdot rj$	kN	${}_rQ_{A3}=32\times1.14\times70=2553>Q=73$ ok

(6) 根巻型柱脚の終局耐力

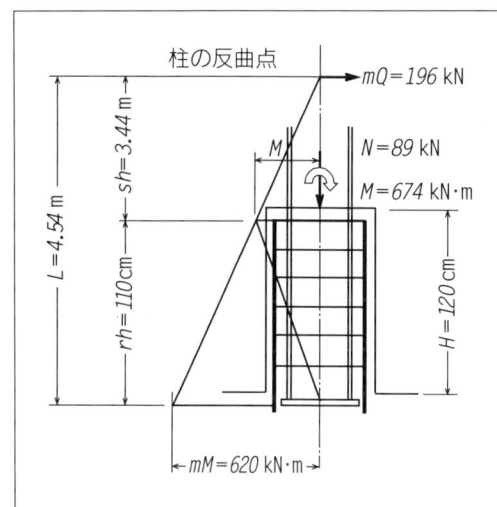

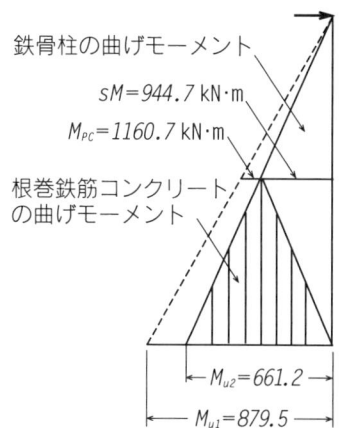

項目・計算式	単位	計算値
根巻フープ筋頂部位置の曲げモーメント sM	kN·m	$sM = 196 \times 3.44 = 674$
メカニズム時の柱軸力 mN	kN·m	$mN = 89$
メカニズム時の柱せん断力 mQ	kN	$mQ = 196$
メカニズム時の柱脚曲げモーメント mM	kN·m	$mM = 620$
鉄骨サイズ		$H-588 \times 300 \times 12 \times 20$
鉄骨の短期許容応力度 sf_t	kN/cm²	$sf_t = 23.5$
鉄骨の断面係数 Z, Zp	cm³	$Z = 4020, Zp = 4490$
鉄骨柱の全塑性曲げモーメント $sM = Z \cdot sf_t$	kN·m	$sM = 4020 \times 23.5 = 944.7$
鉄骨柱の全塑性曲げモーメント $M_{PC} = Z_{PC} \cdot sf_t \cdot 1.1$	kN·m	$M_{PC} = 4490 \times 23.5 \times 1.1 = 1160.7$
根巻柱断面 $B \times rD$	cm	$B = 60, D = 90$
引張り鉄筋の総断面積 $_ra_t$	cm²	$_ra_t = 6 \times 5.07 = 30.42\ (6-D25)$
引張り鉄筋の短期許容応力度 $_r\sigma_t$	kN/cm²	$_r\sigma_t = 34.5$
応力中心間距離 $_rj$	cm	$_rj = 70$
根巻柱の終局曲げ耐力 $M_{u2} = 0.9 \times _ra_t \cdot _r\sigma_t \cdot _rj$	kN·m	$M_{u2} = 0.9 \times 30.42 \times 34.5 \times 70 = 661.2$
鉄骨柱の降伏による終局曲げ耐力 $M_{u1} = M_{PC}/(1-rh/L)$	kN·m	$M_{u1} = 1160.7(1-1.10/4.54)$ $= 879.5$
ベースプレート下面よりの反曲点 L	m	$L = mM/mQ = 620/196 = 3.16$
根巻コンクリートの最上部までの距離 rh	m	$rh = L - rh = 4.54 - 1.10 = 3.44$
判定 $M_u = \min(M_{u1}, M_{u2}) > mM$		$M_{u2} = 661.2 > mM = 620$ ok

(7) 埋込み型柱脚の終局耐力

	項目・計算式	単位	計算値
応力	軸力を考慮した柱の終局曲げ耐力　M_{pc}	kN·m	$M_{pc}=284$
	基礎コンクリート天端よりの反曲点 $L=(M_{pc}/Q)-d/2$	cm	$L=(284/113)-90/2=2.06\,m=206$
	柱のせん断力　$Q_{pc}=Q$	kN	$Q_{pc}=113$
	基礎ばり天端の柱の終局曲げ耐力　$M_u=Q\cdot L$	kN·m	$M_u=113\times 2.06=232.8$
寸法・強度	角形鋼管径：B，柱の埋込み長さ：d	cm	$B=20,\ d=90$
	鉄筋の総断面積　上端筋 a_t，下端筋 a_D　$4-D25$	cm²	$a_t=4\times 5.07=20.28,\ a_D=4\times 5.07=20.28$
	補強筋の降伏点　σ_y	kN/cm²	$\sigma_y=34.5\times 1.1=37.95$
	補強筋の引張り耐力　$T_u=a_{t,D}\cdot\sigma_y$	kN	$T_u=20.28\times 37.95=769.6$
	補強筋の重心位置から基礎天端までの距離　d_t	cm	$d_t=10,(d/2-d_t=90/2-10=35)$
側柱・中柱終局曲げ耐力	外側方向せん断力によるコンクリートの終局支圧耐力　${}_oC_c=T_u-Q_{pc}$	kN	${}_oC_c=769.6-113=656.6$
	内側方向せん断力によるコンクリートの終局支圧耐力　${}_iC_c=T_u+Q_{pc}$	kN	${}_iC_c=769.6+113=882.6$
	コンクリートの終局支圧強度　$\bar{\sigma}_u=F_c$	kN/cm²	$\bar{\sigma}_u=2.1$
	コンクリート支圧抵抗深さ　${}_od_c={}_oC_c/\bar{\sigma}_u\cdot B$ ${}_id_c={}_iC_c/\bar{\sigma}_u\cdot B$	cm	${}_od_c=656.6/2.1\times 20=15.6,\ (d/2-{}_od_c/2=45-7.8=37.2)$ ${}_id_c=882.6/2.1\times 20=21.0,\ (d/2-{}_id_c/2=45-10.5=34.5)$
	側柱柱脚の終局曲げ耐力 ${}_oM_u'=T_u(d/2-d_t)+{}_oC_c(d/2-{}_od_c/2)$ ${}_iM_u'=T_u(d/2-d_t)+{}_iC_c(d/2-{}_id_c/2)$	kN·m	Min(${}_oM_u'$, ${}_iM_u'$)を採用 ${}_oM_u'=769.6\times 0.35+656.6\times 0.372$ $=513.6$ ${}_iM_u'=769.6\times 0.35+882.6\times 0.345=573.8$
	判定　$M_u<M_u'$		$M_u=232.8<M_u'=513.6$　　ok
	中柱柱脚の基礎コンクリート支圧応力度 中柱柱脚 $Q_{pc}=226$ kN の場合 $\bar{\sigma}=Q_{pc}/Bd\{(2L/d+1)$ $+\sqrt{(2L/d+1)^2+1}\}$	kN/cm²	$\bar{\sigma}=226/20\times 90\{(2\times 206/90+1)$ $+\sqrt{(2\times 206/90+1)^2+1}\}$ $=0.126\times 11.25=1.42$
	判定　$\bar{\sigma}<F_c$		$\bar{\sigma}=1.42<F_c=2.1$　　ok

〔注〕「建築物の構造規定」（日本建築センター，1997 年）より．

鋼構造設計

8. 小ばりの設計

	項目・計算式 単位	小ばり 符号	B 40　計算値 2 階床	B 20　計算値 R 階
荷重図	2階床荷重 　固定荷重：　8.50 kN/m² 　積載荷重：　2.90 kN/m² 　合計　　　11.40 kN/m² 屋根荷重 　固定荷重：　0.40 kN/m² 　積雪荷重：　0.60 kN/m² 　合計　　　 1.00 kN/m²		$w=22.8$ kN/m　$P=20.0$ kN ←3.0→←3.0→ ←—— L=6.0 ——→ （小ばり間隔　@=2 m）	$w=3.0$ kN/m　$P=5$ kN　$N=6$ ←3.0→←3.0→ ←—— L=6.0 ——→ （小ばり間隔　@=3 m）
荷重・応力	等分布荷重　　　$w=(DL+LL)\times@$	kN/m	$w=11.40\times2.000=22.8$（長期）	$w=1.00\times3.000=3.0$（短期）
	集中荷重　　　　　　　　P	kN	$P=20.0$	$P=5.0$
	軸力　　　　　　　　　　N	kN	$N=0$	$N=6.0$
	等分布曲げ　　　${}_wM=wL^2/8$	kN·m	${}_wM=22.8\times6.00^2/8=102.60$	$M=3.0\times6.00^2/8=13.50$
	集中曲げ　　　　${}_PM=PL/4$	kN·m	${}_PM=20.0\times6.000/4=30.00$	$M=5.0\times6.000/4=7.500$
	曲げ合計　　　　$M={}_wM+{}_PM$	kN·m	$M=102.60+30.00=132.60$	$M=13.50+7.50=21.00$
断面性能	サイズ		$H-400\times200\times8\times13$ (SS 400)	$H-200\times100\times5.5\times8$ (SS 400)
	断面積・二次半径	cm	A　83.37　i_y　4.56	A　26.67　i_y　2.24
	断面二次モーメント	cm⁴	I　23500　i　5.29	I　1810　i　2.63
	断面係数	cm³	Z　1170　η　8.13	Z　181　η　6.57
許容応力度	座屈長さ　　　　　　　　l_b	cm	$l_b=300$	$l_b=300$
	細長比　　　　　$\lambda=l_b/i\sqrt{C}$		$\lambda=300/4.56\times1.0=67$	$\lambda=300/2.24=134$
	$\lambda \to f_c$ 表より　　　　　f_c	kN/cm²	$f_c=*$	${}_Lf_c=5.3,\ {}_Sf_c=7.9$
	$f_{b1}=8900\ i/l_b\cdot\eta$	kN/cm²	${}_Lf_b=19.3\to15.7,\ {}_Sf_b=23.5$	${}_Lf_b=11.9,\ {}_Sf_b=17.9$
	$f_{b2}=F\cdot[2/3-4/15\ C\cdot\{(\lambda/\Lambda)^2\}]$	kN/cm²	$f_b=13.8$	$f_b=7.7$
断面検定・たわみ量	$\sigma/f=N/f_c\cdot A+M/f_b\cdot Z$		$\sigma/f=13260/15.7\times1170$ 　　　$=0.72<1.0$　　　ok	$\sigma/f=6/7.9\times26.67+2100/$ 　　　17.9×181 　　　$=0.03+0.65$ 　　　$=0.68<1.0$　　　ok
	等分布荷重 　　$w\delta=0.63\times W\cdot L^4/I$ 集中荷重 　　$p\delta=1.0\times P\cdot L^3/I$	cm	$w\delta=0.63\times22.80\times6.000^4/$ 　　　23500$=0.79$ $p\delta=1.0\times20.0\times6.000^3/$ 　　　23500$=0.19$ $\delta=0.79+0.19=0.98$	$w\delta=0.63\times3.0\times6.000^4/$ 　　　1810$=1.35$ $p\delta=1.0\times5.0\times6.000^3/1810$ 　　　$=0.59$ $\delta=1.35+0.59=1.94$
	$L/\delta=L/(w\delta+p\delta)>300$		$L/\delta=612>300$　　　ok	$L/\delta=309>300$　　　ok

9. 方杖付き小ばり・片持ばりの設計

	項目・計算式 単位	小ばり符号	NB 29　計算値 屋根	K 24　計算値 庇
荷重図	方杖付きの準備計算 $k = L_1/2\,L_2 = 1.20/2 \times 6.30 = 0.095$ $\phi = (3 + 2\,k) = 3.19$ $\Delta = (L_2{}^2/3 - L_1{}^2/8) = 6.3^2/3 - 1.2^2/8$ 　　$= 13.05$ $x = \sqrt{h^2 + L_1{}^2} = 169$ cm 　　　　　　(方杖の長さ)		$w=2.70$ kN/m　(図: A-C-O-D-B, E-x-F, L_1-L_2, $L=15.0$) $L_1=1.2,\ L_2=6.3,\ h=1.2$ (小ばり間隔 @=3 m)	$w=6$ kN/m　(図: A-B-C-D 片持ち, $P=6$ kN, T, $h=2.0$) $2.0 \mid 3.0,\ L=5.0$ (庇間隔 @=3 m)
荷重・応力	等分布荷重　$w=(DL+SL)$	kN/m	$w=(0.30+0.60)\times 3.000$ $=2.70$　(短期)	$w=(0.4+0.6)\times 6.000$ $=6.00$　(短期)
	集中荷重　$P=(DL+SL)\times @ \times a$	kN	$P=*$	$P=(0.4+0.6)6.000\times 1.000$ $=6.0$
	等分布　$Mc=3\,w\cdot\Delta/\phi + wL_1{}^2/8$	kN·m	$Mc=3\times 2.7\times 13.05/3.19$ 　$+2.7\times 1.2^2/8 = 33.62$	$_wM_b = 6.00\times 2.00^2/2 = 12.00$
	等分布　$Mo=(wL_2{}^2/2)-Mc$	kN·m	$Mo=(2.7\times 6.3^2/2)$ 　$-33.62 = 19.96$	$_PM_b = 6.0\times 2.000 = 12.00$
	設計用曲げモーメント　M	kN·m	$M=33.62$	$M=12.00+12.00=24.00$
断面性能	サイズ		$H-298\times 149\times 5.5\times 8$	$H-248\times 124\times 5\times 8$
	断面積・二次半径	cm	A　40.80　i_y　3.29	A　31.99　i_y　2.82
	断面二次モーメント	cm⁴	I　6320　i　3.84	I　3450　i　3.27
	断面係数	cm³	Z　424　η　9.61	Z　278　η　8.19
断面検定・たわみ量	座屈長さ l_b, 細長比 $\lambda=l_b/i$	cm	$l_b=300,\ \lambda=300/3.29=91$	$l_b=300,\ \lambda=300/2.82=106$
	$f_{b1}=8900\,i/l_b\eta$	kN/cm²	$_Lf_b=11.8,\ _Sf_b=17.7$	$_Lf_b=11.8,\ _Sf_b=17.7$
	$f_{b2}=F\cdot[2/3-4/15\,C\cdot\{(\lambda/\Lambda)^2\}]$	kN/cm²	$_Lf_b=12.1,\ _Sf_b=18.1$	$_Lf_b=10.7,\ _Sf_b=16.0$
	$\sigma/f=M/f_b Z$		$\sigma/f=3362/(18.1\times 424)$ 　$=0.43 < 1.0$　ok	$\sigma/f=2400/(17.7\times 278)$ 　$=0.48 < 1.0$　ok
	$w\delta = 0.63\,w(2\,L_2)^4/I$ 　$-6.1\times Mc(2\,L_2)^2/I$ $p\delta_A = 16.3\,PL^3/I$ $w\delta_A = 6.1\,wL^4/I$	cm	$w\delta=0.63\times 2.7\times 12.600^4/$ 　6320 -6.1×33.62 　$\times 1260^2/6320$ 　$=6.67-5.15=1.52$ $L/\delta = 1260/1.52 = 828$ 　> 300　ok	$p\delta_A=16.3\times 6.0\times 2.00^3/$ 　3450 $= 0.23$ $w\delta_A = 6.1\times 6.00\times 2.00^4/$ 　3450 $= 0.17$ $\delta_A = 0.23 + 0.17 = 0.40$ $L/\delta = 200/0.40 = 500$ 　> 250　ok
方杖の断面設計	反力　$H=(Mc+wL_1L_2$ 　　　$+wL_2{}^2/2)/h$	kN	$H=89.7$	$R_b=6.0\times(2.0+3.0)/3.0$ 　$+6.0(2.0+3.0)^2/2.0\times 3.0=35$
	方杖軸力　$N=H\cdot x/L_1$	kN	$N=89.7\times 1.69/1.20 = 126.3$	$T_{BD}=35\times\sqrt{2.0^2+3.0^2}/2.0$ 　$=63.1$　(引張り)
	使用部材　$2\,L-65\times 65\times 6$		$A=19.52$ cm², $i_x=1.98$ cm	$\phi-89.1\times 3.5,\ A=9.41$ cm²
	圧縮許容応力度　$\lambda=x/i_x$	kN/cm²	$\lambda=169/1.98=85$ 　$\to {_Sf_c}=15.3$	$\lambda=*$
	検定　$\sigma/f=N/f_c A$		$\sigma/f=126.3/(15.3\times 19.5)$ 　$=0.42$	$\sigma/f=63.1/(23.5\times 9.41)$ 　$=0.29$
	ボルト　HTB-M 16 　　　$n=N/R_B$	本	$n=126.3/88.6$ (2面) 　$=1.4 \to 2$-M 16	$n=63.1/44.4$ (1面) 　$=1.4 \to 2$-M 16

鋼 構 造 設 計

10．クレーンガーダーの設計

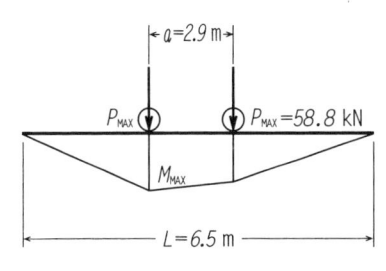

$CG1$：$H-482\times300\times11\times15$，$w=1.11$ kN/m
$I_X=58300$ cm⁴，$I_Y=6760$ cm⁴
$Z_X=2420$ cm³，$Z_Y=451$ cm³
$I_Y/2=3380$ cm⁴，$Z_Y/2=225$ cm³

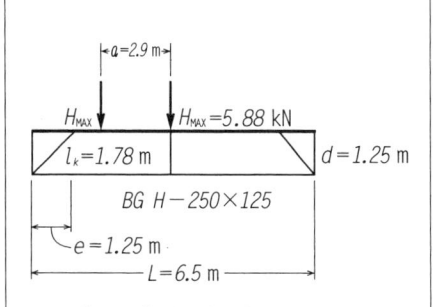

Latt：$L-65\times65\times6$
$A=7.50$ cm²，$d=125$ cm
$i_v=1.27$ cm，$e=125$ cm
$l_k=125\times1.421=178$ cm，$\lambda=178/1.27=140$

	項目・計算式	単位	計算値
クレーンガーダーの検討	鉛直曲げモーメント $M_{MAX}=1.2\times P_{MAX}(2L-a)^2/8L+wL^2/8$	kN·m	$M_{MAX}=1.2\times58.8(2\times6.50-2.90)^2/(8\times6.50)+1.47\times6.50^2/8$ $=138.42+7.76=148.18$
	水平ローカル曲げモーメント $M_{LOC}=1.2\times H_{MAX}(L-a)^2/4L$	kN·m	$M_{LOC}=1.2\times5.88(6.50-2.90)^2/(4\times6.50)$ $=3.52$
	鉛直せん断力 $Q_{MAX}=1.2\times P_{MAX}(2L-a)/L+wL/2$	kN	$Q_{MAX}=1.2\times58.8(2\times6.50-2.90)/6.50+1.47\times6.50/2$ $=109.64+4.78=114.42$
	断面検定 $\sigma/f=M_{MAX}/f_bZ_X+M_{LOC}/f_bZ_Y<1.0$		$\sigma/f=14818/(15.7\times2500)+352/(15.7\times225)$ $=0.38+0.10=0.48<1.0$
	たわみ量計算 $\delta=1.19\times P_{MAX}\cdot\varDelta\cdot(3L^2-\varDelta^2)/I$ $+0.63\times wL^4/I$	cm	$\delta=1.19\times58.8\times3.60(3\times6.50^2-3.60^2)$ $/58300+0.63\times1.47\times6.50^4/58300$ $=0.49+0.03=0.52$ $L/\delta=650/0.52=1250>1000$　　ok
バックガーダーの検討	クレーン水平曲げ・せん断力 $_{BG}M_H=(1.2\times H_{MAX})\times2\times L/4$	kN·m kN	$_{BG}M_H=(1.2\times5.88)\times2\times6.5/4=22.93$ $_{BG}Q_H=(1.2\times5.88)\times2/2=7.06$
	風荷重の水平曲げ・せん断力 $_{BG}M_W=ww_x@\times L^2/8$　@＝4.450	kN·m kN	$_{BG}M_W=1.246\times4.450\times6.50^2/8=29.28$ $_{BG}Q_W=1.246\times4.450\times6.50/2=18.02$
	バックガーダーの水平曲げ	kN·m	$_{BG}M=22.93+29.28=52.21$
	バックガーダーのせん断力	kN	$_{BG}Q=7.06+18.02=25.07$
	Latt材に作用する軸力	kN	$N_{Latt}=25.08\times1.414=35.46$
	BGの断面検定 $\sigma/f={_{BG}M}/f_bZ_X$		BG 使用サイズ $H-250\times125\times6\times9$　$Z_X=317$ $\sigma/f=5221/(23.5\times317)=0.70<1.0$　　ok
	Latt材の断面検定 $\sigma/f=N_{Latt}/f_cA$		Latt材　$L-65\times65\times6$ $\lambda=140\to f_c=4.8\times1.5=7.20$ $\sigma/f=35.46/(7.20\times7.50)=0.66<1.0$　　ok

11. ブレースの設計

(1) 屋根ブレースの設計

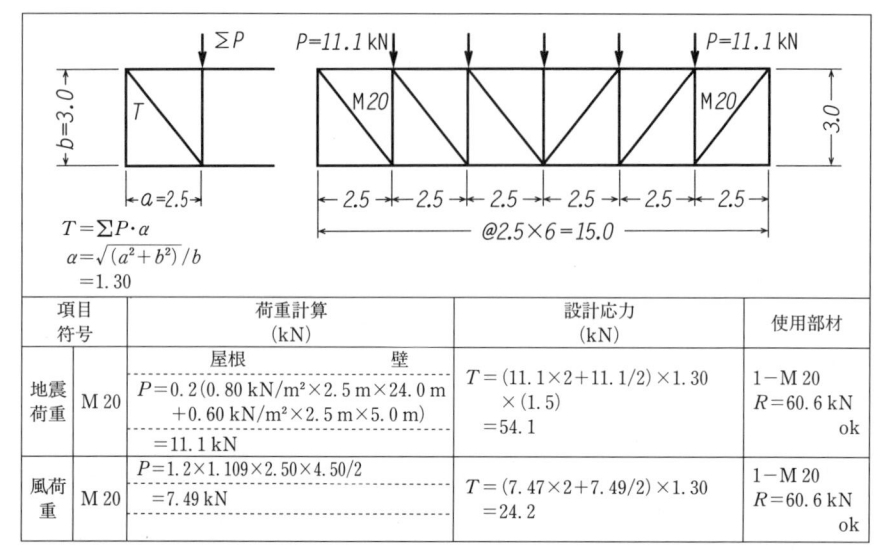

$T = \Sigma P \cdot a$
$a = \sqrt{(a^2+b^2)}/b$
$= 1.30$

項目 符号		荷重計算 (kN)	設計応力 (kN)	使用部材
地震荷重	M 20	屋根　　　　　　　　　壁 $P = 0.2(0.80 \text{ kN/m}^2 \times 2.5 \text{ m} \times 24.0 \text{ m}$ 　　$+ 0.60 \text{ kN/m}^2 \times 2.5 \text{ m} \times 5.0 \text{ m})$ $= 11.1 \text{ kN}$	$T = (11.1 \times 2 + 11.1/2) \times 1.30$ $\times (1.5)$ $= 54.1$	1 − M 20 $R = 60.6 \text{ kN}$ ok
風荷重	M 20	$P = 1.2 \times 1.109 \times 2.50 \times 4.50/2$ $= 7.49 \text{ kN}$	$T = (7.47 \times 2 + 7.49/2) \times 1.30$ $= 24.2$	1 − M 20 $R = 60.6 \text{ kN}$ ok

(2) 壁ブレースの設計

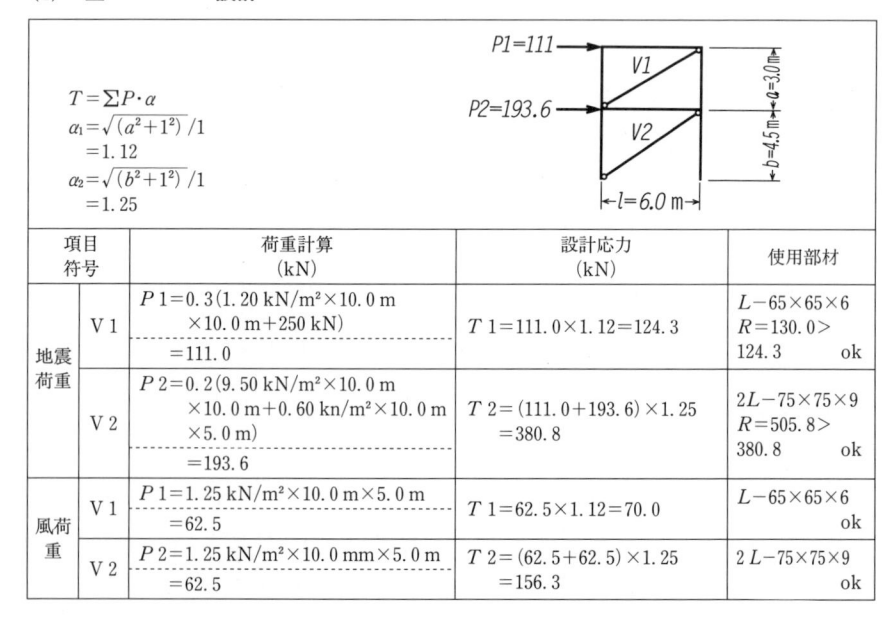

$T = \Sigma P \cdot a$
$a_1 = \sqrt{(a^2+1^2)}/1$
$= 1.12$
$a_2 = \sqrt{(b^2+1^2)}/1$
$= 1.25$

項目 符号		荷重計算 (kN)	設計応力 (kN)	使用部材
地震荷重	V 1	$P1 = 0.3(1.20 \text{ kN/m}^2 \times 10.0 \text{ m}$ 　　$\times 10.0 \text{ m} + 250 \text{ kN})$ $= 111.0$	$T1 = 111.0 \times 1.12 = 124.3$	$L - 65 \times 65 \times 6$ $R = 130.0 >$ 124.3　　ok
	V 2	$P2 = 0.2(9.50 \text{ kN/m}^2 \times 10.0 \text{ m}$ 　　$\times 10.0 \text{ m} + 0.60 \text{ kn/m}^2 \times 10.0 \text{ m}$ 　　$\times 5.0 \text{ m})$ $= 193.6$	$T2 = (111.0 + 193.6) \times 1.25$ $= 380.8$	$2L - 75 \times 75 \times 9$ $R = 505.8 >$ 380.8　　ok
風荷重	V 1	$P1 = 1.25 \text{ kN/m}^2 \times 10.0 \text{ m} \times 5.0 \text{ m}$ $= 62.5$	$T1 = 62.5 \times 1.12 = 70.0$	$L - 65 \times 65 \times 6$ ok
	V 2	$P2 = 1.25 \text{ kN/m}^2 \times 10.0 \text{ mm} \times 5.0 \text{ m}$ $= 62.5$	$T2 = (62.5 + 62.5) \times 1.25$ $= 156.3$	$2L - 75 \times 75 \times 9$ ok

(3) ブレースの耐力算定

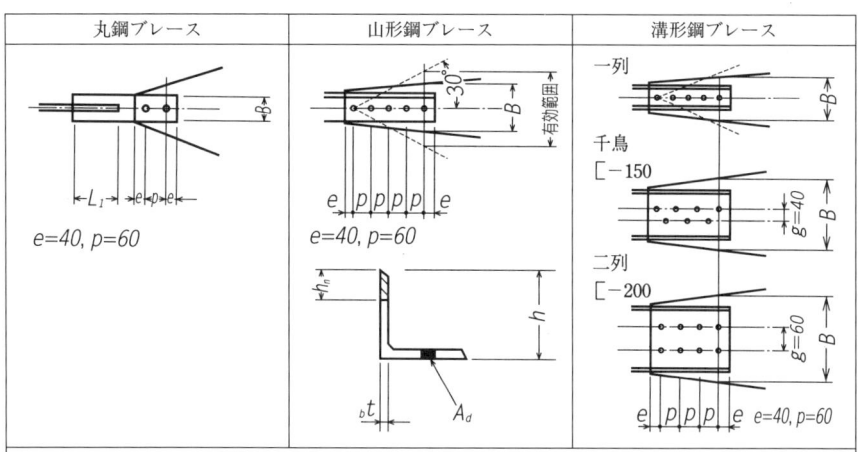

丸鋼ブレース　$e=40, p=60$

山形鋼ブレース　$e=40, p=60$

溝形鋼ブレース　一列 [-150、二列 [-200　$e=40, p=60$

短期許容耐力の算定

① 主材短期許容耐力　$Ns = Aj \cdot F$　　Aj：ブレースの有効断面積，$F=23.5\,\mathrm{kN/cm^2}$
② 高力ボルトの許容耐力　$Nb = n \cdot sf$　　n：ボルトの本数，sf：ボルト1本の耐力
③ ガセットプレートの許容耐力　$Ng = (gt \cdot B - A_d) \cdot F$　　gt：ガセットプレートの板厚
　　　　　　　　　　　　　　　　　　　　　　　　　　　　　　　　A_d：ボルト穴による断面欠損

二次設計（ブレース端部および接合部の破断耐力の検定）

必要終局耐力　$Pun = 1.2 \cdot Ag \cdot F \leq \min(P_1, P_2, P_3, P_4, P_5)$

① ブレース軸部破断　$P_1 = Aj \cdot {}_b\sigma_u$　　　　　形鋼　$Aj = Ag - A_d - h_n$
② 高力ボルトの破断　$P_2 = n \cdot Su$　　　　　　　$Su = 0.75 \cdot n \cdot m \cdot {}_fA \cdot {}_f\sigma_u$
③ はしあき部分の破断　$P_3 = n \cdot e \cdot gt \cdot {}_b\sigma_u$　　${}_fA$：ボルト1本の断面積
④ ガセットプレート破断　$P_4 = (B - bt - Ag) \cdot {}_g\sigma_u$　　gt：ガセットプレートの板厚
⑤ 溶接部の破断　$P_5 = 0.7 \cdot S \cdot Le \cdot {}_a\sigma_u / \sqrt{3}$　　Ag：ブレースの実断面積
　　　　　　　　　$Le = Pnu / (0.7 \cdot S \cdot Le \cdot {}_a\sigma_u / \sqrt{3})$　　bt：ブレースの板厚
　　　　　　　　　　　　　　　　　　　　　　　　　　　　　　　　　　　S：すみ肉溶接のサイズ
　　　　　　　　　　　　　　　　　　　　　　　　　　　　　　　　　　　Le：すみ肉溶接の有効長さ
　　　　　　　　　　　　　　　　　　　　　　　　　　　　　　　　　　　$\sigma_u = 40\,\mathrm{kN/cm^2}$

h_n の値.

ブレース材の断面形	ブレース材を結合しているボルトの本数 n				
	1	2	3	4	5
山形鋼	$h-t$	$0.7h$	$0.5h$	$0.33h$	$0.25h$
溝形鋼	$h-t$	$0.7h$	$0.5h$	$0.25h$	$0.20h$

ガセットプレートの種類

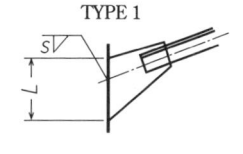

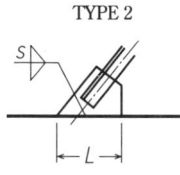

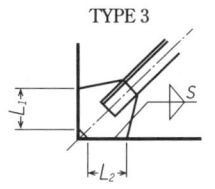

TYPE 1　　TYPE 2　　TYPE 3

$L \geq Le + 4S$
$L = L_1 + L_2$

(4) ブレースの短期許容耐力

サイズ	一次設計（短期許容耐力）							
	主材（転造ねじ）			高力ボルト		ガセットプレート		許容耐力
	Ag(cm²)	Aj(cm²)	Ns(kN)	本数-径	N_b(kN)	$gt \cdot B$(cm)	Ng(kN)	(kN)
M 16	1.64	1.64	38.5	1-M 16	44.4	9×75	83.4	38.5
M 18	2.04	2.04	47.9	1-M 20	69.2	9×85	95.1	47.9
M 20	2.58	2.58	60.6	1-M 20	69.2	9×85	95.1	60.6
M 22	3.18	3.18	74.7	1-M 22	83.8	9×85	78.7	74.7
M 24	3.72	3.72	87.4	2-M 20	138.2	12×100	197.4	87.4
L-65×65×6	7.527	5.532	130.0	5-M 16	222.0	9×90	154.5	130.0
L-75×75×6	8.727	6.582	154.6	5-M 16	222.0	9×90	154.5	154.5
L-75×75×9	12.69	9.473	222.6	4-M 20	276.8	9×125	228.6	222.6
L-90×90×7	12.22	8.636	203.2	4-M 20	276.8	9×120	208.5	203.2
L-90×90×10	17.00	12.60	296.3	5-M 20	346.0	9×155	282.6	282.6
L-90×90×13	21.71	15.99	376.1	5-M 20	346.0	9×195	367.3	346.0
L-100×100×10	19.00	14.35	337.5	5-M 20	346.0	9×170	314.3	314.3
L-100×100×13	24.31	18.27	429.6	5-M 20	346.0	9×215	409.6	346.0
2 L-65×65×6	15.05	13.01	305.9	5-M 16	443.0	6×235	311.8	305.9
2 L-75×75×6	17.45	15.41	362.4	5-M 16	443.0	9×190	366.2	366.2
2 L-75×75×9	25.38	21.51	505.8	5-M 20	690.5	12×205	517.9	505.8
2 L-90×90×7	24.44	21.43	504.0	4-M 20	552.4	12×205	517.9	504.0
2 L-90×90×10	34.00	29.70	698.5	5-M 20	690.5	12×270	701.3	698.3
2 L-90×90×13	43.42	37.83	889.7	7-M 20	966.7	12×340	898.9	889.7
2 L-100×100×10	38.00	33.70	792.6	6-M 20	828.6	12×305	800.1	792.6
2 L-100×100×13	48.62	43.03	1012.3	8-M 20	1104.8	12×385	1026.0	1012.3
[−100×50×5×7.5	11.92	8.97	211.0	4-M 20	276.8	9×125	219.1	211.0
[−125×65×6×8	17.11	13.74	323.2	5-M 20	346.0	9×175	324.9	323.2
[−150×75×6.5×10	23.71	18.79	442.0	7-M 20	484.4	9×240	445.4	442.0
[−150×75×9×12.5	30.59	24.18	568.6	9-M 20	622.8	9×300	572.4	568.6
[−200×70×7×10	26.97	21.11	496.4	8-M 20	553.6	9×280	501.6	496.4
[−200×80×7.5×11	31.33	25.06	589.4	10-M 20	692.0	12×300	762.9	589.4
2 [−100×50×5×7.5	23.84	21.69	510.1	4-M 20	552.4	12×205	517.9	510.1
2 [−125×65×6×8	34.22	31.64	744.2	6-M 20	828.6	16×220	746.9	744.2
2 [−150×75×6.5×10	47.42	43.58	1025.0	8-M 20	1104.8	16×305	1036.8	1025.0
2 [−150×75×9×12.5	61.18	55.56	1314.5	10-M 20	1381.0	16×385	1337.7	1314.1
2 [−200×70×7×10	53.84	47.82	1124.0	8-M 20	1104.8	19×295	1126.0	1104.8
2 [−200×80×7.5×11	62.66	55.78	1312.2	10-M 20	1381.0	16×365	1337.7	1312.2
2 [−250×90×9×13	88.14	76.53	1799.2	12-M 20	1657.2	19×456	1749.3	1657.2

鋼 構 造 設 計

(5) ブレースの二次設計

	二次設計（必要終局耐力）							
	必要終局 Pun(kN)	ブレース P_1(kN)	ボルト P_2(kN)	はしあき P_3(kN)	ガセット P_4(kN)	必要溶接長（mm）		
						TYPE 1	TYPE 2	TYPE 3
M 16	43.7	67.3	113.0	81.2	214.0	80	56	72
M 18	58.7	83.5	113.0	160.0	234.0	80	56	72
M 20	74.2	106.0	177.0	160.0	234.0	80	56	72
M 22	91.4	131.0	214.0	190.0	227.0	80	56	72
M 24	107.0	153.0	354.0	197.0	386.0	100	70	90
L-65×65×6	216.8	226.8	565.3	492.0	269.4	164	98	114
L-75×75×6	251.3	269.9	565.3	492.0	269.4	190	111	127
L-75×75×9	365.5	388.4	565.3	738.0	398.5	276	154	170
L-90×90×7	351.9	354.1	706.5	459.2	363.5	266	149	165
L-90×90×10	489.6	516.6	883.1	738.0	492.6	370	201	217
L-90×90×13	625.2	655.6	883.1	738.0	640.2	472	252	268
L-100×100×10	547.2	588.4	883.1	738.0	548.0	413	223	239
L-100×100×13	700.1	748.9	883.1	738.0	714.0	529	281	297
2 L-65×65×6	434.4	453.5	1131.0	492.0	543.6	436	230	242
2 L-75×75×6	502.6	539.7	1131.0	738.0	638.4	380	206	222
2 L-75×75×9	730.9	743.6	1766.0	984.0	902.9	442	241	261
2 L-90×90×7	703.9	708.2	1413.0	787.2	902.9	425	233	253
2 L-90×90×10	979.2	1033.0	1766.0	984.0	1223.0	591	316	336
2 L-90×90×13	1251.0	1311.0	2473.0	1378.0	1567.0	755	398	418
2 L-100×100×10	1094.0	1177.0	2120.0	1181.0	1395.0	661	351	371
2 L-100×100×13	1400.0	1498.0	2826.0	1574.0	1789.0	846	443	463
[−100×50×5×7.5	343.3	367.8	706.5	410.0	381.9	—	146	162
[−125×65×6×8	492.8	563.6	883.1	615.0	566.4	—	202	218
[−150×75×6.5×10	682.8	770.4	1236.0	746.2	776.5	—	274	290
[−150×75×9×12.5	881.0	991.4	1590.0	1328.0	997.9	—	349	365
[−200×70×7×10	775.3	865.5	1413.0	918.4	874.5	—	309	325
[−200×80×7.5×11	902.5	1143.2	1766.0	1034.0	954.6	—	341	332
2 [−100×50×5×7.5	686.6	735.6	1413.0	820.0	902.8	—	230	250
2 [−125×65×6×8	985.5	1127.0	2120.0	1476.0	1302.0	—	255	285
2 [−150×75×6.5×10	1366.0	1541.0	2826.0	1706.0	1807.0	—	345	375
2 [−150×75×9×12.5	1762.0	1983.0	3533.0	2952.0	2332.0	—	435	465
2 [−200×70×7×10	1551.0	1731.0	2826.0	1837.0	1963.0	—	335	375
2 [−200×80×7.5×11	1805.0	2287.0	2532.0	2461.0	2244.0	—	419	449
2 [−250×90×9×13	2538.0	3138.0	3039.0	2952.0	3050.0	—	478	518

12. 有孔ばりの断面検討

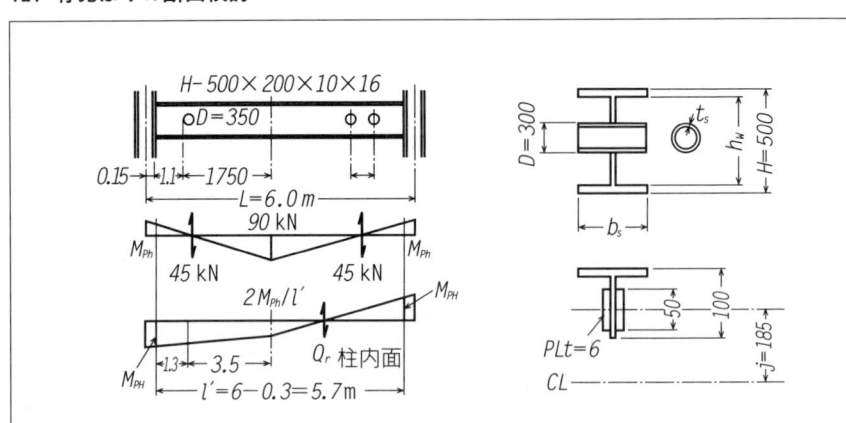

項目・計算式		単位	$H-500\times200\times10\times16$ (SN 400)
応力	降伏点強度　　　　　　　　　　　σ_y, τ_y	kN/cm²	$\sigma_y=23.5,\ \tau_y=13.57$
	H形鋼の塑性断面係数　　　　　　　Z_P	cm³	$Z_P=2180$
	メカニズム時の曲げモーメント $M_{Ph}=Z_P\times\sigma_y$	kN·m	$M_{Ph}=2180\times23.5=51230$ kN·cm$=512.3$
	メカニズム時のせん断力　$Q_r=2\,M_P/l'+Q_L$	kN	$Q_r=2\times512.3/5.7+45=224.7$
無補強	ウェブ成　　　　　　　　　　$h_W=H-2\,t_F$	cm	$h_W=50-2\times1.6=46.8$
	曲げ終局耐力　　　　　　　　$M_u=0.9\times M_{Ph}$	kN·m	$M_u=0.9\times512.3=461.1$
	有孔部のウェブ断面積　　$A_{Wh}=t_W\times(h_W-D)$	cm²	$A_{Wh}=1.0(46.8-30)=16.8$
	有孔部のウェブ断面の降伏せん断力　$Q_{Ph}=A_{Wh}\cdot\tau_y$	kN	$Q_{Ph}=16.8\times13.57=228.0$
	せん断終局耐力　　　　　　　$Q_u=0.8\times Q_{Ph}$	kN	$Q_u=0.8\times228.0=182.4<228.0$　　　no
	許容できる孔径　　$D=h_W-Q_u/(0.8\cdot\tau_y)$	cm	$D=46.8-228.0/0.8\times13.57=25.8$ 以下 で無補強　　　　　　　　　　　　ok
スリーブ管補強	スリーブ管 ϕ，管長さ b_S，管肉厚 t_S	cm	$\phi=318.5\times9,\ b_S=10,\ t_S=0.9$
	スリーブ管の全塑性モーメント　$M_{PS}=(b_S\times t_S^2/4)\cdot\sigma_{yS}$	kN·m	$M_{PS}=(10\times0.9^2)/4\times23.5$ $=47.6$ kN·cm$=0.47$
	曲げ終局耐力　　　　　　$M_u=0.9\,(M_{Ph}+M_{PS})$	kN·m	$M_u=0.9\,(512.3+0.476)=461.5$
	$\alpha=1+\{(165\,M_{PS}+1112)(D/H-0.3)^2$ $+36\,M_{PS}+115\}/H^2-0.001\,M_{PS}$		$\alpha=1+\{(165\times47.6+1112)(30/50-0.3)^2$ $+36\times47.6+115\}/50^2-0.001\times47.6$ $=2.0$
	有孔部ウェブ断面の降伏せん断力 $Q_{Ph}=t_W\times(h_W-D)\cdot\tau_y$	kN	$Q_{Ph}=1.0\times(46.8-31.85)\times13.57=202.9$
	せん断終局耐力　　　　　　　　$Q_u=\alpha\cdot Q_{Ph}$	kN	$Q_{Ph}=2.0\times202.9=405.8>Q_r=224.7$　ok
添板補強	添板の厚さと成　　　　　　　　　$t_p\times h_P$	cm	$t_p\times h_P=0.6\times5.0$
	添板の断面係数 $Z_P=2\times2\,(t_p\times h_P^3/12+t_p\times h_P\times j_P^2)/j_P$	cm³	$Z_P=2\times2(0.6\times5.0/12^3+0.6\times5.0$ $\times18.5^2)/18.5=223$
	添板の全塑性モーメント　　　$M_{PL}=Z_P\times\sigma_y$	kN·m	$M_{PL}=223\times23.5=5241$ kN·cm$=52.41$
	曲げ終局耐力　　　　　　$M_u=0.9\,(M_{Ph}+M_{PL})$	kN·m	$M_u=0.9\,(512.3+52.41)=508.2$
	添板の断面積　　　　　　　　$A_{PL}=2\times t_p\times h_P$	cm²	$A_{PL}=2\times0.6\times5\times2=12$
	添板の降伏せん断力　　　　　　$Q_{PL}=A_{PL}\cdot\tau_y$	kN	$Q_{PL}=12\times13.57=162.84$
	せん断終局耐力　　　　$Q_u=0.8\,(Q_{Ph}+Q_{PL})$	kN	$Q_u=0.8\,(228.0+162.84)=358.2>224.7$　ok

13. 合成デッキスラブの設計

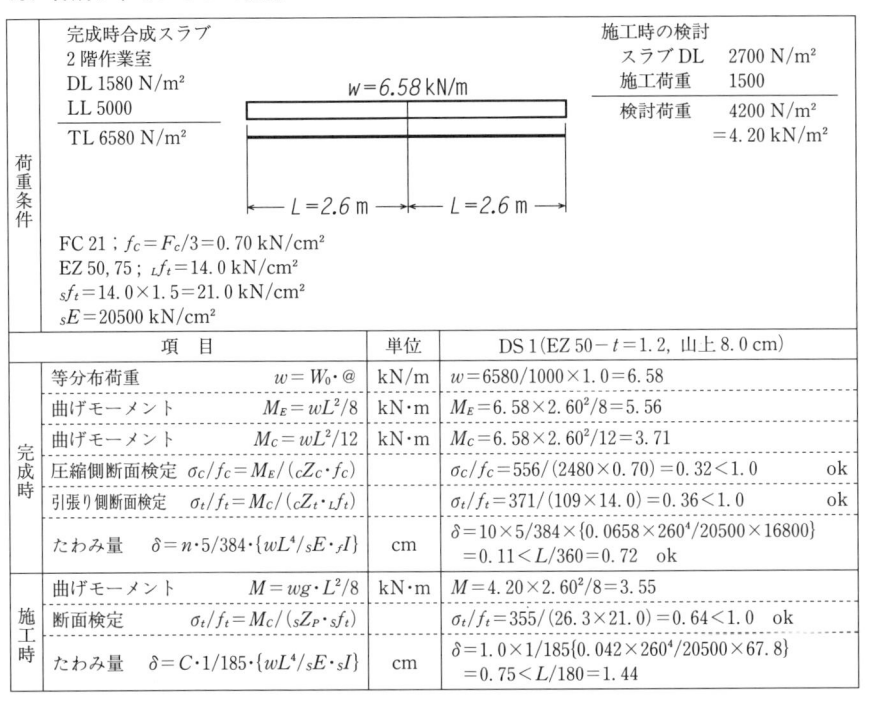

荷重条件

完成時合成スラブ
2階作業室
DL 1580 N/m²
LL 5000
TL 6580 N/m²

$w=6.58$ kN/m

← $L=2.6$ m → ← $L=2.6$ m →

施工時の検討
スラブ DL　2700 N/m²
施工荷重　　1500
検討荷重　　4200 N/m²
　　　　　$=4.20$ kN/m²

FC 21 ; $f_c=F_c/3=0.70$ kN/cm²
EZ 50, 75 ; $_Lf_t=14.0$ kN/cm²
$_sf_t=14.0\times1.5=21.0$ kN/cm²
$_sE=20500$ kN/cm²

	項　目	単位	DS 1(EZ 50 − $t=1.2$, 山上 8.0 cm)
完成時	等分布荷重　　　　　　　$w=W_0\cdot@$	kN/m	$w=6580/1000\times1.0=6.58$
	曲げモーメント　　　　　$M_E=wL^2/8$	kN·m	$M_E=6.58\times2.60^2/8=5.56$
	曲げモーメント　　　　　$M_C=wL^2/12$	kN·m	$M_C=6.58\times2.60^2/12=3.71$
	圧縮側断面検定　$\sigma_c/f_c=M_E/(_cZ_c\cdot f_c)$		$\sigma_c/f_c=556/(2480\times0.70)=0.32<1.0$　ok
	引張り側断面検定　$\sigma_t/f_t=M_C/(_cZ_t\cdot {_Lf_t})$		$\sigma_t/f_t=371/(109\times14.0)=0.36<1.0$　ok
	たわみ量　　$\delta=n\cdot5/384\cdot\{wL^4/{_sE}\cdot {_fI}\}$	cm	$\delta=10\times5/384\times\{0.0658\times260^4/20500\times16800\}$ 　$=0.11<L/360=0.72$　ok
施工時	曲げモーメント　　　　　$M=wg\cdot L^2/8$	kN·m	$M=4.20\times2.60^2/8=3.55$
	断面検定　　$\sigma_t/f_t=M_C/(_sZ_P\cdot {_sf_t})$		$\sigma_t/f_t=355/(26.3\times21.0)=0.64<1.0$　ok
	たわみ量　　$\delta=C\cdot1/185\cdot\{wL^4/{_sE}\cdot {_sI}\}$	cm	$\delta=1.0\times1/185\{0.042\times260^4/20500\times67.8\}$ 　$=0.75<L/180=1.44$

合成スラブの断面性能　　ヤング係数比（たわみ計算用）$n=10$ とする.

デッキプレート種別			EZ 50 − ($t=1.2$)				EZ 50 − ($t=1.6$)			
コンクリート山上厚さ		cm	8.0	9.0	10.0	11.0	8.0	9.0	10.0	11.0
圧縮側有効等価断面	$_cZ_c$	cm³	2480	2850	3250	3710	2690	3100	3530	4020
引張り側有効等価断面	$_cZ_t$	cm³	109	122	136	152	138	155	173	193
圧縮側全等価断面	$_cZ_e$	cm³	2870	3320	3790	4330	3010	3470	3960	4120
全等価断面2次モーメント	$_fI$	cm⁴	16800	20900	25700	31600	18000	22400	27400	33500
デッキプレート断面	$_sZ_P$	cm³	26.3				34.3			
デッキプレート断面	$_sI$	cm⁴	67.8				88.4			

デッキプレート種別			EZ 75−1.2				EZ 75−1.6			
コンクリート山上厚さ		cm	8.0	9.0	10.0	11.0	8.0	9.0	10.0	11.0
圧縮側有効等価断面	$_cZ_c$	cm³	3270	3670	4100	4580	3570	4010	4480	5010
引張り側有効等価断面	$_cZ_t$	cm³	127	141	155	170	161	179	197	217
圧縮側全等価断面	$_cZ_e$	cm³	3940	4430	4960	5560	4120	4630	5180	5800
全等価断面2次モーメント	$_fI$	cm⁴	26300	31700	37800	46100	28100	33700	40100	47700
デッキプレート断面	$_sZ_P$	cm³	42.3				55.5			
デッキプレート断面	$_sI$	cm⁴	163.0				214.0			

14. 合成ばりの有効等価断面2次モーメント・係数

	項目・計算式		単位	両側スラブ	片側スラブ
断面性能・寸法	H形鋼サイズ			$H-500\times200\times10\times16$	$H-500\times200\times10\times16$
	H形鋼断面積	sA	cm²	$sA=112.2$	$sA=112.2$
	H形鋼断面2次モーメント	sI	cm⁴	$sI=46800$	$sI=46800$
	スラブ厚さ山上	t	cm	$t=15$	$t=15$
	合成ばりの全成	D	cm	$D=50+5+15=70$	$D=50+5+15=70$
	コン天よりH形鋼重心までの距離	sd	cm	$sd=15+5+50/2=45$	$sd=15+5+50/2=45$
	ヤング係数比	n		$n=15$	$n=15$
スラブの有効幅	大ばりスパン長 L, $(0.5L)$		cm	$L=900(450)$	$L=900(450)$
	大ばりピッチ S		cm	$S=300$	$S=300$
	はり-はり内側面までの距離 $a=S-b$		cm	$a=300-20=280<(450)$	$a=300-20=280<(450)$
	連続 $a<0.5L$ $ba=(0.5-0.6\,a/L)\,a$		cm	$ba=(0.5-0.6\times280/900)$ $280=87.7$	$ba=87.7$
	$a\geq0.5L$ $ba=0.1L$		cm	$ba=*$	$ba=*$
	単純 $a<L_0$ $ba=(0.5-0.3\,a/L)\,a$		cm	$ba=(0.5-0.3\times280/900)$ $280=113.8$	$ba=113.8$
	$a\geq L_0$ $ba=0.2L$		cm	$ba=*$	$ba=*$
	両側有効幅 $B=2ba+b$		cm	$B=2\times113.8+20=247.6$	$B=*$
	片側有効幅 $B=ba+b$		cm	$B=*$	$B=113.8+20=133.8$
正曲げ有効断面係数	スラブ厚比 $t_1=t/sd$		cm	$t_1=15/45=0.333$	$t_1=15/45=0.333$
	鉄骨断面積比 $P_t=sA/B\cdot sd$			$P_t=114.2/247.6\times45$ $=0.0102$	$P_t=114.2/133.8\times45$ $=0.0189$
	中立軸 $xn=(t_1^2+2n\cdot P_t)\,sd/2(t_1+n\cdot P_t)$		cm	$xn=18.76/0.972=19.3$	$xn=25.51/1.233=20.7$
	$nI=B\cdot t/n\cdot\{t^2/12+(xn-t/2)^2\}$		cm⁴	$nI=247.6\times157.9=39118$	$nI=133.8\times192.9=25822$
	$aI=sA(sd-xn)^2$		cm⁴	$aI=114.2(45-19.3)$ $=2934$	$aI=114.2(45-20.7)$ $=2775$
	合成断面2次モーメント $cIn=nI+aI+sI$		cm⁴	$cIn=39118+2934$ $+46800=88852$	$cIn=25822+2775$ $+46800=75397$
	平均断面2次モーメント $I=(cIn+sI)/2$		cm⁴	$I=(88852+46800)/2$ $=67826$	$I=(75397+46800)/2$ $=61098$
	$D-xn$		cm	$D-xn=70-19.3=50.7$	$D-xn=70-20.7=49.3$
	有効断面係数 $cZt=cIn/(D-xn)$ $cZc=cIn/xn$		cm³	$cZt=88852/50.7=1753$ $cZc=88852/19.3=4604$	$Zt=75397/49.3=1529$ $cZc=75397/20.7=3642$

15. H形鋼断面性能

5・5表 H形鋼断面性能（細幅系列）

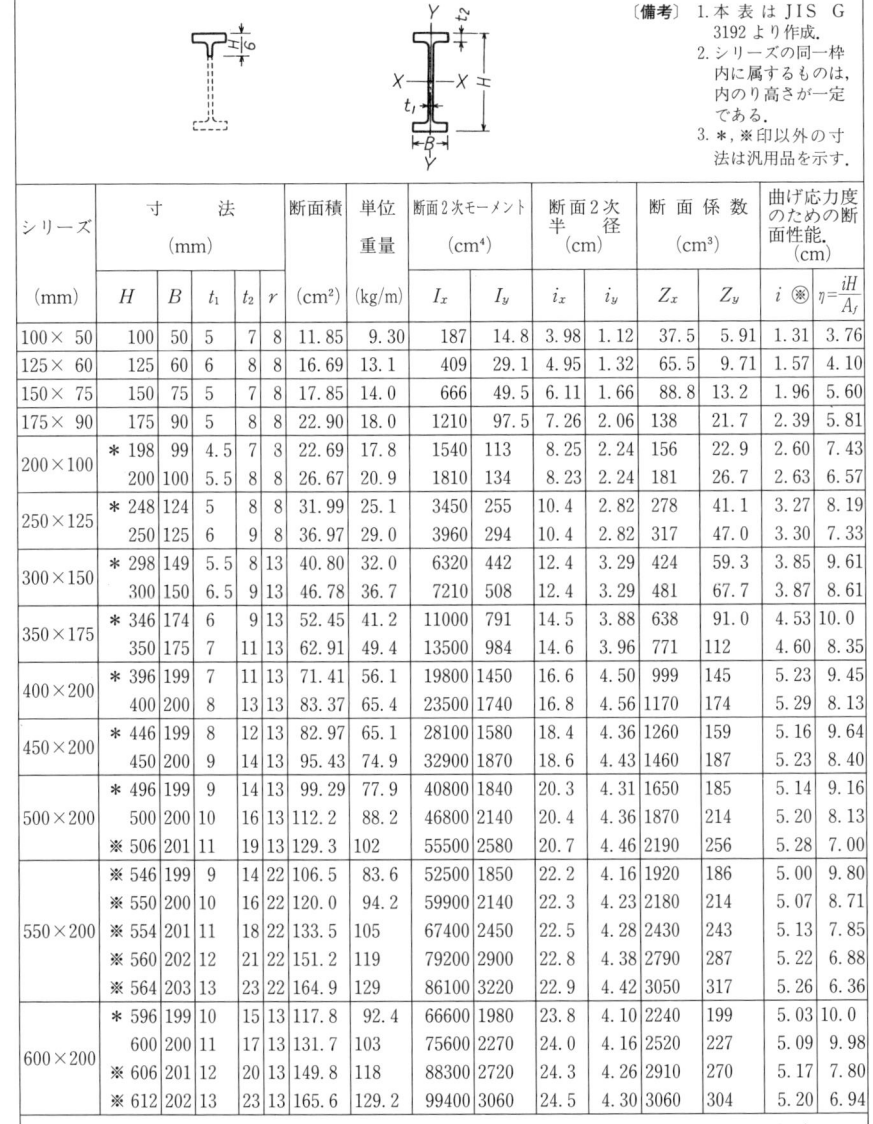

〔備考〕
1. 本表はJIS G 3192より作成.
2. シリーズの同一枠内に属するものは、内のり高さが一定である.
3. *,※印以外の寸法は汎用品を示す.

シリーズ (mm)	寸法 (mm)					断面積 (cm²)	単位重量 (kg/m)	断面2次モーメント (cm⁴)		断面2次半径 (cm)		断面係数 (cm³)		曲げ応力度のための断面性能. (cm)	
	H	B	t_1	t_2	r			I_x	I_y	i_x	i_y	Z_x	Z_y	i ※	$\eta=\dfrac{iH}{A_f}$
100× 50	100	50	5	7	8	11.85	9.30	187	14.8	3.98	1.12	37.5	5.91	1.31	3.76
125× 60	125	60	6	8	8	16.69	13.1	409	29.1	4.95	1.32	65.5	9.71	1.57	4.10
150× 75	150	75	5	7	8	17.85	14.0	666	49.5	6.11	1.66	88.8	13.2	1.96	5.60
175× 90	175	90	5	8	8	22.90	18.0	1210	97.5	7.26	2.06	138	21.7	2.39	5.81
200×100	*198	99	4.5	7	8	22.69	17.8	1540	113	8.25	2.24	156	22.9	2.60	7.43
	200	100	5.5	8	8	26.67	20.9	1810	134	8.23	2.24	181	26.7	2.63	6.57
250×125	*248	124	5	8	8	31.99	25.1	3450	255	10.4	2.82	278	41.1	3.27	8.19
	250	125	6	9	8	36.97	29.0	3960	294	10.4	2.82	317	47.0	3.30	7.33
300×150	*298	149	5.5	8	13	40.80	32.0	6320	442	12.4	3.29	424	59.3	3.85	9.61
	300	150	6.5	9	13	46.78	36.7	7210	508	12.4	3.29	481	67.7	3.87	8.61
350×175	*346	174	6	9	13	52.45	41.2	11000	791	14.5	3.88	638	91.0	4.53	10.0
	350	175	7	11	13	62.91	49.4	13500	984	14.6	3.96	771	112	4.60	8.35
400×200	*396	199	7	11	13	71.41	56.1	19800	1450	16.6	4.50	999	145	5.23	9.45
	400	200	8	13	13	83.37	65.4	23500	1740	16.8	4.56	1170	174	5.29	8.13
450×200	*446	199	8	12	13	82.97	65.1	28100	1580	18.4	4.36	1260	159	5.16	9.64
	450	200	9	14	13	95.43	74.9	32900	1870	18.6	4.43	1460	187	5.23	8.40
500×200	*496	199	9	14	13	99.29	77.9	40800	1840	20.3	4.31	1650	185	5.14	9.16
	500	200	10	16	13	112.2	88.2	46800	2140	20.4	4.36	1870	214	5.20	8.13
	※506	201	11	19	13	129.3	102	55500	2580	20.7	4.46	2190	256	5.28	7.00
550×200	※546	199	9	14	22	106.5	83.6	52500	1850	22.2	4.16	1920	186	5.00	9.80
	※550	200	10	16	22	120.0	94.2	59900	2140	22.3	4.23	2180	214	5.07	8.71
	※554	201	11	18	22	133.5	105	67400	2450	22.5	4.28	2430	243	5.13	7.85
	※560	202	12	21	22	151.2	119	79200	2900	22.8	4.38	2790	287	5.22	6.88
	※564	203	13	23	22	164.9	129	86400	3220	22.9	4.42	3050	317	5.26	6.36
600×200	*596	199	10	15	13	117.8	92.4	66600	1980	23.8	4.10	2240	199	5.03	10.0
	600	200	11	17	13	131.7	103	75600	2270	24.0	4.16	2520	227	5.09	9.98
	※606	201	12	20	13	149.8	118	88300	2720	24.3	4.26	2910	270	5.17	7.80
	※612	202	13	23	13	165.6	129.2	99400	3060	24.5	4.30	3060	304	5.20	6.94

〔注〕 1. ⊛印の i は圧縮フランジとはり成1/6とからなるT形断面のウェブ軸まわりの断面2次半径(cm).
2. ※印は当規格以外のもの.

5・6表　H形鋼断面性能（中幅系列）

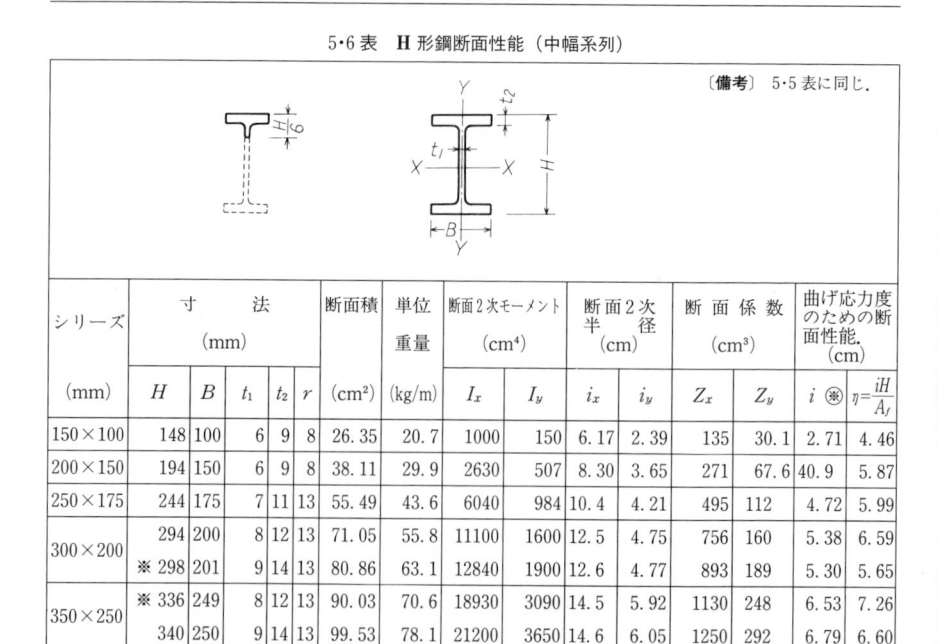

〔備考〕5・5表に同じ．

シリーズ (mm)	寸法 (mm)					断面積 (cm²)	単位重量 (kg/m)	断面2次モーメント (cm⁴)		断面2次半径 (cm)		断面係数 (cm³)		曲げ応力度のための断面性能 (cm)	
(mm)	H	B	t_1	t_2	r	(cm²)	(kg/m)	I_x	I_y	i_x	i_y	Z_x	Z_y	i ※	$\eta=\dfrac{iH}{A_f}$
150×100	148	100	6	9	8	26.35	20.7	1000	150	6.17	2.39	135	30.1	2.71	4.46
200×150	194	150	6	9	8	38.11	29.9	2630	507	8.30	3.65	271	67.6	40.9	5.87
250×175	244	175	7	11	13	55.49	43.6	6040	984	10.4	4.21	495	112	4.72	5.99
300×200	294	200	8	12	13	71.05	55.8	11100	1600	12.5	4.75	756	160	5.38	6.59
	※298	201	9	14	13	80.86	63.1	12840	1900	12.6	4.77	893	189	5.30	5.65
350×250	※336	249	8	12	13	90.03	70.6	18930	3090	14.5	5.92	1130	248	6.53	7.26
	340	250	9	14	13	99.53	78.1	21200	3650	14.6	6.05	1250	292	6.79	6.60
400×300	※386	299	9	14	13	121.3	94.6	33830	6240	16.7	7.21	1750	415	8.18	7.47
	390	300	10	16	13	133.2	105	37900	7200	16.9	7.35	1940	480	8.19	6.66
450×300	※434	299	11	15	13	139.4	108	48230	6690	18.6	7.11	2220	447	8.09	7.83
	440	300	11	18	13	153.9	121	54700	8110	18.9	7.26	2490	540	8.16	6.65
500×300	※482	300	11	15	13	141.2	111	58300	6760	20.4	6.92	2420	450	7.99	8.56
	488	300	11	18	13	159.2	125	68900	8110	20.8	7.14	2820	540	8.10	7.32
600×300	※582	300	12	17	13	169.2	133	98900	7670	24.3	6.73	3400	511	7.90	9.01
	588	300	12	20	13	187.2	147	114000	9020	24.8	6.94	3890	601	8.01	7.85
	※594	302	14	23	13	217.1	170	134000	10600	24.9	6.98	4500	701	8.08	6.91
700×300	※692	300	13	20	18	207.5	163	168000	9020	28.6	6.59	4870	602	7.81	9.01
	700	300	13	24	18	231.5	182	197000	10800	29.3	6.83	5640	722	7.95	7.73
	※708	302	15	28	18	268.1	209	231700	12900	29.4	6.89	6508	853	7.98	6.88
800×300	※792	300	14	22	18	239.5	188	248000	9930	32.2	6.44	6270	662	7.74	9.28
	800	300	14	26	18	263.5	207	286000	11700	33.0	6.67	7160	782	7.87	8.08
	※808	302	16	30	18	302.9	236	332000	13800	33.2	6.88	8220	915	7.92	7.08
900×300	※890	299	15	23	18	266.9	210	339000	10300	35.7	6.20	7610	688	7.59	9.83
	900	300	16	28	18	305.8	240	404000	12500	36.4	6.43	8990	843	7.75	8.31
	※912	302	18	34	18	360.1	283	491000	15700	37.0	6.59	10800	1040	7.90	7.01

〔注〕5・5表に同じ．

5・7表　H形鋼断面性能（広幅系列）

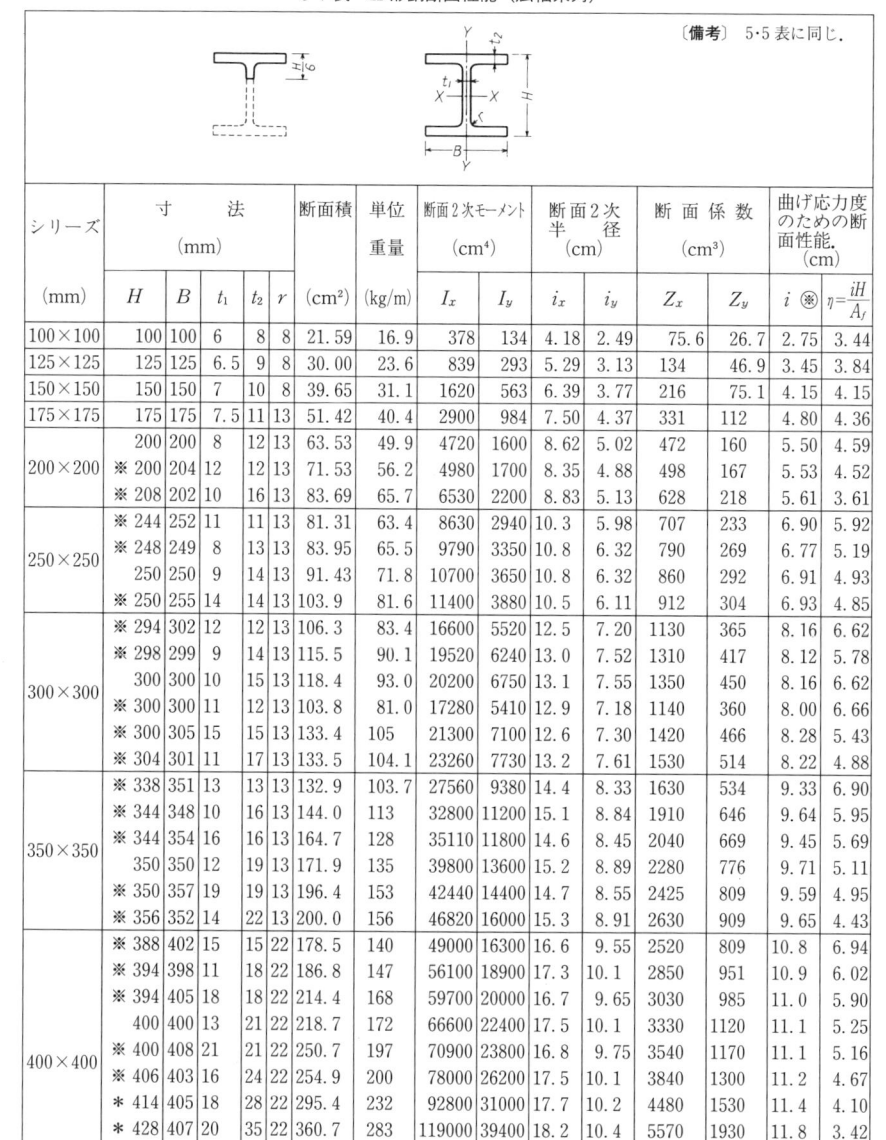

〔備考〕5・5表に同じ.

シリーズ (mm)	寸法 (mm) H	B	t_1	t_2	r	断面積 (cm^2)	単位重量 (kg/m)	断面2次モーメント (cm^4) I_x	I_y	断面2次半径 (cm) i_x	i_y	断面係数 (cm^3) Z_x	Z_y	曲げ応力度のための断面性能. (cm) i ⓧ	$\eta=\dfrac{iH}{A_f}$
100×100	100	100	6	8	8	21.59	16.9	378	134	4.18	2.49	75.6	26.7	2.75	3.44
125×125	125	125	6.5	9	8	30.00	23.6	839	293	5.29	3.13	134	46.9	3.45	3.84
150×150	150	150	7	10	8	39.65	31.1	1620	563	6.39	3.77	216	75.1	4.15	4.15
175×175	175	175	7.5	11	13	51.42	40.4	2900	984	7.50	4.37	331	112	4.80	4.36
200×200	200	200	8	12	13	63.53	49.9	4720	1600	8.62	5.02	472	160	5.50	4.59
200×200	※200	204	12	12	13	71.53	56.2	4980	1700	8.35	4.88	498	167	5.53	4.52
200×200	※208	202	10	16	13	83.69	65.7	6530	2200	8.83	5.13	628	218	5.61	3.61
250×250	※244	252	11	11	13	81.31	63.4	8630	2940	10.3	5.98	707	233	6.90	5.92
250×250	※248	249	8	13	13	83.95	65.5	9790	3350	10.8	6.32	790	269	6.77	5.19
250×250	250	250	9	14	13	91.43	71.8	10700	3650	10.8	6.32	860	292	6.91	4.93
250×250	※250	255	14	14	13	103.9	81.6	11400	3880	10.5	6.11	912	304	6.93	4.85
300×300	※294	302	12	12	13	106.3	83.4	16600	5520	12.5	7.20	1130	365	8.16	6.62
300×300	※298	299	9	14	13	115.5	90.1	19520	6240	13.0	7.52	1310	417	8.12	5.78
300×300	300	300	10	15	13	118.4	93.0	20200	6750	13.1	7.55	1350	450	8.16	6.62
300×300	※300	300	11	12	13	103.8	81.0	17280	5410	12.9	7.18	1140	360	8.00	6.66
300×300	※300	305	15	15	13	133.4	105	21300	7100	12.6	7.30	1420	466	8.28	5.43
300×300	※304	301	11	17	13	133.5	104.1	23260	7730	13.2	7.61	1530	514	8.22	4.88
350×350	※338	351	13	13	13	132.9	103.7	27560	9380	14.4	8.33	1630	534	9.33	6.90
350×350	※344	348	10	16	13	144.0	113	32800	11200	15.1	8.84	1910	646	9.64	5.95
350×350	※344	354	16	16	13	164.7	128	35110	11800	14.6	8.45	2040	669	9.45	5.69
350×350	350	350	12	19	13	171.9	135	39800	13600	15.2	8.89	2280	776	9.71	5.11
350×350	※350	357	19	19	13	196.4	153	42440	14400	14.7	8.55	2425	809	9.59	4.95
350×350	※356	352	14	22	13	200.0	156	46820	16000	15.3	8.91	2630	909	9.65	4.43
400×400	※388	402	15	15	22	178.5	140	49000	16300	16.6	9.55	2520	809	10.8	6.94
400×400	※394	398	11	18	22	186.8	147	56100	18900	17.3	10.1	2850	951	10.9	6.02
400×400	※394	405	18	18	22	214.4	168	59700	20000	16.7	9.65	3030	985	11.0	5.90
400×400	400	400	13	21	22	218.7	172	66600	22400	17.5	10.1	3330	1120	11.1	5.25
400×400	※400	408	21	21	22	250.7	197	70900	23800	16.8	9.75	3540	1170	11.1	5.16
400×400	※406	403	16	24	22	254.9	200	78000	26200	17.5	10.1	3840	1300	11.2	4.67
400×400	＊414	405	18	28	22	295.4	232	92800	31000	17.7	10.2	4480	1530	11.4	4.10
400×400	＊428	407	20	35	22	360.7	283	119000	39500	18.2	10.4	5570	1930	11.8	3.42
400×400	＊458	417	30	50	22	528.6	415	187000	60500	18.8	10.7	8170	2900	11.8	2.58
400×400	＊498	432	45	70	22	770.1	605	298000	94500	19.7	11.1	12000	4370	12.3	2.03

〔注〕5・5表に同じ.

16. 鋼材の長期曲げ許容応力度

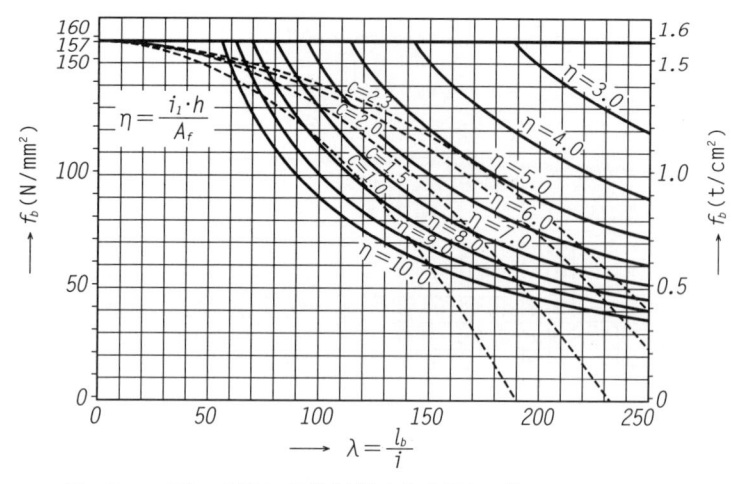

5・15 図　$F=235 \text{ N/mm}^2$ 鋼材の長期曲げ応力度 $f_b (\text{N/mm}^2)$
　　　　［SN 400, SM 400, SMA 400, STK 400, STKR 400, BCP 235, $t \leq 400$ mm］.

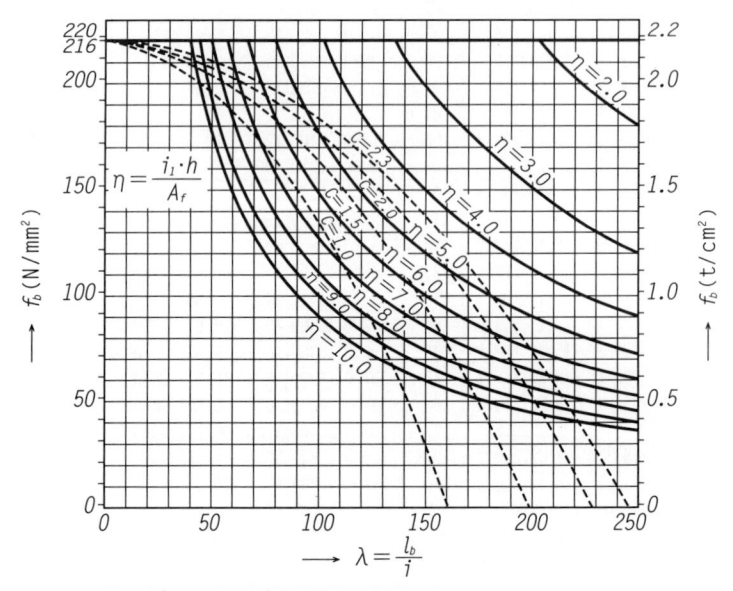

5・16 図　$F=325 \text{ N/mm}^2$ 鋼材の長期曲げ応力度 $f_b (\text{N/mm}^2)$
　　　　［SN 490, SM 490, SMA 490 Y, STK 490, STKR 490, BCP 325, $t \leq 400$ mm］.

17. 鋼材の長期圧縮許容応力度

5・8表 $F=235 \text{ N/mm}^2$ 鋼材の長期圧縮許容応力度 f_c (f_c : 400 N/mm² 級) (単位: N/mm²).

λ_c	0	1	2	3	4	5	6	7	8	9
0		157	157	157	157	156	156	156	156	156
10	156	156	155	155	155	154	154	154	154	153
20	153	153	152	151	151	151	151	150	150	149
30	149	148	148	147	146	146	145	145	144	143
40	143	142	141	141	140	139	138	138	137	136
50	135	135	134	133	132	131	130	130	129	128
60	127	126	125	124	123	122	121	120	119	119
70	118	117	116	115	114	113	112	112	110	109
80	108	107	105	104	103	102	101	100	99	98
90	97	96	95	94	93	92	91	90	89	88
100	87	85	84	83	82	81	80	79	78	77
110	76	75	74	73	72	71	70	69	68	66
120	65	64	63	62	61	60	60	59	58	57
130	55	55	54	53	53	52	51	50	50	49
140	48	47	46	46	45	44	43	43	43	42
150	42	41	41	40	40	39	39	38	38	37
160	37	37	36	36	35	35	34	34	33	33
170	32	32	32	31	31	31	31	30	30	29
180	29	29	28	28	28	27	27	27	27	26
190	26	26	25	25	25	25	24	24	24	24
200	23	23	23	23	22	22	22	22	22	21
210	21	21	21	21	21	20	20	20	20	20
220	19	19	19	19	19	19	18	18	18	18
230	18	18	17	17	17	17	17	17	17	16
240	16	16	16	16	16	16	16	15	15	15
250	15									

鋼材種別: SN 400, SS 400, SM 400, SMA 400, STK 400, STKR 400, BCP 235, $t \leq 40$ mm 以下

5・9表　$F = 325 \text{ m}^2$ 鋼材の長期圧縮許容応力度 f_c (f_c : 490 N/mm² 級)（単位：N/mm²）．

λ_c	0	1	2	3	4	5	6	7	8	9
0		216	216	216	215	215	215	215	215	214
10	214	214	213	213	212	212	211	211	210	210
20	209	208	207	207	206	206	204	203	203	202
30	201	200	199	198	179	198	194	193	192	191
40	190	188	187	186	185	183	182	181	179	178
50	176	175	174	172	171	169	168	166	165	163
60	161	160	158	157	155	153	152	150	148	147
70	145	143	142	140	138	137	135	133	132	130
80	128	127	126	125	121	120	118	116	114	113
90	111	109	107	106	104	102	100	97	97	96
100	94	92	90	97	87	85	83	82	80	79
110	78	76	75	74	73	70	69	69	67	66
120	65	64	63	62	61	60	59	58	57	56
130	56	55	54	53	52	52	51	50	49	49
140	48	47	47	46	45	45	44	43	43	42
150	42	41	41	40	40	39	39	38	38	37
160	37	36	36	35	35	35	34	34	33	33
170	33	32	32	31	31	31	30	30	30	30
180	29	29	28	28	28	27	27	27	27	26
190	26	26	25	25	25	25	24	24	24	24
200	24	23	23	23	23	22	22	22	22	22
210	21	21	21	21	21	20	20	20	20	20
220	19	19	19	19	19	19	18	18	18	18
230	18	18	17	17	17	17	17	17	17	16
240	16	16	16	16	16	16	16	15	15	15
250	15									

鋼材種別：SN 490, SM 490, SM 490 Y, SMA 490, STK 490, STKR 490, BCP 325, $t \leq 40$ mm 以下

18. 鋼管の断面性能

5・10表　鋼管の断面性能.

外径 D(mm)	厚さ t(mm)	質量 W(kg/m)	断面積 A(cm²)	断面2次モーメント I(cm⁴)	断面係数 Z(cm³)	断面2次半径 I(cm)
101.6	3.2	7.76	9.892	120	23.6	3.48
	3.5	8.47	10.79	130	25.6	3.47
	4.2	10.1	12.85	153	30.1	3.45
114.3	2.8	7.70	9.808	153	26.7	3.94
	3.5	9.56	12.18	187	32.7	3.92
	4.5	12.2	15.52	234	41.0	3.89
	6.0	16.0	20.41	300	52.5	3.83
139.8	3.5	11.8	14.99	348	49.8	4.82
	4.0	13.4	17.07	394	56.3	4.80
	4.5	15.0	19.13	438	62.7	4.79
	5.0	16.6	21.17	482	68.9	4.77
165.2	3.8	15.1	19.27	628	76.0	5.71
	4.0	15.9	20.26	658	79.7	5.70
	4.5	17.8	22.72	734	88.9	5.68
	5.0	19.8	25.16	808	97.8	5.67
190.7	5.3	24.2	30.87	133×10	139	6.56
216.3	4.5	23.5	29.94	168×10	155	7.49
	5.8	30.1	38.36	213×10	197	7.45
	8.2	42.1	53.61	291×10	269	7.36
267.4	6.0	38.7	49.27	421×10	315	9.24
	6.6	42.4	54.08	460×10	344	9.22
	9.3	59.2	75.41	629×10	470	9.13
318.5	6.0	46.2	58.91	719×10	452	11.1
	6.9	53.0	67.55	820×10	515	11.0
	7.9	60.5	77.09	930×10	584	11.0
	10.3	78.3	99.73	119×10^2	744	10.9
355.5	6.4	55.1	70.21	107×10^2	602	12.3
	7.9	67.7	86.29	130×10^2	734	123
	9.5	81.1	103.3	155×10^2	871	12.2
	11.1	94.3	120.1	178×10^2	100×10	12.2
406.4	6.4	63.1	80.4	161×10^2	792	14.1
	7.9	77.6	98.90	196×10^2	967	14.1
	9.5	93.0	118.5	233×10^2	115×10	14.0
	12.7	123.0	157.1	305×10^2	150×10	13.9
	16.0	154.0	196.2	374×10^2	184×10	13.8

5・11表　角形鋼管の断面性能.

寸法 $A \times B$ (mm)	厚さ t (mm)	質量 W (kg/m)	断面積 A (cm²)	断面2次モーメント $I_x = I_y$ (cm⁴)	断面係数 $Z_x = Z_y$ (cm³)	断面2次半径 $i_x = i_y$ (cm)	塑性断面係数 $Z_{px} = Z_{py}$ (cm³)
200×200	6.0	35.6	45.32	2800	280	7.86	327
	8.0	46.5	59.24	3570	357	7.76	421
	9.0	51.8	65.98	3920	392	7.71	465
	12.0	67.0	85.30	4860	486	7.55	588
250×250	6.0	45.0	57.32	5620	450	9.90	521
	8.0	59.1	75.24	7230	578	9.80	676
	9.0	65.9	83.98	7980	639	9.75	750
	12.0	85.8	109.3	10100	805	9.59	959
300×300	6.0	54.4	69.32	9890	660	11.9	760
	9.0	80.1	102.0	14200	946	11.8	1100
	12.0	105	133.3	18100	1200	11.6	1420
	16.0	136	173.0	22600	1510	11.4	1810
	19.0	158	201.2	25500	1700	11.3	2070
350×350	9.0	94.2	120.0	23000	1310	13.8	1520
	12.0	123	157.3	29400	1680	13.7	1970
	16.0	161	205.0	37200	2130	13.5	2530
	19.0	188	239.2	42400	2420	13.3	2910
	22.0	214	272.0	47100	2690	13.2	3270
400×400	12.0	142	181.3	44800	2240	15.7	2610
	14.0	164	209.4	51100	2560	15.6	3000
	16.0	186	237.0	57100	2850	15.5	3370
	19.0	218	277.2	65400	3270	15.4	3900
	22.0	248	316.0	73000	3650	15.2	4390
450×450	12.0	161	205.3	64800	2880	17.8	3340
	14.0	186	237.4	74100	3290	17.7	3840
	16.0	211	269.0	82900	3690	17.6	4330
	19.0	247	315.2	95500	4240	17.4	5020
	22.0	283	360.0	107000	4760	17.2	5680
500×500	12.0	180	229.3	90000	3600	19.8	4160
	14.0	208	265.4	103000	4120	19.7	4790
	16.0	236	301.0	116000	4630	19.6	5410
	19.0	277	353.2	134000	5340	19.4	6290
	22.0	317	404.0	150000	6010	19.3	7130
550×550	16.0	261	333.0	156000	5670	21.6	6610
	19.0	307	391.2	18100	6570	21.5	7700
	22.0	352	448.0	204000	7420	21.3	8750

19. 山形鋼の断面性能

5·12表　等辺山形鋼の断面性能（JIS G 3192）.

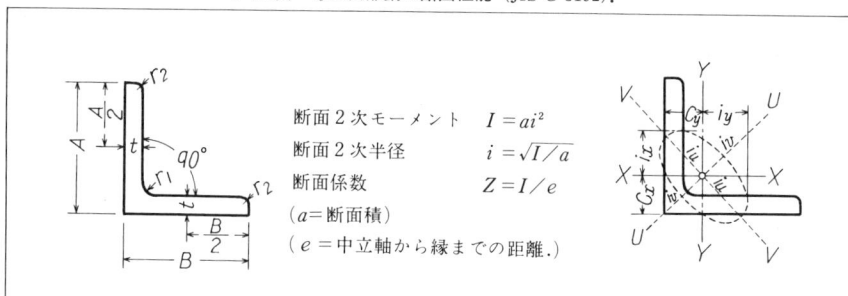

断面2次モーメント　$I = ai^2$
断面2次半径　$i = \sqrt{I/a}$
断面係数　$Z = I/e$
（a＝断面積）
（e＝中立軸から縁までの距離.）

寸法 (mm)				断面積 (cm^2)	単位質量 (kg/m)	断面2次モーメント (cm^4)			断面2次半径 (cm)			断面係数 (cm^3)	重心 (cm)
$A \times B$	t	r_1	r_2			$I_x = I_y$	I_u	I_v	$i_x = i_y$	i_u	i_v	$Z_x = Z_y$	$C_x = C_y$
40×40	3	4.5	2	2.336	1.83	3.53	5.60	1.45	1.23	1.55	0.79	1.21	1.09
40×40	5	4.5	3	3.755	2.95	5.42	8.59	2.25	1.20	1.51	0.77	1.91	1.17
45×45	4	6.5	3	3.492	2.74	6.50	10.3	2.69	1.36	1.72	0.88	2.00	1.24
50×50	4	6.5	3	3.892	3.06	9.06	14.4	3.74	1.53	1.92	0.98	2.49	1.37
50×50	6	6.5	4.5	5.644	4.43	12.6	20.0	5.24	1.50	1.88	0.96	3.55	1.44
60×60	4	6.5	3	4.692	3.68	16.0	25.4	6.62	1.85	2.33	1.19	3.66	1.61
60×60	5	6.5	3	5.802	4.55	19.6	31.2	8.06	1.84	2.32	1.18	4.52	1.66
65×65	6	8.5	4	7.527	5.91	29.4	46.6	12.1	1.98	2.49	1.27	6.27	1.81
65×65	8	8.5	6	9.761	7.66	36.8	58.3	15.3	1.94	2.44	1.25	7.97	1.88
70×70	6	8.5	4	8.127	6.38	37.1	58.9	15.3	2.14	2.69	1.37	7.33	1.94
75×75	6	8.5	4	8.727	6.85	46.1	73.2	19.0	2.30	2.90	1.47	8.47	2.06
75×75	9	8.5	6	12.69	9.96	64.4	102	26.7	2.25	2.84	1.45	12.1	2.17
75×75	12	8.5	6	16.56	13.0	81.9	129	34.5	2.22	2.79	1.44	15.7	2.29
80×80	6	8.5	4	9.327	7.32	56.4	89.6	23.2	2.46	3.10	1.58	9.70	2.19
90×90	6	10	5	10.55	8.28	80.7	129	32.3	2.77	3.50	1.75	12.3	2.42
90×90	7	10	5	12.22	9.59	93.0	148	38.3	2.76	3.48	1.77	14.2	2.46
90×90	10	10	7	17.00	13.3	125	199	51.6	2.71	3.42	1.74	19.5	2.58
90×90	13	10	7	21.71	17.0	156	248	65.3	2.68	3.38	1.73	24.8	2.69
100×100	7	10	5	13.62	10.7	129	205	53.1	3.08	3.88	1.97	17.7	2.71
100×100	10	10	7	19.00	14.9	175	278	71.9	3.03	3.83	1.95	24.4	2.83
100×100	13	10	7	24.31	19.1	220	348	91.0	3.00	3.78	1.93	31.1	2.94
120×120	8	12	5	18.76	14.7	258	410	106	3.71	4.68	2.38	29.5	3.24
130×130	9	12	6	22.74	17.9	366	583	150	4.01	5.06	2.57	38.7	3.53
130×130	12	12	8.5	29.76	23.4	467	743	192	3.96	5.00	2.54	49.9	3.64
130×130	15	12	8.5	36.75	28.8	568	902	234	3.93	4.95	2.53	61.5	3.76
150×150	12	14	7	34.77	27.3	740	1,176	304	4.61	5.82	2.96	68.2	4.14
150×150	15	14	10	42.74	33.6	888	1,410	365	4.56	5.75	2.92	82.6	4.24
150×150	19	14	10	53.38	41.9	1,090	1,730	451	4.52	5.69	2.91	103	4.40
175×175	12	15	11	40.52	31.8	1,170	1,860	479	5.37	6.78	3.44	91.6	4.73
175×175	15	15	11	50.21	39.4	1,440	2,290	588	5.35	6.75	3.42	114	4.85
200×200	15	17	12	57.75	45.3	2,180	3,470	891	6.14	7.75	3.93	150	5.47
200×200	20	17	12	76.00	59.7	2,820	4,490	1,160	6.09	7.68	3.90	197	5.67
200×200	25	17	12	93.75	73.6	3,420	5,420	1,410	6.04	7.61	3.88	242	5.87
250×250	25	24	12	119.4	93.7	6,950	11,000	2,860	7.63	9.62	4.89	388	7.10
250×250	35	24	18	162.6	128	9,110	14,400	3,790	7.48	9.42	4.83	519	7.45

〔注〕　標準長さ　6.0, 6.5, 7.0, 8.0, 9.0, 10.0, 11.0, 12.0, 13.0, 14.0, 15.0m

5・13表　不等辺山形鋼の断面性能 (JIS G 3192).

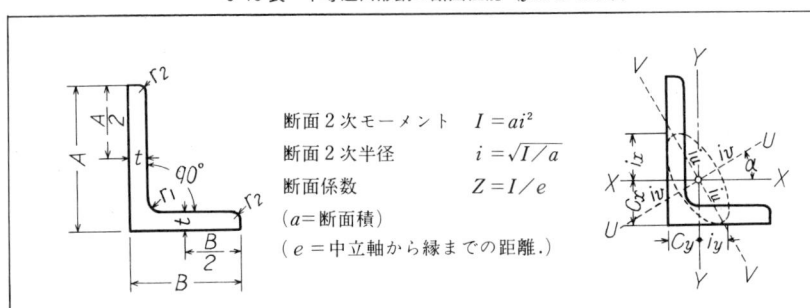

断面2次モーメント　$I = ai^2$
断面2次半径　$i = \sqrt{I/a}$
断面係数　$Z = I/e$
(a = 断面積)
(e = 中立軸から縁までの距離.)

寸法 (mm)				断面積 (cm^2)	単位質量 (kg/m)	断面2次モーメント (cm^4)				断面2次半径 (cm)				$\tan\alpha$	断面係数 (cm^3)		重心 (cm)	
$A \times B$	t	r_1	r_2			I_x	I_y	I_u	I_v	i_x	i_y	i_u	i_v		Z_x	Z_y	C_x	C_y
90× 75	9	8.5	6	14.04	11.0	109	68.1	143	34.1	2.78	2.20	3.19	1.56	0.676	17.4	12.4	2.75	2.01
100× 75	7	10	5	11.87	9.32	118	57.0	144	30.7	3.15	2.19	3.49	1.61	0.548	17.0	10.1	3.06	1.84
100× 75	10	10	7	16.50	13.0	159	76.1	194	41.3	3.11	2.15	3.43	1.58	0.543	23.3	13.7	3.18	1.94
125× 75	7	10	5	13.62	10.7	219	60.4	243	36.4	4.01	2.11	4.23	1.63	0.362	26.1	10.3	4.10	1.64
125× 75	10	10	7	19.00	14.9	298	80.9	330	49.0	3.96	2.06	4.17	1.61	0.357	36.1	14.1	4.23	1.75
125× 75	13	10	7	24.31	19.1	376	101	414	61.9	3.93	2.04	4.13	1.60	0.352	46.1	17.9	4.35	1.87
125× 90	10	10	7	20.50	16.1	318	138	380	76.1	3.94	2.59	4.30	1.93	0.506	37.2	20.4	3.95	2.22
125× 90	13	10	7	26.26	20.6	401	165	479	87.2	3.91	2.51	4.27	1.82	0.499	47.5	24.8	4.08	2.34
150× 90	9	12	6	20.94	16.4	484	133	537	80.2	4.81	2.52	5.06	1.96	0.362	48.2	19.0	4.96	2.00
150× 90	12	12	8.5	27.36	21.5	619	168	684	102	4.75	2.47	5.00	1.93	0.357	62.3	24.3	5.07	2.10
150×100	9	12	6	21.84	17.1	502	179	580	101	4.79	2.86	5.15	2.15	0.441	49.0	23.3	4.77	2.32
150×100	12	12	8.5	28.56	22.4	642	229	738	133	4.74	2.83	5.08	2.15	0.435	63.4	30.2	4.88	2.41
150×100	15	12	8.5	35.25	27.7	781	276	897	161	4.71	2.80	5.04	2.14	0.432	78.2	37.0	5.01	2.53

〔注〕標準長さ　6.0, 6.5, 7.0, 8.0, 9.0, 10.0, 11.0, 12.0, 13.0, 14.0, 15.0 m

5・14表 I形鋼の断面性能 (JIS G 3192).

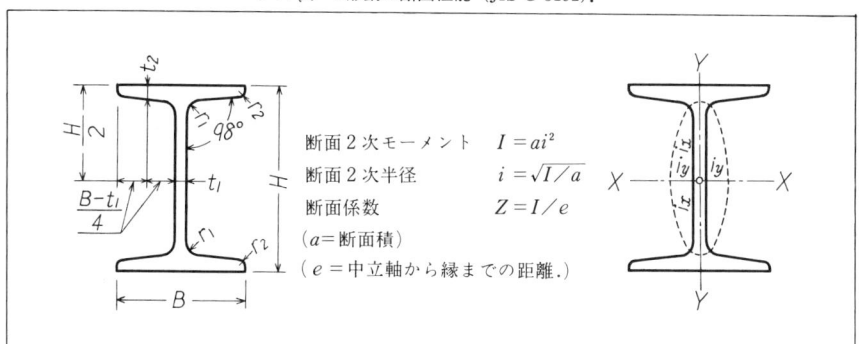

断面2次モーメント $I = ai^2$
断面2次半径 $i = \sqrt{I/a}$
断面係数 $Z = I/e$
(a = 断面積)
(e = 中立軸から縁までの距離.)

寸 法 (mm)					断面積 (cm^2)	単位質量 (kg/m)	断面2次モーメント (cm^4)		断面2次半径 (cm)		断面係数 (cm^3)		曲げ応力のための断面性能.	
$H \times B$	t_1	t_2	r_1	r_2			I_x	I_y	i_x	i_y	Z_x	Z_y	i_y (cm)	$i_y h/A_f$
100× 75	5	8	7	3.5	16.43	12.9	283	48.3	4.15	1.72	56.5	12.9	2.09	3.48
125× 75	5.5	9.5	9	4.5	20.45	16.1	540	59.0	5.14	1.70	86.4	15.7	2.07	3.64
150× 75	5.5	9.5	9	4.5	21.83	17.1	820	59.1	6.13	1.65	109	15.8	2.04	4.30
150×125	8.5	14	13	6.5	46.15	36.2	1,780	395	6.21	2.92	237	63.1	3.51	3.01
180×100	6	10	10	5	30.06	23.6	1,670	141	7.46	2.17	186	28.2	2.72	4.91
200×100	7	10	10	5	33.06	26.0	2,180	142	8.11	2.07	218	28.4	2.67	5.35
200×150	9	16	15	7.5	64.16	50.4	4,490	771	8.37	3.47	449	103	4.19	3.49
250×125	7.5	12.5	12	6	48.79	38.3	5,190	345	10.3	2.66	415	55.2	3.38	5.40
250×125	10	19	21	10.5	70.73	55.5	7,340	560	10.2	3.81	587	89.6	3.44	3.63
300×150	8	13	12	6	61.58	48.3	9,500	600	12.4	3.12	633	80.0	4.03	6.20
300×150	10	18.5	19	9.5	83.47	65.5	12,700	886	12.4	3.26	849	118	4.10	4.43
300×150	11.5	22	23	11.5	97.88	76.8	14,700	1,120	12.3	3.38	981	149	4.13	3.75
350×150	9	15	13	6.5	74.58	58.5	15,200	715	14.3	3.10	871	95.4	3.99	6.22
350×150	12	24	25	12.5	111.1	87.2	22,500	1,230	14.2	3.33	1,280	164	4.10	3.08
400×150	10	18	17	8.5	91.73	72.0	24,000	887	16.2	3.11	1,200	118	3.98	5.90
400×150	12.5	25	27	13.5	122.1	95.8	31,700	1,290	16.1	3.25	1,580	172	4.05	4.33
450×175	11	20	19	9.5	116.8	91.7	39,200	1,550	18.3	3.64	1,740	177	4.66	5.99
450×175	13	26	27	13.5	146.1	115	48,800	2,100	18.3	3.79	2,170	240	4.73	4.68
600×190	13	25	25	12.5	169.4	133	93,200	2,540	24.1	3.87	3,270	267	4.99	6.31
600×190	16	35	38	19	224.5	176	130,000	3,700	24.0	4.06	4,330	390	5.10	4.60

〔注〕 標準長さ 6.0, 6.5, 7.0, 8.0, 9.0, 10.0, 11.0, 12.0, 13.0, 14.0, 15.0 m
i_y の算出の際, フランジは $B \times t_2$ の長方形断面として取り扱ったものである.

5・15表　みぞ形鋼の断面性能（JIS G 3192）.

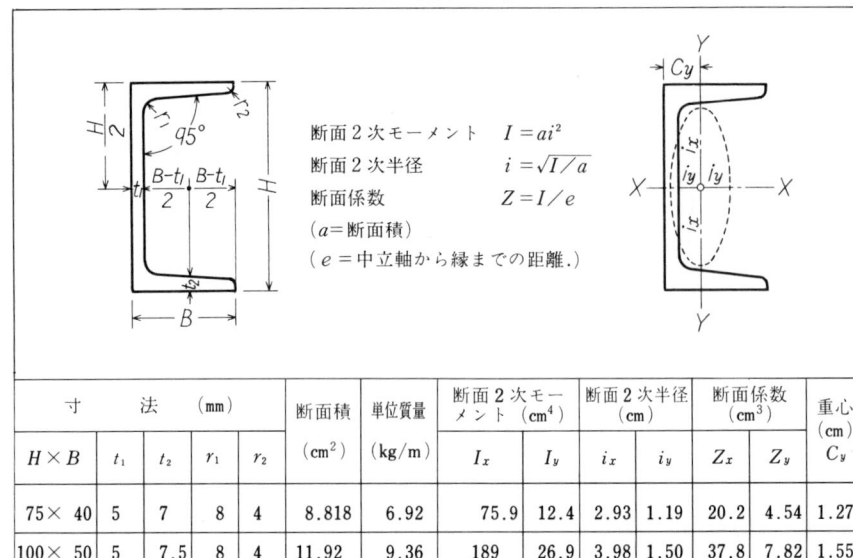

断面2次モーメント　$I = ai^2$
断面2次半径　$i = \sqrt{I/a}$
断面係数　$Z = I/e$
(a＝断面積)
(e＝中立軸から縁までの距離.)

寸法 (mm)					断面積	単位質量	断面2次モーメント (cm^4)		断面2次半径 (cm)		断面係数 (cm^3)		重心 (cm)
$H \times B$	t_1	t_2	r_1	r_2	(cm^2)	(kg/m)	I_x	I_y	i_x	i_y	Z_x	Z_y	C_y
75× 40	5	7	8	4	8.818	6.92	75.9	12.4	2.93	1.19	20.2	4.54	1.27
100× 50	5	7.5	8	4	11.92	9.36	189	26.9	3.98	1.50	37.8	7.82	1.55
125× 65	6	8	8	4	17.11	13.4	425	65.5	4.99	1.96	68.0	14.4	1.94
150× 75	6.5	10	10	5	23.71	18.6	864	122	6.04	2.27	115	23.6	2.31
150× 75	9	12.5	15	7.5	30.59	24.0	1,050	147	5.86	2.19	140	28.3	2.31
180× 75	7	10.5	11	5.5	27.20	21.4	1,380	137	7.73	2.24	154	25.5	2.15
200× 70	7	10	11	5.5	26.92	21.1	1,620	113	7.77	2.04	162	21.8	1.85
200× 80	7.5	11	12	6	31.33	24.6	1,950	177	7.89	2.38	195	30.8	2.24
200× 90	8	13.5	14	7	38.65	30.3	2,490	286	8.03	2.72	249	45.9	2.77
250× 90	9	13	14	7	44.07	34.6	4,180	306	9.74	2.64	335	46.5	2.42
250× 90	11	14.5	17	8.5	51.17	40.2	4,690	342	9.57	2.58	375	51.7	2.39
300× 90	9	13	14	7	48.57	38.1	6,440	325	11.5	2.59	429	48.0	2.23
300× 90	10	15.5	19	9.5	55.74	43.8	7,400	373	11.5	2.59	494	56.0	2.33
300× 90	12	16	19	9.5	61.90	48.6	7,870	391	11.3	2.51	525	57.9	2.25
380×100	10.5	16	18	9	69.39	54.5	14,500	557	14.5	2.83	762	73.3	2.41
380×100	13	16.5	18	9	78.96	62.0	15,600	584	14.1	2.72	822	75.8	2.29
380×100	13	20	24	12	85.71	67.3	17,600	671	14.3	2.80	924	89.5	2.50

〔注〕標準長さ　6.0, 6.5, 7.0, 8.0, 9.0, 10.0, 11.0, 12.0, 13.0, 14.0, 15.0 m

20. 底板中立軸位置の計算図表

項　目	$e \leq D/6$	$D/6 + d_e/3 \geq e > D/6$	$e > D/6 + d_e/3$
柱軸方向力　N 曲げモーメント　M せん断力　Q 偏心距離　$e=M/N$ 引張り側ボルトの総断面積　$a_t = n \cdot a_b \, (\text{cm}^2)$	全面圧縮	部分圧縮	局部圧縮
ベースプレートに作用する最大圧縮応力度　σ_c	$\sigma_c = \dfrac{N \cdot (1 + 6e/D)}{bD}$	$\sigma_c = \dfrac{2N}{3b \cdot (D/2 - e)}$	$\sigma_c = \dfrac{2N(e + D/2 - d_e)}{b \cdot x_n (D - d_e - x_n/3)}$
アンカーボルトに作用する引張り力　Z	引張り力 $Z = 0$	引張り力 $Z = 0$	引張り力 $Z = \dfrac{N(e - D/2 + x_n/3)}{(D - d_e - x_n/3)}$

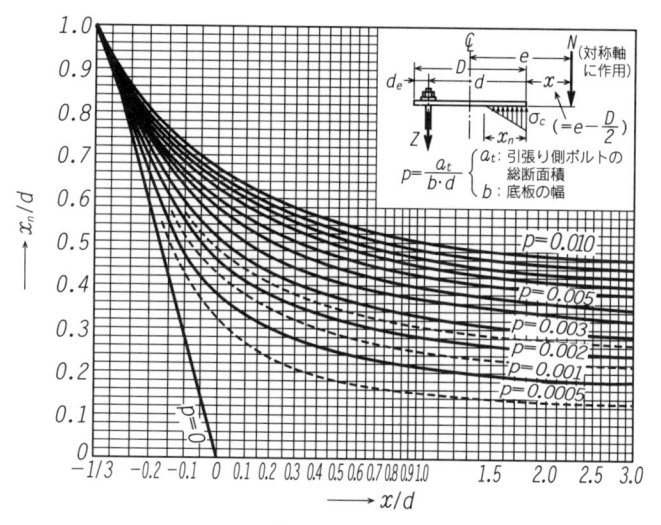

5·17図　底板中立軸位置の計算図表

V·6 鉄筋コンクリート構造設計

1. コンクリートの許容応力度

5·16表 コンクリートの許容応力度（その1）（単位：N/mm²）．

	長 期			短 期		
	圧縮	引張り	せん断	圧縮	引張り	せん断
普通コンクリート	$F_c/3$	―	$F_c/30$ かつ $(0.5+F_c/100)$ 以下	長期に対する値の2倍	―	長期に対する値の1.5倍
軽量コンクリート 1種および2種			普通コンクリートに対する値の0.9倍			

〔注〕 (1) F_c はコンクリートの設計基準強度（N/mm²）を表わす．
(2) 「鉄筋コンクリート構造計算規準・同解説」（日本建築学会，1999年）より．

5·17表 コンクリートの許容応力度（その2）（単位：N/mm²）．

		長 期			短 期	
		圧 縮	引張り	せん断	圧 縮	引張り	せん断
コンクリート	$F_c \leq 21$	$1/3\,F_c$		$F_c/30$	長期に対する値の2倍		
	$F_c > 21$			$(0.49+F_c/100)$	長期に対する値の2倍		

〔注〕 令91および平成12年建告1450より．

5·18表 異形鉄筋コンクリートに対する許容付着応力度（単位：N/mm²）．

(a)

	長 期		短 期
	上端筋	その他の鉄筋	
普通コンクリート	$0.8(F_c/60+0.6)$	$(F_c/60+0.6)$	長期に対する値の1.5倍

〔注〕 (1) 上筋とは曲げ材にあってその鉄筋の下に300 mm 以上のコンクリートが打ち込まれる場合の水平鉄筋をいう．
(2) F_c はコンクリートの設計基準強度（N/mm²）を表わす．
(3) 本表の許容付着応力度は「付着・継手および定着」に記される配筋による修正係数とあわせて使用される値である．
(4) 軽量コンクリートでは本表の値に0.8を乗じる．
(5) 「鉄筋コンクリート構造計算規準・同解説」（日本建築学会，1999年）より．

(b)

		長 期		短 期
		はりの上筋	その他の鉄筋	
コンクリート	$F_c \leq 22.5$	$F_c/15$	$F_c/10$	長期に対する値の2.0倍
	$F_c > 22.5$	$(0.90+2\,F_c/75)$	$(1.35+F_c/25)$	

〔注〕 令91および平成12年建告1450より．

5·19表 コンクリートに対する鉄筋のヤング係数比．

コンクリートの設計基準強度 F_c：(N/mm²)	ヤング係数比
$F_c \leq 27$	15
$27 < F_c \leq 36$	13
$36 < F_c \leq 48$	11
$48 < F_c \leq 60$	9

2. 大ばり断面設計

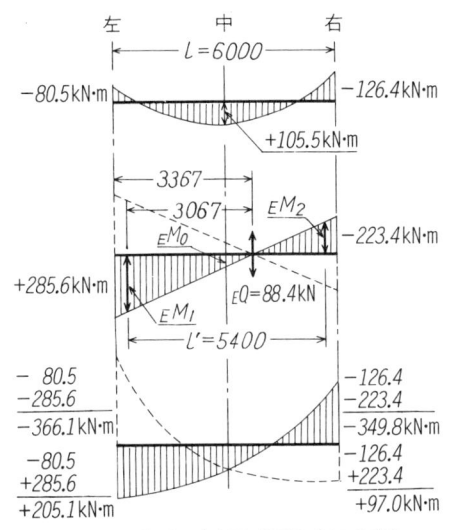

5・18図 設計用応力図（長期，水平，短期）

〔長期〕

中央曲げモーメント　$_LM_中 = M_0 - \dfrac{M_左 + M_右}{2}$

せん断力　$_LQ_左 = Q_0 - \left|\dfrac{M_右 - M_左}{l}\right| = 72 \text{ kN}$

$_LQ_右 = Q_0 + \left|\dfrac{M_右 - M_左}{l}\right| = 88 \text{ kN}$

〔水平〕

せん断力　$_EQ = \dfrac{M_左 + M_右}{l} = 84.8 \text{ kN}$

曲げモーメント　$_EM_中 = 84.8 \times 0.367 = 31.1 \text{ kN·m}$

$_EM_1 = 84.8 \times 3.067 = 260.1 \text{ kN·m}$

$_EM_2 = 84.8 \times 2.333 = 197.8 \text{ kN·m}$

〔断面〕
1. $C = M/td^2$ の計算．
2. γ の決定（$\gamma = 0.5 \sim 0.7$ めやす）．
3. 算定図表より p_t を求める．
4. $a_t = p_t \cdot bd$ の算出（断面）．
5. $\varphi = Q/f_a \cdot j$ の算出（周長）．

〔せん断補強〕

判定1．はりの許容せん断力 $Q_A = bj\{\alpha f_s + 0.5_w f_t (p_w - 0.002)\}$ より $\alpha = 1$ 補強筋効果 $0.5_w f_t (p_w - 0.002)$ を無視して $Q_{D2} = f_s \cdot bj$ を求めて設計せん断力 $_LQ_D$，$Q_{D1} = {}_LQ_D + 2_EQ$ と比較する．

$_LQ_D$，$Q_{D1} < Q_{D2}$ で可．

判定2．$_LQ_D$，$Q_{D1} > Q_{D2}$ となれば不可，ゆえに α の計算を行なって $Q_{D3} = \alpha \cdot f_s \cdot bj$ を求めて比較する．ここで

$\alpha = \dfrac{4}{\dfrac{M}{Qd}+1}$ かつ $1 \leqq \alpha \leqq 2$，　M は $_LM$ および $_SM$ を使用する．
　　　　　　　　　　　　　　　　　Q は $_LQ_D$ および $_SQ$ を使用する．

$_LQ_D$，$Q_{D1} < Q_{D3}$ で可．

判定3．$Q_{D1} > Q_{D3}$（短期）となれば不可，ゆえにはりの短期設計用せん断力 $Q_{D4} = {}_LQ + \dfrac{\sum M_y}{l'}$ を算出して Q_{D1} と Q_{D4} とを比べて小さいほうの値を設計せん断力 $Q_{D\min}$ としてあばら筋を算定する．

$\sum M_y$：はり端部の降伏曲げモーメントの絶対値．

l'：はり内のりスパン，σ_y：引張り鉄筋の降伏点．

5・20表　はり断面算定表（$Fc=21$, SD 345）

	項目・計算式		単位	外端	中央	内端
設計応力	曲げモーメント	長期 $_LM$	kN・m	+80.5	+105.5	−126.4
		水平 $_EM$		±285.6	±31.1	±223.4
		短期 $_sM_上$		−366.1	—	±349.8
		短期 $_sM_下$		+205.1	+136.6	+97
	せん断力	長期 $_LQ=_LQ$	kN	72.0		88.0
		水平 $_EQ$		84.8	84.8	84.8
		短期 $_sQ$		156.8	84.8	172.8
		短期 $_sQ=_LQ+2_EQ$		241.6		257.6
断面	$B×D=35×70$	$d=D-5$ ($j=0.875\,d$)	mm	650 (568)	650 (568)	650 (568)
		$bd^2×10^6$	mm²	147.8×10⁶	147.8×10⁶	147.8×10⁶
主筋の計算	上端筋比	長期 $C=_LM/bd^2$	N/mm²	0.54	0.72（下端）	0.85
		短期 $C=_sM/bd^2$	N/mm²	2.47		2.37
		鉄筋比 P_t	%	0.80	0.32	0.77
	下端筋比	短期 $C=_sM/bd^2$	N/mm²	1.38		0.65
		鉄筋比 P_t	%	0.45		0.20
	上端断面積	$a_t=P_t\cdot bd$	cm²	18.2 (5−D 25)		17.5 (5−D 25)
	下端断面積	$a_t=P_t\cdot bd$	cm²	10.3 (3−D 25)	7.3 (3−D 22)	4.6 (3−D 25)
	鉄筋周長	$\psi=Q_{D1}/f_a\cdot j$	cm	24.2 (5−D 25)		26.7 (5−D 25)
スターラップの計算	判定 1　no	$Q_{D2}=f_s\cdot bj$	kN	208.7<241.6 no		208.7<257.6 no
		M/Qd		4.1		3.5
		$\alpha=4/\{(M/Qd)+1\}$		0.78→(1.0)		0.89→(1.0)
	判定 2　no	$Q_{D3}=\alpha\cdot f_s\cdot bj$	kN	208.7<241.6 no		208.7<257.6 no
		$M_y=0.9\,a_t\cdot\sigma_y\cdot d$　上端		447.1		447.1
		下端		268.2		268.2
		ΣM_y	kN・m	447.1+268.2=715.3		715.3
		$\Sigma M_y/l'$ (l')		132.5	(5.40 m)	132.5
	判定 3　no	$Q_{D4}=Q_L+\Sigma M_y/l'$	kN	204.5		220.5
		$\Delta Q=Q_{Dmin}-Q_{D2}$	kN	—		220.5−208.7 =11.8
		$\tau=\Delta Q/bj$	N/mm²			0.0593
		$P_w=\tau/0.5\,_wf_t+0.002$	%	0.20	2−D 10 (143)	0.24
		$@=a_w/b\cdot P_w$	mm	143/350×0.002=204.2		170.2
		スターラップ		D 10−@ 200	D 10−@ 200	D 10−@ 150
定着	$C=\min$（鉄筋間のあき，かぶり厚の ×3, 鉄筋径×5）		mm	$C=\min(350-110-20-50=170,\ 55×3=165,\ 60×5=125)=125$		
	$W=\min(80\,A_{st}/s\cdot N,\ 鉄筋径×2.5)$		mm	$W=\min(80×143\,\text{mm}^2/150×2=38,\ 25\,\text{mm}×2.5=62)=38$		
	長期 $K=0.3\,C/d_b+0.4$; 短期 $K=0.3(C+W)/d_b+0.4$			短期 $K=0.3(125\,\text{mm}+38\,\text{mm})/25\,\text{mm}+0.4=1.95$		
	$L_{db}=\sigma_tA_s/Kf_b\cdot\psi$; $f_b=0.8(F_c/60+0.6)$ 2 段目筋 0.6		mm	$L_{db}=345×406/1.95×0.72×80=1247→$ $L_d=1247+568=1815$		

3. 柱断面設計

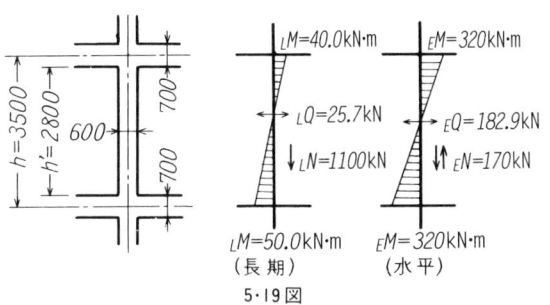

5・19図

〔断面〕
1. N/bD, M/bD^2 の算出.
2. 算定図表より p_t を求める.
3. $a_t = p_t \cdot bD$ を算出.

〔せん断補強〕
1. 柱の許容せん断力 ${}_LQ_A = bj \cdot \alpha \cdot f_s$, ${}_SQ_A = bj\{f_s + 0.5{}_wf_t(p_w - 0.002)\}$ より $\alpha = 1$ とおいて $Q_{D2} = f_s \cdot bj$ を求めて設計用せん断力 ${}_LQ_D$, Q_{D1} が Q_{D2} より小ならば, せん断補強は不要.
2. 柱の短期設計用せん断力 Q_{D3}, Q_{D4} の算出方法.
(1) 柱の降伏曲げモーメントより Q_{D3} を求める.

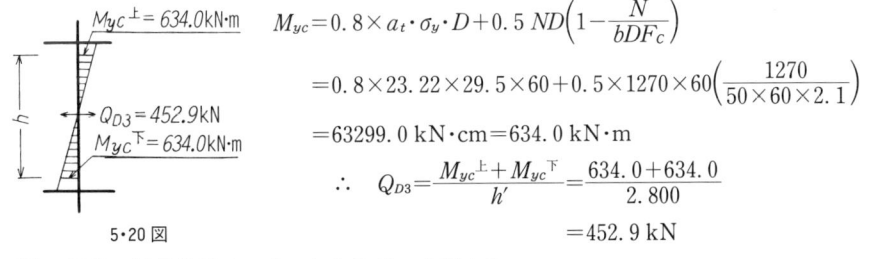

$$M_{yc} = 0.8 \times a_t \cdot \sigma_y \cdot D + 0.5\,ND\left(1 - \frac{N}{bDF_c}\right)$$

$$= 0.8 \times 23.22 \times 29.5 \times 60 + 0.5 \times 1270 \times 60\left(\frac{1270}{50 \times 60 \times 2.1}\right)$$

$$= 63299.0 \text{ kN·cm} = 634.0 \text{ kN·m}$$

$$\therefore Q_{D3} = \frac{M_{yc}{}^{\text{上}} + M_{yc}{}^{\text{下}}}{h'} = \frac{634.0 + 634.0}{2.800}$$

$$= 452.9 \text{ kN}$$

5・20図

(2) はりの降伏曲げモーメントより Q_{D4} を求める.

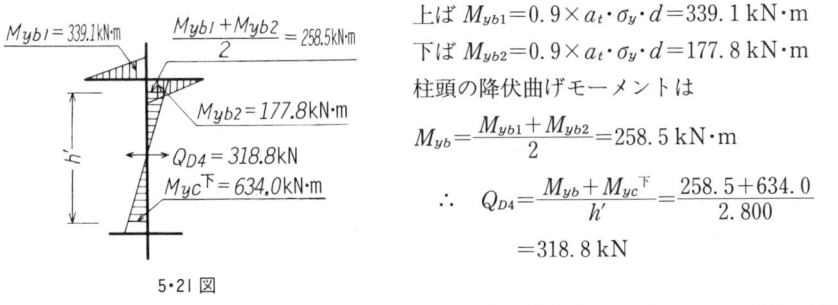

上ば $M_{yb1} = 0.9 \times a_t \cdot \sigma_y \cdot d = 339.1$ kN·m
下ば $M_{yb2} = 0.9 \times a_t \cdot \sigma_y \cdot d = 177.8$ kN·m
柱頭の降伏曲げモーメントは

$$M_{yb} = \frac{M_{yb1} + M_{yb2}}{2} = 258.5 \text{ kN·m}$$

$$\therefore Q_{D4} = \frac{M_{yb} + M_{yc}{}^{\text{下}}}{h'} = \frac{258.5 + 634.0}{2.800}$$

$$= 318.8 \text{ kN}$$

5・21図

3. 短期設計用せん断力 Q_{D1}, Q_{D3}, Q_{D4} のうち, 最小値を $Q_{D\min}$ としてフープ筋の算定を行なう. $\Delta Q = Q_{D\min} - Q_{D2}$ を bj で割って $\Delta Q/bj$ から p_w を求めて, フープ筋間隔をきめる.

5・21表　柱断面算定図表（$Fc=21$, SD 295）

方　向			単位	$X\leftrightarrow$		備　考
項目・計算式				柱頭	柱脚	
設計応力面	軸力	長期 $_LN$	kN	1100	1100	柱頭・柱脚の柱断面 →X ラーメン方向 $b=500$ $D=600$ 6-D22, $a_t=23.22$ cm²
		水平 $_EN$	kN	170	170	
		短期 $_SN$	kN	1270	1270	
	曲げモーメント	長期 $_LM$	kN・m	40	50	
		水平 $_EM$	kN・m	320	320	
		短期 $_SM$	kN・m	360	370	
	せん断力	長期 $_LQ$	kN	25.7	25.7	
		水平 $_EQ(2_EQ)$	kN	182.9(365.8)	182.9(365.8)	
		短期 $_LQ+2_EQ$	kN	391.5	391.5	
断面	$b\times D$ $=500\times 600$	$d(j)$	mm	550(481)		左端・右端のはり断面
		$bD\times 10^3$	mm²	300		
		$bD^2\times 10^6$	mm³	180		
主筋の計算	許容圧縮	$0.4\times bDF_C$	kN	$0.4\times 500\times 600\times 21=2520$		6-D22, $a_t=23.22$ cm² $D=700$ 4-D22, $a_t=15.48$ cm² $b=350$
	長期	$_LN/bD$	N/mm²	3.66	3.66	
		$_LM/bD^2$	N/mm²	0.22	0.28	
		$P_t\cdot(\%)$	%	0	0	
	短期	$_SN/bD^2$	N/mm²	4.23	4.23	
		$_SM/bD^3$	N/mm²	2.00	2.06	
		$P_t\cdot(\%)$	%	0.68	0.69	
	鉄筋量	$at=P_t\cdot bd$	cm²	20.4	20.7	
		n	本	6-D 22	6-D 22	
帯筋の設計	許容せん断力	$Q_{D2}=f_s\cdot bj$(短)	kN	$0.105\times 50\times 48.1=252.5$		$Fc=21$ N/mm² $=2.1$ kN/cm² $_sf_s=(2.1/30)\times 1.5=0.105$ kN/cm² $\sigma_y=295$ N/mm² $=29.5$ kN/cm²
	柱の降伏モーメント	$M_{yc}=0.8\ a_t\sigma_yD$ $+0.5\ ND$ $(1-N/bDF_C)$	kN・m	前頁より 634.0		
		Q_{D3} $=(M^上+M^下)/h'$	kN	$(634+634)/2=452.9$		
	はりの降伏モーメント	$M_{ybo}=0.9\ a_t\sigma_yd$ （上端筋）	kN・m	339.1		
		$M_{ybU}=0.9\ a_t\sigma_yd$ （下端筋）	kN・m	177.8		
		$M_{yb}=(M_{ybo}$ $+M_{ybU})/2$		258.5		
	柱,はりの合成許容せん断力	$\Sigma M=(M_{yc}+M_{yb})$	kN・m	$634.0+258.5=892.5$		
		$Q_{D4}=\Sigma M/h'$	kN	$892.5/2.80=318.8$		
	帯筋間隔	$\Delta Q=Q_{Dmin}-Q_{D2}$	kN	$318.8-252.5=66.3$		$_wf_t=295$ N/mm² $-$(SD 295) 2-D 13 ($a_w=265$ mm²)
		$\tau=\Delta Q/bj$	N/mm²	$66300/500\times 481=0.276$		
		$P_w=\tau/0.5\ _wf_t$ $+0.002$	%	$0.276/0.5\times 295+0.002=0.0038$		
		$@=a_w/bP_w$	mm	$265/500\times 0.0038=139$		

4. 小ばりの設計

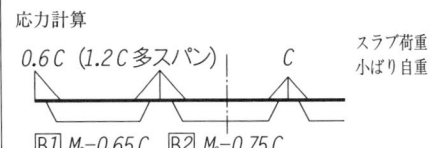

応力計算

スラブ荷重 $w=21.70 \text{ kN/m}^2$
小ばり自重 $wg=24.0\times0.40\times0.80=7.68 \text{ kN/m}$

$L_x=3.00$　$C=2\times3.2\times21.70+7.68\times5.50^2/12=158.24 \text{ kN·m}$
$L_y=5.50$　$M_0=2\times5.0\times21.70+7.68\times5.50^2/8=246.04 \text{ kN·m}$
$\lambda=1.83$　$Q=2\times3.1\times21.70+7.68\times5.50/2=155.66 \text{ kN}$

B1はり
$0.6C=0.6\times158.2=94.92 \text{ kN·m}$,　$1.2C=189.84 \text{ kN·m}$
$M_0-0.65C=246.04-0.65\times158.24=143.18 \text{ kN·m}$

B2はり
$C=158.24 \text{ kN·m}$
$M_0-0.75C=246.04-0.75\times158.24=127.36 \text{ kN·m}$

	項目・計算式		単位	B1			B2	
	位置			外端	中央	内端	両端	中央
応力	曲げモーメント	上端	kN·m	94.92	—	189.84	158.24	—
		下端			143.18			127.36
	せん断力		kN	124.52		155.66	155.66	
断面	実断面	$b\times D$	mm	400×800			400×800	
	有効成	$d(j)$	mm	750(656)			750(656)	
		$Bd^2\times10^6$	mm³	225			225	
断面算定	曲げ	$C={_LM}/bd^2$	N/mm²	0.42	0.64	0.84	0.71	0.57
	鉄筋比	$P_t(\gamma=0.5)$	%	0.20	0.30	0.45	0.35	0.20
	鉄筋	$at=P_t\cdot bd$ 上端	cm²	10.5 * (3−D 22)		11.81(4−D 22)	10.5 *	5.24
	断面積	$at=P_t\cdot bd$ 下端	cm²		10.5 *(3−D 22)			10.5 *
	引張り鉄筋	$at=0.004\cdot bd$	cm²	$at=0.004\times40\times65.6=10.5$ *→(3−D 22)			$at=10.5$ *→(3−D 22)	
	付着周長	$\psi=Q_{D1}/f_a\cdot j$	cm	内端上端　$\psi=155.66/0.095\times65.6=24.9$ cm			$37.2/0.095\times39.3=10.0$	
	本数	n	本	4−D 22　(28.0 cm)			2−D 19　(12.0 cm)	
	せん断応力度	$\tau=Q/bj$ $Q_D=a\times f_s$ $\times bj$	kN/cm²	$\tau=155.66/40\times65.6$ $=0.059<0.07$　ok			$\tau=155.66/40\times65.6$ $=0.059<0.07$　ok	
	鉄筋比 STP間隔	P_w $@=a_w/b\cdot P_w$	% cm	$P_w=0.2\%$ $@=2.54/0.002\times40=31.7$ cm			$P_w=0.2\%$ $@=2.54/0.002\times40=31.7$ cm	
断面	$b\times D$			400×800			400×800	
	上端筋			3−D 22	3−D 22	4−D 22	4−D 22	3−D 22
	下端筋			3−D 22	3−D 22	3−D 22	3−D 22	3−D 22
	スターラップ			D 13−@200	D 13−@200	D 13−@200	D 13−@200	D 13−@200

5. スラブの設計

符号	荷重計算 断面形状 SD 295：$f_t=19.5$ kN/cm² FC 21：$f_a=0.095$ kN/cm²		M 欄 Q 欄	$\dfrac{M}{w \cdot L_x{}^2}$ $\dfrac{Q}{w \cdot L_x}$	M (kN・m) Q (kN)	a_t (cm²) ϕ (cm)	スラブ 配　筋	タイプ
四辺固定	$L_x=3.000$　　$w=8.0$ kN/m² $L_y=4.500$　　$wL_x=8.0\times3.0=24.0$ $\lambda=1.5$　　$wL_x{}^2=8.0\times3.0^2=72.0$ $t=18.0$ cm $d_x=18-(3+\phi/2)=14.3$　　$j_x=12.5$ cm $d_y=14.3-\phi=13.0$　　$j_y=11.3$ cm		M_{x1} M_{x2} Q_{x1} M_{y1} M_{y2} Q_{y1}	0.070 0.046 0.52 0.042 0.028 0.46	5.04 3.31 12.48 3.02 2.01 11.04	2.07 1.36 10.51 1.37 0.92 10.28	D 10-@ 200 D 10-@ 200 D 10-@ 200 D 10-@ 200 D 10-@ 200 D 10-@ 200	A
三辺固定	(図)	$w=8.0$ kN/m² $wL_x=8.0\times2.5$ 　　$=20$ $wL_x{}^2=8.0\times2.5^2$ 　　$=50$ $t=18.0$ cm	M_{x1} M_{x2} Q_{x1} M_{y1} M_{y2} Q_{y1}	0.205 0.025 0.85 0.280 0.094 1.000	10.25 1.25 17.00 14.00 4.70 20.00	3.67 0.51 14.31 6.35 2.13 18.63	D 13-@ 200 D 10-@ 200 D 13-@ 200 D 13-@ 200 D 10-@ 200 D 13-@ 200	A
二辺固定	(図)	$w=8.0$ kN/m² $wL_x{}^2=8.0\times2.0^2$ 　　$=32$ $\lambda=3.0/2.0$ 　　$=1.5$ $t=18.0$ cm	M_{x1} M_{x2} M_{y1} M_{y2}	0.39 0.055 0.38 0.022	12.48 1.76 12.16 0.704	5.12 0.72 5.52 0.32	D 13-@ 200 D 13-@ 200 D 13-@ 200 D 13-@ 200	C
構造細則	(図)		(1)　スラブ厚　$\lambda=L_y/L_x$ 　　周辺固定スラブの場合 　　　$t=0.02\{(\lambda-0.7)/(\lambda-0.7)\times(1+w_P/10$ 　　　　$+L_x/10000)\}L_x$ 　　片持ちスラブの場合 　　　$t=L_x/10$ (2)　スラブのたわみ（長期） 　　　$\delta_L=16\ \delta_e\leqq L_x/250$ 　　弾性たわみ 　　　$\delta_e=\lambda^4\times wL_x{}^4/32(1+\lambda^4)Et^3\leqq L_x/4000$					
補足計算	$a_t=M/f_t\cdot j\ (\text{cm}^2)$　必要鉄筋間隔 @ 　　D 10 のみ使用　　　@$=12.4\ d/M$ 　　D 10＋D 13 交互　　@$=17.3\ d/M$ 　　D 13 のみ使用　　　@$=22.2\ d/M$ 　　D 16 のみ使用　　　@$=34.8\ d/M$ 　　$D_x=18-(3+\phi/2)\to j_x=7/8\cdot d_x$ 　　$D_y=d_x-\phi\to j_y=7/8\cdot d_y$		ピッチ 鉄筋径	@ 150 $a_t(\phi)$	@ 200 $a_t(\phi)$	@ 250 $a_t(\phi)$	@ 300 $a_t(\phi)$	

ピッチ 鉄筋径	@ 150 $a_t(\phi)$	@ 200 $a_t(\phi)$	@ 250 $a_t(\phi)$	@ 300 $a_t(\phi)$
D 10	4.72(20)	3.55(15)	2.84(12)	2.37(10)
D 10＋D 13	6.60(23)	4.95(17)	3.96(14)	3.30(11)
D 13	8.74(26)	6.35(20)	5.08(16)	4.23(13)
D 16	13.27(33)	9.95(25)	7.96(20)	6.63(16)

配筋 TYPE：A-モチアミ　　B-ベンド
　　　　　　C-キャンチ

6. フラットスラブの設計

(1) 伏図

$L \geq 0.8 \times L_{\max}$
$= 0.8 \times 6.0 = 4.80 \mathrm{~m}$　ok

(2) 荷重計算

スラブ厚　$t = 30$ (cm)
固定荷重　$g = 8.20$ (kN/m²)
積載荷重　$p = 10.00$ (kN/m²)
荷重合計　$(g+p) = 18.20$ (kN/m²)
鉄筋断面積　(1.0 m あたり)

D 13 − @ 200	$at = 6.35$ cm²
D 13 − @ 100	$at = 12.7$ cm²
D 13 + D 16 − @ 200	$at = 8.15$ cm²
D 13 + D 16 − @ 100	$at = 16.30$ cm²
D 16 − @ 200	$at = 9.95$ cm²
D 16 − @ 100	$at = 19.90$ cm²
D 19 − @ 200	$at = 14.35$ cm²
D 19 − @ 100	$at = 28.70$ cm²

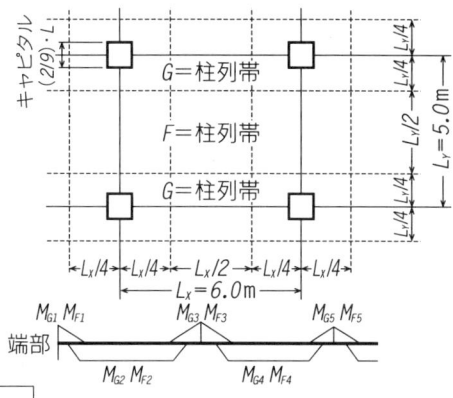

($L_X \geq L_Y$ スパンで，$L_Y \geq 0.8 \cdot L_X$ の場合に RC 規準計算式が成立.)

5・22 図

(3) 応力・断面算定

負曲げ（上端）$d = t − 5$ cm　$f_t \cdot j = 20 \times 21.8 = 436$ kN/cm
正曲げ（下端）$d = t − 8$ cm　$f_t \cdot j = 20 \times 19.2 = 384$ kN/cm　$at = M/f_t \cdot j$

5・22 表

位置		曲げモーメント M (kN·m)	d (cm)	j (cm)	断面積 at (cm²)	配筋
柱間帯		$M_{F1} = L^2(g+p)/36 = 6.0^2(8.20+10.00)/36$ $= 18.2$	25.0	21.8	4.17	4-D 13 D13- @ 200
		$M_{F2} = L^2(g/26+p/16) = 6.0^2(8.20/26+10.00/16)$ $= 33.8$	22.0	19.2	8.81	5-D 16 D 16- @ 200
		$M_{F3} = L^2(g+p)/24 = 6.0^2(8.20+10.00)/24$ $= 27.3$	25.0	21.8	6.23	5-D 13 D 13- @ 200
		$M_{F4} = L^2(g/32+p/16) = 6.0^2(8.20/32+10.00/16)$ $= 31.7$	22.0	19.2	8.25	5-D 16 D 16- @ 200
柱列帯		$M_{g1} = L^2(g+p)/12 = 6.0^2(8.20+10.00)/12$ $= 54.6$	25.0	21.8	12.52	7-D 16 D 16- @ 100
		$M_{g2} = L^2(g/20+p/13) = 6.0^2(8.20/20+10.00/13)$ $= 42.5$	22.0	19.2	11.06	4-D 13 + 4-D 16 D 13+D 16- @ 100
		$M_{g3} = L^2(g+p)/8 = 6.0^2(8.20+10.00)/8$ $= 81.9$	25.0	21.8	18.78	10-D 16 D 16- @ 100
		$M_{g4} = L^2(g/26+p/13) = 6.0^2(8.20/26+10.00/13)$ $= 39.1$	22.0	19.2	10.18	4-D 13 + 4-D 16 D 13+D 16- @ 100

7. 耐震壁の設計

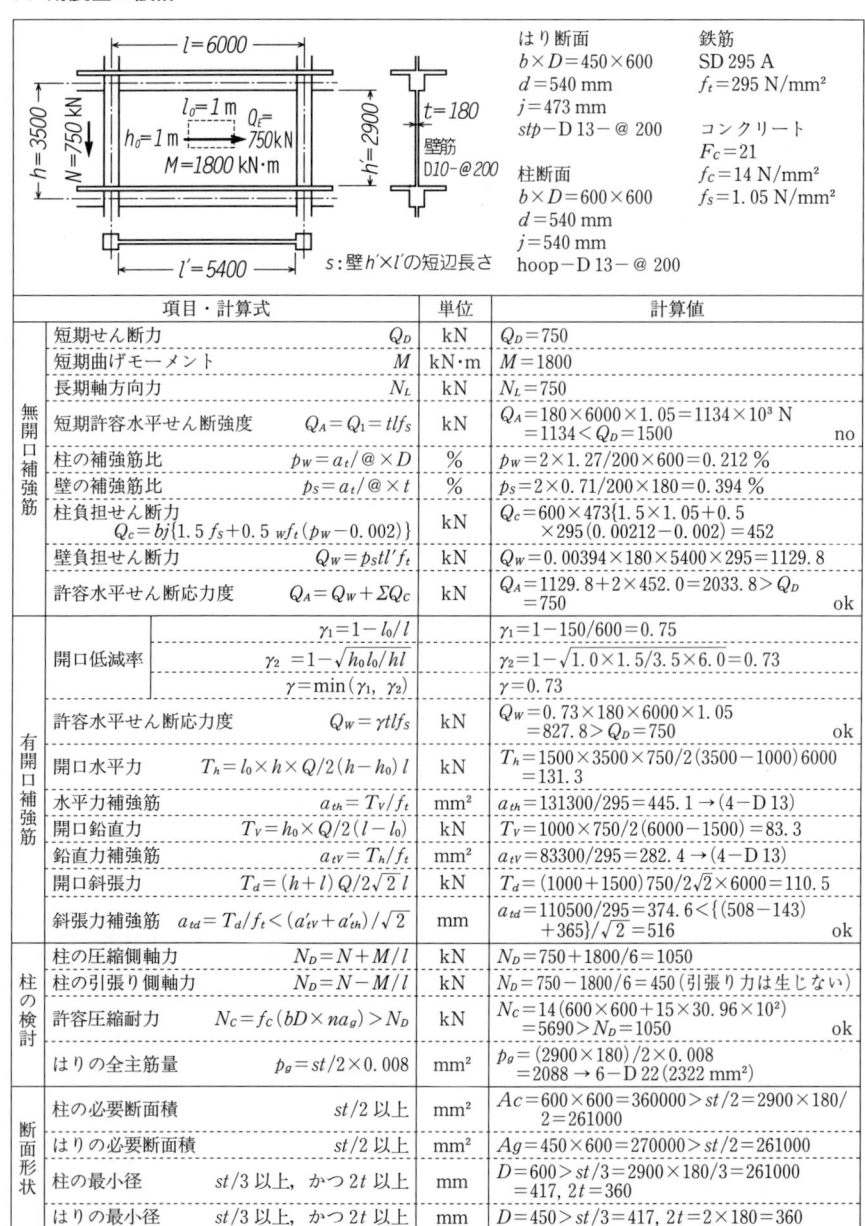

はり断面
$b \times D = 450 \times 600$
$d = 540$ mm
$j = 473$ mm
$stp - D\,13 - @\,200$

柱断面
$b \times D = 600 \times 600$
$d = 540$ mm
$j = 540$ mm
$hoop - D\,13 - @\,200$

鉄筋 SD 295 A
$f_t = 295$ N/mm²

コンクリート
$F_c = 21$
$f_c = 14$ N/mm²
$f_s = 1.05$ N/mm²

壁筋 D10-@200

図: $l = 6000$, $h = 3500$, $N = 750$ kN, $l_0 = 1$ m, $h_0 = 1$ m, $Q_E = 750$ kN, $M = 1800$ kN·m, $t = 180$, $h' = 2900$, $l' = 5400$, $s:$壁$h' \times l'$の短辺長さ

	項目・計算式		単位	計算値	
無開口補強筋	短期せん断力	Q_D	kN	$Q_D = 750$	
	短期曲げモーメント	M	kN·m	$M = 1800$	
	長期軸方向力	N_L	kN	$N_L = 750$	
	短期許容水平せん断強度	$Q_A = Q_1 = tlf_s$	kN	$Q_A = 180 \times 6000 \times 1.05 = 1134 \times 10^3$ N $= 1134 < Q_D = 1500$	no
	柱の補強筋比	$p_w = a_t/@ \times D$	%	$p_w = 2 \times 1.27/200 \times 600 = 0.212$ %	
	壁の補強筋比	$p_s = a_t/@ \times t$	%	$p_s = 2 \times 0.71/200 \times 180 = 0.394$ %	
	柱負担せん断力 $Q_c = bj\{1.5 f_s + 0.5 \, _w f_t(p_w - 0.002)\}$		kN	$Q_c = 600 \times 473\{1.5 \times 1.05 + 0.5 \times 295(0.00212 - 0.002)\} = 452$	
	壁負担せん断力	$Q_w = p_s t l' f_t$	kN	$Q_w = 0.00394 \times 180 \times 5400 \times 295 = 1129.8$	
	許容水平せん断応力度	$Q_A = Q_w + \Sigma Q_c$	kN	$Q_A = 1129.8 + 2 \times 452.0 = 2033.8 > Q_D = 750$	ok
有開口補強筋	開口低減率	$\gamma_1 = 1 - l_0/l$		$\gamma_1 = 1 - 150/600 = 0.75$	
		$\gamma_2 = 1 - \sqrt{h_0 l_0 / hl}$		$\gamma_2 = 1 - \sqrt{1.0 \times 1.5/3.5 \times 6.0} = 0.73$	
		$\gamma = \min(\gamma_1, \gamma_2)$		$\gamma = 0.73$	
	許容水平せん断応力度	$Q_w = \gamma t l f_s$	kN	$Q_w = 0.73 \times 180 \times 6000 \times 1.05 = 827.8 > Q_D = 750$	ok
	開口水平力	$T_h = l_0 \times h \times Q/2(h - h_0) \, l$	kN	$T_h = 1500 \times 3500 \times 750/2(3500 - 1000)6000 = 131.3$	
	水平力補強筋	$a_{th} = T_V/f_t$	mm²	$a_{th} = 131300/295 = 445.1 \to (4 - D\,13)$	
	開口鉛直力	$T_V = h_0 \times Q/2(l - l_0)$	kN	$T_V = 1000 \times 750/2(6000 - 1500) = 83.3$	
	鉛直力補強筋	$a_{tv} = T_h/f_t$	mm²	$a_{tv} = 83300/295 = 282.4 \to (4 - D\,13)$	
	開口斜張力	$T_d = (h + l) Q/2\sqrt{2} \, l$	kN	$T_d = (1000 + 1500)750/2\sqrt{2} \times 6000 = 110.5$	
	斜張力補強筋	$a_{td} = T_d/f_t < (a'_{tv} + a'_{th})/\sqrt{2}$	mm	$a_{td} = 110500/295 = 374.6 < \{(508 - 143) + 365\}/\sqrt{2} = 516$	ok
柱の検討	柱の圧縮側軸力	$N_D = N + M/l$	kN	$N_D = 750 + 1800/6 = 1050$	
	柱の引張り側軸力	$N_D = N - M/l$	kN	$N_D = 750 - 1800/6 = 450$(引張り力は生じない)	
	許容圧縮耐力	$N_C = f_c(bD \times na_g) > N_D$	kN	$N_C = 14(600 \times 600 + 15 \times 30.96 \times 10^2) = 5690 > N_D = 1050$	ok
	はりの全主筋量	$p_g = st/2 \times 0.008$	mm²	$p_g = (2900 \times 180)/2 \times 0.008 = 2088 \to 6 - D\,22 \,(2322$ mm²$)$	
断面形状	柱の必要断面積	$st/2$ 以上	mm²	$A_c = 600 \times 600 = 360000 > st/2 = 2900 \times 180/2 = 261000$	
	はりの必要断面積	$st/2$ 以上	mm²	$A_g = 450 \times 600 = 270000 > st/2 = 261000$	
	柱の最小径	$st/3$ 以上、かつ $2t$ 以上	mm	$D = 600 > st/3 = 2900 \times 180/3 = 261000 = 417, \; 2t = 360$	
	はりの最小径	$st/3$ 以上、かつ $2t$ 以上	mm	$D = 450 > st/3 = 417, \; 2t = 2 \times 180 = 360$	

8. 長方形ばりの断面算定図表

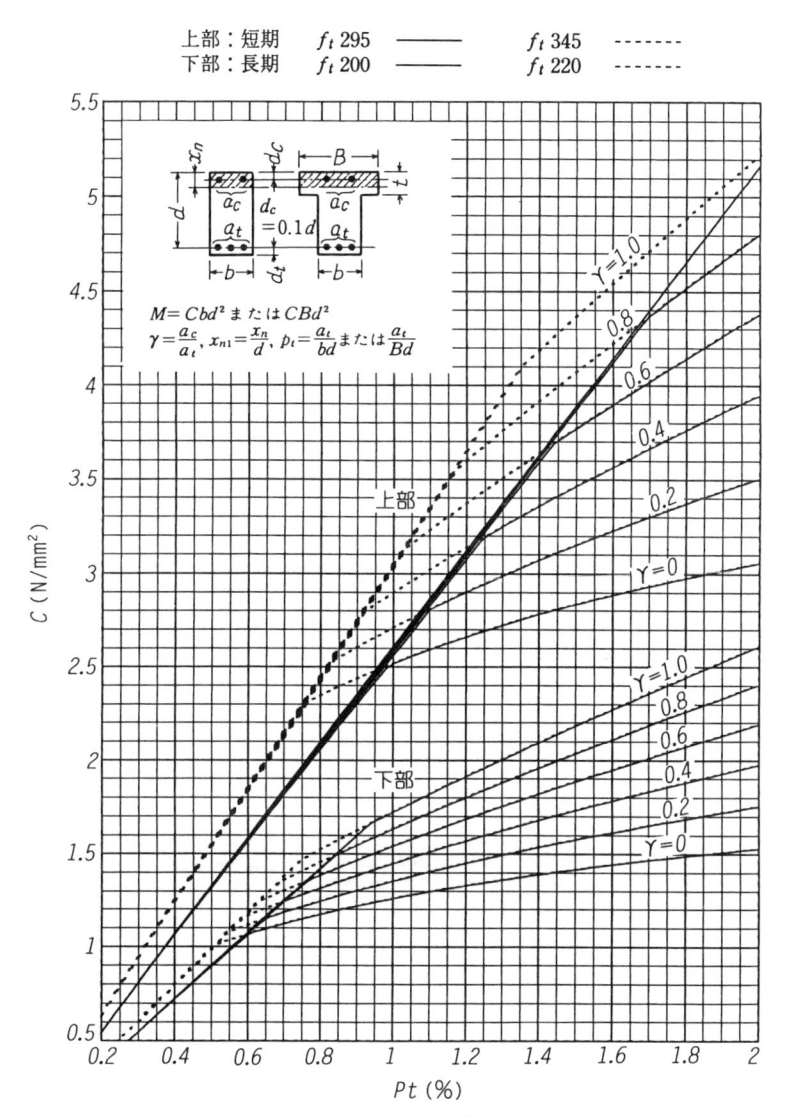

$F_c = 21 \quad n = 15$

上部：短期　　f_t 295　――――　f_t 345　------
下部：長期　　f_t 200　――――　f_t 220　------

$M = Cbd^2$ または CBd^2

$\gamma = \dfrac{a_c}{a_t},\ x_{n1} = \dfrac{x_n}{d},\ p_t = \dfrac{a_t}{bd}$ または $\dfrac{a_t}{Bd}$

5・23図　長方形ばりの許容曲げモーメント．

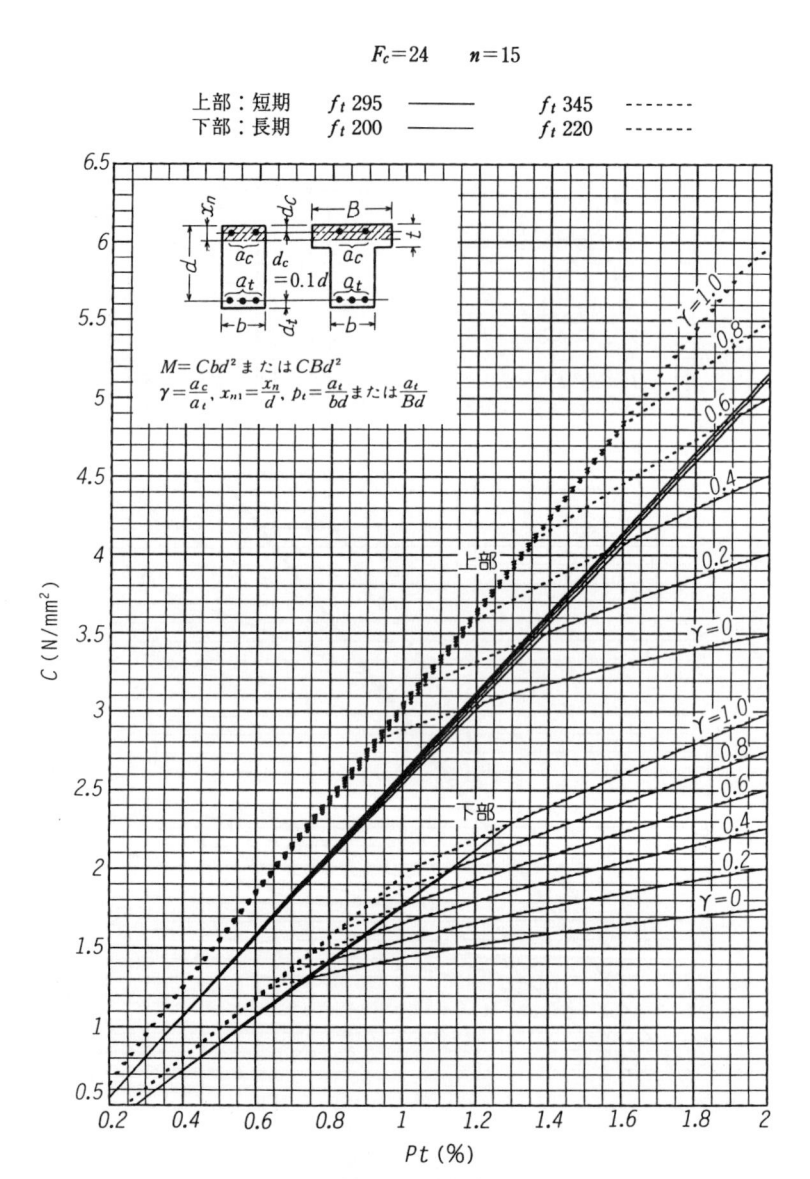

$F_c = 24$ $n = 15$

上部：短期 f_t 295 ——— f_t 345 - - - - -
下部：長期 f_t 200 ——— f_t 220 - - - - -

$M = Cbd^2$ または CBd^2
$\gamma = \dfrac{a_c}{a_t},\ x_m = \dfrac{x_n}{d},\ p_t = \dfrac{a_t}{bd}$ または $\dfrac{a_t}{Bd}$

5・24図　長方形ばりの許容曲げモーメント．

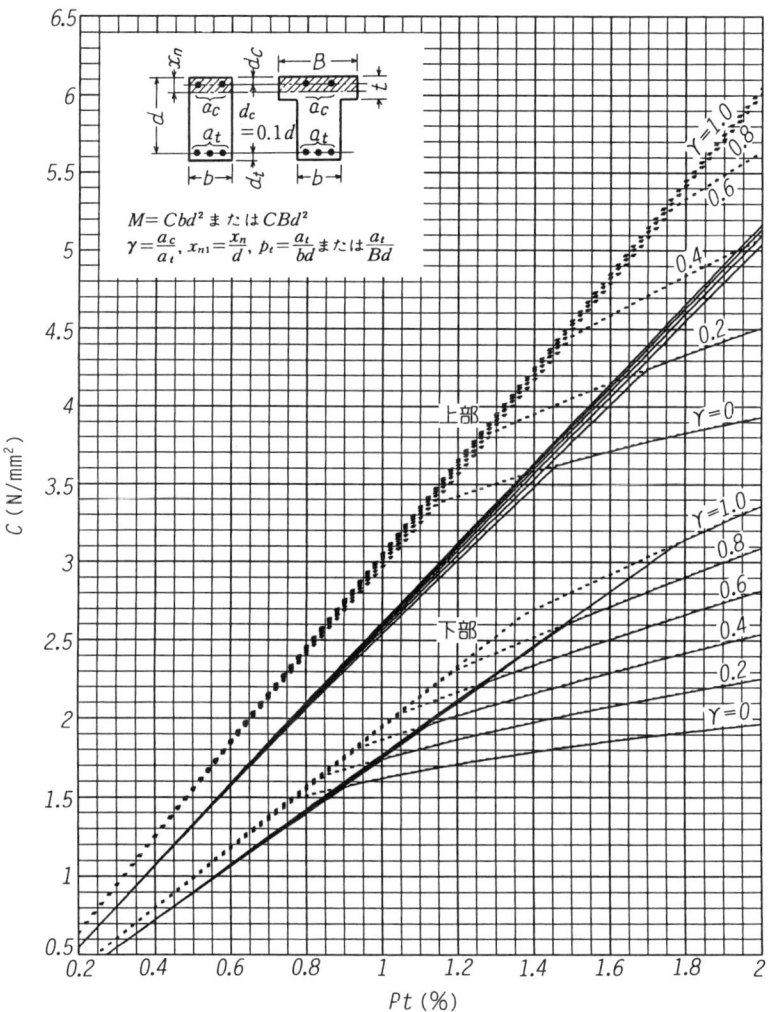

$F_c = 27$　　$n = 15$

上部：短期　f_t 295 ────　　f_t 345 ────────
下部：長期　f_t 200 ────　　f_t 220 ────────

$M = Cbd^2$ または CBd^2
$\gamma = \dfrac{a_c}{a_t}$, $x_{n1} = \dfrac{x_n}{d}$, $p_t = \dfrac{a_t}{bd}$ または $\dfrac{a_t}{Bd}$

5・25図　長方形ばりの許容曲げモーメント.

9. 柱の断面算定図表

$F_c=21$　　長期
$f_c=7$　　$f_t=200$　　$n=15$

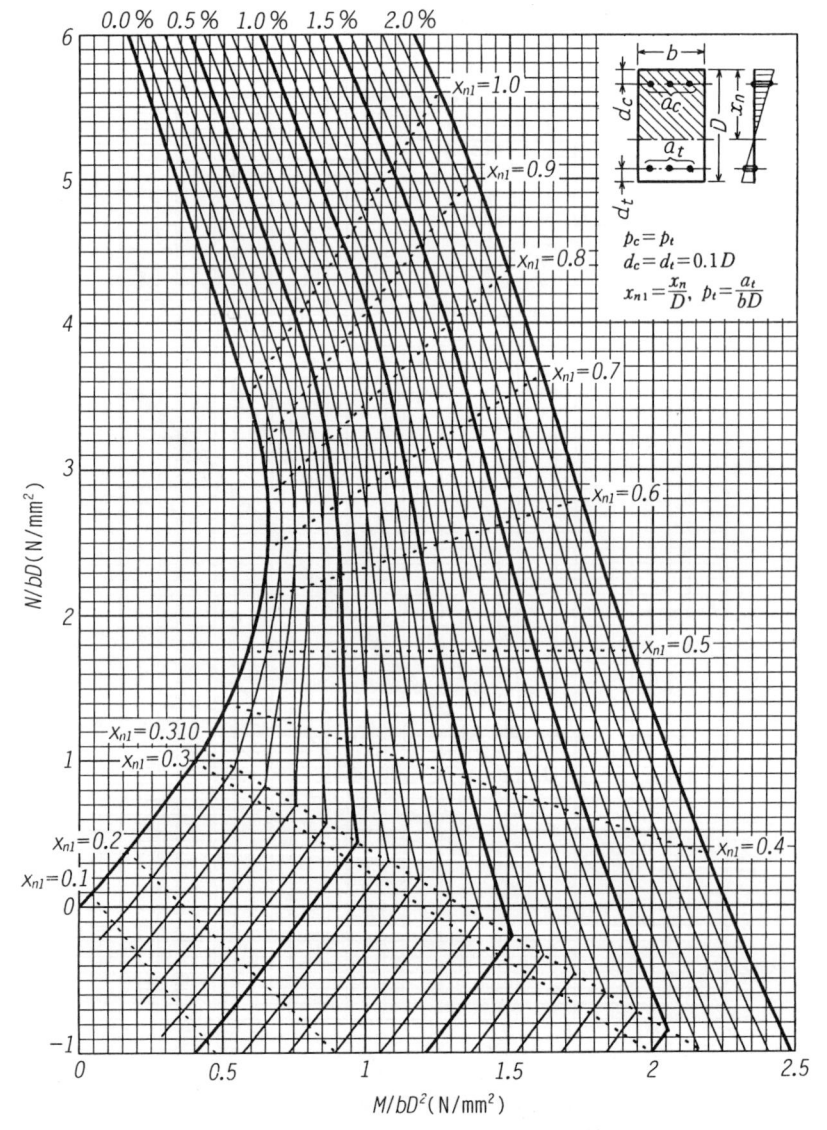

$p_c = p_t$
$d_c = d_t = 0.1D$
$x_{n1} = \dfrac{x_n}{D}$, $p_t = \dfrac{a_t}{bD}$

5・26 図　柱の許容曲げモーメント—軸方向力関係.

$F_c=21$　短期
$f_c=14$　$f_t=295$　$n=15$

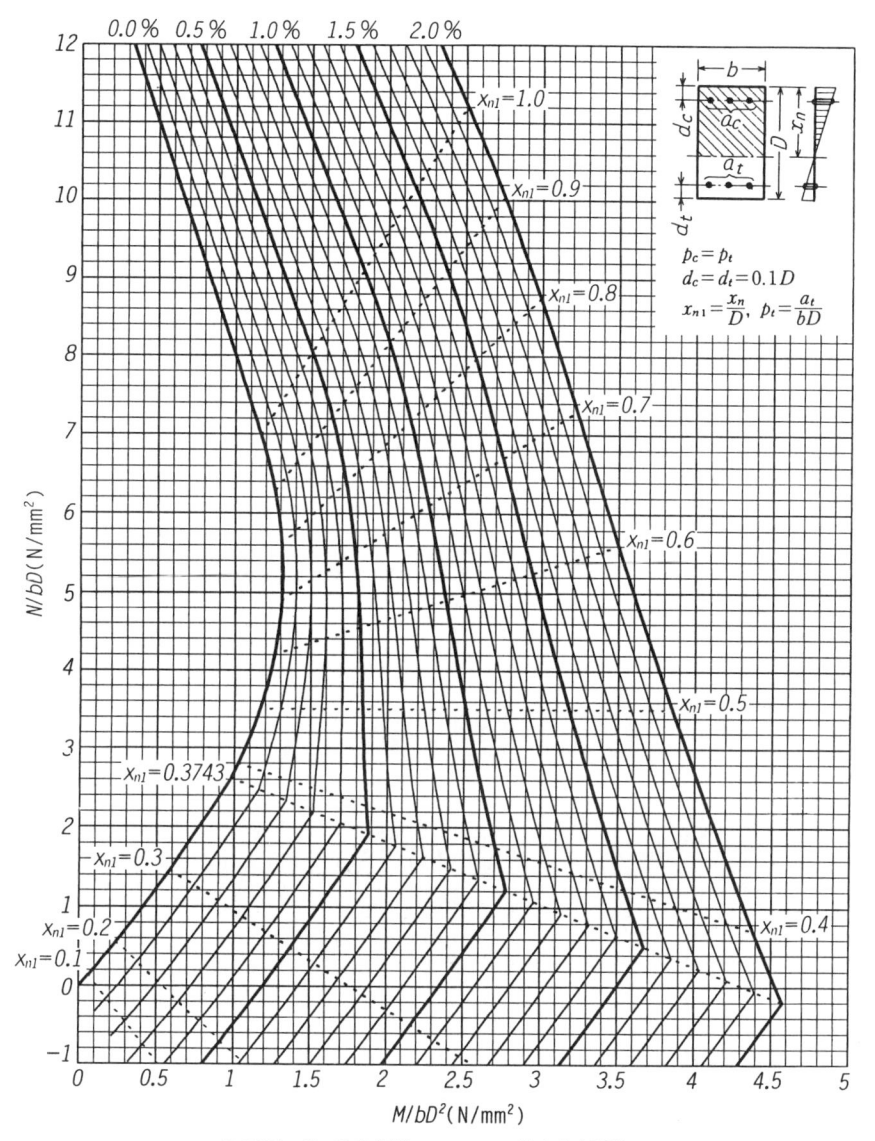

5·27図　柱の許容曲げモーメント—軸方向力関係.

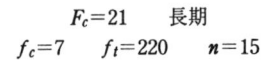

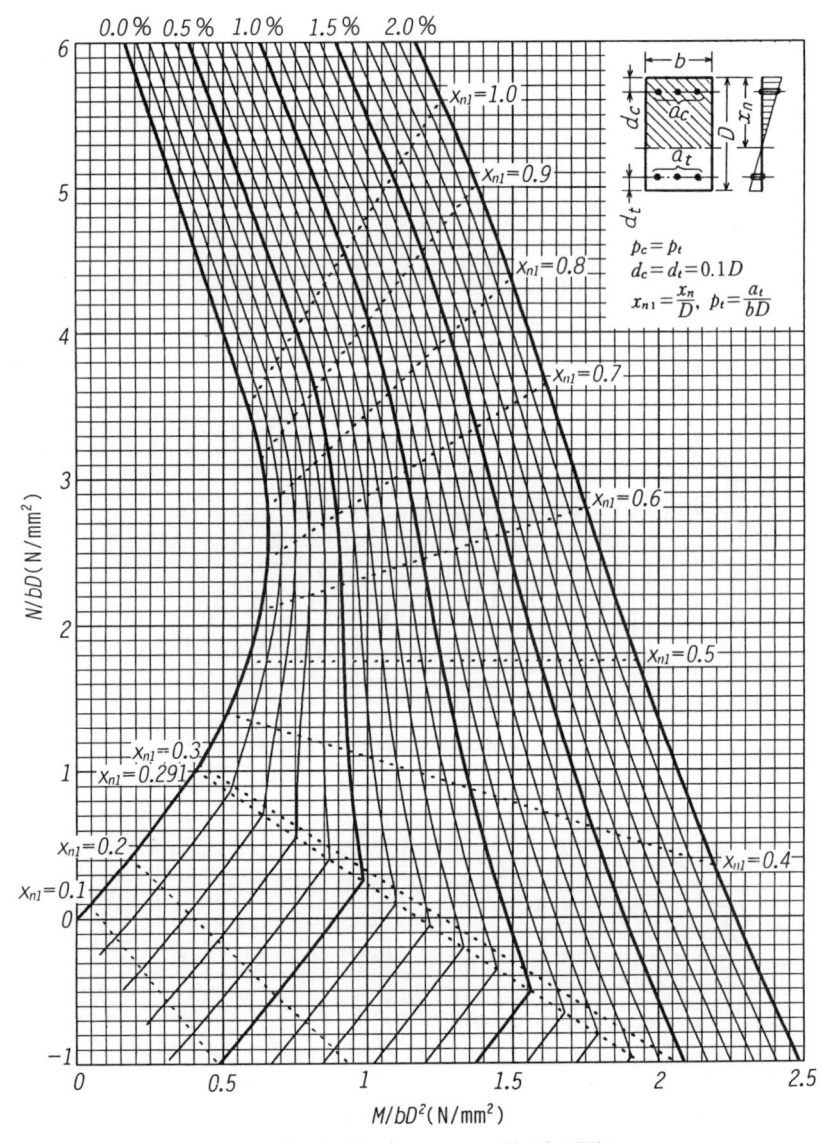

5・28図 柱の許容曲げモーメント―軸方向力関係.

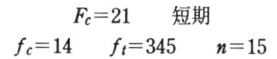

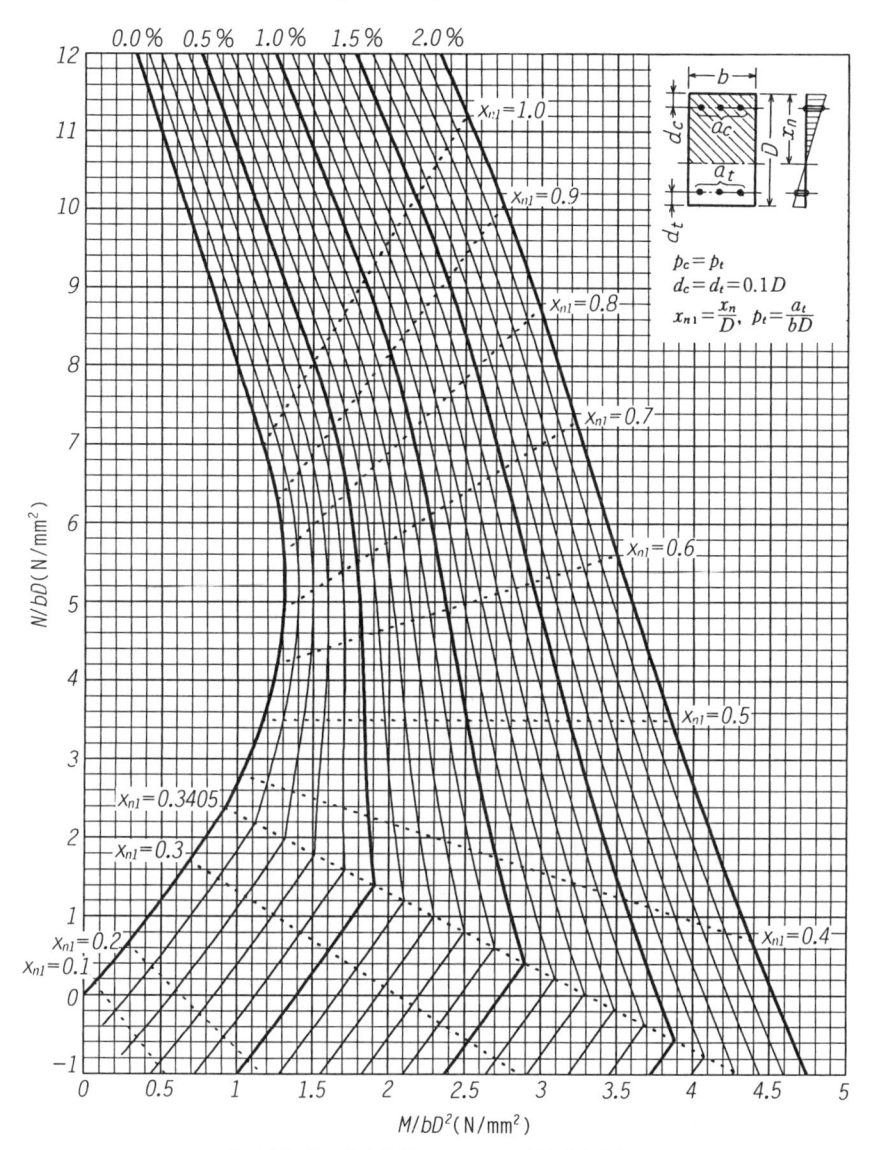

5・29図 柱の許容曲げモーメント―軸方向力関係.

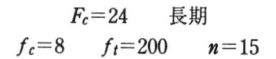

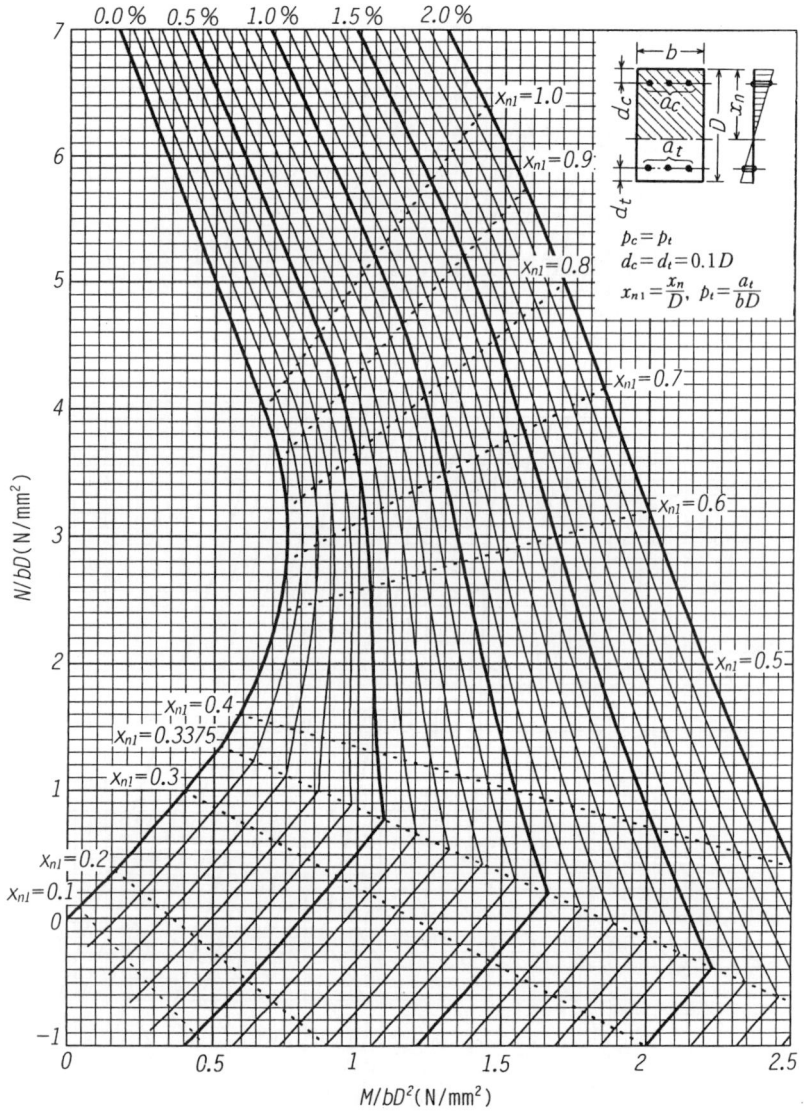

5・30図 柱の許容曲げモーメント—軸方向力関係.

$F_c = 24$　短期
$f_c = 16$　$f_t = 295$　$n = 15$

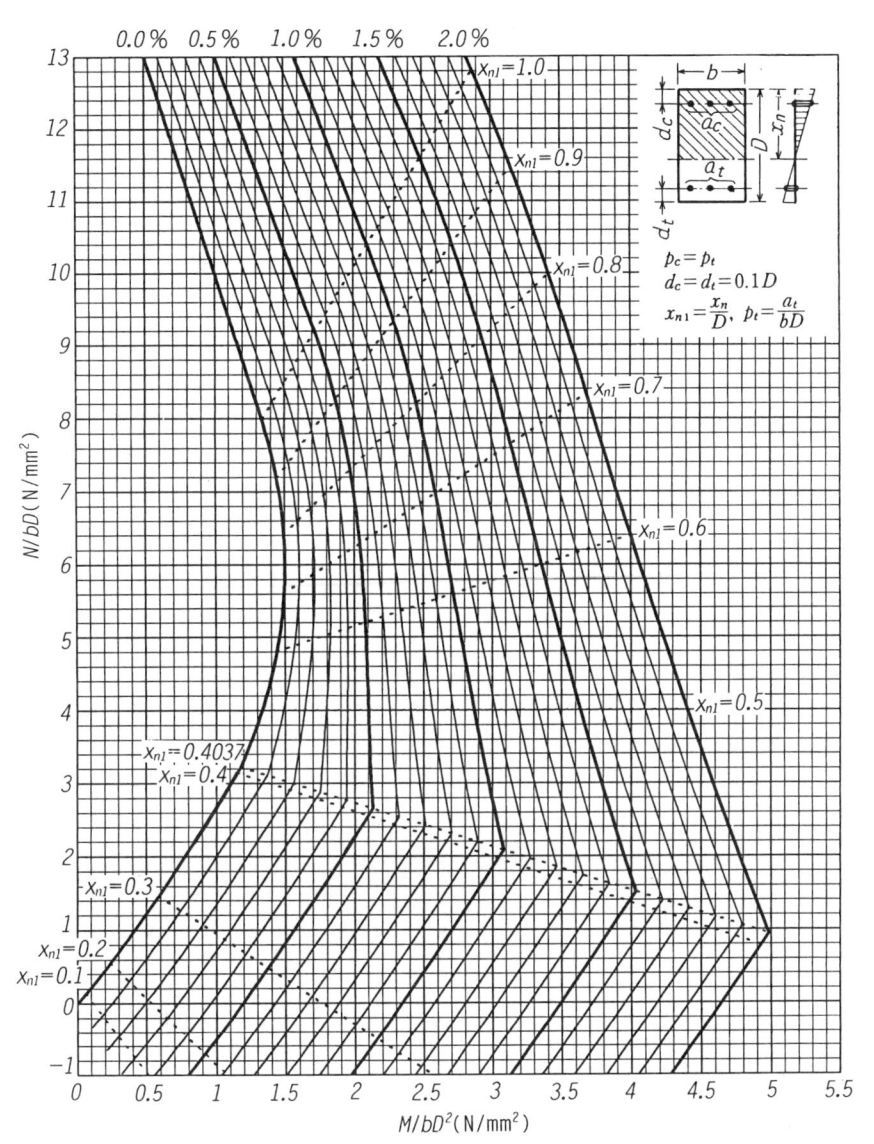

0.0 %　0.5 %　1.0 %　1.5 %　2.0 %

$x_{n1} = 1.0$
$x_{n1} = 0.9$
$x_{n1} = 0.8$
$x_{n1} = 0.7$
$x_{n1} = 0.6$
$x_{n1} = 0.5$
$x_{n1} = 0.4037$
$x_{n1} = 0.4$
$x_{n1} = 0.3$
$x_{n1} = 0.2$
$x_{n1} = 0.1$

$p_c = p_t$
$d_c = d_t = 0.1D$
$x_{n1} = \dfrac{x_n}{D}$, $p_t = \dfrac{a_t}{bD}$

$N/bD\,(\mathrm{N/mm^2})$

$M/bD^2\,(\mathrm{N/mm^2})$

5・31 図　柱の許容曲げモーメント—軸方向力関係.

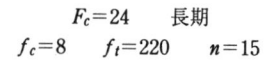

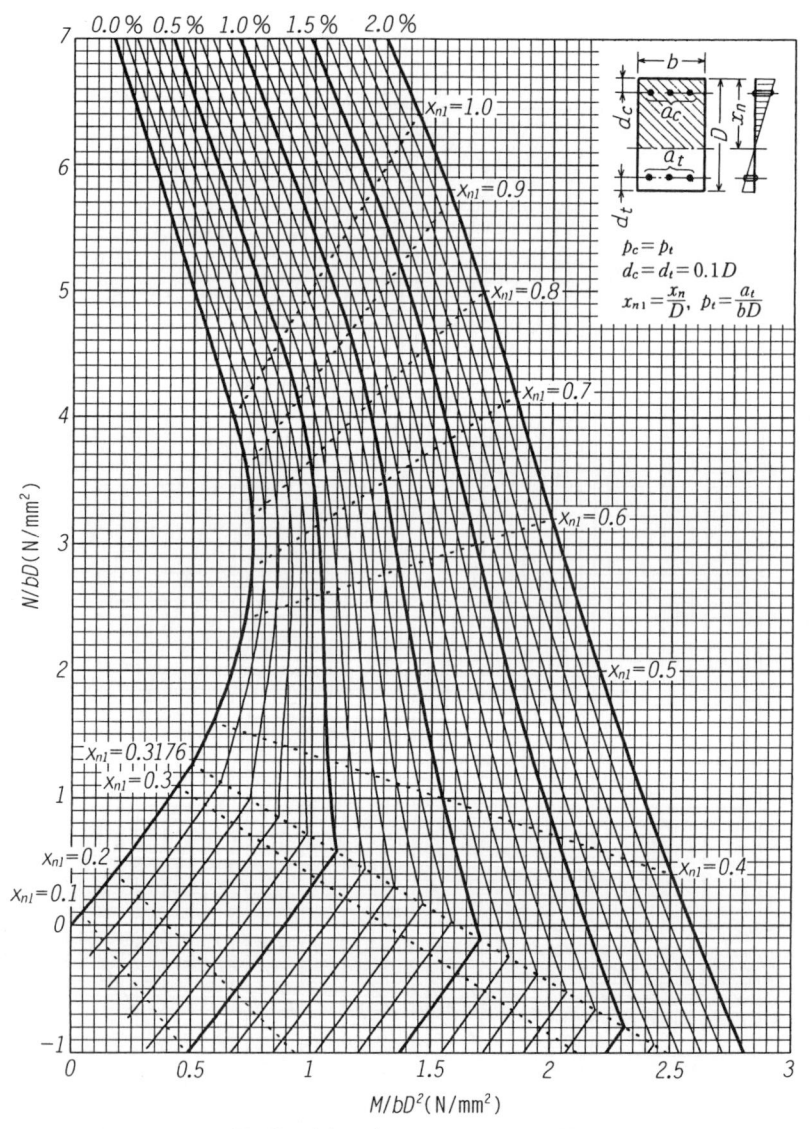

5・32図 柱の許容曲げモーメント—軸方向力関係.

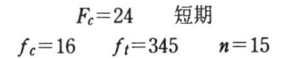

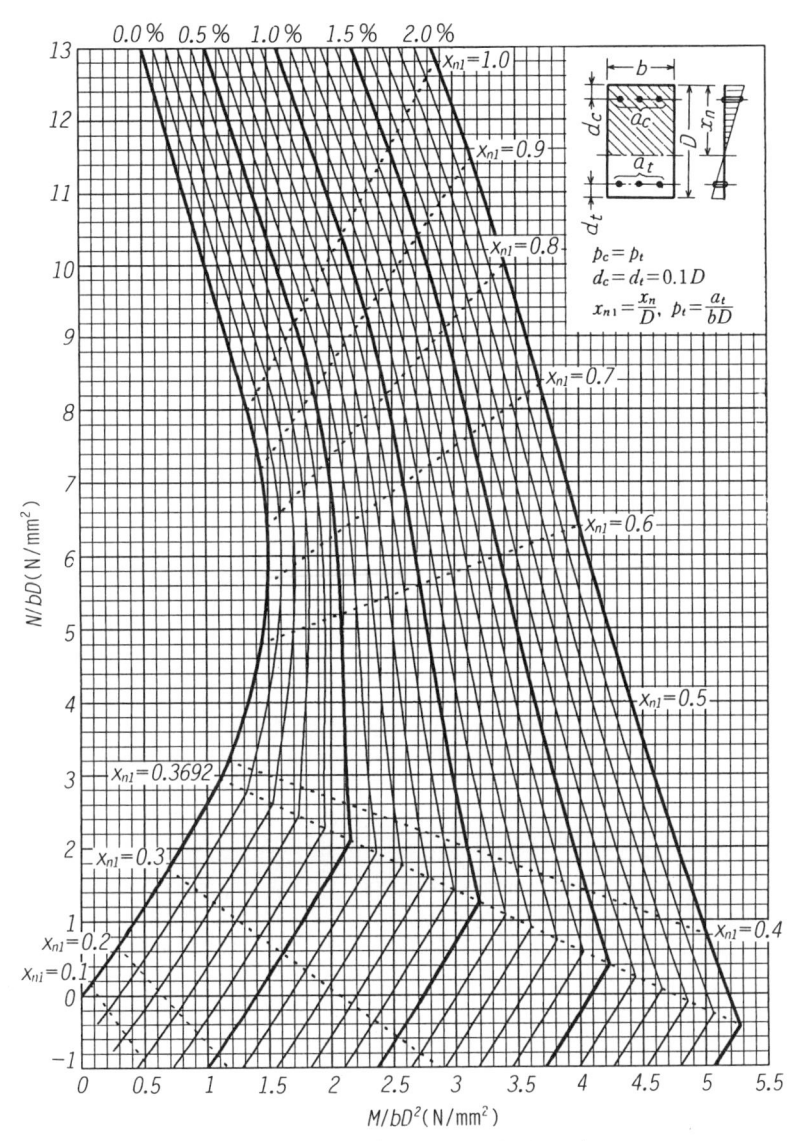

5·33図 柱の許容曲げモーメント—軸方向力関係.

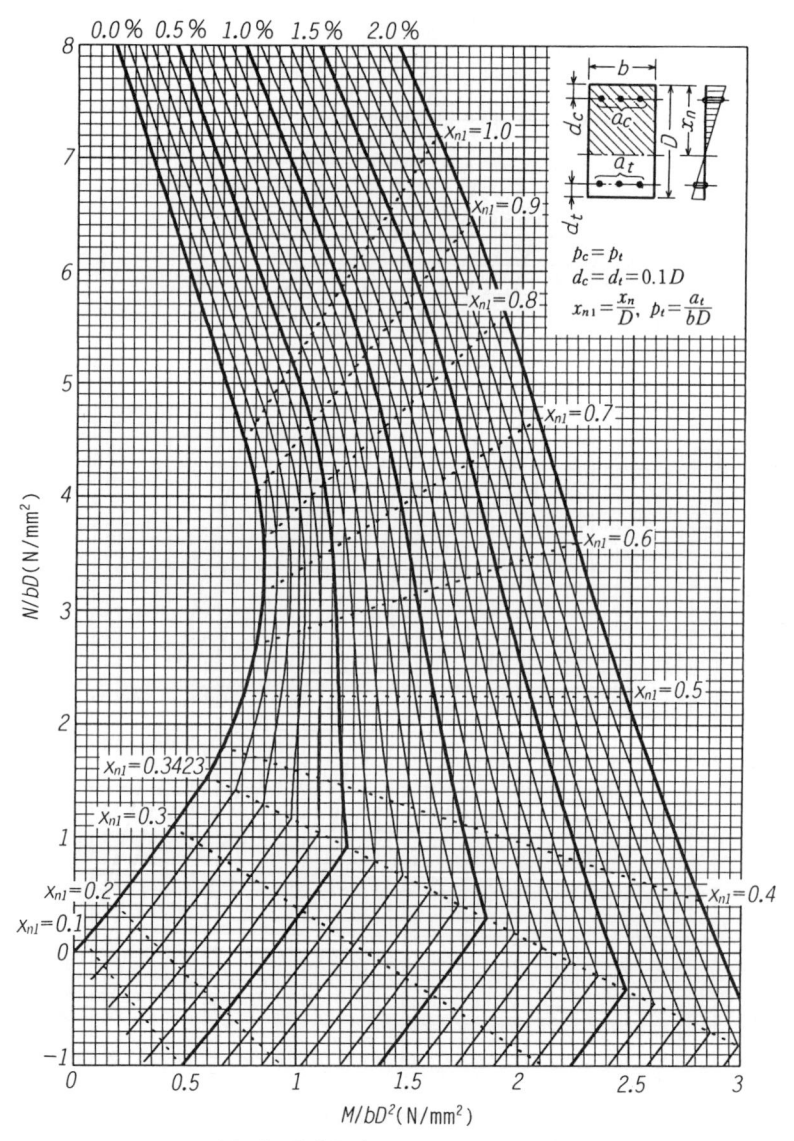

$F_c=27$　長期
$f_c=9$　$f_t=220$　$n=15$

$p_c=p_t$
$d_c=d_t=0.1D$
$x_{n1}=\dfrac{x_n}{D}$,　$p_t=\dfrac{a_t}{bD}$

5・34図　柱の許容曲げモーメント—軸方向力関係.

鉄筋コンクリート構造設計

$F_c = 27$　短期
$f_c = 18$　$f_t = 345$　$n = 15$

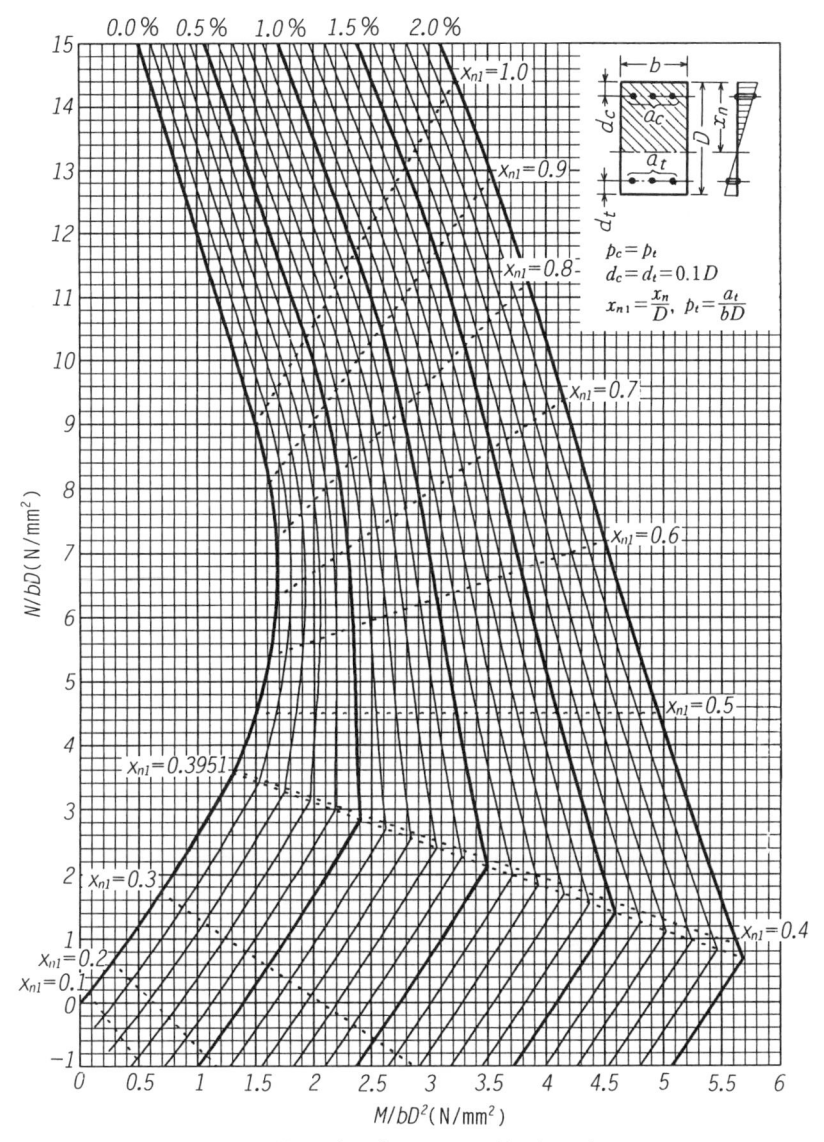

$p_c = p_t$
$d_c = d_t = 0.1D$
$x_{n1} = \dfrac{x_n}{D},\ p_t = \dfrac{a_t}{bD}$

5・35 図　柱の許容曲げモーメント－軸方向力関係.

10. スラブ計算図表　[東 洋一・小森 清司：建築構造学大系 11 巻　平板構造； 彰国社（1970 年 11 月）より]

E：コンクリートのヤング係数．
t：スラブ厚

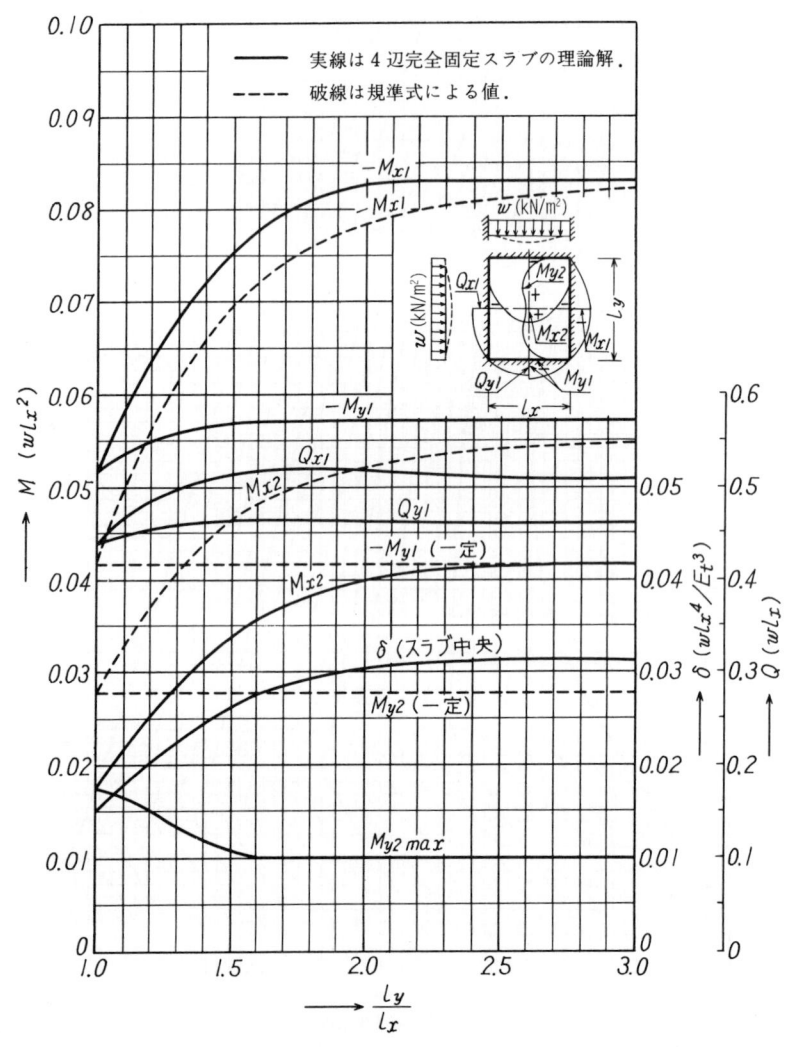

5・36 図　等分布荷重時 4 辺固定スラブの応力図と中央点のたわみ $\delta(\nu=0)$．

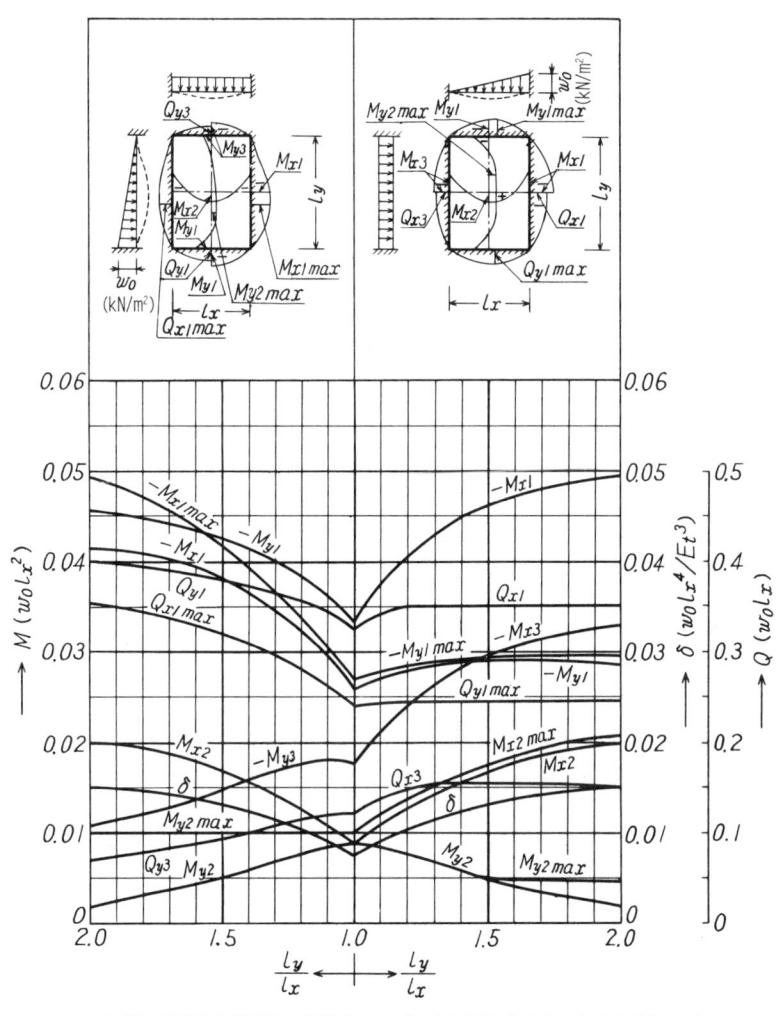

5・37図 等変分布荷重時4辺固定スラブの応力図と中央点のたわみ $\delta (\nu=0)$.

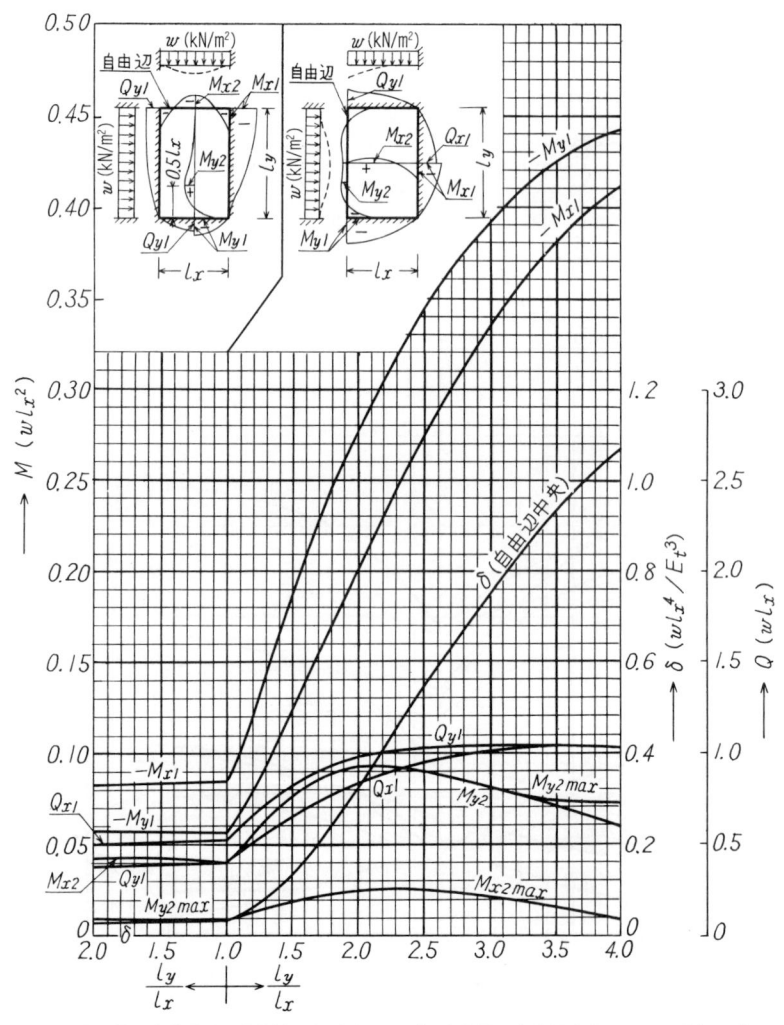

5・38図 等分布荷重時3辺固定1辺自由スラブの応力図と自由辺中央のたわみ $\delta(\nu=0)$.

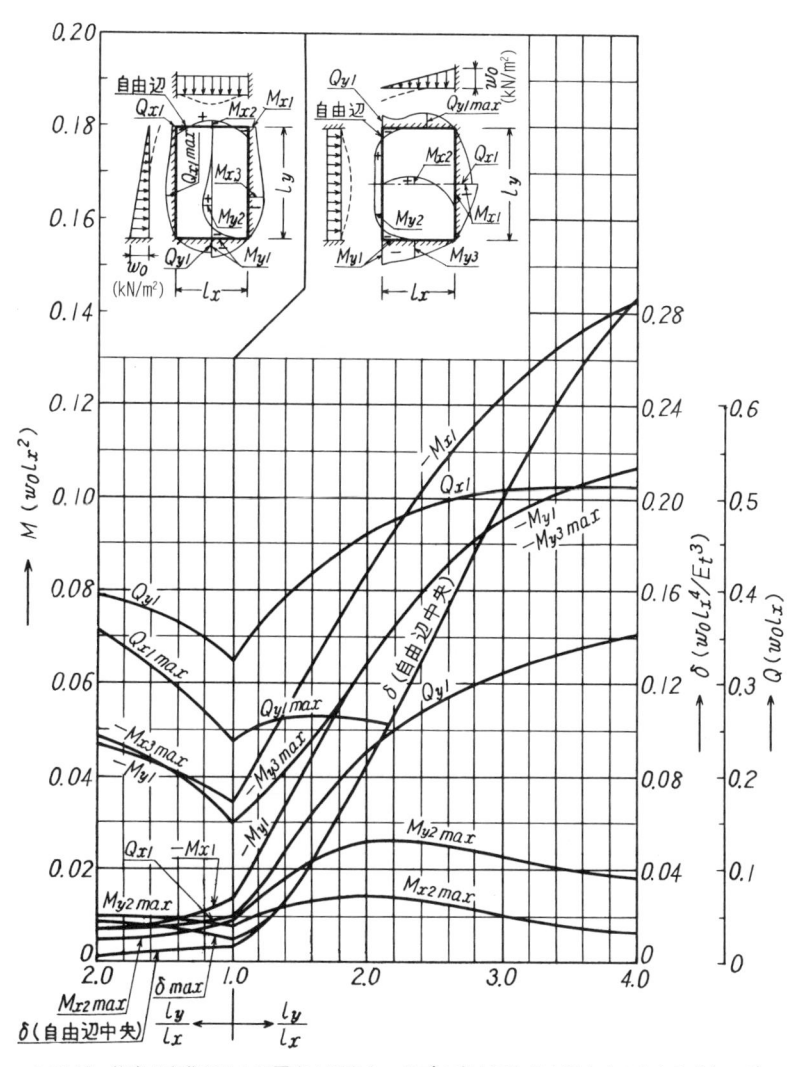

5・39図 等変分布荷重時3辺固定1辺自由スラブの応力図と自由辺中央のたわみ $\delta(\nu=0)$.

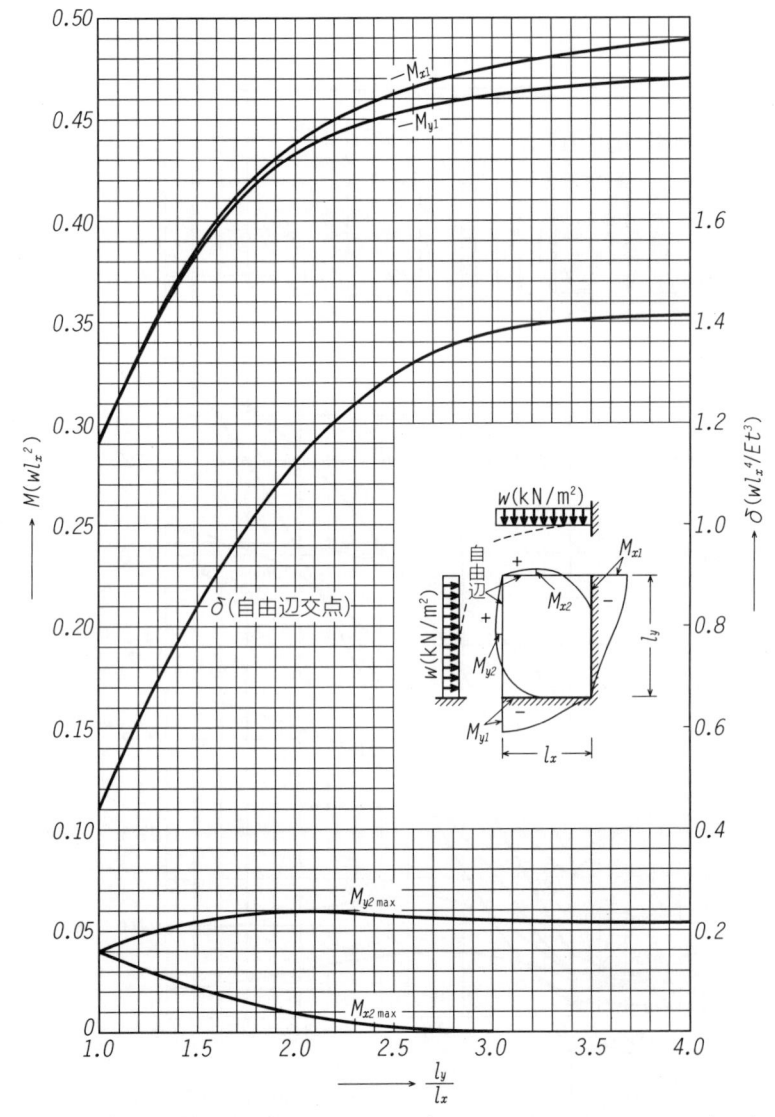

5・40図　等分布荷重時2隣辺固定他辺自由スラブの応力図と自由辺交点のたわみ $\delta(\nu=0)$.

V・7　基礎の設計
1．地盤の許容支持力度
(告示式　平成13年第1113号)

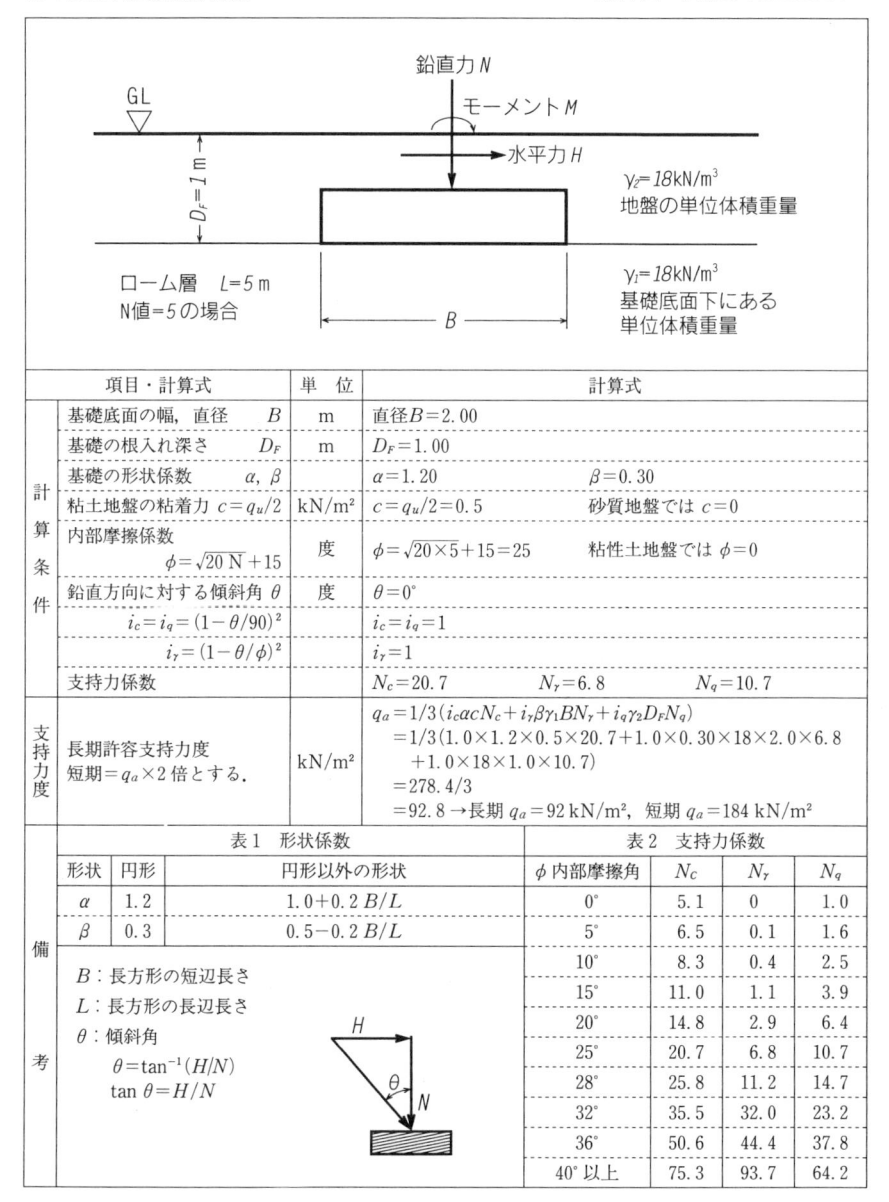

図：
- GL、$D_F = 1\,\text{m}$
- 鉛直力 N、モーメント M、水平力 H
- $\gamma_2 = 18\,\text{kN/m}^3$　地盤の単位体積重量
- ローム層　$L = 5\,\text{m}$、N値=5の場合
- $\gamma_1 = 18\,\text{kN/m}^3$　基礎底面下にある単位体積重量
- 幅 B

	項目・計算式	単位	計算式		
計算条件	基礎底面の幅，直径　B	m	直径 $B = 2.00$		
	基礎の根入れ深さ　D_F	m	$D_F = 1.00$		
	基礎の形状係数　α, β		$\alpha = 1.20$	$\beta = 0.30$	
	粘土地盤の粘着力　$c = q_u/2$	kN/m²	$c = q_u/2 = 0.5$	砂質地盤では $c = 0$	
	内部摩擦係数　$\phi = \sqrt{20\,N} + 15$	度	$\phi = \sqrt{20 \times 5} + 15 = 25$	粘性土地盤では $\phi = 0$	
	鉛直方向に対する傾斜角　θ	度	$\theta = 0°$		
	$i_c = i_q = (1 - \theta/90)^2$		$i_c = i_q = 1$		
	$i_\gamma = (1 - \theta/\phi)^2$		$i_\gamma = 1$		
	支持力係数		$N_c = 20.7$　$N_\gamma = 6.8$　$N_q = 10.7$		
支持力度	長期許容支持力度 短期 $= q_a \times 2$ 倍とする．	kN/m²	$q_a = 1/3(i_c\alpha c N_c + i_\gamma \beta \gamma_1 B N_\gamma + i_q \gamma_2 D_F N_q)$ $= 1/3(1.0 \times 1.2 \times 0.5 \times 20.7 + 1.0 \times 0.30 \times 18 \times 2.0 \times 6.8$ $+ 1.0 \times 18 \times 1.0 \times 10.7)$ $= 278.4/3$ $= 92.8 \rightarrow$ 長期 $q_a = 92\,\text{kN/m}^2$，短期 $q_a = 184\,\text{kN/m}^2$		

表1　形状係数

形状	円形	円形以外の形状
α	1.2	$1.0 + 0.2\,B/L$
β	0.3	$0.5 - 0.2\,B/L$

表2　支持力係数

ϕ 内部摩擦角	N_c	N_γ	N_q
0°	5.1	0	1.0
5°	6.5	0.1	1.6
10°	8.3	0.4	2.5
15°	11.0	1.1	3.9
20°	14.8	2.9	6.4
25°	20.7	6.8	10.7
28°	25.8	11.2	14.7
32°	35.5	32.0	23.2
36°	50.6	44.4	37.8
40°以上	75.3	93.7	64.2

備考：
- B：長方形の短辺長さ
- L：長方形の長辺長さ
- θ：傾斜角
  - $\theta = \tan^{-1}(H/N)$
  - $\tan\theta = H/N$

2. 長方形独立フーチング基礎の設計

	計算式	単位	計算値	
大きさ	短辺 $B \times$ 長辺 $L \times$ 基礎成 D, 柱成 $a \times a'$	mm	$B=2000$　$L=2000$　$D=500$　$a=a'=600$ $A=2.0 \times 2.0=4.0 \text{ m}^2$	
	有効成　$d=D-($かぶり$+d_b+d_b/2), j=0.875 d$	mm	$d=500-(70+16+16/2)=406, j=0.875 \times 406 = 350$	
	基礎自重+基礎上部の土重量　W_F	kN	$W_F=(24 \times 2.0 \times 2.0 \times 0.5)+(18 \times 2.0 \times 2.0 \times 0.5)=84$	
	柱面より基礎外面までの距離 $l_f = L/2 - a/2$	mm	$l_f = 2000/2 - 600/2 = 700$	
柱脚の応力	応力種別		長　期	短　期
	柱軸力　　　　　　　$N_0 (=N')$	kN	$N_0 = 255$	$N_0 = 520$
	曲げモーメント　　　　　　M	kN·m	$M = 65$	$M = 105$
	基礎底面軸力　　$N = N_0 + W_F$	kN	$N = 255 + 84 = 339$	$N = 520 + 84 = 604$
	基礎底面曲げモーメント　　M	kN·m	$M = 65$	$M = 105 + 105 = 155$
接地圧・応力・断面算定	偏心距離　　　　　　$e = M/N$	m	$e = 65/339 = 0.192$	$e = 155/604 = 0.256$
	中立軸(算定図使用の時e'/l)　e/B		$0.192/2.0 = 0.096$	$0.256/2.0 = 0.128$
	計算倍率　　　　　$\alpha = 1 + 6 e/B$		$\alpha = 1 + 6 \times 0.096 = 1.58$	$\alpha = 1 + 6 \times 0.128 = 1.77$
	最大接地圧　　　$\sigma = \alpha N/A$	kN/m²	$\sigma = 1.58 \times 339/4.0 = 134 < 150$　ok	$\sigma = 1.77 \times 604/4.0 = 268 < 300$　ok
	設計用応力 Q_F, M_F 算定図用の L/a		$L/a = 2000/600 = 3.3$	$L/a = 2000/600 = 3.3$
	設計用応力 Q_F, M_F 算定図より $\mu = Q_F/N'$	kN	$\mu = 0.48$	$\mu = 0.52$
	底盤せん断力　　　$Q_F = \mu N'$	kN·m	$Q_F = 0.48 \times 255 = 122$	$Q_F = 0.52 \times 520 = 271$
	設計用応力 Q_F, M_F 算定図より $\nu = M_F/N'a$	kN·m	$\nu = 0.28$	$\nu = 0.33$
	底盤曲げモーメント　$M_F = \nu (N'a)$	kN·m	$M_F = 0.28 \times (255 \times 0.6) = 42.84$	$M_F = 0.33 \times (520 \times 0.6) = 102.96$
	許容せん断応力度　　$\tau = Q_F/Bj$	kN/cm²	$\tau = 122/200 \times 35 = 0.017 < 0.07$	$\tau = 271/200 \times 35 = 0.039 < 0.105$
	鉄筋断面積　　　$a_t = M_F/fj$ 鉄筋:SD 295 A　$f_t = 19.5$ kN/cm²	cm²	$a_t = 4284/19.5 \times 35 = 6.28 \rightarrow 5-D13$	$a_t = 10296/29.5 \times 35 = 9.98 \rightarrow 9-D13$ (11.43 cm²)
	主筋断面積の合計　　$\Sigma A_s = n \cdot a_0$	cm²	$\Sigma A_s = 9 \times 1.27 = 11.43$	$\Sigma A_s = 9 \times 1.27 = 11.43$
必要付着長さ	鉄筋存在応力度　$\sigma_t = M_F/\Sigma A_s \cdot j$	kN/cm²	$\sigma_t = 4284/11.43 \times 35 = 10.7$	$\sigma_t = 10296/11.43 \times 35 = 25.7$
	$C:_{\min}$(鉄筋のあき, かぶり厚さ$\times 3$, 主筋径$\times 5$)	cm	$C:_{\min}(22, 7 \times 3 = 21, 1.3 \times 5 = 6.5) = 6.5$	$C = 6.5$
	補正係数　$K = 0.3 c/d_b + 0.4$ (d_b：主筋径)		$K = 0.3 \times 6.5/1.3 + 0.4 = 1.9$	$K = 1.9$
	必要付着長さ　$l_{db} = \sigma_t A_s/Kf_b \psi$	cm	$l_{db} = 10.7 \times 1.27/1.9 \times 0.095 \times 4$	$l_{db} = 25.7 \times 1.27/1.9 \times 0.142 \times 4$
	付着長さ　　$l_d = l_f - (7 + 3 d_b)$		$l_d = 70 - (7 + 3 \times 1.3) = 59.1$	$l_d = 70 - (7 + 3 \times 1.3) = 59.1$
	判　定　　　　　$l_d \geq l_{db}$	cm	$l_d = 59.1 \geq l_{db} = 18.8$　ok	$l_d = 59.1 \geq l_{db} = 30.2$　ok
パンチング	断面算定の延べ幅 $b_0 = 2(a + a') + \pi d$	cm	$b_0 = 2(60 + 60) + 3.14 \times 40.6 = 367$	$b_0 = 2(60 + 60) + 3.14 \times 40.6 = 367$
	b_0 の包囲面積 $A_0 = a^2 + (ad/2) 4 + (d/2)^2 \pi$	m²	$A_0 = 0.98$	$A_0 = 0.98$
	設計用せん断力 $Q_{PD} = (N_0/A)(A - A_0)$	kN	$Q_{PD} = (255/4.0)(4.0 - 0.98) = 192$	$Q_{PD} = (520/4.0)(4.0 - 0.98) = 392$
	係　数　　　　　　　　　　α		$\alpha = 1.5$	$\alpha = 1.5$
	許容せん断力　　$Q_{Pa} = \alpha b_0 j f_s$	kN	$Q_{Pa} = 1.5 \times 367 \times 35 \times 0.07 = 1348$	$Q_{Pa} = 1.5 \times 392 \times 35 \times 0.07 = 1348$
	判　定　　　　　$Q_{Pa} \geq Q_{PD}$		$Q_{Pa} = 1348 \geq Q_{PD} = 192$　ok	$Q_{Pa} = 1348 \geq Q_{PD} = 392$　ok

5·41 図 独立フーチング基礎の応力算定位置およびパンチングシャーの算定断面.

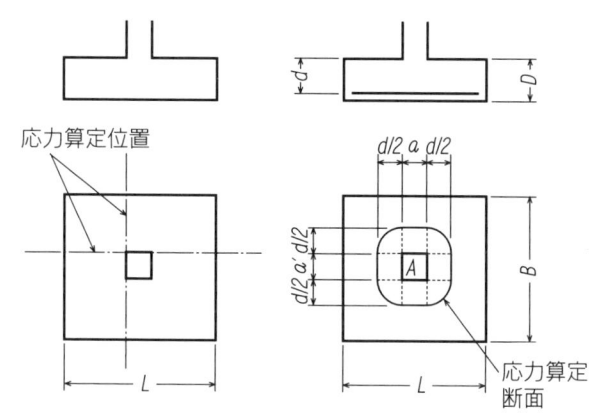

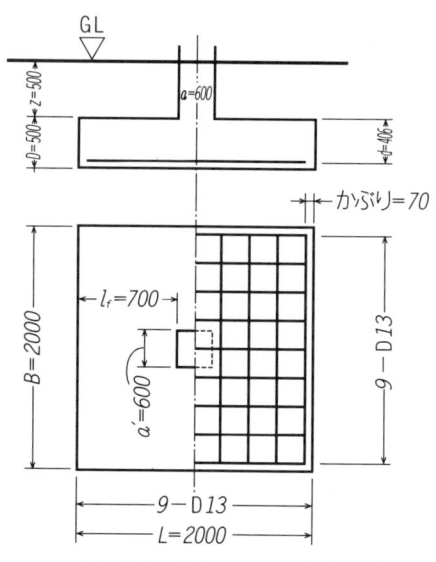

b_0：パンチングシャーに対する設計用せん断力算定断面の延べ幅　$b_0 = 2(a+a') + \pi d$

5·42 図 長方形独立フーチング基礎の配筋.

3. 円形独立フーチング基礎の設計

	計算式		単位	計算値 長期	短期
大きさ	基礎直径 B	半径 r	m	$B=2.0$, $r=1.0$	
	面積 $A=\pi r^2$	半円面積 $A_0=A/2$	m²	$A=3.14\times1.0^2=3.14$, $A_0=3.14/2=1.57$	
	基礎成 D,	d, j	cm	$D=50$, $d=40$, $j=35$	
	半円重心距離	$g=4r/3\pi$	m	$g=4\times1.0/3\times3.14=0.42$	
	基礎自重	$W_F=\gamma AZ$	kN	$W_F=20\text{kN/m}^3\times3.14\times1.2=75.4$	
柱脚の応力	応力種別			長期	短期
	柱軸力	N_0	kN	$N_0=67$	$N_0=84$
	水平反力	H	kN	$H=1.0$	$H=1.0+13.0=14.0$
	曲げモーメント	M	kN・m	$M=2.0$	$M=10.0$
	基礎底面軸力	$N=N_0+W_F$	kN	$N=67+75.4=142.4$	$N=84+75.4=159.4$
	基礎底面曲げ	$M=M+H\cdot D$	kN・m	$M=2.0+1.0\times1.0$ $=3.0$	$M=10.0+14.0\times1$ $=24.0$
接地圧・応力	偏心距離	$e=M/N$	m	$e=3.0/142.4=0.021$	$e=24.0/159.4=0.151$
	中立軸	e/B		$e/B=0.021/2.0$ $=0.011$	$e/B=0.151/2.0$ $=0.076$
	計算倍率	$\alpha=1+8e/B$		$\alpha=1+8\times0.011=1.09$	$\alpha=1+8\times0.076=1.61$
	最大接地圧	$\sigma=\alpha N/A$	kN/m²	$\sigma=1.09\times142.4/3.14$ $=49<50$ ok	$\sigma=1.61\times159.4/3.14$ $=82<100$ ok
	底盤せん断力	$Q=\sigma A_0$	kN	$Q=49\times1.57=76.93$	$Q=82\times1.57=128.74$
	底盤曲げ	$M=Q\cdot g$	kN・m	$M=76.93\times0.42$ $=32.31$	$M=128.74\times0.42$ $=54.07$
断面算定	鉄筋周長 $f_a=0.095\text{kN/cm}^2$ $\psi=Q/f_t j$		cm	$\psi=76.93/0.095\times35$ $=23.14$ 6−D 13 (24.0 cm) →9−D 13	$\psi=128.743/0.142$ $\times35=25.90$ 7−D 13 (28.0 cm) →9−D 13
	鉄筋断面積 $f_t=19.65\text{kN/cm}^2$ $at=M/f_t j$		cm²	$at=3231/19.65\times35$ $=4.70$ 4−D 13 (5.08 cm²)→ 9−D 13	$at=5407/29.5\times35$ $=5.24$ 5−D 13 (6.35 cm²)→ 9−D 13
	主筋断面積の合計	$\Sigma A_s=n\cdot a_0$	cm²	$\Sigma A_s=5\times1.27=6.35$	$\Sigma A_s=6.35$
必要付着長	鉄筋存在応力度	$\sigma_t=M/\Sigma A_s\cdot j$	kN/cm²	$\sigma_t=3231/6.35\times35=14$	$\sigma_t=5407/6.35\times35=24$
	C：(鉄筋のあき，かぶり厚さ×3，主筋径×5)		cm	$C=\min(18, 20\times3=60,$ $1.3\times5=5)=6.5$	$C=6.5$
	補正係数 $K=(0.3C/d_b)+0.4$	$(d_b$ 主筋径)		$K=(0.3\times6.5/1.3)$ $=0.4=1.9$	$K=1.9$
	必要付着長さ	$l_{db}=\sigma_t A_S/Kf_b\psi$	cm	$l_{db}=14\times1.27/1.9$ $\times0.095\times3=33$	$l_{db}=24\times1.27/1.9$ $\times0.142\times3=38$
	付着長さ	$l_d=l_f-(20+3d_b)$	cm	$l_d=100-(20+3\times$ $1.0)=77>33$ ok	$l_d=77>l_{db}=38$ ok
基礎配筋図	曲げによる倍率 $(e/B\leqq1/8)$ $\alpha=1+8e/B$ $\alpha'=1-8e/B$ 長期地耐力：$Ra=50\text{kN/m}^2$ コンクリート：Fc 21 鉄筋：SD 295 A				

FL=GL+200
300
$D=500$ 500
$Z=1200$ 200
配筋有効範囲
1000+300=1300
$B=2000$
$B=2000$
かぶり平均
タテヨコ共 9−D 10

4. 杭体の許容応力度

5・23表 場所打ちコンクリート杭のコンクリートの許容応力度 (N/mm^2).

杭体の打設の方法	長期許容応力度			短期許容応力度		
	圧縮	せん断	付着	圧縮	せん断	付着
掘削時に水または泥水がない状態で打設するもの,また強度試験で確認できる場合.	$Fc/4$	$Fc/40$ かつ $3/4(0.49+Fc/100)$ 以下.	$3Fc/40$ かつ $3/4(1.35+Fc/25)$ 以下.	長期の2倍.	長期の1.5倍.	
コンクリートを水または泥水がある状態で打設するもの.	$Fc/4.5$ かつ 6以下.	$Fc/45$ かつ $3/4(0.49+Fc/100)$ 以下.	$3Fc/15$ かつ $3/4(1.35+Fc/25)$ 以下.			

5・24表 鉄筋の許容応力度 (N/mm^2).

	長期許容応力度			短期許容応力度		
	圧縮	引張り		圧縮	引張り	
		曲げ・引張り用	せん断補強用		曲げ・引張り用	せん断補強用
$D\,28\,mm$ 以下のもの	$F/1.5$ (215以下)	$F/1.5$ (215以下)	$F/1.5$ (195以下)	F	F	F (390以下)
$D\,28\,mm$ を超えるもの	$F/1.5$ (195以下)	$F/1.5$ (195以下)	$F/1.5$ (195以下)	F	F	F (390以下)

5・25表 PHC杭のコンクリート許容応力度 (N/mm^2).

有効プレストレス量(σ_c) (N/mm^2)	設計基準強度(Fc) (N/mm^2)	長期許容応力度			短期許容応力度		
		圧縮	曲げ引張り	斜め引張り	圧縮	曲げ引張り	斜め引張り
4	80以上	20	1.0	1.2	40	2.0	1.8
8	85以上	24	2.0	1.2	42.5	4.0	1.8
10	85以上	24	2.5	1.2	42.5	5.0	1.8

5・26表 鋼管杭の鋼材の許容応力度 (N/mm^2).

	長期許容応力度				短期許容応力度
	圧縮	引張り	曲げ	せん断	
鋼管杭	$F^*/1.5$	$F^*/1.5$	$F^*/1.5$	$F^*/1.5\sqrt{3}$	長期の1.5倍

〔注〕 F：鋼材の許容応力度の規準強度.
F^*：設計基準強度 $F^* = (0.8+2.5\,t_0/r)F$ ($0.01 \leq t_0/r \leq 0.08$)
$F^* = F\,(t_0/r > 0.08)$
R：杭半径(mm)
t_0：腐食しろを除いた厚さ(mm).

5. 杭の許容支持力算定

(1) 支持地盤による長期許容支持力の算定

① 載荷試験による方法　　　$R_a = R_u/3$ (kN)

　　R_u：載荷試験による極限支持力 (kN).

② 杭打試験による方法　　　$R_a = F/(5S + 0.1)$

　　F：ハンマーの打撃エネルギー (kN·m).

　　S：基礎杭の最終貫入量 (m).

③ 地盤調査による方法

○打撃工法杭　　　$R_a = 1/3\{300\overline{N}A_P + (10\overline{N}_s \cdot L_s/3 + \overline{q_u} \cdot L_c/2)\psi\}$ (kN)

○セメントミルク工法杭　　　$R_a = 1/3\{200\overline{N}A_P + (10\overline{N}_s \cdot L_s/3 + \overline{q_u} \cdot L_c/2)\psi\}$ (kN)

○認定工法杭

・RODEX 工法(プレボーリング)　　$R_a = 1/3\{a\overline{N}A_P + 15 L_0 \cdot \psi\}$ (kN)
　　　　　　　　　　　　　　　　$R_a = 1/3\{a\overline{N}A_P + (\beta\overline{N}_s \cdot L_s + \gamma\overline{q_u} \cdot L_c)\psi\}$ (kN)

・NAKS 工法(中掘)　　　$\alpha = 250 \cdots\cdots (l \leq 90 D)$　　$\beta = 2,\ \gamma = 0.5$

・TS ロータリー工法(回転)　　　$\alpha = 250 - 10(l/D - 90) \cdots\cdots (90 D < l \leq 110 D)$

○場所打杭(アースドリル工法)　　$R_a = 1/3\{150\overline{N}\ A_P + (10\overline{N}\ _s \cdot L_s/3 + \overline{q_u} \cdot L_c/2)\psi\} - W$ (kN)

$\overline{N}$：先端抵抗 N 値. 杭先端より下へ 1 d, 上へ 4 d 間の平均値 (N 60).

A_P：杭先端の全断面積.

$\overline{N}_s$：砂質地盤の N 値の平均値 (ただし, $\overline{N}_s/5 \leq 100$ kN/m² とする).

L_s：砂質地盤の層厚の合計.

$\overline{q_u}$：粘性土部分の一軸圧縮強度の平均値 (ただし, $\overline{q_u}/2 \leq 100$ kN/m² とする).

　なお, 一軸圧縮強度の実測値がない場合は, $\overline{q_u} = 12.5 N$(kN/m²) とする.

L_c：粘性土地盤の層厚.

ψ：杭の周長.

(2) PHC 杭体の軸方向力と曲げモーメントの検討

$$-f_b \leq N/A_e + \sigma_e + My/I_e \leq f_c$$

f_b：コンクリートの許容曲げ引張り応力度(N/mm²).

f_c：コンクリートの許容圧縮応力度(N/mm^2).
N：設計用軸方向力(N)　(圧縮力：正,引張り力：負)
M：設計用曲げモーメント(N・mm)　(正値とする)
y：杭の半径(mm)　(曲げ圧縮側のとき：正,曲げ引張り側のとき：負).
σ_e：有効プレストレス量(N/mm^2)
A_e：コンクリートの換算断面積($=A_c+n\cdot A_s$)　(A_c：コンクリートの断面積,
　　　A_s：PC 鋼材の断面積).
I_e：杭中心に関するコンクリートの換算断面2次モーメント($=I_c+nI_s$)
　　　(mm^4).
I_c：杭中心に関するコンクリートの断面2次モーメント　(mm^4).
I_s：杭中心に関する PC 鋼材の断面2次モーメント　(mm^4).
e：コンクリートに対する PC 鋼材のヤング係数比($=E_s/E_c$).

(3) 回転圧入鋼管杭（NS エコパイル）

① 杭先端許容支持力
$R_a=1/3\{\alpha\cdot\beta\cdot\overline{N}(A_P+e\cdot A_{wo})+(2\overline{N}_s\cdot L_s+\overline{q}_u\cdot L_c/2)\psi\}$
　　α：先端支持力係数　$\alpha=200$
　　β：羽根径(D_W)による係数　$\beta=1-0.3(D_W-1.5)/2.5$
　　A_P：底板部見付け面積　$A_P=\pi\cdot D_W^2/4$
　　A_{wo}：外側羽根面積　$A_{wo}=\pi\cdot(D_W^2-D_P^2)/4$
　　e：支持力に対する外側羽根の有効率　$e=0.5$

② 杭材の許容圧縮力
$N_a=F^*\times A_{SP}/1.5$　　($\mu=L/D-100\leq0$ の時)
$N_a=\{F^*\times A_{SP}/1.5\}\times(1-\mu/100)$　　($\mu=L/D-100>0$ の時)
　　μ：長さ径比に対する低減率　$\mu=L/D_P-100$
　　F^*：設計基準強度　5・26 表参照

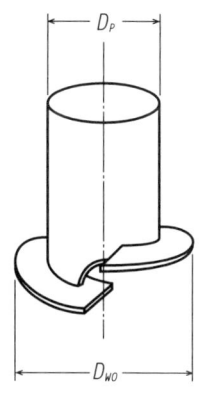

5・43 図　回転圧入鋼管杭

(4) PHC杭の許容先端支持耐力

$Ra = 1/3 \cdot aNAp$ (kN/本)

D (mm)	a	N 値								
		20	25	30	35	40	45	50	55	60
300	20	94	118	141	165	188	212	236	259	283
	25	118	147	177	206	236	265	295	324	353
	30	141	177	212	247	283	318	353	389	424
350	20	128	160	192	224	257	289	321	353	385
	25	160	200	241	281	321	361	401	441	481
	30	192	241	289	337	385	433	481	529	577
400	20	168	209	251	293	335	377	419	461	503
	25	209	262	314	367	419	471	524	576	628
	30	251	314	377	440	503	565	628	691	754
450	20	212	265	318	371	424	477	530	583	636
	25	265	331	398	464	530	596	663	729	795
	30	318	398	477	557	636	716	795	875	954
500	20	262	327	393	458	524	589	655	720	785
	25	327	409	491	573	655	736	818	900	982
	30	393	491	589	687	785	884	982	1080	1178
600	20	377	471	565	660	754	848	942	1037	1131
	25	471	589	707	825	942	1060	1178	1296	1414
	30	565	707	848	990	1131	1272	1414	1555	1696
700	20	513	641	770	898	1026	1155	1283	1411	1539
	25	641	802	962	1122	1283	1443	1604	1764	1924
	30	770	962	1155	1347	1539	1732	1924	2117	2309
800	20	670	838	1005	1173	1340	1508	1676	1843	2011
	25	638	1047	1257	1466	1676	1885	2094	2304	2513
	30	1005	1257	1508	1759	2011	2262	2513	2765	3016
900	20	848	1060	1272	1484	1696	1909	2121	2333	3545
	25	1060	1325	1590	1856	2121	2386	2651	2916	3181
	30	1272	1590	1909	2227	2545	2863	3181	3499	3817
1000	20	1047	1309	1571	1833	2094	2356	2618	2880	3142
	25	1309	1636	1963	2291	2618	2945	3273	3600	3927
	30	1571	1963	2356	2741	3142	3534	3927	4320	4712

〔備考〕 $a=20$：セメントミルク工法
$a=25$：認定工法　$L/D \leq 90$
$a=30$：打撃工法　1本杭の場合 80% に低減。

6. 杭支持基礎の設計

	項目・計算式	単位	計算値	
大きさ	短辺 B×長辺 L×基礎成 D 柱の成 $a \times a'$	mm	$B=2000$　$L=3000$　$D=1100$　$a=900$　$a'=700$	
	有効成　$d=D-($かぶり$+d_b+d_b/2)$, $j=0.875\,d$	mm	$d=1100-(70+19+19/2)=1001$, $\qquad\qquad j=0.875 \times 1001=875$	
	基礎自重+基礎上部の土重量　W_F	kN	$W_F=(24 \times 2.0 \times 3.0 \times 1.1)+(18 \times 2.0 \times 3.0 \times 0.5)=212$	
	杭本数 n,　杭径 ϕ,　杭間隔 s	mm	$n=4$ 本,　$\phi=400$ mm,　$s=2.000$	
	杭芯より柱面までの距離　x_1, y_1	mm	$x_1=550,\quad y_1=100$	
	応力種別		長期	短期
設計応力	柱脚曲げモーメント　M	kN·m	$_LM=250$	$_SM=1500$
	柱軸方向圧縮力　N_0	kN	$_LN_0=1200$	$_SN_0=1600$
	設計軸力　$N=N_0+W_F$	kN	$N=1200+212=1412$	$N=1600+212=1812$
	杭①に作用する荷重 $R_①=N/n+(M/2\,s)$	kN	$R_①=1412/4+(250/2 \times 2)=416$	$R_①=1812/4+(1500/2 \times 2)=828$
	杭支持力の検討　$R_① < R_a$		$R_①=416 < R_a=514$　ok	$R_①=828 < $ Ra$=1028$　ok
	杭①の反力　$R_0=N_0/n+(M/2\,s)$	kN	$R_0=1200/4+(250/2 \times 2)=363$	$R_0=1600/4+(1500/2 \times 2)=775$
	設計用せん断力　$Q_F=2 \times R_0$	kN	$Q_F=2 \times 363=726$	$Q_F=2 \times 775=1550$
	設計用曲げモーメント　$M_F=Q_F \cdot x_1$	kN·m	$M_F=726 \times 0.55=400$	$M_F=1550 \times 0.55=853$
断面算定	許容せん断応力度　$\tau=Q_F/Bj$	kN/cm²	$\tau=726/200 \times 78.8=0.046$	$\tau=0.098 < 0.105$　ok
	鉄筋断面積　$a_t=M_F/fj$	cm²	$a_t=40000/19.5 \times 78.8$ $\quad 26.0 \to 10-$D 19	$a_t=85300/29.5 \times 78.8$ $\quad =36.7 \to 15-$D 19
	主筋断面積の合計　$\Sigma A_s=n \times a_0$	cm²	$\Sigma A_s=10 \times 2.87=28.7$	$\Sigma A_s=15 \times 2.87=43.1$
必要付着長さ	鉄筋存在応力度　$\sigma_t=M_F/\Sigma A_s \cdot j$	kN/cm²	$\sigma_t=40000/28.7 \times 78.8 = 12$	$\sigma_t=85300/43.1 \times 78.8 = 25$
	$C:_{\min}$(鉄筋のあき,　かぶり厚さ$\times 3$, 主筋径$\times 5$)	cm	$C=_{\min}(114\text{ mm}, 70 \times 3=210\text{ mm}, 19 \times 5=95\text{ mm})=9.5$	
	補正係数　$K=0.3\,C/d_b+0.4$ 　　　　　　　　(d_b: 主筋径)		$K=0.3 \times 9.5/1.9+0.4=1.9$	$K=1.9$
	必要付着長さ　$l_{db}=\sigma_t A_s/Kf_b\psi$	cm	$l_{db}=12 \times 2.87/1.9 \times 0.095 \times 6$	$l_{db}=44.3$
	付着長さ　$l_d \geq l_{db}$	cm	$l_d=92 \geq 31.8$	$l_d=92 \geq 44.3$

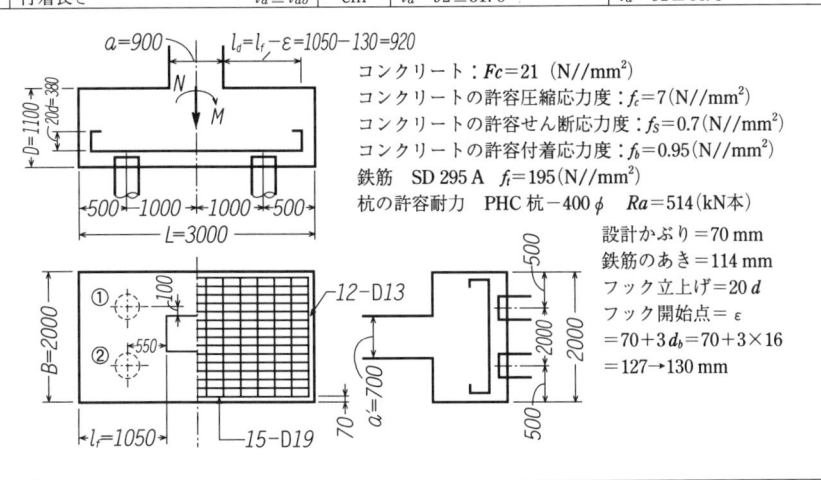

$l_d=l_f-\varepsilon=1050-130=920$

コンクリート：$F_c=21$ (N//mm²)
コンクリートの許容圧縮応力度：$f_c=7$(N//mm²)
コンクリートの許容せん断応力度：$f_S=0.7$(N//mm²)
コンクリートの許容付着応力度：$f_b=0.95$(N//mm²)
鉄筋　SD 295 A　$f_t=195$(N//mm²)
杭の許容耐力　PHC 杭-400ϕ　$Ra=514$(kN本)

設計かぶり=70 mm
鉄筋のあき=114 mm
フック立上げ=20 d
フック開始点=ε
　=70+3d_b=70+3$\times$16
　=127$\to$130 mm

7. PHC杭の水平力に対する検定

<table>
<tr><th colspan="2">項目
計算式</th><th>杭径
単位</th><th>700 φ
8 本</th><th>600 φ
11 本</th><th>500 φ
5 本</th></tr>
<tr><td rowspan="12">杭の水平力算定</td><td>杭 径　　　　　　　　D</td><td>m</td><td>0.70</td><td>0.60</td><td>0.50</td></tr>
<tr><td>杭の断面二次モーメント　I</td><td>m^4</td><td>0.008718</td><td>0.004834</td><td>0.002412</td></tr>
<tr><td>杭のヤング係数　　　　E</td><td>kN/m^2</td><td>$40.0×10^6$</td><td>$40.0×10^6$</td><td>$40.0×10^6$</td></tr>
<tr><td>地盤の変形係数 $E_0=700×N$</td><td>kN/m^2</td><td>700×2=1400</td><td>1400</td><td>1400</td></tr>
<tr><td>横方向地盤反力係数
　　　$k_h=80\,E_0\cdot D^{-3/4}$</td><td>kN/m^3</td><td>$k_h=80×1400$
$×70^{-3/4}$
$=4628$</td><td>$k_h=80×1400$
$×60^{-3/4}$
$=5195$</td><td>$k_h=80×1400$
$×50^{-3/4}$
$=5956$</td></tr>
<tr><td>杭の特性値（D の単位→cm）
　　$\beta=\sqrt[4]{k_h\cdot D/4\,EI}$</td><td>m^{-1}</td><td>$\beta=\sqrt[4]{4628×0.7/4×}$
$\overline{(40×10^6×0.008718)}$
$=0.220$</td><td>$\beta=\sqrt[4]{5195×0.6/4×}$
$\overline{(40×10^6×0.004834)}$
$=0.258$</td><td>$\beta=\sqrt[4]{5956×0.5/4×}$
$\overline{(40×10^6×0.002412)}$
$=0.296$</td></tr>
<tr><td>杭径別の分担係数　　$I\beta^3$</td><td></td><td>$8718×0.220^3$
$=92.82$</td><td>$4834×0.252^3$
$=77.36$</td><td>$2412×0.296^3$
$=62.6$</td></tr>
<tr><td>杭種別の本数　　　　　n</td><td>本</td><td>8</td><td>11</td><td>5</td></tr>
<tr><td>杭全体の分担係数　　$nI\beta^3$</td><td></td><td>$8×92.82=742.5$</td><td>$11×77.36=851.0$</td><td>$5×62.6=313.0$</td></tr>
<tr><td>分担係数の合計　　　$\Sigma nI\beta^3$</td><td></td><td colspan="3">$742.5+851.0+313.0=1906.5$</td></tr>
<tr><td>分配率
　　　　　　$nI\beta^3/\Sigma nI\beta^3$</td><td></td><td>742.5/1906.5
$=0.389$</td><td>851.0/1906.5
$=0.447$</td><td>313.0/1906.5
$=0.164$</td></tr>
<tr><td>分配水平力
　　$Qn=\Sigma Qi×nI\beta^3/\Sigma nI\beta^3$</td><td>kN</td><td>$3318×0.389$
$=1291$</td><td>$3318×0.447$
$=1483$</td><td>$3318×0.164$
$=544$</td></tr>
<tr><td rowspan="5">杭種別判定</td><td>杭1本あたりの水平力
　　　　　　　$Q=Qn/n$</td><td>kN</td><td>1291/8=161</td><td>1483/11=135</td><td>544/5=109</td></tr>
<tr><td>杭頭曲げモーメント
　　　　　　$M_0=Q/2\,\beta$</td><td>kN・m</td><td>$161/2×0.22=366$</td><td>$135/2×0.258=262$</td><td>$109/2×0.296=184$</td></tr>
<tr><td>基礎底面曲げモーメント　M_f</td><td>kN・m</td><td colspan="3">地中ばりに負担</td></tr>
<tr><td>設計用曲げ　　　$M=M_0+M_f$</td><td>kN・m</td><td>366</td><td>262</td><td>184</td></tr>
<tr><td>設計用軸力　　　　　　sN</td><td>kN</td><td>1583</td><td>1123</td><td>755</td></tr>
<tr><td colspan="2">PHC 杭の種別判定</td><td></td><td>B</td><td>B</td><td>B</td></tr>
<tr><td rowspan="2">全地震力</td><td colspan="5">基礎を含む全地震荷重
　1Fまでの地震荷重　　$Qi=2404$
　基礎ばり地震荷重　　$Wi=7065×0.10=707$
　基礎自重地震荷重　　$Wf=(108×8+84×11+63×5)×0.1=207$
　　　　　　　　$\Sigma Qi=2404+707+207=3318$ kN</td></tr>
<tr><td colspan="5">杭伏図（8-700φ, 11-600φ, 5-500φ）</td></tr>
</table>

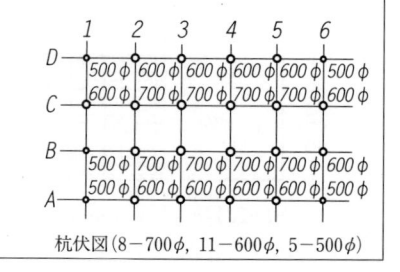

杭伏図（8-700φ, 11-600φ, 5-500φ）

8. 接地圧係数と偏心率の関係図表

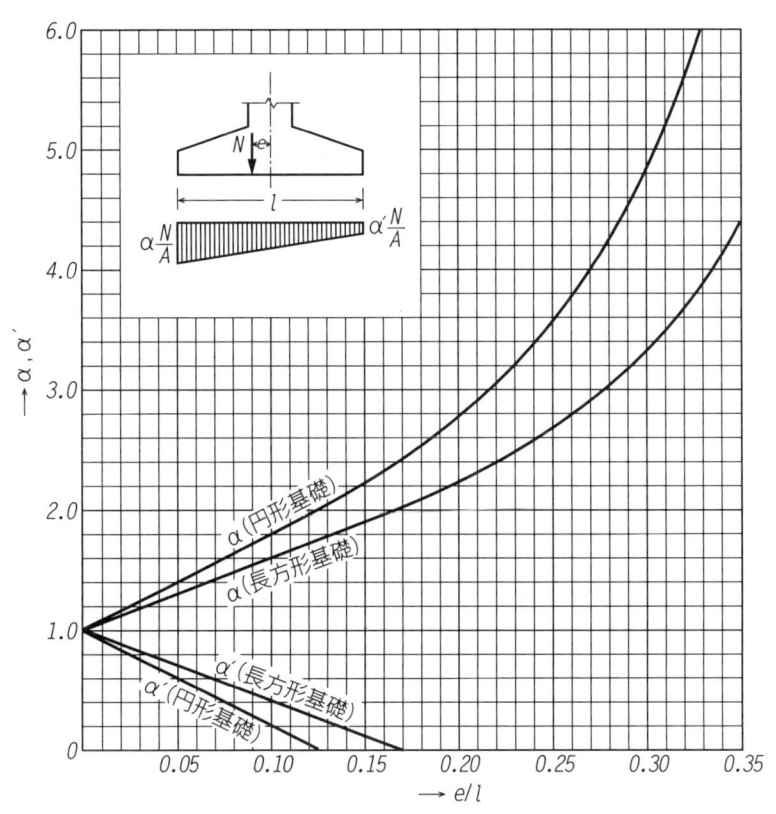

5·44図 α, α' の算定図.

N：基礎スラブ底面に作用する圧縮合力 $(N=N'+W_F)$.
N'：柱軸力
e：基礎スラブ図心から圧縮合力(N)作用位置までの偏心距離.
α：計算倍率

9. 基礎板の設計用応力 Q_F, M_F 算定図

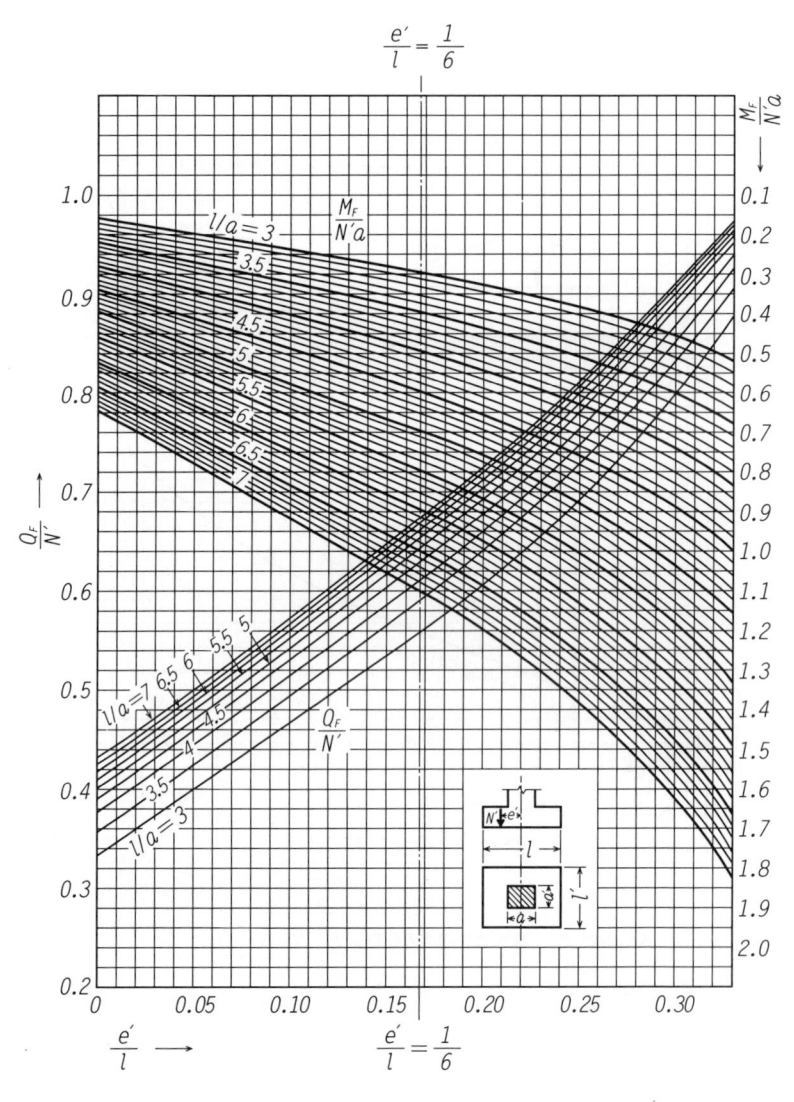

偏心がない場合
$Q_F = N(l-a)/2l$
$M_F = N(l-a)^2/8l$

5・45 図

10. "長い杭"の応力, 変位

杭頭条件		自由（ピン）	回転拘束（固定）
$\beta = \sqrt[4]{\dfrac{k_h B}{4EI}}\ [p(x) = k_h B y]$ $\eta = \sqrt[5]{\dfrac{n_h}{EI}}\ [p(x) = n_h x y]$ $k_h,\ n_h$ ：水平地盤反力係数 B ：杭幅 EI ：杭の曲げ剛性			
$p(x) = k_h B y$	杭頭の曲げモーメント M_0	0	$\dfrac{H}{2\beta}$
	地中部の最大曲げモーメント M_{max}	$-0.3224\dfrac{H}{\beta}$	$-0.104\dfrac{H}{\beta}$
	M_{max} の発生深さ L_m	$\dfrac{\pi}{4\beta} = \dfrac{0.785}{\beta}$	$\dfrac{\pi}{2\beta} = \dfrac{1.571}{\beta}$
	杭頭の変位 y_0	$\dfrac{H}{2EI\beta^3} = \dfrac{2H\beta}{k_h B}$	$\dfrac{H}{4EI\beta^3} = \dfrac{H\beta}{k_h B}$
	第1不動点深さ L_0	$\dfrac{\pi}{2\beta} = \dfrac{1.571}{\beta}$	$\dfrac{3\pi}{4\beta} = \dfrac{2.356}{\beta}$
$p(x) = n_h x y$	杭頭の曲げモーメント M_0	0	$0.92\dfrac{H}{\eta}$
	地中部の最大曲げモーメント M_{max}	$0.78\dfrac{H}{\eta}$	$0.26\dfrac{H}{\eta}$
	M_{max} の発生深さ L_m	$\dfrac{1.32}{\eta}$	$\dfrac{2.15}{\eta}$
	杭頭の変位 y_0	$\dfrac{2.4H}{EI\eta^3} = \dfrac{2.4H\eta^2}{n_h}$	$\dfrac{0.93H}{EI\eta^3} = \dfrac{0.93H\eta^2}{n_h}$
	第1不動点深さ L_0	$\dfrac{2.42}{\eta}$	$\dfrac{3.10}{\eta}$

〔注〕 "長い杭"と"短い杭"の判別
　　　$p(x) = k_h B y$ の場合
　　　　　$L > 2.25/\beta$ ：長い杭 ⎫
　　　　　$L < 2.25/\beta$ ：短い杭 ⎭
　　　$p(x) = n_h x y$ の場合
　　　　　$L > 4.0/\eta$ ：長い杭 ⎫
　　　　　$L < 2.0/\eta$ ：短い杭 ⎬
　　　　　$4.0/\eta \geqq L \geqq 2.0/\eta$ ：中間の長さの杭 ⎭

11. 杭頭が突出している"長い杭"の応力,変位

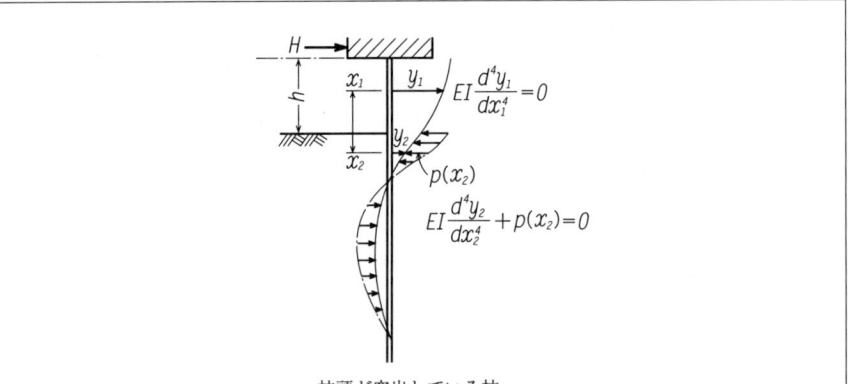

杭頭が突出している杭

$$EI\frac{d^4y_1}{dx_1^4}=0$$

$$EI\frac{d^4y_2}{dx_2^4}+p(x_2)=0$$

杭頭条件	自 由（ピン）	回転拘束（固定）
$\beta=\sqrt[4]{\dfrac{k_hB}{4EI}}$ k_h：水平地盤反力係数 B：杭幅 EI：杭の曲げ剛性		
杭頭の曲げモーメント M_0	0	$\dfrac{H}{2\beta}(1+\beta h)$
地中部の最大曲げ モーメント M_{max}	$-Hh\dfrac{\sqrt{(1+2\beta h)^2+1}}{2\beta h}\exp\left(-\tan^{-1}\dfrac{1}{1+2\beta h}\right)$	$-Hh\dfrac{\sqrt{(1+\beta h)^2}}{2\beta h}\exp\left(-\tan^{-1}\dfrac{1}{\beta h}\right)$
M_{max} の発生深さ L_m	$\dfrac{1}{\beta}\tan^{-1}\dfrac{1}{1+2\beta h}$	$\dfrac{1}{\beta}\tan^{-1}\dfrac{1}{\beta h}$
杭頭の変位 y_0	$\dfrac{Hh^3}{3EI}\dfrac{(1+\beta h)^3+0.5}{(\beta h)^3}$	$\dfrac{Hh^3}{12EI}\dfrac{(1+\beta h)^3+2}{(\beta h)^3}$
地表面位置の変位 y_{GL}	$\dfrac{Hh^3}{2EI}\dfrac{1+\beta h}{(\beta h)^3}$	$\dfrac{Hh^3}{4EI}\dfrac{1+\beta h}{(\beta h)^3}$
第1不動点深さ L_0	$\dfrac{1}{\beta}\tan^{-1}\dfrac{1+\beta h}{\beta h}$	$\dfrac{1}{\beta}\tan^{-1}\dfrac{\beta h+1}{\beta h-1}$

〔注〕 $k_h=f_1(y)\cdot f_2(S)\cdot f_3(B)$
　　　　$f_1(y)$：杭の変位の関数
　　　　$f_2(S)$：地盤種類や強度の関数
　　　　$f_3(B)$：杭幅の関数

12. PHC杭の標準性能表

外径 D (mm)	厚さ t (mm)	単位長さ質量 (kg/m)	種類	PC鋼材 径 (mm)	PC鋼材 本数 (本)	PC鋼材 断面積 A_p ×10² (mm²)	基準曲げモーメント ひびわれ M_{cr} (kN·m)	基準曲げモーメント 破壊 M_u (kN·m)	断面積 コンクリート A_c ×10² (mm²)	断面積 換算断面 A_e ×10² (mm²)	断面2次モーメント コンクリート I_c ×10⁶ (mm⁴)	断面2次モーメント 換算断面 I_e ×10⁶ (mm⁴)	換算断面係数 Z_e ×10³ (mm³)	断面1次モーメント S_0 ×10³ (mm³)
300	60	120	A	7.0	6	2.31	24.5	37.3	452	464	346.1	354.4	2,363	1,764
			B	7.0	12	4.62	34.3	61.8		475		362.7	2,418	
			C	7.0	16	6.16	39.2	78.5		483		368.2	2,455	
350	60	140	A	7.0	8	3.08	34.3	52.0	547	562	599.3	615.4	3,517	2,559
			B	7.0	14	5.39	49.0	88.3		574		627.6	3,586	
			C	7.0	20	7.70	58.9	117.7		585		639.7	3,655	
400	65	180	A	7.0	10	3.85	54.0	81.4	684	703	995.8	1,022	5,110	3,693
			B	7.0	18	6.93	73.6	132.4		719		1,043	5,215	
			C	9.0	16	10.18	88.3	176.6		735		1,065	5,325	
450	70	220	A	7.0	12	4.62	73.6	110.8	836	859	1,560	1,601	7,117	5,111
			B	7.0	24	9.24	107.9	194.2		882		1,643	7,302	
			C	9.0	20	12.72	122.6	245.2		899		1,674	7,442	
500	80	270	A	7.0	14	5.39	103.0	155.0	1,056	1,083	2,412	2,474	9,897	7,141
			B	7.0	30	11.54	147.2	264.9		1,113		2,545	10,180	
			C	9.0	24	15.27	166.8	333.5		1,132		2,588	10,350	
600	90	370	A	7.0	18	6.93	166.8	250.2	1,442	1,477	4,834	4,951	16,500	11,830
			B	9.0	26	16.54	245.2	441.4		1,525		5,114	17,050	
			C	9.0	34	21.63	284.5	569.0		1,550		5,200	17,330	
700	100	490	A	10.0	12	9.42	264.9	397.3	1,885	1,932	8,718	8,937	25,530	18,170
			B	10.0	24	18.84	372.8	671.0		1,979		9,156	26,160	
			C	10.0	32	25.12	441.4	882.9		2,011		9,302	26,580	
800	110	620	A	10.0	16	12.56	392.4	588.6	2,384	2,447	14,550	14,940	37,340	26,410
			B	10.0	32	25.12	539.6	971.2		2,510		15,320	38,300	
			C	11.2	32	32.00	637.6	1,275		2,544		15,530	38,830	
900	120	760	A	10.0	20	15.70	539.6	809.3	2,941	3,019	22,890	23,500	52,230	36,790
			B	11.2	30	30.00	735.8	1,324		3,091		24,060	53,470	
			C	11.2	40	40.00	833.8	1,668		3,141		24,450	54,340	
1,000	130	920	A	10.0	24	18.84	735.8	1,104	3,553	3,647	34,370	35,280	70,560	49,560
			B	11.2	36	36.00	1,030	1,854		3,733		36,110	72,220	
			C	11.2	48	48.00	1,177	2,354		3,793		36,690	73,380	
1,100	140	1,100	A	11.2	22	22.00	932.0	1,398	4,222	4,332	49,680	51,000	92,720	64,970
			B	11.2	44	44.00	1,324	2,384		4,442		52,320	95,120	
			C	11.2	56	56.00	1,521	3,041		4,502		53,040	96,430	
1,200	150	1,290	A	11.2	26	26.00	1,177	1,766	4,948	5,078	69,580	71,480	119,100	83,250
			B	11.2	50	50.00	1,668	3,002		5,198		73,230	122,000	
			C	11.2	64	64.00	1,962	3,924		5,268		74,250	123,700	

13. PHC 杭の軸力―許容曲げモーメント関係

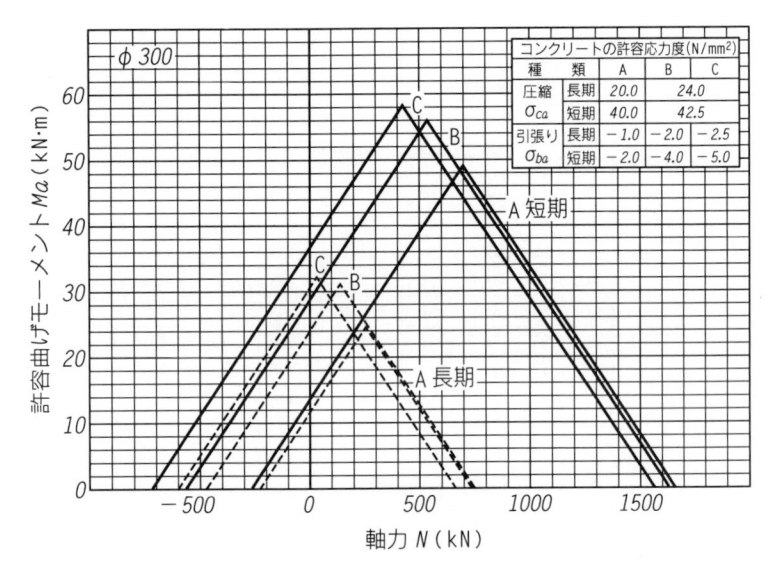

5・46 図　PHC 杭の軸力―許容曲げモーメント関係（ϕ 300 mm）．

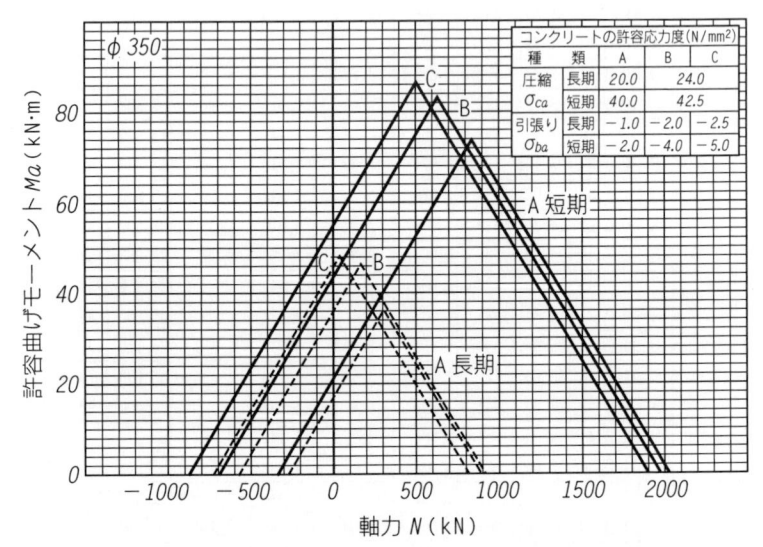

5・47 図　PHC 杭の軸力―許容曲げモーメント関係（ϕ 350 mm）．

基 礎 の 設 計

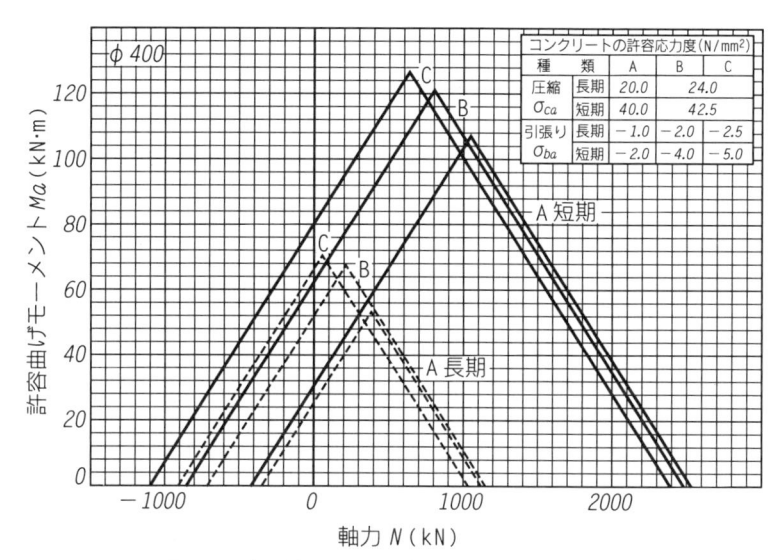

コンクリートの許容応力度(N/mm^2)			
種　類		A	B	C
圧縮 σ_{ca}	長期	20.0	24.0	
	短期	40.0	42.5	
引張り σ_{ba}	長期	−1.0	−2.0	−2.5
	短期	−2.0	−4.0	−5.0

5・48図　PHC杭の軸力—許容曲げモーメント関係（ϕ 400 mm）.

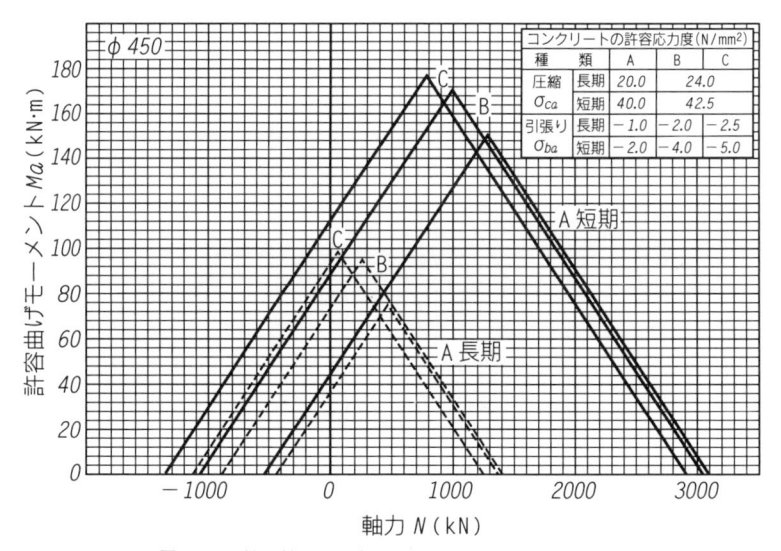

5・49図　PHC杭の軸力—許容曲げモーメント関係（ϕ 450 mm）.

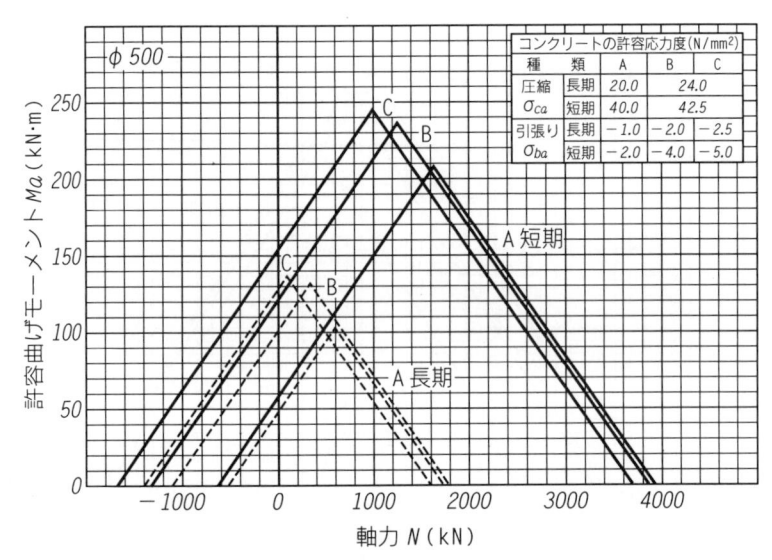

5・50図 PHC杭の軸力―許容曲げモーメント関係（ϕ 500 mm）．

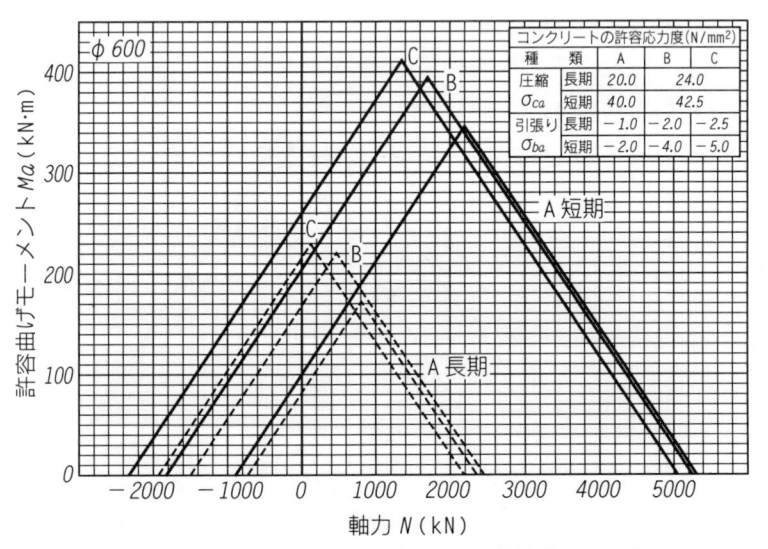

5・51図 PHC杭の軸力―許容曲げモーメント関係（ϕ 600 mm）．

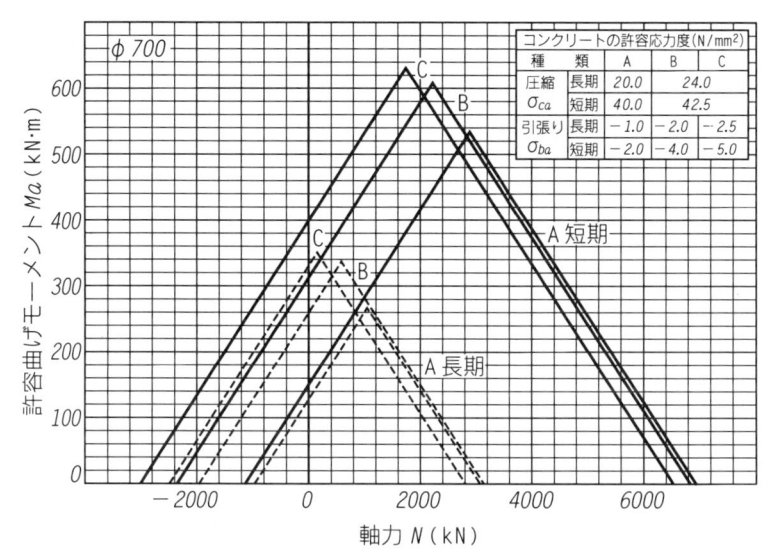

5・52図 PHC杭の軸力―許容曲げモーメント関係（ϕ 700 mm）.

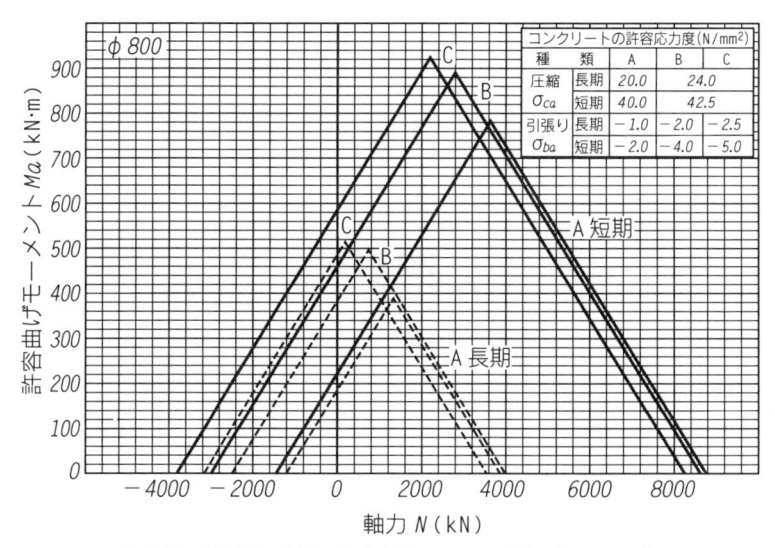

5・53図 PHC杭の軸力―許容曲げモーメント関係（ϕ 800 mm）.

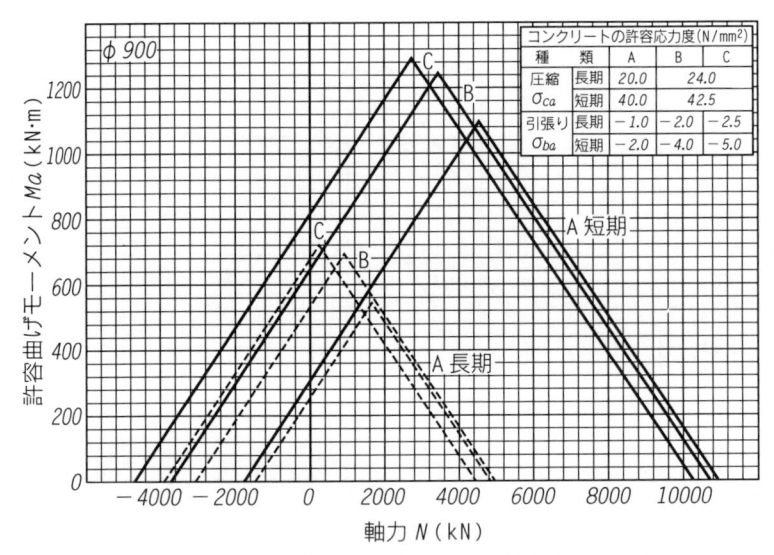

5・54 図　PHC 杭の軸力―許容曲げモーメント関係（ϕ 900 mm）.

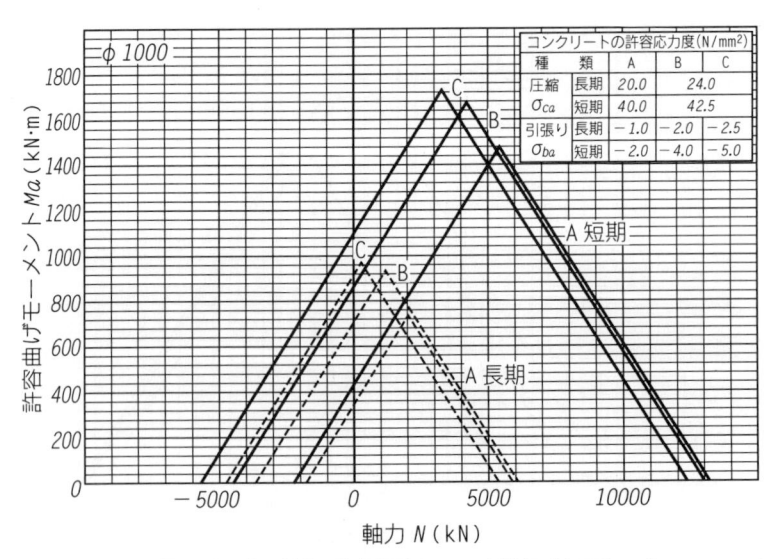

5・55 図　PHC 杭の軸力―許容曲げモーメント関係（ϕ 1000 mm）.

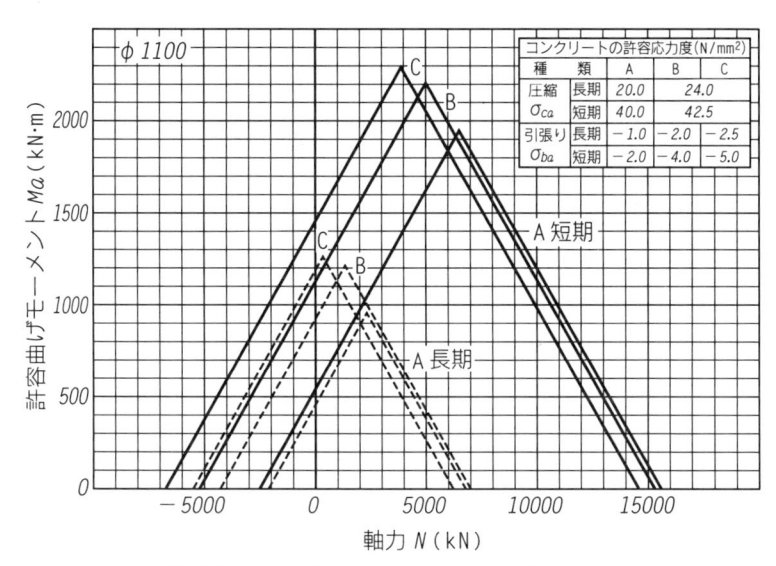

5・56図 PHC杭の軸力―許容曲げモーメント関係（φ1100 mm）．

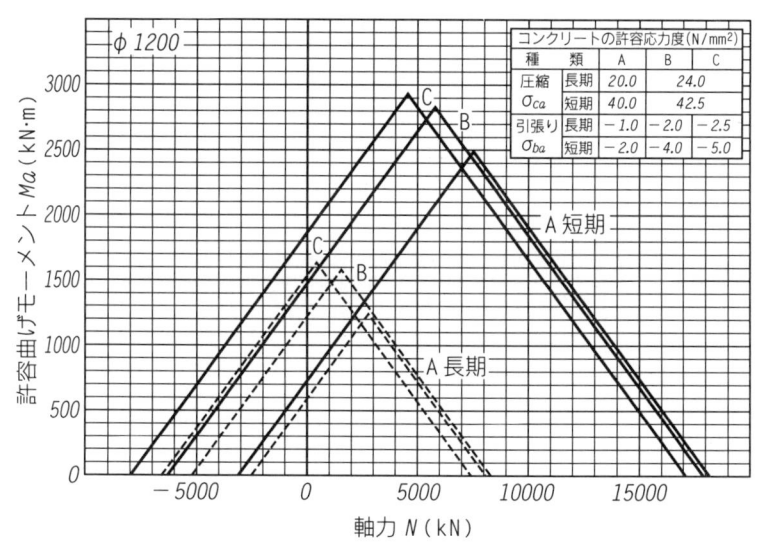

5・57図 PHC杭の軸力―許容曲げモーメント関係（φ1200 mm）．

14. $N(E_0)$値, β値, 杭頭曲げモーメント M_0 の関係表

計算式および単位

$Kh = 80\, E_0 \cdot D^{-\frac{3}{4}}$ ：横方向地盤反力係数 (kN/m^3)

$E_0 = 700\, N$ ：変形係数 (kN/m^2)

$\beta = \sqrt[4]{\dfrac{khD}{4EI}}$ ：特性値 (m^{-1})

$M_0 = -\dfrac{Q}{2\beta}$ ：杭頭曲げモーメント $(kN \cdot m)$

$Mm = \dfrac{Q}{2\beta e^{(-\pi/2)}}$ ：地中部最大曲げモーメント $(kN \cdot m)$

$lm = \dfrac{\pi}{2\beta}$ ：地中部最大曲げモーメント発生深さ (m)

杭径 D (mm)	壁厚 T (mm)	N値	1	2	3	4	5	6	7	8	9	10	15	20
		E_0	700	1400	2100	2800	3500	4200	4900	5600	6300	7000	10500	14000
300	60	kh	4369	8737	13106	17475	21843	26212	30581	34949	39318	43686	65530	87373
		β	0.392	0.466	0.516	0.555	0.587	0.614	0.638	0.660	0.679	0.697	0.772	0.829
		M_0	1.27Q	1.07Q	0.97Q	0.90Q	0.85Q	0.81Q	0.78Q	0.76Q	0.74Q	0.72Q	0.65Q	0.60Q
		Mm	0.26Q	0.22Q	0.20Q	0.19Q	0.18Q	0.17Q	0.16Q	0.16Q	0.15Q	0.15Q	0.13Q	0.13Q
		lm	4.0	3.4	3.0	2.8	2.7	2.6	2.5	2.4	2.3	2.3	2.0	1.9
350	60	kh	3892	7783	11675	15567	19458	23350	27242	31133	35025	38917	58375	77834
		β	0.345	0.411	0.454	0.488	0.516	0.540	0.562	0.581	0.598	0.614	0.679	0.730
		M_0	1.45Q	1.22Q	1.10Q	1.02Q	0.97Q	0.93Q	0.89Q	0.86Q	0.84Q	0.81Q	0.74Q	0.68Q
		Mm	0.30Q	0.25Q	0.23Q	0.21Q	0.20Q	0.19Q	0.19Q	0.18Q	0.17Q	0.17Q	0.15Q	0.14Q
		lm	4.5	3.8	3.5	3.2	3.0	2.9	2.8	2.7	2.6	2.6	2.3	2.2
400	65	kh	3521	7042	10562	14083	17604	21125	24646	28167	31687	35208	52812	70416
		β	0.307	0.365	0.404	0.434	0.459	0.480	0.499	0.516	0.531	0.545	0.603	0.648
		M_0	1.63Q	1.37Q	1.24Q	1.15Q	1.09Q	1.04Q	1.00Q	0.97Q	0.94Q	0.92Q	0.83Q	0.77Q
		Mm	0.34Q	0.29Q	0.26Q	0.24Q	0.23Q	0.22Q	0.21Q	0.20Q	0.20Q	0.19Q	0.17Q	0.16Q
		lm	5.1	4.3	3.9	3.6	3.4	3.3	3.1	3.0	3.0	2.9	2.6	2.4
450	70	kh	3223	6446	9669	12893	16116	19339	22562	25785	29008	32231	48347	64463
		β	0.276	0.328	0.363	0.390	0.413	0.432	0.449	0.464	0.478	0.491	0.543	0.584
		M_0	1.81Q	1.52Q	1.38Q	1.28Q	1.21Q	1.16Q	1.11Q	1.08Q	1.05Q	1.02Q	0.92Q	0.86Q
		Mm	0.38Q	0.32Q	0.29Q	0.27Q	0.25Q	0.24Q	0.23Q	0.22Q	0.22Q	0.21Q	0.19Q	0.18Q
		lm	5.7	4.8	4.3	4.0	3.8	3.6	3.5	3.4	3.3	3.2	2.9	2.7
500	80	kh	2978	5956	8935	11913	14891	17869	20848	23826	26804	29782	44674	59565
		β	0.249	0.296	0.328	0.352	0.373	0.390	0.405	0.419	0.432	0.443	0.490	0.527
		M_0	2.01Q	1.69Q	1.52Q	1.42Q	1.34Q	1.28Q	1.23Q	1.49Q	1.16Q	1.13Q	1.02Q	0.95Q
		Mm	0.42Q	0.35Q	0.32Q	0.29Q	0.28Q	0.27Q	0.26Q	0.25Q	0.24Q	0.23Q	0.21Q	0.20Q
		lm	6.3	5.3	4.8	4.5	4.2	4.0	3.9	3.7	3.6	3.5	3.2	3.0
600	90	kh	2598	5195	7793	10390	12988	15586	18183	20781	23379	25976	38964	51952
		β	0.217	0.258	0.286	0.307	0.325	0.340	0.353	0.365	0.376	0.386	0.427	0.459
		M_0	2.30Q	1.94Q	1.75Q	1.63Q	1.54Q	1.47Q	1.42Q	1.37Q	1.33Q	1.30Q	1.17Q	1.09Q
		Mm	0.48Q	0.40Q	0.36Q	0.34Q	0.32Q	0.31Q	0.29Q	0.28Q	0.28Q	0.27Q	0.24Q	0.23Q
		lm	7.2	6.1	5.5	5.1	4.8	4.6	4.4	4.3	4.2	4.1	3.7	3.4
700	100	kh	2314	4628	6942	9256	11570	13884	16198	18512	20826	23140	34710	46280
		β	0.185	0.220	0.243	0.261	0.276	0.289	0.300	0.310	0.320	0.328	0.363	0.390
		M_0	2.71Q	2.28Q	2.06Q	1.92Q	1.81Q	1.73Q	1.67Q	1.61Q	1.56Q	1.52Q	1.38Q	1.28Q
		Mm	0.56Q	0.47Q	0.43Q	0.40Q	0.38Q	0.36Q	0.35Q	0.33Q	0.33Q	0.32Q	0.29Q	0.27Q
		lm	8.5	7.2	6.5	6.0	5.7	5.4	5.2	5.1	4.9	4.8	4.3	4.0
800	110	kh	2093	4187	6280	8374	10467	12561	14654	16748	18841	20935	31402	41870
		β	0.164	0.195	0.216	0.232	0.245	0.256	0.266	0.275	0.284	0.291	0.322	0.346
		M_0	3.05Q	2.57Q	2.32Q	2.16Q	2.04Q	1.95Q	1.88Q	1.82Q	1.76Q	1.72Q	1.55Q	1.44Q
		Mm	0.63Q	0.53Q	0.48Q	0.45Q	0.42Q	0.41Q	0.39Q	0.38Q	0.37Q	0.36Q	0.32Q	0.30Q
		lm	9.6	8.1	7.3	6.8	6.4	6.1	5.9	5.7	5.5	5.4	4.9	4.5
900	120	kh	1916	3833	5749	7666	9582	11499	13415	15332	17248	19165	28747	38330
		β	0.147	0.175	0.194	0.208	0.220	0.231	0.240	0.248	0.255	0.262	0.290	0.312
		M_0	3.39Q	2.85Q	2.58Q	2.40Q	2.27Q	2.17Q	2.09Q	2.02Q	1.96Q	1.91Q	1.72Q	1.60Q
		Mm	0.71Q	0.59Q	0.54Q	0.50Q	0.47Q	0.45Q	0.43Q	0.42Q	0.41Q	0.40Q	0.36Q	0.33Q
		lm	10.7	9.0	8.1	7.5	7.1	6.8	6.6	6.3	6.2	6.0	5.4	5.0
1000	130	kh	1771	3542	5313	7084	8854	10625	12396	14167	15938	17709	26563	35418
		β	0.134	0.159	0.176	0.189	0.200	0.210	0.218	0.225	0.232	0.238	0.264	0.283
		M_0	3.73Q	3.14Q	2.84Q	2.64Q	2.50Q	2.38Q	2.29Q	2.22Q	2.15Q	2.10Q	1.90Q	1.76Q
		Mm	0.78Q	0.65Q	0.59Q	0.55Q	0.52Q	0.50Q	0.48Q	0.46Q	0.45Q	0.44Q	0.39Q	0.37Q
		lm	11.7	9.9	8.9	8.3	7.8	7.5	7.2	7.0	6.8	6.6	6.0	5.5

V・8　保有水平耐力の算定

1．必要保有水平耐力

地震力に対する各階の必要保有水平耐力を次式によって計算する．

$$Q_{un} = D_s \cdot F_{es} \cdot Q_{ud}$$

ここで，Q_{un}：各階の必要保有水平耐力（単位：kN）．

D_s：構造特性係数（建築物の振動に関する減衰性および各階の靱性を考慮した数値．）

F_{es}：形状係数

Q_{ud}：地震力によって各階に生ずる水平力（単位：kN）．

2．保有水平耐力

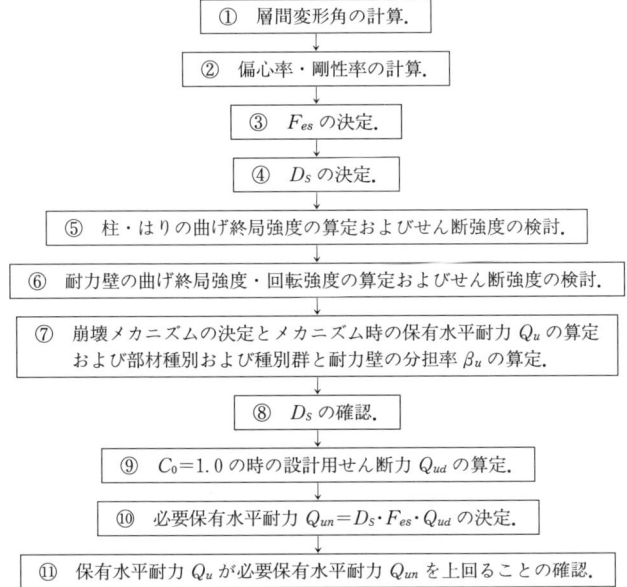

① 層間変形角の計算．

② 偏心率・剛性率の計算．

③ F_{es} の決定．

④ D_s の決定．

⑤ 柱・はりの曲げ終局強度の算定およびせん断強度の検討．

⑥ 耐力壁の曲げ終局強度・回転強度の算定およびせん断強度の検討．

⑦ 崩壊メカニズムの決定とメカニズム時の保有水平耐力 Q_u の算定および部材種別および種別群と耐力壁の分担率 β_u の算定．

⑧ D_s の確認．

⑨ $C_0 = 1.0$ の時の設計用せん断力 Q_{ud} の算定．

⑩ 必要保有水平耐力 $Q_{un} = D_s \cdot F_{es} \cdot Q_{ud}$ の決定．

⑪ 保有水平耐力 Q_u が必要保有水平耐力 Q_{un} を上回ることの確認．

5・58図　計算フロー

5・27表　形状係数（$F_{es} = F_e \times F_s$）

	剛性率	F_s		偏心率	F_e
1	0.6以上の場合．	1.0	1	0.15以下の場合．	1.0
2	0.3をこえ，0.6未満の場合．	(1)と(3)に掲げる数値を直線的に補間した数値．	2	0.15をこえ，0.3未満の場合．	(1)と(3)に掲げる数値を直線的に補間した数値．
3	0.3以下の場合．	1.5	3	0.3以上の場合．	1.5

3. S造の構造特性係数 D_s 値

5・28表 S造の D_s 値.

項	(A) ・剛節架構 ・種別BAの筋かい架構. ・上記以外で $\beta_u \leq 0.3$ の筋かい架構.	(B) 筋かいの種別がBBで $0.3<\beta_u\leq 0.7$ またはBCで $0.3<\beta_u\leq 0.5$ の筋かい架構	(C) 筋かいの種別がBBで $\beta_u>0.7$ またはBCで $\beta_u>0.5$ の筋かい架構
(1) 5・29表でランクIの構造.	0.25	0.3	0.35
(2) 5・29表でランクIIの構造.	0.3	0.35	0.4
(3) 5・29表でランクIIIの構造.	0.35	0.4	0.45
(4) 5・29表でランクIVの構造.	0.40	0.45	0.5

〔注〕この表において β_u は，筋かいが分担する保有水平耐力の階全体の保有水平耐力に対する比をいう．以下同じ．

5・29表 S造の構造ランク.

柱・はり群の種別等.	筋かい群の種別および β_u	BAまたは $\beta_u=0$	BB			BC		
			$\beta_u\leq 0.3$	$0.3<\beta_u\leq 0.7$	$\beta_u>0.7$	$\beta_u\leq 0.3$	$0.3<\beta_u\leq 0.5$	$\beta_u>0.5$
柱・はり群の種別FA	筋かい端部・仕口接合部条件 *1 *2 *3 柱・はり	I (0.25)	I (0.25)	I (0.3)	I (0.35)	II (0.3)	II (0.35)	II (0.4)
柱・はり群の種別FB		II (0.3)	II (0.3)	I (0.3)	I (0.35)	II (0.3)	II (0.35)	II (0.4)
柱・はり群の種別FC		III (0.35)	III (0.35)	II (0.35)	II (0.4)	III (0.35)	III (0.4)	III (0.45)
上記以外 (FD)		IV (0.4)	IV (0.4)	IV (0.45)	IV (0.5)	IV (0.4)	IV (0.45)	IV (0.5)

〔注〕 *1 筋かい端部接合部が接合部で破断しないこと．
     *2 仕口接合部が接合部で破断しないこと．
     *3 はりの横補剛が十分で急激な耐力の低下のおそれがないこと．

5·30表 S部材の種別（柱・はり部材）.

部材	柱・はりの種別			FA	FB	FC	FD
	断面	部位	鋼種	幅厚比	幅厚比	幅厚比	
柱	H形鋼	フランジ	400 N/mm² 級	9.5	12	15.5	左記以外
			490 N/mm² 級	8	10	13.2	
		ウェブ	400 N/mm² 級	43	45	48	
			490 N/mm² 級	37	39	41	
	角形鋼管		400 N/mm² 級	33	37	48	
			490 N/mm² 級	27	32	41	
	円形鋼管		400 N/mm² 級	50	70	100	
			490 N/mm² 級	36	50	73	
はり	H形鋼	フランジ	400 N/mm² 級	9	11	15.5	
			490 N/mm² 級	7.5	9.5	13.2	
		ウェブ	400 N/mm² 級	60	65	71	
			490 N/mm² 級	51	55	61	

〔注〕 1. 400 N/mm² 級：SN 400, SS 400, SM 400, SMA 400, STK 400, STKR 400
2. 490 N/mm² 級：SN 490, SS 490, SM 490, SMA 490 Y, STK 490, STKR 490
3. SS 490, SS 500, SM 520 にあっては，H形鋼，角形鋼管では $\sqrt{235/F}$ を，円形鋼管では $235/F$ を 400 N/mm² 級の幅厚比に乗じた値とする．ただし，F は当該鋼種の基準強度 (N/mm²) である．
4. 柱とそれに接着するはりの種別が異なる場合には，いずれか最下位のものによる．なお崩壊メカニズムの明確な場合には，塑性ヒンジの生ずる部材の種別のうちの最下位のものによってよい．

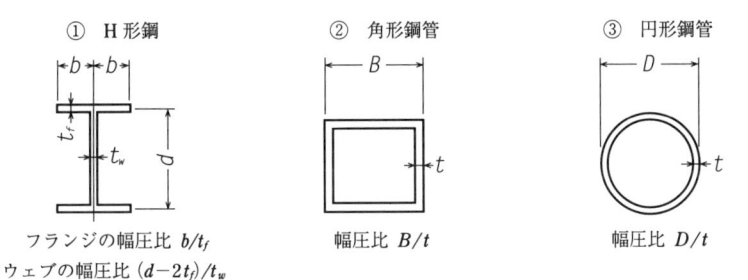

① H形鋼　　　　② 角形鋼管　　　　③ 円形鋼管

フランジの幅圧比 b/t_f
ウェブの幅圧比 $(d-2t_f)/t_w$　　　幅圧比 B/t　　　幅圧比 D/t

5·59図　幅厚比の計算方法．

5·31表　S部材の種別（ブレース部材）．

BA	BB	BB	BC
$\lambda_e \leq 494.8/\sqrt{F}$	$494.8/\sqrt{F} < \lambda_e \leq 890.6/\sqrt{F}$	$\lambda_e \geq 1979.1/\sqrt{F}$	$890.6/\sqrt{F} < \lambda_e < 1979.1/\sqrt{F}$

〔注〕 λ_e：筋かい材の有効細長比．
F：筋かい材の基準強度（N/mm²）．

5・32表　**H** 形鋼の幅厚比・塑性断面係数.

H形鋼サイズ	幅厚比 フランジ	幅厚比 ウェブ	幅厚比種別 はり SN 400	幅厚比種別 はり SN 490	幅厚比種別 柱 SN 400	幅厚比種別 柱 SN 490	塑性断面係数 (cm³) Z_{Px}	塑性断面係数 (cm³) Z_{Py}
H-248×124×5×8	7.75	46.40	A	B	C	D	308	62.9
H-250×125×6×9	6.94	38.67	A	A	A	B	358	72.7
H-298×149×5.5×8	9.31	51.27	B	B	D	D	458	90.9
H-300×150×6.5×9	8.33	43.38	A	B	B	D	542	105
H-346×174×6×9	9.67	54.67	B	C	D	D	713	139
H-350×175×7×11	7.95	46.86	A	B	C	D	864	173
H-396×199×7×11	9.05	53.43	B	B	D	D	1076	222
H-400×200×8×13	7.69	46.75	A	B	C	D	1310	267
H-446×199×8×12	8.29	52.75	A	B	D	D	1403	244
H-450×200×9×14	7.14	46.89	A	A	C	D	1650	290
H-496×199×9×14	7.11	52.00	A	B	D	D	1850	289
H-500×200×10×16	6.25	46.80	A	A	C	D	2130	333
H-506×201×11×19	5.29	42.55	A	A	A	D	2478	398
H-596×199×10×15	6.63	56.60	A	C	D	D	2556	311
H-600×200×11×17	5.88	51.45	A	B	D	D	2900	358
H-606×201×12×20	5.03	47.17	A	A	C	D	3351	424
H-612×202×13×23	4.39	43.54	A	A	B	D	3820	493
H-294×200×8×12	8.33	33.75	A	B	A	B	840	245
H-340×250×9×14	8.93	34.67	A	B	A	B	1380	445
H-390×300×10×16	9.38	35.80	B	B	A	B	2140	730
H-440×300×11×18	8.33	36.73	A	B	A	B	2760	823
H-482×300×11×15	10.00	41.09	B	C	B	D	2682	689
H-488×300×11×18	8.33	41.09	A	B	A	D	3130	825
H-582×300×12×17	8.82	45.67	A	B	C	D	3810	785
H-588×300×12×20	7.50	45.67	A	A	C	D	4350	921
H-594×302×14×23	6.57	39.14	A	A	A	C	5061	1072
H-692×300×13×20	7.50	50.15	A	A	D	D	5456	925
H-700×300×13×24	6.25	50.15	A	A	D	D	6340	1110
H-792×300×14×22	6.82	53.43	A	B	D	D	7098	1027
H-800×300×14×26	5.77	53.43	A	B	D	D	8100	1210
H-808×302×16×30	5.03	46.75	A	A	C	D	9376	1416
H-890×299×15×23	6.50	56.27	A	C	D	D	8750	1080
H-900×300×16×28	5.36	52.75	A	B	D	D	10300	1320
H-912×302×18×34	4.44	46.89	A	A	C	D	12300	1620

保有水平耐力の算定

5・33表　H 形鋼（SN 400）はりの横補剛とスパン．

H 形鋼サイズ	横補剛の個所数（SN 400）最大スパン L：cm								
	0	1	2	3	4	5	6	7	8
H-248×124×5×8	474	530	586	642	698	753	809	865	921
H-250×125×6×9	474	530	586	642	698	753	809	865	921
H-298×149×5.5×8	559	625	691	757	823	888	954	1020	1086
H-300×150×6.5×9	559	625	691	757	823	888	954	1020	1086
H-346×174×6×9	660	737	815	892	970	1048	1125	1203	1280
H-350×175×7×11	672	751	830	909	988	1067	1146	1225	1304
H-396×199×7×11	762	851	941	1030	1120	1210	1299	1389	1478
H-400×200×8×13	772	863	953	1044	1135	1226	1317	1407	1498
H-446×199×8×12	736	823	909	995	1083	1169	1256	1342	1429
H-450×200×9×14	748	836	924	1012	1100	1188	1276	1364	1452
H-496×199×9×14	726	811	897	982	1068	1153	1238	1324	1409
H-500×200×10×16	736	823	909	996	1083	1169	1256	1342	1429
H-506×201×11×19	753	842	930	1019	1108	1196	1285	1373	1462
H-596×199×10×15	689	770	851	932	1013	1094	1175	1256	1337
H-600×200×11×17	700	783	865	948	1030	1112	1195	1277	1360
H-606×201×12×20	717	802	886	971	1055	1139	1224	1308	1393
H-612×202×13×23	733	819	905	991	1078	1164	1250	1336	1422
H-294×200×8×12	801	895	989	1083	1178	1272	1366	1460	1554
H-340×250×9×14	1020	1140	1260	1380	1500	1620	1740	1860	1980
H-390×300×10×16	1238	1383	1529	1674	1820	1966	2111	2257	2402
H-440×300×11×18	1221	1364	1508	1651	1795	1939	2082	2226	2369
H-482×300×11×15	1159	1296	1432	1569	1705	1841	1978	2114	2251
H-488×300×11×18	1197	1338	1478	1619	1760	1901	2042	2182	2323
H-582×300×12×17	1127	1260	1392	1525	1658	1790	1923	2055	2188
H-588×300×12×20	1165	1302	1439	1576	1713	1850	1987	2124	2261
H-594×302×14×23	1173	1311	1449	1587	1725	1863	2001	2139	2277
H-692×300×13×20	1110	1241	1371	1502	1633	1763	1894	2024	2155
H-700×300×13×24	1153	1288	1424	1559	1695	1831	1966	2102	2237
H-792×300×14×22	1086	1214	1342	1470	1598	1725	1853	1981	2109
H-800×300×14×26	1125	1258	1390	1523	1655	1787	1920	2052	2185
H-808×302×16×30	1139	1273	1407	1541	1675	1809	1943	2077	2211
H-890×299×15×23	1047	1170	1294	1417	1540	1663	1786	1910	2033
H-900×300×16×28	1086	1214	1342	1470	1598	1725	1853	1981	2109
H-912×302×18×34	1115	1246	1378	1509	1640	1771	1902	2034	2165

〔注〕　$\lambda \leq 170+20\,n$　（SN 400）→ $L \leq (170+20\,n)\,i_y$ cm
　　　　λ：はりの弱軸に関する細長比．　　n：横補剛の個所数．　　i_y：断面 2 次半径

5・34 表 H 形鋼 (SN 490) はりの横補剛とスパン.

H 形鋼サイズ	横補剛の個所数 (SN 400) 最大スパン L：cm									
	0	1	2	3	4	5	6	7	8
H-248×124×5×8	363	419	474	530	586	642	698	753	809
H-250×125×6×9	363	419	474	530	586	642	698	753	809
H-298×149×5.5×8	428	494	559	625	691	757	823	888	954
H-300×150×6.5×9	428	494	559	625	691	757	823	888	954
H-346×174×6×9	504	582	660	737	815	892	970	1048	1125
H-350×175×7×11	514	593	672	751	830	909	988	1067	1146
H-396×199×7×11	582	672	762	851	941	1030	1120	1210	1299
H-400×200×8×13	590	681	772	863	953	1044	1135	1226	1317
H-446×199×8×12	563	650	736	823	909	996	1083	1169	1256
H-450×200×9×14	572	660	748	836	924	1012	1100	1188	1276
H-496×199×9×14	555	641	726	811	897	982	1068	1153	1238
H-500×200×10×16	563	650	736	823	909	996	1083	1169	1256
H-506×201×11×19	576	665	753	842	930	1019	1108	1196	1285
H-596×199×10×15	527	608	689	770	851	932	1013	1094	1175
H-600×200×11×17	536	618	700	783	865	948	1030	1112	1195
H-606×201×12×20	549	633	717	802	886	971	1055	1139	1224
H-612×202×13×23	560	647	733	819	905	991	1078	1164	1250
H-294×200×8×12	612	707	801	895	989	1083	1178	1272	1366
H-340×250×9×14	780	900	1020	1140	1260	1380	1500	1620	1740
H-390×300×10×16	946	1092	1238	1383	1529	1674	1820	1966	2111
H-440×300×11×18	933	1077	1221	1364	1508	1651	1795	1939	2082
H-482×300×11×15	887	1023	1159	1296	1432	1596	1705	1841	1978
H-488×300×11×18	915	1056	1197	1338	1478	1619	1760	1901	2042
H-582×300×12×17	862	995	1127	1260	1392	1525	1658	1790	1923
H-588×300×12×20	891	1028	1165	1302	1439	1576	1713	1850	1987
H-594×302×14×23	897	1035	1173	1311	1449	1587	1725	1863	2001
H-692×300×13×20	849	980	1110	1241	1371	1502	1633	1763	1894
H-700×300×13×24	881	1017	1153	1288	1424	1559	1695	1831	1966
H-792×300×14×22	831	959	1086	1214	1342	1470	1598	1725	1853
H-800×300×14×26	861	993	1125	1258	1390	1523	1655	1787	1920
H-808×302×16×30	871	1005	1139	1273	1407	1541	1675	1809	1943
H-890×299×15×23	801	924	1047	1170	1294	1417	1540	1663	1786
H-900×300×16×28	831	959	1086	1214	1342	1470	1598	1725	1853
H-912×302×18×34	853	984	1115	1246	1378	1509	1640	1771	1902

〔注〕 $\lambda \leq 130+20\,n$ (SN 490) $\rightarrow L \leq (130+20\,n)\,i_y$ cm
λ：はりの弱軸に関する細長比． n：横補剛の個所数． i_y：断面 2 次半径

4. RC造の構造特性係数 D_s 値

5・35表 RC造の D_s 値.

項＼欄	(A) (a)剛接架構 (b)β_u が 0.3 以下.	(B) (A)欄および(C)欄に掲げるものの以外のもの.	(C) β_u が 0.7 を超えるもの.
(1) 5・36表でランクⅠの構造.	0.3 (0.25)	0.35 (0.3)	0.4 (0.35)
(2) 5・36表でランクⅡの構造.	0.35 (0.3)	0.4 (0.35)	0.45 (0.4)
(3) 5・36表でランクⅢの構造.	0.4 (0.35)	0.45 (0.4)	0.5 (0.45)
(4) 5・36表でランクⅣの構造.	0.45 (0.4)	0.5 (0.45)	0.55 (0.5)

〔注〕 1. この表において β_u は耐力壁または筋かいが分担する保有水平耐力の階全体の保有水平耐力に対する比をいう. 以下同じ.
2. 鉄骨鉄筋コンクリート構造については, ( ) 内の数値を適用してよい.

5・36表 RC造の構造ランク.

柱・はりの種別＼耐力壁の種別および β_u	WA			WB		
	$\beta_u \leq 0.3$	$0.3 < \beta_u \leq 0.7$	$\beta_u > 0.7$	$\beta_u \leq 0.3$	$0.3 < \beta_u \leq 0.7$	$\beta_u > 0.7$
FA	Ⅰ (0.3)	Ⅰ (0.35)	Ⅰ (0.4)	Ⅱ (0.35)	Ⅱ (0.4)	Ⅱ (0.45)
FB	Ⅱ (0.35)	Ⅱ (0.4)	Ⅱ (0.45)	Ⅱ (0.35)	Ⅱ (0.4)	Ⅱ (0.45)
FC	Ⅲ (0.4)	Ⅲ (0.45)	Ⅱ (0.45)	Ⅲ (0.4)	Ⅲ (0.45)	Ⅲ (0.5)
FD	Ⅳ (0.45)	Ⅳ (0.5)	Ⅳ (0.55)	Ⅳ (0.45)	Ⅳ (0.5)	Ⅳ (0.55)
壁式構造 ($\beta_u = 1$)	―	―	Ⅱ (0.45)	―	―	Ⅲ (0.5)

柱・はりの種別＼耐力壁の種別および β_u	WC			WD		
	$\beta_u \leq 0.3$	$0.3 < \beta_u \leq 0.7$	$\beta_u > 0.7$	$\beta_u \leq 0.3$	$0.3 < \beta_u \leq 0.7$	$\beta_u > 0.7$
FA	Ⅱ (0.35)	Ⅱ (0.4)	Ⅲ (0.5)	Ⅲ (0.4)	Ⅲ (0.45)	Ⅳ (0.55)
FB	Ⅱ (0.35)	Ⅲ (0.45)	Ⅲ (0.5)	Ⅲ (0.4)	Ⅳ (0.5)	Ⅳ (0.55)
FC	Ⅲ (0.4)	Ⅲ (0.45)	Ⅲ (0.5)	Ⅳ (0.45)	Ⅳ (0.5)	Ⅳ (0.55)
FD	Ⅳ (0.45)	Ⅳ (0.5)	Ⅳ (0.55)	Ⅳ (0.45)	Ⅳ (0.5)	Ⅳ (0.55)
壁式構造 ($\beta_u = 1$)	―	―	Ⅳ (0.55)	―	―	Ⅳ (0.55)

〔注〕 ( ) 内は RC 造の D_s 値.

5. RC 部材の種別

5・37表 RC 部材の種別（柱・はり）.

柱・はりの種別.		FA	FB	FC	FD
共　通　条　件		想定される破壊モードが，曲げ破壊であること.			左記以外
柱の条件.	h_o/D の下限*.	2.5	2.0	—	
	σ_0/F_C の上限.	0.35	0.45	0.55	
	p_t の上限.	0.8％	1.0％	—	
	τ_u/F_C の上限.	0.1	0.125	0.15	
はりの条件.	τ_u/F_C の上限.	0.15	0.20	—	

〔注〕 ここで h_o：柱の内法高さ (mm).
D：柱のせい (mm).
σ_0：崩壊メカニズム時の軸方向応力度 (N/mm²).
F_C：コンクリートの材料強度 (N/mm²).
p_t：引張り鉄筋比
τ_u：崩壊メカニズム時の平均せん断応力度 (N/mm²).

* 柱上端あるいは下端において，接着するはりに塑性ヒンジが生ずることが明らかな場合には，h_o/D のかわりに $2M/Q \cdot D$ を用いてよい（M, Q はそれぞれ崩壊メカニズム時の柱の最大曲げモーメントおよびせん断力）.

5・38表 RC 部材の種別（壁）.

耐力壁の種別		WA	WB	WC	WD
共　通　条　件		せん断破壊をするおそれがないこと.			左記以外
τ_u/F_C の上限.	一般	0.2	0.25	—	
	壁式構造の耐力壁.	0.1	0.125	0.15	

〔注〕 この表において，τ_u および F_C は表3.3.8に規定するところによる.

V·9 鉄筋の断面積・周長

5·39表 丸鋼鉄筋（溶接金網を含む.）の断面積・周長.

φ (mm)	質量 (kg/m)	1−φ	2−φ	3−φ	4−φ	5−φ	6−φ	7−φ	8−φ	9−φ	10−φ
4	0.099	0.13 1.26	0.25 2.51	0.38 3.77	0.50 5.02	0.63 6.28	0.75 7.53	0.88 8.78	1.01 10.04	1.13 11.30	1.26 12.55
5	0.154	0.20 1.57	0.39 3.14	0.59 4.71	0.79 6.28	0.98 7.86	1.18 9.43	1.37 11.00	1.57 12.57	1.77 14.14	1.96 15.71
6	0.222	0.28 1.88	0.56 3.76	0.85 5.64	1.13 7.52	1.41 9.40	1.69 11.28	1.98 13.16	2.25 15.04	2.54 16.92	2.82 18.80
7	0.302	0.38 2.20	0.77 4.40	1.15 6.60	1.54 8.80	1.92 11.00	2.31 13.20	2.69 15.40	3.08 17.60	3.46 19.79	3.85 21.99
8	0.395	0.50 2.51	1.00 5.02	1.50 7.53	2.00 10.04	2.50 12.55	3.00 15.05	3.50 17.55	4.00 20.08	4.52 22.60	5.02 25.10
9	0.499	0.64 2.83	1.27 5.65	1.91 8.48	2.54 11.31	3.18 14.14	3.82 16.96	4.45 19.79	5.09 22.62	5.73 25.45	6.36 28.27
12	0.888	1.13 3.77	2.26 7.54	3.39 11.31	4.52 15.08	5.65 18.85	6.79 22.62	7.91 26.39	9.05 30.16	10.18 33.93	11.31 37.70
13	1.04	1.33 4.08	2.65 8.17	3.98 12.25	5.31 16.34	6.64 20.42	7.96 24.50	9.29 28.60	10.62 32.67	11.95 36.75	13.27 40.84
16	1.58	2.01 5.03	4.02 10.05	6.03 15.08	8.04 20.11	10.05 25.13	12.06 30.16	14.07 35.19	16.08 40.21	18.09 45.24	20.11 50.27
19	2.23	2.84 5.97	5.67 11.94	8.51 17.91	11.34 23.88	14.18 29.85	17.02 35.81	19.85 41.78	22.68 47.75	25.52 53.72	28.35 59.69
22	2.98	3.80 6.91	7.60 13.82	11.40 20.73	15.21 27.65	19.01 34.56	22.81 41.47	26.61 48.38	30.41 55.29	34.21 62.20	38.01 69.12
25	3.85	4.91 7.85	9.82 15.71	14.73 23.56	19.63 31.42	24.54 39.27	29.45 47.12	34.36 54.98	39.27 62.83	44.18 70.69	49.09 78.54
28	4.83	6.16 8.80	12.31 17.59	18.47 26.39	24.63 35.19	30.79 43.98	36.94 52.78	43.10 61.58	49.26 70.37	55.42 79.17	61.58 87.92
32	6.31	8.04 10.05	16.08 20.11	24.13 30.16	32.17 40.21	40.21 50.27	48.26 60.32	56.30 70.37	64.34 80.42	72.38 90.48	80.42 100.70

〔注〕 上段の数字は断面積(cm^2)を示し，下段は周長(cm)を示す．

5・40表 異形棒鋼の断面積・周長.

呼び名	質量(kg/m)	1	2	3	4	5	6	7	8	9	10
D 6	0.249	0.32 2.0	0.64 4.0	0.96 6.0	1.28 8.0	1.60 10.0	1.92 12.0	2.24 14.0	2.56 16.0	2.88 18.0	3.20 20.0
D 8	0.389	0.50 2.5	0.99 5.0	1.49 7.5	1.98 10.0	2.48 12.5	2.97 15.0	3.47 17.5	3.96 20.0	4.46 22.5	4.95 25.0
D10	0.560	0.71 3.0	1.43 6.0	2.14 9.0	2.85 12.0	3.57 15.0	4.28 18.0	4.99 21.0	5.70 24.0	6.42 27.0	7.13 30.0
D13	0.995	1.27 4.0	2.54 8.0	3.81 12.0	5.08 16.0	6.35 20.0	7.62 24.0	8.89 28.0	10.16 32.0	11.43 36.0	12.70 40.0
D16	1.56	1.99 5.0	3.98 10.0	5.97 15.0	7.96 20.0	9.95 25.0	11.94 30.0	13.93 35.0	15.92 40.0	17.91 45.0	19.90 50.0
D19	2.25	2.87 6.0	5.74 12.0	8.61 18.0	11.48 24.0	14.35 30.0	17.22<>36.0	20.09 42.0	22.96 48.0	25.83 54.0	28.70 60.0
D22	3.04	3.87 7.0	7.74 14.0	11.61 21.0	15.48 28.0	19.35 35.0	23.22 42.0	27.09 49.0	30.96 56.0	34.83 63.0	38.70 70.0
D25	3.98	5.07 8.0	10.14 16.0	15.21 24.0	20.28 32.0	25.35 40.0	30.42 48.0	35.49 56.0	40.56 64.0	45.63 72.0	50.70 80.0
D29	5.04	6.42 9.0	12.84 18.0	19.26 27.0	25.68 36.0	32.10 45.0	38.52 54.0	44.94 63.0	51.36 72.0	57.78 81.0	64.20 90.0
D32	6.23	7.94 10.0	15.88 20.0	23.82 30.0	31.76 40.0	39.70 50.0	47.64 60.0	55.58 70.0	63.52 80.0	71.46 90.0	79.40 100.0
D35	7.51	9.57 11.0	19.14 22.0	28.71 33.0	38.28 44.0	47.85 55.0	57.42 66.0	66.99 77.0	76.56 88.0	86.13 99.0	95.70 111.0
D38	8.95	11.40 12.0	22.80 24.0	34.20 36.0	45.60 48.0	57.00 60.0	68.40 72.0	79.80 84.0	91.20 96.0	102.60 108.0	114.00 120.0
D41	10.5	13.40 13.0	26.80 26.0	40.20 39.0	53.60 52.0	67.00 65.0	80.40 78.0	93.80 91.0	107.20 104.0	120.60 117.0	134.00 130.0

〔注〕上段の数字は断面積(cm^2)を示し,下段は周長(cm)を示す.

5・41表 鉄筋の定尺表(単位:m).

丸鋼・異形棒鋼	3.5	4.0	4.5	5.0	5.5	6.0	6.5	7.0	8.0	9.0	10.0

〔注〕コイルの場合には適用しない.

参考文献

梅村　魁・伊藤　勝	構造解析演習	共立出版	(1968)
梅村　魁・杉山英男	建築構造力学	共立出版	(1964)
梅村　魁・鈴木悦郎	骨組のデザイン	産業図書	(1961)
岡村雅夫	実用ラーメン計算便覧	産業図書	(1961)
大屋竹之	建築構造設計法	理工図書	(1965)
沖島喜八	材料力学演習500題	日刊工業新聞社	(1968)
木下洋三郎	ラーメン式並びに用法	理工図書	(1966)
木下洋三郎	梁の公式集	理工図書	(1968)
川股重也，他2名訳	構造設計データーブック	宇野書店	(1967)
梅村　魁，他2名	建築学大系10，骨組，板，曲板の力学	彰国社	(1971)
武藤　清	建築学大系14，構造設計法	彰国社	(1973)
建築の実務編集	構造	彰国社	(1973)
小西一郎，他2名	構造力学第1, 2, 3巻	丸善	(1970)
編集委員会	強度設計データーブック	裳華房	(1971)
斉藤謙次	建築構造力学	理工図書	(1965)
斉藤謙次	建築構造力学演習	理工図書	(1968)
杉本禮三	応用力学演習上・下巻	森北出版	(1954)
佐藤邦昭	鋼構造の設計	鹿島出版会	(1971)
田口武一	鉄骨トラスの力学	理工図書	(1963)
田口武一	初級建築構造力学	昭晃堂	(1970)
田中正蔵	鉄骨(建築ハンドブック－9)	彰国社	(1965)
谷　資信・杉山英男	建築構造力学演習1・2	オーム社	(1965)
田口文雄	土木設計施工要覧(上巻)	碩学書房	(1961)
谷　資信，他3名	構造力学－Ⅰ	鹿島出版会	(1973)
竹内盛雄，他3名	構造力学－Ⅱ	鹿島出版会	(1973)
高橋守一	ラーメンの実用公式と速算図表集(上・下巻)	現代社	(1969)
長柱研究委員会	弾性安定要覧	コロナ社	(1951)
内藤多仲	建築構造学	早稲田大学	(1956)

内藤多仲	建築構造要覧（上巻）	早稲田大学	(1971)
野口尚一	材料力学演習（第1，2巻）	森北出版	(1970)
成岡昌夫	構造力学演習	国民科学社	(1971)
日本建築学会	建築構造物の応力解析	丸善	(1974)
日本建築学会	鉄筋コンクリート構造計算規準・同解説	建築学会	(2003)
日本建築学会	鋼構造設計規準	建築学会	(2003)
日本鋼管K.K.	鋼管構造便覧	日本鋼管K.K.	(1963)
星　治雄	構造力学	共立出版	(1971)
堀口甚吉	ラーメン力学入門	学芸出版	(1972)
原　道也	構造力学－I	学献社	(1972)
ブライヒ	鉄骨構造（上，下巻）	コロナ社	(1960)
武藤　清	構造力学の応用	丸善	(1973)
武藤　清，他2名	新制建築構造力学	オーム社	(1970)
望月　重	構造力学－II	学献社	(1972)
村内　明	建築構造力学	理工図書	(1971)
水原　旭，他4名	構造計算便覧	産業図書	(1963)
山田　修	建築構造設計力学	学芸出版	(1970)
湯浅亀一	材料力学公式集	コロナ社	(1968)

新日鉄スタンフレーム計算書
Auguste Komendant：Contemporary Concreate structures.
Chu-Kia Wang：Statieally Indeterminate structures.
Kleinlogel：Rahmenformeln.
Ketchumn：Structural Engineers Handbook.

日本建築学会	建築基礎構造設計指針	建築学会	(2003)
東京都建築構造行政連絡会	建築構造設計指針	東京建築士事務所協会	(2001)
建設省住宅局建築指導編集委員会	建築物の構造規定	日本建築センター	(1997)
	建築構造ポケットブック	共立出版	(2002)
日本コンクリート工業	Technical Note	日本コンクリート工業	(2000)

<著者略歴>

清田 清司（きよた せいし）
1938年　宮崎県に生まれる．
1961年　芝浦工業大学建築学科卒業，
　　　　同科助手となる．
1965年　芝浦工業大学建築学科講師，
　　　　東京大学建築科研究生となる．
現　在　芝浦工業大学名誉教授
　　　　工学博士（東大授与）

高須 治男（たかす はるお）
1937年　茨城県に生まれる．
1960年　芝浦工業大学建築学科卒業，
　　　　(株)入江・三宅設計事務所入社．
1963年　清水建設株式会社入社．
　　　　元(株)スケルトン建築事務所所長

- 本書の内容に関する質問は，オーム社ホームページの「サポート」から，「お問合せ」の「書籍に関するお問合せ」をご参照いただくか，または書状にてオーム社編集局宛にお願いします．お受けできる質問は本書で紹介した内容に限らせていただきます．なお，電話での質問にはお答えできませんので，あらかじめご了承ください．
- 万一，落丁・乱丁の場合は，送料当社負担でお取替えいたします．当社販売課宛にお送りください．
- 本書の一部の複写複製を希望される場合は，本書扉裏を参照してください．
  [JCOPY] <出版者著作権管理機構 委託出版物>
- 本書籍は，理工学社から発行されていた『新 建築土木 構造マニュアル』を，オーム社から版数，刷数を継承して発行するものです．

新 建築土木 構造マニュアル

1975年6月15日　第1版第1刷発行
2004年1月15日　新　版第1刷発行
2025年7月10日　新　版第16刷発行

著　　者　清田清司・高須治男
発　行　者　髙田光明
発　行　所　株式会社　オーム社
　　　　　　郵便番号　101-8460
　　　　　　東京都千代田区神田錦町3-1
　　　　　　電話　03(3233)0641(代表)
　　　　　　URL　https://www.ohmsha.co.jp/

© 清田清司・高須治男　2004

印刷　三秀舎　製本　ブロケード
ISBN978-4-274-05016-9　Printed in Japan

● 好評図書

図解 建築小事典

建築小事典編集委員会 編　　　　　A5判　並製　544頁　**本体4500円【税別】**

「計画」「設計」「施工」「法規」「構造」「設備」「材料」「環境」「歴史」
建築分野の知識を体系化して集成。

豊富な図表と明快な解説で、建築分野の基礎知識が本書1冊で網羅できる便利な事典。これから建築を学ぶ学生のみなさんをはじめ、技術者として活躍している方々に役立ちます。

図解 建築用語辞典（第2版）

建築用語辞典編集委員会 編　　　　　B6判　並製　440頁　**本体3200円【税別】**

建築全般にわたり基本的な用語約6300語を収録し、わかりやすい表現で解説するとともに、図・写真・表など1100余個を駆使して基本的な概念を視覚的に把握できるように配慮した。また、従来の用語辞典と異なった中項目を要所に入れて、総合的な理解が得られるような形式を取り入れた。第2版では、最新の法規改正にもとづいて全面改訂し、最近よく使われる新しい用語を追加した。

静定構造力学の解法（第2版）

岡島孝雄 著・大村哲矢 改訂　　　　　A5判　並製　192頁　**本体2000円【税別】**

実力養成への近道。演習問題123問掲載！

ロングセラー待望の改訂版。基本事項の解説と豊富な例題およびその詳解によって、「静定構造力学」と「材料力学」の理論と応用が身に付く。「建築構造力学」を学ぶ学生の演習テキスト、一級建築士［国家試験］対策のはじめの一冊として最適。

初心者のための 鉄筋コンクリート建築の構造計算（改訂版）

佐藤 哲 著　　　　　A5判　並製　240頁　**本体2600円【税別】**

鉄筋コンクリート建築の構造全体の把握から細部の計算までを、初学者にもわかるように、図・表を多用して平明に解説。主要な項目には適切な例題と懇切な解答を付し、また練習問題により構造計算の実力が養成できるよう配慮。改訂版ではSI単位化にともなう建築基準法の改正、構造計算規準の改訂に準拠。学生諸君をはじめ、計算業務に携わる技術者・現場管理者の参考書として好適。

建築人間工学 空間デザインの原点（第2版）

岡田光正 著　　　　　B5判　並製　208頁　**本体3300円【税別】**

「日本建築学会大賞」を受賞した著者の永年にわたる講義ノートのエッセンスを集成。人間の知覚、空間の構成要素、さらには人間・群集の行動法則、人口と密度の関係に至るまで、空間デザインの手法をビジュアルに解説。第2版では、とくに少子高齢化に伴う人口問題に関し、大幅な加筆修正を行なった。建築系をはじめ芸術・生活系など、空間デザインにかかわる多くの方々におすすめ。

図説 建築の内装工事（改訂版）

髙木恒雄 著　　　　　B5判　並製　176頁　**本体2800円【税別】**

ビルディングの床・壁・天井を中心に各部の内装仕上げについて、仕上げ材料別に下地、おさまり、施工要領を、基本事項を中心に明解に図説した。施工技術者・管理者、各職方の皆さんの実務参考書として、また設計者、インテリアデザイナーの方々の参考資料として広く役立つ好著。バリアフリー、遮音、健康対策に対応した工法を中心に、最近の工法に全面的な改訂を行った。

◎本体価格の変更、品切れが生じる場合もございますので、ご了承ください。
◎書店に商品がない場合または直接ご注文の場合は下記宛にご連絡ください。
TEL.03-3233-0643　FAX.03-3233-3440　https://www.ohmsha.co.jp/